KB124504

2018
2019

한국의 사회복지

| 한국복지연구원 편 |

학지사

　한국복지연구원은 순수하게 사회복지를 전공하고 대학에서 교수로서, 연구원에서 연구위원으로서 연구 또는 지식을 학생에게 전달하는 목적으로 설립된 기관이다. 연구위원 개개인은 그동안 수많은 세미나와 공동 집필을 통하여 사회복지의 발전과 개선을 위하여 노력한 점에서 스스로 자부심을 가지고 있다. 그렇지만 아직도 산적한 사회복지문제를 보면서 한계를 느끼고, 부족한 모습에 부끄럽다고 자탄하기도 한다.

　우리에게 있어서 사회복지란 무엇인가를 생각해 볼 때 선진국의 사회복지에 대한 접근과는 다른 것이 사실이다. 선진국의 경우, 사회복지는 별도의 조치라기보다는 이미 생활화되고 상식화되어 있다는 점에서 우리와 차이가 있다. 그러한 근본적인 인식의 차이는 우리로 하여금 상반된 입장에서 도전을 하도록 하고 있다. 하나는, 우리가 현재 실행하고 고민하고 있는 사회복지는 우리의 고유한 것이 아니라 선진국의 제도를 거의 여과 없이 답습했다는 것이다. 제임스 미즐리(J. Midgley)가 1970년대에 이미 제3세계의 사회복지가 오히려 소득 양극화를 부추기거나 또는 사각지대를 방치한다는 지적을 한 이후에도 상황은 그리 나아지지 않은 것 같다. 또한 라메쉬 미쉬라(R. Mishra)가 지적한 복지국가 위기론 이후에 선진국의 재정안정정책이 더디게 움직이는 것과 같은 맥락이라 할 수 있을 것이다. 우리도 이러한 상황에 예외는 아니다. 사회복지를 도입하거나 정착·확대하는 과정에서부터, 개선이나 개혁을 논함에 있어서도 너무 선진국의 사례에 관심을 갖고 답습에 다시 모방을 하는 모습은 한계를 유발하는 결정적 결함을 보이고 있어 참으로 아쉽다. 다른 하나는, 오히려 반대로 해석할 수 있는 것인데, 우리의 사회복지에 대한 태도가 좀 더 과감한 접근으로 도전에 대한 응전을 한 것이라는 점이다. 우리의 경제발전이 그러했듯이 사회복지의 발전도 일반적인 성향이나 과정에서 보면 거의 모든 것이 예외적이었다고 할 수 있다. 경제발전이 어느 수준에 오를 때까지 사회복지를 뒷전으로 미루어 놓은 소위 선성장 후분배 정책을 강행한 것이라든지, 뒤늦은 도입과 정착, 그리고 확대에 있어서도 그 속도나 방향이 거침없이 진행되고 있다는 점이 그것이다. 최근 우리가 도입한 노인장기요양보험제도가 그렇고, 아동학대나 가정폭력 등에 대한 사회복지서비스법의 신속한 대응 적용이 그렇다. 더구나 「국민기초생활보장법」에서 통합급여

형태에서 벗어나 상대적 빈곤을 적용하는 모습은 진정으로 우리만이 행할 수 있는 사회복지의 정책적 실행이라 할 것이다. 물론 긍정적 측면만 있는 것은 아니지만, 향후 우리는 우리만의 사회·경제적 상황을 충분히 인식하고 우리 나름의 사회복지체제를 구축하고 발전시킬 수 있는 가능성을 최대한 확대 적용할 필요가 있다는 것이다.

이번 『한국의 사회복지 2018-2019』는 사회복지제도에서 최근 사회복지의 이슈와 논란 그리고 발전과제 등을 중점적으로 다루었다. 특히 한국의 사회복지를 전체적으로 바라보고 각 제도별 상황과 내용을 이해하고자 하는 요청에 부응하는 체제로 구성하였다. 외국에서 사회복지에 관심을 가지고 있는 기관이나 개인이 한국의 사회복지에 대해 특별히 관심을 보이는 것은 고무적이라 할 수 있을 것이다.

이번 『한국의 사회복지 2018-2019』를 발간하면서 열심히 참여해 준 집필진께 감사를 드린다. 그리고 이를 위해서 정성을 가지고 출판에 힘써 주신 김진환 사장님께도 감사를 드린다. 마지막으로, 항상 뒤에서 보이지 않게 열심히 힘들여 일한 연세대학교 박사과정 민동선과 석사과정 김동주, 정은우, 박재범, 엄지산에게도 따뜻한 마음을 전한다.

책 내용에 있어서 부족한 부분과 한계는 집필을 총괄한 본인에게 있음을 밝혀 둔다. 앞으로 한국의 사회복지를 알리고 정확한 사실을 밝히는 중요한 책으로서 역할을 할 수 있도록 지속적인 노력을 기울일 것을 집필진과 함께 다짐한다.

2019년 2월
오스트리아 비엔나에서 잘츠부르크로 가는 기차에서
집필진을 대신하여 김진수

제**3**부   사회보험제도

제**5**장
국민연금제도 ● 127

제**6**장
특수직역연금제도 ● 151

제**7**장
국민건강보험제도 ● 169

한국 보육정책의
변화과정

한국 보육정책의 변화과정[1)]

이윤진(육아정책연구소 부연구위원)

1. 들어가며: 초저출산 사회와 보육정책

저출산 정책은 양육지원, 일생활 균형, 노동시장 및 청년문제 등 다양한 사회 문제를 포괄하는 분야라 할 수 있다. 그 중에서도 보육정책은 우리나라의 저출산 정책이 발전해 오면서 가장 주력하고 있는 분야로 현재까지도 양육지원정책과 관련하여 밀접한 연관을 가지고 있다고 할 수 있다. 또한 보육정책은 출산 이후 아동의 성장과 발달을 지원함으로서 아동 삶의 질 향상을 주도하고, 부모의 일·가정 양립 또한 지원한다는 측면에서 그 무엇보다 중요한 분야일 것이다.[2)] 따라서 그간 저출산의 주요 원인으로 지목된 '맡길 곳의 부재'와 '양육비용'의 문제는 어린이집으로 대표되는 보육기관의 확대와 무상보육 실현으로 정책적 해결 방향을 설정하였고 여전히 보육정책은 저출산 해소의 핵심적 의제로 자리 잡고 있다.

한편, 최근에는 '저출산 정책의 재구조화'라는 명제 하에 기존과 달리 보육 중심의 저출산 정책에서 나아가 여러 가지 정책이 혼합된 저출산 정책 방향의 구조적 변화를 경험하고 있다. 하지만 여전히 보육은 저출산 사회를 극복하는 핵심 의제로 기능하고 있음

---

1) 이 글은 이윤진(2018) "저출산 대응법제 분석과 향후 과제" 내용과 이정원, 이윤진, 김희수(2017) '보육중장기 발전방안' 중 연구자가 작성한 부분의 일부를 포함한다.

2) 이 글에서는 '아동돌봄'에 가정 내 돌봄과 가정 외 돌봄이 포함된다고 보고, 가정 외에서의 돌봄 영역 중에서도 기관에서의 돌봄인 기관 내 보육에 대해 주로 다룬다.

이 분명하다. 다만, 기존의 보육정책이 양적인 확대에 치중하였다면 현재는 질적인 보완을 추구하는 방향으로 변하고 있는 것은 주지하고 있는 바이다. 우리나라 보육정책의 발전은 보육서비스의 양적 확충, 보육료 지원과 함께 이제는 서비스 질의 향상을 바탕으로 지속적인 변화를 거듭하고 있다는 측면에서 매우 긍정적이라 할 수 있다. 보육서비스의 지속적인 양적 확대는 공공성 확보와 함께 정책의 변화를 선도한 것이 사실이지만 수요자의 욕구를 충족하는 보육의 질 향상으로는 이어지지 못하였기에 이제 보육정책에서도 주력 의제가 변화하고 있는 것이다. 또한 저출산 현상의 지속이라는 단순한 수치만을 놓고 기존의 보육정책이 반드시 성공적이었다고, 또는 실패라고 평가하는 것은 성급한 판단일 것이다. 일각에서는 2013년 무상보육을 도입한 이후에도 2018년 합계출산율 1명 미만이 예상되는 초저출산 사회에서 벗어나지 못하고 있다는 것을 근거로 보육의 확대는 저출산 극복에 도움이 되지 않는다고 단언하는 목소리도 있지만 반드시 보육정책의 개선과 확대만이 저출산을 해결할 수 있는 해결책은 아니기 때문이다.[3] 이는 보육정책이 저출산 정책의 핵심이되, 모든 것을 해결할 수 있는 것은 아니라는 것을 증명한 것이기도 하다. 이에 향후 보육정책의 방향 설정은 노동시장정책, 주거복지정책, 여성복지정책 등 다층적인 복지정책과 사회서비스의 다양한 분야를 고려하여 구체적인 사회적 합의와 논의를 바탕으로 진전되어야 할 것임이 명백하다. 그럼에도 불구하고 아직까지 많은 나라에서 보육정책은 저출산 정책의 시작이자, 지속적인 발전과제인 것 또한 역시 사실이다. 최근 저출산을 극복하였다고 언급되는 독일 역시 저출산을 극복함에 있어 가족정책의 획기적인 변화를 꾀함과 동시에 보육과 교육비용을 상당 수준 이하로 낮추었는데, 결국 현재에도 여전히 수많은 핵심 과제로서 보육정책을 염두에 두고 있는 것을 참고할 만 하다(정재훈, 2018).

2004년 참여정부 이후 우리나라는 국정 의제로 저출산 극복을 최초로 명시하고 현재까지 저출산 위기에의 대응을 범국가적으로 시행하고 있다. 저출산고령사회위원회 출범과 기본법 제정으로 저출산 대응에 박차를 가하면서 보육시설의 확충과 함께 보육정책도 본격적으로 논의되었다고 볼 수 있다. 즉, 각 시기별 세부계획을 살펴보면 다른 여러 가지 과제들에 앞서 저출산 대책을 본격적으로 수립하기 시작한 초기부터 보육인프라 확충을 우선적으로 강조하고 있는데 이는 결국 '돌봄'을 사회가 분담하겠다는 것과 맥락

---

3) 통계청의 2017년 발표에 의하면 2017년 합계출산율 1.05명으로 집계된 바 있다(http://kostat.go.kr/portal/korea/kor_nw/2/1/index.board?bmode=read&aSeq=366414).

을 같이한다.

그러나 보육인프라 확충은 기관의 무조건적 확대에만 국한하지 않는다. 보육인프라 확대를 바탕으로 한 양육지원 이외에도 가정 내 지원을 병행하는 방향으로 나아가야 한다는 것을 의미한다. 또한 이러한 가정 내 지원은 돌봄의 공공화, 돌봄의 사회적 분담과 결합하여 더욱 강화될 것으로 보인다. 더 나아가 최근 확산되고 있는 지역사회의 돌봄 역할 분담은 향후 보육정책의 방향성을 획기적으로 전환할 수 있는 계기로 판단할 수 있다. 대표적으로 보건복지부의 다함께 돌봄 사업, 서울시의 온마을 돌봄체계 구축은 보육 기관에서 주로 담당하였던 돌봄의 역할을 점차적으로 지역사회가 분담하고자 하는 의지를 보이고 있다고 할 수 있다. 더불어 저출산 정책 내지는 보육정책의 대상이 영유아에서 나아가 초등학생까지 확대되고 있는 사회적 변화를 감지할 수 있는 부분이다.

이에 여기에서는 초저출산 위기에 대응하고 이를 극복하기 위한 방안의 하나로써 대표적인 정책으로 자리 잡고 있는 한국 보육정책의 발전 과정에 대하여 살펴보고자 한다. 즉, 저출산 정책의 시작이자 현재에도 계속되고 있는 도전의 한 축으로 자리 잡고 있는 보육정책의 변화 과정을 살펴봄으로서 향후 우리가 집중하여야 할 보육정책 영역에서의 과제와 논의 방향에 대하여 고찰하고자 함이 목적이라 하겠다. 구체적으로는 우리나라 보육정책의 발전과정을 '보육중장기 기본계획'의 내용을 중심으로 살펴보되 최근 지역사회를 통한 돌봄 정책이 어떻게 진행되고 있는지, 그리고 우리가 나아가야 할 보육정책의 방향성은 무엇인지에 대한 정책적 제언을 하고자 한다.

2. 보육정책과 관련한 선행연구

저출산과 관련한 중심 축은 보육 관련 연구이다. 이러한 연구들은 주로 보육 관련 재정 지원으로 부모의 자녀 돌봄 부담을 완화시켰고, 전업주부 자녀의 어린이집 이용 확대라는 결과의 문제점을 제기하였다. 신윤정, 고제이, 이지혜, 윤자영(2013)의 연구는 자녀 양육지원 중 무상보육과 교육이 가정의 보육 지출 비용의 감소를 가져오지는 않았다고 분석하였다. 해당 연구들은 기존의 통계청 생산 자료를 재가공하거나 한국복지패널 분석을 통해 양적 연구를 수행하여 정책의 효과성에 대해 논하였다.

무상보육 시행 이후에는 무상보육정책의 효과성을 살핀 연구가 대부분인데 김혜민, 임성환, 박병식(2016)의 연구는 양육수당 지원 규모가 늘어날수록 부모 만족도는 커진다고 하였고, 무상보육 시행 이후 교육 내용이 만족도에 미치는 영향이 가장 큰 것으로 분석하였다. 일과 가정의 양립 지원을 포함하는 보육정책의 방향성 연구도 저출산 대응 관련 연구의 한 축이다. 이미화, 유해미, 최효미, 조아라(2014)의 연구는 전문가 의견 수렴을 통해 무상보육 이후 보육정책의 방향성을 제시하였는데 아동의 발달과 부모 취업 지원을 보다 강화하여야 하며 보육정책이 아닌 육아정책으로 방향성을 전환하여야 한다고 하였다. 유해미, 김아름과 김진이(2015)의 연구는 사회적 돌봄지원 기반 구축을 목표로 부모권의 보장, 일과 가정생활의 조화 등을 주장하였다. 보육정책의 방향성은 무상보육 이전과 이후 연구 주제가 상이한데, 보육료 지원이 보편화되면서 이전에 지원을 확대하여야 한다는 연구 흐름에서 신중한 접근이 필요하다는 주장의 연구로 전환되는 흐름을 읽을 수 있다(김영미, 2011; 김헌진, 2012; 이서영, 정효정, 2016). 한편, 우리나라 보육정책의 레짐이 혼재되어 있다는 주장을 하면서 공급의 확대는 민간 시장의 확대와 선택권과 서비스 질의 약화를 초래하였음을 지적하였다(김수정, 2015; 송다영, 2014).

3. 보육정책 현황과 발전과정

1) 개요

서두에서 언급한 바와 같이 우리나라는 저출산 현상이 지속되고 있다. 상당히 빠른 시간에 출산율 수치가 하락하고 있는 것도 특징 중 하나이다. 2017년 통계청의 발표 결과에 의하면, 한국의 합계출산율은 1.05명으로 집계된 바 있고 아직 정식으로 발표되지는 않았지만 2018년 합계출산율은 1.0을 밑돌 것이라는 전망이 지배적이다. 현재까지 시행된 보육정책이 저출산을 해소하는 데 일말의 도움을 주지 않았다는 것인가와 같은 회의적인 시각을 양산하게 되는 이유이기도 하다.

남성이 가구의 생계를 전적으로 책임지던 이전과 달리 여성이 노동시장에서 활동하고 있는 비율이 지속적으로 상승함에 따라 보육정책은 여성이 노동시장에서 육아의 부담을 떨치고 경제활동을 할 수 있도록 하는 조력자 역할을 담당하게 된 것이 사실이다. 이에 여러 국가들의 보육정책은 아동의 건강한 발달은 물론이거니와 출산 및 육아로 인하여 발생하는 양육부담 감소를 주요 목표로 하고 있다. 우리나라 역시 마찬가지이다. 특히 2013년 무상보육 도입 이후 영아의 어린이집 시설 이용률이 2006년 대비 2014년 3배 이상 증가하였고(보건복지부, 2017b), 보육정책에서 어린이집의 역할이 상대적으로 중요하게 자리 잡기 시작한 것도 몇 년 사이의 변화라고 할 수 있다.

한편, 우리나라에서 보육정책의 범주는 어린이집 운영과 관리를 비롯한 ① 보육기관 관련 정책, ② 재정 지원으로 대표되는 보육비용지원정책, ③ 가정 내 양육지원정책으로 크게 구분할 수 있다. 보육기관 관련 정책은 어린이집으로 대표되는 인프라를 바탕으로 이루어진다고 할 수 있고 보육비용지원정책은 2013년 이후 실시된 보육료와 양육수당의 전 계층에 대한 지원이 대표적이다. 마지막으로, 가정 내 양육지원정책은 기관을 중심으로 한 정책이 아니라는 측면에서 협의의 의미에서는 보육(기관)정책에는 해당하지 않지만 광의의 의미에서 보육정책에 포함된다고 볼 수 있을 것이다. 이하에서는 협의의 의미의 보육정책에 초점을 맞추어 어린이집 서비스를 중심으로 보육정책 관련 현황을 살펴보고자 한다.[4)]

(1) 보육서비스 제공기관: 어린이집

한국의 보육정책은 언급한 바와 같이 어린이집을 중심으로 하는 보육기관을 중심으로 발전되어 왔다. 어린이집은 「영유아보육법」에 의하여 그 형태가 규정되어 있다. 「영유아보육법」 제10조에 의하면 어린이집은 국공립어린이집, 사회복지법인어린이집, 법인·단체 등어린이집, 직장어린이집, 가정어린이집, 협동어린이집, 민간어린이집으로 구분된다. 그 이외 특수어린이집이 별도의 유형으로 존재하는데, 특수어린이집에는 영아전담어린이집, 장애아전문 어린이집, 장애아통합 어린이집, 시간연장어린이집, 24시간 어린이집, 휴일어린이집, 방과후어린이집으로 구분할 수 있다. 각 유형은 〈표 1〉과 같다.

한편, 보육의 공공성은 정부가 설립 및 운영하는 어린이집을 바탕으로 하여 기본적으로 확보될 수 있다는 점을 유념하여야 한다. 따라서 『영유아보육법』에 근거하여 국가나 지방자치단체는 국공립어린이집을 설치·운영하여야 하는 의무를 지닌다. 또한 국공립

---

4) 가정 내 양육서비스인 아이돌봄서비스는 돌봄의 영역에 해당하는 것으로 본문에서 언급한 바와 같이 광의의 보육정책의 범주에 포함되기는 하지만 보육정책의 핵심은 어린이집과 관련한 정책의 변화에 있다고 여기에서는 집중적으로 다루지는 않는다. 이는 양육지원정책이라고 할 때 여성가족부와 보건복지부에서 시행하고 있는 영유아 및 아동 돌봄 사업이 모두 포함되나 광의의 돌봄 정책이 아닌 보육정책으로 범위를 좁힐 경우 보건복지부의 보육사업이 주를 이루고 있는 것에 근거한다.

〈표 1〉 어린이집 유형

설립주체별	특수 어린이집
• 국공립어린이집: 국가나 지방자치단체가 설치 · 운영하는 어린이집 • 사회복지법인어린이집: 「사회복지사업법」에 따른 사회복지법인이 설치 · 운영하는 어린이집 • 법인·단체등어린이집: 각종 법인이나 단체 등이 설치 · 운영하는 어린이집으로 대통령령으로 정하는 어린이집 • 직장어린이집: 사업주가 사업장의 근로자를 위하여 설치 · 운영하는 어린이집 • 가정어린이집: 개인이 가정이나 그에 준하는 곳에 설치 · 운영하는 어린이집 • 협동어린이집: 보호자들이 조합을 결성하여 설치 · 운영하는 어린이집 • 민간어린이집: 위 어린이집에 해당하지 않는 어린이집	• 영아전담어린이집: 2004년 이전 영아전담어린이집으로 지정받았거나 국고보조금으로 영아전담 신축비를 지원받은 어린이집 • 장애아전문어린이집: 「장애아동복지지원법」 제32조에 따라 요건을 갖추고, 상시 12명 이상의 장애아(단, 미취학장애아 9명 이상 포함)를 보육하는 어린이집 • 장애아통합어린이집: 정원의 20% 내에서 장애아종일반을 편성 · 운영하거나 장애아종일반을 별도로 편성하지 않은 채 미취학장애아를 3명 이상 통합 보육하고 있는 어린이집 • 시간연장어린이집: 기준보육시간(07:30~19:30)을 경과하여 최대 24:00까지 시간을 연장하여 보육하는 어린이집 • 24시간어린이집: 24시간 동안 보육서비스를 제공하는 어린이집 • 휴일어린이집: 일요일 및 공휴일에 보육하는 어린이집 • 방과후어린이집: 초등학생을 대상으로 방과후 보육서비스를 제공하는 어린이집

어린이집을 설치할 경우에는 「영유아보육법」 제11조의 보육계획에 따라 일정 지역에 우선적으로 설치하여야 한다(동법 제12조).

현재 우리나라에서 국공립어린이집은 90% 이상이 위탁 운영되고 있는 현실인데, 「영유아보육법」과 함께 「영유아보육법 시행규칙」은 국공립어린이집의 운영 위탁(동법 시행규칙 제24조)과 관련하여 규정하고 있다. 이에 의하면, 보건복지부장관, 시 · 도지사 또는 시장 · 군수 · 구청장은 법 제24조 제2항에 따라 국공립어린이집의 운영을 위탁하려는 경우에는 미리 위탁의 기준, 절차 및 방법 등을 해당 기관의 게시판이나 인터넷 홈페이지 등을 이용하여 공고하여야 하고, 법 제24조 제2항에 따라 국공립어린이집의 운영을 위탁받으려는 자는 어린이집 위탁신청서를 첨부하여 보건복지부장관, 시 · 도지사 또는 시장 · 군수 · 구청장에게 제출하여야 한다. 그 후 위탁신청서를 받은 보건복지부장관, 시·도지사 및 시장·군수·구청장은 보육정책위원회의 심의를 거쳐 수탁기관을 결정하여 위탁계약을 체결한 후 어린이집 위탁계약증서를 발급하여야 한다. 이러한 운영위탁은 일정 요건을 충족한 경우[5] 보건복지부장관, 기도지사 또는 시장, 군수, 구청장이 취소할 수 있다. 실제 대부분의 국공립어린이집(약 97%)이 민간 위탁으로 운영되고 있는 현실임을 감안할 때 국공립어린이집의 공공성의 기준에 대하여 깊이 있는 논의가 필요하다고 보인다. 민간 위탁과 관련하여는 교사의 처우 문제와 보육의 질적 확보와 관련하여 국가의 책임 범위 문제가 논의되고 있는 상황이라고 하겠다.

　2017년 보육통계(2017. 12. 31. 기준)에 의하면 총 1,450,243명의 아동이 어린이집을 이용하고 있는 것으로 파악된다. 보육교직원은 총 330,217명으로 집계된다. 어린이집은 총 40,238개소가 운영되고 있는데 그 중에 가정어린이집이 48.8%, 민간어린이집이 34.9%로 국공립어린이집은 전체의 7.8%에 그치고 있음을 알 수 있다. 이전보다 보육시설의 공공성이 확보된 것임에도 불구하고 아직까지 민간이 보육서비스를 제공함에 있어 절대적인 비율을 차지하고 있다는 것을 보여 준다. 한편, 이용 아동수를 기준으로 볼 때에는 민간어린이집 이용 아동이 52.1%, 가정어린이집 이용 아동이 20.1%, 국공립어린이집 이용 아동이 11.9%의 순임을 알 수 있다. 어린이집 1개당 아동 수는 사회복지법인어린이집이 69.5%로 가장 큰 비중을 차지하였고, 가정어린이집이 16.4%를 차지하고 있었다. 단편적으로 이와 같은 통계를 통해 볼 때에도 이는 영아가 어린이집 이용을 상대적으로 많이 하고 있는 것을 의미한다고 할 수 있다. 연령별 보육아동 현황은 〈표 2〉에 제시된 바와 같다. 약 145만 명의 보육아동 중, 만 0~2세 영아는 약 60%로 유아에 비하여 상대적으로 어린이집 이용이 많은 것으로 나타났다.

---

5) 시행규칙 제25조
　1. 법 제26조제1항에 따른 취약보육을 우선적으로 실시하지 아니하거나 법 제28조에 따른 저소득층 자녀 등의 우선 보육을 실시하지 아니한 경우
　2. 법 제31조에 따른 건강진단 실시 또는 응급조치 등을 이행하지 아니한 경우
　3. 법 제36조 및 영 제24조에 따른 보조금을 목적 외의 용도에 사용한 경우
　4. 법 제36조 및 영 제24조에 따른 보조금을 거짓이나 그 밖의 부정한 방법으로 받은 경우
　5. 보육대상 영유아를 방임하거나 학대하는 등 「아동복지법」 제17조에 따른 금지행위를 한 경우
　6. 운영위탁 계약서의 계약 내용을 위반한 경우
　7. 법 제45조에 따른 운영정지처분을 받은 경우
　8. 법 제46조에 따른 자격정지처분을 받은 경우

〈표 2〉 연령별 보육아동 현황(2017. 12.)   (단위: 명)

구 분			설립주체별							
			계	국·공립 어린이집	사회복지 법인 어린이집	법인· 단체 등 어린이집	민간 어린이집	가정 어린이집	협동 어린이집	직장 어린이집
전국	계	계	1,450,243	186,916	96,794	43,404	738,559	321,608	4,508	58,454
		남	749,266	96,611	50,741	22,625	381,384	165,414	2,308	30,183
		여	700,977	90,305	46,053	20,779	357,175	156,194	2,200	28,271
	만 0세	계	139,654	5,968	3,073	1,214	42,252	84,664	152	2,331
		남	73,026	3,060	1,614	648	22,098	44,346	78	1,182
		여	66,628	2,908	1,459	566	20,154	40,318	74	1,149
	만 1세	계	330,868	27,814	14,254	5,676	140,233	130,827	622	11,442
		남	170,512	14,316	7,377	2,945	72,550	67,131	309	5,884
		여	160,356	13,498	6,877	2,731	67,683	63,696	313	5,558
	만 2세	계	391,715	41,767	22,399	9,068	200,083	103,592	1,085	13,721
		남	200,713	21,458	11,533	4,733	102,783	52,609	547	7,050
		여	191,002	20,309	10,866	4,335	97,300	50,983	538	6,671
	만 3세	계	236,665	39,442	20,994	9,623	151,221	1,596	946	12,843
		남	122,538	20,337	10,934	5,048	78,250	830	465	6,674
		여	114,127	19,105	10,060	4,575	72,971	766	481	6,169
	만 4세	계	188,540	37,308	18,403	8,833	112,184	503	945	10,364
		남	97,831	19,309	9,811	4,564	58,031	263	507	5,346
		여	90,709	17,999	8,592	4,269	54,153	240	438	5,018
	만 5세	계	156,093	33,114	15,623	7,838	90,766	387	722	7,643
		남	80,717	17,206	8,110	4,105	46,705	216	382	3,993
		여	75,376	15,908	7,513	3,733	44,061	171	340	3,650
	만 6세 이상	계	6,708	1,503	2,048	1,152	1,820	39	36	110
		남	3,929	925	1,362	582	967	19	20	54
		여	2,779	578	686	570	853	20	16	56

* 아동연령은 보육연령 기준임.
출처: 보건복지부(2017b).

한편, 2015년 전국보육실태조사(어린이집 조사) 결과, 2015년 기준 어린이집을 이용한 전체 영유아 중 53.2%가 취업모 가정의 영유아였는데, 취업모 가정의 영유아가 어린이 집을 이용하는 비율은 지속적으로 증가하고 있는 추세로 파악된다(유희정 외, 2009; 이미화, 여종일, 엄지원, 2013: 180; 이미화 외 2016: 248).[6] 어린이집을 통한 보육서비스가 단순히 취업모를 위한 것은 아니지만 보육정책이 원래 의도하였던 바대로 여성의 취업으로 인한 양육의 공백을 어린이집 서비스가 매워 주고 있다는 것을 보여 준다는 점에서 정책의 효과성 측면에서는 많은 논란이 있겠지만 긍정적인 것으로 평가할 수 있겠다.

〈표 3〉 보육아동 중 취업모 가정의 영유아 비율   (단위: %)

구분	2009	2012	2015
취업모 가정 영유아	41.8	49.9	53.2[주)]

주: 전체 어린이집 보육 영유아 100% 중 취업모 가정의 영아 36.1%, 취업모 가정 유아 17.1%를 합한 수치임.
출처: 유희정 외(2009), p.153 〈표 Ⅲ-2-9〉; 이미화 외(2013), p.180 〈표 Ⅳ-1-4〉; 이미화 외(2016), p.248 〈표 Ⅴ-1-2〉.

한편, 사회서비스 중에서도 보육서비스는 서비스 내용의 특성상 전문성의 유지 및 서비스 질의 향상을 위해 서비스 제공자의 근로 환경이 그 무엇보다 중요하다고 할 수 있다. 즉, 보육서비스의 직접적 제공자인 보육교사의 근로 환경, 처우 등이 논의될 수밖에 없는 이유인데 보육교사는 일반적인 근로자와 동일하게 근로 환경을 재단해서는 안 되는 특수성을 가진다고 할 수 있을 것이다.

보육교사의 근로조건은 일반적으로 「근로기준법」에서 명시하고 있는 근로조건 이외에도 교사 1인당 돌보는 영유아 수, 시간외 근로 시간, 업무 내용 등에 의하여 좌우된다. 또한 업무의 특성상 휴게시간이 자유롭지 못하고 영유아를 돌보는 동안 자율적으로 휴식과 휴게를 결정하고 행동에 옮길 수 없다는 점을 고려하여야 한다. 우선, 근로의 부담을 좌우할 수 있는 1인당 돌보는 영유아 수와 관련하여 「영유아보육법」은 만 0세의 경우 교사 1인당 3명, 만 1세의 경우 교사 1인당 5명, 만 2세 7명, 만 3세 15명, 만 4세 이상 20명으로 규정하고 있다. 관련하여 교사들은 업무의 과중에 있어 부담을 호소하고 있는 것이 현실이고 보육 현장에서 일어나고 있는 수많은 사건 사고들의 원인을 교사 대 아동 비율의 부담 강화로 파악하고 있다. 이는 아동이 대상이고 아동의 건전한 발달이 목적이라는

---

6) 영·유아로 구분하여 재분석한 비율이다.

보육서비스의 특수성에 근거하여 수요자의 욕구를 즉각적으로 반영되어야 할 부분임에도 현재까지 정책 개선이 이루어지고 있지 않는 부분이라 할 수 있다.

보육교사 및 보육교직원 등에 대한 조건은 「영유아보육법」에서 구체화하고 있다. 「영유아보육법」은 도지사, 시장, 군수, 구청장 등에 보육교직원의 권익 보장과 근로여건 개선을 위한 보육교직원의 임면과 경력 등의 사항을 관리하도록 제19조에서 규정하고 있다. 한편, 동법 시행령에서 보육전문요원의 자격 및 직무를 규정하고 있는데 보육교사 1급 자격을 가지거나 사회복지사 1급 자격을 취득한 이후 보육업무에 3년 이상 종사한 경력이 있는 사람으로 그 자격을 제한한다. 임면과 관련하여 동법 시행규칙은 국가 또는 지방자치단체로부터 보육교직원의 인건비를 보조받는 어린이집의 경우 보육교직원의 채용은 공개경쟁을 원칙으로 하고, 임면권자는 보육교직원 채용 시 임금, 근로시간 및 그 밖의 근로조건을 명시한 근로계약을 체결하여야 한다고 규정하여 「근로기준법」에 근거한 근로계약을 체결하여야 함을 명시하고 있다. 즉, 보육교직원 역시 「근로기준법」의 적용을 받는 근로자로 해당 사항에 대한 법적인 권리를 가짐과 동시에 근로계약을 함에 있어 해당 법률을 준수하여야 한다. 따라서 근로계약과 관련하여 부당한 내용이 포함되어서는 아니 되며, 관할 행정기관은 이를 적극 지도 · 감독하여야 한다.

사회보장, 특히 퇴직급여와 관련하여 어린이집을 설치, 운영하는 자는 퇴직하는 근로자에게 퇴직급여 및 퇴직적립금을 지급하기 위하여 「근로자퇴직급여보장법」의 퇴직급여제도 중 하나 이상의 제도를 설정하도록 되어 있고, 국고에 의한 지원을 받지는 않도록 있다(보건복지부, 2018). 나머지 사회보험과 관련한 권리는 사용자에 의해 4대 보험을 가입하도록 의무화 되어 있는 것으로 갈음한다. 한편, 보육교직원은 영유아를 대상으로 하는 사회서비스를 제공하는 주체이기에 인사기록카드를 해당 지자체에 보고하도록 되어 있고, 신원조회 등을 통해 결격사유가 존재하는지 확인하도록 규정되어 있다(동법 시행규칙 제11조). 이는 당연한 규정이라고 할 수 있다.

2015년 보건복지부의 전국보육실태조사 결과에 의하면 보육교사의 급여 수준은 일반적인 사회복지직보다 낮거나 유사한 것으로 나타난 바 있다. 어린이집에 근무하는 전체 보육교사의 월평균 급여는 147.78만 원, 월평균 수당은 36.52만 원, 월평균 총액은 184.30만 원으로 어린이집의 규모가 클수록 급여 수준이 높았고, 직장어린이집의 월평균 총액은 218.18만 원, 가정어린이집은 150.47만 원으로 어린이집 유형별로 차이가 발생했다. 이때 초임교사의 수당은 기본급 132만 8천 원, 수당 25만 6천원으로 총 158만 4천 원을 수령하고 있으며, 가정어린이집의 경우 기본급이 117만 7천 원으로 2015년 최저임금 기준 월환산 급여(월 209시간 근로기준)인 116.6만 원보다 약 1만원 높은 임금을 수령하고 있어 임금 측면에서 가정어린이집 종사자의 처우가 상당히 열악함을 알 수 있다.

〈표 4〉 기관 유형별 보육교사 급여　　(단위: 만 원)

구분	기본급	수당	총액
전체	147.8	33.4	181.2
국공립	180.1	34.3	214.4
사회복지법인	179.5	33.7	213.2
법인 · 단체	175.5	41.8	217.3
민간	127.0	32.8	159.8
직장	178.1	39.0	217.1
가정	113.8	28.7	142.5

출처: 김길숙, 문무경, 이민경(2015) 재구성.

　보육교직원의 보수와 관련한 일반적인 사항은 「영유아보육법」과 근로 관계법령(「근로기준법」 「근로자 퇴직급여 보장법」 등)을 원칙으로 하는데 국가는 보육교직원의 보수 기준을 정하기 위해 매년 인건비 지급기준을 공시하고 있다. 이때, 보육교직원의 경우 정부와 지자체에서 지급하는 급여성 수당인 처우개선비와 근무환경개선비 등의 보조를 포함한다. 즉, 인건비 지급 시 보건복지부장관이 정하는 보육교직원 봉급표를 기준으로 지급하며 처우개선비와 사회보험료를 추가로 지급하여야 하는 것이다.

　2017년 12월 기준, 전국 어린이집에서 근무하는 보육교직원의 수는 총 330,217명으로 집계된 바 있다. 보육교직원은 원장과 보육교사, 간호사 등으로 구분되고 그 중 보육교사는 담임교사와 대체교사, 방과후교사, 시간연장보육교사, 24시간보육교사, 시간제보육교사, 보조교사 등으로 구분할 수 있다. 어린이집 유형별로는 민간과 가정 어린이집에 종사하는 보육교지원이 가장 큰 비중을 차지하고 있었다. 이 중 90%에 해당하는 약 30만 명이 여성인 것으로 나타나고 있다. 이는 사회서비스 일자리, 특히 돌봄서비스 근로자가 주로 여성이라는 점과 일맥상통한다.

〈표 5〉 어린이집 보육교직원 현황 (단위: 명)

구분		계	원장	보육교사	특수교사	치료사	영양사	간호사	사무원	조리원	기타
계(전국)	소계	330,217	40,085	235,704	2,106	600	944	1,249	1,135	30,180	18,214
	국공립	36,098	3,125	25,610	976	164	128	190	174	4,017	1,714
	사회복지법인	18,845	1,389	12,452	839	350	93	119	142	1,848	1,613
	법인·단체 등	8,254	773	5,456	82	16	40	57	88	904	838
	민간	146,920	13,977	107,832	199	68	502	707	484	13,448	9,703
	가정	104,176	19,601	72,728	2	1	0	0	46	8,091	3,707
	협동	1,066	166	704	3	1	1	1	0	127	63
	직장	14,858	1,054	10,922	5	0	180	175	201	1,745	576

출처: 보건복지부(2017b).

또한 2013년 전면적인 무상보육 시행 이후 어린이집 재원 아동에게는 영유아 보육료가 지원되고 있는데, 이와 관련하여 총 1,431,940명의 아동이 보육료 지원을 받았으며 5세 이상의 경우도 158,502명이 지원을 받았음을 알 수 있다.

〈표 6〉 보육료 지원 현황(2017. 12. 31. 기준) (단위: 명)

시·도	보육료 지원 현황(①~⑥)							영아(만 0~2세)법정(①)						
	계	0세	1세	2세	3세	4세	5세 이상	계	0세	1세	2세	3세	4세	5세 이상
계	1,431,940	138,025	327,865	387,735	233,733	186,080	158,502	7,329	849	2,284	4,196	0	0	0
서울특별시	229,083	20,355	50,670	59,606	37,525	32,065	28,862	975	99	286	590	0	0	0
부산광역시	74,669	5,562	18,499	22,765	12,422	8,147	7,274	434	44	138	252	0	0	0
대구광역시	58,186	4,772	14,942	18,283	10,768	5,112	4,309	387	35	118	234	0	0	0
인천광역시	79,918	7,043	18,522	22,728	13,444	9,792	8,389	821	81	299	441	0	0	0
광주광역시	46,349	5,544	11,001	12,595	6,975	5,430	4,804	455	68	147	240	0	0	0
대전광역시	43,518	4,924	11,184	12,422	6,549	4,583	3,856	413	57	145	211	0	0	0
울산광역시	34,392	2,593	8,512	10,499	5,976	3,747	3,065	93	7	36	50	0	0	0
세종특별자치시	12,522	1,173	2,893	3,219	2,341	1,696	1,200	12	0	5	7	0	0	0
경기도	388,435	40,621	88,320	105,216	60,851	50,921	42,506	1,231	143	346	742	0	0	0
강원도	40,833	3,899	8,902	10,245	6,744	6,105	4,938	265	42	79	144	0	0	0

충청북도	49,476	4,083	10,189	12,225	8,377	7,764	6,838	223	26	60	137	0	0	0
충청남도	68,987	6,426	14,901	17,465	11,704	10,108	8,383	261	24	92	145	0	0	0
전라북도	51,632	5,803	11,603	13,373	7,430	6,870	6,553	492	66	147	279	0	0	0
전라남도	53,547	4,850	11,119	12,800	8,972	8,361	7,445	352	45	103	204	0	0	0
경상북도	70,322	7,604	17,186	19,737	11,535	7,718	6,542	345	46	105	194	0	0	0
경상남도	103,121	10,143	24,070	28,676	16,657	12,810	10,765	393	37	127	229	0	0	0
제주도	26,950	2,630	5,352	5,881	5,463	4,851	2,773	177	29	51	97	0	0	0

* 보육료 지급 총계: 어린이집에 재원 중인 아동 중 보육료지원 자격이 있는 아동 수
* 연령: 보육통합정보시스템 내에 등록되어 있는 보육연령
* 영아(만 0~2세)(②): '종일형영아(만 0~2세)' '맞춤형영아' 자격 아동 포함
* 장애아보육료(③): '장애아' '장애아방과후' '누리(만 3~5세 장애아)' 자격 아동 포함
* 다문화보육료(④): '누리(만 3~5세 다문화)' '영아다문화(만 0~2세)' '종일형영아(만 0~2세 다문화)' 자격 아동 포함
* 누리(만 3~5세)(⑤): '누리(만 3~5세 법정)' '누리(만 3~5세)' 자격 아동 포함
* 방과후(⑥): '방과후(법정)' '방과후' 자격 아동 포함

　한편, 어린이집으로 대표되는 보육시설은 양적 확충 이외에 질적인 성장이 담보되어야 할 제1순위의 사회서비스 전달체계라 할 수 있다. 이에 우리나라는 보육시설이 정부가 정한 기준의 서비스의 질적 수준을 담보하기 위하여 어린이집 평가인증제도를 시행하고 있다. 평가인증의 대상은 「영유아보육법」에 따라 설치한 모든 종일제어린이집(방과후어린이집 제외)으로 어린이집 정원·운영형태별 3종(40인 이상, 39인 이하, 장애아 전문)의 인증지표에 따라 이루어지며, 인증과정은 참여 확정, 현장관찰, 심의의 3단계로 이루어진다(보건복지부, 2018).[7] 평가인증제도의 도입 후 평가인증 참여 시설이 지속적으로 증가하고 있으나, 평가인증에 있어 미참여 시설이 여전히 존재하기 때문에 사각지대는 여전히 존재하는 것이 사실이다. 전국의 평가인증어린이집은 32,630개소로, 전체 어린이집의 81.1%가 평가인증을 받은 것으로 확인되고 있다. 하지만 지역별로 인증 받은 비율의 격차가 나타났는데 대전 지역의 경우는 70%의 어린이집만이 평가인증을 받았다고 나타나기도 하였다. 우리나라는 '제2차 중장기보육 기본계획'에서는 '서비스 질 관리 강

---

7) 우리나라는 호주의 국가인증제도나 미국의 민간인증제도 등을 토대로 하여 지표 개발, 체계 구축, 시범사업 과정을 거쳐 인증 제도를 도입하였다. 2003년 보육시설 평가인증제 모형 개발 등 준비작업 실시, 2004년 「영유아보육법」 개정으로 법적 근거 마련, 2005년 시범운영을 거쳐 2006년부터 본격 시행하였다(서문희, 이혜민, 2014: 75).

화 및 진입·퇴출 등 연계'를 추진, 평가인증의 질 관리 기제로서의 역할을 강화하고자 하였으나(보건복지부, 2013) 많은 행정적 비용과 시간에 비례하여 현실을 수용하지 못하는 평가인증제도에 대한 비판은 여전히 지속되고 있는 것으로 보인다.

(2) 어린이집 및 가족 양육지원체계: 육아종합지원센터

「영유아보육법」에서는 보육 지원 전달체계의 일종으로 육아종합지원센터의 설치를 명시하고 있다. 육아종합지원센터는 보육 및 양육에 관한 정보의 수집 및 제공, 보육교직원과 부모에게 교육 및 상담을 제공하기 위해 설립된 기관으로 보건복지부장관과 지방자치단체 장이 설치 및 운영하는 육아지원기관이다(「영유아보육법」 제7조).

해당 기관은 지역사회 내의 육아 지원을 위해 설립된 것으로 어린이집 지원 및 관리를 주로 진행하지만 시간제 보육서비스, 장난감도서관 운영 역시 지원하는 등 보육과 관련한 전반적인 서비스를 제공하고자 한다. 구체적으로는 보육 컨설팅, 교직원 상담 및 교육 등으로 어린이집을 지원하고 부모교육, 육아상담 등을 제공함과 동시에 일시보육서비스를 제공하여 가정에서 양육하는 부모를 지원하는 역할도 하게 된다. 그 외에도 찾아가는 부모교육, 찾아가는 보육교사 심리상담 지원으로 가정 내 양육과 기관에 대한 지원을 균형감 있게 하고자 프로그램을 구성하고 있다. 즉, 어린이집과 관련하여는 보육교사에 대해 물리적·심리적 지원을 주로 하며 어린이집을 직접적으로 지원하여 교사의 부담을 덜어줌과 동시에 전반적인 보육의 방향 점검, 어린이집 학부모를 대상으로 한 부모교육 등을 직접적으로 제공한다고 할 수 있다.

2018년 기준 육아종합지원센터는 중앙육아종합지원센터를 포함하여 총 101개로 시도지역에 18개, 시군구 82개로 분포한다. 중앙육아종합지원센터는 지방육아종합지원센터의 업무 전반에 대하여 관리와 평가를 수행하고 아동학대예방사업을 위한 정보를 구축, 인력을 확보하며 프로그램을 개발하기도 한다. 또한 각 지역의 육아종합지원센터는 지역의 보육 관련 정보를 수집하고, 지역의 특성을 고려하여 보육 프로그램을 제공하는 데 역할의 주안점을 둔다. 한편, 지역 전문인력과 유관기관 네트워크를 구축하여 지역사회 내 보육 지원 거점기관의 역할을 담당하게 된다. 지방자치단체는 육아종합지원센터의 설치 현황 등 지역 상황을 고려하여 역할을 수행하도록 할 수 있다.

〈표 7〉 육아종합센터 주요 사업

어린이집 지원 사업	가정양육 지원 사업	기타 사업
• 표준보육과정 교육 및 교재·교구의 제공 또는 대여 • 어린이집 설치·운영·이용 등에 관한 상담 • 어린이집 보육컨설팅 • 대체교사 지원 및 관리 • 보육교직원에 대한 상담 및 교육(보수교육 실시의 위탁) • 보육교직원에 대한 영유아학대예방 교육 및 상담 등 • 보육교직원에 대한 건강·영양·안전 교육 • 장애아보육 등 취약보육에 대한 정보의 제공 및 지원 • 보육교직원 구인·구직 정보 제공 • 어린이집 이용 부모에 대한 교육 • 열린어린이집 운영 지원 • 어린이집 재원 영유아를 위한 체험 및 놀이공간 제공 • 그 밖에 어린이집 운영 및 이용에 관하여 필요한 사항	• 부모교육 및 상담 • 부모−자녀 체험프로그램 운영 • 육아콘텐츠 개발 및 지원 • 영유아 체험프로그램 및 놀이공간 제공 • 도서·장난감 등 제공 또는 대여 • 일시보육서비스 제공 • 부모소모임 등 교류 공간 제공 • 영유아 발달에 관한 검사 • 그 밖에 가정양육지원 등에 관하여 필요한 사항	• 보육 및 양육에 관한 정보 수집 및 제공 • 보육프로그램 및 양육 콘텐츠 제공 • 정보지, 자료집 발간 등 보육 및 양육 관련 홍보 • 육아종합지원센터 및 유관기관과 연계사업 • 보육통합정보시스템 이용 관련 상담

　종합하면, 어린이집이 직접적인 보육서비스 전달체계로 기능하고 있다면 각 지역의 육아종합지원센터는 어린이집 보육교사 및 이용학부모에 대한 지원, 어린이집이 온전히 매우지 못하는 보육 공백에 대한 지원, 어린이집을 이용하지 않는 가정에 대한 각종 보육서비스와 관련한 지원 등을 수행하고 있다. 따라서 지역 내 필요 보육 욕구에 발 빠르게 대응하고, 전반적인 수요자의 욕구를 반영하면서 전체적인 보육서비스에 대한 지원 및 조율을 하고 있는 기관으로 자리매김하고 있다고 할 것이다.

　물론 지역 간 편중과 격차가 발생하여 지역별로 절대적인 수가 부족하거나 각 기능과 역할이 다소 차이나는 부분이 있지만 어린이집 서비스를 지원한다는 측면에서, 부모들을 지원한다는 측면에서는 그 취지와 기능이 동일하다고 할 것이다.

2) 보육정책 발전과정[8]

한국의 보육정책은 1920년대 이후 구빈적 성격을 가지고 시작하였다고 할 수 있다. 초창기에는 거시적인 목표가 아닌 단순히 일하는 여성을 지원하기 위한 목적, 요보호 아동을 보호하기 위한 목적 하에 시작된 것으로 볼 수 있다. 따라서 현재 언급하고 있는 의미의 실질적 보육사업은 「아동복리법」이 제정된 이후인 1962년부터로 보는 것이 일반적이다. 따라서 「아동복리법」 제정 이후에 여성의 경제활동 증진, 아동의 복리 증진, 저출산 해소라는 사회적 흐름 하에 보육정책의 내용이 조금씩 진일보하여 온 것이 사실이다. 이 절에서는 관련 법령 및 중앙 정부 주도의 보육계획을 중심으로 한국 보육정책의 발전과정에 대해 고찰하고자 한다.[9]

(1) 탁아사업(1960~1990년대)[10]

우리나라는 「아동복리법」에 근거하여 1962년부터 탁아사업을 실시하였다. 탁아사업은 현재 보육사업과 목적과 내용이 완전히 같은 것은 아니라 하겠지만 한국 보육정책의 시초라는 점에서 의미를 가진다.

1962년부터 1981년까지 보건사회부가 주관하는 탁아사업은 어린이집 691개소 설립과 운영을 중심으로 진행되었다. 그 이후 1981년 「아동복리법」이 「아동복지법」으로 전면개정되면서 탁아사업 역시 급격히 그 내용이 변화하기 시작하였다. 우선, 1960년대 후반 경제개발 5개년 계획으로 여성 취업이 급격히 증가하면서 보육 수요에 대응하기 위한 방안으로 시행되었다(조복희, 강희경, 김양은, 한유미, 2013). 한편, 1982년 12월 「유아교육진흥법」의 제정으로 어린이집을 새마을유치원으로 흡수하면서 문화교육부가 관리운영 주체가 되었고, 법 제정과 장학지도는 교육부, 시설운영과 관련 행정지도는 내무부, 보건의료는 보건사회부로 세 주체가 혼합하여 탁아사업에 관여하는 시스템으로 변화하였다. 즉, 보육정책을 주도하는 행정부서가 다층화되면서 보육정책의 주요 대상과 주체에 관하여 혼란을 가져온 시기이기도 하다. 그 이후 1987년에는 「남녀고용평등법」 제정으

---

8) 이 절의 내용은 이정원, 이윤진, 김희수(2017)의 "2018-2022 보육중장기 발전방안 연구" 중 본 저자가 작성한 부분에 대해 재수정하여 기술한 것임을 미리 밝혀둔다.

9) 지금까지의 변천과정을 거쳐 현재는 보육정책을 보건복지부가 주도하고 있는 것을 토대로 여기에서는 보육정책의 범주를 보건복지부가 시행하고 있는 사업을 중심으로 하고자 한다.

10) 이 절은 새싹플랜(여성가족부, 2006)의 부록을 참고하여 연구자가 요약 및 정리한 것이다.

로 직장보육시설(현 직장어린이집)이 도입되었는데 어린이집의 운영 목적으로 노동시장에서 활동하는 여성의 육아 부담을 덜어주고자 함이 명확하게 되었다고 평가할 수 있다. 즉, 노동시장에 참여하는 여성의 육아 문제를 사회와 직장에서 분담하게 된 것이다. 이때 직장어린이집의 주관 부서는 노동부였는데 그 이후 1989년에는 「아동복지법 시행령」에 탁아사업의 실시 근거를 다시 규정함으로서 직장어린이집을 비롯한 모든 어린이집 관련은 보육정책이라는 범주 하에 보건사회부가 전체적으로 주체적인 역할을 하게 되었다(이미화 외, 2013).

요약하면, 한국의 보육사업은 1990년대 이전까지 여성의 경제활동으로 인해 돌봄이 필요한 요보호아동을 중심으로 한 탁아사업으로 그 발전을 시작하였고 목적과 대상이 협소하지만 명확하였다고 본다.

(2) 보육사업 태동기(1991~2003)[11]

1991년 이후 「영유아보육법」이 제정되면서 한국의 보육사업은 탁아의 개념에서 나아가 보육으로 가치관이 확대된 전기를 맞이하였다. 보육이라는 개념이 현재의 개념으로 전이되기 시작한 시기라고 할 수 있을 것이다. 이때 보육시설의 종류를 국공립, 민간, 직장, 가정 등으로 규정하면서 기존의 민간보육시설과 놀이방을 법정보육시설로 포괄하였다(조복희, 강희경, 김양은, 한유미, 2013 재인용).

가장 큰 변화는 우선 보육서비스기관의 양적 확대이다. 김영삼 정부의 '신경제 5개년 계획'을 통해 일정 수준 이하 소득 계층을 대상으로 국가 책임 하에 무료 또는 실비로 기본서비스를 제공하였고 그 이상 소득층에 대해서는 수익자 부담원칙 하에 보육서비스를 받을 수 있는 환경을 조성하였다(조복희 외, 2013). 이는 철저하게 소득계층별로 보육료를 지원하는 선별적 복지의 일환으로 모든 아동의 권리를 보장한다는 보육의 개념보다는 소득 수준에 따른 국가보육의 시행을 명확히 하였다. 그 결과 공보육시설 1,673개, 민간 7,134개, 직장보육시설이 121개 증가하는 등 양적으로 보육사업이 급속도로 팽창하는 시기를 맞이하게 되었다. 복지의 방식을 떠나 이 당시 보육시설의 양적 확대는 획기적인 변화로 평가할 수 있다.

그 이후 보육시설의 질적 향상을 위한 움직임이 시작되었다. 그 이후 집권한 김대중 정부는 보육시설의 질적 향상을 주도하였다고 할 수 있다. 무엇보다 취약계층 지원을 중

---

11) 이 절은 새싹플랜(여성가족부, 2006)의 부록을 참고하여 요약 및 정리한 것이다.

심으로 보육정책이 확장되었는데, 무조건적인 수요에 대비한 양적 확충이 아니라는 점에서 높게 평가할 수 있다. 대표적으로 1998년 영아 및 장애전담 보육시설을 강화하고 민간보육시설에 대한 교재교구비 지원 강화, 보육료 특별 소득공제 신설 등을 실시하면서 최대의 전환기를 맞이하게 된다(조복희 외, 2013).

한편, 동 시기 이후 우리나라는 보육정책이라는 용어를 공식적으로 처음 사용하기 시작하였다. 기존에 일하는 여성이 그 공백을 메우기 위하여 '차선책으로' 본인의 자녀를 시설에 맡긴다는 인식이 포함되어 있는 탁아의 개념에서 탈피하여 보육이라는 것의 의미를 재해석할 수 있게 된 것이다. 따라서 현재에는 보편적으로 인식하고 있는 보육의 의미 및 국가적 책임에 대한 인식의 전기를 마련한 시기로 평가할 수 있을 것이다.

그러나 관련한 폐해도 지적할 수 있겠다. 보육시설의 급격한 양적 팽창은 국가 미지원 시설인 민간시설의 확장으로 이어졌고, 질적 수준을 담보하는 데에는 역량이 미치지 못함에 따라 서비스 질의 저하 및 보육 공급 구조의 민영화를 촉발하게 되는 계기로 작용하기도 하였기 때문이다. 이 같은 발전과정은 현재까지도 국공립시설의 민간 위탁 등 수많은 개선점을 안게 된 것으로 해석이 가능하다.

(3) 본격적인 보육정책 계획 수립 시작(2004~현재)[12]

2003년 참여정부의 출범 이후 영유아보육은 새로운 도약기를 맞이하게 된다. 이 시기 주관부처의 변경이 큰 변화를 주도하게 되는 계기가 된 것이 사실인데, 「정부조직법」 개정으로 영유아보육사업이 여성가족부로 주관부서가 이전되어 보육정책의 구체화를 위한 기틀이 마련된 결과로 평가하기도 한다(서문희 외, 2008). 대통령 직속으로 저출산고령사회위원회 설립 논의가 무르익으면서 저출산에 대한 관심은 보육정책의 구체화 및 보육의 공공성, 보육의 국가 책임 등의 논의로 확대될 수 있었기 때문이다. 2004년 이후에도 많은 변화가 있었지만 현재의 무상보육에 이르기까지 ① 보육의 의미 변화, ② 대상층의 보편적 확대라는 측면에서 현재까지 '본격적인 보육정책'의 시기로 유형화가 가능하기에 본 고에서는 동 시기를 하나의 범주로 해석하여 분석하였다.

이 시기에 「영유아보육법」의 전면개정으로 보육정책은 획기적인 변화의 시기를 맞이하였다. 2004년 6월 '고령화 및 미래사회위원회'에서 '보육 및 유아교육 지원의 공공성 확대' 대책을 발표함에 따라 시설설치와 종사자 배치기준의 강화, 보육시설 평가인증제

---

12) 이 절은 새싹플랜(여성가족부, 2006)의 부록을 참고하여 연구자가 요약 및 정리하였다.

도입, 소득수준별 육아비용 지원 등의 방안을 포함하는 '제1차 육아지원정책방안'이 마련되었다. 기존에는 시도되지 않았던 계획들이라고 평가 가능하다. 더욱이 2005년 5월에는 출산율 제고 및 여성경제활동 참가에 대한 대책을 포함한 '제2차 육아지원정책 방안'이 발표되었다(이미화 외, 2013). 여성의 경제활동의 지원 방안으로 보육의 양적 확대 및 다각화 방안을 구체적으로 논의하기 시작한 것이다. 또한 질적 향상도 병행되었다. 그 이후 동년도 12월부터는 시설장의 국가자격증제를 도입하여 보육시설의 전문화를 도모하였고, 보육시설운영위원회 설치를 의무화하면서 전문적인 직업으로 보육이라는 인식의 전환과 정책적 발전의 계기를 마련하게 된다(이미화 외, 2013).

정리하면, 2004년은 우선 「영유아보육법」의 전면개정으로 기존보다 본격적으로 보육정책이 수립된 의미 있는 시기로 평가할 수 있다. 특히 대통령이 직접 사회적 의제의 하나로 저출산과 더불어 보육을 제시하였다는 것에 큰 의의를 가진다. 또한 이 시기에는 최초로 '육아지원정책 방안'을 각 연도별로 두 차례 수립하여 보육에 대한 국가 지원을 강화하였는데 이때 제시된 여러 가지 정책이 현재까지 큰 맥락에서 보육정책의 기본 흐름으로 자리 잡고 있는 것을 상기하여야 할 것이다. 2004년 이후 현재까지 저출산고령사회 관련 계획과 보육정책이 국가 주도 하에 구체적으로 시행되고 있는 것만 보아도 동 시기는 현재의 정책 수립에 있어 그 어느 때보다 큰 영향력을 미친 시기로 평가할 수 있다.

한편, 2006년 이후 저출산·고령사회 기본계획이 단계별로 실시되기 시작하였다. 이때부터 저출산과 보육정책의 수립을 연계하기 시작하였다고 보아도 무방할 것이다. 2006년부터 2010년까지 실시된 제1차 기본계획에서 보육과 관련된 과제는 총 96개 과제로 전체적인 방향성으로 '출산과 양육에 장애가 없는 환경조성'을 제안하였다. 중점 과제로는 영유아 보육 및 교육비 지원 확대, 방과후 학교 확충, 양질의 육아인프라 확충, 육아휴직 활성화가 중점 과제로 추진되었다(대한민국정부, 2016).

2011년부터 2015년까지는 제2차 계획을 실시하였고 저출산 분야를 더욱 구체화하여 ① 일·가정 양립 일상화, ② 결혼 및 출산부담 경감, ③ 아동청소년의 건전한 성장환경 조성으로 구분하여 계획을 수립하였다. 일·가정 양립에서는 특히 유연한 근로형태 확산을 중점 과제로 삼고, 가정에서 부모가 육아를 할 수 있는 근로환경 조성에 주력하였다. 결혼 및 출산부담 경감과 관련하여 보육 및 교육비 전액 지원 확대를 중점 과제로 선정하였다.

2016년부터 2020년까지 시행되는 제3차 계획에서는 보육 투자의 질적 성숙을 도모하고 여성과 남성의 평등한 육아를 지원하며 단순히 양육비용을 지원하는 것에서 나아가 사회구조와 문화에 대한 배려를 통해 거시적이고 장기적인 관점에서 저출산 대책을 마련하고자 하였다. 그 중에서도 맞춤형 돌봄을 확대하고 교육 개혁을 병행하여 수요자 맞춤형 보육정책으로 저출산을 극복하고 양성평등 육아 문화를 조성하는 것에 주력하였다. 특히 가정양육 지원을 위한 서비스를 함께 확대하였다. 보육의 의미를 기관보육에서 확대하여 '안심하고 키울 수 있는 환경 조성'에 중점을 두고 정책을 추진하도록 한 것이다. 더욱이 제3차 계획부터는 민간 베이비시터의 질 관리, 대학(원)생 양육 지원 등을 추가적으로 신설하여 육아지원에 있어서 보육의 의미를 확대하고 변화하는 사회환경에서 보육의 질 제고에도 관심을 두고 정책을 추진하고 있다. 결국 저출산 계획의 기본은 '보육정책'에서부터 시작한다고 해도 과언이 아닐 것이다. 현재에도 이러한 영향력은 지속되고 있고 보육정책 이외에 수많은 정책이 다각도로 시행되고 있는 와중에도 그 기본은 보육정책이라는 점에서 의미를 찾을 수 있다. 저출산고령화 기본계획 중 보육과 관련한 내용은 〈표 8〉과 같이 정리할 수 있다.

〈표 8〉 저출산고령화 기본계획 중 보육 관련 내용 정리

구분	1차(2006~2010)	2차(2011~2015)	3차(2016~2020)
돌봄 관련	영유아 보육, 교육비 지원 확대	보육교육비 전액 지원 확대	맞춤형 돌봄 확대 및 교육 개혁
	방과후 학교 확충		초등돌봄 질 제고 및 확충
	양질의 육아 인프라 확충		믿고 맡길 수 있는 보육환경, 국공립 공공형, 직장 어린이집 비율 37%
일·가정 양립 관련	육아휴직 활성화	육아휴직급여 정률제 및 육아기 근로시간 단축청구권 도입	남성 육아 참여 일상화
		유연한 근로 형태 확산	중소기업과 비정규직도 아이 키우기 좋은 환경
기타			세 자녀 이상 가구 각종 공공요금 감면 혜택
저출산 예산 (조원)	19.7	60.5	108

출처: 대한민국정부(2016) 재구성.

이상에서 살펴볼 때 저출산 고령화 기본계획에서의 보육은 '보육은 미래를 위한 투자'라는 관점을 견지하는 것이 중요한 것임을 알 수 있다. 따라서 보육인프라 확대와 함께 보육료 지원을 지속적으로 확충하여 2013년 이후 영유아 전계층 무상보육 시행이라는 소기의 성과를 거둔 데 기여한 것으로 평가할 수 있고 현재에는 또 다른 도전에 직면해 있다고 볼 수 있다. 한편, 무상보육은 모든 아동에게 공평한 출발선을 제공하고 미래의 인적자원을 육성한다는 점에서 큰 의의를 가진다. 그러나 무상보육을 시행하고 있음에도 부모의 근로 형태를 고려하여 세밀하게 서비스가 제공되기에는 아직까지 한계가 있는 것이 사실이다. 취업모의 경우에는 보육서비스 제공 시간과 근로시간이 일치하지 않아 별도로 사적인 양육 부담이 가중될 수밖에 없게 되는 구조라든지 본인의 욕구를 충족하는 다양한 서비스 선택에 한계가 있는 것들을 예로 들 수 있다. 또한 어린이집 아동학대 사건에서도 볼 수 있듯이 보육의 확대가 보육의 질적 향상으로 이어지고 있지 못하다는 점, 초등학교에 진입하면서 돌봄의 공백이 발생함에 따라 보육의 범위와 대상이 점점 확대되고 있다는 점 등을 볼 때 보육서비스의 확대와 향상에 대한 고민이 더욱 필요하다고 할 수 있다.

3) 보육계획의 발전과정

한편, 우리나라는 「영유아보육법」에 명시된 사항인 정기적인 중장기 보육계획을 수립 의무로 하고 있다. 즉, 국가 차원의 계획을 바탕으로 우리나라의 보육정책은 체계적으로 그 외형을 갖추어 나가기 시작한다. 이는 저출산고령화 기본계획과 별개로 보육을 중심으로 중장기적 계획을 세우게 된 것인데, 2006년 7월 여성가족부는 '제1차 중장기 보육계획(새싹플랜, 2006~2010)' 수립 이후 중앙정부 주도로 '아이사랑플랜(2009~2012)' '제2차 중장기보육 기본계획(2013~2017)' 등을 수립하였고, 2018년에는 '제3차 중장기보육 기본계획(2018~2022)'을 수립하여 시행 중이다. 앞 절에서는 전반적인 보육정책의 흐름을 살펴보았다면, 여기에서는 이러한 보육 계획을 바탕으로 구체적인 보육정책의 발전과정을 살펴보고자 한다.

우리나라 최초의 중장기 보육계획인 새싹플랜은 가족구조의 변화 및 가정 내 돌봄 기능이 약화되고 있는 사회 구조, 그리고 출산율의 저하와 맞물려 보육의 국가 책임을 재고하고자 마련되었다. 동 계획은 영유아기의 발달에 대한 중요성은 저소득층 위주의 선별적 보육에서 보편적 보육으로 전환하여야 하고 수요자중심의 정책으로 패러다임이 전환되어야 한다고 한다.

새싹플랜은 향후 한국의 중장기보육 기본계획의 방향성을 설정함에 있어 필수적인 내용들을 모두 담고 있다. 기본 방향은 ① 국공립 보육시설을 2010년까지 2,700개소로 확충하고 영유아 육아지원시설 이용률을 2005년 46%에서 2010년 60%로 확대, ② 기본보조금 및 보육료 지원 확대로 보육비용에 대한 정부 재정 분담률을 선진국 수준으로 제고하여 보육시설 이용 아동 중 보육료 지원 아동을 전체의 80.8%까지 상향, ③ 아동수에 따른 기본보조금 지원 확대로 보육서비스의 질적 수준을 제고하고 부모의 육아부담 경감, ④ 장애아, 취업부모 등 다양한 보육 수요와 지역별 특성을 고려한 맞춤형 보육서비스 제공, ⑤ 보육시설 종사자 전문성 제고와 서비스 질 향상으로 아동 중심의 보육환경 조성 및 보육서비스 관리 강화 등이다.

동 계획을 바탕으로 만 5세 미만 저소득층 영유아에게는 차등보육료를 지원하기 시작하였는데, 이는 점점 그 대상이 확대되어 2009년 도시근로자 가구 평균소득 130% 이하까지 확대하였고, 법정 및 차상위계층은 2006년부터 보육료 전액 지원, 그 이외 계층은 소득 수준별 20~80% 지원으로 보육료 지원이 확대되었다.

그 이외 아동중심의 보육환경을 조성하기 위해 보육시설 이용 아동에 대해 안전 및 영양 관리 강화, 보육교사 전문성 제고를 위해 보육교사 양성체계를 강화하도록 하였으며 국가자격증제도를 도입하여 시설장의 전문화를 도모하였다. 표준보육과정 역시 법제화하면서 연령별 보육 프로그램이 개발되기 시작하였는데 보육시설에서 영유아를 보호하고 교육하는 전문적인 과정을 도입하였다. 그 밖에 보육서비스 관리체계를 강화하기 위해 보육담당 공무원을 확충하는 성과도 이루었다. 이러한 가시적 성과들 이외에도 본 보육 계획을 통해 현재의 보육정책 기반이 마련된 것이 다수이므로, 새싹플랜 이후 한국의 보육은 점진적이고, 체계적으로 발전하게 되었다고 하여도 과언이 아닐 것이다.

아이사랑플랜(2009~2012)은 이명박 정부가 들어섬에 따라 새롭게 보육중장기 방향을 설정한 것이라 할 수 있다. 새 정부의 국정철학을 반영하여 보완된 아이사랑플랜은 '아이와 부모가 모두 행복한 세상'을 비전으로 하여 '영유아중심, 국가책임제보육, 신뢰구축'의 3대 추진 방향을 설정하였다. 이에 ① 부모의 비용부담 완화, ② 수요자 맞춤 지원, ③ 보육시설 질 제고 및 균형 배치, ④ 보육인력 전문성 제고, ⑤ 전달체계 효율화, ⑥ 보육사업 지원체계 구축이라는 여러 과제를 수행하도록 틀이 마련되었다(보건복지부, 2013: 8-13). 특히 동 계획으로 인해 보육은 국가가 책임진다는 원칙을 확립하게 되는 시기를 맞이하게 되었다. 2011년 보육료를 소득하위 70%까지 지원하여 2008년 차상위(소득하위 15%), 2009년 소득하위 50%보다 보육료 지원 대상층이 대폭 확대되었다. 2009년 양육수당 도입 이후 그 지원 대상 및 그 금액을 확대하였고 2012년에는 만 5세 누리과정 및 만

3. 보육정책 현황과 발전과정

0~2세 전계층 보육료 지원으로 국가 책임은 더욱 강화되었다(보건복지부, 2013: 8).

보육시설 확충 역시 함께 지속적으로 이루어졌다. 국공립어린이집 확충과 더불어 국공립 수준의 우수한 민간어린이집을 지원하여 공공형어린이집으로 전환하게 되었다(2012년 기준, 778개소). 이와 같은 성과는 보육시설의 공공화라는 사회적 책무 이외에 보육 시설의 질을 향상시키는 방향으로 보육인프라 구축 방향을 설정했기 때문이다. 더욱이 2011년에는 평가인증컨설팅제도를 도입하여 인증 참여 확대 및 인증 결과와 지원을 연계하여 계획을 구체화하였다. 보육의 내실화를 추구하고자 하는 이념이 반영되어 있다고 평가할 수 있다.

또한 이 시기에는 보육서비스 전달체계에 큰 변화를 가져오기도 하였다. 사회복지서비스 전반에 있어 바우처의 도입이 논란이 된 시기인 것과 연관이 있다. 보육서비스와 관련하여 아이사랑카드라는 전자바우처를 도입하여 기관 지원 중심에서 수요자 중심의 보육서비스 전달체계를 구축하여, 부모에게 보육료를 직접 지원하게 되었다. 현재까지도 이러한 바우처 서비스는 논란이 있는 것이 사실이지만 수요자에게 가시적인 선택권을 강화하고자 하는 취지에서 바우처를 도입하였다고 할 수 있다. 더불어 2010년에는 보육진흥원을 설치하여 보육교직원 자격 관리를 시작하였는데 이는 보육지원과 관리 기능을 통합적으로 실시하기 위한 목적을 가진다.

아이사랑플랜은 우선 보육의 국가책임을 실현하기 위한 기초적 계획을 수립하였다는 점에서 기존의 계획보다 진일보한 특징을 가진다. 또한 보육의 질 제고와 시설 확충, 보육료 지원을 동시에 실행하여 수요자 맞춤형 보육에 한 단계 더욱 다가간 것으로 보인다. 다만, 동 계획 실시 이후에도 여전히 보육서비스 질은 수요자 눈높이에 맞추어 향상되지 못하였다. 특히 보조금과 관련한 각종 비리와 부조리 등은 수요자와 공급자 간, 수요자와 정부 간 불신을 초래하였고 대규모 재정 투입과 서비스 질의 향상과는 괴리를 가져왔다. 아이사랑플랜 실시 이후 종일제보육이 중심이 되어 획일적으로 보육서비스를 제공한 것 역시 문제점으로 지적할 수 있다. 아동의 연령과 부모의 취업 여부 등을 고려하지 않고 12시간 종일제 지원은 부모의 자녀 양육에 대한 책임감을 저하시키는 데 일조하였고 영아의 발달 시기에 기관 생활을 강요하는 결과를 낳은 것으로 평가할 수 있다.

아이사랑플랜 이후 박근혜 정부에서는 제2차 중장기보육 기본계획을 마련하였다. 동 계획은 아이사랑플랜의 문제점을 보완하고 '수요자 맞춤형 복지'라는 박근혜 정부의 국정철학을 반영하였다. '아이는 행복하고 부모는 안심할 수 있는 세상'이라는 비전하에 '안심보육'을 표방하였다. 구체적으로 ① 아이의 건강한 성장 발달을 최우선 하고, ② 보육에 대한 국가의 책임을 실현하며, ③ 참여와 신뢰의 보육 생태계를 조성하기 위한 것이 주요 테마를 이루었다. 한편, 국가 책임 보육이라는 것은 모든 아이에게 양질의 교육과 돌봄서비스를 제공하여 최적의 출발선에서 출발할 수 있는 기회를 부여하고자 함을 반영한다(보건복지부 보도자료, 2013. 12. 31.) 이에 정책의 지원 대상을 시설이용 영유아 중심에서 모든 영유아까지 확대하도록 하였다. 특히 일·가정 양립 정책과 함께 가계의 양육 부담을 완화하여 보육에 대한 국가 책임을 실현하였는데 기존의 선별적 지원을 보편적 지원으로 확대하여 국가보육, 국가양육의 틀을 확립하는 데 주력하였다. 또한 이러한 양적 확대가 서비스 질의 향상으로 이어질 수 있도록 보육교직원의 처우를 향상하고 정책 집행 과정에서 정책 수혜 대상자가 직접 참여할 수 있도록 여건을 조성하도록 하였다. 무상보육의 전면적 시행시기에 이른 것이다.

우선, 소득 구분없이 0~5세 전계층에 보육료 및 양육수당을 지원하고, 아동, 부모, 가구 특성에 따라 다양한 양육 여건 및 환경에 맞는 맞춤형 서비스를 제공하도록 하였다(보건복지부, 2013: 24). 한편, 믿고 맡길 수 있는 국공립, 직장 등 공공형 어린이집을 지속적으로 확대해 나가며 보육교직원 관리와 전문성 강화를 지원하였다. 그 밖에도 보육서비스 재정 및 전달체계를 개선하여 한국형 유보통합을 추진하는 데 주력하였다(보건복지부, 2013: 25).

특히 동 계획에서는 수요자 맞춤형 지원을 중점 과제로 선정하고 추진하였는데 실수요와 상관없이 종일제 시설 서비스로 몰리고 있는 것을 방지하고 시간제 돌봄과 차등 보육료 지원을 감행하도록 하였다. 즉, 무상보육을 실시함과 동시에 맞벌이 가정의 영유아를 우선적으로 기관 입소에 배려하도록 하였다. 이는 종일제 무상보육의 미비점을 보완한 것으로 전업주부, 맞벌이, 시간선택제 취업모 등의 다양한 보육 수요를 반영하여 보육체계를 다시 구성하도록 하였다. 행정인프라 구축 측면에서는 기존의 육아종합지원센터 기능과 양을 확대하고 동 기관을 전국적으로 확산하여 원스탑으로 보육 및 양육 지원 서비스를 이용할 수 있도록 하였고 온라인으로 입소대기관리시스템을 2014년부터 구축하여 실시간으로 어린이집 입소 가능 여부 및 현황을 수요자가 확인할 수 있도록 공개하였다.

그러나 무상보육 실시와 함께 보육의 공공성 확대는 어린이집의 양적 확대를 가져왔으나 서비스 질의 향상은 기대를 충족시키지 못하여 학부모 입장에서는 그 욕구가 충족되지 못하였다. 한편, 가정양육수당과 보육료 지원의 심각한 형평성 문제도 제기되어 무상보육의 폐해와 보육 재정의 무분별한 확대는 향후 보육의 국가 책임과 재정 책임간의 문제를 야기라는 원인으로 작용하였다.

현재는 2018년부터 제3차 중장기보육 기본계획이 시행 중이다. 동 계획은 전반적으로 무상보육 실현 이후 보육서비스의 공공성 강화와 질적 향상을 목적으로 하고 있다. 특히 여성의 경제활동참여 증가에 따라 어린이집 공급 확대뿐 아니라 어린이집 서비스 질 강화에 주안점을 두고 계획을 수립하였다. 이는 만 0~2세 영아의 어린이집 이용률이 2006년 11.2%에서 2016년 36.0%로 약 3배 가까이 증가한 것을 볼 때에도 공급 확대뿐 아니라 영아보육을 위한 질적 향상이 필요한 시점인 것에 근거한다. 제3차 중장기보육 기본계획은 '영유아의 행복한 성장을 위해 함께하는 사회'를 비전으로 '보육 및 양육에 대한 사회적 책임 강화'를 실현하기 위한 목적을 가지고 있다. 구체적으로는 ① 보육의 공공성 강화, ② 보육체계 개편, ③ 보육서비스의 품질 향상, ④ 부모 양육 지원 확대의 네 분야를 통해 실현된다.

보육의 공공성 강화는 국공립어린이집 이용률을 2017년 13%에서 22년 40%까지 확대하는 것과 함께 운영의 공공성을 위해 사전컨설팅과 현장평가 및 사후관리를 강화하여 실현하도록 한다. 또한 어린이집 원장의 자격 요건을 강화하며 유치원의 원감과 같은 중간관리직을 신설하는 방안 역시 검토할 계획이다.

보육체계 개편과 관련하여 '표준보육시간제도' 도입을 통해 수요자중심의 어린이집 이용 시간 보장과 함께 표준보육비용재계측을 추진한다. 표준보육과정도 개정하는데 영아의 놀 권리 및 균형 있는 발달에 역점을 두고자 한다.

보육서비스 품질 향상은 보육교사 자격체계 개편, 보수교육 강화, 보조교사 확대 투입, 어린이집 평가 관리 사각지대 해소 등을 통해 달성하고자 한다. 그 외에 안전에 대한 관리를 함께 병행한다. 마지막으로 부모의 양육 지원 확대는 부모교육 실시 강화, 가정양육 가구의 보육시설 이용 지원, 육아종합지원센터 확대를 통한 가정양육 지원 등을 통해 달성하고자 한다.

제3차 중장기보육 기본계획은 기존에 보육의 공급 확대와 서비스 이용료 무상화에 치중했던 계획에서 현실적 수요를 고려한 질적인 보육서비스 향상에 초점을 맞추고 있는 것으로 보인다. 향후 보육정책이 진일보하기 위해서는 보육시설 확대와 더불어 보육의 공공성 강화를 중심으로 질적인 서비스 향상에 만전을 기하여야 하겠다. 이를 위해 내용적 측면에서 보육교사의 근무 환경 개선, 인력 확충 등이 병행되어야 아동의 보육의 질 역시 향상될 수 있다. 이상 네 차례에 걸친 보육계획의 주요 내용과 특징을 비교하여 제시하면 〈표 9〉와 같다.

〈표 9〉 중장기보육 계획 비교

구분	새싹플랜 (2006~2010)	아이사랑플랜 (2009~2012)	제2차 중장기보육 기본계획(2013~2017)	제3차 중장기보육 기본계획(2018~2022)
기본 방향	• 국공립 보육시설 확대 • 정부 재정 분담 강화 • 부모의 육아부담 경감 • 다양한 수요자 맞춤형 보육서비스 제공 • 아동중심 보육환경 조성	• 부모의 비용 부담 완화 • 수요자 맞춤 지원 • 보육시설 질 제고 및 균형 배치 • 보육인력 전문성 제고 • 전달체계 효율화 • 보육사업 지원체계 구축	• 아이의 건강한 성장 발달 우선시 • 보육 국가 책임 실현 • 참여와 신뢰의 보육 생태계 조성	• 보육의 질적 향상 • 보육 공공성 강화 • 보육체계 개편 • 부모 양육 지원 확대
비용 지원 관련	• 소득별 차등보육료 지원 • 기본보조금제도 도입	• 보육료 지원 확대 • 양육수당 지원 • 국공립 어린이집 확대	• 0~5세 전 소득계층 보육료 및 양육수당 지원 • 보육료 적정화: 표준보육비용 계측	• 표준보육비용 재계측
일·가정 양립	• 입소 시 취업모 우선 배려 • 시간연장보육 확대	• 어린이집 입소 시 비정규직 근로자 차별 완화 • 시간연장보육 강화	• 맞벌이와 홑벌이 보육 시간 차등화: 맞춤형 보육 실시	• 가정양육서비스 지원 강화
교사 및 전달 체계	• 국가자격증제도 도입 • 보육담당 공무원 확충 및 보육행정 시스템 전산화	• 안전공제회 설립 • 인건비 지원과 연계한 서비스 계약제 도입 검토 • 보육진흥원 설립하여 보육교직원 자격 관리	• 육아종합지원센터 전국적 확산	• 육아종합지원센터 확대 • 교사 보수교육 강화 및 자격체계 강화

출처: 여성가족부(2006); 보건복지가족부(2009); 보건복지부(2013); 보건복지부(2017e).

4. 보육정책의 확장: 지역사회와 돌봄

서두에서 언급한 바와 같이 보육은 넓은 범주에서 '돌봄'의 한 분야에 속한다. 따라서 중앙정부 주도의 보육정책과 보육계획은 '국가중심 돌봄'의 기틀 마련을 촉진케 하였다. 이와 같은 보육정책의 발전은 여성의 경제활동으로 발생하는 돌봄의 공백을 국가 주도의 돌봄 확장이 가장 큰 성과라고 할 수 있다.

하지만 보육정책의 발전과 더불어 또 다른 패러다임의 전환이 이루어지고 있다. 첫째, 돌봄의 대상층 확대, 둘째, 수요자 욕구의 다양화를 반영하여야 하는 시점에 와 있기 때문이다. 이에 기존의 어린이집 중심의 보육 기반에서 나아가 주 양육의 주체인 부모가 주도하고 마을, 즉 지역사회가 협력하는 방식이 더해지고 있는 것이다. 협의의 보육정책에는 기존의 기준에 의한다면 포함되지 않았으나 광의의 보육정책, 나아가 돌봄의 영역으로 보육을 확장한다면 생각해보아야 할 요소들이 등장하기 시작한 것이다. 예전 전통적인 품앗이 방식 내지는 마을 주도의 공동 육아 방식을 핵가족화와 여성의 경제활동참가로 인한 사회 변화에 접목시킨 것이라 할 수 있다.

요약하면, 기존의 획일화된 보육시설 중심의 보육정책에 변화가 생기고 있다고 할 수 있다. 이는 두 가지 변화를 수반한다. 우선 보육정책의 대상이 확장되었다는 것이다. 기존에 영유아를 중심으로 하던 보육정책의 대상을 초등학생까지 확장하여 아동돌봄이 보육의 영역에 포괄될 여지를 보이고 있다. 다음으로, 어린이집을 중심으로 하는 보육시설 이외에 보육이 시행되는 공간이 확장되었다는 것이다. 이는 지역사회의 자생적인 조직 내에서 활성화되어 온 마을중심의 공동육아 방식이 현재의 사회적 흐름에 맞게 변화하였다고 평가할 수 있다. 결국 현재 어린이집과, 더 나아가 초등학교에서 포괄하지 못하는 돌봄의 시간 공백을 메운다는 점에서 큰 의미를 가진다. 따라서 여성가족부는 공동육아나눔터와 가족품앗이 사업 지원, 보건복지부는 다함께 돌봄 사업, 서울시는 온마을 돌봄체계 구축으로 보육의 대상과 방식 확대를 도모하는 데 기여하고 있다.

우선, 공동육아나눔터는 가정 내 육아에서 나아가 지역사회의 돌봄공동체 역할을 강화하고자 하는 목적을 가진다. 따라서 본 시설을 통해 지역사회 돌봄 주체 간 교류, 아동의 지역사회 내 성장 등을 목표로 하고 있다. 따라서 일정 공간에서 서비스 수요자 간 교류를 통해 공동체 형성을 지원하며 지역사회 내 사랑방 역할을 지향하고 있다.

다음으로, 가족품앗이 사업은 공동체 정신을 바탕으로 자녀 양육의 부담을 지역사회 내에서 분담하고자 하는 취지로 시작되었다. 따라서 공동육아나눔터 공간을 이용하여 사업이 진행되며 돌봄수요자가 사업의 주체가 되어 등하교 동행, 체험활동, 부모교육 등을 시행한다. 즉, 동 사업은 여성가족부가 지원하는 지역사회 공동체 방식이며 공동육아나눔터와 연계 운영하고 있는 사업이라고 할 수 있다.

이하에서는 보육정책의 확장과 지역사회 역할 강화라는 측면에서 주목할 필요가 있는 대표적인 정책 두 가지를 소개하도록 한다. 구체적으로 소개할 사례는 지역기반 돌봄공동체 도입 사업인 보건복지부 주도의 지역사회 돌봄 촉진 정책인 '다함께 돌봄 사업'과 지방정부 주도의 돌봄 촉진 정책인 '온마을 돌봄체계'이다.

1) 보건복지부의 다함께 돌봄 사업[13]

보건복지부가 시범 운영 중인 다함께 돌봄 사업은 돌봄 지원에 있어 지역사회의 역할을 강조한 사업이다. 즉, 돌봄 사각지대의 해소에 지역사회 돌봄 환경 조성과 돌봄공동체 강화를 위해 도입하고자 한 내용을 담고 있다. 기존에 지역에서의 돌봄은 주로 공동육아나눔터 사업, 가족품앗이 사업 및 육아지원센터를 통한 가족 지원의 방식으로 이루어지고 있다. 반면에, 다함께 돌봄 사업은 대상의 측면에서 영유아와 초등학생을 포괄하여 민관이 협력하여 돌봄 공백을 메운다는 특징을 가진다. 이에 지역사회 내 거점기관을 중심으로 지역사회의 돌봄 역할을 강화하고 있다. 따라서 영유아와 초등학생 자녀를 둔 학부모들이 기존에 이용하던 서비스의 물리적·시간적 공백을 메우는 역할을 하며 지역사회 내에서 이를 해소하고자 하는 사업이라 할 수 있다.

사업 진행의 거점기관인 다함께 돌봄센터는 접근성과 수요자 욕구 측면에서 장점을 가지는 곳을 선정하게 되며, 부모가 직접 참여하여 돌봄서비스를 운영한다. 대부분 현재 진행되고 있는 다함께 돌봄 사업은 아파트 공용공간이나 지역사회복지관, 주민센터 등의 공간을 활용하여 지방정부가 관리 운영을 하는 방식으로 이루어지고 있다. 이때 부모의 참여는 프로그램 운영, 간식 제공 등으로 진행되며 맞벌이 부부를 위하여 주로 운영되기에 운영 시간은 저녁 7시나 8시까지 운영하는 것이 일반적이다.

해당 사업은 지역사회 돌봄 영역에서 민관협력의 핵심적인 모델로 지칭할 수 있을 것이다. 이에 기존의 돌봄서비스가 서비스 제공 주체 측면을 강조하여 수요자의 참여를 제한하였다면, 동 서비스는 서비스 수요자가 적극적 주체가 되어 수요자의 욕구를 반영하

---

13) 이 절은 보건복지부(2017)의 '다함께 돌봄' 관련 내부자료 내용을 참조하여 작성하였다.

여 지역별로 해당 서비스를 운영할 수 있다는 특성을 가진다.

2) 서울시 온마을 돌봄체계

각 지방자치단체는 최근 들어 중앙정부 차원에서 세부적으로 시행하기 힘든 '지역사회에 기반한'돌봄 정책을 시행하기에 알맞은 여건을 형성하는 데 주력하고 있다. 한편, 광역지자체와 기초지자체는 현재 기관 중심으로 이루어지고 있는 돌봄 공백을 각 지자체 참여하에 마을공동체를 활용하여 해소할 수 있는 다양한 정책들을 발굴하여 시행 중이다. 대체적으로 맞벌이가정을 중심으로 돌봄 사각지대를 해소하려 하고 있으나 맞벌이가 아니더라도 취약계층, 한부모가정 및 긴급보육이 필요한 일반 가정에게 해당 정책을 시행하여 돌봄 공백 해소에 기여하고 있는 것이다.[14]

그 중에서도 서울시는 마을공동체 종합지원센터를 설립하고 돌봄공동체 지원사업을 통해 마을공동체가 주도하는 초등 방과후 돌봄과 영유아 돌봄을 지원하고 있다. 2018년 2월에는 '청년의 사랑에 투자하는 서울'이라는 슬로건 하에 자녀양육 및 보육부담을 집중적으로 해소하기 위해 가정양육 '열린육아방', 방화후 돌봄 '키움센터' 등 동 단위의 '온마을 돌봄체계'를 발표한 바 있는데, 마을 중심의 돌봄체계를 공고히 하고자 하는 의지를 보이고 있다. 구체적으로는 서울에 거주하는 만 0~11세 아동 총 88만 명에 대하여 '온마을 돌봄체계'를 구축하고, 어린이집에 대한 투자를 늘려 공공책임 보육을 실현하기로 한 것인데, 무엇보다 지역 중심의 돌봄체계를 공고히 하고자 하는 정책적 목적이 기존과 차별화된 방향으로 보인다.

우선, 동별로 만 0~5세 아이를 나 홀로 키우는 가정 양육 부모들을 위한 돌봄과 소통의 공간으로 '우리동네 열린육아방'을 450개소 설치하고, 초등학생들의 방과후나 휴일 돌봄 공백을 해소할 '우리동네 키움센터'를 125개 설치한다. 이 두 기관이 거점이 되어 영유아부터 초등학생까지 돌봄 공백을 지역사회 중심으로 해소하고자 하는 의지를 보이고 있다.

열린육아방에는 기존에 서울시가 운영하던 '우리동네 보육반장'이, 우리동네 키움센터에는 '우리동네 키움 코디네이터'가 상주하게 되는데 지역사회의 돌봄 기능을 강화한 것

---

14) 서울특별시 2018. 2. 21. 보도자료, '서울시, 주택 8.5만호 공공책임보육, N포세대 고통 던다'를 참조하여 작성하였다.

으로 보인다. 결국 개인이 아닌 지역 단위로 육아부담을 공동으로 분담하겠다는 의미인데 2022년까지 해당 인프라를 구축하여 마을 중심의 보육서비스 체계를 확립할 예정이다. 양자를 비교한 것은 〈표 10〉과 같다.

〈표 10〉 우리동네 열린육아방과 우리동네 키움센터

	우리동네 열린육아방	우리동테 키움센터
대상	어린이집 미이용 만 0~5세 아동과 부모	초등학생
인프라 기능	공동육아 품앗이 공간	구립도서관 등 공공시설 유휴공간을 지정하여 돌봄과 학습, 문화, 체육 프로그램 등 제공
관련 인력	우리동네 보육반장 상주	우리동네 키움 코디네이터 최대 4명 배치
인력 기능	지역 내 보육과 육아자원 연결	도서관, 체육관, 박물관 등 돌봄, 교육, 여가 프로그램 연계 지원

출처: 서울시 보도자료(2018. 2.) 재구성.

이와 더불어 서울시는 '우리동네 보육반장'을 통해 아이의 어린이집은 어떻게 선택해야 할지, 동네 가까운 곳에 엄마를 위한 커뮤니티는 없는지 등 육아 및 보육 정보를 제공하는 인프라를 마을 중심으로 구축하고 있는데 그 외에도 각 기초지자체별로 마을 공동체 사업을 시행하도록 지원하고 있다.

한편, 공동육아 공동체를 중심으로 돌봄과 관련한 마을공동체 사업이 시행하고 있다. 서울시는 주민 3인 이상 계획을 수립하여 공동육아를 하고자 하는 단체를 지원하고 있는데 마을공동체 사업을 지역사회 돌봄과 연계시킬 수 있는 장점을 가진다. 이는 지역사회와 이웃이 함께 아이들을 키우며 모임을 통하여 더불어 살아가는 삶을 스스로 학습할 수 있도록 지원하는 취지이며 공동육아와 발달, 체험 프로그램, 부모교육, 재능기부, 육아용품 및 장난감 나눔터 등의 사업 내용으로 구성된다. 최소 돌봄 아동은 5명 이상일 경우 지원 대상이 되며 돌봄 아동 수에 따라 350~1,000만 원까지 지원한다.

이와 같은 상황을 종합하여 보면 2018년 보육정책은 기존의 어린이집을 바탕으로 한 인프라 확대, 어린이집 공공성 강화에서 나아가 보육정책 대상의 확대와 주체의 다양화 등을 반영하여 지역사회 역할을 강화하는 방향으로 진화하고 있음을 알 수 있다. 즉, 보육정책의 영역이 더욱 확장되고 있는 것을 의미한다. 이는 궁극적으로 보육의 주체가 지방정부를 포함하는 국가와 내 이웃, 그리고 주양육자인 부모까지 모든 사회의 협력 구조로 변화하여야 한다는 것을 의미한다. 향후 의미 있는 발전을 기대해 볼 수 있을 것이다.

5. 나가며: 초저출산 사회에서의 보육정책, '아동이 행복한 사회'

 한국의 보육정책은 지속적으로 변화하고 발전하고 있다. 일하는 여성을 중심으로 형성되고 계획된 보육계획에서부터 각종 주관부처의 변화와 함께 현재는 보건복지부 주도의 어린이집 정책을 중심으로 보육정책이 이루어지고 있다. 제도의 발전과정 속에서 일과 생활의 양립이 중시되는 것을 시작으로 최근에는 아동의 권리 증진까지 고려한 보육의 질을 언급하게 되었으며 보육서비스 제공자인 보육교사의 근무환경 역시 고려할 수밖에 없는 상황이 도래하였다.

 한국의 보육정책 발전과정을 국가 주도의 보육계획을 중심으로 살펴봄과 함께 초저출산 사회에서 지역사회가 함께하는 보육정책의 변화에 대해 간략히 살펴보았다. 기존에 어린이집을 중심으로 진행되었던 보육정책은 이제 어느 한 부처의 일이라기보다는 사회 전체가 책임지고 수행하여야 하는 부분으로 자리매김하여야 할 시점이다. 이는 '국가와 사회, 가족이 함께 책임지는 보육으로의 패러다임 전환'이 필요한 시점이라는 것을 말한다.

 궁극적으로 누구나 아이 키우는 삶이 행복한 사회이여야 하고, 아동이 행복한 사회를 위해 보육정책이 제 본연의 기능을 하여야 한다. 따라서 통합적이고 포괄적인 접근으로 보육 정책을 재구성하여야 할 것이다. 이는 기존의 어린이집 확대 정책과 공보육 확충에서 나아가 보육교사의 근무환경 개선, 보육시설 환경 개선, 아동의 권리 향상이 보육정책의 핵심적 아젠다로 자리잡아야 한다는 것과 궤를 같이한다. 결국 예전과 마찬가지로 노동시장 참여, 일과 가정의 양립에 있어 보육정책이 핵심이자 중심부에 자리 잡고 있다는 것을 의미한다. 더불어 이제 보육정책의 방향은 기존에 자리 잡고 있는 보육의 공공성 확보에서 나아가 질적인 향상으로, 그리고 주체와 책임의 다양화와 같은 대대적 전환이 필요하다는 것을 의미한다. 지속적으로 발생하고 있는 어린이집 아동학대 사건, 보육교사의 업무 부담 과중으로 인한 사고 등은 단순히 한 개인의 책임 여하를 떠나 전체적인 정책의 틀 내에서 보육서비스의 질적 향상에 대해 구체적으로 논의하여야 한다는 것을 보여 주기도 한다.

 초저출산 시대에서 궁극적인 보육의 목표는 보육 책임의 주체가 누구이냐, 국가의 책임을 어느 정도로 강화하여야 하는 것을 설정하는 것이 아닌, 보육의 대상으로서 아동을 바라보는 관점을 보다 면밀하게, 보다 구체적으로 전환하여야 하는 것을 의미한다. 1960년대 탁아사업부터 발전하여 온 한국의 보육정책은 2000년대 중반을 지나면서 '보육의 국가 책임'을 실현하여야만 하는 당위에서 나아가 '아동 중심'의 질적 전환을 고려할 시기가 도래했다고 볼 수 있다. 이를 위해서는 보육정책의 대대적인 패러다임 전환이 필요하다 할 것이다. 공보육 확충만이 저출산 해결의 비책이 될 수 없듯이 사회 각 분야의 모든 노력과 인프라 구축만으로 저출산이 해소된다고 단정할 수 없다. 기존의 국가 중심의 보육시스템 구축, 그리고 보육 책임 주체의 분배를 중심으로 이루어졌던 정책적 방향에서 나아가 지역사회 중심의 돌봄체계 구축, 보육에서 아동이 중심이 되는 정책의 집행 등 각 분야의 노력 등이 한 데 모아질 때 보육정책의 발전에서 한 발자국 더 나아가 '아동 행복 사회'로 이행하는 실질적 발걸음이 될 것이다.

참고문헌

고용노동부(2016). 일가정양립 실태조사. 고용노동부.

교육과학기술부, 보건복지부(2011). 5세 누리과정 해설서.

교육통계연보(2008~2015). 교육통계.

국민대통합위원회(2015). 국민통합 이슈 모니터링(Vol. 9): 가족구조의 변화와 국민통합. 국민대통합위원회.

국정기획자문위원회(2017). 문재인 정부 국정운영 5개년 계획.

권미경, 박원순, 엄지원(2016). 가정 내 양육 내실화 방안. 육아정책연구소.

권미경, 이미화, 배윤진, 윤지연(2016). 「유치원·어린이집 통합평가」현장적합성 제고 방안. 육아정책연구소.

김기헌, 신인철(2012). 유아교육 및 보육 경험의 장기 효과: 또래 교사관계 및 학 업성취도. 한국사회학, 46(5), 259-288.

김길숙, 문무경, 이민경(2015). 유치원·어린이집 교사 권익 보호 실태 및 증진 방안. 육아정책연구소.

김수정(2015). 보육서비스의 트릴레마 구조와 한국 보육정책의 선택-민간의존과 비용중심의 정책. 경제와 사회, 105, 64-93.

김영미(2011). 보육정책에 대한 비판과 대안—정책개선의 문제인가? 패러다임전환의 문제인가? 황해문화(70), 2011 봄, 85–110.

김은설, 이진화, 김혜진, 배지아(2014). 유치원·어린이집 운영 실태 비교 및 요구 분석. 육아정책연구소.

김인경(2012). 보육정책의문제점과 개선방안. KDI 정책포럼, 246, 1–8.

김헌진(2012). 우리나라 무상보육정책과 사회적 형평성: 사회 정의론적 관점의 접근. 한국영유아보육학, 72, 419–445.

김현숙, 이수진(2012). 보육산업의 현황과 향후 정책방향. 응용경제, 14(2), 5–30.

김혜민, 임성환, 박병식(2016). 무상보육정책의 만족도 분석과 개선방안: 도·농, 기관유형, 영·유아의 보육여건을 중심으로. 한국행정논집, 28(3), 465–490.

대한민국정부(2016). 제3차 저출산 고령사회 기본계획.

더불어민주당(2017). 제19대 대통령선거 정책공약집—나라를 나라답게.

보건복지가족부(2009). 2009~2012 아이사랑플랜.

보건복지부(2008b~2016b). 보육통계(각년도).

보건복지부(2013). 제2차 중장기보육 기본계획.

보건복지부(2013d~2016d). 성과관리 시행계획(각 연도).

보건복지부(2015c~2016c). 보건복지부 소관 예산 및 기금운용계획.

보건복지부(2014e~2017e). 자체평가 결과보고서.

보건복지부(2017a). 2017 공공형어린이집 업무매뉴얼.

보건복지부(2017b). 2017 보육통계.

보건복지부(2017c). 2017 부모모니터링단 운영매뉴얼.

보건복지부(2017d). 보육사업 안내.

보건복지부(2017e). 제3차 중장기보육 기본계획.

보건복지부(2018). 보육사업 안내.

서문희, 김혜진(2012). 2012 보육정책의 성과와 과제. 육아정책연구소.

서문희, 안재진, 유희정, 이세일(2009). 보육정책 개편방안 연구—영유아보육법을 중심으로. 육아정책연구소.

서문희, 이혜민(2013). 2013 보육정책의 성과와 과제. 육아정책연구소.

서문희, 이혜민(2014). 영유아 교육·보육 재정 증가 추이와 효과: 2004–2014. 육아정책연구소.

서문희, 최윤경, 김문정(2011). 2011 보육정책의 성과와 과제. 육아정책연구소.

서문희, 최혜선(2010). 2010 보육정책의 성과와 과제. 육아정책연구소.

송다영(2014). 돌봄의 사회화와 복지국가의 지연. 한국여성학, 30(4), 119–152.

송승민(2010). 보육산업의 경제적 파급효과. 산업경제연구, 23(5), 2713–2731.

신윤정, 고제이, 이지혜, 윤자영(2013). 자녀양육지원 정책 평가와 개선방안. 한국보건사회연구원.

여성가족부(2006). 새싹플랜. 제1차 중장기 보육계획(2006-2010).

여성가족부(2015). 2015년 한부모가족 실태조사. 한국여성정책연구원.

유해미, 강은진, 조아라(2015). 2015 보육정책의 성과와 과제. 육아정책연구소.

유해미, 김아름, 김진미(2015). 국내 육아지원정책 동향 및 향후 과제. 육아정책연구소.

유해미, 김아름, 박기원(2015). 공공형어린이집 성과 평가 및 발전방안 연구. 육아정책연구소.

유해미, 이규림, 이민경(2016). 영아대상 기관보육 내실화 방안 연구: 가정어린이집을 중심으로.
　　육아정책연구소.

유희정, 이미화, 민현주, 강민정, 선보영, 서영숙, 이영환, 백혜리, 이순영, 최혜영, 송영주, 강정
　　원, 최은영(2009). 2009 전국보육실태조사-보육시설방문면접조사-. 보건복지가족부, 한국
　　여성정책연구원.

유희정, 홍승아, 김지혜, 이솔, 동제연, 이향란(2014). 취업여성의 직종 및 고용형태에 따른 자녀
　　양육지원정책 연구. 한국여성정책연구원.

육아정책연구소(2016). 2016년 제1차 육아선진화 포럼 자료집-맞춤형 보육 제도 시행에 따른 쟁점.

이미화, 서문희, 이정원, 이정림, 도남희, 권미경, 양미선, 손창균, 김경미(2012). 2012 전국보육
　　실태조사-어린이집조사 보고-. 보건복지부, 육아정책연구소.

이미화, 여종일, 엄지원(2013). 2013~2017 보육 중장기 발전방향. 육아정책연구소.

이미화, 유해미, 최효미, 조아라(2014). 무상보육 이후 보육정책 방향 연구. 보건복지부, 육아정
　　책연구소.

이미화, 최윤경, 이정원, 도남희, 권미경, 박진아, 이혜민 김영원(2016). 2015 전국보육실태조사.
　　-어린이집조사 보고-. 보건복지부, 육아정책연구소.

이서영, 정효정(2016). 보편적 무상보육정책의 한계와 민간어린이집의 합리적 운영방안. 한국영
　　유아보육학, 100, 249-271.

이윤선, 이영신, 김보연(2013). 5세 누리과정에 대한 인식 및 요구에 관한 연구. 한국영유아보육학,
　　78, 189-213.

이정원, 이혜민(2014). 2014 보육정책의 성과와 과제. 육아정책연구소.

이정원, 이윤진, 김희수(2017). 2018~2022 보육중장기 발전방안 연구. 육아정책연구소.

이정원, 정주영, 최효미, 김진미(2014). 사회통합 관점의 보육·교육 서비스 이용 형평성 제고 방
　　안. 육아정책연구소.

이혜원(2013). 보육정책의 효과와 개선방향. 한국조세재정연구원.

정재훈(2018). 초저출산 사회와 포용적 복지국가 포럼 내부 발제 자료. 육아정책연구소.

정혜욱, 이지영(2016). 신문사설에 나타난 유아교육 공교육화에 대한 비판적 담론 분석. 유아교육
　　연구, 36(6), 299-318.

조복희, 강희경, 김양은, 한유미(2013). 한국 보육의 역사 및 관련법과 현황. 한국보육지원학회지, 9(5), 381-405.

천세영, 류지은, 김병윤(2010). 유아교육의 공적부조 확대 필요성 및 지원방안. 교육행정학연구, 28, 205-224.

통계청(2017a). 인구동향조사. 전국 성/월별 출생.

통계청(2017b). 인구동향조사. 전국 합계출산율.

통계청(2017c). 장래인구추계. (전국) 장래 합계출산율.

통계청(2017d). (전국) 성 및 연령별 추계인구(1세별, 5세별).

한국보육진흥원(2017). 제3차 어린이집 평가인증안내(통합지표) 교육자료.

제**1**부

한국의
사회복지체제

제1장

사회복지체제

김진수(연세대학교 사회복지학과 교수)

1. 들어가는 말

한국의 사회복지체제에서 가장 지적되는 특징은 낮은 사회복지 수준과 늦었지만 급속한 확대라고 할 수 있다. 우리나라는 경제발전 수준에 비하여 사회복지 수준이 미흡하다. 한국의 GDP 대비 공공사회복지지출은 2016년 기준 10.4% 수준으로 OECD 국가들 중 멕시코 다음으로 낮은 수준이다. 또한 노인 빈곤율은 2017년 기준 46.3%로 OECD 국가들 중 가장 높은 것으로 나타나고 있다. 이러한 현상은 일반적인 선진국의 상황이나 제3세계에서 나타나는 형태와 일치하지 않는 독특한 특징으로 볼 수 있다. 이는 우리나라 사회복지체제의 도입 및 발전과정이 전혀 다른 형태를 보이기 때문이다. 선진국에 비해 복지에 대한 역사가 매우 짧고, 경제발전에 정책을 집중하는 과정에서 사회복지가 우선순위에서 뒤로 밀릴 수밖에 없는 상황이었다. 그럼에도 불구하고 한국의 사회복지는 선진국에서뿐만 아니라 제3세계에서 높게 평가받고 있으며, 특히 동남아시아를 중심으로 한국 사회복지체제를 발전 모델로 인식하고 관심이 집중되기도 한다.

이러한 상황에서 한국의 사회복지체제는 아직 충분치 못한 사회복지 수준을 적정한 수준으로 상향 조정하여야 하는 과제와 함께 급격한 사회복지 확대로 인해 적정 수준을 초과하여 선진국에서 이미 시행착오적 경험으로 겪은 바 있는 복지국가 위기론의 전철을 밟을 수 있다는 우려를 동시에 보이고 있다. 이와는 별도로 이미 지속적으로 제기되고 있는 저출산·고령화 현상은 향후 세대 간 갈등 등을 비롯하여 사회복지에 대한 다양한 문제를 야기할 것이다. 특히 상대적으로 늦게 나타난 저출산·고령화에도 불구하고 이로 인하여 나타날 부정적 영향이 크게 다르다는 점에서 긴장하지 않을 수 없다. 그 이유는 2018년 합계출산율이 1.05로 세계 최하위를 기록하여 매우 우려스러운 상황에 있는 점과, 고령화 비율이 14.3%로 고령사회로의 진입을 나타내고 있다는 점에서 위기의식의 강도는 다를 수 있을 수 있으나 핵심적으로 우려되는 문제는 그 속도가 세계에서 가장 빠르다는 것이며, 이러한 급격한 변화는 다양한 사회문제가 동시다발적으로 발생하게 할 것이고 또한 파급 효과가 크게 나타날 것이라는 점이다.

이 의미를 단순히 재정부담으로 인한 세대에 국한된 관계로 보는 것은 너무 단순하다고 할 수 있을 것이다. 미래 한국 사회복지에 대한 도전은 오히려 사회복지제도 지속성의 위기와 정치경제학적 차원에서 사회복지의 정치 종속화 심화 그리고 종합적으로는 사회복지체제의 카오스(chaos) 가능성과 같이 근본적인 문제에 영향을 미칠 것이라는 관점을 가져야 한다.

한편, 우리에게 있어 미래에 예상되는 심각한 변화로서 소득 양극화는 지속적으로 심화될 것이고, 노동시장의 양분화는 가속화될 것이다. 그리고 소득의 다양화와 모호성 역시 세대 간의 갈등과 함께 미래 사회를 위기로 몰 수 있는 중요한 요소이다.

한국 사회복지체제는 한국 사회복지의 탄생과 확대 그리고 발전 단계를 고려하고 향후 미래의 다양한 도전에 대한 응전으로서의 체제 안정성과 지속성을 찾아야 하는 과제를 안고 있다. 이에 이 장에서는 한국 사회복지체제의 특징을 분석하고, 이에 대한 원인과 발전을 위한 과제를 알아보고자 한다.

2. 한국 사회복지체제의 내용과 특징

1) 한국 사회복지체제의 내용 및 현황

한국 사회복지체제의 내용과 특징을 살펴보고자 한다. 한국의 사회복지체제는 다음 [그림 1-1]과 같이 구성되어 있다. 사회복지는 국가책임의 사회보장과 민간자율의 사회사업으로 구분할 수 있으며, 사회보장은 사회보험, 공적부조, 사회복지서비스로 구분한다. 사회보험은 5개의 형태로 공적연금(국민연금, 공무원연금, 사립학교교직원연금, 군인연금)과 건강보험, 산업재해보상보험, 고용보험 그리고 노인장기요양보험으로 구성되어 있다. 공적부조는 빈곤계층에 대한 보호 조치로서 국민기초생활보장제도, 의료급여제도가 있다. 사회복지서비스는 대상별 사회서비스로 노인, 장애인, 아동, 여성, 청소년, 다문화 등 취약한 계층에 서비스를 제공하는 정책 사업이라 할 수 있다. 민간 자율에 의해 수행되는 사회사업은 기업복지와 자원봉사 그리고 불우이웃돕기 등 민간에 의해 자발적으로 수행되는 영역이다.[1]

그런데 사회보장에서 사회보험과 공적부조 그리고 사회복지서비스를 구분함에 있어 기준을 제시하는 데 문제가 있다. 일반적으로 사회보험은 (현금)기여에 대한 보장이라고 한다면, 공적부조는 무기여에 대한 보장이라고 볼 수 있다. 그런데 사회복지서비스의 경우도 무기여에 대한 보장이라는 점에서 공적부조와 차별화하기 어렵다. 이는 취약계층에 대한 공적부조가 현금과 의료서비스를 제공하는 반면, 사회복지서비스는 현물급여인 다양한 서비스를 제공한다는 점에서, 즉 기여 여부가 아닌 보장 형태에서 차이를 보이기 때문이다.

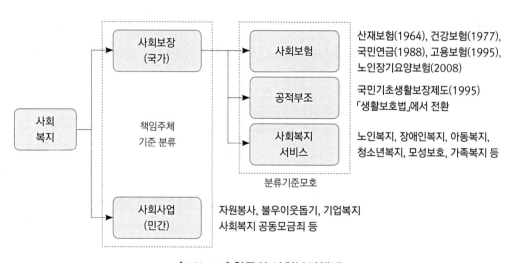

[그림 1-1] 한국의 사회복지체제

---

1) 사회복지체제에 대한 구분에 있어서 법학차원에서의 사회복지체제에 대한 분류는 다른 모습을 보이고 있다. 이 중 하나는 사회복지를 사회보장과 사회사업으로 구분하지 않고 사회보장과 사회복지라는 이름으로 구분한다는 것이다. 「헌법」에 나타나 있는 사회복지 관련 조항인 제34조 제2항에서 "국가는 사회보장·사회복지의 증진에 노력할 의무를 진다."라고 규정하고 있다. 이는 사회복지가 사회보장과 사회사업을 포괄하는 개념이 아니라 사회복지를 사회사업으로 보고 있다는 것을 의미하는 것이다. 이러한 차이는 향후 용어의 의미와 사용에 있어서 혼돈을 줄 수 있다는 점에서 주의를 필요로 한다 할 것이다.

그렇다면 이러한 분류체계는 한국에서만 나타나는 특수한 분류 형태인가 하는 의문이 제기될 수 있다. 이는 한국 사회복지체제의 구성 방식이 한국의 사회복지 발전과정에서 발생한 특수한 상황을 반영한 것이기 때문이라고 할 수 있다. [그림 1-1]에서 보는 바와 같이 사회복지에 있어서 사회보험의 도입은 경제발전이 상당히 진행되었거나 이미 어느 수준에 이르렀을 때 이루어진 것을 알 수 있다. 공적부조의 경우도 1990년 말에 국민기초생활보장제도의 도입이 이루어진 이후에야 과거 「생활보호법」에 의하여 명목만 유지하던 수준에서 벗어나 제대로 된 공적부조의 역할을 수행하게 되었다고 할 수 있다. 그러다 보니 최근까지도 한국의 사회복지는 한국전쟁 이후 외국원조에 의한 사회사업적 사회복지서비스 위주로 운영될 수밖에 없었고, 현재도 이러한 기존 상황이 반영된 것이라고 할 수 있다. 장기적으로 보면 우리나라의 사회복지체제에서 국가 책임의 사회보장 분야는 사회수당의 도입과 확대가 눈에 띄는 변화로 나타날 것이고, 사회보험은 국민연금제도의 성숙으로 연금수급자와 연금액이 크게 늘어날 것이다. 또한 고령화에 따른 의료비의 획기적 증가로 건강보험의 재정 규모가 크게 늘어날 것이며, 노인장기요양보험의 확대에 따라 수급자를 비롯한 돌봄서비스 시장에 대한 급속한 확대가 이루어질 것으로 예상된다.

2) 한국 사회복지 구성 및 변화의 특징

우리나라의 복지체제 도입 및 추이를 살펴보면, 시기적인 차이를 두고 제도적 이해관계에 따라 제도별로 도입이 이루어진 것을 알 수 있다. 먼저, 사회보험은 경제적 발전이 어느 정도 이루어진 이후에 도입되었고, 제도의 적용범위가 급격히 확대되었다는 점이 공통적이다. 공적부조는 1961년 「생활보호법」이 도입된 이후 명목상의 기능을 유지하였다는 점에서 약 40년 동안 그 역할을 인정받지 못하였다. 이는 1998년 외환위기 극복과정에서 「국민기초생활보장법」으로의 전환을 통해 비로소 공적부조로서의 역할을 수행하는 대표적 제도가 되었다고 평가할 수 있다. 이러한 발전과정을 통해 우리나라 복지체계의 구성은 국가책임의 사회보장체제로서 사회보험중심의 체제를 형성하고 있다고 할 수 있다. 1990년까지 한국의 사회복지는 모든 영역에 있어서 거의 미미한 수준이었다. 그 이후 사회보험의 도입과 확대가 나타나면서 재정 규모가 확대되고 있음을 알 수 있고, 1999년 국가 재정위기를 기회로 이에 대응하는 복지 지출의 증가가 다양한 사회복지영역에서 발생한 것을 알 수 있다. 그 이후 사회보험의 재정 규모가 급격히 증가한 것은 건강보험 재정 규모의 확대와 국민연금제도의 확대에 따른 수급자 증가 그리고 무엇보다 실직자에 대한 보장을 수행하는 고용보험의 확대가 주요한 원인이 되었다고 할 수 있다. 이와 함께 기존의 기업복지 차원에서의 퇴직금제도가 퇴직연금제도로 전환되면서 이에 따른 재정 지출 규모가 크게 나타난 것도 특징의 하나라 할 것이다. 이러한 변화 외에 [그림 1-1]에서는 포함되지 않고 있으나 새롭게 도입된 제도로서 기초연금이 도입되어 65세 이상의 노인 하위 70%에 약 20만 원의 현금을 지급하고 있는 것과, 2018년 아동수당의 도입 역시 새로운 체제로서 전체 한국 사회복지체제의 중요한 부분으로 자리 잡을 것으로 예상되고 있다.

〈표 1-1〉 사회복지 영역별 재정 변화 추이 (단위: 십억 원)

연도	총액	사회보험	공공부조	사회서비스	기업복지	민간사회서비스	기타
1990	5,901	3,896	512	546	502	-	444
1995	14,860	10,068	819	1,586	1,220	16	1,152
2000	34,013	19,913	2,748	5,075	4,193	127	1,957
2005	62,092	36,658	7,236	10,876	4,240	305	2,778
2010	112,125	66,435	15,668	19,164	6,201	591	4,065
2011	117,636	70,775	15,344	19,858	6,874	595	4,189
2012	130,073	76,088	15,934	24,339	8,303	593	4,816
2013	143,053	81,613	16,171	30,966	8,924	573	4,806
2014	156,246	88,122	19,621	32,297	10,387	524	5,294

* 기타 부문은 사회보상과 시장(자동차책임보험금) 영역의 합임.
출처: 고경환 외(2016).

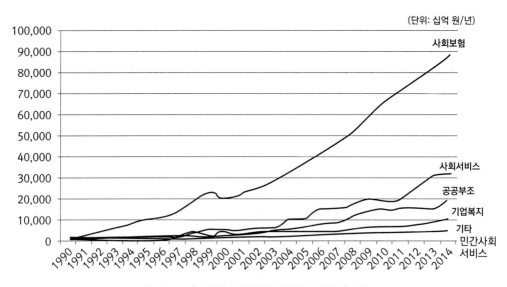

[그림 1-2] 사회복지 영역별 재정 변화 추이

출처: 고경환 외(2016).

또한 이러한 추세에도 불구하고 한국 복지체제의 재정 지출에 있어서는 아직도 사회복지지출 규모가 매우 낮다. 이에 대한 원인은 다양한 측면에서 찾아볼 수 있을 것이다. 먼저 경제적 측면에서는 '선 성장 후 분배'라는 경제성장 중심의 정책 기조를 우선적으로 꼽을 수 있을 것이며, 사회적 배경으로는 유교 중심의 대가족제도의 도덕·윤리의 근간을 들 수 있을 것이다. 또한 정치적으로는 남북한 분단 상황에서 보수적 정권 중심의 이념 성향이 우선시되는 환경 역시 중요한 요인이라 할 것이다. 그럼에도 최근 한국 사회복지의 급속한 확대는 눈에 띄는 변화를 보이고 있다. 또한 현재 우리나라는 정당 간 이념 논쟁이 매우 대립적 형태를 강화하는 경향을 보이고 있음에도 불구하고 사회복지지출에 대해서는 오히려 논쟁의 여지가 급격히 줄어드는 현상이 나타나고 있다.

다음 [그림 1-3]에서 보는 바와 같이 보수와 진보에 있어서 사회복지지출에 대한 차이는 찾기 어렵다. 오히려 반대적 양상으로 보수 정권 기간의 사회복지 확대가 나타나는 모습을 보이고 있다. 이는 사회복지의 탈이념화 현상을 보여 주는 것이라고 할 수 있다.

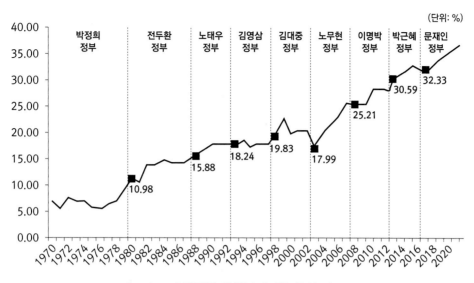

[그림 1-3] 정권별 사회복지지출 추이 비교

* 1970~2015년은 일반정부지출 대비 복지지출(보건과 사회보호 지출 항목) 비중 기준, 2016~2021년은 정부
  지출(본예산, 국회 확정예산) 대비 복지지출(보건, 복지, 고용 부문) 지출 비중 기준임.

출처: 국가통계포털. http://kosis.kr.

우리나라 복지체제 특징을 5가지 측면으로 보면 다음과 같다. 첫 번째는, GDP 대비 낮은 공공부문 사회복지지출이고, 두 번째는, 유교 영향으로 가족 역할이 크다는 것이다. 세 번째로, 자유주의적 복지국가 성격에 근간하고 있으며, 네 번째로, 산업화와 민주화가 사회복지의 확대에 큰 영향을 주지 못했다는 것이다. 마지막으로, 경제성장 우선주의의 유지라고 하겠다(김태성, 2017).

한편, 사회복지의 본격적 확대는 사회복지의 정치 종속화 현상이라는 주장이 설득력을 가지고 있다. 제5공화국 이후 정치권은 기존의 성장과 분배라는 명목적 목표를 두고 우선순위에 대한 상당한 논쟁을 벌여 왔다. 그러나 이러한 논쟁은 선거 공약에서부터 변화를 일으켜 두 가지 이념적 대립에 따른 차이를 발견하지 못하는 수준으로 바뀌었다는 점에 주목할 필요가 있다.

그런데 최근 논의에서 사회복지지출 추세에 대한 우려의 목소리가 나오고 있다. 그동안 낮은 수준의 사회복지지출은 몇 가지 측면에서 근거를 갖고 있었다. 그리고 제3세계의 사회복지지출의 특징과 비교할 때 한국의 경우 거의 모든 측면에서 일치하지 않는 모습을 보였다. 예를 들어, 사회복지 발전의 척도를 국민의 에너지 소비량, 도시화, 교육수준과 사회복지 발전의 비례로 분석한 주장과 우리는 전혀 상관없으며, 사회복지가 경제

발전과 무관하다는 연구도 우리에게는 해당되지 않는다. 오히려 산업화 과정을 통해 전통적 사회보장 형태가 무너지고 있다거나, 식민본국의 영향이 크다는 일반적인 지적에 해당되는 수준이라 할 수 있다.

이제 한국 사회복지체제의 특징을 살펴볼 때 현재 우리의 위치는 어디에 있는가를 확인해 볼 필요가 있다. 최근 한국에서 사회복지의 변화는 선진국이 1950년대 이후 급속하게 확대했던 복지황금기의 초기에 해당된다고 볼 수 있다. 먼저, 경제성장을 견인한 산업 및 기술의 발전과 의학의 발달은 사회복지 확대에 자연적인 영향을 미쳤다. 이와 함께 고령화로 인한 사회복지 확대는 재정측면에서 획기적인 변화를 주도하고 있다.

건강보험은 부과방식에 기초한 단기보험으로서, 재정 운영에 있어 매년 예상지출액을 추정한 후 이를 통해 보험료 규모와 보험료율을 정하는 방식을 사용한다. 〈표 1-2〉를 보면 보험급여비 지출이 급속적이고 지속적으로 확대됨에 따라 예상지출액의 규모가 같은 추세로 확대되고 있고, 이에 따라 보험료와 정부지원금 규모 그리고 이들의 합으로 구성되는 수입액도 같은 추세로 상승하는 모습을 보이고 있다. 누적적립금은 2012년부터 5년간 급속도로 확대되어 2016년 기준 약 20조의 누적규모를 보이고 있는데, 이는 경기불황으로 인한 과중한 본인부담의 발생으로 일부 가계가 치료를 포기한 것에 기인한 것이며, 건강보험료 부과체계의 개편과 문재인 정부의 건강보험 보장성 강화 정책 기조에 따라 당장 수년 내로 적립된 기금이 모두 고갈될 것으로 추계되어 더욱 폭발적인 재정 규모의 확대가 예상되는 상황이다.

〈표 1-2〉 건강보험 재정 추이 (단위: 조 원)

구분		'05	'06	'07	'08	'09	'10	'11	'12	'13	'14	'15	'16
수입	총액	21.1	23.3	26.0	29.8	31.5	34.0	38.8	42.5	47.2	50.5	53.3	56.5
	보험료	16.9	18.8	21.7	25.0	26.2	28.5	33.0	36.4	39.0	41.6	44.3	47.6
	정부지원금	3.7	3.8	3.7	4.0	4.7	4.9	5.0	5.3	5.8	6.3	7.1	7.1
	기타	0.5	0.6	0.6	0.8	0.7	0.6	0.8	0.7	2.4	2.6	1.9	1.8
지출	총액	20.0	22.8	25.9	28.3	31.2	34.9	37.3	39.1	41.3	44.8	48.2	53.1
	보험급여비	18.4	21.6	24.6	26.7	30.0	33.7	35.8	37.6	39.7	42.8	45.8	50.4
	관리운영비	0.8	0.8	0.7	0.7	0.7	0.7	0.6	0.6	0.6	0.6	0.6	0.7
	기타	0.8	0.5	0.6	0.9	0.5	0.5	0.8	1.0	1.0	1.3	1.8	2.0
당기차액(수입-지출)		1.1	0.4	0.2	1.5	0.3	-1.0	1.5	3.3	5.9	5.8	5.1	3.3
누적적립금		1.0	1.0	0.9	2.2	2.2	1.0	1.6	4.6	8.2	12.8	17.0	20.1

수지율(지출/수입)	94.7	98.1	99.4	94.9	99.0	102.9	96.1	92.2	87.4	88.6	90.4	94.1

출처: 국민건강보험공단(2017).

　국민연금은 재정 운영에 있어 가입자가 납부하는 보험료, 기금 운용 수익금, 적립금, 그리고 공단의 수입지출 결산상 잉여금을 주요 재원으로 기금을 조성하는 적립방식을 사용하고 있다. 〈표 1-3〉은 연금기금이 점차 성숙되어 감에 따라 국민연금의 가입자 및 수급자, 그리고 기금의 규모가 전체적으로 모두 확대되는 추세임을 보여 주고 있다. 기금 조성 규모는 매 회계연도에서 일관적인 증가 속도를 보이지는 않지만, 전체적인 관점으로 본다면 폭발적인 속도로 확대되고 있다 할 수 있고, 기금 지출의 경우 연금급여지출이 점차 확대됨에 따라 아직 기금이 조성되는 속도보다는 느리지만 지속적으로 그 규모가 확대되고 있으며, 이에 따라 기금의 누적액도 전체적으로 꾸준히 그리고 빠른 속도로 증가하고 있음을 확인할 수 있다.

　그러나 2018년 3월 기준으로 약 795조 원에 이르고 있는 국민연금기금의 적립금은 고령화 현상으로 인해 수급자와 연금 수급기간이 전반적으로 증가하고, 가입자가 부담하는 보험료와 연금지출이 장기적으로 균형을 이루지 못하는 구조적 문제 등으로 2058년에 기금 고갈을 겪을 것으로 예상되는데, 이에 대한 근본적인 대안을 아직 마련하지 못하고 있는 실정이다.

〈표 1-3〉 국민연금 재정 추이　　　　　　　　　　　(단위: 백만 명, 백만 건, 조 원)

구분		'05	'06	'07	'08	'09	'10	'11	'12	'13	'14	'15	'16	'17
가입자		17.1	17.7	18.3	18.3	18.6	19.2	19.9	20.3	20.7	21.1	21.6	21.8	21.8
수급자		1.8	2.0	2.2	2.5	2.8	3.0	3.2	3.5	3.6	3.7	4.0	4.4	4.7
조성	총액	26.9	30.4	35.5	22.6	50.1	55.4	35.2	55.2	48.6	57.2	58.3	63.6	83.1
	연금보험료	18.5	20.2	21.7	23.0	23.9	25.3	27.4	30.1	31.9	34.0	36.4	39.0	41.8
	운용수익	8.2	10.1	13.7	-0.4	26.2	30.1	7.7	25.0	16.7	23.0	21.7	24.5	41.2
	기타	0.1	0.1	0.1	0.0	-0.0	0.0	0.1	0.0	0.1	0.1	0.1	0.0	0.1
지출	총액	4.0	4.8	5.6	6.7	7.9	9.1	10.3	12.1	13.6	14.3	15.8	17.7	19.7
	연금급여지출	3.6	4.4	5.2	6.2	7.5	8.6	9.8	11.6	13.1	13.8	15.2	17.1	19.1
	운영비 등	0.4	0.4	0.4	0.5	0.4	0.4	0.5	0.5	0.5	0.6	0.6	0.6	0.6
증가(조성-지출)		22.9	25.7	30.0	15.9	42.2	46.3	24.9	43.1	35.0	42.9	42.5	46.0	63.4

운용	총액	164.0	189.6	219.5	235.4	277.6	324.0	348.9	392.0	427.0	469.8	512.3	558.3	621.7
	공공부문	–	–	–	–	–	–	–	–	–	–	–	–	–
	복지부문	0.3	0.2	0.2	0.2	0.2	0.1	0.1	0.1	0.1	0.1	0.1	0.1	0.1
	금융부문	163.4	189.1	219.0	235.0	277.3	323.6	348.5	391.6	426.4	469.3	511.7	557.7	621.0
	기타부문	0.3	0.3	0.3	0.2	0.2	0.3	0.3	0.3	0.4	0.4	0.5	0.5	0.5

* 매년 12월을 기준으로 하였으며 '10년~'17년은 2018년 3월 통계자료를, '05년~'09년은 2013년 12월 통계자료를 반영함.
출처: 국민연금공단(2018).

또한 경제의 지속적 발전은 새로운 사회문제로서 독거노인, 미혼모, 다문화가정 등과 관련된 신사회문제를 야기하고 있으며, 사회복지정책적으로 처리할 영역을 넓혔다. 그리고 사회복지에 대한 요구가 노동조합의 정치적 압력을 확대하면서 정치 종속적 사회복지의 일반화 현상을 보이고 있다.

한편, 정치 정당의 선거에 의한 경쟁으로 인하여 의회 민주주의의 결정과정이 사회복지정책 중심으로 바뀌게 되었다는 점을 볼 수 있다. 즉, 사회복지정책이 과거의 단순 국가(국수)주의적 정책을 압도하는 것으로 변화된 것이다. 그래서 우리나라 사회복지의 확대 방향은 다음과 같이 요약할 수 있다.

첫째, 사회복지정책의 적용대상이 일반화되었다.

둘째, 근로소득과 연계된 사회상황(신분, 지위)에 관련한 보장을 유지하는 체제를 보이고 있다.

셋째, 경제상황에 대한 부분적이기는 하지만 능동적 대처가, 특히 급여부분에서 나타나고 있다.

넷째, 종합적으로 사회복지의 보장성 확대 및 다양화로 사회복지가 사회의 단기적 요구에 민감하게 반응하면서 중복 보장과 사각지대 현상이 발생하고 있다.

3) 한국 사회복지 미래 전망과 과제

최근까지 나타난 한국 사회복지의 확대 방향을 고려할 때 우리의 미래에 대한 우려가 제기된다. 물론 선진국의 경우 겪게 된 복지국가의 혼란과 위기는 국가별로 정도와 형태는 다르지만, 여러 측면에서 아직도 진행상황에 있다. 한국 사회복지의 경우도 미래에는 현재 복지국가가 겪고 있는 어려움에 어떠한 형태로든 직면하게 될 것이라는 점에서 우려를 낳고 있다. 우리 미래의 우려 중 명확하게 예상되는 것은 재정부담 확대에 따라 발생되는 문제라 할 수 있다. 그렇다고 이에 한정하는 것은 더욱 한정적이고 한시적이라 할 수 있을 것이다. 이에 따라 한국 사회복지 미래에 대한 혼란과 위기는 다음과 같이 정리될 수 있다.

현재 한국 사회에서 가장 큰 관심사로 대두되고 있는 저출산·고령화는 이미 잘 알려진 바와 같이 급격한 속도로 진행되면서 우리에게 새로운 사회적 문제로 다가올 것이다. 이러한 거대한 흐름에서 구체적으로 사회복지 영역에 나타나게 될 문제는 다음과 같이 정리될 수 있을 것이다. ① 재정부담의 형평성과 갈등, ② 재정 불안정성의 심화, ③ 제도 지속성의 위기, ④ 사회복지의 정치 종속화 심화 그리고 ⑤ 종합적으로 사회복지체제의 카오스 가능성으로 정리될 것이다.

저출산·고령화 현상은 사회보장 각 영역에서 경제활동 세대와 은퇴 세대의 재정부담과 관련해 많은 형평성 문제와 갈등을 유발할 것이다. 이에 이 책에서는 공적연금과 건강보험을 중심으로 설명한다. 고령화 현상은 대표적으로 공적연금과 건강보험이 세대 내에서 재정을 유지하기 어렵게 하여 경제활동 세대에서 은퇴 세대로의 재정지원이 이루어지도록 압박할 것이다. 공적연금에서는 은퇴 세대가 연금을 수급하는 절대적 기간과 경제활동시기에 대한 상대적 기간이 모두 증가하게 된다. 건강보험에서는 은퇴 후의 생애가 길어지는 만큼 노년기 의료비 지출이 증가해 재정부담이 증대되어 공적연금과 동일한 방향의 재정지원 및 재분배가 세대 간에 이루어지게 될 것이다. 이러한 세대 간 재분배는 지속적이고 폭발적인 고령화 추세로 인해 경제활동 세대가 은퇴 세대의 부양을 위해 과중한 재정부담을 지게 될 수 있다는 점에서 재정부담의 형평성 문제와 심각한 세대 간 갈등이 전망되기도 한다.

다음 저출산 문제를 공적연금의 관점에서 살펴보면 다음과 같다. 저출산 현상은 경제활동인구의 감소로 이어지게 되는데, 이로 인해 결과적으로 재정부담의 절대액 및 경제활동인구의 상대적 비율이 동시에 감소해 지속적이고 폭발적으로 늘어나는 재정부담을 감당하기 어려워지는 것으로 설명할 수 있다. 그렇다고 연금수급개시 연령을 늦추거나 연금액 수준을 감소시켜 재정 안정성을 확보하는 것으로 재정 위기를 극복하는 데에는 한계가 있다. 결과적으로 가입세대 스스로 노후보장을 감당하고 이를 유지하는 것이 어렵다는 것이고, 그 결과로 은퇴 세대에 대한 노후보장은 다음 세대의 부담으로 전환되어야 한다. 하지만 재정방식을 부과방식으로 하는 경우 이러한 세대 간 재분배 문제는 바로 나타나게 된다. 적립방식의 경우도 중장기적으로 재정 적자와 기금 고갈이라는 단계를 통하여 동일한 세대 간 재분배가 요구된다(Maguire, 1988).

현실적으로 볼 때 유일하게 이에 대한 가능성을 보여 주고 있는 노후보장체제는 다층보장체제라고 할 수 있다. 그러나 다층보장체제 역시 체제의 탁월성에도 불구하고 두 가지 면에서 제도의 지속 가능성에 대한 위기가 예상된다. 하나는 현재의 체제를 다층보장체제로 전환하는 것이 가능한가이다. 우리나라는 1988년 국민연금제도를 도입한 이래 지속적으로 다층보장체제로의 전환을 논의하였고 추진하고 있다. 그러나 아직도 외형상의 다층보장체제에 머무는 한계를 보이고 있고, 실제 다층보장체제에 의한 기능과 역할은 작동하지 못하고 있어 오히려 왜곡된 모습을 나타내는 한계를 보이고 있다(Kim & Lee, 2010).

또한 건강보험은 고령화 현상으로 인한 기대수명 연장과 의료기술의 발달에 따른 새로운 질병의 발생 및 의료 기술의 발전 그리고 의료 욕구의 고급화로 인해 재정부담이 급격히 증가하고 있으며 이러한 추세는 더욱 심화될 것이다. 이와 동시에 저출산 현상이 경제활동인구의 감소로 이어져 세대 간 재분배를 통한 재정안정은 한계를 보일 것이다. 이에 따라 건강보험의 급여 대상을 줄이거나 의료보장의 수준을 감소시키는 방향으로 체제를 유지하고자 한다면, 사회복지에 있어서 사회적 위험으로서 질병에 대한 보장은 당연히 축소되는 것을 의미한다. 이러한 상황은 현실적으로 진료에 관하여 실질적인 본인 부담이 증가하게 되어 가입자의 질병에 의한 비용 발생을 보장한다는 건강보험의 근본적 존재 의미가 퇴색되고 장기적인 관점에서 제도의 지속 가능성은 훼손될 위기를 맞게 될 것이다. 이러한 현상으로 인해 사회적 위험으로서 대표적인 노령과 질병과 관련해 저출산ㆍ고령화의 미래 모습은 보장 수준의 약화로 삶의 질은 낮아지게 되는 것과 동시에 세대 간 갈등은 심화되는 현상이 발생할 것이라는 점이다.

저출산ㆍ고령화 현상은 정치경제학(political economy)적 관점에서 보면, 사회복지의 정치 종속화를 더욱 심화시킬 것으로 보인다. 사회복지에 있어서 새로이 거세게 다가오는 사회변화로 인해 사회복지는 역할이나 기능 심지어는 존립까지 위협받게 될 수 있는 상황에 놓이게 될 것이다. 이를 극복하기 위한 노력의 핵심은 사회복지에 있어서 효율성을 확보하고 효과성을 고려한 합리적 정책이라 할 것이다. 특히 사회복지에서 '가장 취약한 계층에게 우선적 배려'는 이러한 정책적 우선순위를 명확히 하고 있다 할 것이다. 그러나 이러한 당위성에도 불구하고 사회복지의 수준이 낮아지는 현상이 나타나게 되면 이에 대응하는 정치적 논리는 선거 종속적 정책 결정이다. 현실적으로 사회복지의 정치 종속화를 통하여 정치권이나 기득권만을 지키려는 정책, 그리고 대안을 오히려 회피하는 정부 등의 행태로 인해 사회복지의 정당성이 훼손될 것이라는 부정적 상황에 대한 지적이 있다(Barr, 2001). 물론 이러한 비합리적 정책 판단은 비단 우리나라에서만 발생하는 것은 아니다. 오히려 이미 장기적 차원에서 선진국에서도 지속적으로 반복되어 온 것이 사실이다. 특히 미래 재정 위기에 대한 적절한 적응과 대응은 논리성이나 합리성의 문제보다는 선거만을 판단 기준으로 보고자 하는 정치권의 한계라는 점에서 정책 실패의 반복이 나타나고 있다. 종합적으로 이러한 문제 상황들이 복합적으로 엮임으로써 사회복지체제는 전례 없는 카오스를 겪을 가능성마저 생길 것이다. 이는 저출산·고령화 현상에만 기인하는 것은 아니고 정보화와 세계화 그리고 생명공학 등 기술의 발전으로 인한 다양한 사회경제적 변화가 함께 작용한 결과일 것이다. 급격한 저출산·고령화 현상을 비롯해 지속적이고 폭발적인 속도의 사회 변화는 사회복지의 역할 및 기능 그리고 제도들의 존재 의미를 근본적인 부분에서부터 흔들어 이에 대한 진단과 예측 그리고 논의 자체를 어렵게 하고 큰 사회적 혼란을 불러일으킴으로써 카오스의 가능성마저 제기되는 상황에 직면하게 되는 것이다.

다음으로 미래 한국 사회복지적 접근의 어려움은 또 다른 사회경제적 변화에도 기인할 것이다. 이는 ① 소득 양극화의 지속화, ② 노동시장의 양분화 그리고 ③ 소득의 다양화와 모호성을 제시할 수 있을 것이다. 이러한 사회경제적 배경의 변화는 저출산·고령화와 혼합되면서 미래 현실에서는 훨씬 강력한 세대 간 갈등을 야기할 것이다.

한국의 사회복지체제는 기존의 늦은 도입과 발전에도 불구하고 급격한 확대를 보이고 있으며, 이로 인해 상당한 자체적 미래 위험성을 보이고 있다. 또한 저출산·고령화로 발생하는 사회복지체제의 문제점이 현재와 미래에 필연적으로 발생하거나 나타날 것으로 예측된다. 이러한 전망은 사회복지체제에 있어서 각각의 사회보장영역별(사회보험, 공적부조, 사회복지서비스)로 발생할 것이며, 이로 인하여 표출되는 세대 간 갈등과 왜곡은 상당한 수준으로 사회전반에 나타날 것이다. 저출산·고령화가 사회복지에 미치는 영향은 근본적으로 시간적 관점에서 현재의 문제로서 판단하는 분석과 함께 미래적 관점에서 판단하여야 하는 접근 노력이 동시에 이루어져야 한다. 이러한 분석과 판단은 장기적 관점에서의 사회적 변화를 예측하고 대안을 제시하는 데 있어서 충분히 공감되는 합리적인 분석 접근 방식이라 할 수 있다. 그럼에도 불구하고 현재의 문제가 단순히 동일하게 그대로 확대될 것으로 전제로 하는 것은 매우 부정적 결과를 야기할 수 있다. 미래의 상황에 영향을 미치는 다양한 변수를 배제하는 소위 '모든 다른 변수가 그대로 유지된다는 조건(Ceteris Paribus)'을 전제로 하는 기존의 경직적 방식으로는 미래의 상황을 제대로 예측하지 못할 수 있다는 점 때문이다. 따라서 저출산·고령화로 인하여 나타나는 사회적 문제를 현재와 미래를 예측하는 접근을 통하여 명확하게 파악할 필요가 있다.

선진국의 경우 사회복지재정이 일정한 수준으로 수렴하는 경향을 보임으로써 당장의 재정안정성 문제를 일정 수준으로 해결하려는 노력을 보인 경험이 있다. 그러나 선진국은 현재 재정위기 상황의 문제를 단기적 시각에서 해결하는 데 급급함으로써 장기적인 관점에서 재정안정성 확보를 통해 새로운 사회문제를 해결하는 데에는 한계를 보였다 할 수 있다. 이러한 선진국의 시행착오적 사례와 선진국보다 훨씬 폭발적이고 급격한 양상을 보이는 저출산·고령화의 한국적 특수 상황을 모두 고려하여야 우리의 문제를 제대로 볼 수 있을 것이다.

이러한 현상은 사회 보장 수준의 약화로 삶의 질은 낮아지게 되는 것과 동시에 세대 간의 갈등은 심화되는 현상이 발생할 것이다. 선진국의 경험은 해결의 가능성으로서 긍정적 사례의 대상이 될 수 있고, 시행착오에 대한 경험을 분석함으로써 동일한 문제를 회피하거나 최소화한다는 점에서 분석의 의미를 갖는다. 그런데 선진국의 분석 대상 선정에 있어서는 세대 간 갈등을 해소하는 유형을 국가별로 기존의 틀에서 벗어나 새로이 구분하고 분석할 필요가 있다.

이에 국내외 상황과 미래 예측 그리고 선진 주요국의 사례를 종합하여 세대 간 갈등을 해소하고 상생과 협력이 이루어지도록 하는 정책 방안을 마련하여야 한다. 단기적 관점과 장기적 관점에서의 방안을 마련하고 근거와 함께 정책방향과의 일치성을 찾아야 한다. 특히 사회복지체제는 단순한 일부 영역으로 설명할 수 없고 단기적 방안으로는 근본적인 문제를 해결할 수 없다. 이와 함께 해결 방안은 장기적 목표를 추진할 수 있도록 하는 확고성을 갖추어야 함과 동시에 새로운 변화에 적응하도록 하는 유연성을 확보하여야 한다. 이를 체제에 갖추기 위한 근본적 정책 철학으로서 사회복지에 대한 근간을 제시하는 데 사회복지 학자들의 노력이 각별히 필요하다.

3. 한국 사회복지체제에 대한 평가와 발전과제

한국의 사회복지체제에 대한 국제적 평가는 매우 긍정적이다. 이러한 평가의 근거는 상대적 우수성에 대한 평가라 할 수 있다. 한국 사회복지체제에 대한 시선은 선진국과 제3세계의 입장에 시각 차이가 존재한다. 이는 당연히 선진국과 제3세계의 사회복지 상황에 차이가 있기 때문이다.

먼저, 선진국의 시각에서 볼 때 가장 큰 관심사는 사회복지 재정안정화와 지속가능성이다. 이러한 상황에서 선진국의 재정안정화 노력은 매우 늦게 정책에 반영되었다. 재정안정에 대한 개혁이 늦어질수록 재정 불안정 상황은 심각해졌으며 또한 재정 적자 및 기금 고갈의 누적 현상은 선진국 사회복지제도의 지속 가능성에 대해 상당히 심각한 상황을 야기한 경험을 가지고 있다. 이러한 상황에 비추어 볼 때 한국의 사회복지는 선제적이라고 평가할 수 있었다. 우선 공적연금의 재정안정화 노력을 들 수 있다. 국민연금의 경우 선진국에서는 공적연금 재정안정을 위한 조치로서 연금액 삭감이 국민적 거부와 정당 간의 갈등으로 합의점을 찾지 못하고 연기를 거듭한 상황이었다. 반면에, 한국의 경우는 오히려 연금을 지급하기 이전에 연금 수준을 하향 조정하는 개혁을 단행한 바있고, 지속적인 후속작업을 진행하고 있다는 점에서 큰 차이를 보였다. 또한 건강보험의 경우 한국의 의료체제는 대부분이 민영병원으로 구성된 상황이고 실질적 상황은 미약한 국공립 병원의 비중으로 사회보험으로서 건강보험의 정착이 어려울 것으로 예상되었다. 그럼에도 불구하고 한국의 건강보험은 건전성을 유지하면서 전 국민 건강에 크게 기여하고 있다. 특히 상대적으로 낮은 부담에도 불구하고 질적 관점에서 높은 수준을 유지하고 있다는 점에서 높이 평가되고 있다. 한편, 최근 도입되어 정착과정에 있는 노인장기요양보험의 경우는 기존에 선진국이 사회보험제도로 도입·운영하는 공적연금이나 건강보험, 산재보험 그리고 고용보험을 뒤늦게 모방하고 사례 연구를 통하여 도입한 것과달리 선제적 관점에서 고령화에 적극적으로 대응하여 경험을 축적하고 있는 선도적 역할을 하고 있다. 한국의 사회복지는 체제를 전환하면서 선진국에서 개혁을 추진하지 못하고 문제를 방치하는 상황을 뛰어넘어 강력하고 과감한 개혁을 수행하고 선도적 위치의 역할을 수행하기 시작하였다는 긍정적 평가를 받고 있다.

한편, 한국 사회복지체제 및 변화에 대한 제3세계의 평가는 다른 입장에서의 평가라할 수 있다. 개발도상국의 입장에서는 경제 성장을 통하여 재분배할 수 있는 재정 기반을 마련하고 이를 상호 연계하는 정책적 조화에 깊은 관심을 가지고 있다. 그런데 개발도상국의 경제 상황은 사실 녹록지 못하다. 오늘날 제3세계에서 사회보장정책이 당면하고 있는 문제는 다양하고 심각하다. 최근에 지적되는 제3세계의 문제는 외적요인으로는 국제 경제의 악화를 들 수 있다. 국제적 통화 팽창과 경기 후퇴 그리고 선진국의 통화 정책과 혼합되는 상태라고 할 수 있다. 내적요인으로는 비능률적 행정이나 단호하고 상상력이 풍부한 정책결정의 결핍 등으로 체제의 합리성을 확보하지 못하는 상황을 들 수 있다. 이러한 환경으로 인해 경제 성장과 소득재분배라는 정책 여건을 만드는 데 심각한 어려움을 겪게 된다. 이러한 상황에서 한국의 사회복지체제는 소위 '선 성장 후 분배'라는 정책적 우선순위를 명확하게 하였고, 일정 수준에 이르게 되면서 성장에서 재분배 정책으로 확실한 전환이 이루어졌다. 물론 이러한 한국의 사회복지정책에 있어서 커다란 전환이 객관적 관점에서 명확하게 그리고 계획에 의해서 체계적으로 수행되었다고 주장하는 데에는 여러 가지 논란의 소지가 있는 것이 사실이다. 그럼에도 불구하고 선 선장의 정책 기조에서 후 분배 정책으로 전환을 명확하게 한 국가 사례는 찾아보기 어렵다. 이러한 측면에서 제3세계 입장에서는 한국의 사회보장체제와 정책 전환이 매우 희망적이고 바람직한 모델로서 자리 잡고 있다는 것이다.

국제적 관심과 높은 평가에도 불구하고 우리 자체적 입장에서 볼 때 상대적 관점에 비하여 절대적 관점에서는 문제점을 해소하고 개선하여야 할 사항이 산적해 있는 것이 사실이다. 또한 장기적 관점에서 우리에게 다가올 위기와 혼란을 해결하여야 할 것이다.

한국의 사회복지의 문제점은 짧은 기간의 역사로 인하여 발생하는 시행착오를 원인으로 들 수 있다. 이러한 시행착오는 단기간에 변화하는 한국의 상황에서 볼 때 문제점이 압축적으로 나타나기 때문에 문제가 더 크게 발생하기도 하고 다른 경제·사회문제와 동시에 발생함으로 인하여 복잡하게 얽히기도 한다. 이와 동시에 우리만이 가지고 있는 사회복지에서의 문제점으로 제도 도입과 확대 과정에서 이미 예상되는 시행착오적 혼란에도 불구하고 제도 도입 자체 또는 제도 확대에 집착하여 이후에 발생할 수 있는 문제점을 최소화하지 못하고 오히려 문제를 확대하고 때로는 과정에서 왜곡된 형태의 이익집단에게 기득권을 형성하게 하는 등의 어려움을 겪는 자생적 문제점 발생 정책을 보이고 있다는 점도 들 수 있다. 이러한 문제점을 반복하지 않기 위해서는 각 제도에 대한 개별적 판단을 심도 있게 하여야 함은 물론 장기적으로 전체 사회복지체제에 대한 미래상을 그리고 이를 추구하는 일관된 정책 추진이 필요하다 할 것이다.

사회복지체제를 구축하거나 재편하는 것은 오히려 새로이 도입하는 것보다 너무도 어려운 작업이라는 점에서 혁명에 가까운 변화라는 주장을 새겨 볼 필요가 있다(Zacher, 1979; Köhler et al., 1983). 더구나 우리 앞에 바로 놓여 있는 4차 산업혁명이 가져올 미래의 획기적인 변화로 인해 사회복지체제의 근본을 바꾸어야 할 수도 있다는 점에서 너무도 엄청나고 거대한 소용돌이에 놓일 수 있다 할 것이다. 사회복지에 있어서 근간이 되는 기준은 소득이다. 그런데 AI를 통한 체제 전환에도 불구하고 근로자의 임금이나 재산에 기준을 두는 체제를 유지한다면 이는 이미 현실과는 괴리를 갖게 될 것이다. 이에 따라 새로운 개념의 보장체제를 고민하지 않을 수 없다(Bussmann Ludwig, Koch Walter, & Warnneke Perygrin, 1992; Holzmann & Palmer, 2005).

우리는 사회복지에 대한 기본적인 문제점을 제거하고 건전한 발전을 위하여 노력하여야 한다. 이와 동시에 미래에 다가올 거대한 해일과 같은 도전에 사회복지가 제대로 작동하여 인간의 존엄성이 상실되지 않도록 하는 답을 찾고 제시하여야 한다. 이러한 역사적 사명을 추진하여야 하는 시점에서 사회복지가 정치에 휘둘리거나 종속화되지 않도록 하여야 하다는 주장은 더 이상 논의의 대상이 되어서는 안 될 것이다. 정치 중립적이고 독립적인 정책 추진을 통해 기본적인 사회복지체제 구축이 이루어지도록 하는 진지한 노력이 있어야 할 것이다.

참고문헌

고경환(2009). 2007년도 한국의 사회복지지출추계와 OECD국가의 노후소득보장체계. 보건복지가족부, 한국보건사회연구원.

고경환, 장영식, 신정우, 최요한, 정영애(2016). 2014년 기준 한국의 사회복지지출. 보건복지부, 한국보건사회연구원.

국민건강보험공단(2017). 2016년 건강보험통계연보. 국민건강보험공단, 건강보험심사평가원.

국민연금공단(2014). 2013년 12월 국민연금공표통계. 국민연금공단.

국민연금공단(2018). 2018년 3월 국민연금공표통계. 국민연금공단.

국민연금연구원(2017a). 2016년 국민연금통계연보. 국민연금연구원.

국민연금연구원(2017b). 국민연금제도의 재정적 지속가능성 평가. 국민연금연구원.

기획재정부(2016). 2016~2020년 국가재정운용계획. 기획재정부.

기획재정부(2017). 2018년 예산안. 기획재정부.

김진수(2001). 장기적 관점에서 본 사회변화와 사회보험의 과제. 한국사회복지학회, 46, 37-59.

김진수(2006). 국민연금기금의 복지배분 당위성에 관한 연구. 연세대학교 사회복지연구소.

김진수, 남재욱, 정창률(2015). 정년연장이 노후소득보장에 미치는 영향과 정책과제 연구. 사회복지정책, 42(2), 87-111.

김진수, 이윤진(2013). 국민연금의 합리적 역할과 발전 과제. 한국사회보장학회, 29(4), 81-108.

김태성(2017). 한국 복지체제의 특성: 왜 한국의 복지체제는 유럽의 복지국가들과 다른가? 서울: 청목.

노대명(2017). 아시아 사회보장정책 비교연구: 노후소득보장제도를 중심으로. 한국보건사회연구원.

박종서(2017). 저출산ㆍ고령화에 따른 미래 가족변화의 사회경제적 영향과 정책과제. 한국보건사회연구원.

성명재(2008). 현안분석 1. 조세ㆍ재정지출이 소득분배 구조 및 빈곤율에 미친 영향 분석. 재정포럼, 148, 8-28.

성명재(2009). 소득분배 동향 고찰. 재정포럼, 160, 27-50.

여유진(2017). 한국형 복지모형 구축: 복지환경 변화와 대안적 복지제도 연구. 한국보건사회연구원.

하연섭(2011). 제도분석: 이론과 쟁점. 서울: 다산.

Barr, N. A. (2001). *The welfare state as piggy bank: Information, risk, uncertainty, and the role of the state*. Oxfordshire: Oxford University Press.

Bound, J., & Johnson, G. (1992). Changes in the structure of wages in the 1980s: An evaluation of alternative explanations. *American Economic Review, 82*, 371-392.

Bussmann Ludwig, Koch Walter A. S., & Warnneke Perygrin. (1992). *Der Wertschoepfungsbeitrag zur Finanzierung der Gesetzlichen Rentenversicherung*. Frankfurt/ New York.

Dertouzos, M. L. (1997). *What will be: how the new world of information will change our lives*. London: Piatkus.

Holzmann, R., & Palmer, E. E. (2005). *Pension reform: Issues and prospects for non-financial defined contribution (NDC) schemes, World Bank*.

ILO. (2009). Global wage Report 2008/2009, ILO.

Kim, J. S., & Lee, S. Y. (2010). Extinction or Evolution?: A Study of the Challenges and the Future of Social Insurance in Korea, ISSA 2010 international conference, ISSA

Köhler, P. A., Zacher, H. F., Partington, M., & Max-Planck-Institut fèur Auslèandisches und Internationales Sozialrecht. (1982). The Evolution of social insurance, 1881-1981: Studies of Germany, France, Great Britain, Austria and Switzerland, Frances Pinter, London.

KOSIS. (2010). Household Survey (http://kosis.kr), Korean Statistical Information Service.

Maguire, M., Organisation for Economic Co-operation and Development. Manpower and Social Affairs Committee. & Organization for Economic Co-operation and Development. Working Party on Social Policy. (1988). Ageing populations: The social policy implications, OECD, Paris.

Milanovic, B. (2005). *Worlds apart: Measuring international and global inequality*. New Jersey: Princeton University Press.

Mishra, R. (1984). *The Welfare State in crisis: Social thought and social change*. Brighton: Oxford University Press.

Mishra, R. (1999). Globalization and the Welfare State, Edward Elgar, Cheltenham.

OECD. (2007). OECD health data 2007, Organisation for Economic Co-operation and

Development, Paris.

OECD. (2008). Growing Unequal? Income Distribution and Poverty in OECD Countries, Organisation for Economic Co-operation and Development, Paris.

Opitika, M., Muller, M., Bendixen, T., & Kreft, J., (2010). Grundeinkommen und Werteorientierung — Eine empirische Analyse, 2., Korrigierte Auflage.

Pascal Marianna and Paul Swaim. (2009). Wage differentials in the OECD countries: recent trends, OECD.

Pierson, P. (2001). *The new politics of the welfare state*. Oxfordshire: Oxford University Press.

Schmaehl Winfried, Henke KLlaus-Dirk, & Schellhaass Horst M., (1984). Aenderung der Beitragsfinanzierung in der Rentenversicherung? — Oekonomische Wirkungen des "Maschinenbeitrags", Badeb Baden.

Thelen, K. (2011). 제도는 어떻게 진화하는가: 독일·영국·미국·일본에서의 숙련의 정치경제(*How Institutions Evolve*). 신원철(역). 서울: 모티브북.

Toffler, A. (1984). *The third wave*. London: Bantam.

Walker, R. L. & Pellissery, S. (2008). Giants old and new: Promoting social security and economic growth in the Asia and Pacific region. *International Social Security Review, 61*, 81-103.

Zacher, H. (1979). Das Sozialrecht im Wander von Wirtschaft und Gesellschaft. Vierteljahresschnift für Sozialncht(VSSR), 145-164.

국가통계포털. http://kosis.kr. 2016~2020년. 국가재정운용계획, 2018년 예산안 보도자료.

제2장

사회복지재정

남재욱(한국직업능력개발원 부연구위원)

1. 들어가는 말

사회복지재정은 국가에 의해 조달되어 국민의 욕구(needs)에 대응하는 사회복지를 공급하는 것을 목적으로 하는 재원을 의미한다. 사회복지에 사용되는 재원에는 공공에 의한 것도 있고, 민간에 의한 것도 있다. 공공에 의한 재원은 다시 중앙정부와 지방자치단체의 몫으로 구분해 볼 수 있으며, 민간에 의한 재원은 지출이 의무화되어 있는 의무 민간 재원과 자발적으로 이루어지는 자발적 민간 재원으로 구분할 수 있다. 국가 간 사회복지지출을 비교할 때는 공공지출만을 비교하거나, 공공지출과 의무 민간지출, 혹은 공공과 민간지출 전체를 비교하기도 한다. 비교의 범위를 어떻게 잡느냐에 따라 상당히 다른 함의를 도출하게 된다. 우리가 일반적으로 '사회복지재정'이라는 표현을 사용하는 경우는 공공에 의해 조달되어 사용되는 재원, 그 중에서도 중앙정부에 의한 재원을 가리키는 경우가 많다. 이 장에서도 기본적으로 중앙정부의 사회복지재원과 지출을 중심으로 살펴볼 것이다.

흔히 사회복지재정과 관련한 논의는 지출에 초점이 맞추어지는 경우가 많다. OECD 국가들의 GDP 대비 사회복지지출을 비교하여 한국의 복지지출 수준이 낮다거나, 혹은 반대로 연도별 지출 증가를 들어 한국이 가장 지출 증가가 빠른 국가라는 평가를 하는 경우들이 그 예다. 하지만 사회복지재정에 관해 이야기하는 데는 지출뿐만 아니라 재원의 조달 또한 매우 중요하다. 물론 정부 재원의 많은 부분은 사전적으로 용처가 정해지지 않은 일반회계에 속하고, 후술하겠지만 사회복지에 쓰이는 재원 또한 사회보험 기여금 정도를 제외하면, 대부분 일반회계에서 지출된다. 따라서 정부의 전반적인 세입 및 재원의 배분을 상세하게는 아니라도 어느 정도 살펴볼 필요가 있다.

이 장에서는 한국의 사회복지재정은 재원조달, 정부 내에서의 배분, 그리고 지출을 포함하여 살펴보고자 한다. 좀 더 구체적인 항목별 프로그램이나 사회보험 제도별 재원 등에 관한 논의는 이 책의 다른 장에서 다루어질 것이기 때문에 이 장에서는 개괄적인 수준에서 이를 다룰 것이다. 이어지는 절에서는 정부재정 구조와 그 안에서 사회복지재정이 어디에 위치하는지 살펴볼 것이며, 3절에서는 정부재정 중 사회복지재정으로 분류되는 영역에서 부문별 지출이 어떻게 이루어지는지 좀 더 상세히 제시한다. 4절에서는 한국의 사회복지재정이 그 규모와 구성에 있어서 어떤 특징을 가지고 있는지 파악하기 위해 OECD 국가들과의 비교를 통해 분석하고 그 특성을 제시할 것이다. 마지막으로, 5절에서는 한국의 사회복지재정이 가지고 있는 과제를 간략히 제시하는 것으로 이 장을 마치고자 한다.

2. 2018년 정부재정 구조와 사회복지재정

우리나라의 재정은 크게 중앙정부 재정과 지방정부 재정으로 분류되며, 중앙정부 재정은 다시 예산과 기금으로 분류된다. 예산은 일반회계와 특별회계로 구성되는데, 특별회계는 일반회계와 달리 사전에 용처가 정해진 예산으로 5개의 기업특별회계와 14개의 기타특별회계로 구성된다. 기금은 사업성 기금, 사회보장성 기금, 금융성 기금, 계정성 기금을 합쳐 총 67개로 구성되어 있다.

일반회계	기업특별회계(5개)	기타특별회계(14개)	기금(67개)
세입 • 내국세 • 관세 • 목적세 ※ 부족 시 국채발행 **세출** • 보건/복지/고용 • 교육 • 문화/체육/관광 • 환경 • R&D • 산업/중소기업/에너지 • SOC • 농림/수산/식품 • 국방 • 외교/통일 • 공공질서/안전 • 일반/지방행정	• 우편사업 • 우체국예금 • 양곡관리 • 조달 • 책임운영기관	• 교도작업 • 지역발전 • 농어촌구조개선 • 등기 • 행정중심복합도시건설 • 아시아문화중심도시조성 • 에너지 및 자원사업 • 우체국보험 • 주한미군기지이전 • 환경개선 • 국방·군사시설이전 • 혁신도시건설 • 교통시설 • 유아교육지원	• 사업성기금 48개 • 사업보험성기금 6개 • 금융성기금 8개 • 계정성기금 5개

[그림 2-1] 2018년 중앙정부 재정체계

출처: 국회예산정책처(2018).

2018년 중앙정부 재정계획은 재정 총수입을 2017년 대비 7.9% 증가한 447.2조로 전망하고 있는데, 국세가 294.8조, 기금이 152.4조를 차지하고 있다. 국세 중 사회복지재정과 관련이 있는 일반회계는 전년도에 비해 10.7% 증가한 271.7조, 기금 중 사회보장성기금[1]은 9.8% 증가한 89.8조에 이른다.

2018년도 총지출 규모는 428.8조원으로 2017년 대비 7.1% 증가한 수준이다. 기획재정부는 이에 대해 서민 일자리·복지 확대에 따른 추가 재정소요를 반영하고, 정책과제 이행을 위해 확장적으로 편성한 것이라고 설명하고 있다(기획재정부, 2018). 지출액 중 예산지출은 296.2조이며, 이 중 248.8조가 일반회계로 2017년 대비 10.8% 증가한 반면, 특별회계는 45.5조로 전년 대비 5.5% 감소하였다. 기금지출은 132.6조로 2017년 대비

---

1) 국민연금기금, 사립학교교직원연금기금, 고용보험기금, 산업재해보상보험 및 예방기금이 이에 해당한다. 정부가 고용주인 공무원연금기금이나 군인연금기금 등은 여기에 포함되지 않는다.

5.2% 증가했는데, 사회보장지출은 42.9조로 8.0% 증가했다. 수입과 지출 양면에서 모두 예산 증가를 주도하고 있는 것이 예산에서의 일반회계와 기금에서의 사회보장성 기금임을 알 수 있다.

2018년 정부지출을 분야별 재원배분계획을 통해 살펴보면 다음과 같다. 〈표 2-1〉에 나타난 것과 같이 정부총지출에서 가장 높은 비중을 차지하는 분야는 33.7%인 144.7조의 보건 · 복지 · 고용이며, 약 16%를 차지하는 일반 · 지방행정과 15%를 차지하는 교육이 뒤를 잇고 있다. 2017년 대비 증감률로 봐도 가장 높은 증가율을 차지하고 있는 것이 교육(11.8%)과 보건 · 복지 · 고용(11.7%) 분야다. 요컨대 정부 지출에서 사회정책과 관련된 재원, 그중에서도 사회복지 관련 재원이 그 비중이 높을 뿐 아니라 지출 증가에서 중요한 역할을 차지하고 있음을 알 수 있다.

〈표 2-1〉 주요 분야별 재원배분   (단위: 조 원, %)

구분	2017(A)	2018(B)	증감	
			(B-A)	%
총지출	400.5	428.8	28.3	7.1
1. 보건 · 복지 · 고용	129.5	144.7	15.2	11.7
※ 일자리	17.1	19.2	2.2	12.6
2. 교육	57.4	64.2	6.8	11.8
※ 지방교육재정교부금	42.9	49.5	6.6	15.4
3. 문화 · 체육 · 관광	6.9	6.5	△0.4	△6.3
4. 환경	6.9	6.9	△0.0	△0.3
5. R&D	19.5	19.7	0.2	1.1
6. 산업 · 중소기업 · 에너지	16.0	16.3	0.2	1.5
7. SOC	22.1	19.0	△3.1	△14.2
8. 농림 · 수산 · 식품	19.6	19.7	0.1	0.5
9. 국방	40.3	43.2	2.8	7.0
10. 외교 · 통일	4.6	4.7	0.2	3.5
11. 공공질서 · 안전	18.1	19.1	0.9	5.1
12. 일반 · 지방행정	63.3	69.0	5.6	8.9
※ 지방교부세	40.7	46.0	5.2	12.9

출처: 기획재정부(2018).

3. 사회복지재정 지출의 세부 내용

중앙정부 총재정에서 사회복지예산을 포함하고 있는 영역은 보건·복지·고용 분야로 총예산에서 가장 높은 비중을 차지하고 있음을 앞서 설명하였다. 보건·복지·고용 분야 예산을 다시 세부 항목으로 구분하면 〈표 2-2〉와 같다.

〈표 2-2〉 보건·복지·고용 분야 재정 　　　　　　　　　　　　　　　　 (단위: 억 원, %)

구분	2017	2018	증감률
합계	1,294,830	1,446,588	11.7
기초생활보장	104,904 (8.1)	113,147 (7.8)	7.9
취약계층지원	26,082 (2.0)	28,268 (2.0)	8.4
공적연금	449,930 (34.7)	478,007 (33.0)	6.2
보육·가족 및 여성	59,225 (4.6)	67,348 (4.7)	13.7
노인·청소년	98,013 (7.6)	112,749 (7.8)	15
노동	182,653 (14.1)	238,104 (16.5)	30.4
보훈	49,754 (3.8)	55,256 (3.8)	11.1
주택	212,421 (16.4)	233,870 (16.2)	10.1
사회복지일반	8,290 (0.6)	11,265 (0.8)	35.9
보건의료	23,405 (1.8)	24,420 (1.7)	4.3
건강보험	75,811 (5.9)	79,434 (5.5)	4.8

| 식품의약안전 | 4,342 (0.3) | 4,719 (0.3) | 8.7 |

* ( ) 안은 보건 · 복지 · 고용 분야 내에서의 비중임.
출처: 기획재정부(2018).

세부 항목별 주요 내용은 다음과 같다. 기초생활보장 분야는 기초생활보장제도의 생계급여(3.7조), 의료급여(5.3조), 주거급여(1.1조), 교육급여(1,312억), 자활사업(3,756억)과 긴급복지지원제도(1,113억)에 소요되는 예산을 포함하고 있다. 취약계층 지원 분야는 장애인일자리지원(957억), 장애인활동지원(6,907억), 장애인연금(6,009억), 장애인건강보건관리(9억), 지역아동센터지원(1,587억), 아동발달지원계좌(196억)에 들어가는 예산을 포함한다. 공적연금 분야는 보건 · 복지 · 노동 분야에서 가장 높은 비중을 차지하는 분야로 국민연금, 공무원연금, 사립학교교직원연금, 군인연금이 포함되며, 주로 사회보장 분야의 기금에서 지출되는 부문이다. 노인인구의 증가와 공적연금의 성숙으로 계속해서 지출이 증가되고 있다. 기초연금의 경우 노인 · 청소년 분야로 분류되어 여기에 포함되지 않는다.

〈표 2-3〉 공적연금 부문 재원 배분
(단위: 억 원, %)

구분	2017	2018	증감률	수급자
합계	449,930	478,007	6.2	
국민연금	201,977	218,788	8.3	• 452.7 → 478.1만 명
공무원연금	173,767	185,400	6.7	• 45.8 → 48.8만 명
사립학교교직원연금	43,459	41,705	△4.0	• 7.0 → 7.3만 명
군인연금	30,720	32,111	4.5	• 10.5 → 10.7만 명

출처: 기획재정부(2018).

보육 · 가족 · 여성 부문은 영유아보육료지원(3.3조), 아동수당(7,096억), 보육교직원 인건비 및 운영지원(9,877억), 공공형어린이집(610억), 아이돌봄지원(1,084억), 한부모가족 아동양육비(894억)를 포함하고 있다. 아동수당이 2018년 신설되었으며, 향후에도 저출산 고령화와 일 · 가정 양립 지원 필요의 영향으로 지출 증가가 예상되는 분야다. 노인 · 청소년 부문은 가장 높은 비중을 차지하는 기초연금(9.1조)을 비롯하여, 노인일자리 운영(6,349억), 치매관리체계구축(1,457억), 청소년 유해환경개선 및 피해예방(54억), 청소년 사회안전망 구축(517억), 청소년 쉼터 운영(156억)이 포함된다. 이 부문에서는 노인 관련 예산의 증가가 눈에 띄는데, 현 정부의 치매국가책임제의 영향으로 치매관리체계구축 예산이 2017년(154억)에 비해 8배가량 증액됐으며, 수급자와 수급액이 함께 증가하고 있는 기초연금 지출의 증가도 가파르다.

노동 부문의 예산 또한 증가세가 가파르다. 여기에는 항목에 따라 사회복지재정과 직접 관련이 없다고 여길 수 없는 내용도 포함하고 있으나, 고용정책과 복지정책이 엄밀하게 구분할 수 없다는 점을 고려할 필요가 있다. 예를 들어, 최저임금 인상에 대응하는 목적의 일자리 안정자금의 경우 노동 분야 지출 증가에서 큰 비중을 차지하고 있으나(약 3조), 고용보험 미가입자들의 가입을 촉진하는 성격을 갖기 때문에 사회보험사각지대해소 항목이나 고용보험기금 관련 항목의 지출에도 영향을 미칠 것으로 보인다. 현 정부의 일자리 정책의 영향으로 여러 항목에서 큰 폭의 지출 증가가 나타나고 있다(〈표 2-4〉 참조).

〈표 2-4〉 노동 부문 재원 배분 (단위: 억 원, %)

구분	2017	2018	증감률	비고
합계	182,653	238,104	30.4	
일자리안정자금지원	–	29,708	순증	• 2,998천 명
사회보험사각지대해소	5,202	8,932	71.7	• 155 → 225만 명
취업성공패키지	3,305	5,029	52.2	• 청년구직촉진수당
청년내일채움공제	1,970	3,555	127.6	• 5만 명
고용창출장려금	2,620	3,926	49.8	• 청년추가고용장려금 등
모성보호육아지원	10,846	13,111	20.9	• 출산휴가급여 등 인상
일학습병행운영지원	1,295	1,317	1.7	• 0.95 → 1.2만 개
고용보험기금	98,578	109,223	10.8	• 구직급여 등
산업재해보상보험 및 예방기금	53,129	59,256	11.5	• 산재급여 등
임금채권보장기금	4,484	4,558	1.7	• 체당금 등
장애인고용촉진 및 직업재활기금	2,993	3,673	22.7	• 장애인고용장려금 등
근로복지진흥기금	1,417	1,359	△4.1	• 생활안정자금 등

출처: 기획재정부(2018).

보훈 부문은 보상금(3.3조), 참전·무공수당(8,418억), 진료비(7,009억), 생계곤란 독립유공자 후손지원(526억), 보훈요양원(126억), 100주년 기념사업(30억), 임정기념관 건립(74억)을 포함한다. 정부의 보상금, 참전명예수당, 무공영예수당 인상, 참전유공자 진료비 감면율 증가 등의 정책변화의 영향으로 2017년 대비 지출이 증가하였다. 주택 부문은 공적연금 부문에 이어 보건·복지·고용분야에서 두 번째로 높은 비중을 차지하는 부문이다. 주택구입·전세자금 지원(7.35조), 영구임대 출자(645억), 국민임대 출·융자(6,202억), 행복주택(2.3조), 매입임대(1.8조), 전세임대(3.3조), 집주인임대주택(2,933억)으로 구분된다.

보건의료, 건강보험, 식품의약안전 부문은 모두 보건 관련 예산이다. 이 중 가장 큰 비중을 차지하는 것은 건강보험재정에 대한 국고지원(약 7.2조)을 포함하는 건강보험 관련 지출이다. 그러나 이는 실제 건강 관련 지출의 일부분만을 차지하고 있을 뿐이다. 국민건강보험이 관리 운영하는 국민건강보험과 노인장기요양보험의 경우 다른 사회보험과 달리 재원이 기금화되어 있지 않아 중앙정부 예산에 포함되고 있지 않기 때문이다. 따라서 이 영역의 사회복지지출을 실제로 살펴보기 위해서는 중앙정부 예산이 아닌 사용자와 피용자의 보험료로 국민건강보험공단에서 지출되는 영역을 포함하여 살펴볼 필요가 있다.

2016년 기준으로 국민건강보험의 총수입은 55.7조, 총지출은 52.6조에 이르며, 노인장기요양보험 총수입은 4.7조, 총지출도 4.7조에 이른다. 이 중 국고에 의해 지원되는 규모는 국민건강보험에 7.1조, 노인장기요양보험에 1.5조(지자체 부담 제외 시 0.6조)로 일부분에 불과하다. 국민건강보험 및 노인장기요양보험의 재정 규모 역시 인구고령화와 보장성 강화 정책의 영향으로 가파르게 증가하고 있다. 건강보험지출은 2007년에 25.6조이던 것이 2016년에는 55.7조로 10년 사이에 2배 이상 증가했다. 노인장기요양보험도 도입 직후인 2008년 지출 0.6조에 비해 가파르게 증가했음을 알 수 있다. 이 부문의 지출은 향후에도 고령자 증가와 제도 성숙에 따라 증가할 것이 확실시되는 만큼 안정적인 재원조달의 필요성이 크다고 하겠다.

〈표 2-5〉 국민건강보험 및 노인장기요양보험 재정 현황(2016) (단위: 조 원)

구분		건강보험	노인장기요양보험
수입	합계	55.7	4.7
	보험료 등	47.3	3.1

		소계	7.1	1.5
정부지원		국고	5.2	0.6
		국민증진기금	1.9	–
		지자체	–	0.9
지출	합계		52.6	4.7
	보험급여비 등		51.1	4.4
	관리운영비 등		1.6	0.3

* 노인장기요양보험의 정부지원에는 의료급여 지원이 포함되어 있음.
출처: 통계청 e-나라지표. www.index.go.kr; 국가통계포털. kosis.kr

4. 한국의 사회복지재정 규모 및 구성

1) 재정 규모

지난 수년간 한국의 사회복지재정 규모를 둘러싸고 많은 논쟁이 이루어졌다. 한편으로는 OECD 국가들과의 사회복지지출 규모 비교를 통해 한국의 복지수준이 낮다는 것이 제기되었으며, 상대적으로 낮은 국민부담률[2]까지 고려할 때 한국은 저부담-저복지 국가에 속한다는 분석이 나타났다. 하지만 다른 한편에서는 상대적으로 낮은 고령화 수준과 복지정책의 성숙정도를 고려할 때 한국의 복지지출 수준이 낮은 것만은 아니며, 오히려 가파른 고령화 추세와 그로 인한 지출 증가 추세를 고려할 때 속도조절이 필요하다는 의견도 있었다. 사회복지재정의 전체 규모가 국민의 욕구에 부응하기에 적절한 수준인지는 중요한 문제이므로, 이를 좀 더 살펴보고자 한다.

---

2) 한 국가의 국민들이 부담하는 조세부담을 측정할 때는 일반적으로 '경상 GDP에서 조세(국세＋지방세)가 차지하는 비중'으로 정의되는 '조세부담률'과 '경상 GDP에서 조세와 사회보장기여금이 차지하는 비중'으로 정의되는 '국민부담률'을 많이 사용한다. 여기에서는 사회보험에 대한 기여 역시 사회복지재정의 중요한 부분임을 고려하여 주로 국민부담률을 기준으로 살펴보았다.

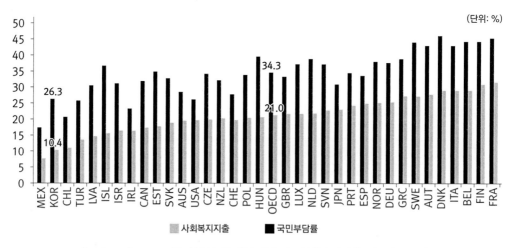

[그림 2-2] OECD 국가들의 국민부담률과 사회복지지출 비중(2016)

* 일부 국가는 가장 최근의 통계 기준임.
출처: OECD Statistics. stats.oecd.org

　[그림 2-2]는 OECD 35개국의 2016년 기준 GDP 대비 국민부담률과 사회복지지출 비중을 나타낸 것이다. [그림 2-2]에서 알 수 있는 것처럼 비록 완전히 일치하지는 않아도 국민부담률이 높은 국가들이 사회복지지출 수준도 높다. 한국은 양자 모두 가장 낮은 수준에 속하는데, 사회복지지출은 35개국 중 34위, 국민부담률은 30위에 자리하고 있다. OECD 평균과 비교하면 사회복지지출은 10.4%로 약 10%p 낮으며, 국민부담률은 26.3%로 약 8%p 낮다. 약간의 오차는 있지만 부담과 지출이 비슷한 정도로 낮아 저부담-저복지 국가라는 지적이 틀리지 않다는 것을 알 수 있다.

　그러나 여기에는 몇 가지 반론이 가능하다. 가장 오래된 반론은 한국은 아직 선진국만큼 경제발전이 이루어지지 않았으므로 분배적 정책은 뒤로 미뤄질 수밖에 없다는 '선 성장 후 분배'론이다. 그러나 한국의 1인당 GDP가 3만 달러를 넘은 현시점에서 이와 같은 지적이 적절한지는 의문이다. 실제로 주요 선진국이 1인당 GDP 3만 달러에 도달한 시점의 사회복지지출과 현재 우리의 사회복지지출을 비교하면, 대부분의 국가들이 GDP의 약 20% 수준을 복지에 지출하고 있어 현재 한국 지출수준의 두 배에 이른다(박능후, 2015).

　물론 경제발전 정도 외에도 사회복지지출 비중에 영향을 미칠 수 있는 요인들은 적지 않다. 한국의 인구구조, 거시경제상황, 재정구조 등이 서구 복지국가와 다르다는 점을 고려할 때, 한국의 사회복지지출 수준이 낮은 것은 정상적이라는 견해도 있다. 한국의 사회복지지출 수준에 관한 논의가 확대되면서 이 같은 견해와 관련된 연구도 이루어졌다. 김용하, 임성은, 윤강재, 우선희(2011)와 김상호, 정해식, 임성은, 김성아(2016)는 OECD 국가들의 복지수요, 복지충족, 경제활력, 국민행복 정도 포함하는 복지지표(KCWI)를 구성하고 이를 토대로 OECD 34개국을 비교한 결과 한국을 2011년 23위, 2016년 21위로 평가했다. 이는 단순 지출수준으로 나타난 복지수준보다 높지만, OECD 국가 내에서 하위권에 위치한 수준이었다. 특히 국민행복도와 복지충족도 항목이 상대적으로 낮게 나타났다는 점은 시사하는 바가 크다. 조금 더 직접적으로 사회복지지출 수준을 평가하고자 한 연구로 진익(2015)의 연구를 들 수 있다. 이 연구는 인구증가율, 노령인구 비율, 실업률, 소득수준, 경제성장률, 총지출, 정부부채, 대회부문의 변수들을 통제했을 때 복지지출 수준이 어느 정도인지를 '국제비교지수(International Comparison Index: ICI)'를 통해 비교하였다. 분석결과 한국의 ICI는 국민부담 65.9, 복지지출 62.3으로 준거수준(100)의 2/3에 불과했다. 즉, 다른 OECD 국가들과 비교할 때 복지지출에 영향을 미치는 여러 요인을 통제하더라도 복지에 대한 부담과 지출이 모두 2/3에 불과하다는 것이다. 그 밖의 연구들도 정도의 차이는 있지만, 한국의 복지지출 수준이 다른 요인들을 고려하더라도 충분한 수준에 이르지 못하고 있음을 공통적으로 지적하고 있다(한정수, 2015; 김성태, 김명규, 2015; 이우진, 박기백, 서은숙, 2015 등).

한국의 사회복지지출 수준이 우리 사회의 복지욕구에 비해 낮다는 것은 복지지출의 증가 필요성을 보여 준다. 그런데 여기에서 기억해야 할 부분은 복지지출의 증가는 부담의 증가를 동반하지 않을 경우 재정적 불균형을 초래할 수 있다는 점이다.[3] [그림 2-3]에서 확인할 수 있는 것처럼 지난 수십 년간 복지지출의 증가는 국민부담률의 증가와 함께 나타났다. 하지만 향후에도 이와 같은 추세가 유지될지는 불확실하다. 인구고령화와 기존 복지 프로그램의 성숙으로 인해 지출 증가는 별도의 정책변화 없이도 자연스럽게 나타나는 반면, 국민부담률은 경제활동 인구 비중의 감소에 의해 오히려 부정적인 영향을 받을 수도 있다. 의식적인 재정확보 노력이 없다면 부담과 지출의 균형이 무너질 수 있다는 것이다.

---

3) 물론 국가의 재정안정성은 가계의 재정안정성과 달리 일시적인 적자가 나타나는 것이 오히려 경제적으로 바람직한 경우가 있다. 불황기에 정부지출 증가를 통해 불황을 극복하는 케인스주의적 거시경제정책이 그 예이며, 이 경우 사회복지제도는 일종의 자동안정화장치(automatic stabilizer)로 기능할 수 있다. 그러나 이는 단기적인 경기침체를 전제한 것이며, 일반적으로 복지지출은 SOC 등에 대한 지출과 달리 지속적이고 반복적인 성격을 갖기 때문에 적절한 재원의 확보가 중요하다.

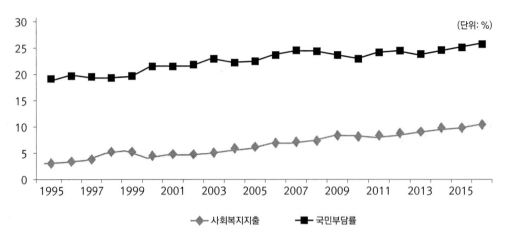

[그림 2-3] 한국의 GDP 대비 국민부담률 및 사회복지지출 추이(1995~2016)

출처: OECD Statistics. stats.oecd.org

2) 재정 구성

　한국의 사회복지재정 구성을 재원 측면에서 OECD 평균과 비교하면 〈표 2-6〉과 같다. GDP 대비 비율을 기준으로 볼 때 한국은 OECD 평균에 비해 소득세, 소비세, 사회보장기여금이 상당히 낮으며 이것이 낮은 조세부담률과 국민부담률의 원인이 되고 있다. 사회보장 기여금에서는 피용자보다는 사용자의 비중이 낮은 것이 중요하게 작용하고 있다. 반면에 법인세는 OECD 평균보다 약간 높으며, 자산세는 상당히 높다.

〈표 2-6〉 주요 세목별 GDP 대비 비율의 한국과 OECD 평균 비교(2014)　　　　(단위: %)

| 구분 | 소득세 | 법인세 | 자산세 | 소비세 | 기타 | 사회보장기여금 | | | | 조세부담률 | 국민부담률 |
						사용자	피용자	기타*	계		
한국	4.0	3.2	2.7	7.4	0.8	3.0	2.8	0.8	6.6	18.1	24.7
OECD	8.4	2.8	1.9	11.0	0.7	5.2	3.3	0.6	9.1	24.8	33.9
차이	4.4	▲0.4	▲0.8	3.6	▲0.1	2.2	0.5	−0.2	2.5	6.7	9.2

출처: OECD. (2016).

　물론 세목별 부담률은 해당 국가의 특수한 경제적 상황들을 반영하고 있는 지표이기 때문에 이를 지나치게 강하게 해석하여 OECD 평균에 맞추자는 식으로 접근해서는 안된다. 예컨대 한국의 경우 GDP에서 기업소득의 비중이 상대적으로 높기 때문에 GDP 대비 법인세 비중이 OECD 평균보다 높을 뿐 기업의 법인세 부담이 높다고 해석할 수 없다는 견해가 있다. 또한 사회보장기여금의 경우 퇴직(연)금과 관련한 사용자의 부담을 고려하면, OECD 평균에 비해 사용자의 부담이 작다고 할 수 없다는 의견도 있다. 요컨대 OECD 평균 대비 세목별 부담은 한국의 조세 구조가 갖는 특징에 대한 하나의 참고자료서의 의미를 갖는 것이라고 하겠다.

사회복지재정의 총 규모도 중요하지만 주로 어떤 부문에 지출하고 있는지도 중요한 문제다. 탈산업사회로의 전환을 배경으로 사회서비스에 대한 투자나 새로운 사회적 위험에 대한 대응이 복지국가의 지속가능성을 높인다는 연구들은 지출수준 못지 않게 지출구조의 중요성이 있음을 시사하는 예이다(안상훈, 2011; 변영우, 2012). 이를 살펴보기 위해 보건복지부 사회보장재정추계소위에서 한국과 OECD 주요국의 부문별 사회복지지출은 2011년을 기준으로 비교하고, 이후 한국의 부문별 사회복지 지출변화에 따라 어떻게 양상이 달라지는지를 분석하면 〈표 2-7〉과 같다.

〈표 2-7〉 주요국의 GDP 대비 공공사회복지지출의 정책영역별 지출(2011) 및 한국의 장래 추계

(단위: %)

분	OECD 평균	스웨덴	덴마크	프랑스	독일	영국	미국	일본	한국				
									'11	'15	'30	'40	'60
전체	21.4	27.2	30.1	31.4	25.5	22.7	19.0	23.1	9.0	10.4	16.1	19.9	25.5
노령	7.4 (34.6)	9.4 (34.6)	8.4 (27.9)	12.5 (39.8)	8.6 (33.7)	6.1 (26.9)	6.0 (31.6)	10.4 (45.0)	2.1 (23.3)	2.9 (27.9)	4.5 (28.0)	6.0 (30.2)	8.6 (33.7)
유족	1.0 (4.7)	0.4 (1.5)	0.0 (0.0)	1.7 (5.4)	2.0 (7.8)	0.1 (0.4)	0.7 (3.7)	1.4 (6.1)	0.3 (3.3)	0.3 (2.9)	0.6 (3.7)	0.7 (3.5)	1.0 (3.9)
근로 무능력	2.2 (10.3)	4.3 (15.8)	4.7 (15.6)	1.7 (5.4)	2.0 (7.8)	2.5 (11.0)	1.4 (7.4)	1.0 (4.3)	0.5 (5.6)	0.5 (4.8)	0.7 (4.3)	0.7 (3.5)	0.6 (2.4)
보건	6.2 (29.0)	6.7 (24.6)	6.7 (22.3)	8.6 (27.4)	8.0 (31.4)	7.7 (33.9)	8.0 (42.1)	7.7 (33.3)	4.0 (44.4)	4.0 (38.5)	7.5 (46.6)	9.9 (49.7)	13.0 (51.0)
가족	2.2 (10.3)	3.6 (13.2)	4.0 (13.3)	2.9 (9.2)	2.2 (8.6)	4.0 (17.6)	0.7 (3.7)	1.4 (6.1)	0.9 (10.0)	1.1 (10.6)	1.1 (6.8)	0.9 (4.5)	0.8 (3.1)
ALMP	0.5 (2.3)	1.2 (4.4)	2.2 (7.3)	0.9 (2.9)	0.8 (3.1)	0.4 (1.8)	0.1 (0.5)	0.2 (0.9)	0.3 (3.3)	0.8 (7.7)	0.9 (5.6)	0.8 (4.0)	0.7 (2.7)

실업	1.0 (4.7)	0.4 (1.5)	2.2 (7.3)	1.6 (5.1)	1.2 (4.7)	0.4 (1.8)	0.8 (4.2)	0.3 (1.3)	0.3 (3.3)	0.3 (2.9)	0.3 (1.9)	0.3 (1.5)	0.2 (0.8)
주거**	0.4 (1.9)	0.4 (1.5)	0.7 (2.3)	0.8 (2.5)	0.6 (2.4)	1.5 (6.6)	0.3 (1.6)	0.1 (0.4)	—	0.1 (1.0)	0.1 (0.6)	0.1 (0.5)	0.1 (0.4)
기타	0.5 (2.3)	0.7 (2.6)	1.0 (3.3)	0.6 (1.9)	0.2 (0.8)	0.2 (0.9)	0.9 (4.7)	0.5 (2.2)	0.6 (6.7)	0.5 (4.8)	0.5 (3.1)	0.5 (2.5)	0.5 (2.0)

* 한국 지방자체사업비('15년 예산기준 3.2조 원)의 경우 정책영역 구분이 곤란하여 정책 영역별 분류 시에는 제외.
* 공공임대주택 건축·매입비는 기타 정책영역에 분류.
* ( ) 안은 해당국가 내에서 해당 부문의 비중.
출처: 보건복지부(2016).

먼저, 눈에 띄는 부분은 현재의 사회복지 프로그램을 그대로 두더라도 2060년에 이르면 한국의 사회복지지출 규모가 2011년의 OECD 평균 수준을 넘어서서 독일에 근접한 수준이 이른다는 전망이다. 이는 인구고령화와 기존 복지 프로그램 성숙의 영향인데, 그렇다고 한국인의 복지 수준이 현재의 독일과 유사한 상황에 이른다는 의미로 보기는 어렵다. 당장 고령화 정도만 고려하더라도 2060년 한국은 65세 이상 노인 인구비중이 무려 41%에 이를 것으로 전망하고 있는 반면, 2011년 독일의 노인인구 비율은 20.4%로 그 절반에 불과하기 때문이다. 앞선 절에서 설명한 것처럼 한국의 현재 복지지출 수준은 고령화 정도나 경제규모 등 다른 요인을 모두 고려해도 낮은 수준이며, 따라서 2060년 지출이 25.5%로 오르더라도 여전히 욕구에 비해 낮은 복지수준을 유지하고 있다고 보아야 한다.

2011년을 기준으로 볼 때 한국의 복지지출 수준은 모든 면에서 다른 국가들에 비해 낮지만 그 정도에는 차이가 있다. 전반적으로 보건의료와 기초생활보장이 대부분을 차지하는 기타 항목의 비중은 상대적으로 높고, 노령, 근로무능력, 가족 등은 상대적으로 낮은 편이다. 그런데 지금의 프로그램 수준을 그대로 두고 2060년까지를 전망해 보면 상대적인 비중의 양상이 다소 변화하게 된다. 노령의 비중은 일본 정도를 제외하면 가장 높은 수준으로 올라가는데, 전술한 대로 극심한 고령화율을 고려하면 욕구 대비 충분한 수준에는 이르지 못할 것으로 보인다. 보건의 비중은 더욱 높아지게 되는 반면, 근로무능력, 가족, ALMP, 실업 등은 전보다 더 낮은 수준이 된다. 종합해 보면, 한국의 복지지출 구조는 ① 미성숙한 연금제도로 인해 낮은 노령 지출, ② 근로무능력, 가족, ALMP 등 사회서비스 성격의 신사회적 위험 대응 프로그램의 부족, ③ 상대적으로 높은 수준인 보건지출로 볼 수 있다. 또한 2060년까지의 지출구조 변화는 인구구조 변화의 영향을 크게 받아 노인에 대한 지출 성격이 강한 노령과 보건은 더 높아지고, 반대로 아동, 가족, 근로 연령대 인구에 대한 프로그램들은 상대적으로 미발달하는 상황이 될 것으로 전망된다.

5. 한국의 사회복지재정 과제

중장기 사회보장 재정추계 결과 현재의 지출구조를 유지할 경우에도 2060년에는 GDP 의 25.5%에 이르는 지출이 이루어진다는 전망이 이루어진 것은, 실제 한국의 사회복지 지출이 이보다 높은 수준으로 이루어져야 한다는 것을 의미한다. 추계에 반영된 지출증 가는 대부분 인구구조 변화와 기존의 복지제도 성숙의 자연적인 결과로, 물론 부분적인 개선이야 있겠지만 전반적으로는 현재와 마찬가지로 충족되지 못한 복지욕구가 많은 상 황에서의 지출수준이 되기 때문이다. 따라서 단계적으로 복지지출과 이를 조달하기 위 한 재원확보를 과제로 가지고 있는 상황이라고 하겠다. 이를 염두에 둔다면 한국의 사회 복지재정은 다음과 같은 과제들을 가지고 있다.

첫째, 장기적 안목의 재정관리가 필요하다. 사회복지 프로그램은 SOC나 각종 경기부 양사업과 같은 유형의 재정사업과 달리 대부분 장기적이고 지속적인 지출을 그 특성으 로 한다. 그뿐만 아니라 연금제도와 같이 프로그램의 변화의 효과가 수십 년 후에 본격 적으로 나타나는 경우도 있다. 따라서 일반적으로 5년을 단위로 이루어지는 정부재정 관리와 달리 좀 더 장기적인 관리가 필요하다. 단순히 장기재정을 추계하는 것으로 끝나 는 것이 아니라 복지욕구의 증가에 대응하는 재원과 지출의 증가를 위한 계획을 포함한 관리가 요구되는 것이다.

둘째, 이와 연관된 것으로 미충족된 사회복지욕구에 대응하는 지출을 위해서는 재원 마련 방안이 반드시 동반되어야 한다. 사회복지재정이 대부분 장기적이고 지속적인 특 성을 가지고 있다는 점을 고려하면, 정부부채를 통해 복지지출에 대응하는 것은 재정의 장기적 지속가능성을 약화시킨다. 물론 일시적인 경제상황 악화나 실업 증가에 대응하 는 정책의 경우에는 적자재정을 통해 대응하는 것도 방법이 될 수 있겠으나, 대개의 사 회복지 프로그램은 한시적이 아닌 항구적인 재정확보를 필요로 한다는 점을 고려해야 한다.

셋째, 인구고령화의 영향을 크게 받는 노후소득보장이나 보건의료영역의 재원조달 및 지출 관리가 필요하다. 국민연금 및 특수직역연금의 경우 수차례의 개혁에도 불구하고 여전히 부담과 지출의 균형이 맞지 않는 상태에 있다. 여기에 보건 관련 지출의 급증 역시 의료 이용량을 적절하게 관리하고 있지 못한 제도적 한계에 기인한 바가 작지 않다. 노후소득보장과 보건의료영역은 급속한 인구고령화로 인해 지출이 급증하고 있는 분야로 미래의 경제활동세대에게 큰 부담으로 작용할 수 있다. 따라서 이 영역들에서 한 편으로는 지출증가에 대응하는 재원마련 방안을 확보하고, 효율적이고 효과적인 지출이 이루어질 수 있도록 하는 제도개선이 필요하다.

넷째, 이른바 사회투자적 성격의 프로그램의 강화가 필요하다. 중장기 사회보장 재정 추계에 따르면 2050년, 2060년 한국의 사회복지재정은 노령, 질병 등 구사회적 위험에 대응하는 지출 위주로 편성되며, 아동 · 가족 및 근로연령대 인구를 위한 사회정책에 대한 지출은 상대적으로 매우 낮은 수준에 머물게 된다. 그러나 이는 사회투자적, 적극적 복지라는 최근의 복지국가 흐름과 상반되는 것으로 사회복지의 생산적 성격을 약화시킬 가능성이 있다. 물론 한국의 심각한 노인빈곤 수준을 고려하면 단기적으로는 이 영역의 지출증대가 필요한 것이 사실이다. 하지만 중 · 장기적으로는 영역별 사회복지지출을 어떤 식으로 개혁하여 좀 더 생산적인 사회복지재정을 구성할 것인지에 대한 검토가 필요할 것이다.

참고문헌

국회예산정책처(2018). 대한민국재정 2018.

기획재정부(2018). 2018 나라살림 예산개요.

김상호, 정해식, 임성은, 김성아(2016). OECD 국가의 복지수준 비교연구. 한국보건사회연구원.

김성태, 김명규(2015). 우리나라 적정 사회복지지출 수준의 모색. 응용경제, 17(3), 5-32.

김용하, 임성은, 윤강재, 우선희(2011). OECD 국가의 복지지표 비교연구. 한국보건사회연구원.

박능후(2015). 한국의 사회복지재정. 김진수 외. 한국의 사회복지 2015-2016. 서울: 청목.

변영우(2012). 새로운 사회적 위험구조에 의한 OECD 국가의 사회지출구조 변화. 한국사회복지학, 64(4), 337-357.

보건복지부(2016). 중장기 사회보장 재정추계.

안상훈(2011). 사회서비스형 복지국가전략의 지속가능성. 경제논집, 50(3), 263-293.

이우진, 박기백, 서은숙(2015). 한국의 재정과 복지. 국회예산정책처 연구용역보고서.

진익(2015). 국제비교지수를 활용한 한국의 복지지출 수준 평가. 예산정책연구, 4(1), 81-112.

한정수(2015). 부문별 사회복지지출 수준 국제비교평가. 국회예산정책처.

OECD. (2016). *Revenue Statistics 2016*.

국가통계포털. kosis.kr

통계청. e-나라지표. www.index.go.kr

OECD Statistics. stats.oecd.org (2018. 6. 30.)

제2부

공공부조 및 사회수당제도

제**3**장

국민기초생활보장제도

강욱모(경상대학교 사회복지학과 교수)

1. 들어가는 말

2000년 10월 1일부터 시행된 국민기초생활보장제도는 「헌법」 제34조 제1항의 "모든 국민은 인간다운 생활을 할 권리"와 제5항의 "생활능력이 없는 자에 대한 국가의 보호책임에 대한 국민의 권리"를 구현하기 위해 생계급여, 주거급여, 의료급여, 교육급여, 해산급여, 장제급여, 자활급여를 제공함으로써 모든 국민의 인간다운 생활을 할 권리와 생존권적 기본권을 보장하는 우리나라의 대표적인 공공부조제도이다. 제도 시행 이후 빈곤계층의 '최후의 안전망'으로서의 기능을 수행해 왔으나, 여전히 사각지대의 존재, 급여의 불충분성, 통합급여체계하에서 수급자에서 탈락되면 모든 급여를 상실하는 이른바 '전부 혹은 전무(all or nothing)'식의 지원방식 등의 문제가 지속적으로 제기되면서 몇 차례 개편을 거쳐 왔다. 특히 2015년 7월 '맞춤형 급여제도'로 개편함으로써, 생계·의료·주거·교육 등 주요 급여별 수급자 선정 기준을 중위소득과 연동·다층화하고, 부양의무자 소득 기준을 대폭 완화하기도 했다. 이러한 제도 개편에 따라 수급자가 늘어났을 뿐 아니라 급여수준 또한 상향 조정됨으로써 제도의 목적에 보다 부응하게 되었다. 그럼에도 불구하고 여전히 비수급 빈곤층 등 복지 사각지대 문제가 상존하고 있을 뿐 아니라 낮은 보장수준, 근로유인 부재 등의 한계를 노출하고 있는 실정이다(관계부처합동, 2017).

이 장에서는 국민기초생활보장제도의 주요 내용(수급자, 급여, 전달체계, 재정)을 중심으로 살펴보고, 앞으로의 과제를 중심으로 서술하고자 한다.

2. 주요 내용 및 현황

1) 수급권자

「국민기초생활보장법」의 수급권자는 "이 법률에 따른 급여를 받을 수 있는 자격을 가진 사람"을 말한다(법 제2조 제1호). 2014년 법 개정을 통해 통합급여에서 개별급여(맞춤형 급여)로 급여형태가 전환됨에 따라, 보건복지부장관 또는 소관 중앙행정기관의 장은 급여 종류별로 수급자 선정기준과 최저보장수준[1]을 결정하도록 하였다. 한편, 급여를 받는 자에 대해서는 매년 1회 이상 소득 및 재산, 부양의무자 등의 사항을 조사하여 소득 · 재산이 늘었거나 부양을 받게 되어 더 이상 요건에 적합하지 않으면 보호 대상에서 제외한다. 수급자의 권리와 의무는 법 제34조에서 제37조까지 규정되어 있는데, 급여의 변경의 금지, 압류금지, 양도금지, 그리고 신고의 의무가 주된 내용이다.

2) 급여의 기본원칙

급여의 기본원칙에 관해서는 법 제3조에서 규정하고 있는데, "이 법에 따른 급여는 수급자가 자신의 생활의 유지 · 향상을 위하여 그의 소득, 재산, 근로능력 등을 활용하여 최대한 노력하는 것을 전제로 이를 보충 · 발전시키는 것을 기본원칙"으로 한다(법 제3조 제1항). 급여의 기본원칙과 기준을 보다 상세히 살펴보면 다음과 같다.

첫째, 이 법에 따른 급여는 건강하고 문화적인 최저생활을 유지할 수 있는 것이어야 한다(최저생활보장의 원칙). 둘째, 급여수준을 기초생활보장 급여액과 수급자의 소득인정액[2]을 포함한 총금액이 급여 선정 기준 이상이 되도록 한다(보충급여의 원칙). 셋째, 근로능력이 있는 수급자에게는 자활사업에 참여할 것을 조건으로 급여를 지급한다(자립지원의 원칙). 넷째, 급여수준을 정함에 있어서 수급권자의 개별적 특수 사항을 최대한 반영한

---

[1] 「국민기초생활보장법」에서 규정하는 최저보장수준이란 "국민의 소득 · 지출 수준과 수급권자의 가구 유형 등 생활실태, 물가상승률 등을 고려하여 제6조에 따라 급여의 종류별로 공표하는 금액이나 보장수준"을 말한다(법 제2조 제6호).

[2] 소득인정액은 보장기간이 급여의 결정 및 실시 등에 사용하기 위하여 산출한 개별가구의 소득평가액과 재산의 소득환산액을 합산한 금액을 말한다.

다(개별성의 원칙). 다섯째, 급여 신청자가 부양의무자에 의하여 부양될 수 있는 경우에는 기초생활보장급여에 우선하여 부양의무자에 의한 보호가 먼저 행해져야 한다(가족부양 우선의 원칙). 여섯째, 급여 신청자가 다른 법령에 의하여 보호를 받을 수 있는 경우에는 기초생활보장급여에 우선하여 다른 법령에 의한 보호가 먼저 행해져야 한다(타 급여 우선의 원칙). 끝으로, 「국민기초생활보장법」에 규정된 요건을 충족시키는 국민에 대하여는 성별·직업·연령·교육수준·소득원, 기타의 이유로 수급권을 박탈하지 아니한다(보편성의 원칙).

3) 급여의 종류와 내용

(1) 급여의 종류

급여의 종류는 생계급여, 주거급여, 의료급여, 교육급여, 해산급여, 장제급여, 그리고 자활급여 등 7가지이며(법 제7조 제1항), 의료급여는 「의료급여법」에 의해서 규정된다. 수급권자에 대한 급여는 수급자의 필요에 따라 일곱 가지 급여의 전부 또는 일부를 실시하는 것으로 한다(법 제7조 제2항). 차상위계층에 속하는 사람("차상위자"[3])에 대한 급여는 보장기관이 차상위자의 가구별 생활여건을 고려하여 예산의 범위에서 정하는데, 이 경우 차상위자에 대한 급여의 기준 및 절차 등에 관하여 필요한 사항은 대통령령으로 정한다(법 제7조 제3항). 급여절차는 수급권자의 신청에 의해 시작되어(신청주의[4]) 조사를 거쳐 보장기관에 의해 결정된다.

---

[3] 법 제2조 10호에서 "소득인정액이 대통령령으로 정하는 기준 이하의 계층"이란 소득인정액이 기준 중위소득의 100분의 50 이하인 사람을 말한다(시행령 제3조).

[4] 사회복지 전담공무원은 이 법에 따른 급여를 필요로 하는 사람이 누락되지 아니하도록 하기 위하여 관할지역에 거주하는 수급권자에 대한 급여를 직권으로 신청할 수 있다(법 제21조 제2항). 시장·군수·구청장은 급여신청이 있는 경우에는 사회복지 전담공무원으로 하여금 급여의 결정 및 실시 등에 필요한 부양의무자의 유무 및 부양능력 등 부양의무자와 관련된 사항, 수급권자 및 부양의무자의 소득·재산에 관한 사항, 수급권자의 근로능력, 취업상태, 자활욕구 등 자활지원계획 수립에 필요한 사항, 그 밖에 수급권자의 건강상태, 가구 특성 등 생활실태에 관한 사항을 조사하게 하거나 수급권자에게 보장기관이 지정하는 의료기관에서 검진을 받게 할 수 있다(법 제22조 제1항).

(2) 급여 내용
① 생계급여

생계급여는 수급자에게 의복, 음식물 및 연료비와 그 밖에 일상생활에 기본적으로 필요한 금품을 지급하여 그 생계를 유지하게 하는 것으로 한다(법 제8조 제1항). 생계급여 수급권자는 부양의무자가 없거나, 부양의무자가 있어도 부양능력이 없거나 부양을 받을 수 없는 사람으로서 그 소득인정액이 중앙생활보장위원회의 심의·의결을 거쳐 결정하는 금액("생계급여 선정기준") 이하인 사람으로 한다(법 제8조 제2항). 이 법에서 부양의무자는 수급권자를 부양할 책임이 있는 자로서 수급권자의 1촌의 직계혈족 및 그 배우자를 말하며(법 제2조 제5호),[5] 생계급여 선정기준은 기준 중위소득의 100분의 30 이상으로 한다(법 제8조 제2항). 여기서 기준 중위소득이란 보건복지부장관이 급여의 기준 등에 활용하기 위하여 중앙생활보장위원회의 심의·의결을 거쳐 고시하는 국민 가구소득의 중위값을 말한다(법 제2조 11호).[6]

생계급여 최저보장수준은 생계급여와 소득인정액을 포함하여 생계급여 선정기준 이상이 되도록 하여야 한다(법 제8조 제3항). 한편, 생계급여는 매월 정기적으로 금전을 지급하되(법 제9조 제1항), 수급자의 소득인정액 등을 고려하여 차등지급할 수 있으며(법 제9조 제4항), 자활급여 수급자에게는 자활에 필요한 사업에 참가할 것을 조건으로 하여 생계급여를 실시할 수 있다. 2018년도 생계급여 최저보장 수준 및 선정기준은 〈표 3-1〉과 같다.

〈표 3-1〉 생계급여 최저보장 수준 및 선정기준(2018)   (단위: 원)

	1인 가구	2인 가구	3인 가구	4인 가구	5인 가구	6인 가구	7인 가구
기준 중위소득(A)	1,672,105	2,847,097	3,683,150	4,519,202	5,355,254	6,191,307	7,027,359
선정 및 급여 기준 (A의 30%)	501,632	854,129	1,104,945	1,355,761	1,606,576	1,857,392	2,108,208

* 8인 이상 가구의 선정 및 급여기준: 7인 가구 생계급여 선정기준액에서 6인 가구 생계급여 선정기준액을 차감한 금액인 250,816원을 추가함.
출처: 보건복지부(2018a).

5) 다만, 사망한 1촌의 직계혈족의 배우자는 제외한다.
6) 기준 중위소득은 통계청이 공표하는 통계자료의 가구 경상소득(근로소득, 사업소득, 재산소득, 이전소득을 합산한 소득을 말한다)의 중간값에 최근 가구소득 평균 증가율, 가구규모에 따른 소득수준의 차이 등을 반영하여 가구규모별로 산정한다(법 제6조의2 제1항).

② 주거급여

주거급여는 수급자에게 주거 안정에 필요한 임차료, 수선유지비, 그 밖의 수급품을 지급하는 것으로서(법 제11조 제1항), 「주거급여법」과 「국민기초생활보장법」에 근거하여 시행한다. 주거급여 선정기준은 〈표 3-2〉에서 보는 바와 같이 기준 중위소득의 100분의 43 이상인데, 소득인정액이 중위소득의 43% 이하이면서 부양의무자 기준을 충족하는 가구가 주거급여 지원대상이다(2018년 기준).

〈표 3-2〉 주거급여 수급자 선정기준(2018)　　(단위: 원)

구분	1인	2인	3인	4인	5인	6인	7인
2018년 중위소득	1,672,105	2,847,097	3,683,150	4,519,202	5,355,254	6,191,307	7,027,359
주거급여 수급자 선정기준 (중위소득 43%)	719,005	1,224,252	1,583,755	1,943,257	2,302,759	2,662,262	3,021,765

* 8인 이상 가구의 급여별 선정기준: 1인 증가 시마다 7인 가구 기준과 6인 가구 기준의 차이를 7인 가구 기준에 더하여 산정함.
출처: 국토교통부(2018).

주거급여 지원금 산정기준은 기준 임대료(혹은 실질 임대료)를 토대로 자기 부담분(소득의 일정 비율)을 공제하는 방식으로 소득인정액이 생계급여 기준 금액보다 낮을 경우와 높을 경우의 두 가지로 산정된다. 소득인정액이 생계급여 기준금액보다 낮을 경우 기준 임대료 전액이 지원되며, 소득인정액이 생계급여 기준금액보다 높을 경우 기준 임대료에서 자기부담분을 제외한 금액이 지원금이 된다. 기준임대료는 최저주거기준을 충족하는 임대료를 말하며, 전국을 4개 급지별로 가구원수별로 산정되어 있다. 〈표 3-3〉에서 보는 바와 같이, 2018년도 1급지 1인 가구의 기준 임대료는 213,000원, 2인 가구 245,000만 원, 3인 가구 290,000원, 4인 가구 335,000원이다.

〈표 3-3〉임차급여 지급 기준: 기준 임대료(2018)   (단위: 원/월)

구분	1급지 (서울)	2급지 (경기, 인천)	3급지 (광역시, 세종시)	4급지 (그 외 지역)
1인	213,000	187,000	153,000	140,000
2인	245,000	210,000	166,000	152,000
3인	290,000	254,000	198,000	184,000
4인	335,000	297,000	231,000	208,000
5인	346,000	308,000	242,000	218,000
6~7인	403,000	346,000	276,000	252,000
8~9인	443,300	400,400	303,600	277,200
10~11인	487,630	440,440	333,960	304,920

* 가구원수가 7인 이상인 경우에는 가구원 2인 증가 시마다 기준 임대료를 10% 증가.
출처: 국토교통부(2018).

한편, 자가 가구의 경우 주택의 노후도에 따라 도배, 난방, 지붕 등 종합적인 수리를 지원하는데, 2018년도 지급기준과 산정방법은 〈표 3-4〉와 같다.

〈표 3-4〉수선유지급여 지급 기준과 산정방법(2018)

구분	경보수	중보수	대보수
지급금액(수선주기)	378만 원(3년)	702만 원(5년)	1,026만 원(7년)
수선 내용	도배, 장판 등	창호, 단열, 난방공사 등	지붕, 욕실 및 주방개량 등
소득인정액	• 소득인정액이 생계급여 선정기준 이하인 경우 100% 지원 • 소득인정액이 생계급여 선정기준 초과에서 중위소득 30% 이하인 경우 90% • 소득인정액이 중위소득 35% 초과에서 43% 이하인 경우 80% • 육로로 통행이 불가능한 도서지역(제주도 본섬 제외)의 경우 10% 가산		

출처: 국토교통부(2018).

③ 교육급여

교육급여는 수급자에게 입학금, 수업료, 학용품비, 그 밖의 수급품을 지급하는 것으로 한다(법 제12조 제1항). 교육급여는 교육부장관의 소관으로 하고, 교육급여 수급권자는 부양의무자가 없거나, 부양의무자가 있어도 부양능력이 없거나 부양을 받을 수 없는 사람으로서 그 소득인정액이 중앙생활보장위원회 심의·의결을 거쳐 결정하는 금액("교육급여 선정기준") 이하인 사람으로 하며, 교육급여 선정기준은 기준 중위소득의 100분의 50 이상으로 한다(법 제12조 제3항). 한편, 교육급여 수급권자를 선정하는 경우, 교육급여와 교육비 지원과 연계·통합을 위하여 법 제3조 제2항[7] 및 법 제12조 제3항에도 불구하고 소득인정액이 교육급여 선정기준 이하인 사람을 수급권자로 본다(법 제12조의2). 2018년도 교육급여 학교급 및 항목별 지원금액은 〈표 3-5〉와 같다.

〈표 3-5〉 교육급여 학교급 및 항목별 지원 금액(2018)

지급대상	급여 항목	1인당 지급 금액	지급방법
초	부교재비	66,000원	연 1회 일괄 지급
중·고		105,000원	
초	학용품비	50,000원	연 2회 분할 지급
중·고		57,000원	
고	교과서대	해당 학년의 정규 교육과정에 편성된 교과목의 고과서 전체	연 1회 일괄 지급
	수업료	연도별·급지별 학교장이 고지한 금액 전부	분기별 지급
	입학금		1학년 제1분기 신청시 전액 지급

출처: 교육부(2018).

④ 의료급여

　의료급여는 수급자에게 건강한 생활을 유지하는 데 필요한 각종 검사 및 치료 등을 지급하는 것으로 하는데(법 제12조의3 제1항), 의료급여 수급권자는 부양의무자가 없거나, 부양의무자가 있어도 부양능력이 없거나 부양을 받을 수 없는 사람으로서 그 소득인정액이 중앙생활보장위원회 심의·의결을 거쳐 결정하는 금액 이하인 사람으로 하되, 의료급여 선정기준을 기준 중위소득의 100분의 40 이상으로 한다(법 제12조의3 제2항). 2018년 의료급여 지원기준과 본인부담금은 〈표 3-6〉과 같다.

---

7) 부양의무자의 부양과 다른 법령에 따른 보호는 이 법에 따른 급여에 우선하여 행하여지는 것으로 한다. 다만, 다른 법령에 따른 보호의 수준이 이 법에서 정하는 수준에 이르지 아니하는 경우에는 나머지 부분에 관하여 이 법에 따른 급여를 받을 권리를 잃지 아니한다(법 제3조 제2항).

〈표 3-6〉 의료급여 지원기준과 본인부담금 수준(2018)

구분		1차 (의원)	2차 (병원, 종합병원)	3차 (상급종합병원)	약국	PET 등
1종	입원	없음	없음	없음	–	없음
	외래	1,000원	1,500원	2,000원	500원	5%
2종	입원	10%	10%	10%	–	10%
	외래	1,000원	15%	15%	500원	15%

* 보건복지부장관이 고시하는 경증질환으로 종합병원 이상급 기관에서 원외처방전을 발급받아 약국에서 조제받는 경우 약국 약제비 본인부담은 급여비용총액의 3%.
* 상기 본인부담금은 급여청구분에 대한 것으로 비급여 청구분은 전액 본인이 부담해야 하며 선별 급여 시에는 급여항목별로 50~80% 본인이 부담해야 함.
출처: 보건복지부(2018b).

⑤ 해산급여

해산급여는 생계급여, 주거급여, 의료급여 중 하나 이상의 급여를 받는 수급자에게 조산, 분만 전과 분만 후에 필요한 조치를 실시하는 것으로 한다(법 제13조 제1항). 해산급여는 보장기관이 지정하는 의료기관에 위탁하여 실시할 수 있으며(법 제13조 제2항), 2018년도 해산급여 수준은 1인당 600천 원을 현금으로 지급하며, 추가 출생영아 1인당 600천 원 추가 지급한다(쌍둥이 출산 시 1,200천 원 지급).

⑥ 장제급여

장제급여는 생계급여, 주거급여, 의료급여 중 하나 이상의 급여를 받는 수급자가 사망한 경우 사체의 검안·운반·화장 또는 매장, 그 밖의 장제조치를 하는 것으로 한다(법 제14조 제1항). 장제급여는 실제로 장제를 실시하는 사람에게 장제에 필요한 비용을 지급하는 것으로 하며(법 제14조 제2항), 2018년 장제급여 수준은 1가구당 750천 원이며, 금전지급이 적당하지 아니하다고 인정되는 경우 물품지급도 가능하다(법 제14조 제2항).

⑦ 자활급여

조건부수급자로 선정된 경우 자활·자립을 할 수 있도록 일자리를 제공받아 그 일을 하는 조건으로 수급자로 보호받으며 이들이 참여하는 일자리를 통칭하여 자활사업이라 하는데, 자활사업으로는 「국민기초생활보장법」에 의한 저소득층에게 자활을 위한 근로의 기회를 제공하여 자활기반을 조성하는 사업으로 기존 공공근로사업처럼 한시적으로 참여하는 일자리가 아니라 저소득층의 자활촉진을 위한 기초능력배양에 중점을 두는 사업이다. 사업의 종류로는 간병, 집수리, 청소, 폐자원재활용, 음식물재활용 사업의 5대 전국표준화사업을 중점사업으로 추진하되, 정부재정사업의 자활사업 연계 활성화 및 영농, 도시락, 세차, 환경정비 등 지역실정에 맞는 특화된 사업을 적극 개발하여 추진하고 있다.

자활급여는 수급자의 자활을 돕기 위하여 자활에 필요한 금품의 지급 또는 대여, 자활에 필요한 근로능력의 향상 및 기능습득의 지원, 취업알선 등 정보의 제공, 자활을 위한 근로기회의 제공, 자활에 필요한 시설 및 장비의 대여, 창업교육, 기능훈련 및 기술, 경영지도 등 창업지원, 자활에 필요한 자산형성 지원, 그리고 그 밖에 자활을 위한 각종 지원 등을 실시하는 것으로 한다(법 제15조 제1항). 자활급여는 관련 공공기관·비영리법인·시설과 그 밖에 대통령령으로 정하는 기관에 위탁하여 실시할 수 있고, 이 경우 그에 드는 비용은 보장기관이 부담한다(법 제15조 제2항). 자활근로의 참여시간은 1일 8시간(근로자유형 1일 5시간), 주 5일 참여를 원칙으로 하고 있으며, 2018년 유형별 자활근로 인건비 지급기준은 〈표 3-7〉과 같다.

〈표 3-7〉 자활근로 인건비 지급 기준(2018) (단위: 원)

구분	시장진입	인턴·도우미형		사회서비스형	근로유지형
		복지·자활 도우미 인턴형	사회복지시설 도우미		
지급금액	42,210	42,210	38,190	38,190	2 7,110
급여단가	38,910	38,910	34,890	34,890	23,810
실비	3,300	3,300	3,300	3,300	3,300
표준소득액(월)	1,011,660	1,011,660	907,140	907,140	619,060
비고	1일 8시간, 주 5일				1일 5시간, 주 5일

출처: 보건복지부(2018c).

4) 전달체계

국민기초생활보장법의 전달체계는 수급자 및 차상위계층의 자활지원을 위한 전달체계, 수급권자 또는 수급자의 거주지를 관할하는 보장기관, 사회복지시설로서 보장기관, 그리고 생활보장사업을 심의·의결하기 위한 생활보장위원회 등으로 구성된다.

(1) 자활지원

자활지원을 위한 전달체계는 중앙자활센터 및 광역자활센터 · 지역자활센터, 자활기관협의체(법 제17조), 그리고 자활기업(법 제18조)으로 구성되며, 이 법에서는 수급자의 고용촉진(법 제18조의2), 자활기금의 적립(법 제18조의3), 자산형성지원(법 제18조의4), 자활교육 등(법 제18조의5)을 규정하고 있다.

(2) 보장기관

「국민기초생활보장법」에 따른 급여는 수급권자 또는 수급자의 거주지를 관할하는 시 · 도지사와 시장 · 군수 · 구청장[교육급여의 경우에는 "시 · 도교육감"]이 실시한다(법 제19조 제1항). 보장기관은 수급권자 · 수급자 · 차상위계층에 대한 조사와 수급자 결정 및 급여의 실시 등 이 법에 따른 보장업무를 수행하기 위하여 사회복지 전담공무원(사회복지사업법 제14조)을 배치하여야 하며, 자활급여 업무를 수행하는 사회복지 전담공무원은 따로 배치하여야 한다.

한편, 소관 중앙행정기관의 장은 수급자의 최저생활을 보장하기 위하여 3년마다 소관별로 기초생활보장 기본계획을 수립하여 보건복지부장관에게 제출하여야 하고(법 제20조의2 제1항), 보건복지부장관 및 소관 중앙행정기관의 장은 실태조사 결과를 고려하여 급여기준의 적정성 등에 대한 평가를 실시할 수 있으며, 이와 관련하여 전문적인 조사 · 연구 등을 공공기관 또는 민간 법인 · 단체 등에 위탁할 수 있다(법 제20조의2 제2항). 보건복지부장관은 기초생활보장 기본계획 및 평가 결과를 종합하여 기초생활보장 종합계획을 수립하여 중앙생활보장위원회의 심의를 받아야 한다(법 제20조2 제3항). 또한 시장 · 군수 · 구청장은 수급자의 자활을 체계적으로 지원하기 위하여 보건복지부장관이 정하는 바에 따라 조사 결과를 고려하여 수급자 가구별로 자활지원계획을 수립하고 그에 따라 이 법에 따른 급여를 실시하여야 한다(법 제28조 제1항).

(3) 보장시설

「국민기초생활보장법」에서 "보장시설"이란 법 제7조에 규정된 급여를 실시하는 「사회복지사업법」에 따른 사회복지시설로서 대통령령으로 정하는 시설을 말한다(법 제32조). 여기서 말하는 사회복지시설에는 장애인시설, 양로시설 및 노인요양시설, 아동복지시설 및 종합시설, 정신질환자 사회복귀시설 및 정신요양시설, 부랑인 보호를 위한 시설을 포함하여 다양한 사회복귀시설을 의미한다(시행령 제38조).

보장시설의 장은 보장기관으로부터 수급자에 대한 급여를 위탁받은 경우에는 정당한 사유 없이 이를 거부하여서는 아니 되며(법 제33조 제1항), 위탁받은 수급자에게 보건복지부장관이 정하는 최저기준 이상의 급여를 실시하여야 한다(법 제33조 제2항). 수급자에게 급여를 실시할 때 성별·신앙 또는 사회적 신분 등을 이유로 차별대우를 하여서는 아니 되며(법 제33조 제3항), 급여를 실시할 때 수급자의 자유로운 생활을 보장 및 종교상의 행위를 강제하여서는 아니 된다(법 제33조 제4항 및 제5항).

(4) 생활보장위원회

「국민기초생활보장법」에 따른 생활보장사업의 기획·조사·실시 등에 관한 사항을 심의·의결하기 위하여 보건복지부와 시·도 및 시·군·구에 각각 생활보장위원회를 둔다. 다만, 시·도 및 시·군·구에 두는 생활보장위원회는 그 기능을 담당하기에 적합한 다른 위원회가 있고 그 위원회의 위원이 제4항에 규정된 자격을 갖춘 경우에는 시·도 또는 시·군·구의 조례로 정하는 바에 따라 그 위원회가 생활보장위원회 기능을 대신할 수 있다(법 제20조 제1항).

한편, 보건복지부에 두는 생활보장위원회("중앙생활보장위원회")는 기초생활보장 종합계획의 수립, 소득인정액 산정방식과 기준 중위소득의 결정, 급여의 종류별 수급자 선정기준과 최저보장수준의 결정, 급여기준의 적정성 등 평가 및 실태조사에 관한 사항, 급여의 종류별 누락·중복, 차상위계층의 지원사업 등에 대한 조정, 자활기금의 적립·관리 및 사용에 관한 지침의 수립, 그 밖에 위원장이 부치는 사항을 심의·의결한다(법 제20조 제2항).

5) 재정

「국민기초생활보장법」에서 "보장비용"이란 보장업무에 드는 인건비와 사무비, 생활보장위원회의 운영에 드는 비용, 급여실시 비용, 그 밖에 이 법에 따른 보장업무에 드는 비용을 말하는데(법 제42조), 보장비용의 부담은 다음 구분에 따른다(법 제43조 제1항). 첫째, 국가 또는 시·도가 직접 수행하는 보장업무에 드는 비용은 국가 또는 해당 시·도가 부담한다. 둘째, 보건복지부장관과 시·도지사는 수급자를 각각 국가 또는 해당 지방자치단체가 경영하는 보장시설에 입소하게 하거나 다른 보장시설에 위탁하여 급여를 실시할 수 있는데, 이 경우 급여의 실시 비용은 국가 또는 해당 시·도가 부담한다. 셋째, 시·군·구가 수행하는 보장업무에 드는 비용 중 보장업무에 소요되는 인건비와 사무비 및 생활보장위원회의 운영에 드는 비용은 해당 시·군·구가 부담한다. 넷째, 시·군·

구가 수행하는 보장업무에 드는 비용 중 시·군·구 보장비용은 시·군·구의 재정여건, 사회보장비 지출 등을 고려하여 국가, 시·도 및 시·군·구가 차등하여 분담한다.[8] 지방자치단체의 조례에 따라 이 법에 따른 급여 범위 및 수준을 초과하여 급여를 실시하는 경우(법 제4조 제4항), 그 초과 보장비용은 해당 지방자치단체가 부담한다.

한편, 시·도교육감이 수행하는 보장업무에 드는 교육급여 비용은 다음과 같이 차등하여 분담한다. 첫째, 소득인정액이 기준 중위소득의 100분의 40 이상인 수급자에 대한 입학금 및 수업료의 지원은 「초·중등교육법」(법 제60조의4)에 따른다. 둘째, 소득인정액이 기준 중위소득의 100분의 40 이상인 수급자에 대한 학용품비와 그 밖의 수급품은 국가, 시·도 및 시·군·구가 부담하며, 구체적인 부담비율은 시·군·구의 재정여건, 사회보장비 지출 등을 고려하여 국가, 시·도, 시·군·구가 차등하여 분담한다. 끝으로, 소득인정액이 기준 중위소득의 100분의 40 미만인 수급자에 대한 보장비용은 국가, 시·도, 시·군·구가 차등 부담하되, 추가적으로 적용되는 기준에 따른 수급자에 대한 입학금 및 수업료의 지원은 초·중등교육법(법 제60조의4)에 따른다.

6) 현황

관계부처합동(보건복지부, 국토교통부, 교육부)으로 2017년 8월 10일 발표된 '제1차 기초생활보장 종합계획안(2018~2020)'에 따르면, 주거·교육급여 선정기준 인상, 부양의무자 기준 개선 등으로 수급자 수가 2015년 12월 133만 명에서 2016년 12월 현재 163만 명으로 늘어난 반면(〈표 3-8〉 참조), 비수급 빈곤층 규모는 2014년 118만 명에서 2015년 93만 명으로 줄어드는 등의 제도 개편의 효과가 긍정적으로 나타나고 있다. 그럼에도 불구하고 여전히 남아 있는 사각지대, 낮은 보장성, 수급자 자립지원 등을 해결해야 할 정책과제로 보았다. 보다 구체적으로 살펴보면, 기준 중위소득 40% 이하(생계·의료급여 선정기준)이나 수급을 받지 못하는 비수급 빈곤층은 2016년 기준 약 93만 명으로 추계되며, 비수급 빈곤층 중 85% 이상이 노인이 포함된 가구이고 약 12%는 장애인이 1명 이상

---

8) 국가는 시·군·구 보장비용의 총액 중 100분의 40 이상 100분의 90 이하를 부담한다(국가부담금). 시·도는 시·군·구 보장비용의 총액에서 국가부담분을 뺀 금액 중 100분의 30 이상 100분의 70 이하를 부담하고, 시·군·구는 시·군·구 보장비용의 총액 중에서 국가와 시·도가 부담하는 금액을 뺀 금액을 부담한다. 다만, 특별자치시와 특별자치도는 시·군·구 보장비용의 총액 중에서 국가가 부담하는 금액을 뺀 금액을 부담한다.

포함된 것으로 나타났다. 또한 비수급 빈곤층 중 기준 중위소득 30% 이하는 가구주의 약 90%가 경제활동에 참여하지 않고 있으며, 기준 중위소득 30~40%는 78%가 비경제 활동 인구이다(관계부처합동, 2017). 나아가 의료급여는 미충족 의료 등 복지 사각지대 문제와 동시에 과다한 의료이용, 진료비 지출 급증 등의 문제를 안고 있고, 주거·교육급 여는 낮은 지원수준으로 인해 욕구별 충분한 보장에 한계가 있다는 것이다.

〈표 3-8〉 국민기초생활보장수급자 현황　　　　　　　　　　　　　　(단위: 가구, 명)

연도	계		일반수급자		시설수급자
	가구	인원	가구	인원	인원
2003년	717,861	1,374,405	717,861	1,292,690	81,715
2004년	753,681	1,424,088	753,681	1,337,714	86,374
2005년	809,745	1,523,352	809,745	1,425,684	87,668
2006년	831,692	1,534,950	831,692	1,449,832	85,118
2007년	852,420	1,549,848	852,420	1,463,140	86,708
2008년	854,205	1,529,939	854,205	1,444,010	85,929
2019년	882,925	1,568,533	882,925	1,482,719	85,814
2010년	878,799	1,549,820	878,799	1,458,198	91,622
2011년	850,689	1,469,254	850,689	1,379,865	89,389
2012년	821,879	1,394,042	821,879	1,300,499	93,543
2013년	810,544	1,350,891	810,544	1,258,582	92,309
2014년	814,184	1,328,713	814,184	1,237,386	91,327
2015년	1,014,177	1,646,363	1,014,177	1,554,484	91,879
2016년	1,035,435	1,630,614	1,035,435	1,539,539	91,075

출처: 보건복지부(2017a).

3. 정책과제: 부양의무자 기준 단계적 폐지를 통한 비수급자 문제 해결

관계부처합동이 제시한 "제1차 기초생활보장 종합계획안(2018~2020)"은 앞에서 제시한 평가를 바탕으로 〈표 3-9〉와 같이 5대 분야, 12개 주요 과제를 제시했는데, 가장 핵심적인 정책과제는 부양의무자 기준의 단계적 폐지와 관련된다고 볼 수 있다. 부양의무자 기준은 공공부조급여를 받을 수 있는 자격요건 중의 하나일 뿐 아니라 급여 비수급 빈곤층의 67.3%가 비수급 이유로 들고 있기 때문이다.[9] 나아가 지난 대선 국면에서 부양의무자 기준은 '완화'가 아니라 '폐지'의 문제로 공론화되기 시작했기 때문이다. 따라서 부양의무자 기준을 중심으로 논의의 전개과정 및 쟁점을 살펴보고자 한다.

〈표 3-9〉 5대 분야, 12개 주요 과제

[사각지대] 빈곤사각지대 해소	• 부양의무자 기준 단계적 폐지 • 수급자 재산 기준 완화
[보장] "국민최저선" 보장	• (의료급여) 의료비 부담 경감 • (주거급여) 주거비 부담 완화 • (교육급여) 교육 기회 보장 • (생계급여) 최저생활보장 강화
[탈빈곤] 빈곤탈출의 사다리 복원	• 자활일자리 확대 • '청년' 등 근로빈곤층 인센티브 확대
[예방] "제3차 사회안전망" 구축	• 차상위계층 대상 다층적 보호 강화 • 복지대상 체계적 발굴 및 지원 확대
[이행 기반] 제도의 지속가능성 제고	• 사후관리 강화 • 급여의 적정 이용 유도

출처: 관계부처합동(2017).

1) 부양의무자 기준의 내용 및 문제점

「국민기초생활보장법」상 부양의무자 기준은 생계급여, 의료급여, 주거급여 등을 받을 수 있는 자격요건 중 하나인데, 법 제8조 등은 "부양의무자가 없거나, 부양의무자가 있어도 부양능력이 없거나 부양을 받을 수 없는 사람으로서 그 소득인정액이 제20조 제2항에 따른 중앙생활보장위원회의 심의·의결을 거쳐 결정하는 금액(생계급여 선정기준) 이

---

[9] 2017년 기초생활보장 실태조사 결과, 급여 비수급 이유로 부양의무자 기준 67.3%, 재산기준 17.2%로 나타나 급여 비수급의 주된 이유가 부양의무자 기준임을 알 수 있다(관계부처합동, 2017).

하"일 것을 수급요건으로 삼고 있다.

부양의무자 기준의 근본적 문제점은 본인이 지배할 수 없고, 본인의 생활실태와 관계 없이 사정을 수급요건으로 삼고 있다는 점인데(박정아, 2017), 부양의무자가 "부양능력 있는" 것으로 간주되면 수급자는 "부양받을 수 없음"을 입증함으로써 부양의무자 기준을 헤쳐 지나가지 못하는 한 자기 소득으로 최저생활을 유지하지 못함에도 불구하고 수급자로 선정되지 않는다. 또한 부양의무자가 "부양능력이 없다"는 판정을 받아 일단 수급자로 선정되었다 하더라도 자기도 모르는 부양의무자 소득의 변동으로 인해 급여가 삭감되거나 다시 탈락될 수도 있다. 이러한 이유로 2015년 기준 급여 비수급 빈곤층 규모가 93만 명(63만 가구)이며, 이는 국민기초생활보장제도가 전 국민의 최저생활을 보장하는 최후의 사회안전망으로서 기능을 충실히 담당하고 있지 못하다는 비판의 원인을 제공하고 있다.

이러한 문제점으로 인해 〈표 3-10〉에서 보는 바와 같이, 부양의무자 기준은 4차례의 개정을 통해 점차 완화되기도 했다. 하지만 시민사회단체들은 부양의무자 기준의 '폐지'를 지속적으로 촉구하였을 뿐 아니라 지난 대선에서 문재인 후보를 포함한 모든 후보들(자유한국당 홍준표 후보 제외)이 부양의무자 기준의 '폐지'를 공약함으로써 핵심 쟁점으로 부각되었다.

〈표 3-10〉 부양의무자 기준 완화 과정

연도	개정 내용
2000년	직계혈족 및 그 배우자, 생계를 같이하는 2촌 이내의 혈족
2005년	1촌의 직계혈족 및 그 배우자, 생계를 같이하는 2촌 이내 혈족
2007년	1촌의 직계혈족 및 그 배우자
2015년	사망한 1촌의 직계혈족 배우자는 제외, 교육급여는 부양의무자 기준 폐지

자료: 법제처 국가법령정보센터. www.law.go.kr

부양의무자 기준 폐지를 반대하는 측은 재정부담과 도덕적 해이를 들고 있다. 먼저, 국회예산정책처가 2017년에 제시한 '국민기초생활보장법 일부개정법률안 비용추계서'에 의하면, 〈표 3-11〉에서와 같이 추가재정소요(국비+지방비)는 2018년에서 2022년까지 5년 간 총 50조 7,508억 원(연평균 10조 1,502억 원)으로 추산된다. 더불어 기초생활보장 급여 외에도 통합문화이용권, 지방세감면, 에너지바우처 등 50여 개에 달하는 복지사업 예산 증가와 수급권자의 증가로 인한 막대한 재정부담이 예상된다는 것이다. 그뿐만 아니라 부모가 자녀에게 재산을 사전에 증여하거나 재산을 은폐해 기초생활수급자가 되려는 도덕적 해이를 야기할 것이라는 주장이다.

〈표 3-11〉 부양의무자 기준 폐지 시 추가재정 추계　　　　　　　(단위: 억 원)

연도	2018년	2019년	2020년	2021년	2022년
금액	9조 2,996억	9조 7,149억	10조 1,477억	10조 5,778억	11조 61억

출처: 국회예산정책처(2017).

반면, 부양의무자 기준 폐지를 찬성하는 입장은 국가 예산 부족 등을 이유로 국민의 권리를 제한할 수 없다는 입장이다. 「헌법」 제10조에서 "모든 국민은 인간으로서의 존엄과 가치를 가지며 행복을 추구할 권리를 가진다"라고 하는 점, 제34조 제1항에서 "모든 국민은 인간다운 생활을 할 권리를 가진다"라고 하는 점, 그리고 제34조 제2항에서 "국가의 사회보장 및 사회복지 증진에 노력할 의무"를 명시하고 있다는 점에 비추어 볼 때 부양의무자 기준은 헌법정신에 반한다는 것이다.

2) 정책방안

부양의무자 기준 폐지방안으로는 단계적 폐지방안으로 인구 특성별(대상별) 폐지방안과 급여별 폐지방안이 있고, 이와 다르게 전면적 폐지방안이 있다(류만희, 2017). 후자의 방법은 예산문제와 더불어 예상치 못한 정책 효과 등을 우려하여 실현가능성이 높지 않다. 대상별 폐지방안은 "수급자 및 부양의무자가 노인ㆍ중증 장애인인 경우 부양의무를 면제"하겠다는 것인데(보건복지부, 2017b), 즉 '노-노' '노-장' '장-장' 부양에 대한 부양의무 면제와 부양의무자가구에 노인 또는 중증장애인이 포함된 가구일 경우 부양의무를 면제하겠다는 것이다. 한편, 급여별 폐지방안으로는, 대개의 경우 주거급여를 우선 폐지하고, 의료, 생계급여 순으로 폐지하자는 입장이다. 공공임대주택 부족 등 사회적 취약계층의 주거권 보장과 개별급여의 취지에 따라 주거급여는 별도로 운영 가능하다는 점에서 부양의무자 기준을 먼저 폐지할 수 있다는 주장이다(배진수, 2016). 반면, 기존 통합급여체계 시 수급에서 벗어나지 않으려 했던 이유 중 하나가 의료급여였다는 점에서 빈곤층에게 의료급여는 없어서는 안 될 매우 중요한 급여이므로 부양의무자 기준을 의료급여에 먼저 적용하자는 주장도 있다(류만희, 2017). 끝으로, 소득수준이 가장 열악한 대상자들의 현실 문제를 우선하여 고려하는 취지에서 생계급여를 우선적으로 폐지하자는 주장도 있다.

2017년 8월 10일 발표된 '제1차 기초생활보장 종합계획안(2018~2020)'에서는 대상별로 고령자 또는 장애인의 부양의무자 기준 우선 폐지 및 급여별로 순차적으로 부양의무자 기준 폐지 등을 제시하고 있는데, 이처럼 순차적으로 폐지하는 방안을 고려한 이유는 국가의 재정부담을 완화하면서 부양의무자 기준 폐지에 따른 부정수급 및 재정 마련 등 문제점을 보완할 수 있는 시간적 여유를 가지기 위한 것으로 보인다. 보다 구체적으로, 주거급여 부양의무자 기준을 2018년 10월부터 폐지하여 90만 명에게 혜택을 줄 것이며, 소득·재산 하위 70% 중증 장애인 또는 노인이 포함된 경우 부양의무자 기준을 연차적으로 적용 제외한다는 것이다.[10] 이를 통해 기초생활보장 수급자는 2016년 163만 명에서 2020년 252만 명으로 90만 명이 증가하고, 비수급 빈곤층은 93만 명에서 2020년 33~64만 명(최대 60만 명 감소), 그리고 2022년에는 20~47만 명(최대 73만 명 감소)까지 감소할 전망이다(관계부처합동, 2017).

참고문헌

강욱모(2015). 한국의 국민기초생활보장제도. 한국복지연구원 엮음, 2015~2016 한국의 사회복지. 서울: 청목.
관계부처합동(2017). 제1차 기초생활보장 종합계획(2018~2020) [안].
교육부(2018). 2018년 교육급여 사업안내.
국토교통부(2018). 2018년 주거급여 사업안내.
국회예산정책처(2017). 국민기초생활보장법 일부개정법률안 비용추계시.
류만희(2017). 부양의무자 기준 폐지 방안. 복지동향, 226.

---

10) (1단계): 수급자 및 부양의무자 가구에 중증 장애인 또는 노인이 포함된 소위 '노-노 부양, 장-장 부양'인 경우 2017년 11월부터 폐지
(2단계): 부양의무자 가구에 중증 장애인(장애연금 수급자)이 포함된 경우 2019년 1월부터 폐지
(3단계): 부양의무자 가구에 노인(기초연금 수급자)이 포함된 경우 2022년부터 폐지

문진영(2013). 국민기초생활보장제도 제정 의의 및 과제. 복지동향, 178.

박정아(2017). 국민기초생활보장법상의 부양의무자 기준. 복지동향, 226.

배진수(2016). 맞춤형 개별급여 1년, 국민기초생활보장제도 평가와 개선과제, 국회토론회 자료집.

배진수(2017). 부양의무자기준으로 인한 수급자 사각지대. 복지동향, 226.

보건복지부(2017a). 국민기초생활보장 수급자 현황 통계보고서.

보건복지부(2017b). 부양의무자 기준 완화 관련 내부자료.

보건복지부(2018a). 2018년 국민기초생활보장사업안내.

보건복지부(2018b). 2018년 의료급여제도.

보건복지부(2018c). 2018년 자활사업안내.

법제처 국가법령정보센터. www.law.go.kr

제**4**장

기초연금제도

강욱모(경상대학교 사회복지학과 교수)

1. 들어가는 말

기초연금제도는 "노인에게 기초연금을 지급하여 안정적인 소득기반을 제공함으로써 노인의 생활안정을 지원하고 복지를 증진함을 목적"(「기초연금법」 제1조)으로 2014년 7월 도입되었다. 우리나라 노인인구는 인구 고령화 추세에 따라 지속적으로 증가할 것으로 예상되는데, 2017년 현재 65세 이상 고령자는 전체 인구의 13.8%에 그리고 2060년에는 41.0%에 달할 것으로 예상된다(통계청, 2017). 노인인구의 증가와 함께 특히 문제가 되는 것은 상당수의 노인이 극심한 빈곤상태에서 생활하고 있다는 점인데, 2015년 OECD 보고서에 따르면 우리나라 노인 빈곤율은 49.6%로 OECD 회원국 중 가장 높은 실정이다. 높은 노인 빈곤율은 삶의 질 하락을 가져오고, 이는 노인 자살로 이어질 수 있다는 비판도 적지 않다. 현재 노인세대는 격동의 현대사를 모두 거치면서 우리나라가 선진국이 되는 토대를 마련했으나 정작 본인들의 노후를 대비하지 못해 경제적으로 어려움에 처하게 되었고, 이들을 부양하기 위한 자녀들의 경제적 부담도 큰 편이다(김진수, 2015).

우리나라 노후소득보장체계는 기초연금 외에도 국민연금, 개인연금, 퇴직연금, 국민기초생활보장제도 등으로 구성되어 형식적으로는 다층 노후소득보장체계를 갖추었지만 제도 성숙도가 낮고 사각지대가 넓어 실질적인 노후소득보장체계로서의 기능은 미약한 편이다. 따라서 기초연금 도입의 기본취지는 전체 노인의 70%에게 매월 일정액의 연금을 지급해 노후의 생활안정을 지원하고 이들의 복지를 증진하는 것이라고 할 수 있다. 따라서 이 장에서는 기초연금제도의 연혁, 제도 현황 및 내용, 그리고 전망과 과제를 중심으로 살펴보고자 한다.

2. 기초연금제도 연혁

　기초연금제도는 기본적으로 노후소득보장에 대한 것으로 1991년 도입된 노령수당, 1998년에 도입된 경로연금, 그리고 2008년 도입된 기초노령연금제도의 연장선상에서 살펴볼 필요가 있다. 노령수당제도는 1988년 국민연금제도 도입 당시 이미 60세를 넘긴 고령근로자는 적용대상에서 제외되었을 뿐 아니라 자식의 부모 부양에 관한 인식이 약화되어 노인에 대한 공적부양의 필요성에 제기됨에 따라 도입된 것이다(탁현우, 2016). 제도가 도입된 1991년에는 70세 이상의 저소득 노인을 대상으로 하였으며, 1997년에는 65세 이상 생활보호대상자로 지급대상을 확대하였다. 이처럼 대상자 선정에 있어 연령뿐 아니라 소득수준 또한 반영하였으며, 제도 마지막 연도인 1997년의 수급률은 대상 노인의 9.0% 수준으로, 65세 이상 생활보호대상자에게는 1인당 35,000원, 그리고 80세 이상의 거택·시설보호 대상자에게는 1인당 50,000원을 지급하였다(윤성주, 2014).

　노령수당제도를 대체한 경로연금제도는 1999년 국민연금제도의 전 국민 확대를 앞두고 적용대상이 되지 못한 기존 노인계층의 소득지원을 확대할 필요성이 제기되면서 1998년 7월부터 시행되었다. 경로연금제도는 "국민기초생활보장 수급노인과 연령상의 이유로 국민연금에 가입할 수 없는 노인들에게 경로연금을 지원하여 노후생활의 안정을 도모하는 것"을 목적으로 하였으며(보건복지부, 2004), 대상은 65세 이상의 국민 중「생활보호법」에 규정된 보호 대상자와, 65세 이상자 중 저소득자로 본인 및 부양의무자 소득, 가계소득, 가구원 수, 재산 등을 고려하여 대상자를 선별하였다. 연금지급액은「국민연금법」상 특례노령연금의 최저지급액 수준을 고려하여 설정하였으며, 부부가 동시에 수급할 경우에는 감액제도가 적용되었다(윤성주, 2014).

　이후 2007년 재정안정화를 고려한 국민연금 개혁으로 노인빈곤과 국민연금 사각지대 문제에 대한 대책이 미흡하다는 비판이 제기됨에 따라 경로연금제도를 대체한「기초노령연금법」이 2007년 제정되고 2008년부터 시행되었다.「기초노령연금법」제1조에서 "이 법은 노인이 후손의 양육과 국가 및 사회의 발전에 이바지하여 온 점을 고려하여 생활이 어려운 노인에게 기초노령연금을 지급함으로써 노인의 생활안정을 지원하고 복지를 증진함을 목적으로 한다"라고 제도 도입의 목적을 제시하고 있다. 제도 도입 이후 대상자가 지속적으로 확대되었는데, 제도 도입 시기인 2008년 1월에는 만 70세 이상 노인 중 하위 60%를 지급대상으로 하였으나, 2008년 7월부터는 수급대상의 연령을 65세 이상으로 확대하였으며, 2009년 1월부터는 지급범위를 추가적으로 하위 70%까지 확대하여 운영하였다. 대상자 선정과정에서는 소득·재산수준 등이 반영된 소득인정액을 적용하였으며, 연금지급액은 국민연금 가입자의 최근 3년간 월평균소득을 의미하는 A값의 5% 수준이며, 단독가구와 부부가구의 생활비 차이를 감안한 부부감액제도 및 소득역전을 최소화하기 위한 초과분감액제도를 적용하였다. 그리고 재원은 국비와 지방비로 충당되며, 중앙정부는 기초자치단체별 노인인구 비율 및 재정자립도 정도 등을 고려하여 40~90% 범위에서 차등 지원하도록 설계되었다.

이후 2012년 대선과정에서 기초연금이 공약으로 대두되었으며, 구체적인 집행방안이 마련되는 과정에서 수급대상과 수급액 등 제도설계에 대한 다양한 논의가 진행되었다.[1] 최종안은 급여수준을 국민연금 A값의 10%로 하여 기존 기초노령연금이 2028년까지 달성하도록 했던 수준을 앞당겼으며, 노인 전체의 70%를 대상으로 국민연금 가입기간에 따른 수급액 차등과 물가상승률에 연동한 급여인상을 주요 내용으로 하였다. 국민연금, 노인수당제도, 경로연금, 기초노령연금, 기초연금으로 이어진 노후소득보장 관련 제도의 변천과정은 〈표 4-1〉과 같다.

〈표 4-1〉 노후소득보장 관련 제도의 변천

	국민연금	노인수당제	경로연금	기초노령연금	기초연금
도입시기	1988년	1989년	1998년	2008년	2014년
도입배경	• 기여형 연금 • 노후안정을 위한 국가개입 필요	• 국민연금 도입 시 이미 가입연령 넘긴 노인에 대한 소득보장	• 국민연금에 포함되지 못한 기존 노인의 소득지원확대	• 국민연금 사각지대 해소 • 소득대체율 수준 감소로 인한 보완	• 노인빈곤 해소 및 생활안정 • 재정적 지속가능성 제고

----

1) 대통령직인수위원회안(2012. 2. 21.), 국민행복위원회안(2013. 7. 17.), 정부 기초연금안(2013. 9. 26.) 등

급여	• 평균 31만 원 • 최저 4만 원 • 최고 160만 원	• 월 2만 원~ 5만 원	• 월 3.5만 원~ 5만 원	• 국민연금 A값 5% 수준(단독 가구 월 8.4만 원)	• 국민연금 A값 10% 수준(단 독가구 월 20 만 원)
지급대상	• 보험료 10년 이상 납부자 (단, 제도초기 특례수급자는 5년 이상)	• 70세 이상 극 빈층	• 65세 이상 생 활보호대상자 및 차상위계 층(노인인구 의 약 20%)	• 노인소득 하위 70%	• 노인소득 하위 70%

출처: 탁현우(2016: 13)에서 재인용.

3. 제도 개요

1) 목적

기초연금제도는 노인에게 안정적인 소득기반을 제공함으로써 노인의 생활안정을 지원하고 복지를 증진함을 목적으로 한다(「기초연금법」제1조). 또한 정부가 발표한 기초연금 도입 관련 설명 자료에서는 이와 같은 법안이 "재정의 지속가능성을 바탕으로, 현세대 노인빈곤 문제를 완화하면서, 미래세대의 안정적인 공적연금을 보장"하는 방향으로 설계되었다고 소개하고 있다(윤성주, 2014).

2) 수급대상 및 현황

(1) 수급대상

기초연금은 65세 이상인 사람으로서 소득인정액이 보건복지부장관이 정하여 고시하는 금액("선정기준액") 이하인 사람에게 지급하며(「기초연금법」제3조 제1항)[2], 보건복지부장관은 선정기준액을 정하는 경우 65세 이상인 사람 중 기초연금 수급자가 100분의 70 수준이 되도록 한다(법 제3조 제2항). 여기서 '소득인정액'이란 노인 가구의 각종 소득과 재산을 소득으로 환산하여 합산한 금액으로 근로소득 공제, 재산 공제, 금융재산 공제 등을 차감하여 산정하는데, 2018년도 소득인정액 산정방식은 〈표 4-2〉와 같다. 소득산정과 관련하여 2018년부터 임대사업자가 신고하는 총 임대수입에서 각종 필요경비를 제한 금액을 소득으로 산정하며, 국가보훈처에서 독립유공자 후손 중 생활이 어려운 분들에게 지급하는 생활지원금에 대해서는 독립유공자의 후손에 대한 예우 및 생활이 어려운 분들이라는 점 등을 고려해 기초연금 소득인정액 산정에 포함하지 않는다.

---

2) 법 제3조 제1항에도 불구하고 다음 각 호의 어느 하나에 해당하는 연금의 수급권자와 그 배우자나 다음 각 호의 어느 하나에 해당하는 연금을 받은 사람 중 대통령령으로 정하는 사람과 그 배우자에게는 기초연금을 지급하지 아니한다.

  1. 「공무원연금법」 제28조, 「공무원 재해보상법」 제8조 또는 「사립학교교직원 연금법」 제42조 제1항에 따른 퇴직연금, 퇴직연금일시금, 퇴직연금공제일시금, 장해연금, 비공무상 장해연금, 비직무상 장해연금, 장해일시금, 비공무상 장해일시금, 비직무상 장해일시금, 퇴직유족연금, 장해유족연금, 순직유족연금, 직무상유족연금, 위험직무순직유족연금, 퇴직유족연금일시금 또는 퇴직유족일시금[퇴직유족일시금의 경우에는 「공무원 재해보상법」 제20조 제1항에 따라 순직유족연금의 수급권자가 순직유족연금을 갈음하여 선택한 경우(「사립학교교직원 연금법」 제42조 제1항에 따른 직무상유족연금의 수급권자가 순직유족연금을 갈음하여 선택한 경우를 포함한다) 및 같은 법 제20조 제2항에 따라 위험직무순직유족연금의 수급권자가 위험직무순직유족연금을 갈음하여 선택한 경우로 한정한다].
  2. 「군인연금법」 제6조에 따른 퇴역연금, 퇴역연금일시금, 퇴역연금공제일시금, 상이연금, 유족연금 또는 유족연금일시금
  3. 「별정우체국법」 제24조 제2항에 따른 퇴직연금, 퇴직연금일시금, 퇴직연금공제일시금, 유족연금 또는 유족연금일시금
  4. 「국민연금과 직역연금의 연계에 관한 법률」 제10조 또는 제13조에 따른 연계퇴직연금 또는 연계퇴직유족연금 중 같은 법 제2조 제1항 제7호에 따른 직역재직기간이 10년 이상인 경우의 연계퇴직연금 또는 연계퇴직유족연금

〈표 4-2〉 소득인정액 산정방식(2018)

- 소득인정액 = 소득평가액 + 재산의 소득환산액

  ○ 소득평가액 = (근로소득 − 84만 원 공제) × 70% + 기타소득
  ○ 재산의 소득환산액 = [(일반재산 − 기본재산액 공제*) + (금융재산 − 2,400만 원 공제)
    × 소득환산율(4%) % 12개월 + P**

  * 기본재산액: 주거유지 비용 공제(대도시 1억 3,500만 원, 중소도시 8,500만 원, 농어촌 7,250
    만 원)
  ** P값: 사치품으로 분류되는 고급 회원권(골프, 승마, 콘도 등) 및 고급 자동차(4,000만 원 이
    상 혹은 3,000cc 이상)는 가액 전액을 소득 반영('14년부터)

한편, '선정기준액'은 노인의 소득하위 70%를 선정하는 기준으로 소득재산 분포, 임금 · 지가 · 물가상승률 등을 종합적으로 반영하여 매년 1월에 발표하는데, 연도별 선정기준액은 〈표 4-3〉과 같다.

〈표 4-3〉 기초연금 연도별 선정기준액

구분	2014년	2015년	2016년	2017년	2018년
단독가구	87만 원	93만 원	100만 원	119만 원	131만 원
부부가구	139.2만 원	148.8만 원	160만 원	190.4만 원	209.6만 원

출처: 보건복지부(2018a).

(2) 수급자 현황

기초연금 신규수급자는 〈표 4-4〉에서 보는 바와 같이, 제도가 실시된 2014년 31만 명, 2015년 40만 명, 2016년 38만 명, 그리고 2017년에는 53만 명으로 증가하여 2017년 12월 말 기준 총 478만 명이 급여를 수급하고 있다.

〈표 4-4〉 연도별 기초연금 신규수급자 현황 (단위: 명)

구분	2014년	2015년	2016년	2017년
신규수급자	31만	40만	38만	53만

출처: 국민연금공단(각 연도).

3) 급여 수준

기초연금 수급권자에 대한 "기초연금액"은 법 제2항에 따른 '기준연금액'과 국민연금 급여액 등을 고려하여 산정한다(법 제5조 제1항).[3] 기준연금액은 보건복지부장관이 그 전년도의 기준연금액에 대통령령으로 정하는 바에 따라 전국소비자물가변동률을 반영하여 매년 고시하는데(법 제5조 제2항),[4] 연도별 기준연금액은 〈표 4-5〉와 같다.

〈표 4-5〉 연도별 기초연금 기준연금액

반영일	금액
2014년 7월	200,000원
2015년 4월	202,600원
2016년 4월	204,010원
2017년 4월	206,050원
2018년 4월	209,960원
2018년 9월	250,000원

출처: 보건복지부(각 연도).

한편, 기초연금 수급권자 중 국민연금 수급권자에게 지급하는 기초연금액은 법 제5조 제5항에 따라 산정한 금액으로 한다(법 제5조 제4항).[5] 법 제5조(기초연금액의 산정)에도 불구하고 제5조 제4항 각 호 또는 제6항에 해당하는 사람 중 「국민연금법」 및 「국민연

---

3) 기초연금액 = (기준연금액 − 2/3 × A급여액) + 부가연금액

4) 제2항의 전단에도 불구하고 2018년의 기준연금액은 25만 원으로 한다(법 제5조 제3항).

5) 국민연금 수급권자에게 지급하는 기초연금액은 제1호의 금액에서 제2호의 금액을 뺀 금액(그 뺀 후의 금액이 0보다 작은 경우에는 0으로 한다)에 제3호의 금액을 더한 금액으로 한다(법 제5조 제5항).
  1. 기준연금액
  2. 국민연금 수급권자가 받을 수 있는 연금의 금액 중 「국민연금법」 제51조 제1항 제1호의 금액을 기초로 산정한 금액("소득재분배급여금액")에 3분의 2를 곱한 금액. 다만, 「국민연금법」에 따라 국민연금 수급권자의 연금의 금액을 연기 또는 조기 지급하거나 가산 또는 감액하여 지급하는 경우 등의 소득재분배급여금액 산정 기초가 되는 연금의 금액 기준은 대통령령으로 정한다.
  3. 부가연금액: 기준연금액의 2분의 1에 해당하는 금액

과 직역연금의 연계에 관한 법률」에 의한 수급권에 따라 매월 지급 받을 수 있는 급여액 ("국민연금 급여액 등")이 기존연금액의 100분의 150 이하인 사람에게 지급하는 기초연금액은 기준연금액으로 하며(법 제6조 제1항), 국민연금 급여액 등이 기준연금액의 100분의 150 초과 100분의 200 이하인 사람에게 지급하는 기초연금액은 기준연금액의 범위에서 대통령령으로 정하는 바에 따라 제5조에 따라 산정된 금액 이상으로 달리 정할 수 있다 (법 제6조 제2항).

또한 기초연금 수급권자 중「국민연금과 직역연금의 연계에 관한 법률」제10조에 따른 연계노령연금 수급권자에게는 제1호의 금액에서 제2호의 금액을 뺀 금액(그 뺀 후의 금액이 0보다 작은 경우에는 0으로 한다)에 제3호의 금액을 더한 금액을 지급하며(법 제5조 제6항),[6] 법 제5조 제4항부터 제6항까지의 규정에 따라 산정한 기초연금액이 기준연금액을 초과하는 경우 기준연금액을 기초연금액으로 본다(법 제7조).

끝으로, 본인과 그 배우자가 모두 기초연금 수급권자인 경우에는 각각의 기초연금액에서 기초연금액의 100분의 20에 해당하는 금액을 감액한다(법 제 8조 제1항). 또한 소득인정액과 법 제5조부터 제7조까지에 따른 기초연금액(제1항이 적용되는 경우에는 그 감액분이 반영된 금액을 말한다)을 합산한 금액이 선정기준액 이상인 경우에는 선정기준액을 초과하는 금액의 범위에서 기초연금액의 일부를 감액할 수 있으며(법 제8조 제2항), 제2항에 따른 감액의 세부적인 기준은 대통령령으로 정한다(법 제8조 제3항).

4) 재원

기초연금의 재원은 전액 조세로 조달되며, 제도 도입 시 논의되었던 국민연금기금은 사용하지 않는 것으로 결정되었다(법 제4조 제2항).[7] 재원은 국비와 지방비의 매칭으로

---

6) 1. 기준연금액

  2. 가목과 나목의 금액을 합한 금액에 3분의 2를 곱한 금액

    가. 소득재분배급여금액

    나.「국민연금과 직역연금의 연계에 관한 법률」제12조에 따른 연계퇴직연금액의 2분의 1을 곱한 금액

7) 국가와 지방자치단체는 제1항에 따라 필요한 비용을 부담할 수 있도록 재원을 조성하여야 한다. 이 경우「국민연금법」제101조 제1항에 따라 설치된 국민연금기금은 기초연금 지급을 위한 재원으로 사용할 수 없다(법 제4조 제2항).

집행되는데, "국가는 지방자치단체의 노인인구 비율 및 재정 여건 등을 고려하여 기초연금의 지급에 드는 비용 중 100분의 40 이상 100분의 90 이하의 범위에서 대통령령으로 정하는 비율에 해당하는 비용을 부담한다"(법 제25조 제1항). 한편, 제1항에 따라 국가가 부담하는 비용을 뺀 비용은 특별시·광역시·특별자치시·도·특별자치도("시·도")와 시·군·구가 상호 분담하는데, 그 부담비율은 노인인구 비율 및 재정여건 등을 고려하여 보건복지부장관과 협의하여 시·도의 조례 및 시·군·구의 조례로 정한다(법 제25조 제2항). 법 제25조 제1항에 따라 국가가 특별자치시·특별자치도·시·군·구별로 부담하는 기초연금 지급 비용의 비율은 [별표 2][8]와 같다(시행령 제23조 제1항).

　이처럼 기초연금은 재원 면에서 중앙정부 책임에서 상당 부분 벗어나 있어 여타 소득보장제도와 다르며, 특히 사회수당의 통상적인 재원조달과 다르다. 즉, 기초연금 재원에 대해서는 시·도별 노인인구 비율과 재정자주도 등에 따라 시·군·구가 차등적으로 부담 의무를 갖고 있는데, 지방자치단체의 재정부담은 그 자체로 지방자치단체가 전혀 정책결정의 재량을 갖고 있지 않은 수당의 재정 분담이라는 점에서 문제가 될 수 있다. 특히 이러한 재정분담은 향후 급속히 증가할 것으로 예상되기에 지방자치단체의 재정부담을 과중시킬 뿐 아니라 이로 인해 재량을 가지는 많은 사회복지사업 수행을 위축시킬 가능성도 증가할 것으로 예상된다. 실제로 기초연금의 재정규모는 계속 늘어나게 될 것으로 전망되는데, 〈표 4-6〉에서 보는 바와 같이 2018년까지 60.9조 원이 필요하며, 2020년에는 1년에 17.3조 원이 소요될 것으로 예상된다(탁현우, 2016: 17).

---

8) [별표 2]

　1. 국가부담비율: 지방자치단체의 재정자주도와 노인인구 비율을 고려하여 다음 표의 구분에 따른다.

구분		지방자치단체의 노인인구 비율		
		100분의 14 미만	100분의 14 이상 100분의 20 미만	100분의 20 이상
지방자치단체의 재정 자주도	100분의 90 이상	100분의 40	100분의 50	100분의 60
	100분의 80 이상 100분의 90 미만	100분의 50	100분의 60	100분의 70
	100분의 80 미만	100분의 70	100분의 80	100분의 90

〈표 4-6〉 기초연금 소요 예산 추이   (단위: 원)

연도	2014년	2015년	2016년	2017년	2018년	2021년
예산	6조 9,000억	10조	10조 3,000억	10조 6,000억	14조 1,000억	19조 6,000억

* 지방자치단체 예산 포함.
출처: 탁현우(2016: 17)에서 재인용.

4. 문제점 및 정책과제

1) 문제점

　기초연금제도는 노후소득보장제도인 국민연금제도 및 국민기초생활보장제도가 제대로 다루고 있지 못한 노인들의 광범위한 빈곤 문제에 대응함으로써 노인들이 가지는 보편적인 삶의 필요욕구를 충족시키고자 하는 제도이다. 기초연금이 도입된 2014년 기준 전체 노인 664만 명 중 국민연금을 수급하는 사람은 232만 명(약 35%)에 불과하여 상당수의 노인이 국민연금 혜택을 받지 못하고 있었을 뿐만 아니라 노령연금 급여가 평균 약 34만 원으로 1인 가구 최저생계비(62만 원)의 56% 수준에 그치고 있었다. 따라서 기초연금의 도입은 국민연금 사각지대 해소의 기반이 마련될 것으로 기대했다. 또한 기초연금제도는 국민기초생활보장제도가 안고 있는 광범위한 사각지대에 적절히 대응함으로써 노인빈곤의 완화와 생활안정에 긍정적이 효과를 미칠 것으로 기대되었다.

　하지만 기초연금제도는 소득수준에 따라 수급자와 비수급자로 나뉠 뿐 아니라 소득역전방지, 국민연금과의 연계, 그리고 여러 가지 감액장치를 마련함으로써 기초연금제도의 실효성을 떨어뜨리고 있다.

　첫째, 기초연금은 전체 노인 중 소득하위 70%에게 지급되도록 되어 있고 나머지 30%는 대상에서 제외된다는 점이다. 거의 50%에 달하는 노인 빈곤율을 감안할 때 30%의 노인에게 기초연금을 지급하지 않는 것이 얼마나 유용한지, 나아가 이로 인한 재정절감 효과를 넘어서는 문제점들은 없는지 생각해 볼 필요가 있을 것이다. 제외되는 30%의 선정기준은 자산과 소득 양자 모두로서 항상 자산만 있고 소득이 없거나 매우 낮은 노인은 논란의 대상이 될 수밖에 없을 것이기 때문이다.

　둘째, 기초연금제도에서 노인들의 욕구와의 격차라는 관점에서 그리고 전체 노후소득보장제도의 작동 측면에서 현재는 물론 앞으로도 계속 문제가 될 것은 급여액이다. 기초 연금 급여는 전체적인 공적연금의 보장수준 A값의 30% 내외에서 억제하도록 설계되어 있는데, 이는 급여의 충분성 면에서 문제가 된다. 기초연금액은 주거비용이나 의료비용 중 어느 하나를 제대로 충족시키기도 어려운 수준이기 때문이다. 더욱이 기초연금 최대급 여액 20.6만 원과 국민연금 평균 급여액 49만 원을 합친다 해도 1인 노후생활비 99만 원 에 미치지 못하는 수준이기 때문이다.

셋째, 「기초연금법 시행령」 제9조 제1항[9]에 따라 기준연금액을 받는 사람에 국민기초 생활 보장수급자를 포함시키고 있으면서도, 「국민기초생활보장법 시행령」 제3조[10]를 통 해 기초연금이 수급기준인 소득인정액에 포함되는 것으로 규정하고 있어 결국 그 인정 액만큼 기초연금을 받지 못하는 결과를 불러오고 있다는 점이다.[11] 2017년 기준 기초생 활수급자 중 기초연금 수급자는 42만 3,087명인데, 이들은 기초연금 도입으로 인한 혜 택을 전혀 누리지 못하고 있다. 이에 따라 "줬다 뺏는 기초연금"이라는 비판에 직면해 있 다. 그뿐만 아니라 오히려 기초연금을 받게 될 경우 가처분 소득 증가로 인하여 기초생 활 수급에서 탈락할 위험도 있다. 더욱이 결과적으로 극빈층에 비해 차상위 계층에게 오 히려 더 많은 혜택이 주어지는 구조로 인해 빈곤 노인과 차상의 노인 간 소득격차를 심 화시키고 있는 실정이다.

넷째, 기초연금제도는 국민연금 연계감액, 부부감액, 소득역전 방지 감액제도와 같은 감액장치를 두고 있다는 점이다. 먼저, 기초연금액은 국민연금 급여 중 소득재분배값 A 와 역의 관계를 가지는데, 최종적인 기초연금 급여액은 기준 연금액에서 국민연금 중 소 득재분배 값 A를 반영하여 삭감되도록 되어 있다. 이는 국민연금제도와 소득재분배 기 능이 중복되자 상대적으로 과다해진 소득재분배 효과를 줄이려는 의도로 감액장치를 도 입한 것으로 보이는데(탁현우, 2016; 김원섭, 이용하, 2014: 99; 정다은, 임현, 2016: 129), 이러 한 연계장치는 국민연금을 '강제적'으로 매달 성실하게 납부한 가입자에게 미가입자보다

---

9) 「기초연금법 시행령」 제9조: ① 법 제5조 제6항 제2호 다목에서 "대통령령으로 정하는 사람"이란 「국민기초생활보장법」 제2조 제2호에 따른 수급자를 말한다.

10) 「국민기초생활보장법 시행령」 제3조(차상위계층): 법 제2조 제10호에서 "소득인정액이 대통령령으 로 정하는 기준 이하인 계층"이란 소득인정액이 기준 중위소득의 100분의 50 이하인 사람을 말한다.

11) 정부는 기초생활보장제도의 보충성 원리에 충실한 것이라는 입장인데, 양자의 관계를 설정함에 있어 기초연금의 목적보다는 기초생활보장의 목적을 우선시하고 있음을 알 수 있다(정다은, 임현, 2016: 132).

더 적은 수준의 혜택을 주는, 이른바 국민연금 가입자를 '역차별'하여 국민연금에의 유인을 억제할 수 있다는 점에서 제고될 필요가 있다. 나아가 국민연금 급여액이 낮은 가운데, 기초연금까지 삭감되면서 전체적인 저연금 문제가 더 심각해질 수 있다는 문제점이 제기된다.[12] 또한, 부부가 동시에 기초연금을 수급하는 경우, 기초연금액을 각각 20%씩 감액하여 지급하고 있는데, 이는 부부가구 생활비가 독신가구에 비해 적게 드는 점을 고려한 것으로 보인다. 한편, 기초연금액을 합산한 소득인정액이 선정기준액을 초과하는 범위에서 기초연금액 일부를 단계적으로 감액하는 장치를 두고 있는데, 기초연금 수급자와 비수급자 간 기초연금 수급으로 인한 소득역전을 최소화하기 위한 장치로 보인다.

끝으로, 기초연금제도 도입 시부터 가장 중요하게 고려된 것 중의 하나가 재정안정성의 문제였는데, 특히 기초연금의 재원 중 지방비가 차지하는 비중이 상당하기 때문에 국가재정과 더불어 지방자치단체의 재정적 안정성 또한 중요할 것이기 때문이다(탁현우, 2016: 74). 현재 기초연금 집행을 위한 국고와 지방비의 분담비율은 「기초연금법 시행령」[별표 2]에서 국고와 시도의 분담비율을 정하고 있으며, 시·도와 시·군·구의 분담비율은 각 시·도 조례에 근거하여 배분하고 있다. 이와 같은 재정분담에는 기준과 원칙이 필요한데, 기초연금의 경우 전전년도 재정자주도와 노인인구 비율을 기준으로 전체 시·도를 9개 범주로 나누어 분담률을 정하고 있다. 이에 더하여 「기초연금법 시행령」의 분담비율에 담겨 있는 분담의 원칙은 재정자주도가 높을수록 더 분담하고, 노인인구 비율이 높아 기초연금 재원이 많이 들어가는 시·도의 경우 국고에서 더 부담하는 것으로 하고 있다. 이와 같은 원칙과 기준에 따라 시·도의 분담률이 정해지면, 시·도와 시·군·구 간에는 시·도의 조례에 근거하여 분배된다. 2016년 기준 기초연금 지출액은 10.6조 원(중앙정부 75%, 지방정부 25%)으로 GDP 대비 1%에 미치지 못하는 수준이지만 향후 급속히 증가할 것으로 예상된다. 이미 정부는 기초연금의 기준연금액을 단계적으로 2018년 4월부터 25만 원으로 인상한 후, 2021년에 30만 원으로 인상할 계획을 발표했다. 이처럼 기초연금액 인상에 따른 추가 소요예산은 2018년 2.7조 원(국비 2.1조, 지방비 0.6조), 그리고 향후 5년간 연평균 5.9조원(국비 4.5조, 지방비 1.4조)이 소요될 것으로 예상된다. 한번 실시한 사회복지 프로그램은 뒤로 되돌리기 어렵다는 사실을 고려할 때,

---

12) 이런 문제로 인해 도입된 것이 예외규정인데, 2014년 기준 국민연금 수령액이 30만 원 이하인 노인은 가입기간에 따른 기초연금 감액을 받지 않고 기초연금 급여 20만 원을 모두 받도록 한 것이다. 다시 이로 인한 소득역전 현상을 보완하기 위해, 국민연금 급여가 30~40만 원인 노인이 국민연금과 기초연금 합이 50만 원에 못 미치는 경우 기초연금을 더 지급하여 50만 원을 채우도록 하였다.

기초연금의 재정확대 및 이에 따른 재정확보 방안은 향후 심각한 정치적 쟁점이 될 수 있을 것이다.

2) 정책과제

앞에서 제시된 문제점들 중 몇몇 문제들은 이미 정부가 개선방안을 제시하고 있다. 먼저, 정부는 기초연금액을 2018년 4월부터 25만 원, 그리고 2021년에 30만 원으로 인상할 계획을 발표하였는데, 이를 통해 노인 상대빈곤율이 2016년의 46.5%에서 2018년 44.6%, 그리고 2021년 42.4%로 감소할 것으로 전망하고 있다. 또한 기초연금 수급자와 비수급자 간 기초연금 수급으로 인한 소득역전을 방지하기 위해 도입한 감액제도의 문제점을 개선하기 위해 「기초연금법 시행령」 일부개정안을 마련하여 2018년 5월 발표했다. 소득인정액 구간에 따라 2만 원 단위로 감액하는 현행 구간별 감액방식에 따르면 소득인정액이 소폭 상승하여 감액구간이 변동되는 경우 기초연금액이 2만 원씩 감액될 수 있다. 이러한 문제점을 개선하기 위해 기초연금액을 구간별로 감액하지 않고 선정기준액과 소득인정액의 차액을 기초연금으로 지급한다는 것이다. 이렇게 되면 실제 상승한 소득인정액만큼 기초연금이 감액되어 구간별로 급여액이 급변동하거나 소득역전이 발생하는 문제를 해소하여 기초연금 수급자 간, 수급자와 비수급자 간 형평성이 높아질 것으로 예상했다. 또한 제도도입 이후 2만 원으로 고정되어 있던 최저연금액을 기준연금액의 10%로 변경하여 매년 기준연금액 인상에 따라 최저연금액도 인상될 수 있도록 변경한다는 것이다.

그럼에도 불구하고 기초연금제도는 다음과 같은 문제점들에 대해서도 개선방안을 마련할 필요가 있을 것이다. 첫째, 2017년 기준 기초생활보장 수급 65세 이상 노인 458,176명 중 기초연금 수급자는 423,087명으로, 기초연금 미수급자는 35,089명에 달하고 있다. 앞에서 제시된 여러 이유로 기초연금 미수급자가 발생하고 있다고 볼 수 있는데, 이에 대한 대책이 필요할 것으로 보인다. 또한 기초연금액이 2018년 4월부터 25만 원, 그리고 2021년 30만 원으로 인상될 계획인데, 이로 인해 기초생활보장 수급에서 탈락하는 등의 불이익을 방지할 수 있는 방안 마련이 필요하다. 기본적인 욕구를 보장한다는 기본 목표를 고려할 때 기초연금과 기초생활보장 현금급여를 합산한 금액이 실제 최저생계비에 미달하는 한 기초생활보장수급자 노인에 대해서도 기초연금 급여는 지급될 필요가 있을 것이다.

둘째, 기초연금 재원은 중앙정부와 지방정부의 재정분담이 아니라 중앙정부 예산에 의한 전액 부담이 이루어지도록 재정조달 방식을 바꾸어야 할 것이다.

셋째, 기초연금 급여의 국민연금과의 연동이 폐지될 필요가 있다. 이는 국민연금제도의 향후 발전 전망에도, 나아가 전체 공적연금 수준을 앞으로도 낮은 수준으로 억제시키는 핵심적인 장치이기 때문이다.

끝으로, 기초연금 급여가 소득이 아닌 물가에 연동되어 있기 때문에 평균적인 소득수준 증가 속도에 비해 기초연금 급여인상 속도가 느려질 수 있는 점을 개선할 필요가 있다. 물론 기초연금 급여의 연동 방식이 물가연동이어야 할지, 임금연동이어야 할지, 혹은 국민연금 가입자 평균소득 연동이어야 할지 등과 관련해서는 보장의 목표에 따라 신중한 접근이 필요하지만, 매년 연금액이 물가와 연동해 인상되고, 국민연금 가입기간과 연계해 감액되면서 시간이 흐를수록 2014년 기초연금 급여의 증액 효과는 반감될 수 있다는 점은 논의되어야 할 필요가 있기 때문이다.

참고문헌

국민연금공단(각 연도). 기초연금 신규수급자 현황.

김원섭, 이용하(2014). 박근혜 정부 기초연금제도의 도입 과정과 평가. 한국사회, 15(2).

김진수(2015). 한국의 국민연금제도. 한국복지연구원 엮음. 한국의 사회복지 2015-2016. 서울: 청목.

보건복지부(2004). 경로연금 사업안내. 보건복지부.

보건복지부(2018a). 2018 기초연금 사업안내. 보건복지부.

보건복지부(2018b). 기초연금 '소득역전방지 감액제도' 개선추진 보도자료.

보건복지부(각 연도). 기초연금 사업안내.

석재은(2015). 기초연금 도입과 세대 간 이전의 공평성. 보건사회연구, 35(2).

윤성주(2014). 기초연금제도의 쟁점과 과제. 재정포럼, 211. 한국조세재정연구원.

이승호, 구인회, 손병돈(2016). 기초연금의 확대가 노인가구의 소득, 지출, 빈곤에 미친 영향: 이중차이 방법의 적용. 2016년 사회정책연합 공동학술대회 자료집.

정다은, 임현(2016). 노후소득보장수단으로서의 기초연금제도의 적정성에 대한 검토. 법과 정책연구, 16(4).

주은선(2017). 보편적 수당으로서의 기초연금 확대방안. 복지동향, 222.

탁현우(2016). 기초연금제도 평가. 국회예산정책처, 사업평가 16-01(통권 352호).

통계청(2017). 연령대별 인구추이.

제**3**부

사회보험제도

제5장

국민연금제도

권혁창(경남과학기술대학교 사회복지학과 조교수)

1. 들어가는 말

국민연금제도는 소득이 있을 때 매월 꾸준히 보험료를 납부했다가 나이가 들어 생업에 종사할 수 없어졌을 때, 예기치 못한 사고나 질병으로 장애를 입거나 사망하였을 때 매월 연금을 지급하여 본인이나 유족들이 기본적인 생활을 유지할 수 있도록 돕는 소득보장제도이다.

1988년 1월 1일, 근로자 10인 이상 근무하는 사업장을 대상으로 국민연금제도가 처음으로 시행되었고, 이후 단계적으로 대상을 확대하여 1992년 1월 1일부터 5인 이상 사업장 근로자, 1995년 7월 1일부터 농어업인 및 군 지역 거주자, 그리고 1999년 4월 1일에는 도시 지역 주민이 가입하게 되어 전 국민 국민연금시대가 열리게 되었다. 1889년 독일에서 공적연금제도가 세계 최초로 시작된 것을 고려하면, 한국의 국민연금제도의 역사는 상대적으로 짧지만, 폭풍성장을 해 왔다고 할 수 있다. 국민연금제도가 도입된 지 30년이 되는 2018년 현재, 국민연금 가입자는 2,183만여 명이며, 수급자는 452만여 명에 이른다.

이 장에서는 국민연금제도에 대한 일곱 가지 질문들을 다루려고 한다. 첫째, 국민연금제도는 어떠한 사회적 위험에 대응하는 사회보장제도인가? 둘째, 국민연금제도는 사회보험인가? 셋째, 국민연금제도의 가입자는 누구인가? 넷째, 국민연금제도의 재정은 어떻게 충당되는가? 다섯째, 국민연금제도는 어떠한 연금급여를 제공하는가? 여섯째, 국민연금제도의 관리운영체계는 어떠한가? 마지막으로, 국민연금제도의 과제와 전망은 무엇인가? 처음 두 가지 질문은 국민연금의 의의와 특징에 대한 것이고 다음 네 가지 질문은 국민연금제도의 내용분석에 관한 것이며, 마지막 질문은 국민연금제도에 대한 평가를 담고 있다.

2. 국민연금제도의 의의와 특징

1) 국민연금제도는 어떠한 사회적 위험에 대응하는 사회보장제도인가?

국민연금제도가 대응하려는 사회적 위험인 노령, 장애, 사망을 살펴보면 다음과 같다 (pieters, 2015).

(1) 노령

노령이 사회적 위험인 이유는 노령으로 인해 노동시장에서 은퇴하여 근로소득이 상실되면 경제적 어려움에 처할 수 있기 때문이다. 노령이라는 사회적 위험은 하나의 전제를 가지고 있는데, 일정한 연령에 이른 사람은 생계를 유지하기 위한 노동을 할 수 없거나 노동하는 것이 적절하지 않다는 가정이 그것이다.[1] 한 가지 분명한 것은 일정 연령에 도달해서 발생하는 특수한 돌봄 욕구에 대한 비용을 보상하는 것은 노령연금제도의 몫이 아니라 돌봄 제도가 담당한다는 것이다. 즉, 노령연금제도는 일정 연령에 도달해서 발생하는 고령자의 특수한 추가적 지출을 보상하는 것을 목적으로 하지 않고(pieters, 2015), 은퇴 이전의 소득을 일정 수준에서 보장하는 것을 목적으로 한다.

(2) 장애

장애는 노동능력상실을 의미하며, 한 개인의 소득창출능력이 상실되었을 경우 소득보장의 필요성이 제기된다. 장애라는 사회적 위험의 경우 연금제도와 산재보험을 통해 보상될 수 있는데, 작업장에서의 산업재해나 직업병의 경우, 즉 직업적 위험의 경우 산재

---

1) 역사적으로 고찰하면, 고령자에 대해서 노령연금급여를 제공하는 공적 연금제도를 통해 은퇴가 제도화되었다고 볼 수 있다.

보험이 담당하고, 국민연금제도 내의 장애연금은 노동능력상실의 장기 기간에 대응하는 소득보장제도라고 할 수 있다.[2]

(3) 사망

사망이 사회적 위험으로 인정받는 때는 한 사람의 사망으로 다른 사람이 소득의 원천을 상실할 때이다. 일반적으로 사망한 사람의 유급노동으로부터의 소득에 의존해 왔던 유족에게는 소득대체의 필요성이 발생하고, 주소득원의 사망으로 인한 경제적 불안정성에 대응하는 소득보장제도가 국민연금제도의 유족연금급여로 구체화된다고 할 수 있다. 유족연금은 대개 사망자가 받았거나 받았을 노령연금에 대한 일정 비율로 정해진다(pieters, 2015). 부모를 잃은 경우 자녀가 유족연금의 수급자격을 가지는데, 대개 그 자녀가 노동시장에 진입할 수 있게 될 때까지 수급자격이 유지된다.

2) 국민연금제도는 사회보험인가?

노령, 장애, 사망에 대한 사회적 대응은 다양하다. 예를 들어, 노령이라는 위험에 대한 보장은, 첫째, 강제 법정 사회보험, 둘째, 퇴직연금, 셋째, 민간개인연금 등 세 가지 기둥(피에터스, 2015)을 중심으로 이루어질 수 있다.[3] 국가가 노령이라는 사회적 위험에 개입하는 근거는 시장실패(market failure) 논의에 바탕을 두고 있다. 즉, 개별근로자가 시장을 통해서는 퇴직 후 노령에 대비한 적절한 저축을 확보하는 것이 어렵기 때문에 공적연금이 필요하다(이인재, 류진석, 권문일, 김진구, 2006; 한국사회복지연구원, 2015).[4]

노령, 장애, 사망에 대한 사회적 대응인 공적연금을 유형화하면(이인재 외, 2006), 첫째, 사회부조식 공적연금(호주), 둘째, 사회보험식 공적연금, 셋째, 사회수당식 공적연금(뉴질랜드, 캐나다, 덴마크, 스웨덴), 넷째, 퇴직준비금제도(탄자니아, 케냐, 싱가포르, 말레이시아, 인도네시아, 인도, 네팔, 서사모아, 피지), 다섯째, 강제가입식 개인연금제도(칠레, 아르헨티나, 멕시코, 페루, 폴란드, 카자흐스탄, 라트비아)로 나눌 수 있다.

이 중 사회보험식 공적연금은 전 세계 대부분의 국가들에서 광범위하게 나타나는 공

---

2) 산재보험과 국민연금의 이중 수혜가 발생할 경우 급여액을 조정하는 병급조정이 이루어진다.

3) 최근 경향은 세 가지 기둥을 모두 활용하는 다층노후소득보장체계의 구축이다.

4) 보다 구체적으로 공적 연금에 대한 국가 개입의 필요성을 살펴보면, 첫째, 근로자의 근시안적 사고, 둘째, 성실한 자에 대한 보호, 셋째, 소득재분배, 넷째, 불확실성에 대한 보험을 들 수 있다.

적연금 형태인데, 한국의 국민연금제도 역시 사회보험식 공적연금제도이다. 사회보험은 민간보험과는 다르게 강제가입원칙, 급여의 실질가치 유지,[5] 소득재분배 등의 특징을 가지고 있다(한국사회복지연구원 편, 2015). 사회보험제도인 국민연금제도가 민영연금제도와 다른 점을 표로 정리하면 다음과 같다(〈표 5-1〉 참조).

〈표 5-1〉 국민연금과 민영연금 비교

	국민연금	민영연금
위험책임	국가	개인
법적 근거	공법에 의한 제도	사법에 의한 제도
대상위험	사회적 위험(사람관련 위험)	사람 및 재산 등 다양
보험관계의 성립	강제가입원칙(법규정)	임의계약원칙(자율원칙) 예외: 자동차배상책임보험, 원자력 시설보험 등
관리체계	국가 또는 공법인(중앙부처 및 공단)	사기업(주식회사 설립법에 의한 개인 기업)
가입자부담기준	소득비례원칙(정률제)	위험의 크기와 급여수준에 따른 수지상 등의 원칙
급여지급수준	수지상등원칙. 단, 개인 및 가족의 사회적 상황 고려(소득, 가족수, 연령, 장애정도 등)	
재정방식	적립 또는 부과방식	완전적립방식
부양가족연금액	배우자: 연간 247,870원 부모·자녀: 연간 165,210원/1인당	없음
연금지급기간	평생지급, 수급자 사망 시 유족에게 승계	계약 시 별도 설정
가입 중 사망·장애발생 시	유족·장애연금 지급	중도해지 일시금 지급
급여의 실질가치	실질가치 항상 보장(물가상승률만큼 연금액 상승)	실질가치 보장 미흡

---

5) 국민연금은 물가수준의 변화에 연금급여를 연동시킴으로써 노후기간 동안 급여의 실질구매력을 유지시켜 준다.

세제혜택	• 세액공제: 지역가입자에 한해 연간 납입보험료의 100%(상한액 없음), 사업장 가입자 납입 보험료 본인부담분(보험료의 50%) • 연금급여는 과세[6] • 최소한의 생활보장을 위해 연금급여 압류 불가[7]	• 세액공제: 연간 보험료 납부액이 700만 원 이하인 경우 납입금액의 12%를 세액공제할 수 있음[8] • 비과세: 10년 이상 유지 시 발생한 이자소득세 및 연금소득세에 대해 비과세 혜택

출처: 한국사회복지연구원 편(2015). 국민연금제도 〈표 2〉

　국민연금의 특징으로는(한국사회복지연구원 편, 2015), 첫째, 모든 국민이 가입대상으로 강제성이 있다. 만약 강제적용을 하지 않는다면, 국민연금에 가입하지 않거나 보험료를 납부하지 않을 수 있다. 그리고 가입을 기피하는 사람이 많아진다면, 노후빈곤층이 확대되고 결국 국가는 노인빈곤의 문제를 조세 등을 통해 해결해야 한다. 이 경우 성실하게 본인의 노후를 준비한 사람은 노후를 준비하지 못한 사람의 노후의 일정부분을 책임지게 되는 이중부담이 발생하기 때문에 이를 방지하기 위해서 소득활동을 하는 사람은 누구나 의무적으로 가입하도록 하는 것이다.[9]

　둘째, 국민연금제도는 소득재분배로 사회통합에 기여한다. 국민연금은 동일한 세대 내의 고소득계층에서 저소득계층으로 소득이 재분배되는 세대 내 소득재분배 기능과 미래세대가 현재의 노인세대를 지원하는 세대 간 소득재분배 기능을 동시에 포함하고 있다. 세대 내 소득재분배 기능은 국민연금의 급여산식에서 가입자 전체의 평균소득을 포함시켜 실현되고 있다. 저소득 계층의 경우 전체가입자의 평균소득이 자신의 소득보다

---

6) 2002년 이후 가입기간에 따른 노령연금 및 반환일시금은 과세대상이 된다. 가입 중 납부한 보험료에 대해서는 세액공제 혜택을 주고, 이후 발생한 연금소득은 과세하고 있다. 지역가입자의 경우 보험료 전액을 세액공제받을 수 있으나, 임의가입한 배우자를 대신해 납부한 경우에는 공제받을 수 없다.

7) 「국민연금법」 제85조(수급권 보호)에서는 국민연금 급여의 수급권을 양도·압류하거나 담보로 삼을 수 없다고 규정하고 있다.

8) 2014년 400만 원이었던 세액공제 기준액이 700만 원으로 바뀌었다. 이러한 세액공제 기준액의 상승은 연금저축계좌의 세액공제 한도에 관계없이, 별도로 퇴직연금(IRP)에 납입하는 금액 300만 원을 추가했기 때문이다.

9) 강제가입 원칙의 채택이유는 임의가입에 따른 역선택의 방지, 위험분산 기능의 극대화, 규모의 경제를 통해 보험료의 저액화와 관리운영비 절감 등을 들 수 있다(한국사회복지연구원 편, 2015).

높기 때문에 고소득계층과 비교하였을 때 자신이 낸 보험료에 비해 상대적으로 더 많은 연금을 받는 반면, 고소득계층은 전체가입자의 평균소득이 자신의 소득보다 낮기 때문에 저소득층에 비해 상대적으로 이러한 연금혜택이 적다. 그리고 세대 간 소득재분배 기능은 국민연금제도 도입초기단계 가입자의 제도순응성을 높이기 위해 도입하였다. 미래세대는 자신의 노후만을 준비하면 되지만 국민연금 초기가입자의 경우에는 자신의 노후는 물론 부모부양이라는 이중부담을 지고 있어 이들의 부담을 완화하기 위해 낮은 보험료에서 출발, 단계적으로 보험료를 높여 가도록 한 것이다.

셋째, 국민연금은 국가가 최종적으로 지급을 보장하기 때문에 국가가 존속하는 한 반드시 지급된다. 설령 적립된 기금이 모두 소진된다 하더라도 그해 연금 지급에 필요한 재원을 그해에 걷어 지급하는 이른바 부과방식으로 전환해서라도 연금을 지급한다.

넷째, 노령연금 이외에도 장애, 유족연금 등 다양한 급여가 있다. 장애연금은 가입 중에 발생한 질병이나 부상으로 완치 후에도 장애가 남았을 경우 장애정도에 따라 자신과 가족의 생활을 보장하기 위해 장애가 존속하는 한 지급한다.[10] 유족연금은 국민연금에 가입하고 있거나 노령연금 및 장애연금을 받고 있던 사람이 사망하면 그 사람에 의해 생계를 유지하던 유족에게 가입기간에 따라 기본연금액의 일정률을 지급하여 유족들의 생활을 돕기 위한 연금이다.

다섯째, 국민연금은 물가가 오르더라도 실질가치가 항상 보장된다. 처음 연금을 지급할 때는 과거 보험료 납부소득에 연도별 재평가율을 적용하여 현재가치로 재평가하여 계산한다. 또 국민연금은 연금을 받기 시작한 이후 매년 4월부터 전년도의 전국소비자물가변동률에 따라 연금액을 조정하여 지급한다.

3. 국민연금제도의 현황

1) 국민연금제도의 가입자

국민연금제도는 국내에 거주하는 18세 이상 60세 미만의 국민들을 의무가입 대상으로

---

10) 장애등급이 1~3급일 경우 연금으로 지급되며 4급은 일시금으로 지급된다.

하고 있다. 다만, 공무원연금, 군인연금, 사립학교교직원연금에 가입하고 있거나 노령연금의 수급권을 취득한 자 중 60세 미만의 특수직종 근로자, 조기노령연금의 수급권을 취득한 자는 제외한다. 한편, 「국민연금법」의 적용을 받는 사업장에 사용되고 있는 외국인과 국내에 거주하는 외국인은 당연히 사업장가입자 또는 지역가입자가 되지만 이 법에 따른 국민연금에 상응하는 연금에 관하여 그 외국인의 본국법이 대한민국 국민에게 적용되지 않으면 국민연금 역시 적용되지 않는다.

가입자는 사업장가입자, 지역가입자, 임의가입자 및 임의계속가입자로 구분하며, 또한 반드시 가입해야 하는 당연적용가입대상(사업장가입자 및 지역가입자)과 가입이 본인의 선택에 맡겨지는 임의적용가입대상(임의가입자 및 임의계속가입자)으로 구분된다.

(1) 당연적용가입대상자

사업장가입자는 상시근로자 1인 이상 사업장의 임시, 일용직 및 시간제근로자와 정규직을 포함한 18세 이상 60세 미만인 근로자와 사용자이다. 또한 국민연금에 가입된 사업장에 종사하는 18세 미만의 근로자는 사업장가입자가 되며, 다만 본인이 원하지 않으면 사업장가입자가 되지 아니할 수 있다.[11] 반면, 지역가입자에 해당하는 자는 사업장가입자에서 제외된 자로 18세 이상 60세 미만인 자가 해당된다.[12]

(2) 임의적용가입대상자

가입이 본인의 선택에 맡겨지는 임의가입대상은 일반적인 가입대상자에게 적용되는 임의가입자와 일반적인 가입대상에서 제외되는 자에게 적용되는 임의계속가입자로 구분된다. 임의가입자는 사업장가입자나 지역가입자에 해당되지 않는 자로서 18세 이상 60세 미만인 국민연금 가입을 신청한 자를 말한다. 가령 배우자가 공적연금에 가입하고 있거나 공적연금을 받고 있는 경우 소득이 없는 다른 배우자는 임의가입대상이다. 또한 27세 미만의 소득이 없는 자, 국민연금에 보험료를 한 번도 낸 사실이 없는 자는 임의가

---

11) 사업장가입으로부터 적용이 제외되는 대상자들은 다음과 같다: 「공무원연금법」, 「사립학교교직원연금법」, 「군인연금법」, 「별정우체국법」에 따른 급여를 받을 권리를 가진 자

12) 지역가입으로부터 적용이 제외되는 대상자들은 다음과 같다: 첫째, 국민연금 가입자나 수급권자의 배우자로서 별도의 소득이 없는 자, 둘째, 18세 이상 27세 미만인 자로서 학생이거나 군 복무 등의 이유로 소득이 없는 자, 셋째, 「국민기초생활보장법」에 따른 수급자, 넷째, 1년 이상 행방불명된 자 등

입대상이 된다.

　반면, 임의계속가입자는 국민연금에 가입해 오고 있는 자가 연령 등의 문제로 가입대상에서 제외되는 자이나, 특별한 경우 본인의 희망으로 계속하여 가입자 자격이 유지되는 자이다. 가령 국민연금 가입자 또는 가입자였던 자로서 60세가 된 자는 65세가 될 때까지 국민연금공단에 가입을 신청하면 임의계속가입자가 될 수 있다.

　〈표 5-2〉는 국민연금 가입자 현황을 연도별로 보여 주고 있다. 2018년 현재 총가입자 수는 21,835,551명이며, 사업장 가입자는 13,497,691명, 지역가입자는 7,635,468명이다.

〈표 5-2〉 연도별 가입자 현황　　　　　　　　　　　　　　　　　　　　(단위: 개소, 명)

구분 / 연도별	총 가입자	사업장가입자		지역가입자			임의 가입자	임의계속 가입자
		사업장	가입자	계	농어촌	도시		
'88. 12.	4,432,695	58,583	4,431,039	–	–	–	1,370	286
'92. 12.	5,021,159	120,374	4,977,441	–	–	–	32,238	11,480
'95. 12.	7,496,623	152,463	5,541,966	1,890,187	1,890,187	–	48,710	15,760
'96. 12.	7,829,353	164,205	5,677,631	2,085,568	2,085,568	–	50,514	15,640
'99. 12.	16,261,889	186,106	5,238,149	10,822,302	2,083,150	8,739,152	32,868	168,570
'06. 12.	17,739,939	773,862	8,604,823	9,086,368	1,972,784	7,113,584	26,991	21,757
'07. 12.	18,266,742	856,178	9,149,209	9,063,143	1,976,585	7,086,558	27,242	27,148
'08. 12.	18,335,409	921,597	9,493,444	8,781,483	1,940,510	6,840,973	27,614	32,868
'09. 12.	18,623,845	979,861	9,866,681	8,679,861	1,925,023	6,754,838	36,368	40,935
'10. 12.	19,228,875	1,031,358	10,414,780	8,674,492	1,951,867	6,722,625	90,222	49,381
'11. 12.	19,885,911	1,103,570	10,976,501	8,675,430	1,986,631	6,688,799	171,134	62,846
'12. 12.	20,329,060	1,196,427	11,464,198	8,568,396	1,956,215	6,612,181	207,890	88,576
'13. 12.	20,744,780	1,290,557	11,935,759	8,514,434	1,962,071	6,552,363	177,569	117,018
'14. 12.	21,125,135	1,389,472	12,309,856	8,444,710	1,972,393	6,472,317	202,536	168,033
'15. 12.	21,568,354	1,537,250	12,805,852	8,302,809	1,949,757	6,353,052	240,582	219,111
'16. 12.	21,832,524	1,661,502	13,192,436	8,060,199	1,881,248	6,178,951	296,757	283,132
'17. 12.	21,824,172	1,760,279	13,459,240	7,691,917	1,787,649	5,904,268	327,723	345,292
'18. 02.	21,835,551	1,766,388	13,497,691	7,635,468	1,773,158	5,862,310	335,569	366,823

출처: 국민연금공단(2018a).

2) 국민연금제도의 재정

사회보험제도의 재정방식은 크게 적립의 원칙, 부과의 원칙, 혹은 부기적립(bookkeeping reserves)로 운영 가능하다(pieters, 2015). 연금제도의 재정방식 중 적립방식(funded system)은 자신이 납부한 보험료를 은퇴 후 자신이 지급받는 방식을 의미하며, 부과방식(pay-as-you-go system)은 현 근로세대가 은퇴세대를 부양하는 재정방식을 의미한다. 한국의 경우 수정적립방식으로 재정을 운용하고 있다. 국민연금의 재정은 가입자 및 사용자의 기여(보험료)[13]를 가장 중요한 재원으로 하되, 국고가 일부 지원되는 방식으로 한다.

〈표 5-3〉 연도별 연금보험료 부담수준

구분		'88~'92	'93~'97	'98~'99.3.	'99.4.~
사업장 가입자	계	3.0	6.0	9.0	9.0
	근로자	1.5	2.0	3.0	4.5
	사용자	1.5	2.0	3.0	4.5
	퇴직금전환금	–	2.0	3.0	–
사업장 임의계속가입자		3.0	6.0	9.0	9.0

출처: 국민연금공단(2018b).

〈표 5-3〉은 보험료 부담수준을 보여 주고 있다. 국민연금의 가입자는 가입기간 동안 가입자의 소득에 비례하여 일정 비율의 보험료를 납부하는데 보험료율은 사업장가입자의 경우 연금보험료 중 기여금은 사업장가입자 본인이, 부담금은 사용자가 각각 부담하되, 그 금액은 각각 기준소득월액의 4.5%에 해당하는 금액으로 한다. 지역가입자, 임의가입자 및 임의계속가입자의 연금보험료는 지역가입자, 임의가입자 또는 임의계속가입자 본인이 부담하되, 그 금액은 기준소득월액의 9%로 한다.

국고가 지원되는 경우는 다음과 같다. 첫째, 국가가 매년 국민연금공단이 국민연금사업을 관리·운영하는 데 필요한 비용의 전부 또는 일부를 부담한다. 둘째, 2011년부터 국가는 연금보험료 지원과 관련하여 지원사업(두루누리 지원사업)을 시행하고 있으며, 영

---

13) 각종 연금급여의 지급 등 국민연금사업에 소요되는 비용을 충당하기 위해 가입자 및 사용자로부터 가입기간 동안 가입자의 소득에 비례하여 일정 비율의 연금보험료를 징수한다.

세사업장에 근로하는 저소득근로자들에게 보험료를 국고로 지원하고 있다. 셋째, 가입기간 추가 인정(크레딧)의 비용이 국고로부터 지원되는데, 군복무크레딧은 전액 국고에서, 출산크레딧과 실업크레딧은 국고에서 일부가 지원되도록 하고 있다.[14]

한편, 보건복지부장관은 국민연금사업에 필요한 재원을 원활하게 확보하고, 급여에 충당하기 위한 책임준비금으로서 국민연금기금을 설치한다고 「국민연금법」에서 규정하고 있다. 〈표 5-4〉는 국민연금 기금관리 현황(시가기준)을 연도별로 정리해서 보여 주고 있다. 2018년 현재 794조 원의 기금이 조성되어 있으며, 기금은 연금보험료, 기금 운용 수익금, 적립금, 공단의 수입지출 결산상의 잉여금을 재원으로 한다.

〈표 5-4〉 국민연금 기금관리 현황   (단위: 억 원)

구분	'10.12.	'11.12.	'12.12.	'13.12.	'14.12.	'15.12.	'16.12.	'17.12.	'18. 3.	누계
조성(A)	554,295	351,892	551,681	486,278	571,987	582,557	636,277	830,694	95,360	7,947,921
연금보험료	252,857	274,346	301,277	319,067	340,775	364,261	390,359	417,849	107,966	4,950,396
운용수익	301,058	76,717	249,916	166,513	230,326	217,414	245,439	412,130	−12,899	2,986,301
기타	380	829	488	699	886	882	479	715	294	11,224
지출(B)	90,812	103,118	120,682	136,410	143,304	157,545	176,527	197,074	52,521	1,688,660
연금급여지급	86,359	98,189	115,508	131,128	137,799	151,840	170,682	190,839	51,087	1,613,561
운영비 등	4,453	4,930	5,174	5,282	5,504	5,705	5,845	6,235	1,434	75,099
증가(A-B)	463,484	248,774	431,000	349,869	428,684	425,012	459,750	633,620	42,839	6,259,261
운용	3,239,908	3,488,677	3,919,677	4,269,545	4,698,229	5,123,241	5,582,991	6,216,611	6,259,261	6,259,261
공공부문	–	–	–	–	–	–	–	–	–	–
복지부문	1,282	1,081	1,271	1,249	1,264	1,362	1,396	1,433	1,435	1,435
금융부문	3,235,975	3,484,681	3,915,683	4,264,473	4,692,534	5,116,983	5,576,819	6,210,372	6,245,642	6,245,642
기타부문	2,650	2,915	2,723	3,823	4,431	4,896	4,777	4,806	12,183	12,183

출처: 국민연금공단(2018a).

3) 국민연금제도의 급여

연금급여란 가입자가 노령, 장애 또는 사망으로 인해 소득이 중단, 상실 또는 감소되었을 때 기본적인 생활보장을 위해 지급하는 현금급여를 말한다. 수급권자의 청구에 따라 공단이 지급하며 연금액은 지급사유에 따라 기본연금액과 부양가족연금액을 기초로 산

---

14) 실업크레딧의 경우 일부 재원이 고용보험기금에서 제공된다.

정한다. 급여와 관련해서는 1998년과 2007년 두 차례 주목할 만한 변화가 있었다. 1998년 법 개정에서는 40년 가입 평균소득자의 소득대체율을 70%에서 60%로 하향조정하였고, 2007년 법 개정에서는 2028년까지 점진적으로 국민연금 소득대체율을 40%로 낮추도록 변경되었다.

(1) 연금급여액의 구성

연금급여액을 결정하는 요소는 연금제도 가입기간, 피부양자인 배우자 또는 자녀 유무, 근로소득액 등 여러 가지가 있다(pieters, 2015). 국민연금제도도 마찬가지다. 가입기간이 길수록 연금수급액은 많아지고, 근로소득액이 높을 경우 보험료도 높으므로 나중에 받게 되는 연금급여액도 많아진다. 그리고 국민연금제도의 연금급여액은 기본연금액과 부양가족연금액[15]으로 구성되어 부양가족도 고려하고 있다는 것을 알 수 있다. 한편 연금급여액의 구성요소 중 핵심적인 것은 기본연금액이다. 기본연금액은 전체 사업장 가입자 및 지역가입자의 평균소득을 기초하여 산출되는 균등부분과 가입자 개인의 가입기간 동안의 소득수준에 의해 산출되는 소득비례부분[16]으로 구성되며, 기본연금액에 대한 연금종별 해당 지급률에 따라 실제로 지급될 연금액을 산출한다. 국민연금이 사회보험이므로 소득재분배 효과가 있는데, 근거로는 국민연금 급여의 구성에서 잘 드러난다.

---

15) 부양가족연금액은 수급권자가 권리를 취득할 당시 가입자(유족연금은 사망한 가입자 또는 가입자였던 자)에 의해 생계를 유지하고 있던 자에게 지급하는 일종의 가족수당 성격의 부가급여이다. 부양가족연금은 ① 연금수급권자가 그 권리를 취급할 당시 그에 의하여 생계를 유지하고 있거나 노령연금 또는 장애연금의 수급권자가 그 권리를 취득한 후 그 자에 의하여 생계를 유지하고 있는 배우자, ② 18세 미만이거나 장애등급 2급 이상인 자녀, ③ 60세 이상이거나 장애등급 2급 이상인 부모에게 지급된다. 부양가족연금액 역시 전국소비자물가변동률을 기준으로 하여 조정함으로써 그 실질가치를 유지시킨다. 그 조정은 전국소비자물가변동률을 기준으로 하여 그 변동률에 해당하는 금액을 매년 증액 또는 감액조정하며, 조정된 부양가족연금액의 적용은 기본연금액의 경우와 동일하다.

16) 기본연금액에 대한 소득비례부분은 가입자 개인의 가입기간 중 매년 기준소득월액을 보건복지부장관이 고시하는 연도별 재평가율에 의하여 연금수급 전년도의 현재가치로 환산한 후 이를 합산한 금액을 총 가입기간으로 나눈 금액으로 한다. 다만 군복무로 인하여 추가로 산입되는 가입기간의 기준소득월액은 전체 가입자의 평균소득에 따라 산정된 금액의 2분의 1에 해당하는 금액으로 하고, 출산으로 인하여 추가로 산입되는 가입기간의 기준소득월액은 전체 가입자의 평균소득에 따라 산정한 금액으로 한다.

즉, 기본급여액은 소득비례부분뿐만 아니라 균등부분으로 구성되어 있고, 저소득층의 경우 자신의 소득수준보다 높은 평균소득을 고려하여 균등부분 연금급여가 정해지기 때문에 소득재분배 효과가 있는 것이다. 이 기본연금액은 노령연금, 장애연금 및 유족연금의 산정기초가 된다.

> 연금액 = 기본연금액 × 연금종별 지급률 및 제한율 + 부양가족연금액

그리고 최초 산정된 연금액은 평생 동안 동일한 액수가 지급되는 것이 아니라, 인플레이션에 대한 연금액의 실질가치를 보장하기 위한 제도적 장치를 통해 기본연금액이 조정된다. 우리나라의 경우 법적으로 전국소비자물가변동률을 적용토록 되어 있고, 실무적으로는 통계청이 발표하는 소비자물가지수를 적용한다.

(2) 급여의 종류

국민연금의 급여는 가입자가 노령이나 질병·사망으로 인해 소득능력이 상실 또는 감퇴되었을 때, 본인이나 유족의 생계를 보장하기 위해 지급되는 것이다. 이러한 국민연금의 급여 종류로는 급여의 대상자가 일정기간 가입하고 수급연령에 도달했을 때 지급되는 노령연금, 가입 중에 발생한 질병 또는 부상으로 장애가 남아 있을 때 지급되는 장애연금, 가입자가 사망한 경우 그 유족에게 지급되는 유족연금, 그리고 연금급여의 수급요건을 충족하지 못하고 중도에 자격을 상실하거나 사망한 경우 본인 또는 그 유족에게 지급하는 반환일시금, 사망일시금, 미지급급여가 있다.

① 노령연금

노령연금은 국민연금가입자가 더 이상 경제활동을 하기 어려운 연령에 도달한 경우 지급하는 급여이다. 국민연금 노령연금은 가입기간이 10년 이상인 가입자 또는 가입자였던 자에 대해서 60세가 된 때부터 그가 생존하는 동안 지급한다. 그런데 연금수급개시연령은 2033년까지 60세에서 65세로 점진적으로 높아지고 있는 상황으로 2013년부터 61세로 높아졌고, 2018년에는 62세로 높아지게 되었다.

한편, 국민연금 제도가 부의 축적이 아니라 안정적인 노후생활을 위한 것이라는 취지를 고려할 경우 일정 수준 이상의 경제활동 소득을 가지는 사람들에게까지 노령연금을 전액 제공해야 할 필요성은 다소 줄어드는 것이 사실이다. 따라서 노령연금 수급권자가

'소득이 있는 업무'에 종사하면 60세 이상 65세 미만인 기간에는 노령연금액의 일부를 감액하며, 노령연금의 감액기준은 다음과 같다. 단, 감액되는 노령연금액은 그 액수의 반을 넘지 않는다.

1. 초과소득월액(노령연금 수급권자의 소득월액 – 가입자 평균소득)이 100만 원 미만인 사람:
   초과소득월액의 1천분의 50
2. 초과소득월액이 100만 원 이상 200만 원 미만인 사람:
   5만 원 + (초과소득월액 – 100만 원) × 1천분의 100
3. 초과소득월액이 200만 원 이상 300만 원 미만인 사람:
   15만 원 + (초과소득월액 – 200만 원) × 1천분의 150
4. 초과소득월액이 300만 원 이상 400만 원 미만인 사람:
   30만 원 + (초과소득월액 – 300만 원) × 1천분의 200
5. 초과소득월액이 400만 원 이상인 사람:
   50만 원 + (초과소득월액 – 400만 원) × 1천분의 250

또한 가입기간이 10년 이상인 가입자 또는 가입자였던 자로서 55세 이상인 자가 '소득이 있는 업무'에 종사하지 아니하는 경우 본인이 희망하면 60세가 되기 전이라도 본인이 청구한 때부터 그가 생존하는 동안 일정한 금액의 연금을 받을 수 있다.[17] 이를 조기노령연금이라 하며, 연금급여를 빨리 받는 대신 급여액의 일정비율이 삭감되어 지급된다.

조기노령연금과 반대로 연금수급개시연령 이후에도 연금수급을 늦추고 싶은 경우에는 연금수급을 늦추고 대신 증액된 금액을 받을 수 있다. 노령연금의 수급권자로서 60세 이상 65세 미만인 사람이 연금지급의 연기를 희망하는 경우에는 1회에 한정하여 65세 전까지의 기간에 대하여 그 연금의 전부 또는 일부의 지급을 연기할 수 있다.

혼인 기간(배우자의 가입기간 중의 혼인 기간만 해당됨)이 5년 이상인 자가 다음 세 가지 조건(배우자와 이혼하였어야 하고, 배우자였던 사람이 노령연금 수급권자일 것, 60세가 되었을 것)을 모두 갖추면, 그때부터 그가 생존하는 동안 배우자였던 자의 노령연금을 분할한 일정한 금액의 연금을 받을 수 있다. 분할연금액은 배우자였던 자의 노령연금액 중 혼인 기간에 해당하는 연금액을 균등하게 나눈 금액으로 한다.

---

17) '소득이 있는 업무'란 가입자 평균소득 이상의 소득이 있는 경우를 말한다.

② 장애연금

장애연금은 가입자가 질병 또는 부상으로 장애를 입어 노동력이 상실 또는 감소된 경우에 생계안정을 위해 장애정도(장애등급 1~4급)에 따라 지급되는 급여이다. 가입자 또는 가입자였던 자가 질병이나 부상으로 신체상 또는 정신상의 장애가 있고, 해당 질병 또는 부상의 초진일 당시 연령이 18세 이상이고 노령연금 지급 연령 미만인 상황에서, 다음 세 가지 경우 가운데 하나에 해당되면 장애연금 수급요건을 충족한다. 해당 질병 또는 부상의 초진일 당시 연금보험료를 낸 기간이 가입대상기간의 3분의 1 이상일 것, 해당 질병 또는 부상의 초진일 5년 전부터 초진일까지의 기간 중 연금보험료를 낸 기간이 3년 이상일 것, 해당 질병 또는 부상의 초진일 당시 가입기간이 10년 이상일 것. 이를 충족하는 경우, 장애정도를 결정하는 기준이 되는 날(장애결정기준일)부터 그 장애가 계속되는 기간 동안 장애정도에 따라 장애연금을 지급한다.

장애연금의 수준은 1급의 경우 기본연금액 100%, 2급의 경우 기본연금액의 80%, 3급의 경우 기본연금액의 60%를 연금 방식으로 지급한다. 반면, 장애정도가 경미한 4급의 경우 일시금으로 기본연금액의 225%를 일시보상금 형태로 지급하도록 하고 있다.

③ 유족연금

유족연금은 노령연금 수급권자, 가입기간이 10년 이상인 가입자 또는 가입자였던 자, 연금보험료를 낸 기간이 가입대상기간의 3분의 1 이상인 가입자 또는 가입자였던 자, 사망일 5년 전부터 사망일까지의 기간 중 연금보험료를 낸 기간이 3년 이상인 가입자 또는 가입자였던 자, 장애등급이 2급 이상인 장애연금 수급권자가 사망한 경우에 그 유족의 생활을 보장하기 위해 지급하는 연금이다.

유족연금을 지급받을 수 있는 유족은 가입자 또는 가입자였던 자가 사망할 당시 그에 의하여 생계를 유지하고 있던 자로, ① 배우자, ② 자녀(25세 미만이거나 장애등급 2급 이상인 자만 해당), ③ 부모(배우자의 부모를 포함), ④ 손자녀(19세 미만이거나 장애등급 2급 이상인 자만 해당), ⑤ 조부모의 순서이다.

한편, 유족연금은 최우선 순위자에게만 지급하되 최우선 유족의 수급권이 소멸되거나 정지되면 차순위 유족에게 지급하고, 같은 순위의 유족이 2명 이상이면 그 유족연금액을 똑같이 나누어 지급하도록 한다.

유족연금의 급여수준은 가입자의 가입기간에 따라 급여수준의 차이를 두도록 하고 있다. 가입기간이 10년 미만인 경우 기본연금액의 40%, 10년 이상 20년 미만인 경우에는 기본연금액의 50%, 20년 이상인 경우에는 기본연금액의 60%를 지급하는 것으로 한다.

④ 반환일시금 및 사망일시금

가입기간이 10년 미만인 자가 60세가 된 때, 혹은 가입자 또는 가입자였던 자가 사망한 때(다만, 유족연금이 지급되는 경우에는 그러하지 아니함), 혹은 국적을 상실하거나 국외로 이주한 때에 해당하게 되면 가입자 본인이나 그 유족의 청구에 의하여 반환일시금을 지급받을 수 있다. 반환일시금의 액수는 가입자 또는 가입자였던 자가 납부한 연금보험료에 이자를 더한 금액으로 한다.

사망일시금은 가입자 또는 가입자였던 자가 사망한 때에 유족이 없으면 그 배우자·자녀·부모·손자녀·조부모·형제자매 또는 4촌 이내 방계혈족에게 사망일시금을 지급한다. 급여 수준은 가입자 또는 가입자였던 자의 반환일시금에 상당하는 금액으로 하며, 수급 순위는 배우자·자녀·부모·손자녀·조부모·형제자매 및 4촌 이내의 방계혈족 순으로 하되 순위가 같은 사람이 2명 이상이면 똑같이 나누어 지급하도록 한다.

이러한 국민연금의 급여종류별 수급요건과 급여수준을 정리하면 〈표 5-5〉와 같다.

〈표 5-5〉 국민연금의 급여종류별 수급요건과 급여수준

급여유형		수급요건	가입기간 및 수급연령	급여수준
노령연금	완전	• 가입기간 20년 이상이고 60세에 달한 때(단, 55세 미만인 자는 소득이 없는 경우에 한함)	가입기간 20년 이상, 60세 이상	기본연금액의 100% +부양가족연금액[18]
	감액	• 가입기간 10년 이상 20년 미만자로 60세에 달한 때	가입기간 10~19년, 60세 이상	가입기간에 따라 기본연금액의 50~95%+부양가족연금액
	소득활동[19]	• 가입기간 10년 이상이고 60세 이상 65세 미만자로서 소득 있는 업무[20]에 종사하는 경우(단, 특수직종근로자는 55세 이상 60세 미만)	가입기간 10년 이상, 수급연령 60~64세	수급연령에 따라 기본연금액의 50~90%(부양가족연금액 해당 없음)

---

18) 수급권자가 권리를 취득할 당시 가입자에 의해 생계를 유지하고 있던 이에게 지급하고 있다.

19) 2011년 개정으로 재직자노령연금이라는 용어가 삭제되었다.

20) 월평균소득금액이 최근 3년간 국민연금 전체가입자의 평균소득월액의 평균액을 초과하는 경우

	조기	• 가입기간 10년 이상이고 55세 이상인 자가 소득 있는 업무에 종사하지 않을 때	수급연령 55~59세	가입기간에 따른 기본연금액×수급연령에 따라 70~94%를 곱한 금액＋부양가족연금액
	분할	• 가입기간 중 혼인기간이 5년 이상이며 배우자와 이혼하였을 시, 배우자였던 자가 노령연금 수급권자일 경우 60세의 연령에 도달하게 된 경우[21]	배우자의 가입기간 중 혼인기간 5년 이상	배우자였던 자의 노령연금액(부양가족연금액 제외) 가운데 혼인기간에 해당하는 연금액을 균분한 금액
장애연금		• 가입 중에 발생한 질병 또는 부상으로 완치 후에도 신체 또는 정신상의 장애가 남은 때	장애등급 1~4급	1~3급: 기본연금액의 100, 80, 60%＋부양가족연금액 4급: 기본연금액 225%를 일시보상금으로 지급
유족연금		• 노령연금수급권자, 가입기간이 10년 이상이었던 가입자, 장애등급 2급 이상의 장애연금수급권자 등이 사망 시 그에 의해 생계를 유지하고 있던 유족 • 가입기간 10년 미만이었던 가입자가 가입 중 발생한 질병 혹은 부상으로 초진일 또는 가입자 자격상실 후 1년 이내 초진일로부터 2년 이내 사망한 경우	사망당시 사망자에 의해 생계를 유지하고 있던 최우선 순위의 유족(배우자, 자녀, 부모, 손자녀, 조부모)	가입기간에 따라 40%(10년 미만) 50%(10년 이상 20년 미만) 60%(20년 이상) 지급＋부양가족연금액
반환일시금		• 가입기간 10년 미만인 자가 60세에 달한 때 • 가입자 또는 가입자이었던 자가 사망한 때(유족연금이 지급되지 않는 경우에 해당) • 가입기간 10년 미만인 가입자 또는 가입자이었던 자가 국적을 상실하거나 국외로 이주한 때(10년 이상 가입한 경우 60세에 노령연금 청구 가능)	가입자	연금보험료＋가입기간 동안의 이자＋지급사유발생일까지의 가산금[22]

사망일시금	• 가입자(또는 가입자였던 자)가 사망하였으나 유족연금 또는 반환일시금을 지급받을 유족이 없는 경우	가입자(였던 자)와 사망 당시 생계를 함께하고 있던 최우선 순위의 유족[23]	반환일시금 상당액

출처: 한국사회복지연구원 편(2015). 국민연금제도 〈표 4〉

2018년 현재 국민연금의 종류별 월평균지급액 수준은 〈표 5-6〉에 정리되어 있다. 노령연금의 경우 월평균 급여액은 44만 5천 원이며, 특례노령연금을 포함할 경우 37만 원 수준이다. 장애연금의 경우 월평균 급여액은 43만 8천 원이다.

〈표 5-6〉 연금종별 월평균지급액　　　　(단위: 원)

구분	계(특례포함)	노령연금							장애연금				유족연금
		소계(특례포함)	20년 이상	10~19년	소득활동	조기	특례	분할	소계	1급	2급	3급	
최고	2,007,410	2,007,410	2,007,410	1,697,440	1,734,880	1,725,000	987,530	1,360,530	1,606,420	1,606,420	1,299,750	949,190	976,500
평균	445,370 (370,220)	501,180 (388,400)	893,050	392,790	746,650	518,150	211,920	186,740	438,660	598,170	471,780	362,160	269,110

* 해당 월 지급자의 기본＋부양가족연금월액 기준이며, 중복급여 및 동순위 조정 전 금액임. 사회보장협정 기간보유자와 산재적용자는 최고, 최저연금액 대상에서 제외, 계 및 노령소계 평균액 산정 시 분할연금 제외, 부분연기연금 지급자는 최저연금액 대상에서 제외.
* 반환일시금평균지급액: 5,224,220원(최고: 118,829,740원)
* 사망일시금평균지급액: 3,544,930원(최고: 17,960,000원)
* 장애일시금평균지급액: 9,997,710원(최고: 35,491,340원)
출처: 국민연금공단(2018a).

2018년 기준 국민연금 급여종별 급여지급 현황은 〈표 5-7〉에 나타나 있다. 2018년 현재

---

21) 분할연금은 모든 요건을 갖추게 된 때부터 3년 이내에 청구해야 그 효력이 유지된다(법 제64조).
22) 가입기간 동안의 이자는 3년 만기 정기예금이자율을 적용하며, 지급사유 발생일까지의 가산금은 1년 만기 정기예금이자율을 적용한다.
23) 배우자의 부모 및 조부모는 제외한다.

수급자수는 4,522,387명이다. 이 중 노령연금 수급자가 가장 많으며, 그 수는 3,705,252명
이다. 국민연금의 수급자수는 지속적으로 증가하고 있으며, 수급자에게 지급되는 전체
급여액도 증가하여 2017년 19조 원 규모로 급증하고 있다.

〈표 5-7〉 연도별 급여종별 급여지급현황　　　　　　　　　　　　　　　　(단위: 건, 백만 원)

구분		계	연금				일시금			
			소계	노령	장애	유족	소계	장애	반환	사망
총계	수급자	15,202,444	5,128,428	4,183,338	157,731	787,356	10,074,016	73,998	9,827,433	172,585
	금액	161,320,396	141,460,327	119,922,064	4,604,828	16,933,435	19,860,070	672,252	18,732,408	455,409
2018. 3.	수급자	4,522,387	4,474,194	3,705,252	70,365	698,577	48,193	719	44,393	3,081
	금액	5,081,999	4,836,059	4,256,573	86,876	492,610	245,940	10,391	224,131	11,418
2017	수급자	4,692,847	4,475,143	3,706,516	75,486	693,141	217,704	2,916	201,278	13,510
	금액	19,083,886	18,155,323	15,931,616	349,017	1,874,690	928,563	42,131	842,325	44,107
2016	수급자	4,362,254	4,135,292	3,412,350	75,497	647,445	226,962	2,577	207,751	16,634
	금액	17,068,159	16,107,103	14,047,956	337,333	1,721,814	961,056	36,048	874,649	50,359
2015	수급자	4,028,671	3,832,188	3,151,349	75,688	605,151	196,483	2,597	179,937	13,949
	금액	15,184,010	14,342,683	12,415,111	336,568	1,591,004	841,327	35,522	759,704	46,101
2014	수급자	3,748,130	3,586,805	2,947,422	75,387	563,996	161,325	2,651	146,353	12,321
	금액	13,779,943	13,087,468	11,295,917	331,604	1,459,947	692,475	34,471	618,469	39,535
2013	수급자	3,633,770	3,440,693	2,840,660	75,041	524,992	193,077	2,993	179,440	10,644
	금액	13,112,752	12,361,973	10,705,594	326,168	1,330,211	750,779	38,737	679,145	32,897
2012	수급자	3,499,522	3,310,211	2,748,455	75,934	485,822	189,311	2,862	175,716	10,733
	금액	11,550,754	10,837,244	9,327,087	314,463	1,195,694	713,510	34,654	648,045	30,811
2011	수급자	3,166,983	3,015,244	2,489,614	75,895	449,735	151,739	3,480	136,628	11,631
	금액	9,819,296	9,273,039	7,905,180	305,547	1,062,312	546,257	41,919	475,051	29,287
2010	수급자	2,975,336	2,820,649	2,330,128	76,280	414,241	154,687	3,447	141,347	9,893
	금액	8,635,467	8,107,420	6,861,876	296,305	949,239	528,047	37,299	465,123	25,625
2009	수급자	2,770,344	2,602,630	2,149,168	74,535	378,927	167,714	3,836	154,119	9,759
	금액	7,471,934	6,946,490	5,814,825	287,016	844,649	525,444	40,940	460,476	24,028
2008	수급자	2,517,579	2,366,626	1,949,867	72,166	344,593	150,953	4,902	137,654	8,397
	금액	6,180,804	5,764,986	4,765,528	268,100	731,358	415,818	47,921	348,026	19,871

2007	수급자	2,244,477	2,110,519	1,731,560	67,091	311,868	133,958	5,167	121,200	7,591
	금액	5,182,611	4,748,988	3,857,709	245,878	645,401	433,623	48,325	368,374	16,924
2006	수급자	1,985,502	1,858,769	1,517,649	61,762	279,358	126,733	4,898	115,394	6,441
	금액	4,360,239	3,899,369	3,103,161	225,607	570,601	460,870	44,239	400,674	15,957
2005	수급자	1,757,674	1,651,681	1,349,626	54,467	247,588	105,993	4,147	96,078	5,768
	금액	3,584,901	3,210,044	2,531,536	193,931	484,577	374,857	35,713	324,885	14,259
2004	수급자	1,533,059	1,424,083	1,156,098	47,260	220,725	108,976	3,609	99,750	5,617
	금액	2,914,015	2,568,966	1,987,451	163,629	417,886	345,049	29,297	303,194	12,558
~ 2003	수급자	9,748,289	2,008,081	1,558,681	79,394	370,006	7,740,208	23,197	7,690,395	26,616
	금액	18,318,593	7,222,136	5,123,910	536,787	1,561,439	11,096,457	114,645	10,940,140	41,672

* "총계"란의 수급자(노령·장애·유족연금)의 수는 '88년~현재까지의 수급자이었던 자(소멸자)를 포함.
출처: 국민연금공단(2018a).

4) 국민연금제도의 관리운영체계

국민연금은 특수직역에 종사하는 자를 제외한 모든 국민을 단일체계를 통해 관리하고 있다. 국민연금제도의 운영은 보건복지부의 정책결정에 따라 이루어지는데, 보건복지부는 국민연금제도의 적용 및 적용시기, 연금보험료의 부과기준 및 보험료율, 급여 수급요건 및 지급수준, 장기재정추계 및 기금운용계획, 가입자 및 수급자의 복지증진사업 등에 대한 정책을 계획하고 수립할 책임을 지니고 있기 때문에 직접적인 운영보다는 정책결정과 감독업무를 수행한다.[24]

직접적인 관리운영기관인 국민연금공단은 보건복지부장관의 위탁을 받아 국민연금사업을 운영하는 집행기관으로 다음과 같은 업무를 수행한다. 국민연금 가입자에 대한 기록의 관리와 유지, 연금보험료의 부과, 급여의 결정 및 지급, 가입자, 가입자였던 자, 수급권자 및 수급자를 위한 자금의 대여와 복지시설의 설치·운영 등 복지사업, 가입자 및 가입자였던 자에 대한 기금증식을 위한 자금 대여사업, 가입 대상과 수급권자 등을 위한 노후준비서비스 사업, 국민연금제도·재정계산·기금운용에 관한 조사연구 등.

---

24) 보험료 징수업무는 2011년 징수통합으로 인해 건강보험공단으로 통합되어, 국민연금보험료 징수 업무는 건강보험공단에 위탁하고 있다.

4. 전망과 과제

한국의 경우 OECD 국가들 중에서 가장 높은 노인빈곤율을 보이고 있으므로, 국민연금뿐만 아니라 기초연금, 퇴직연금, 개인연금 모두를 활용하는 다층노후소득보장체계의 구축을 통해 노인빈곤문제를 해결하려는 정책노력이 필요하다고 할 수 있다. 노인빈곤율 완화와 관련하여 강조되는 국민연금 급여의 적절성 과제는 사각지대의 해소와 소득대체율의 상향조정 문제로 나누어질 수 있다. 그리고 2058년 기금소진이 예상되고 있으므로 이를 대비하는 국민연금 재정안정성 문제 역시 중요하다고 할 수 있다. 따라서 국민연금제도의 핵심적인 발달과제는 급여의 적절성과 재정안정화의 조화라고 정리할 수 있다.[25]

1) 사각지대의 해소와 급여의 적절성 확보

한국의 경우 65세 이상 인구 중 60% 이상이 공적연금의 수급에서 제외되어 있다(국민연금사편찬위원회, 2015). 이는 오랜 공적연금 역사를 가진 독일, 영국, 미국, 캐나다, 호주, 스웨덴, 일본 등의 공적연금 수급률이 90% 이상인 것과 비교하면 상당히 낮은 수준이라고 할 수 있다. 이러한 수급의 사각지대는 국민연금이 도입되었을 때 이미 적용대상 연령을 넘어선 노인들이 많았기 때문이라고 할 수 있다. 이 집단은 앞으로 규모가 점점 줄면서 천천히 사라지게 될 것으로 예측된다. 그러나 평균수명이 빠르게 증가하기 때문에 이러한 노인들의 규모가 커서 국민연금으로 해결하지 못하는 현 세대 노인빈곤 문제가 사회문제화되었다.

이러한 연금 수급의 사각지대를 줄이기 위해서는 장기적으로 연금가입의 사각지대를 줄이려는 정책적 노력이 필요하다. 특히 노동시장의 유연화로 인한 비정규직의 경우 국민연금의 가입이 정규직에 비해 낮은 편이므로 노동시장의 환경변화에 적극적으로 국민연금이 대처할 필요성이 있다. 국민연금의 가입자를 늘려 사각지대를 해소하려는 노력

---

25) 국민연금사편찬위원회(2015)는 국민연금의 발전과제로 다음의 여섯 가지로 구체화한다. 첫째, 사각지대의 해소와 급여의 적절성 확보, 둘째, 국민연금과 기초연금과의 관계 정립, 셋째, 재정안정화, 넷째, 다층노후소득보장체계에서의 국민연금의 역할, 다섯째, 기금운용의 선진화, 그리고 마지막으로, 제도관리의 효율화.

은 두루누리사업으로 나타나고 있다. 10인 미만 사업장에 종사하는 저임금 노동자를 고용한 사업주와 근로자에게 국민연금과 고용보험료의 50%를 지원하는 두루누리사업이 2012년부터 시행되고 있다.

그리고 2007년 법 개정으로 출산 및 군복무에 따라 가입기간을 인정해 주는 크레딧 제도를 도입하였으며, 2016년부터는 실업크레딧 제도를 시행하여 실업 기간으로 인하여 가입기간을 충족시키지 못하는 자들에 대해 연금 가입기간 충족의 기회를 제공하게 되었다.

또한 기존에는 특수직역연금과 국민연금 간의 이동이 불가능하게 되어 가입 기간과 관련하여 대상자에서 탈락하는 경우가 많이 발생하였는데 2009년부터는 국민연금의 가입기간과 공무원연금, 사립학교교직원연금, 군인연금 및 별정우체국직원연금의 재직기간 및 복무기간을 연계하여 급여가 지급되도록 「국민연금과 직역연금 연계에 관한 법률」이 제정되어 관련 문제를 해결하였다.

하지만 여전히 수급의 사각지대 문제와 더불어 가입의 사각지대의 문제가 국민연금의 발전을 위해 해결되어야 할 과제임을 분명하다. 특히 노동시장의 상황이 악화되고 있는 현재 시점에서 여러 가지 사유로 국민연금 가입이 어려운 계층, 특히 청년들에 대한 배려가 필요하다. 향후 양육과 돌봄 크레딧 등 사회적으로 유용한 활동에 대해서 크레딧 제도를 추가로 도입하여 국민들의 연금수급권 확보를 보다 더 용이하게 할 필요가 있다.

한편, 한국 국민연금의 급여수준이 아직도 낮은 편이다. 2018년 현재 노령연금의 경우 월평균 급여액은 44만 5천 원이며, 특례노령연금을 포함할 경우 37만 원 수준인데, 이처럼 최저생계비에도 미치지 못하는 연금급여만으로 노후생활보장이 어렵다. 특히 국민연금의 급여대체율이 2008년 50%에서 그 이후에는 매년 0.5% 포인트씩 하락하여 2028년에는 40%까지 낮춰지게 되어 있기 때문에, 급여의 적절성 차원에서 문제가 있다. 즉, 급여수준의 하락으로 인해 저소득계층이나 중간소득계층의 연금수준이 너무 낮아져 최저생계비에도 미치지 못하는 국민연금만으로는 심각한 노인빈곤의 문제를 해결하기에는 한계가 있다고 할 수 있다. 따라서 노인빈곤의 문제를 해결하기 위해서는 국민연금급여의 적절성을 재고할 필요가 있다. 현재 문재인 정부에서는 국민연금의 소득대체율을 높이려는 움직임이 존재한다. 소득대체율 상향조정에 대해서는 사회적 합의를 통해 보다 전향적인 접근이 이루어지는 것이 바람직하다고 할 수 있다.

2) 재정안정화

　2018년 제4차 재정재계산 추계결과 기금이 2058년에 고갈될 것으로 예상되고 있다. 국민연금의 재정안정화 문제는 내는 것에 비해 많이 받게 설계되어 있는 국민연금의 구조상 지속적으로 논의되는 쟁점이라고 할 수 있다. 그리고 빠르게 진행되는 인구고령화 역시 국민연금의 장기 재정불안정의 주요 원인이라고 볼 수 있다. 1998년과 2007년 두 차례에 걸친 국민연금의 개정은 국민연금의 재정안정화를 위해 소득대체율을 하락시키는 것을 주요 내용으로 하고 있다. 하지만 이러한 두 차례 급여삭감 개혁에도 불구하고 여전히 장기적 재정안정을 담보할 수 없는 게 국민연금의 현실이라고 하겠다.

　국민연금의 장기 재정안정화를 도모하기 위해서는 우선 보험료와 급여수준의 균형을 맞추려는 조정노력이 필요하다. 국민연금의 소득대체율이 40%까지 떨어지게 되어 있는 상황에서 소득대체율을 더 낮추어 급여수준을 조정하는 것이 불가능하다면 보험료를 조정하는 것이 필요할 수도 있다. 보험료를 조정하는 방식은 두 가지가 가능한데, 첫째, 보험료 부과대상 소득의 상한선을 높여서 보험료수입을 늘리고 동시에 연금급여의 상한선을 마련하는 방안(한국사회복지연구원 편, 2015), 둘째, 보험료율을 높이는 방안이 그것이다. 이 중에서 현재 보험료율을 올리지 않으면 미래세대의 부담이 너무 크기 때문에 보험료율 인상이 필요하다는 주장이 재정재계산 논의과정에서 주로 제기되고 있는데, 보험료율 인상여부와 보험료율 인상 폭과 시기에 대해서는 사회적 합의를 바탕으로 결정되는 것이 타당하다고 할 수 있다. 다른 한편으로는 스웨덴처럼 명목확정기여형 연금과 함께 최저연금 또는 최저소득보장 급여 도입 등 국민연금의 구조 자체를 바꾸는 구조적 개혁에 대한 사회적 논의도 필요하다 하겠다.

참고문헌

국민연금공단(2018a). 국민연금 통계. 국민연금공단.
국민연금공단(2018b). 2018년 알기 쉬운 국민연금 사업장 실무안내. 국민연금공단.
국민연금사편찬위원회(2015). 실록 국민의 연금. 국민연금연구원.
김진수, 권혁창, 정창률, 배화숙, 남현주(2017). 사회복지법제론(제2판). 형지사.
이인재, 류진석, 권문일, 김진구(2006). 사회보장론(2판). 경기: 나남.

한국사회복지연구원 편(2015). 한국의 사회복지 2015-2016. 서울: 청목.

Rejda, G. E. (1994). *Social insurance and economic security* (5th ed.). Englewood Cliffs, N. J.: Prentice Hall.

pieters, D. (2015). 사회보장론 입문. (김지혜 역). 서울: 사회평론.

안치민(대진대학교 사회복지학과 교수)

제6장
특수직역연금제도

1. 들어가는 말

특수직역연금 또는 직역연금은 현재 우리나라에서 시행되고 있는 공적연금 중 국민연금을 제외한 공무원연금, 군인연금, 사립학교교직원연금(이하 사학연금)을 통칭해 일반적으로 쓰고 있는 명칭이다. 공무원, 군인, 사립학교교직원 등을 대상으로 하는 특수직역연금제도가 국민연금과는 별도로 독립적인 제도가 도입되어 운영되고 있는 것은 다른 선진국의 경우처럼 공무원연금제도가 먼저 도입되고 공무원 외에 일반 국민을 대상으로 하는 국민연금이 나중에 도입된 데 연유한다. 공무원연금을 비롯한 특수직역연금제도 또한 국민연금과 마찬가지로 법률에 의해 강제적으로 시행되는 공적연금제도에 속한다.

특수직역연금에서 기준이 되는 제도는 1960년 가장 먼저 도입된 공무원연금제도이다. 군인연금은 도입 초기 공무원연금에 포함되어 있다가 1963년 분리되었으며, 사학연금도 1975년 도입 이후 공무원연금 규정을 대부분 적용하도록 하고 있어 제도적으로 같은 맥락에 있다. 이러한 특수직역연금은 대상만 다를 뿐, 제도의 목적은 같다고 할 수 있으며 이들은 공무원연금을 제도적 근간으로 하고 있다.

특수직역연금은 공적연금으로서의 기능, 즉 노령, 사망, 장애에 의해 발생하는 소득손실을 보장하는 역할을 수행할 뿐만 아니라 일반근로자의 경우 산재보험에서 보장하는 업무상 재해에 대한 비용발생과 소득손실에 대해서도 보장하는 포괄적인 제도이다. 물론 특수직역은 산재보험의 대상에서 제외된다.

특수직역연금 중 '공무원연금제도'는 공무원 및 유족을 위한 종합사회보장제도로서 공적연금의 기능을 수행하면서, 근로재해에 대한 보상 및 부조급여에 이르기까지 포괄적인 보장 역할을 수행하고 있다. 다만, 질병의 경우는 일반 국민과 같이 건강보험에 의해 보장하도록 하고 있으며, 실업위험에 대한 고용보험제도는 실시하지 않고 있다.

군인연금제도는 군인이 일정기간 복무하고 퇴직했거나 장해로 인해 퇴직 또는 사망한 때, 또는 공무상의 질병, 부상으로 요양하는 때에 본인이나 그 유족에게 적절한 급여를 지급함으로써 본인 및 그 유족의 생활안정에 기여함을 목적으로 한다. 군인연금은 직업군인들의 소득보장을 위한 사회보장제도로서 장기복무 부사관 이상의 군인을 대상으로 하며, 타 연금제도에 비해 국가 보상적 성격이 강하다.

사학연금제도는 사립학교 교직원의 퇴직·사망 및 직무상 질병·부상·폐질에 대해 적절한 급여제도를 확립함으로써 교직원 및 그 유족의 생활안정과 복지향상을 목적으로 하며, 부담률과 급여의 내용 등은 제도적 근간이 공무원연금제도와 동일하다.

다음으로, 이러한 특수직역연금의 시행배경을 살펴보자. 우리나라에서는 1949년 8월 「국가공무원법」이 제정되면서, 법적으로 공무원(군인은 별도의 조항에 의거 운영)의 퇴직금과 공무상 재해보상에 대해서 규정했다. 그러나 한국전쟁 기간 및 전후 정리기를 거치는 동안 국가재정의 부족 및 화폐가치의 급격한 변동 등 사회 경제적인 사정 때문에 공무원에 대한 연금제도의 실시가 지연되어 왔다. 이후 제1공화국 말엽인 1959년에 들어와서 당시의 중앙인사행정기관인 국무원 사무국에서 「공무원연금법」을 제정, 1960년 1월 1일 공포·시행함으로써 공무원이라는 특수직역을 대상으로 국가의 책임하에 운영하는 공적연금제도인 공무원연금제도가 설립되었다. 현재 공무원연금제도의 운영에 관한 사항은 행정안전부에서 관장하고 있다. 군인연금제도는 군복무의 특수성을 감안해, 공무원연금제도에서 분리·독립해 1963년 1월 28일(법률 제1260호) 「군인연금법」을 제정·시행하고 있다. 군인연금제도의 운영에 관한 사항은 국방부장관이 관장한다.

한편, 사학연금은 「사립학교교직원연금법」이 1973년 12월 20일에 제정·공포된 후 1975년부터 시행되었다. 사학연금 운영에 관한 사항은 교육부에서 관장한다.

2. 공무원연금

1) 적용대상

공무원연금제도는 「국가공무원법」 및 「지방공무원법」에 의한 공무원, 그 밖의 법률에 의한 공무원과 국가 또는 지방자치단체의 기타의 직원을 가입대상으로 하고 있다. 그러나 「군인연금법」 적용을 받는 군인과 선거에 의해 취임하는 공무원(대통령, 국회의원, 지방자치단체장 등)은 가입대상에서 제외되고 있다.

2) 재원

공무원연금의 각종 연금급여 지급 등 공무원연금 사업에 소요되는 비용을 충당하기 위해 연금 수혜자인 공무원과 사용자인 국가 또는 지방자치단체가 공동으로 비용을 부담한다. 2018년 현재 공무원이 매월 기준소득의 8.5%를 기여금으로 납부하고 국가나 지방자치단체가 보수예산액의 8.5%를 부담금으로 납부하고 있으나, 2020년까지 단계적으로 인상하여 각각 9%를 납부하도록 되어 있다. 다만 사용자 책임급여인 재해보상급여와 퇴직수당에 소요되는 비용 및 재해부조금과 사망조위금에 소요되는 비용은 국가나 지방자치단체가 전액을 매년 부담한다.

〈표 6-1〉 공무원연금 기여율, 부담률(2010년 이후 기준소득월액, 이전 보수월액)

연도	1960	1970	2001	2010	2016	2017	2018	2019	2020
기여율, 부담률(%)	2.3	5.5	8.5	6.3	8	8.25	8.5	8.75	9

출처: 2016년 이전, 한국복지연구원 편(2015); 2017년 이후, 공무원연금공단. http://www.geps.or.kr

공무원연금의 재정은 1993년부터 수지적자가 발생하였고, IMF 구조조정 이후 급격히 악화되어 기금규모가 1997년 말 약 6조 원에서 2000년 말 약 1조 8,000억 원으로 감소되었다(신화연, 2015). 이후 수차례의 법 개정과 따라 국고보조금이 지속적으로 증가함에 따라 2017년 10조 9,506억 원으로 어느 정도 재정안정화가 유지되고 있다. 그러나 급여지출에서 국고보조금이 차지하는 비중이 2014년 26%까지 증가하였고, 향후 2030년대 약 40~50%에 달할 것으로 보여 커다란 문제점을 안고 있다.

3) 급여

공무원연금의 급여는 현재 장기급여와 단기급여로 구분하여 실시되고 있다. 장기급여는 공무원의 퇴직·폐질 및 사망에 대해 지급되는 소득보장성격의 급여를 말하며, 단기급여란 공무원의 공무로 인한 질병·부상과 재해에 대해 지급되는 부조성격의 급여를 의미한다. 장기급여는 기준소득월액과 재직기간을 기초로 산정되며, 이때 재직기간은 최대 36년까지이다.

급여액 산정의 기준이 되는 것은 기준소득월액과 재직기간(공무상 요양비는 제외)이다. 다만, 퇴직연금 및 유족연금의 산정 기초가 되는 기준소득월액은 전 재직기간 평균기준소득월액이다.

〈표 6-2〉 공무원연금급여의 종류

장기급여	퇴직급여	퇴직연금 또는 조기퇴직연금, 퇴직연금공제일시금, 퇴직연금일시금, 퇴직일시금
	재해보상급여	장해급여(장해연금, 장해보상금), 유족급여(순직유족)
	유족급여	유족연금, 유족일시금, 유족연금부가금, 유족연금특별부가금
	퇴직수당	
단기급여	재해보상급여	요양급여(공무상 요양비)
	부조급여	재해부조금, 사망조위금

출처: 공무원연금공단. http://www.geps.or.kr

(1) 장기급여

장기급여 중 소득보장을 위한 급여에는 퇴직급여와 유족급여가 있다. 이 급여는 제도 가입자가 퇴직이나 사망으로 소득을 상실했을 때 본인이나 유족에게 사회보험방식에 의해 지급한다. 2015년까지는 가입기간이 20년 이상인 경우에 연금, 일시금 또는 공제일시금 중에서 선택할 수 있었으나, 2016년부터는 가입기간 10년 이상인 경우 퇴직 시 연금을 받을 수 있다.

공무원연금 지급률(평균소득 대비 연금액비중; 소득대체율)은 여러 차례의 개정에 따라 직급별, 직종별, 가입시기별로 차이가 있어 일률적으로 파악하기는 힘들다. 2015년 개정 이전까지 국민연금에 비해 상대적으로 매우 높아 형평성 문제가 계속 제기되어 왔다. 그러나 개정 이후 이러한 형평성 문제는 다소 완화될 것으로 보인다.

2015년 개정에 따라 공무원 평균소득자 기준 가입시기별로 볼 때 33년 가입의 경우 2009년 이전 76%, 2010~2015년 62.7%, 2016년 이후 2032년까지 매년 0.022%씩 인하하여 2035년 이후 56.1%이며, 20년 가입의 경우 2009년 이전 50%, 2010~2015년 38%, 2016년 이후 2032년까지 매년 0.726%씩 인하하여 2035년 이후 34%로 추정된다(신화연, 2015).

① 퇴직급여

공무원이 10년 이상 재직하고 퇴직한 때에는 퇴직연금·퇴직연금공제일시금·퇴직연금일시금 중 한 가지 급여를 선택해 지급받을 수 있으며, 10년 미만 재직하고 퇴직한 때에는 퇴직일시금을 지급받을 수 있다. 퇴직연금 지급개시연령은 2015년까지는 60세였지만, 2016년부터 1996년 임용자부터 65세로 단계적으로 연장된다. 퇴직수당은 사용자부담급여로서 민간의 「근로기준법」상의 퇴직금에 해당한다. 퇴직수당은 1년 이상 재직이후 퇴직 또는 사망한 때에 일시불로 지급한다. 재직기간에 따라 기준소득월액의 6.5~39%에 상당하는 금액을 퇴직급여 또는 유족급여와는 별도로 지급한다.

〈표 6-3〉 공무원연금 퇴직 관련 급여체계

종류		지급요건	지급액
퇴직급여	퇴직연금	공무원이 10년 이상 재직하고 퇴직한 때	재직기간과 기준소득을 기초로 산정
	퇴직연금 공제일시금	10년 이상 재직 후 퇴직한 공무원이 10년을 초과하는 기간을 일시금으로 지급받고자 할 때	
	퇴직연금 일시금	10년 이상 재직 후 퇴직한 공무원이 퇴직연금에 갈음해 일시금으로 지급받고자 할 때	
	퇴직일시금	공무원이 10년 미만 재직하고 퇴직한 때	
퇴직수당		공무원이 1년 이상 재직 후 퇴직 또는 사망한 때	

출처: 공무원연금공단. http://www.geps.or.kr

② 유족급여

공무원 또는 공무원이었던 자(퇴직연금, 조기퇴직연금 또는 장해연금 수급자 등)가 사망했을 때 유족에게 지급된다. 유족급여의 종류와 지급요건, 그리고 지급액은 〈표 6-4〉와 같다.

⟨표 6-4⟩ 공무원연금 유족 관련 급여체계

종류	지급요건	지급액
유족연금	10년 이상 재직한 공무원이 재직 중 사망한 때, 퇴직연금, 조기 퇴직연금 또는 장해연금 수급자가 사망한 때	퇴직연금액, 조기퇴직연금액 또는 장해연금액의 60%
유족연금 일시금	10년 이상 재직한 공무원이 재직 중 사망해 유족연금에 갈음해 일시금으로 지급받고자 할 때	퇴직연금 일시금과 동일
유족일시금	10년 미만 재직한 공무원이 사망한 때	퇴직일시금과 동일
유족연금 부가금	10년 이상 재직한 공무원이 재직 중 사망해 유족연금을 청구한 때	퇴직연금일시금의 25%
유족연금 특별부가금	퇴직연금 수급권자가 퇴직 후 3년 이내에 사망한 때	퇴직 당시 퇴직연금 일시금 기준 산정
순직유족 보상금	공무상 질병 또는 부상으로 재직 중 사망하거나 퇴직 후 그 질병 또는 부상으로 사망한 때	기준소득월액의 기준
순직유족연금	공무상 질병 또는 부상으로 퇴직 후 3년 이내에 사망했을 때	기준소득월액의 기준

출처: 공무원연금공단. http://www.geps.or.kr

③ 재해보상급여

공무수행 중 질병 또는 부상으로 또는 퇴직 그 질병 또는 부상으로 장애상태로 된 때에는 그 장애등급 정도에 따라 장해급여를 지급받 수 있다.

⟨표 6-5⟩ 공무원연금 장해 관련 급여체계

종류	지급요건	지급액
장해연금	퇴직 전 또는 후에 질병 또는 부상으로 장애상태가 된 경우	장애등급별 차등, 기준소득월액 기준
장해보상금	장해연금에 갈음해 일시금으로 지급받고자 할 때	장해연금액의 5년분

출처: 공무원연금공단. http://www.geps.or.kr

(2) 단기급여

① 공무상 요양비

공무원이 공무수행과 관련하여 질병 또는 부상을 입어 요양승인을 받은 경우 실제 요양기간 2년 범위 안에서 요양에 소요되는 비용이 지급된다. 이후 1년씩 지속 연장이 가능하다.

② 재해부조금

공무원이 수재나 화재, 그 밖의 재해 등으로 재산에 손해를 입었을 때 재해의 정도에 따라 공무원 전체 기준소득월액 평균액의 1.3배에서 3.9배까지 지급받을 수 있다. 그 요건은 공무원 또는 그 배우자 소유의 주택이거나 공무원이 상시 거주하는 주택으로서 공무원 또는 그 배우자의 직계 존·비속 소유의 주택이 피해를 입은 경우로서 1인에게만 지급된다.

③ 사망조위금

공무원이 사망하거나 공무원의 배우자 및 부모 또는 자녀(배우자의 부모 포함)가 사망한 경우에 부조적 차원에서 지급하는 급여이다. 공무원 본인이 사망한 경우에는 본인 기준소득월액의 1.95배를 지급하며, 그 외의 경우 공무원 전체 기준소득월액의 0.65배를 지급한다.

4) 관리운영체계

공무원연금은 행정안전부 장관이 제도의 관리운영을 관장하고 있으며, 공무원연금공단은 공무원연금업무의 집행을 담당한다. 참고로 1982년 공무원연금공단이 설립되어 기존의 공무원에 대한 후생복지사업이었던 대부사업과 주택사업에 복지시설사업 등이 추가되면서 현재 다양한 복지사업이 실시되고 있다.

3. 군인연금

1) 적용대상

군인연금은 원칙적으로 기여금을 납부하는 군인(장교, 준·부사관)에게 적용하는데, 단기 의무복무로 임용된 부사관 및 병에게는 예외적으로 사망보상금과 장애보상금에 한해 적용한다.

2) 재원

군인연금을 운영하기 위한 기금은 군인이 납부하는 기여금과 국고가 부담하는 부담금 및 그 이자로 조성한다. 군인연금특별회계에서는 매 회계연도의 예산에 계상된 적립금 및 세입·세출의 결산상 잉여금을 기본 재원으로 하고 기금운영수익을 수익적 재원으로 해 기금을 조성하고 있으며, 이렇게 조성된 연금기금으로 연금은 물론 군인의 전세자금 및 주택자금을 대부해 주거나 복지증진사업을 실시하고 있다.

군인은 매월 기준소득월액의 7%를 기여금으로 국고에 납부한다. 여기에서 기준소득월액이란 군인의 계급과 복무기간에 따라 지급되는 과세소득수준의 총소득이다. 다만, 기여금 납부기간이 33년을 초과한 때에는 납부의무가 소멸된다.

국고부담금은 군인의 정원에 따라 책정되는 회계연도 보수예산의 7%이고, 이와 별도로 퇴직수당의 지급에 소요되는 비용과 관리에 소요되는 비용 역시 국가가 부담한다.

군인연금의 재정은 공무원연금의 재정문제보다 더 큰 문제점을 보이고 있다. 군인연금은 도입 10년 만인 1973년 이미 재정이 고갈되었으며, 급여지출에서 국고보조금이 차지하는 비중이 이미 50%를 넘어섰으며, 2015년 공무원연금 개정 이후에도 이전의 체계를 유지하고 있어 향후 국고에 큰 부담으로 작용하고 있다.

3) 급여

급여 산정의 기초는 공무원연금과 동일하다. 퇴직연금 및 유족연금의 산정기초는 평균기준소득월액이다. 즉, 기준소득월액의 복무기간을 기준으로 하는데, 군인연금의 경우 전투종사기간을 3배로 계산한다는 점이 특징이다.

급여를 받을 권리는 양도, 압류 및 담보제공을 금지하고 있다. 그런데 예외적으로 「군인복지기금법」의 규정에 의한 기금의 대부 및 「국가유공자 등 예우 및 지원에 관한 법률」의 규정에 의한 대부의 경우 국가에 대해 담보로서 제공할 때와 국세 또는 지방세를 체납한 때에는 예외로 한다.

그리고 퇴역연금 또는 상이연금을 받을 권리가 있는 자가 '국가나 지방자치단체의 기관 또는 「사립학교교직원 연금법」 제3조 해당 학교기관' 등의 기관으로부터 보수, 기타 급여를 지급받고 있을 때에는, 그 지급기간 중 대통령령이 정하는 바에 따라서 퇴역·상이연금의 전부 또는 일부의 지급을 정지할 수 있다.

실제 군인의 경우 타 공무원에 비해 조기에 정년을 맞는다. 즉, 계급정년제로 인해 군인연금의 경우 지급개시연령이 급여수급조건에 포함되어 있지 않다는 점도 고려해야 할 사항이다. 군인연금의 경우, 복무기간 산정에서 전투기간이 3배로 인정된다는 사실 역시 고려해야 한다.

군인연금의 연금 소득대체율은 공무원연금과 그 궤를 같이해 왔으나 군복무의 특수성, 즉 조기정년, 계급정년 등의 요인으로 인해 공무원연금 개정에 따라 일률적으로 개정 적용되기는 힘든 면이 있다. 군인연금도 공무원연금과 마찬가지로 직급별, 가입기간별로 차이가 많지만 20년 가입기준 군인 평균소득자의 소득대체율은 약 50%를 유지하고 있다.

(1) 퇴직급여

퇴역연금의 경우 복무기간 20년 이상을 요건으로 하고 있다. 그리고 퇴역연금과 상이연금의 지급사유가 동시에 발생할 경우 본인에게 유리한 급여를 택할 수 있다. 퇴직수당은 퇴역연금이나 퇴직일시금 외에 별도로 받는 일시금이다.

〈표 6-6〉 군인연금 퇴직 관련 급여체계

종류	지급요건	지급액
퇴직연금	군인이 20년 이상 복무하고 퇴직한 때	복무기간과 기준소득을 기초로 산정
퇴직연금 공제일시금	20년을 초과하는 복무기간 중 일정기간을 일시금으로 신청하는 때(상한 13년)	
퇴직연금 일시금	20년 이상 복무하고 퇴직한 군인이 퇴직연금에 갈음해 일시금으로 지급받고자 할 때	
퇴직일시금	20년 미만 복무 후 퇴직한 때	

출처: 국방부 군인연금. https://www.mps.mil.kr

(2) 유족급여

유족연금은 퇴직연금이나 상이연금을 받을 권리가 있는 사람이 사망한 경우, 또는 군인이 공무를 수행하다가 사망하거나 공무상 질병 또는 부상으로 사망한 경우 유족에게 지급되는 급여이다. 20년 미만 복무 후 공무 중 사망한 경우 유족은 유족일시금을 지급받는다.

〈표 6-7〉 군인연금 유족 관련 급여체계

구분	지급요건과 기간	지급액
유족연금	1. 퇴직연금을 받을 권리가 있는 사람이 사망한 경우 2. 상이연금을 받을 권리가 있는 사람이 사망한 경우 3. 복무 중 공무를 수행하다가 사망하거나 공무상 질병 또는 부상으로 인하여 사망한 경우	• 1, 2의 경우: 퇴직연금액 또는 상이연금액의 60% • 3의 경우: 20년 미만 복무한 경우 사망 당시 기준소득월액의 35.75%, 20년 이상 복무한 경우 42.25%
유족연금 부가금	20년 이상 복무한 군인이 복무 중 사망해 유족연금을 청구한 경우	• 퇴직연금일시금액의 25%
유족연금 일시금	퇴직연금을 받을 권리가 있는 자가 군복무 중 사망한 경우 유족이 원할 때	• 퇴직일시금액 -유족연금과 유족연금부가금과 갈음해 지급 • 퇴직수당
유족 일시금	20년 미만 복무 후 공무 중 사망자의 유족	• 퇴직일시금액 • 퇴직수당 • 사망조위금, 사망보상금

출처: 국방부 군인연금. https://www.mps.mil.kr

(3) 재해보상급여

재해보상급여는 원칙적으로 기여금을 납부하는 군인이 복무 중 공무상의 이유로 질병에 걸리거나 사망한 경우 본인이나 유족에게 지급한다. 단 사망보상금, 장애보상금의 경우에는 의무복무사병도 포함된다.

〈표 6-8〉 군인연금 재해 관련 급여체계

구분	지급요건과 기간	지급액
상이연금	공무상 질병, 부상으로 인해 폐질상태로 퇴직한 때	상이등급에 따라 기준소득월액 기준
사망조위금	현역군인 및 그 배우자와 직계존속이 사망한 때	사망자에 따라 기준소득월액 기준
사망보상금	복무 중 사망한 때 *보훈처 지급	전사, 순직 등 사망기준에 따라 기준소득월액 기준
장애보상금	복무 중 질병에 걸리거나 부상으로 군병원에서 전역하는 경우 *각 군 지급	장애등급에 따라 기준소득월액 기준
재해부조금	수재, 화재 등으로 재산상 손해를 입은 경우	손해 정도에 따라 군인 전체 기준소득월액 평균액의 4배 범위 내

출처: 국방부 군인연금. https://www.mps.mil.kr

(4) 퇴직수당

군인이 1년 이상 복무하고 퇴직한 때 기준소득월액 기준 일시금으로 지급한다.

4) 관리운영체계

군인연금은 타 공적연금과 달리 별도의 기금운용을 위한 공단을 가지고 있지 않다. 국방부 군인연금과에서 군인연금 기획, 제도 및 재심위원회 운영을 비롯해 예산·집행·결산 등의 군인연금과 재해보상급여 심의회를 운영하고 기금관리(기금운용, 심의, 대부)를 담당한다.

4. 사학연금

1) 적용대상

사학연금의 적용대상은 초등학교부터 대학교에 이르는 모든 사립학교와 사립특수학교, 그리고 이를 설치·운영하는 학교경영기관에서 근무하는 정규 교직원이다(당연적용). 도입 시에는 교원만을 대상으로 했으나, 현재는 직원을 포괄한 교직원 전체를 대상으로 하고 있다. 또한 사립학교 중 유치원, 각종학교, 기술학교, 공민학교 등의 정규 교직원과 법률에 의해 대학원을 설치·운영하는 연구기관의 교직원 등도 그 대상이 될 수 있다(임의적용 및 특례적용).

한편, 교직원 업무 수행자 중 임시적, 조건부 또는 무보수 교직원, 정원 외의 사무직원은 적용 예외자로서 적용대상에서 제외된다.

2) 재원

부담금은 급여의 주요 재원이 되는 것으로 개인부담금(교직원 본인), 법인부담금(학교경영기관-법인), 국가부담금(국가), 재해보상부담금(학교경영기관-법인) 및 퇴직수당부담금(국가, 학교경영기관-법인, 공단)을 합한 금액을 말한다.

'개인부담금'은 교직원이 그가 임명된 날이 속하는 달로부터 퇴직한 날이 속하는 달로부터 퇴직한 날의 전날 또는 사망한 날이 속하는 달까지 이를 부담한다. 개인부담금 납부기간이 33년을 초과한 자는 개인부담금을 납부하지 아니한다. 한편, 개인부담금은 2015년까지는 기준소득월액의 7%였으나, 2016년 8%에서 2020년 이후 9%로 단계적으로 인상된다. 2020년 이후 교원의 경우 법인부담금은 기준소득월액의 5.294%, 국가부담금은 3.706%이다. 직원의 경우는 개인과 법인이 9%씩 부담하게 된다.

'법인부담금'은 원칙적으로 학교경영기관이 부담하되, 학교경영기관이 당해 학교에 소요되는 법인부담금의 전액을 부담할 수 없을 때에는 그 부족액을 학교에서 부담하게 할 수 있다. 학교에서 법인부담금의 일부를 부담하는 경우 교원의 경우는 개인부담금의 60%만 부담하지만, 사무직원의 경우 개인부담금 전액을 부담한다. 다만, 퇴직수당 지급에 소요되는 비용에 대해서는 공단이 그 일부를 부담할 수 있으며, 국가는 공단에서 부담하는 비용을 제외한 나머지 비용에 대해 그 일부 또는 전부를 부담한다.

'국가부담금'은 교원에 대하여 일정 부분을 부담하고 있는데, 2012년 이후 법인부담금은 개인부담금의 약 59%이며, 국가부담금은 개인부담금의 약 41%이다.

사학연금의 재정을 보면 연금 기금이 2007년 9조 3,766억 원에서 2017년 19조 2,103억 원으로 증가하였다. 그러나 급여지출은 지속적으로 증가하고 있으며 2015년 공무원연금 개정에 따른 사학연금 개정으로 기여율은 높이고 급여율 및 급여기간을 낮추고는 있으나, 2035년 이후 재정수지가 적자로 전환되어 기금이 감소하기 시작되어 2051년에는 완전히 고갈될 것으로 전망되어(사립학교교직원연금공단, http://www.ktpf.or.kr) 커다란 문제점으로 제시되고 있다.

3) 급여

급여제도 등 제도의 기본내용은 공무원연금제도와 동일하다. 재직기간이 길수록 급여율이 높아지고, 10년 이상이 되면 퇴직연금을 받을 수 있는 등 장기근속자를 우대한다. 교직원이 퇴직 시 지급받는 급여는 교직원 각자의 기준소득월액과 재직기간을 산정기초로 하고 있다. 급여의 계산에서 기준소득월액은 공무원연금과 동일하다.

급여는 장·단기 급여로 구분되는데, 교직원이 퇴직·폐질 또는 사망한 때에는 장기급여를 지급하며, 교직원이 재직 중 직무로 인해 질병·부상이 있거나 화재·홍수 등으로 주택에 재해를 입었을 때 또는 교직원 배우자 또는 직계존속이 사망했을 때에는 단기급여를 지급한다.

각종 급여는 그 권리를 가질 자의 신청을 받아 관리공단이 결정한다. 다만, 대통령령으로 정하는 급여의 결정은 사립학교 교직원연금 급여심사회의 심사를 거쳐야 한다. 그리고 급여를 받을 권리는 이를 양도하거나 담보로 제공할 수 없다. 다만, 연금인 급여를 받을 권리를 금융기관에 담보로 제공하는 경우 및 국세징수의 예에 의해 체납처분을 하는 경우에는 예외로 하고 있다.

사학연금의 연금 소득대체율은 공무원연금과 마찬가지로 여러 차례의 개정에 따라 직종별, 가입시기별로 차이가 있어 일률적으로 파악하기는 힘들다. 그러나 공무원연금의 변화에 따라 같이 변화하여 가입시기별로 볼 때, 2035년 이후 가입자의 경우 33년 가입 56.1%, 20년 가입 34%로 추정된다. 그러나 이는 현재 기준 추정일 뿐 출생아 등 인구 변화와 학령인구 감소 등에 따라 사학연금 가입자도 변화할 수 있기 때문에 예단하기는 어렵다.

〈표 6-9〉 사학연금 급여의 종류

재직 중 급여		공무상요양비, 공무상요양일시금, 재해부조금, 사망조위금
재직 후 급여	퇴직급여	퇴직연금, 퇴직연금일시금, 퇴직연금공제일시금, 퇴직일시금
	장해급여	장해연금, 장해보상금
	유족연금	유족연금, 유족연금부가금, 유족연금특별부가금, 유족연금일시금, 유족일시금, 유족보상금
	퇴직수당	

출처: 사립학교교직원연금공단. http://www.ktpf.or.kr

(1) 장기급여

① 퇴직급여

재직기간 10년 미만으로 퇴직한 때는 퇴직일시금을 지급하며, 10년 이상 재직하고 퇴직한 때에는 퇴직연금·퇴직연금공제일시금·퇴직연금일시금 중 한 가지 급여를 선택해 지급받을 수 있다. 즉, 재직기간 10년 이상으로 퇴직한 후 일부를 일시금으로 원할 경우 10년을 초과하는 재직기간 중 본인이 원하는 일부 기간 분은 일시금으로 지급되며 나머지 기간 분에 대해서는 연금으로 받을 수 있다.

〈표 6-10〉 사학연금 퇴직 관련 급여체계

종류	지급요건	지급액
퇴직연금	재직기간 10년 이상으로 퇴직해 연금을 원할 때	재직연수와 기준소득월액을 기초로 산정
퇴직연금공제일시금	재직기간 10년 이상으로 퇴직해 일부는 일시금을 원할 때	
퇴직연금일시금	재직기간 10년 이상으로 퇴직해 일시금을 원할 때	
퇴직일시금	재직기간 10년 미만으로 퇴직하는 경우	
퇴직수당	1년 이상 재직 후 퇴직 또는 사망한 경우	

출처: 사립학교교직원연금공단. http://www.ktpf.or.kr

② 유족급여

유족보상금은 재해보상급여로서 요건에 해당될 경우 퇴직급여 또는 유족급여를 받는 경우에도 함께 받을 수 있다. 그리고 급여 사유발생일로부터 5년 이내에 신청해야 한다.

〈표 6-11〉 사학연금 유족 관련 급여체계

구분	지급요건과 기간	지급액
유족연금	재직기간 10년 이상인 교직원이 사망해 유족이 연금을 원할 때	퇴직연금액의 60%에 상당하는 금액
유족연금 부가금	재직기간 10년 이상인 교직원이 사망해 유족연금을 원할 때	퇴직연금일시금(생존퇴직 시의 일시금)× 1/4
유족연금 특별부가금	퇴직연금 수급개시(퇴직일이 속하는 달의 다음 달) 후 3년 이내에 사망한 때	퇴직연금 일시금/4×(36 − 연금수급월수)/36
유족연금 일시금	재직기간 10년 이상인 교직원이 사망해 유족이 일시금을 원할 때	퇴직연금일시금액과 동일
유족일시금	재직기간 10년 미만인 교직원이 사망한 때	퇴직일시금의 산정방식과 동일
유족보상금	직무상 질병·부상으로 재직 중 사망하거나 퇴직 후 3년 이내에 그 질병·부상으로 인해 사망한 때	기준소득월액 기준

출처: 사립학교교직원연금공단. http://www.ktpf.or.kr

③ 장해급여

장해연금이나 장해보상금은 재해보상급여의 요건에 해당될 경우 퇴직급여를 받는 경우에도 함께 받을 수 있다.

〈표 6-12〉 사학연금 장해 관련 급여체계

종류	지급요건	지급액
장해연금	공무상 질병·부상으로 폐질상태가 되어 퇴직하거나 퇴직 후 3년 이내에 폐질상태가 된 때	장해등급에 따라 기준소득월액 기준
장해보상금	장해연금 대신에 일시금을 원할 경우	장해연금의 5년분에 상당하는 금액

출처: 사립학교교직원연금공단. http://www.ktpf.or.kr

(2) 단기급여

교직원이 직무상 부상 또는 질병으로 요양을 하는 경우에는 직무상 요양비를 최장 2년까지 지급한다. 요양기간 2년이 만료된 후에도 완치되지 않았을 때에는 1년 이내에 소요될 소요진료비 전액을 직무상 요양일시금으로 지급한다.

화재·홍수·호우·폭설·폭풍·해일과 이에 준하는 자연적 또는 인위적인 재해로 교직원 또는 그 배우자 소유의 주택(공동주택의 지분을 포함한다), 교직원이 상시 거주하는 주택으로서 교직원 또는 배우자의 직계존비속 소유의 주택이 피해를 입은 경우에는 재해부조금을 지급받을 수 있다.

4) 관리운영체계

사학연금은 사립학교교직원연금공단에서 관리·운영하는데, 연금 등 각종 급여의 지급과 이에 소요되는 비용의 징수, 조성된 연금자산의 운용 및 교직원을 위한 복지후생사업을 수행한다.

5. 전망과 과제

특수직역연금의 문제점으로 가장 먼저 지적되는 것은 세 가지 연금제도에서 비록 시기의 차이는 있으나 공통적으로 나타나는 재정불안정 문제라 할 수 있다. 우선 공무원연금은 과거 재직세대의 경우 보험료와 연금급여 수준의 차이가 30년 가입하는 경우 5~6배나 되었다. 군인연금의 경우는 공무원연금보다도 비율이 더욱 높게 되어 있었다. 공무원연금은 1990년대 후반 이후 적자가 발생했으며 이후에도 계속 증가해 왔다.

2000년에 이어 2010년 「공무원연금법」 개정을 통해 재정안정대책이 도입되었으나 재정의 상당 수준을 국가에서 국민이 낸 세금에 의해 충당하도록 하고 있어 한계를 드러냈다. 이에 따라 또다시 2015년 5월 「공무원연금법」 전면 개정안이 마련됨에 따라 2016년부터 개정된 제도가 실시되고 있으며, 이를 통해 상당 기간 어느 정도 재정안정에 기여할 전망이다. 사학연금 또한 개정된 공무원연금제도를 뒤따라 개정되어 실시되고 있다.

군인연금은 이미 1977년 이후 국고보조에 의해 연금급여지출을 충당했으며, 앞으로도 매년 재정지원이 있어야 하는 실정이다. 사학연금 또한 국고에서 일정 부분의 재정지원이 이루어지고 있는 실정이며, 그 규모는 매년 증가하고 있다. 군인연금과 사학연금은 공무원연금과 마찬가지로 재정적자의 규모가 커지게 됨에 따라 국고보조도 급속히 증가하게 되어 장기적으로는 재정 불안정 요인으로 작용할 것으로 예상된다. 따라서 매년 특수직역에 모자라는 재정적자분을 국고에서 전액 보전하는 현재의 방식을 재고할 필요가 있다.

　다음으로 특수직역연금제도에서 공통적으로 제외되어 있는 공무상 재해 이외의 사고나 질병에 의한 장해나 사망에 대해 보장이 이루어지지 않고 있는 문제에 대해서도 시급히 개선이 이루어져야 할 것이다. 근로자는 산재보험뿐만 아니라 산재가 아닌 사고 등으로 인한 장해나 사망의 경우에 군민연금에 의해 보장이 이루어지고 있는 반면, 오히려 특수직역의 경우는 10년 미만의 가입자에 대한 보장 규정이 마련되어 있지 않아 사회보장으로서의 기능에 커다란 한계를 드러내고 있는 점을 감안해 이에 대한 보장 기능을 확보하도록 하는 조치가 마련되어야 할 것이다.

참고문헌

강욱모 외(2006). 21세기 사회복지정책. 서울: 청목.

김성천 외(2008). 사회복지학의 원리와 실제. 서울: 학지사.

김태성, 김진수(2006). 사회보장론. 서울: 청목.

백화종(2005). 사회안전망 사각지대 해소를 위한 정책과제 및 우선순위 선정. 보건복지포럼, 104, 78-86.

신화연(2015). 공적연금 소득대체율과 재정전망. 보건복지포럼, 224, 15-25.

한국복지연구원 편(2015). 한국의 사회복지 2015-2016. 서울: 청목.

Gilbert, N., Specht, H., & Terrell, P. (1993). *Dimensions of social welfare policy* (3rd ed). New Jersey: Prentice Hall.

Thompson, L. (1998). *The social security reform debate: In search of a new consensus*. Geneva: International Social Security Association.

공무원연금공단. http://www.geps.or.kr

국민연금공단. http://www.nps.or.kr
국방부. http://www.mps.or.kr
국방부 군인연금. https://www.mps.mil.kr
사립학교교직원연금공단. http://www.ktpf.or.kr

제**7**장

국민건강보험제도

남현주(가천대학교 사회복지학과 교수)

1. 들어가는 말

한국의 국민건강보험은 「국민건강보험법」 제1조에 따라 "국민의 질병·부상에 대한 예방·진단·치료·재활과 출산·사망 및 건강증진에 대하여 보험급여를 실시함으로써 국민보건 향상과 사회보장 증진"하는 것을 목적으로 하는 사회보험이다. 넓은 의미에서 국민건강보험제도는 의료로 인한 경제적 문제를 사회적으로 해결하는 의료보장에 포함된다. 우리나라의 의료보장제도는 사회보험인 국민건강보험과 공공부조의 일환인 의료급여로 이원화되어 있다.

우리나라 최초의 「의료보험법」은 1963년 12월 16일 군사 쿠데타로 탄생한 국가재건최고회의가 제정하였다. 그러나 당시 의료보험은 원하는 사업장만 의료보험에 가입하는 임의적용 방식을 선택하여 일부 시범사업만 실시한 유명무실한 제도였다. 1970년 「의료보험법」은 강제 적용하는 방식으로 개정되어 종래의 근로자 이외에 공무원, 군인, 자영업자 등 그 적용대상이 확대되었으나, 당시의 사회·경제적 여건과 성장 우선 논리에 밀려 그 시행령조차 마련하지 못한 채 사문화되었다.

그러나 1970년대부터 시작된 급속한 산업화는 건강한 노동력의 확보를 위해서 국가적 의료안전망을 요구하게 되었다. 우리나라에서 의료보험제도가 사회보험으로서 본격적으로 실시된 것은 「의료보험법」이 1976년 12월 22일 전면 개정되면서부터이다. 개정된 「의료보험법」은 생활보호수급권자를 제외한 전 국민을 대상으로 하되 공무원, 사립학교 교직원, 군인은 별도로 적용시켰다. 사회보험으로서 강제가입을 원칙으로 하였으나 보험료 부담 및 관리운영 측면을 고려해 의료보험 도입 초기인 1977년에는 500인 이상 사업장근로자와 공업단지 근로자를 1종 피보험자로 구분하여 당연적용하였으며, 나머지 대상자는 2종 피보험자로 설정하여 임의적용하였다. 2종 피보험자는 다시 지역주민과 특수직 자영업자로 구분하여 전자는 지역의료보험 대상자로, 후자는 직종의료보험 대상자로 세분하여 조합방식으로 운영하였다.

1979년에는 300인 이상 사업장을 대상으로, 1981년에는 100인 이상 사업장으로 점차 확대 적용하였다. 1982년에는 5인 이상 100인 이하 고용사업장에 임의적용을 허용하다가 1986년에는 5인 이상 사업장에 대해서도 강제가입을 적용하였다. 1988년과 1989년 각각 농어민과 도시 자영업자의 강제가입이 규정되면서 의료보험제도가 도입된 지 12년 만인 1989년 전 국민 의료보험제도의 달성이 이루어졌다(〈표 7-1〉 참조).

1977년 320만 명에게 적용된 의료보험은 전 국민 의료보험이 실시 직후인 1990년에는 전 국민의 90%가 넘는 4,018만 명에게 적용되었다. 우리나라에서 강제가입의 사회적 의료보험이 이처럼 빠르게 달성될 수 있었던 이유는 무엇보다 저부담, 저급여, 저수가와 정부주도형 관리방식을 기본방침으로 삼았기 때문이라 할 수 있다.

〈표 7-1〉 의료보험제도의 주요 연혁 I

시기	내용
1977. 7. 1.	500인 이상 사업장 의료보험 실시
1979. 1. 1.	공 · 교의료보험 실시
1981. 1. 1.	100인 이상 사업장 의료보험 당연적용
1981. 7. 1.	지역의료보험 1차 시범사업 실시(홍천군, 옥구군, 군위군)
1981. 12. 1.	직종의료보험조합 발족
1988. 1. 1.	농 · 어촌지역의료보험 전국 확대 실시
1989. 7. 1.	도시지역의료보험 전국적 실시(전 국민 의료보험 실시)
1989. 10. 1.	약국의료보험 전국 확대 실시

전 국민 대상 의료보험제도가 실시되었지만 제도가 정착되는 과정에서 여러 문제가 표출되었다. 1990년대에 들어오면서 지역의료보험의 재정격차에 따른 문제점과 농어민의 과중한 보험료 부담, 국고지원 규모의 증가, 급여범위의 제한으로 인한 본인부담의 과중 등 여러 문제점이 나타났다. 결국 정부는 1997년 12월 「국민의료보험법」을 제정하고 1998년 10월 지역의료보험과 공무원 및 교직원 의료보험관리공단을 국민의료보험관

리공단으로 통합하였다.

1998년 2월 출범한 김대중 정부는 1999년 2월 「국민건강보험법」을 제정·공포하고 2000년 7월부터 모든 의료보험조합의 관리운영을 국민건강보험관리공단으로 일원화하는 2차 통합을 이루었다. 그러나 건강보험의 악화된 재정상황을 안정시키기 위하여 2002년 1월 「국민건강보험재정건전화특별법」을 제정하였고, 노무현 정부에서는 이 법에 따라 2003년 7월부터 건강보험의 재정을 통합하였다. 이로써 의료보험 역사 40년 만에 실질적으로 운영과 재정을 통합한 통합주의 방식의 건강보험제도가 실시되었다. 그리고 2011년에는 1990년대 중반부터 논의되어 오던 4대 사회보험 징수통합이 국민건강보험공단을 중심으로 이루어졌다.

〈표 7-2〉 건강보험제도의 주요 연혁 II

시기	내용
1998. 10. 1.	1차 의료보험 통합(공무원 및 사립학교 교직원 의료보험 및 227개 지역의료보험 통합)
2000. 7. 1.	의료보험 완전 통합(국민의료보험관리공단과 139개 직장 의료보험조합) → 국민건강보험관리공단 및 건강보험심사평가원 업무개시
2002. 1. 19.	「국민건강보험재정건전화특별법」 제정
2003. 7. 1.	지역·직장재정 통합
2011. 1. 1.	사회보험 징수통합(건강보험, 국민연금, 고용보험, 산재보험)

이후 건강보험제도에서의 큰 변화로는 2012년부터 당연적용된 7개 질병군에 대한 포괄수가제와 2013년 8월부터 실시된 중증질환 재난적 의료비 지원사업 그리고 2015년 1월부터 보험급여가 적용되는 간호 간병통합서비스 등을 들 수 있다.

많은 제도적인 발전에도 불구하고 건강보험료 부과기준과 건강보험 보장성에 관한 비판은 계속 있어 왔다. 저소득 지역가입자의 과중한 부담과 소득과 재산이 있는 피부양자의 무임승차 문제를 개선하고자 건강보험료 부과기준을 수정하는 「국민건강보험법」 개정안이 2017년 3월 30일 국회를 통과하여 같은 해 4월 18일 공포되었고 2018년 7월부터 2022년까지 두 단계에 거쳐 개선이 이루어질 예정이다.

건강보험 보장성 강화를 위한 보건복지부의 노력은 2005년부터 수립되어 온 중기보장성 계획에서 확인할 수 있으나 그 성과는 매우 미미하다는 평가를 받아 왔다. 2018년 제3차 중기보장성강화계획(2014~2018)이 마무리되는 시점에서 보건복지부장관은 2016년에 개정된 「국민건강보험법」에 따라 건강보험정책심의위원회 심의를 거쳐 제1차 국민건강보험종합계획을 수립한다. 5년마다 수립되는 국민건강보험종합계획은 건강보험 정책의 기본목표와 추진방향, 재정, 보험료 부과체계, 급여비용 등 제도전반을 아우르는 국가차원의 첫 건강보험 전략이다. 문재인 정부에서 실현하고자 하는 보장성 강화정책인 '문재인 케어'를 성공적으로 추진하고 다양한 환경변화에 대응하기 위하여 다양한 이해관계자들의 의견을 반영하여 사회적 합의 과정을 거쳐 수립되어야 할 것이다.

2. 2015년 이후 국민건강보험제도의 현황

1) 적용대상

(1) 가입자

현재 국내에 거주하는 모든 국민은 「국민건강보험법」에 의거하여 건강보험의 가입자 및 피부양자가 된다. 1977년 500인 사업장으로 시작된 의료보험의 대상범위가 계속 확대되어 1989년부터 '전 국민 의료보장'이 실현되면서 모든 국민이 건강보험 혹은 의료급여에 의해 의료보장을 받고 있다. 건강보험의 가입자는 크게 임금소득자인 직장가입자와 비임금소득자인 지역가입자로 분류되며, 직장가입자는 다시 근로자와 공무원·사립학교 교직원으로 나뉜다. 1980년 이후 2017년까지 10년 주기 의료보장 적용인구는 〈표 7-3〉과 같다.

2018년 3월 말 현재 건강보험 적용인구는 5,093만 명으로 의료보장 인구의 97.1%에 해당하며 의료급여수급권자는 151만 명으로 3년 전인 2015년 3월 말과 비교하면 건강보험 적용인구비율은 약 0.1%p 낮아진 반면, 의료급여수급권자의 수는 약 8천 명이 늘었다. 건강보험 적용대상에서 눈에 띄는 변화는 평균 부양가족(세대원) 수의 지속적인 감소와 65세 이상 건강보험 적용인구의 증가 그리고 외국인 건강보험 적용인구의 증가이다.

(2) 자격관리

건강보험가입자는 직장가입자와 지역가입자로 구분된다. 직장가입자는 사업장의 근로자, 사용자, 공무원 및 사립학교 교직원 그리고 그 부양가족이며, 지역가입자는 직장가입자를 제외한 자를 말한다. 적용제외자는 「의료급여법」에 따라 의료급여를 받는 자와 「독립유공자예우에 관한 법률」 및 「국가유공자 등 예우 및 지원에 관한 법률」에 의해 의료보호를 받는 자를 말한다.

2018년 7월 1일부터 피부양자 인정 범위가 축소되었다. 전 국민 건강보험 도입 과정에서 모든 국민이 건강보험 혜택을 받을 수 있도록 피부양자 기준을 폭넓게 적용하였으나 2000년 건강보험이 통합된 이후 보험료 부과의 형평성에 관한 사회적 갈등과 비판은 지속되었다. 개정된 「국민건강보험법」에서는 피부양자의 범위에 직장가입자에 의해 주로 생계를 유지하는 자로서 보수 또는 소득이 없는 자로 직장가입자의 배우자, 직계존속(배우자의 직계존속 포함), 직계비속(배우자의 직계비속 포함) 그리고 형제·자매는 직장가입자에게 생계를 의존할 가능성이 높은 30세 미만, 65세 이상, 장애인인 경우가 포함된다. 또한 직장가입자의 피부양자 자격을 인정받기 위해서는 소득과 재산요건을 모두 충족하여야 하며 세부 기준은 다음과 같다. ① 이자소득과 배당소득의 합계액 연간 3,400만 원 이하, ② 사업소득이 없거나 사업자 등록이 되어 있지 않은 경우 사업소득의 합계액이 연간 500만 원 이하. 형제·자매의 재산요건으로는 재산세 과세표준의 합이 1억 8천만 원 이하여야 하며, 모든 다른 피부양자의 재산요건이 다음 중 하나에 해당하여야 한다. ① 「지방세법」에 따른 재산세 과세표준의 합이 5억 4천만 원을 초과하면서 9억 원 이하이고 소득의 합계액이 연간 1천만 원 이하이거나, ② 재산세 과세표준의 합이 5억 4천만 원 이하(「국민건강보험법 시행규칙」 별표 1과 별표 1의2 참조).

〈표 7-3〉 연도별 의료보장 적용인구 현황(1980~2017)　　(단위: 천 명)

구분		1980	1990	2000	2010	2015	2017
의료보장		11,368	44,110	47,466	50,581	52,034	52,427
건강보험	계	9,226	40,180	45,896	48,907	50,490	50,941
	직장	9,161	20,758	22,404	32,384	36,225	36,899
	- 근로자	5,381	16,155	17,578	27,747	32,095	32,842
	- 공교	3,780	4,603	4,826	4,637	4,129	4,057
	지역	-	19,421	23,492	16,523	14,265	14,042
	임의	65	-	-	-	-	-
의료급여	계	2,142	3,930	1,570	1,674	1,544	1,486
	1종	642	695	811	1,072	1,078	1,065
	2종	1,500	1,959	759	603	466	420

의료부조	–	1,276	–	–	–	–

* 보험자는 연도 말 기준.
출처: 국민건강보험공단(2014, 2016, 2018a).

2) 보험료 부과체계 및 기타 재원

우리나라의 건강보험제도 운영에 소요되는 재원은 가입자와 사용자가 납부하는 보험료와 국고보조 및 기타소득으로 구성된다. 이 중 보험료 부분은 직장가입자와 지역가입자로 이원화된 부과체계로 운영된다. 보험료 부과체계는 2000년 건강보험이 통합된 이후 형평성 문제로 사회적 비판을 계속 받아 왔다. 2017년 3월 건강보험료 부과체계 개편과 관련된 「국민건강보험법」 개정안이 국회를 통과하여 2018년 7월부터 적용되었다. 이 개편의 특징은, 첫째, 보험료부과대상 소득 상한선을 25% 정도 증액하여 형평성을 개선하였으며, 둘째, 지역가입자에게 적용해 온 '평가소득' 기준을 폐지하여 납부능력 중심으로 개편하였고, 셋째, 고소득 직장인의 월급 외 소득에 대하여 부과기준을 강화하고, 넷째, 피부양자 자격 요건을 강화하여 보험료 부담능력이 있는 피부양자를 지역가입자로 전환하여 보험료를 부과한 것이다. 이로써 2018년 7월부터 직장가입자의 최저 보험료는 17,460원이며, 지역가입자는 13,100원이다. 보험료 상한선은 3,097,000원으로 인상되었다. 건강보험료율은 2017년 6.12%에서 2018년 6.24%로 올랐는데 그 주된 이유는 선택진료 폐지, 상급병실 건강보험 적용, 15세 이하 아동 입원의료비 부담 완화 등 건강보험 보장성 확대에 있다.

(1) 보험료
① 직장가입자
직장가입자의 건강보험료는 보수월액보험료와 소득월액보험료로 구성된다.

보수월액보험료는 가입자의 보수월액에 보험료율을 곱하여 보험료를 산정한 후 경감률 등을 적용하여 가입자 단위로 부과한다. 이때 보수월액은 동일사업장에서 당해 연도에 지급받은 보수총액을 근무월수로 나눈 금액을 의미한다.

소득월액보험료는 보수월액에 포함된 보수를 제외한 보수외 소득이 연 3,400만 원(2018. 6.까지 연 7,200만 원)을 초과하는 직장가입자에게 보수외소득을 12개월로 나눈 소득월액에 소득종류에 따른 금액비율로 곱해 산정한다. 소득월액에는 이자, 배당, 사업,

근로, 연금 기타소득이 포함되며 근로소득과 연금소득은 30%(2018. 6.까지 20%)를 그리고 나머지는 100%를 적용한다. 소득월액의 하한선은 2,000원이며 상한선은 9,925만 원이다. 앞으로 보험료의 상·하한액을 2016년도 평균 보험료(206,438원)에 연동하여 매번 별도로 법령을 개정하지 않더라도 경제변화에 따라 자동 반영할 수 있도록 규정하였다.

〈표 7-4〉 직장가입자의 건강보험료(2018년)

구분	직장가입자	
부과기준	보수월액	소득월액 = {(연간 보수외소득 − 3,400만 원)} * 1/12} * 소득평가율
보험료 산정	보수월액 * 보험료율(6.24%)	소득월액 * 6.24%
월 보험료 상·하한액	17,460원~3,097,000원	13,100원~3,097,000원
부과기준의 상·하한액	월 28만 원~9,925만 원	월 2천 원~9,925만 원
보험료 부담자 및 부담비율	• 근로자: 가입자와 사용자 각각 3.12% • 공무원: 가입자와 국가 각각 3.12% • 사립학교교원: 가입자 3.12%, 사용자 1.872%(30%), 국가 1,248%(20%)	가입자 전액

② 피부양자

2018년 7월부터 피부양자의 소득, 재산 그리고 부양요건을 강화하여 인정범위를 축소하였다. 종합과세소득을 합산한 금액이 연간 3,400만 원(필요경비율 90% 고려 시 3억 4,000만 원)을 초과하거나 재산이 과표 5억 4,000만 원(시가 약 12억 원)과 연소득 1,000만 원을 초과할 경우 피부양자에서 제외된다. 형제자매는 원칙적으로 제외하되 경제활동능력이 부족하거나 자립하기 어렵다고 인정되는 만 65세 이상, 만 30세 미만, 장애인, 국가유공·보훈대상 상이자는 소득, 재산 그리고 부양요건을 충족할 경우 예외적으로 피부양자로 계속 인정받을 수 있다. 다만, 2018년 7월 1일 피부양자 인정기준 강화로 피부양자에서 제외되어 새로 지역가입자가 된 경우 지역보험료의 30%를 한시적으로 감액한다.

③ 지역가입자

2018년 6월 말까지는 지역가입자의 연 소득금액이 500만 원을 초과할 경우에는 소득 점수, 재산 점수, 자동차 점수를 적용하고, 연 소득금액이 500만 원 이하인 경우에는 생활수준 및 경제활동참가율 점수, 재산 점수, 자동차 점수를 적용하여 점수당 금액을 곱하여 보험료를 산정한 후 경감률 등을 적용하여 세대 단위로 부과하였다. 그러나 2018년 7월 1일부터 평가소득 보험료를 폐지하고 재산 · 자동차보험료를 축소하여 저소득 계층 보험료 부담을 낮추었다. 연소득 500만 원 이하 지역가입자의 재산보험료의 경우 지역가입자 세대가 보유한 재산금액 구간에 따라 500만 원에서 1,200만 원까지 공제하는 재산 공제제도를 도입하였으며, 자동차보험료의 경우 9년 이상 노후, 생계형 및 소형차에 대해서는 보험료를 면제해 주고 중형차의 경우 30% 감면한다. 연소득이 100만 원 이하인 지역가입자에게는 월 13,100원의 최저보험료를 일괄적으로 적용한다.

반면, 소득과 재산이 상대적으로 높은 상위 2% 소득보유자와 상위 3% 재산보유자의 보험료는 인상되었다. 여기에 해당되는 지역가입자의 소득기준은 2018년 7월 기준 연소득 3,860만 원(필요경비율 90% 고려 시 총수입 연 3억 8,600만 원)이며, 재산기준은 과표 5억 9,700만 원(시가 약 12억 원)이다. 또한 공적연금소득과 일시적 근로에 따른 근로소득은 해당 소득의 30%(2018. 6.까지 20%)로 상향조정하였다. 2018년 지역가입자 건강보험료 부과점수당금액은 183.3원이다.

〈표 7-5〉 지역가입자 보험료 부과점수 기준

부과내용	부과등급		세부 요소
	'18. 6.	'18. 7.	
소득 점수	75	97	이자, 배당, 사업, 근로, 연금, 기타 소득
재산 점수	50	60	주택, 건물, 토지, 선박, 항공기, 전월세
자동차 점수	7 (28구간)	축소	• 보험료 부과 면제 　-노후차: 9년 이상 　-생계형 차: 승합 · 화물 · 특수자동차 　-소형차: 배기량 1,600cc 이하 • 중형차: 보험료의 30% 감면 • 고가차: 4,000만 원 이상은 부과
생활수준 및 경제활동참가율 점수	30	폐지	-

(2) 정부지원금

정부는 당해 연도 보험료 수입의 20%에 상당하는 금액을 국민건강보험공단에 지원한다. 정부지원금은 국고지원금(14%)와 국민건강증진기금(6%)으로 구성된다. 국가는 「국민건강보험법」 제108조 제1항에 따라 매년 예산의 범위에서 해당 연도 보험료 예상 수입액의 14%에 상당하는 금액을 공단에 지원한다. 국고지원금은 가입자 및 피부양자에 대한 보험급여, 건강보험사업에 대한 운영비, 섬 · 벽지 · 농어촌 등에 거주하는 사람, 65세 이상인 사람, 장애인, 실업자 등 특정 대상의 보험료 경감에 대한 지원에 사용된다(동법 제75조, 제110조 제4항 참조).

2002년에 신설된 담배부담금(국민건강증진부담금)은 「국민건강보험법」 제108조 제2항과 「국민건강증진법」 부칙에 따라 국민건강증진기금에서 지원되는 지원금을 말한다. 이 기금을 통한 지원은 「국민건강증진법」을 매년 일부개정하여 한시적으로 지원하는 성격을 띠어 왔으나 2017년 동법의 개정을 통해 2022년 12월 31일까지 5년 연장하도록 하였다.

정부지원금은 2016년 7조 974억 원까지 늘어났다가 2017년 6조 7,839억 원(국고지원금: 4조 8,828억 원; 담배부담금: 1조 9,011억 원)으로 약 3,136억 원 정도 감소하였는데, 국고지원금은 2015년(국고지원금: 5조 5,789억 원; 담배부담금: 1조 5,185억 원)부터 계속 줄어드는 반면, 담배부담금은 계속 늘어나는 추세이다.

3) 급여

건강보험에서는 가입자 및 피부양자의 질병 · 부상 · 출산 등에 대하여 법령이 정하는 바에 따라 진찰 · 검사, 약제 · 치료재료 지급, 처치 · 수술 및 그 밖의 치료, 예방 · 재활, 입원, 간호, 이송의 급여를 제공한다(「국민건강보험법」 제41조).

(1) 급여의 종류

건강보험은 현물급여를 원칙으로 하되 현금급여를 병행한다. 현물급여에는 요양기관이 제공하는 요양급여와 건강검진이 있으며, 현금급여에는 요양비, 본인부담액상한제 사후환급금, 장애인보장구 급여비 그리고 부가급여인 임신 · 출산진료비가 있다.

① 현물급여

◆ 요양급여

요양급여는 가입자 및 피부양자의 질병·부상·출산 등에 대해 진찰·검사, 약제·치료재료의 지급, 처치·수술·기타의 치료, 예방·재활, 입원·간호·이송에 대한 직접적 의료서비스를 말한다. 요양급여를 받을 때에는 그 진료비용의 일부를 본인이 부담하여야 한다. 본인부담금은 입원할 경우 총진료비의 20%(식대는 50%)이며, 외래진료의 경우 요양기관, 질환, 소재지에 따라 30~60%를 차등 적용한다.[1] 6세 미만 아동이 입원할 경우 요양급여비용의 10%를 부담하여야 하며, 6세 미만 아동의 외래진료 시에는 성인 본인부담률의 70%를 적용한다.

◆ 건강검진

건강검진은 가입자의 질병을 조기 발견하여 건강을 유지·증진하고 경제적 손실을 최소화하여 장기적으로 보험급여비의 지출을 줄이고자 1980년에 시작하였다. 이후 건강검진 대상과 내용을 지속적으로 확대하였다. 건강검진은 일반건강검진, 암검진, 영유아건강검진 그리고 학교 밖 청소년 건강검진으로 구분할 수 있다. 일반건강검진대상은 지역세대주, 직장가입자, 만 40세 이상의 피부양자 및 세대원이며, 당해연도 검진 대상자 중 희망자를 대상으로 특정 암 검사를 실시한다. 직장가입자 중 사무직근로자와 직장피부양자, 지역가입자 및 만 40세 이상 세대원은 2년에 1회 그리고 비사무직근로자는 매년 실시한다.

생애전환기 건강진단은 2007년 4월부터 중년기로 접어드는 만 40세와 노년기로 접어드는 만 66세 가입자를 대상으로 실시하고 있으며, 영유아건강검진은 생후 4개월부터

---

1) 2018년 7월 현재 상급종합병원의 경우 진찰료 총액과 나머지 진료비의 60%, 종합병원의 경우 요양급여비용 총액의 45%(읍·면지역)와 50%(동지역), 병원의 경우 요양급여비용 총액의 35%(읍·면지역)와 40%(동지역), 의원의 경우 요양급여비용 총액의 30%를 본인이 부담하여야 한다. 단, 65세 이상 요양급여비용 총액이 15,000원 이하이면 1,500원을, 15,000원을 초과하고 20,000원 이하일 경우에는 요양급여비용 총액의 10%를, 20,000원을 초과하고 25,000원 이하일 경우에는 20%를 그리고 25,000원을 초과할 경우에는 30%를 부담한다. 약국을 이용할 경우 요양급여비용 총액의 30%를 본인이 부담하되 65세 이상인 사람의 요양급여비용 총액이 10,000원 이하이면 1,000원을, 10,000원을 초과하고 12,000원 이하일 경우 요양급여비용 총액의 20%를 그리고 12,000원을 초과할 경우에는 30%를 부담한다.

71개월까지의 영유아 연령에 적합한 건강검진프로그램을 도입하여 영유아의 건강증진을 도모하기 위하여 같은 해 11월 도입되었다. 학교 밖 청소년 건강검진은 9세 이상 24세 이하 학교 밖 청소년을 대상으로 2016년부터 시행하고 있다.

② 현금급여
◆ 요양비

요양비는 가입자와 피부양자가 긴급하거나 부득이한 사유로 인하여 지정된 요양기관 이외의 기관에서 요양을 받거나 출산한 때에 요양급여에 상당하는 금액을 가입자 또는 피부양자에게 지급하는 현금급여를 말한다. 요양비는 출산한 자녀 1명당 25만 원을 지급하는 출산비를 비롯하여 산소치료(가정용·휴대용) 기기 대여료, 자가도뇨소모성재료 구입비, 만성신부전증 환자의 복막관류액 및 자동복막투석소모성재료 구입비, 당뇨병환자 소모성재료 구입비, 인공호흡기 대여료 및 소모품 구입비, 기침유발기 대여료, 양압기 대여료 및 소모품 구입비가 있다.

◆ 본인부담상한제 사후환급금

본인부담상한제란 환자가 부담한 연간 본인부담금 총액이 가입자 소득수준에 따른 본인부담 상한액을 초과하는 경우 그 초과금액을 전액 환자에게 돌려주는 제도이다. 본인부담상한제는 2009년부터 2013년까지 3단계로 실시하다가 2014년부터 7단계로 나누어 실시하고 있다. 2018년부터는 1~5분위까지는 요양병원 입원일 수에 따라 상한액을 다르게 적용하고 있다. 연도별 세부 본인부담상한액 기준은 〈표 7-6〉과 같다.

〈표 7-6〉 본인부담상한액　　　　　　　　　　　　　　　　　　(단위: 만 원)

소득 분위	요양병원 입원일 수	1분위	2~3분위	4~5분위	6~7분위	8분위	9분위	10분위
2013년 이전		200			300		400	
2014년		120	150	200	250	300	400	500
2015년		121	151	202	253	303	405	506
2016년		121	152	203	254	305	407	509
2017년		122	153	205	256	308	411	514
2018년	120일 이하	80	100	150	260	313	418	523
	120일 초과	124	155	208				

출처: 국민건강보험공단. http://www.nhic.or.kr

부담상한액을 초과하는 금액을 사전에 지급받는 경우와 사후에 돌려받는 경우에 따라 사전급여와 사후급여로 구분할 수 있다. 사전급여의 경우 동일 병·의원에 입원하여 발생한 당해 연도 본인부담액 총액이 2018년 기준 523만 원을 넘는 경우 환자는 523만 원까지만 부담하고, 이를 초과하는 금액은 병·의원이 공단으로 청구한다. 사후급여의 경우는 당해 연도 환자가 여러 병·의원(약국포함)에서 진료를 받고 부담한 연간 본인부담액의 최종 합산액이(최종합산은 다음 해에 이루어진다) 보험료 수준에 따른 본인부담상한액을 넘을 시 그 초과금액을 사후급여로 돌려받을 수 있다.

예를 들어, 보험료 수준이 하위 10%에 해당하는 가입자가 2017. 1. 1.~2017. 12. 31.까지 여러 병원에서 건강보험 본인부담금 770만 원(A병원: 500만 원, B병원: 200만 원, C약국: 70만 원)을 부담한 경우, 가입자는 상한액 사후환급금 648만 원을 돌려받게 된다.

770만 원(본인부담금)−122만 원(본인부담상한액)=648만 원(사후환급금)

◆ 장애인보장구 급여비

장애인보장구 급여비는 「장애인복지법」에 의하여 등록한 장애인인 가입자 및 피부양자가 보장구를 구입할 경우, 구입금액 일부를 국민건강보험공단으로부터 보험급여로 돌려받는 제도이다.

〈표 7-7〉 장애인보장구 급여비

구분	지급대상 및 기준	지급금액
장애인 보장구 급여비	• 「장애인복지법」에 의하여 등록한 장애인 중 건강보험 가입자 또는 피부양자 • 품목: 의지 및 보조기, 휠체어, 보청기 등 9개 분류 85개 품목 • 횟수: 동일 보장구는 원칙적으로 재질, 형태, 기능 및 종류에 관계없이 유형별 내구연한 내 1인당 1회 지급	• 전동휠체어, 전동스쿠터, 자세보조용구: 기준액, 고시금액 및 실구입금액 중 최저금액의 90% • 그 밖의 보장구: 기준액, 고시금액 및 실구입금액 중 최저금액의 90% • 차상위 본인부담경감자(C, E, F)의 경우 모든 보장구 기준금액의 100%

출처: 국민건강보험공단. http://www.nhic.or.kr

(2) 본인부담금환급금

병원에서 진료 후 납부한 건강보험 본인부담금을 건강보험심사평가원에서 심사한 결

과 과다하게 납부되었음이 확인되었거나, 보건복지부에서 병원을 현지 조사한 결과 본
인부담금을 과다하게 수납하였음이 확인된 경우, 해당 병원에 지급할 진료비에서 그 과
다하게 수납한 금액을 공제 후 진료받은 사람에게 돌려주는 제도이다.

(3) 보험급여 실적

보험급여비의 지급실적은 〈표 7-8〉에서 보듯이 지속적으로 증가하고 있다. 특히
2000년 의약분업 이후 수차례의 수가인상으로 2001년 전년도 대비 거의 두 배(46.3%) 증
가한 이후 2008년(8.5%)을 제외하고 2010년까지 꾸준히 10% 이상의 증가율을 이어 왔
다. 2011년 이후 2017년까지는 평균 7% 정도 증가하였으나, 2018년 1분기 건강보험 진
료비는 18조 134억 원으로 전년 동기 대비 14.0%로 다시 두 자리 숫자의 증가세를 보이
고 있다(국민건강보험공단, 2018a: 8).

〈표 7-8〉 보험급여비 지급 추이   (단위: 백만 원, %)

구분		2000	2005	2010	2015	2017
계		9,041,796	18,365,868	33,796,461	45,729,938	54,624,887
현물급여	소계	8,902,607	18,224,138	33,299,560	44,581,973	53,321,691
	요양급여(본인부담액 상한제 사전지급)	8,789,329 (-)	17,988,570 (29,964)	32,496,847 (85,004)	43,340,394 (182,212)	51,822,511 (254,028)
	건강검진비	113,279	235,567	802,713	1,241,579	1,499,180
현금급여	소계	139,189	141,730	496,901	1,147,965	1,303,196
	요양비	26,431	17,536	21,677	23,617	76,793
	장제비	45,463	49,197	28	-	-
	본인부담액보상금	60,122	27,595	241	84만 2천 원	17만 1천 원
	장애인보장구	6,173	21,669	28,902	46,324	106,487
	본인부담액상한제 사후환급	-	25,733	326,838	847,908	933,075
	임신·출산 진료비	-	-	119,214	230,115	186,840

* 사전지급은 요양급여비에 포함, 사후환급은 현금급여로 구분함.
* 장제비는 2008. 1. 1. 폐지됨.
* 임신·출산 진료비는 2008. 12. 15. 신설됨.
* 반올림 계산하여 실제 값과 차이가 있을 수 있음.
출처: 국민건강보험공단(2014, 2016, 2018a) 재구성.

4) 관리운영체계

2000년 7월 1일 의료보험제도가 통합방식으로 전환되기 전까지 우리나라의 의료보험은 조합주의 방식으로 운영되었다. 조합주의란 가입자의 소득형태나 직업 등의 변수에 따라 유사한 집단별로 구분해 분리 운영하는 것을 말한다. 당시 의료보험은 가입자를 임금소득자와 비임금소득자로 구별하였다. 임금소득자 중 직장근로자는 139개의 직장의료보험조합에 가입하였고, 그 밖의 임금소득자인 공무원과 사립학교 교직원은 공무원 및 사립학교 교직원 의료보험에 가입하여 1978년 발족된 전국 단위의 공무원 및 사립학교 교직원 의료보험관리공단에 의해 운영되었다. 비임금소득자인 농어민과 자영업자 등은 227개의 지역의료보험조합에 가입하였다.

그러나 1997년 12월 31일 227개 지역의료보험조합과 공·교의료보험관리공단을 통합하는 「국민의료보험법」이 시행되면서 그동안의 조합주의적 다보험자체계에서 통합주의적 단일보험자체계로의 전환이 진행되었다. 이러한 과도기에 일반 직장근로자는 직장의료보험조합에 여전히 가입하였지만, 공무원과 사립학교 교직원 및 농어민과 도시자영업자는 국민의료보험관리공단에서 통합적으로 관리하게 되었다. 이러한 과도기를 거쳐 1999년 포괄적인 의료서비스제공을 목표로 하는 「국민건강보험법」이 제199회 국회를 통과하여 2000년 7월부터 시행되면서 현재의 국민건강보험공단이라는 단일 관리체계로의 완전 통합이 이루어졌다.

현재 국민건강보험의 전달체계를 구성하는 조직은 보건복지부, 국민건강보험공단, 건강보험심사평가원, 요양기관이다. 보건복지부는 국민건강보험제도의 관장자로서 건강보험 관련 정책을 결정하고 업무 전반을 총괄한다. 국민건강보험공단은 건강보험 가입자 및 피부양자의 자격을 관리하고, 보험료를 징수하며, 가입자의 건강증진업무를 추진하고, 의료서비스 가격을 요양기관과 계약으로 정하는 등 보험재정의 관리 및 포괄적 국민건강보장의 주체로서 역할을 수행하고 있다. 건강보험심사평가원은 심사 및 평가기구로서 요양기관이 제공한 의료서비스와 서비스비용의 적정성을 객관적으로 공정하게 심사평가해 공단이 지급할 비용을 확정한다. 요양기관은 가입자에게 의료서비스를 제공하고 서비스비용을 공단과 계약으로 정한다. 2015년 3월 말 기준 요양기관은 8만 7,071개로 2014년 말 대비 0.5% 증가하였다(국민건강보험공단, 2015).

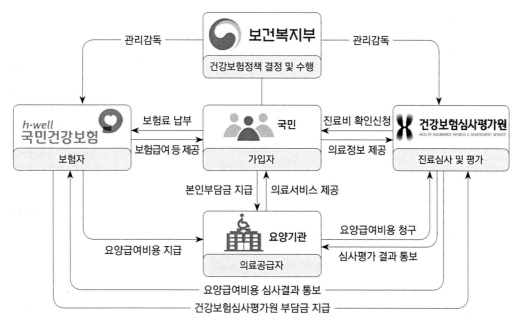

[그림 7-1] 국민건강보험 운영구조

출처: 국민건강보험공단(2017a: 15).

5) 진료비지불제도

건강보험대상자가 의료기관을 이용할 경우 의료공급자는 진료의 대가로 진료비를 보상받는다. 진료비에는 의료행위에 대한 보상과 의료기관에 대한 보상이 포함된다. 우리나라에서는 외래와 입원서비스 모두 행위별수가제(fee-for-service)를 기본으로 하고 일부 포괄수가제(Diagnosis Related Group payment system: DRG)와 요양병원 입원진료에 대해서는 일당정액수가제를 적용하고 있다.

행위별수가제는 진료에 소요되는 약제 또는 재료비를 별도로 산정하고, 의료인이 제공한 진료행위 하나하나마다 항목별로 가격을 책정하여 진료비를 지급하는 제도이다. 개별 진료 행위에 대해서는 미리 정해진 점수와 각 점수당 지불될 수가에 따라 진료비가 지불된다.

포괄수가제는 치료과정이 비슷한 입원환자들을 묶어 그 일련의 치료행위 전체에 미리 책정된 일정액의 진료비를 지급하는 제도이다. 즉, 포괄수가제하에서는 의료서비스의 종류나 양에 관계없이 어떤 질병의 진료를 위해 입원했는지에 따라 미리 정해진 일정액의 진료비만을 부담하게 된다.

우리나라에서는 5년간의 시범사업을 거쳐 2002년 1월 1일부터 4개 진료과 8개 질병군을 대상으로 포괄수가제를 시행하였다. 2012년 7월 1일부터 입원환자가 많은 백내장 수술 등 7개 질병군에 대해 모든 병·의원에서 포괄수가제가 당연적용되었고, 2013년 7월 1일부터는 종합병원과 상급종합병원에도 당연적용되었다.[2]

3. 2015년 이후 국민건강보험제도의 변화 및 전망

1977년부터 본격적으로 시행된 우리나라의 건강보험제도는 2018년 현재 전 국민을 적용대상으로 포괄하는 사회보험으로서 빠른 발전을 해 왔다. 국민의료보장이라는 궁극적 목표를 일정 부분 달성한 것은 사실이다. 이 장에서는 최근 이슈화된 보험료 부과체계 개편, 보장성 강화 대책과 이와 연관된 재정문제 중심으로 개선된 내용을 확인하고 앞으로 나아갈 방향을 예측해 보고자 한다.

1) 건강보험보험료 부과체계 개편

2000년 건강보험이 통합된 이후 건강보험료 부과기준에 대한 형평성 논란은 지속적으로 이어져 왔다. 2017년 1월 23일 정부의 건강보험료 부과 기준 개편안이 발표되고 국회에서 논의를 거쳐 2017년 3월 30일 「국민건강보험법」 개정안이 국회 본회의를 통과함에 따라 2018년 7월부터 실시되었다. 이 1단계와 2단계로 나뉘어 진행되는 건강보험료 개편의 핵심은 소득 수준에 맞는 공평한 기준으로 건강보험료 부과기준을 바꾸는 것이다.

가장 큰 변화는 그동안 지역가입자에게 적용해 온 평가소득방식을 18년 만에 폐지한 것이다. 평가소득보험료란 소득과 상관없이 가족구성원의 성, 나이, 재산, 소득, 자동차 등에 보험료를 산정하는 것인데, 이러한 평가소득 방식은 실제 소득이 있지 않음에도 불

---

2) 포괄수가제 적용 질병군은 4개 진료과 7개 질병군으로 병원에 입원(외래는 제외)하여 수술을 받거나 분만한 경우에 적용된다. 적용되는 진료과와 질병군은 ① 안과 수정체수술(백내장수술), ② 이비인후과 편도 및 아데노이드 수술, ③ 일반외과 항문 및 항문주위수술(치질수술), 서혜 및 대퇴부 탈장수술(신생아 제외), 충수절제술(맹장염수술), ④ 산부인과 자궁 및 자궁부속기 수술(악성종양 제외), 제왕절개분만이다.

구하고 가공의 소득을 추정해 보험료를 부과하다 보니 장기간의 생계형 체납자들이 양산된 원인을 제공하였다. 실제로 2016년 6월 기준 지역가입자 중 보험료를 6개월 이상 납부하지 못한 장기체납가구의 88%가 연소득 500만 원 이하의 저소득층이었다.[3] 그러나 앞으로 연소득 100만 원 이하 저소득 지역가입자 세대에게는 일괄적으로 최저보험료 13,100원만을 부과하고 연소득 100만 원을 초과하는 경우에는 소득 수준에 따라 보험료를 납부하도록 하였다. 이에 따라 지역가입자 약 589만 세대의 보험료가 월 평균 2만 2천 원(21%) 줄어들게 되었다. 2018년 진행된 보험료 부과 개편 1단계에서는 지역가입자 중 상위 2% 소득보유자와 상위 3% 재산보유자의 보험료가 인상되었으며, 공적연금소득과 일시적 근로에 따른 근로소득은 해당 소득의 20%에만 보험료를 부과했던 것을 30%로 상향조정하였다. 2022년 7월부터 적용되는 2단계부터는 이 비율을 50%로 추가 조정하여 다른 소득과의 균형을 맞춰 나갈 예정이다.

두 번째 개편대상은 피부양자로 이들의 인정기준을 강화하여 형평성을 높였다. 고소득 피부양자 약 7만 세대와 직장가입자의 형제·자매 중 보험료 납부능력이 있다고 판정되는 23만 세대는 원칙적으로 지역가입자로 전환되어 건강보험료를 납부하여야 한다. 새로 지역가입자가 되는 경우 보험료의 30%를 4년간 감면한다.

직장가입자는 그동안 월급 외 보유 소득이 7,200만 원을 초과하는 경우에만 추가 보험료를 부과하여 생활수준이 달라도 같은 월급이면 동일한 보험료를 납부하여 형평성 문제가 꾸준히 제기되어 왔다. 이에 이번 개편에서는 임대, 이자·배당, 사업소득 등이 연간 3,400만 원을 넘는 상위 1% 직장가입자는 추가 보험료를 납부하여야 한다. 이로 인하여 약 14만 세대(직장가입자의 0.8%) 보험료가 약 12만 6천 원 인상되었다. 개편 2단계에서는 월급 외 소득이 연간 2,000만 원을 넘는 상위 2% 직장가입자의 보험료를 상향조정할 예정이다.

이번 부과방식 개편에서는 보험료 상한선 조정 기준도 변경하였다. 기존 보험료 상한선은 2010년 평균보험료의 30배로 설정한 이후 장기간 고정되었으나 2018년부터는 보험료의 상한선을 전전년도 평균 보수보험료와 연동하여 매년 조정하도록 하였다. 이에 따라 2018년에는 직장가입자의 0.02%인 약 4천 세대의 보험료가 평균 50만 4천 원(기존

---

3) 그동안 실제 소득이 없거나 적더라도 평가소득 기준 때문에 실제 부담 능력에 비해 많은 보험료를 부담해야 했다. '송파 세 모녀'는 평가소득보험료 3만 6천 원을 포함한 월 4만 8천 원의 보험료를 납부해야 했다.

보험료의 21%)가 인상되었다.

현 정부에서 더욱 공평한 보험료 부과체계를 달성하기 위해서는 소득파악률을 개선하고 건강보험료가 부과되지 않고 있는 분리과세 소득 등 부과대상 소득 범위를 확대하는 방안을 지속적으로 논의해 나가야 할 것이다.

2) 보장성 강화

건강보험이 그동안 많은 발전을 이루어 왔다는 평가를 받고 있음에도 불구하고 낮은 보장률은 의료 접근성을 제한하고 의료비로 인한 가계 부담을 높이는 주요 원인으로 지적받아 왔다. 건강보험 보장률은 1983년 33.4%에서 2009년 65.0%까지 증가한 후 2013년 62.0%까지 하락했다가 2015년 63.4%까지 올랐으나 2016년 다시 62.6%로 하락하였다(〈표 7-9〉 참조). 이는 OECD 평균인 80%에도 훨씬 못 미치는 수준이다. 중증질환에 관한 보장률과 그 밖의 질환 보장률을 구분하여 살펴보면 4대 중증질환(암, 뇌혈관, 심장, 희귀난치성) 보장률은 2011년 76.2%에서 2016년 80.3%로 증가하였으나 그 밖의 질환 보장률은 같은 기간 60.1%에서 57.4%로 감소하고 있어 차이가 커지고 있다.

정부가 지속적으로 보장성을 강화하기 위한 노력을 해 왔음에도 불구하고 이처럼 보장률이 낮은 이유는 의료기술이 빠르게 발달하면서 비급여 본인 부담률이 증가하고 있기 때문이다. 이는 2016년 건강보험공단의 부담금이 2015년 대비 11.0% 증가하였음에도 불구하고 같은 기간 비급여 진료비가 17.0% 증가한 결과에서 확인할 수 있다.

〈표 7-9〉 연도별 건강보험 보장률 추이 (단위: %)

구분	'06	'07	'08	'09	'10	'11	'12	'13	'14	'15	'16
건강보험 보장률	64.5	65.0	62.6	65.0	63.6	63.0	62.5	62.0	63.2	63.4	62.6
법정본인 부담률	22.1	21.3	21.9	21.3	20.6	20.0	20.3	20.0	19.7	20.1	20.2
비급여 부담률	13.4	13.7	15.5	13.7	15.8	17.0	17.2	18.0	17.1	16.5	17.2

출처: 보건복지부(2015), 국민건강보험공단(2018b) 재구성.

2015년 2월 정부는 '건강보험중기보장성강화계획'에 따라 4대 중증질환, 상급병실, 선택진료비 등과 관련된 비급여 항목을 단계적으로 줄여 나갈 계획을 발표한 바 있다. 2017년 8월 새 정부 또한 "문재인 케어"로 불리는 '건강보험 보장성 강화대책'을 발표하

면서 모든 의료적 비급여를 2022년까지 급여화하여 건강보험 보장률 70%를 달성하겠다
는 계획을 밝혔다([그림 7-2] 참조). 주요 내용은 비급여 해소 및 발생차단, 의료비 상한액
적정 관리 그리고 재난적 의료비 지원 제도화 및 대상 확대이다.

첫째, 비급여 해소 및 발생차단이란 치료에 필수적인 비급여는 건강보험을 적용하는
것으로 3대 비급여대상인 선택진료, 상급병실, 간병 중 선택진료비(특진비)는 2018년 1월
전면 폐지하였으며 상급병실료는 종합병원 이상 2~3인실은 2018년 7월부터 건강보험
을 적용하였다. 간병비는 2022년 10만 병상까지 간호간병통합서비스를 확대할 예정이다.

둘째, 의료비 상한액 적정 관리 대상에는 아동, 여성, 노인, 장애인 등 취약계층이 포함
되었다. 15세 이하 아동의 입원 진료 시 본인부담률을 최대 20%에서 5%로 인하하였으
며, 18세 이하 청소년과 아동의 치아홈메우기 본인부담률도 최대 60%에서 10%로 인하
하였다. 여성을 대상으로 난임 수술과 부인과 초음파 등의 급여를 전환하고 치매환자의
중증치매질환 본인부담률을 최대 60%에서 10%로 낮추고 의과 · 한의 · 치과 · 약국 등에
서의 노인외래정액제 정률부담도 완화하였다. 또한 소득 하위 50%의 본인부담상한액을
연소득의 10% 수준으로 낮춰 저소득층의 의료비 부담을 경감하였다.

셋째, 그동안 4대 중증질환 저소득 가구만을 대상으로 한시적으로 시행하던 '중증질환
재난적 의료비 지원 사업'을 질환과 상관없이 소득 하위 50%까지 대상자를 확대하여 환
자 본인부담비용을 최대 2,000만 원까지 지원해 주는 사업 또한 포함되었다.

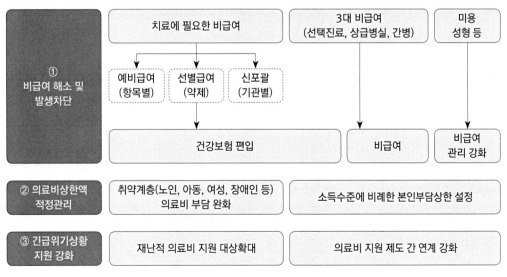

[그림 7-2] 건강보험 보장성 강화 대책 추진 방안

출처: 보건복지부(2017: 3).

3) 전달체계의 문제점 및 개선방안

농어촌 지역과 같은 취약지역에는 의료공급 기피현상이 일어나고 있다. 이로 인하여 취약지 주민은 의료이용에 곤란을 겪고 있어 국가와 지방자치단체 그리고 건강보험 지원체계 간 적정 역할을 정책적으로 검토할 필요가 있다. 예를 들어, 취약지 주민에 대한 본인부담액 경감이나 의료취약지 의료서비스에 대한 별도의 지불체계를 고려해 볼 수 있다.

같은 맥락에서 공공병원 확충이 시급하다. 우리나라에서 공공병원 기관수는 물론 병상수도 지속적으로 줄어들고 있다. 2009년 공공보건의료기관[4]은 전체 의료기관의 6.1% 였으나 2013년 5.7%로 감소하였다가 2016년 5.8%(220개소)로 0.1%p 소폭 증가하였다. 공공병상 비율로 비교하면 2009년 11.2%이던 공공병상 비율은 2013년 9.5%로 감소하였다가 2016년 10.5%로 소폭 증가하였다(통계청, 2018).

2011년 OECD 24개 국가 중 인구 천 명당 공공병원 병상수는 헝가리와 오스트리아, 핀란드가 5개 이상으로 가장 높았으며 대상국가 평균은 3.25개로 나타났다. 한국의 경우 총병상수는 OECD 31개국 중 2위로 평균의 약 2배를 초과하여 공급된 반면, 인구 천 명당 공공병원 병상수는 1.19개로 비교 국가 중 가장 낮았다(경제정의실천시민연합, 2014). 이는 의료시설 자체는 과잉공급 상태이지만 공공의료시설은 턱없이 부족하다는 것을 의미한다.

공공병원을 확충하고 비영리병원의 공공성을 강화하는 정책을 추진하여야만 의료의 공공성을 확보하고 의료제공체계가 바람직한 방향으로 작동할 것으로 기대된다.

4) 재정의 문제점 및 개선방안

2018년부터 시행된 보장성 강화 정책뿐 아니라 고령화, 의료기술의 발달 등으로 인하여 의료서비스에 대한 수요는 앞으로도 증가할 것이다. 건강보험 지출 동향을 살펴보면 2008년 27조 5천억 원이었던 건강보험 지출액은 2016년 52조 6천억 원으로 약 2배가량 증가하였다. 그러나 당해 연도 건강보험 총수입과 총지출의 차이인 당기수지를 살펴보

---

4) 공공보건의료기관에는 보건소, 보건지소, 보건진료소 등의 공공보건기관과 「공공보건의료에 관한 법률」에 따른 공공의료기관이 포함된다.

면 2011년 흑자로 전환된 이후 2016년까지 계속 흑자를 유지하여 2016년 당기수지는 3조 1천억 원이었으며 누적수지는 20조 1천억 원의 적립금이 누적되어 있어, 정부는 이 중 일부를 2018~2022년 보장성 강화 계획의 재원으로 사용할 예정이다(김윤희, 17: 73).

　급증하는 진료비를 조달하고 건강보험의 보장성을 강화하기 위해서는 적정한 수준의 보험료 부담은 물론 의료비 지출 관리를 통해 재정건전성을 확보해야 할 것이다. 2018년 건강보험료율은 6.24%로 OECD 평균 12%에 비해 상당히 낮은 수준이다. 보험료율을 상 향조정할 경우 보험료 예상 수입에 연동된 국고지원금 또한 증가할 것이며, 부과체계 개 편을 통해 추가 재정수입을 확보할 수 있을 것으로 예상된다. 지출 측면에서는 노인의료 비 지출 증가를 막기 위한 만성질환의 예방 및 관리체계 강화, 건강보험 지불제도 개편, 1차 의료기관과 상급병원 간 역할 분담 등은 건강보험 재정에 긍정적인 영향을 미칠 수 있다. 2018년 9월 발표되는 제1차 건강보험 종합계획에 의해 5년마다 중장기 재정 전망 이 처음으로 의무화되었다. 이에 관련 이해당사자들의 다양한 의견을 수렴하고 전문가 들의 활발한 논의를 통해 중장기적인 재정건전성이 제고될 수 있길 기대해 본다.

참고문헌

경제정의실천시민연합(2014). [보도자료] OECD 영리병원 허용국가의 공공병원 병상 보유율 조 사 발표. 2014.11.26.

국민건강보험공단(2014). 2013 건강보험통계연보.

국민건강보험공단(2016). 2015 건강보험통계연보.

국민건강보험공단(2017a). 국민건강보험 40년사. 부문사편.

국민건강보험공단(2017b). 국민건강보험 40년사. 통사편.

국민건강보험공단(2018a). 1/4분기 건강보험 주요통계 개요.

국민건강보험공단(2018b). 보도자료. 2018.4.26.

김윤희(2017). 「건강보험 보장성 강화대책」 재정추계. 국회예산정책처.

보건복지부(2015). 2014-2018 건강보험 중기보장성 강화계획.

보건복지부(2017). 건강보험 보장성 강화대책.

서남규, 이옥희, 강태욱, 태윤희, 서수라, 안수지, 이혜정(2013). 2012년도 건강보험환자 진료비 실태조사. 건강보험정책연구원.

OECD(2017). OECD Health Data 2016. OECD.

국가법령정보센터. http://www.law.go.kr
국민건강보험공단. http://www.nhic.or.kr
보건복지부. http://www.mw.go.kr
통계청. 시도별 공공의료기관 비중. 2018.7.1. 검색. http://kosis.kr/statHtml/statHtml.do?orgId=411&tblId=DT_411002_03

제8장

산업재해보상보험제도

박수경(연세대학교 사회복지학과 교수)

1. 산업재해보상보험의 발달배경 및 특성

산업재해보상보험(이하 산재보험)은 근로자의 과실여부에 관계없이 사업장에서 업무상으로 발생하는 근로자의 재해에 대해 사용자의 보상책임을 담보해 주는 사회보험제도이다. 대부분의 선진국들은 산업화의 진전에 따른 산재사고의 증가로 피재근로자의 보상문제에 대한 사용자 개인의 책임을 넘어 사고 위험이나 부담을 분산하도록 하는 사회적인 대처의 필요성에 공감했기 때문에 다른 사회보험에 비해 산재보험을 일찍부터 도입하였다.

일반적으로 산재보험의 보상은 업무기인성(out of employment)과 업무수행성(on the course of employment)에 기인하는 원인주의(principle of course)에 입각하여 결정한다. 이는 사용자 또는 근로자의 과실여부와 관계없이 사고의 원인이 업무수행성과 업무기인성이라는 사실만 확인되면 산재근로자에게 보상을 지급하는 무과실책임주의(liability without fault)에 입각해 적용하는 것을 의미한다(김진수, 1997a).

산업화 초기까지 산재보험의 사회보험제도화는 배상책임과 밀접한 관련이 있었다. 초창기 근로자의 재해에 대한 문제는 과실책임주의에 입각해 근로자는 자신이 입은 재해가 사용자의 부주의와 과실에 기인했음을 증명해야만 사용자로부터 산재에 대한 보상을 받을 수 있었다. 이에 따라 산재근로자나 가족이 사용자 측의 과실을 입증해야 하는 어려움으로 실제 보상이 거의 불가능했으며, 이를 입증하고 소송에 이기더라도 보상은 즉시 이루어지기 어려웠다. 이후 이러한 「민법」상의 관계는 근로자의 재해에 대해 우선적으로 사용자의 책임을 원칙으로 하되, 사용자가 산재의 원인이 순수한 근로자의 부주의나 과실에 기인했음을 증명해야 배상책임에서 벗어날 수 있는 무과실책임주의로 전환되었다. 그러나 산업화의 진전에 따라 사고가 대형화되고 빈번해짐에 따라 일반보험에 의한 보장이 어려워지게 되었으며 따라서 근로자에게 빠르고 확실한 배상을 보장하고 기업의 안정적 발전을 위해 산재보험이 도입되었다(김태성, 김진수, 2001: 283-284).

현재 산재보험은 거의 대부분의 국가에서 실시되고 있으며, 각 국가마다 경제사회적 여건과 문화적 배경에 따라 과실책임주의의 반영이나 사회보장적 요소를 포함하는 정도만이 다를 뿐 유사한 산재보험제도를 발전시켜 왔다. 선진외국의 경우 산재보험은 산업화와 자본주의 발전에 따른 문제점과 불균형적 발전에 따른 사회문제, 특히 노사 간의 갈등문제에 대한 해결책으로 도입되어 발전해 왔다.

이에 비해 우리나라 산재보험은 1964년에 사회보험제도로서는 최초로 도입되었으나, 훨씬 뒤에 도입된 의료보험이나 국민연금제도보다 적용대상의 제한이나 보험료 부담의 비형평성, 그리고 편협한 급여체제 등의 문제점을 내포하고 있어 운영 및 발전과정에서 매우 소극적이라는 평가를 받고 있다. 이는 산재보험제도의 도입이 선진외국과는 달리 산업화의 발전에 따른 부작용, 특히 노사 간의 갈등문제에 대한 해결책이라기보다는 산업화와 경제성장을 위한 준비조치로 출발한 데서 기인한다. 즉, 우리나라 산재보험은 과거 경제성장 우선정책의 결과로 나타난 각종 산재사고에 대한 유일한 보상제도로서의 중요성에도 불구하고, 양적 · 질적인 측면에서 여전히 개선할 점들이 많다. 그러나 산재보험의 적용 범위를 지속적으로 확대하면서, 1991년 장해연금급여를 도입하고, 1995년에는 산재보험의 관리운영을 노동부에서 근로복지공단으로 이관한 점은 산재보험 서비스의 질을 향상시키기 위한 노력으로 평가될 수 있다. 또한 2000년 7월 1일부터 산재보험 적용대상을 1인 이상의 사업장으로 확대했고, 간병급여, 급여의 최고상한제, 중소기업 사업주의 임의가입 등을 신설했다. 이와 함께 2001년 1월부터 직업재활상담원제도를 도입하고 재활 5개년 계획을 수립함으로써 재활사업의 토대를 마련했고, 2008년 7월부터는 직업재활급여를 법정급여로 전환함으로써 재활사업의 정착화를 위해 노력하고 있다.

2. 산재보험제도 현황

1) 적용대상

　산재보험은 도입 당시에는 광업 및 제조업의 500인 이상 대규모 사업장에만 적용했으나, 1988년부터 5인 이상의 사업장으로 확대했고, 2000년 7월부터는 1인 미만 사업장까지 당연적용 대상에 포함했으며, 2001년부터는 국가 및 지방자치단체에서 직접 행하는 사업까지 확대했다. 2004년에는 자영업자의 산재보험 가입근거가 마련되어 재해 노출 위험이 높은 근로자를 사용하지 않는 자영업자도 임의가입할 수 있도록 했다. 또한 2008년 7월부터 보험모집인, 레미콘기사, 학습지교사, 골프장캐디 등 4개 특수형태근로종사자도 산재보험의 적용을 받을 수 있게 되었다.

　산재보험 적용대상 추이를 보면, 1965년 도입 당시 1.9%에 불과하던 것이 1980년대에 30% 전후, 1990년대부터는 40%를 넘어섰고, 2008년 이후 55%를 넘기고 2016년 현재 67.6%까지 확대되었다.

〈표 8-1〉 산재보험의 당연적용 대상

업종	규모
금융 · 보험업, 광업, 제조업, 전기 · 가스, 수도사업, 운수, 창고 및 통신업, 기타의 사업(수렵업 제외), 벌목업	1인 이상
임업(벌목업 제외), 어업, 농업, 수렵업	1인 이상 농업, 임업(벌목업 제외), 어업, 수렵업 중 법인이 아닌 경우 상시근로자 5인 이상
건설업	주택건설사업자, 건설업자, 전기공사업자, 정보통신공사업자, 소방시설업자, 문화재수리업자가 아닌 자가 시공하는 총 공사금액 2,000만 원 미만 건설공사 또는 연면적 100m² 이하의 건축물의 건축 또는 연면적이 200m² 이하인 건축물의 대수선에 관한 곡사를 제외한 모든 공사

출처: 고용노동부(2017).

〈표 8-2〉 산재보험의 적용대상 확대 추이　　　　　　　　　　　　　　　　(단위: 개소, 명)

연도	사업장 규모	적용 업종
1964	500인 이상	광업, 제조업
1965	200인 이상	전기가스업, 운수보관업 추가
1966	150인 이상	
1967	100인 이상 유기사업은 연간 연인원 25,000인 이상	
1968	50인 이상 유기사업은 연간 연인원 13,000인 이상	
1969		건설업, 수도업, 서비스업, 위생시설서비스업, 통신업, 상업 추가
1971		금융, 증권, 보험업 제외
1972	30인 이상 유기사업은 연간 연인원 8,000인 이상	상업, 서비스업 제외
1973	16인 이상 유기사업은 연간 연인원 4,200인 이상 건설공사는 공사금액 1,000만 원 이상	
1976	5인 이상	광업, 제조업 중 화학, 석탄, 석유, 고무, 플라스틱제품 제조업만 적용
1982	10인 이상 유기사업은 연간 연인원 2,700인 이상 건설공사는 공사금액 4,000만 원 이상	임업 중 벌목업 추가
1983	벌목업은 재적량 1,700m² 이상	농수산물 위탁판매 및 중개업 추가
1986	5인 이상	14개 업종
1987	5인 이상	20개 업종 추가
1988	벌목업은 재적량 800m² 이상 유기사업은 연간 1,350인 이상 5인 이상 (16개 업종 추가)	
1991	10인 이상	임업, 농업, 어업, 수렵업, 도 · 소매업, 부동산업, 개인 및 가사서비스업
1996	5인 이상	교육서비스업
1998	5인 이상	금융보험업, 해외파견업

2000	1인 이상 건설업은 공사금액 2,000만 원 이상 또는 330m² 이상	금융보험업, 광업, 제조업, 전기 · 가스, 상수도업, 임업 중 벌목업
2001		국가 또는 지방자치단체에서 직접 행하는 사업 추가
2005		농업 · 임업(벌목업 제외) · 어업 · 수렵업 중 법인에 대하여는 5인 미만 사업장까지 적용을 확대. 건설면허를 가지고 있는 사업장이 시공하는 모든 건설 공사에 대해 확대 적용
2008		보험모집인, 레미콘기사, 학습지교사, 골프장캐디 등 4개 특수형태근로종사자

출처: 고용노동부(2012).

〈표 8-3〉 산재보험 적용 대상 추이　　　　　　　　　　　　　　　　(단위: %)

구분	1965	1970	1975	1980	1985	1990	1995	2000	2001	2002	2003	2004	2005	2006	2007	2008	2009	2010	2011	2012	2013	2014	2015	2016
적용률	1.9	8.1	15.7	27.4	30.0	41.8	38.7	43.2	47.7	46.5	46.2	44.8	51.3	49.1	51.7	55.4	56.9	57.3	57.2	60.9	58.7	64.2	66.7	67.6

출처: 고용노동부(2017); 통계청(2016).

2) 보험료 부과체계

우리나라 산재보험 보험료율 부과체계는 크게 업종별 요율과 개별실적요율로 구분되며, 선납에 의한 개산보험료를 부과하고 회계연도 이후에 확정보험료와의 차액을 정산해 재조정하도록 하고 있다.

ㅇ 업종별 보험료율(100%) = 순보험료율(85%) + 부가보험료율(15%)
- 순보험료율 = 보험급여지급률 + 추가 증가지출률
- 부가보험료율(부가보험료율 산정을 위한 부대비용) = (전 산업에 균등하게 사용된다고 인정되는 비용) + (재해발생빈도에 따라 사용된다고 인정되는 비용)

ㅇ 개별실적요율 = (해당사업 업종의 일반요율) ± (해당사업종류의 일반요율 × 수지율에 의한 증감비율)

업종별 요율은 2015년 현재 업종별 위험등급에 따라 58개 업종으로 구분한 뒤 차등요율을 적용해 각 적용사업장의 임금총액에 곱해 보험료를 산출하는 순보험료율과, 관리운영 및 산재예방, 근로복지사업을 위한 부가보험료율을 적용하고 있다. 순보험료는 보험급여지출에 필요한 소요금액을 조달하는 것으로 해당 업종의 임금총액에 순보험료율을 적용·계산하고, 부가보험료는 관리운영비, 산재 예방비, 근로복지사업, 신체장애자 건강촉진사업 등 보험사업에 소요되는 비용으로 각각 사업종류별 임금총액의 구성비율과 보험급여지급률의 구성비율에 따라 분할, 가감해 결정된다.

개별실적요율제도는 사업주의 산재예방 노력을 제고하기 위해 도입했는데, 이는 같은 업종이라도 산재발생률에 따라 보험료부담을 경감시키거나 가중시키기 위해, 업종별 요율을 기초로 사업장 단위의 보험 수지율에 따라 법령에 따라 정해진 요율증감비율로 환산한 요율을 업종별 요율에 가감한 것이다. 따라서 수지율(보험료 총액에 대한 보험급여총액의 비율)이 85%를 넘을 때 업종별 일반 요율의 50% 범위 내에서 보험료율을 인상하며, 수지율이 75% 이하일 때는 50% 범위에서 보험료율을 인하한다.

산재보험 보험료율 변화 추이를 살펴보면, 1990년대 들어 업종 간 보험료율의 차이가 점차 커지다가 2006년 전후로 그 차이가 급격히 높아진 후 2009년부터 차이가 점차 줄어들고 있다. 실제로 2006의 경우, 최고요율이 최저요율의 약 122배로 높아졌다가 점차 낮아지고 있고 2009년에 51배 정도로 낮아졌으며 계속 비슷한 수준을 유지하다 5년부터 48배 정도로 약간 낮아졌다. 보험료율이 가장 높은 업종은 석탄광업과 같은 사양산업이고, 보험료율이 가장 낮은 업종은 컴퓨터 및 법무회계서비스업, 금융보험업, 전자제품제조업·통신업이다.

〈표 8-4〉 산재보험 보험료율 변화 추이　　　　　　　　　　　　　　　　　(단위: ‰)

구분	1965	1975	1985	1990	1995	2000	2001	2002	2003	2004	2005	2006	2007	2008	2009	2010	2011	2012	2013	2014	2015	2016
평균	2.3	1.32	1.49	1.64	15.0	17.6	16.7	14.9	13.6	14.8	16.2	17.8	19.5	19.5	18.0	18.0	17.7	17.7	17.0	17.0	17.0	17.0
최저	4	2	2	2	5	3.5	4	4	4	4	5	5	6	7	7	6	6	6	6	6	7	7
최고	65	90	143	244	351	304	311	319	343	408	489	611	522	553	360	360	354	354	340	340	340	340

출처: 고용노동부(각 연도).

3) 관리운영체계

　　산재보험업무는 노동부 근로기준국 산하의 산재보험과에서 직접 운영하다가 1995년부터 산재보험업무를 근로복지관리공단으로 이관하여 운영하고 있다.

　　현재 산재보험업무는 고용노동부 노동정책실 산하 산재예방보상정책국 산하의 산재보상정책과에서 담당하고 있으며 자문기관으로 산업재해보상보험및예방심의위원회를 구성 운영하고 있고 산재보험 징수 및 산재근로자에 대한 보상과 관련된 행정심판기구로서 고용노동부 내 산업재해보상보험재심사위원회를 두고 있다. 산하 집행기관에 각종 보험급여의 지급 및 보험료 징수, 재활사업, 각종 근로복지사업을 담당하는 근로복지공단과 산재근로자의 치료와 재활을 위한 산재의료관리원으로 운영되었으나 2010년부터 공단에 통합되어 운영되고 있다.

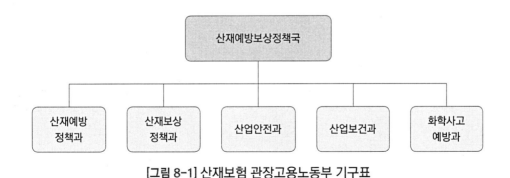

[그림 8-1] 산재보험 관장고용노동부 기구표

출처: 고용노동부(2017).

4) 급여체계

산재보험의 급여는 현물급여와 현금급여로 구분되는데, 현물급여로는 요양급여가 있고, 현금급여로는 휴업급여, 장해급여, 유족급여, 상병보상급여, 간병급여, 장의비, 진폐연금 등이 있으며, 2008년 7월부터 신설된 직업재활급여는 현물과 현금이 동시에 제공된다.

산재보험 급여지급 추이를 살펴보면, 산재보험 시행 첫해인 1965년에는 약 2억 원 규모였으나 1975년 약 100억 원, 1985년 약 1,860억 원, 1997년 약 1조 3,553억 원, 2007년 3조 242억 원, 2016년에는 4조 280억 원으로 증가했다. 총 급여에서 요양급여와 휴업급여 등이 차지하는 비율은 2005년 이후 감소하고 있다가 2013년 이후 비슷한 수준을 유지하고 있는 반면, 연금급여는 2012년까지 증가하다 2013년부터는 거의 약간 줄었고 2014년부터 현재까지 비슷한 수준을 유지하고 있다.

연금지급 추이를 살펴보면, 상병보상연금, 장해연금급여 및 유족연금을 합한 연금급여액이 전체 보험급여액에서 차지하는 비중은 1985년 0.6% 수준에서 2012년 43%까지 증가하였으나 2013년에 42.4%로 감소하였고 2014년부터 40%를 유지하고 있다. 장해연금의 경우, 1982년 법 개정으로 일시금이나 연금으로 받을 수 있게 되었고, 1989년 장해등급 1~3급에 해당하는 중증 장해자에게는 연금으로 지급하게 하는 선불지급제도(최고 4년분까지 허용)를 시행하면서 장해연금수급자가 급증했다. 2016년 장해연금급여지급액은 1988년과 비교해 약 1,180배로 급격하게 증가했고, 유족연금은 3,384배, 상병보상연금은 52배 정도 증가했다. 이러한 연금급여액의 급격한 증가는 2012년까지 증가하였으나 2013년부터 약간 감소하다 최근에는 약간 증가하고 있다.

〈표 8-5〉 산재보험 급여종류 및 내용

급여종류	급여대상	급여수준	급여방식
요양급여	적용사업장의 근로자가 업무상 부상 또는 질병으로 4일 이상 요양한 경우	요양비 전액 요양기간 4일 이상일 때 (3일 이내 치유되는 부상 또는 질병은 산재보험급여를 지급하지 않고 「근로기준법」에 의해 사용자가 재해보상)	현물급여
간병급여	치료 종결 후 간병(상시, 수시)이 필요하여 실제로 간병을 받는 자에게 지급	• 상시 간병 38,240원 • 수시 간병 25,490원	현금급여 (월 단위 지급)

장의비	업무상 사망에 대하여 장제를 행한 자에게 지급	평균임금의 120일분	현금급여 (일시금)
휴업급여	산재로 인한 휴업기간 중 소득보장을 위한 급여 ** 취업한 장애인에게 제공하는 부분휴업급여도 있음.	1일당 평균임금의 70% 3일의 대기기간을 갖고 4일 이상일 때 적용 －최고보상기준: 1일 159,796원의 70% －최저임금(1일 34,500원) 미달 최저임금 지급	현금급여 (단기성: 2년까지)
장해급여	재해로 인한 부상, 질병치유 후에도 장해가 남아 있는 경우	연금: 1급(329일) ～ 7급(138일) 일시금: 1급(1,474일) ～ 14급(55일)	현금급여 장해등급 1～3급: 연금 장해등급 4～7급: 연금 및 일시금 중 선택 장해등급 8～14급: 일시금
직업재활급여	• 장해 1～12급의 장해급여를 받은 자 또는 요양 중으로서 장해 1급～12급을 받을 것이 명백한 자 • 60세 미만 미취업자, 다른 훈련 미해당자	직업훈련비용 및 훈련수당 직장복귀지원금, 직장적응훈련비 및 재활운동비	현물급여 현금급여
유족급여	업무상 사망한 근로자의 유가족이 받게 되는 급여	수급자격자의 수에 따라 연금의 경우 67%(4인)부터 53%(1인)까지 지급	현금급여(장·단기성) 연금 또는 일시금을 선택적으로 지급
상병보상연금	요양급여 2년이 경과하고도 치료가 종결되지 않은 상태에서 폐질자로 판정된 경우에 요양급여와 함께 지급, 휴업급여의 대체적 성격으로 변경 못 함.	장해등급 1～3급과 동일 1급: 329일분 2급: 291일분 3급: 257일분	현금급여(장기성)
진폐연금	진폐재해자에 대하여 진폐보상연금 및 진폐유족연금 지급 (다만, 요양 중 재해자는 제외)	장해연금: 기초연금(최저임금 60%)＋장해연금(연 24～132일분 지급) 유족연금: 장해연금 수준으로 지급	

출처: 고용노동부(2017).

⟨표 8-6⟩ 산재보험 급여종류별 지급 추이 (단위: 백만 원, %)

연도	총급여	요양급여	휴업급여	장해보상 일시금	유족보상 일시금	장의비	간병비	연금급여[1]
1965	202	114	39	7	38	3		–
	(100.0)	(56.4)	(19.3)	(3.5)	(18.8)	(1.5)		
1975	10,380	5,202	1,480	1,960	1,590	143		1[2]
	(100.0)	(50.1)	(14.3)	(18.9)	(15.3)	(1.4)		(0.0)
1985	185,999	82,362	34,428	45,551	20,721	1,873		1,040
	(100.0)	(44.3)	(18.5)	(24.5)	(11.1)	(1.0)		(0.6)
1987	241,255	105,235	47,122	60,867	23,576	2,143		2,312
	(100.0)	(43.6)	(19.5)	(25.2)	(9.8)	(0.9)		(1.0)
1989	369,305	135,369	98,037	85,184	37,520	3,543		9,652
	(100.0)	(36.7)	(26.5)	(23.1)	(10.2)	(1.0)		(2.6)
1990	539,351	173,629	156,026	117,361	69,228	6,372		16,736
	(100.0)	(32.2)	(28.9)	(21.8)	(12.8)	(1.2)		(3.1)
1992	931,564	281,053	281,053	225,103	118,064	10,962		36,387
	(100.0)	(30.2)	(30.2)	(24.2)	(12.7)	(1.2)		(3.9)
1993	872,531	224,021	268,737	219,490	106,383	9,941		43,960
	(100.0)	(25.7)	(30.8)	(25.2)	(12.2)	(1.1)		(5.0)
1994	998,563	249,186	303,595	236,123	142,668	13,395		53,686
	(100.0)	(25.0)	(30.4)	(23.6)	(14.3)	(1.3)		(5.4)
1995	1,133,577	279,418	357,981	254,183	159,604	13,981		69,148
	(100.0)	(24.6)	(31.6)	(22.4)	(14.1)	(1.2)		(6.1)
1996	1,355,337	342,974	435,729	287,341	177,618	16,598		95,076
	(100.0)	(25.3)	(32.1)	(21.2)	(13.1)	(1.2)		(7.0)
1997	1,556,042	396,735	478,645	343,029	196,065	18,372		123,196
	(100.0)	(25.5)	(30.8)	(22.0)	(12.6)	(1.2)		(7.9)
1998	1,451,066	379,688	399,881	337,733	165,709	15,389		152,685
	(100.0)	(26.2)	(27.6)	(23.3)	(11.4)	(1.1)		(10.5)
1999	1,274,225	358,694	337,391	231,795	153,906	14,523		177,915
	(100.0)	(28.1)	(26.4)	(18.1)	(12.0)	(1.1)		(13.9)
2000	1,456,266	425,154	422,464	223,749	153,096	17,175	83	214,545
	(100.0)	(29.1)	(29.0)	(15.3)	(10.5)	(1.1)	(0.0)	(14.7)
2001	1,744,560	536,464	526,306	278,884	116,864	18,255	1.92	266,593
	(100.0)	(30.7)	(30.1)	(15.9)	(6.6)	(1.0)	(0.01)	(15.2)

2002	2,020,335	609,002	628,783	302,844	117,777	9,091	3,213	339,667
	(100.0)	(30.1)	(31.1)	(14.9)	(5.8)	(0.4)	(0.1)	(16.8)
2003	2,481,814	709,577	819,680	371,292	137,777	22,677	5,734	415,616
	(100.0)	(28.5)	(33.0)	(14.9)	(5.5)	(0.9)	(0.2)	(16.7)
2004	2,859,913	786,792	954,612	429,629	132,820	22,811	9,433	523,814
	(100.0)	(27.5)	(33.4)	(15.0)	(4.6)	(0.8)	(0.3)	(18.3)
2005	3,025,771	769,166	938,439	505,783	116,274	21,221	13,836	661,048
	(100.0)	(25.4)	(31.0)	(16.7)	(3.8)	(0.7)	(0.4)	(21.8)
2006	3,163,768	800,390	848,134	531,305	119,173	22,161	20,240	822,361
	(100.0)	(25.3)	(26.8)	(16.8)	(3.8)	(0.7)	(0.6)	(26.0)
2007	3,242,275	763,003	800,304	503,267	119,404	22,753	26,533	1,007,008
	(100.0)	(23.5)	(24.7)	(15.5)	(3.7)	(0.7)	(0.8)	(31.0)
2008	3,421,886	812,279	792,490	543,319	124,492	23,526	33,772	1,091,977
	(100.0)	(23.7)	(23.2)	(15.9)	(3.6)	(0.7)	(1.0)	(31.9)
2009	3,463,140	800,170	786,074	542,927	114,071	21,963	39,365	1,156,590
	(100.0)	(23.1)	(22.6)	(15.6)	(3.2)	(0.6)	(1.1)	(33.3)
2010	3,523,734	766,534	753,065	553,512	108,150	22,532	44,263	1,271,200
	(100.0)	(21.7)	(21.3)	(15.7)	(3.0)	(0.6)	(1.2)	(36.0)
2011	3,625,397	761,559	719,908	536,757	107,167	22,317	48,326	1,414,434
	(100.0)	(21.0)	(19.8)	(14.8)	(2.9)	(0.6)	(1.3)	(39.0)
2012	3,851,287	718,016	724,161	559,625	98,065	23,259	51,682	1,657,975
	(100.0)	(18.6)	(18.8)	(14.5)	(2.5)	(0.6)	(1.3)	(43.0)
2013	3,795,434	723,328	731,329	526,588	104,161	24,834	55,193	1,609,596
	(100.0)	(19.0)	(19.2)	(13.8)	(2.7)	(0.6)	(1.4)	(42.4)
2014	3,926,559	740,574	779,382	497,553	101,998	24,447	54,671	1,599,818
	(100.0)	(18.8)	(19.8)	(12.6)	(2.5)	(0.6)	(1.3)	(40.7)
2015	4,079,198	783,256	816,881	484,475	100,596	24,344	57,279	1,672,326
	(100.0)	(19.2)	(20.0)	(11.8)	(2.4)	(0.5)	(1.4)	(40.9)
2016	4,280,054	838,072	876,672	493,166	97,264	24,913	56,058	1,738,672
	(100.0)	(19.5)	(20.4)	(11.5)	(2.2)	(0.5)	(1.3)	(40.6)

1) 연금급여 = 장해보상연금 + 유족보상연금 + 상병보상연금, 2) 상병보상일시금.
출처: 근로복지공단(2017).

〈표 8-7〉 산재보험 연금급여 지급 추이 (단위: 백만 원, %)

연도	총급여지급액	총연금액	장해연금	유족연금	상병보상연금
1988	296,994(100.0)	4,134(100.0)	974(100.0)	2,573(2,025.9)	3,033(100.0)
	(100.0)	(1.39)	(0.33)	(0.17)	(1.02)
1989	369,305(124.3)	9,657(233.5)	4,209(432.1)	2,992(2,355.9)	5,266(173.6)
	(100.0)	(2.61)	(1.14)	(0.20)	(1.43)
1990	539,351(181.6)	16,736(404.8)	8,958(919.7)	3,836(3,020.5)	7,496(247.1)
	(100.0)	(3.10)	(1.66)	(0.30)	(1.39)
1991	701,514(236.2)	24,409(592.8)	13,990(1436.3)	6,161(4,851.1)	10,052(331.4)
	(100.0)	(3.48)	(1.99)	(0.42)	(1.43)
1992	931,564(313.7)	36,388(878.5)	22,306(2,290.1)	17,711(13,945.7)	13,615(448.9)
	(100.0)	(3.91)	(2.39)	(1.01)	(1.43)
1993	872,531(278.6)	43,960(1063.4)	26,838(2,755.4)	33,980(26,755.9)	16,451(542.4)
	(100.0)	(5.00)	(3.08)	(1.68)	(1.89)
1994	998,563(336.2)	53,686(1298.6)	32,025(3,280.0)	55,348(43,581.1)	20,560(677.9)
	(100.0)	(5.40)	(3.21)	(2.23)	(2.01)
1995	1,133,577(381.7)	68,361(1653.6)	41,496(4,260.3)	127(100.0)	25,557(842.6)
	(100.0)	(6.10)	(3.66)	(0.04)	(2.25)
1996	1,355,337(456.3)	95,076(2,299.8)	60,410(6,202.2)	177(139.4)	32,782(1,080.0)
	(100.0)	(7.00)	(4.45)	(0.05)	(2.42)
1997	1,556,042(523.9)	123,196(2,980.1)	79,441(8,156.2)	282(222.0)	41,182(1,357.0)
	(100.0)	(7.90)	(5.11)	(0.05)	(2.65)
1998	1,451,065(488.5)	152,685(3,693.4)	97,899(10,051.2)	367(289.0)	51,793(1,707.6)
	(100.0)	(10.52)	(6.74)	(0.05)	(3.57)
1999	1,274,225(429.0)	177,915(4,303.7)	111,997(11,498.7)	467(367.7)	62,082(2,046.9)
	(100.0)	(13.96)	(8.78)	(0.05)	(4.87)
2000	1,456,266(490.3)	214,545(5,189.8)	136,705(14,035.4)	670(529.0)	71,677(2,363.2)
	(100.0)	(14.73)	(9.38)	(0.08)	(4.92)
2001	1,744,560(587.4)	266,591(6,448.7)	168,119(17,260.7)	1,100(866.1)	80,761(2,662.7)
	(100.0)	(15.28)	(9.64)	(0.11)	(4.63)
2002	2,020,335(680.2)	339,668(8,216.4)	211,553(21,720.0)	1,307(1,029.1)	94,135(3,101.7)
	(100.0)	(16.81)	(10.47)	(0.12)	(4.66)
2003	2,481,814(835.6)	415,616(10,053.6)	254,930(26,173.5)	1,883(1,482.6)	105,337(3,473.0)
	(100.0)	(16.74)	(10.27)	(0.14)	(4.24)

2004	2,859,913(962.9)	523,814(12,670.8)	322,658(33,127.1)	78,013(61,427.5)	123,143(4,060.1)
	(100.0)	(18.31)	(11.28)	(2.72)	(4.30)
2005	3,025,771(1,018.7)	661,048(15,990.5)	416,402(42,751.7)	104,301(82,126.7)	140,345(4,627.2)
	(100.0)	(21.84)	(13.76)	(3.44)	(4.63)
2006	3,163,768(1,065.2)	822,361(19,892.6)	536,079(55,038.9)	134,702(106,064.5)	151,580(4,997.6)
	(100.0)	(25.99)	(16.94)	(4.25)	(4.79)
2007	3,242,275(1,091.6)	1,007,008(24,359.16)	667,379(68,519.4)	177,393(139,679.5)	162,236(5,349.0)
	(100.0)	(31.05)	(20.58)	(5.47)	(5.00)
2008	3,421,886(1,152.1)	1,091,977(26,414.53)	722,597(74,188.6)	193,222(152,143.3)	176,158(5,808.0)
	(100.0)	(31.91)	(21.1)	(5.64)	(5.15)
2009	3,463,140(1,166.0)	1,156,590(27,977.5)	748,155(76,812.6)	218,478(172,029.9)	189,956(6,262.9)
	(100.0)	(33.39)	(21.6)	(6.30)	(5.48)
2010	3,523,734(1,186.4)	1,271,200(30,749.8)	844,360(86,689.9)	243,974(192,105.5)	182,865(6,029.1)
	(100.0)	(36.07)	(23.9)	(6.92)	(5.18)
2011	3,625,397(1,220.6)	1,414,434(34,214.6)	897,742(92,170.6)	269,083(211,876.3)	172,863(5,699.4)
	(100.0)	(39.01)	(24.7)	(7.42)	(4.76)
2012	3,851,287(1,296.7)	1,657,975(40,105.8)	1,067,614(109,611.2)	309,432(243,647.2)	195,211(6,436.2)
	(100.0)	(43.04)	(27.7)	(8.03)	(5.06)
2013	3,795,434(1,277.9)	1,609,596(38,935.5)	1,007,945(103,485.1)	337,760(265,952.7)	169,397(5,585.1)
	(100.0)	(42.40)	(26.5)	(8.89)	(4.46)
2014	3,926,559(1,322.1)	1,599,818(38,699.0)	1,064,266(109,267.5)	369,036(290,579.5)	166,516(5,490.1)
	(100.0)	(40.7)	(27.1)	(9.39)	(4.24)
2015	4,079,108(1,585.6)	1,672,326(40,452.9)	1,109,798(113,942.2)	399,956(314,925.9)	162,572(5,360.1)
	(100.0)	(40.9)	(27.2)	(9.80)	(3.98)
2016	4,280,054(1,441.1)	1,738,672(42,057.8)	1,149,932(118,062.8)	429,863(338,474.8)	158,877(5,238.2)
	(100.0)	(40.6)	(26.8)	(10.0)	(3.71)

출처: 근로복지공단(2017).

5) 재활서비스

현재 고용노동부와 근로복지공단에서 산재장애인의 재활사업의 중요성을 인식함에 따라 2001년 재활 5개년 계획을 수립해 추진하고 있다. 최근 산재근로자의 직업재활의 중요성에 따라 2008년 7월부터 산재장애인에게 임의로 제공되었던 직업훈련비지원사업, 직업복귀지원금, 직장적응훈련비, 재활운동비 등의 직업재활서비스를 법정급여인 직업재활급여로 전환했다.

한편, 의료재활 및 사회재활서비스는 여전히 필요한 경우 신청에 의해 제공되는 임의 급여이며, 수행기관은 근로복지공단, 산재의료관리원, 근로복지공단으로부터 사회재활 사업을 위탁받아 수행하는 민간기관 등이다. 또한 주요 재활서비스 전담인력으로는 근로복지공단의 재활상담사가 있으며, 잡코디네이터를 별도로 양성하여 통합적인 재활계획의 수립과 재활과정의 사례관리 업무를 추진하고 있다.

우리나라 산재보험의 재활 과정을 보면, 산업재해로 사고를 당한 산재근로자는 인근 산재지정병원으로 옮겨져 응급치료를 받게 되며, 장기적인 치료를 요하는 경우에는 산재병원이나 전문병원, 또는 종합병원에서의 의료적 치료 및 의료재활과정에 들어가게 된다. 요양치료 기간 중에는 작업치료의 연장으로 재활적응훈련을 받을 수 있으며, 치료가 종결되면 1~14급까지의 신체장해등급을 판정받고, 장해급여와 보장구를 받게 된다. 치료가 종결된 이후에도 후유증상이 있을 경우 다시 재요양 승인을 통해 요양을 하거나, 후유증상 진료제도를 통해 계속해서 치료를 받을 수 있다. 장해등급 판정을 받은 후 원직 복귀를 하지 못하는 경우는 재활상담을 통해서 자격요건에 맞으면 직업훈련비용지원, 재활스포츠 비용 지원서비스를 제공받을 수 있고, 생활자금정착금 대부사업이나 자녀장학금사업, 자립점포임대 지원을 제공받을 수 있다.

〈표 8-8〉 산재보험 재활·복지사업 주요 내용

구분	사업명	사업내용
의료재활	전문재활치료	근로복지공단 직영병원 7개 재활전문센터 및 46개 재활인증의료기관 중심 지원
	합병증 등 예방관리제	치료종결 이후 업무상 상병의 악화, 재활 또는 합병증 방지를 위한 진료비 및 약제비 지원
사회심리재활	재활스포츠 지원	• 대상: 통원요양환자 및 산재장해인(60세 미만)으로 팔, 다리, 척추 등의 기능에 장해가 남은 자(예정자) • 내용: 스포츠활동에 대해 월 10만 원 이내의 수강료 지원(특수재활스포츠: 인당 최고 60만 원, 1개월 한도)
	심리상담	요양 중 심리안정·재활의욕 고취를 위한 개별 심리상담

	희망찾기 프로그램	• 대상: 업무상 재해로 요양 중인 산재환자 • 내용: 산재근로자에게 요양초기 사고로 인한 스트레스, 정신불안 해소 및 심리안정을 지원하여 조속한 사회 및 직업복귀를 촉진
	사회적응 프로그램	• 대상: 장해등급 판정일로부터 3년 이내 및 2년 이상 통원자 • 내용: 장애수용능력 향상, 자기효능감 회복 및 증진 등
	진폐환자 취미활동반 지원	진폐 등 진행성 질병으로 입원 중인 산재근로자에게 취미활동 지원(월 4만 5천 원 이내의 실비 지원)
직업재활	직업훈련비용 지원	• 대상: 요양 종결 후 직업에 복귀하지 못한 산재장해인(60세 미만) *직업재활급여 대상: 제1급~제12급(장해판정일로부터 1년 이내) 및 통원요양 중인 자 *예산사업 대상: 제1급~제12급(장해판정일로부터 1년이 지난 다음 날로부터 3년 이내) • 내용: 훈련비(12개월 범위 내 2회까지 연 600만 원 한도), 훈련수당(훈련시간 · 시간 등에 따라 차등지급)
	원직장복귀 지원	〈직업재활급여〉 • 직장복귀지원금: 요양종결한 장해급여자(제1급~제12급)를 원직장에 복귀시켜 6개월 이상 고용을 유지한 사업주(2010년 4월 28일 이후 요양 중 포함) *제1급~제3급 월 60만 원, 제4급~제9급 월 45만 원, 제10급~제12급 월 30만 원 • 직장적응훈련비: 원직장에 복귀한 장해급여자(제1급~제12급)에게 직무수행이나 직무전환에 필요한 직장적응훈련을 실시하고 종료한 다음 날부터 6개월 이상 고용을 유지한 사업주(최대 3개월까지 월 45만 원 이내 실비지원, 2010년 4월 28일 이후 요양 중 포함) • 재활운동지원: 원직장에 복귀한 장해급여자(제1급~제12급)의 직무수행능력 향상을 위해 재활운동을 실시하고 종료한 다음 날부터 6개월 이상 고용을 유지한 사업주(최대 3개월까지 월 15만 원 이내 실비지원, 2010년 4월 28일 이후 요양 중 포함) *단, 2010년 4월 27일 이전 종결자는 장해등급 제1급~제9급으로 한정 〈예산사업〉 앞의 직업재활급여 내용과 동일. 다만 직장적응훈련비는 월 40만 원 이내 실비를, 재활운동지원비는 월 10만 원 이내 실비를 최대 3개월까지 지급

	창업 지원	• 대상: 요양종결 후 직업에 복귀하지 못한 산재장해인(60세 미만)으로 직업훈련 수료자 · 진폐장해인 · 창업업종 관련 자격증 소지자. 2년 이상 종사한 업종으로 창업을 희망하는 자 • 내용: 1억 원 이내의 점포를 공단명의로 임대하여 최장 6년간 연리 3%로 지원
	대체인력 지원	• 대상: 산재근로자 치료기간 중 신규로 대체인력을 채용한 20인 미만의 소규모 사업장의 사업주(산재근로자) 장해판정자 또는 요양 2개월 이상자로서 원직복귀 후 1개월 이상 고용(대체인력) 재해일부터 신규로 대체인력을 채용하여 1개월 이상 고용 • 내용: (지원기간 및 금액) 대체인력 임금의 50% 범위 내(월 60만 원 이내/최대 6개월)
복지 사업	생활안정자금 융자사업	• 대상: 유족, 상병보상연금 수급자, 제1급~제7급 산재장해인 • 내용: 혼례비, 의료비, 장례비, 차량구입비, 주택이전비, 사업자금을 신용 1,000만 원 한도, 2년 거치 3년 분할상환, 연리 3%
	산재장학사업	• 대상: 유족, 상병보상연금 수급자, 제1급~제7급 근로자의 고등학생 자녀 • 내용: 고등학교 등록비 지원(185만 원 한도)

출처: 고용노동부(2017) 재구성.

3. 산재보험의 문제점과 과제

산재보험은 우리나라 사회보험 중 가장 먼저 도입되어 적용대상이나 보상수준에서 그동안 괄목할 만한 발전이 있었다. 그러나 이러한 적용대상이나 보상수준의 향상에도 불구하고, 현 산재보험은 보험료율체계, 급여체계의 비합리성 및 편협성 등으로 사회보험의 본래 목적 및 기능과는 차이를 보이고 있다. 현 산재보험제도의 문제점과 향후 개선해야 할 과제는 다음과 같다.

1) 적용대상의 제한성과 과제

2000년 7월 1일부터 산재보험 당연적용 대상에서 제외되고 있는 상시 5인 미만의 근로자를 사용하는 사업체도 산재보험 당연적용 대상에 포함하도록 하고 있어 산재사고가 많은 소규모 영세업체 근로자들도 산재보험에 의한 보상을 받을 수 있게 되었다. 또한 산재보험 적용대상에서 제외되었던 중소기업 사업주의 범위를 넓혀 상시 50인 이하의 근로자를 사용하는 사업주도 임의가입하도록 해 소규모 영세업체 사업주의 산재사고에 대한 보장까지 확대했다. 이후 2004년부터는 근로자를 사용하지 않는 자영업자의 경우도 임의가입할 수 있는 근거를 마련했고, 2008년 7월부터는 보험모집인, 레미콘기사, 학습지교사, 골프장캐디 등 4개 특수형태근로종사자까지 본인이 희망할 경우 가입할 수 있도록 하고 있으며, 2012년 5월에는 퀵서비스업자 및 비전속 퀵서비스기사에 대해, 11월에는 예술인에 대해 산재보험 임의가입을 확대하였다.

그러나 지속적인 적용대상의 확대에도 불구하고 산재보험 적용대상의 확대 추이를 보면, 2016년 기준 산재보험 적용률은 67.6%로서 나머지 32.4%의 근로자는 산재위험에 그대로 노출되어 있다. 산재보험 적용제외 대상과 더불어 산재사고가 많은 건설업이나 제조업 분야에서 당연적용 사업장임에도 불구하고 산재보험 가입을 기피하거나 산재보험에 가입했다 하더라도 산재사고를 은폐하려는 경향 때문에 산재보험의 실질적인 적용을 받지 못하는 경우가 발생하고 있다. 또한 최근 비정규직의 증가와 더불어 파견, 용역, 사내하청 등의 형태로 비정규 근로자를 고용하고 있는 사업체의 경우 산재보험 가입이 의무적임에도 불구하고 이를 기피하는 경우가 빈번해 산재보험 가입이나 적용이 다른 사회보험에 비해 현저하게 낮은 것으로 나타나 이에 대한 대책 마련이 필요할 것으로 보인다.

2) 보험부담체계의 한계와 과제

우리나라 산재보험의 부담체계를 살펴보면, 민영보험의 특성이 강하다. 2016년 현재 산재보험부담체계는 62개의 위험등급에 따라 업종을 분류해 차등화된 요율을 적용하고 있으며, 같은 업종 내에서도 개별사업장의 산재발생 정도에 따라 개별실적요율을 동시에 적용하고 있다. 이와 같이 세분화된 보험부담체계는 업종 또는 사업장 간의 보험료율의 차이를 크게 만들어 사고위험 및 부담에 대한 분산이라는 사회보험의 기능보다는 수지상등원칙에 입각한 민영보험의 특성을 강하게 내포하고 있어 재분배의 역진적인 경향도 보인다. 또한 업종별 위험등급에 따라 결정된 보험료율에 임금총액을 곱해 산정하는 사업장별 순보험료는, 근로자 수가 적고 평균임금이 낮은 업종일수록 보험료 부담이 가중되고, 사양산업의 경우 근로자 수의 감소로 임금총액이 줄어들게 되어 산재율과 관계없이 보험료율이 상승하게 되는 문제점을 안고 있다. 선진국의 경우 산재보험 부담의 차이를 축소하고 있는 것과는 달리 우리나라는 오히려 보험료율체계를 세분화하려는 경향을 보인다. 따라서 산재보험의 부담체계는 보험료율의 세분화와 같은 보험기술상의 문제를 해결함과 동시에 장기적인 산재예방 노력을 통한 재정안정화 방안에 초점을 두는 것이 바람직할 것으로 판단된다.

3) 급여내용의 편협성과 과제

산재보험의 급여체계에 있어 나타나는 문제는 크게 현금급여에 편중되어 있다는 점과 급여수급자 간의 수급액의 편차가 심하다는 점이다. 현재 우리나라 산재보험 급여수준은 ILO 수준을 초과하고 있으며, OECD 국가와 비교해 볼 때에도 결코 낮지 않다. 그동안 우리나라 산재급여의 내용은 주로 의료적 치료와 현금 위주로 제한되어 있어, 산재장애인들의 사회복귀에 실질적인 도움이 되지 못했다. 다행히 2008년 7월부터 직업재활급여를 법정급여로 전환해 체계적인 직업복귀를 유도하고 있지만 아직 직업재활시스템의 미흡성으로 실효성을 기대하기 어렵다. 또한 실근로일수가 통상근로자보다 적은 일용근로자에 대한 급여기준 또는 퇴직연령이 지난 65세 이상 노인에 대해 지급하는 과다한 현금급여, 산재급여수급자 간의 심각한 편차 등이 주요한 문제로 지적되어 왔다.

이러한 급여수급자 간에 나타나는 불균형 문제를 해결하기 위해 2000년 7월 1일부터 실근로일수가 통상근로자보다 적은 일용근로자에 대해 실근로일수를 감안한 평균임금을 산정하거나 최고 보상한도액을 고시하는 방안, 65세 이상인 근로자의 휴업급여 수준을 평균임금의 65%로 낮추는 등의 조처를 취하고 있으나, 산재보험수급자 간의 불균형 해소를 위한 추가적인 조처가 요구된다.

또한 근본적으로는 적극적인 예방사업이나 다양한 재활서비스 등을 제공하는 등 산재보험급여 내용을 다양화할 필요가 있다. 적극적인 산재예방사업은 결국 기업의 산재보험에 대한 부담을 경감시키고 생산적인 인력손실을 방지한다는 측면에서 볼 때, 산재보험의 모든 서비스나 사업에 우선한다. 또한 산재발생 이후 체계적이고 다양한 재활서비스는 생산성 있는 노동력의 손실을 최소화한다는 경제적인 측면 외에도 산재근로자의 사회통합을 촉진할 수 있다는 점에서 의의가 크다. 특히 산재보험 급여지급의 기준이 되는 장해등급 판정을 현대의 산업구조에 따라 현실화할 필요가 있다. 신체적인 장해뿐만 아니라 소득손실정도를 동시에 반영할 수 있는 장해등급 판정체계를 도입해야 할 것으로 보인다.

4) 산재보험 책임의 이중구조화문제와 과제

현행 산재보험급여는 산재보험급여 이외에도 민사상의 배상책임에 따른 보상이 가능하도록 이중구조화되어 있어 산재보험의 사회보험으로서의 기능 및 성격규명을 어렵게 만든다. 산재보험의 의의는 급여수급권자에게는 안정적인 삶을 보장하고, 사용자에게는 배상책임의 부담을 경감하는 데 있다. 그러나 우리나라의 경우 여전히 산재보험제도를 통한 보상과 「근로기준법」상의 배상책임을 동시에 인정하고 있어 민간배상책임을 대체하기 위한 사회보험으로서의 한계를 보이고 있다. 사실 이러한 문제는 산재근로자의 원직복귀를 방해하는 가장 중요한 요인으로 작용하고 있고 따라서 직업복귀율을 높이기 위한 선결과제로 볼 수 있다.

실제로 독일이나 미국의 경우 사업주가 산재보험을 통한 보상과 민사배상의 이중책임을 지지 않도록 함으로써 사업주와 근로자 간의 불필요한 분쟁을 예방할 수 있도록 하고 있다. 독일의 경우 사업주는 근로자의 업무상 재해 시 인적 손해에 대한 민사상 손해배상책임을 부담하지 않도록 되어 있고 미국의 워싱턴주는 산재근로자가 산재보험에 관한 보상과 손해배상청구권 중 하나를 선택할 수 있게 되어 있으며, 예외적으로 사업주가 고의로 근로자를 다치게 했을 경우에만 산재보험 보상청구권과 민사상 손해배상청구권을 인정하고 있다. 따라서 산재보험제도에 대한 근본적인 성격규명이 필요하며, 산재보험을 통한 보상을 받은 후 근로자가 사용자에게 다시 배상책임을 청구할 수 없도록 하는 산재보험의 민간배상책임을 보완하고 대체하는 역할을 강화하는 단계적인 노력이 필요하다.

5) 산재보험급여의 연금화에 따른 재정문제와 과제

우리나라 산재보험 재정은 단기적인 수지균형을 위한 부과방식을 택하고 있다. 하지만 1989년부터 장해급여의 연금화에 따라 수급권자가 연금급여를 선호하는 경향이 나타나고 있고, 실제로 2005년 이후 산재보험급여에서 연금이 차지하는 비율이 확연히 높아지고 있다. 이러한 연금급여가 지속적으로 증가할 경우, 현재와 같은 단기적 부과방식은 전체 지출을 증가시켜 다음 세대에 재정부담을 전가할 것으로 예측된다. 따라서 현재의 순부과방식을 개선해 단기급여에 대해서는 부과방식을, 장기급여에 대해서는 적립방식을 적용하는 혼합재정방식체계로 전환하는 등 재정부담체계의 개선이 필요할 것으로 보인다.

6) 직업재활급여의 정착을 위한 과제

현재 산재보험 재활사업은 2001년부터 5개년 계획을 통해 추진되고 있으며, 2008년 7월부터는 법정 직업재활급여도 제공되고 있다. 이로써 재활급여가 치료와 보상과 더불어 산재보험의 주요 사업으로 자리 잡게 되었다. 그러나 그동안의 양적 성장에도 불구하고 초창기에 나타나는 기본 인프라의 부족으로 재활사업의 질적 성장에서 한계를 보이고 있다. 향후 산재보험 직업재활급여 사업이 효과적으로 운영되기 위해서는 적정한 직업재활급여 대상자를 선정할 수 있는 사정체계(assessment system)를 구축할 필요가 있으며, 직업재활이 원활하게 이루어질 수 있도록 의료 및 사회 재활 프로그램을 연계하여 통합적으로 지원하는 노력이 요구된다. 이러한 통합적인 재활체계 구성을 위한 법적 근거를 마련하는 일 또한 긴급한 과제이다. 현재 의료, 심리, 사회재활과 관련된 법적 근거가 미비하여 서비스의 지속성과 질을 담보하기 어렵다. 또한 이에 따른 전문 인력의 확충과 지역사회의 전문서비스 기관과의 연계 등 효과적인 재활서비스 전달체계를 구축하는 노력이 전제되어야 할 것이다. 구체적으로는 요양 초기부터 산재근로자에게 개입할 수 있도록 하는 사례관리(case management) 방법을 도입하되 근로복지공단의 재활상담사를 사례관리자로 적극 활용할 수 있도록 업무체계를 구축할 필요가 있다. 더불어 현재 양성하고 있는 잡코디네이터의 경우 전공분야가 다양한 만큼 재활상담사와는 차별화된 역할을 설정하여 업무를 추진할 수 있도록 인적 전달체계에 대한 고민이 더 필요할 것으로 보인다.

참고문헌

고용노동부(2012). 2011년도 산재보험사업연보.
고용노동부(2017). 2016년도 산재보험사업연보.

고용노동부(각 연도). 산재보험사업연보.

근로복지공단(2017). 2016년도 근로복지공단 통계연보.

김진수(1997a). 산업재해보상보험. 97 한국사회복지연감. 사회복지연구회.

김진수(1997b). 산재보험 개선 및 발전에 관한 연구. 사회보장연구, 13(1), 89-114.

김태성, 김진수(2001). 사회보장론. 서울: 청목.

김호경(2001). 산재보험과 사회안전망. 서울: 한국노동연구원.

노동부(1997b). 산재보험료 산정의 투명성 제고방안 연구.

노동부(2000). 산재보험 재활사업의 중장기 발전전략.

노동부(2001). 산재보험 재활사업 5개년 계획 세부실천사업.

박수경(2001). 산재보험 요양관리 실태와 합리화방안. 사회보장연구, 16(2), 59-82.

박수경 외(2003). 산재보험 재활서비스 증대를 위한 재활상담원의 역할모형 개발에 관한 연구. 서울: 노동부.

통계청(2016). 경제활동인구연보.

한국노동연구원(1997). 산재보험급여 및 관련임금체계에 관한 연구.

한국보건사회연구원(1995). 산재보험 서비스전달체계의 개선방안.

제9장

고용보험제도

강지영(연세대학교 사회복지학과 강사)

1. 고용보험제도의 의의

1) 고용보험의 의의

실업은 근로할 수 있는 능력이 있고 근로 의사가 있는 경제활동인구가 일자리를 갖지 못하고 있는 상태를 의미한다. 실업의 유형은 계절적 실업, 경기적 실업, 마찰적 실업, 구조적 실업 등으로 크게 나누어 볼 수 있다. 계절적 실업은 경제활동의 계절적인 변동으로 발생하는데, 예를 들어 농업의 경우 계절에 따라 인력수요가 변화하여 실업이 발생할 수 있다. 경기순환적 실업은 경기침체로 인하여 경제의 총 수요가 전체 노동력을 고용할 수 없게 된 경우 발생하며, 마찰적 실업은 일자리가 필요한 사람과 근로자에 대한 수요가 존재하고 있음에도 불구하고 노동시장에 대한 정보가 불완전하여 발생하는 것으로서, 일반적으로 이직과정에서 발생한다고 볼 수 있다. 일자리를 바꿀 때나 새로 노동시장에 들어가 일자리를 구할 때 발생하는 일시적인 무직상태를 의미한다. 구조적 실업은 산업에서 요구되는 직업기술과 경제활동인구의 기술이 불일치(mismatch)하는 경우 발생한다.

실업은 현대 자본주의 사회에서 대표적인 사회적 위험이다. 고전경제학자들은 실업이 개인적인 원인에서 발생한다고 간주하였으나, 대공황 이후 대규모 실업은 케인즈를 중심으로 하여 비자발적 실업을 주목하게 하였다. 사회적 위험으로서, 실업은 개인적인 차원에서 노동을 통한 소득의 상실, 혹은 감소로 근로자와 부양가족의 생계유지에 어려움을 야기할 수 있을 뿐 아니라, 거시적 차원에서 구매력 약화로 인해 국가에 경제 손실을 가져올 수 있다. 또한 실업으로 인해 부차적인 사회적 문제, 즉 빈곤, 자살, 범죄 등 다양한 사회문제가 야기될 수 있다.

사회적 위험으로서 실업은 보험수리적으로 보장이 가능한데, 민영보험보다는 사회보험이 일반적으로 더 적절하게 보장할 수 있는 것으로 알려져 있다(김태성, 김진수, 2013; Barr, 2008). 그 이유는 다음과 같다.

첫째, 개인별로 실업이 발생할 확률이 상호독립이 아닌 경우가 존재한다. 예를 들어, 대공황이나 장기불황은 다른 사람과 실업확률이 연계되어 있거나 현재 개인이 실업에 처할 확률이 이전 실업과 상호의존관계에 있을 수 있다는 점이다.

둘째, 일반적으로 실업이 발생할 확률은 1보다 작지만, 장기구직자나 미숙련 청(소)년 노동자 등 일부 특정한 노동시장의 경우 실업확률이 높다.

셋째, 실업확률에 관한 정보와 측정 문제는 민간보험에서 문제가 되지 않을 수 있지만, 역선택의 문제가 발생할 수 있다. 민간보험회사가 과거 직업 경력이나 사회경제적 특성을 알 수 있으나, 비용이 많이 들고 보험가입자가 관련 정보를 숨길 수 있다. 즉, 정보문제가 발생할 수 있다.

넷째, 민영보험은 도덕적 해이의 문제에 더욱 취약할 수 있다. 실업은 특히 진입과 이탈을 자의적으로 조절할 수 있고 이를 판단하기가 용이하지 않다는 것이다. 이런 이유에서 실업보험은 대체로 국가차원에서 제공되고 있다.

2) 고용보험의 역사

고용보험제도는 19세기 후반 유럽의 일부 노동조합이 실직조합원들에게 실업급여를 지급하던 자주적인 실업공제기금제도에서 그 기원을 찾을 수 있다. 그러나 실업공제기금제도는 몇 가지 한계를 내재하고 있었다. 근로자가 모든 비용을 부담하여 보장성이 낮았고, 임의가입의 형식을 따름에 따라 상대적으로 실업의 위험이 높은 근로자들을 중심으로 가입이 이루어져서 위험을 적절히 분산하지 못하였다.

20세기 들어 여러 국가가 실업공제기금을 국가보조원칙을 도입한 임의적 실업보험제도로 전환하기 시작하였는데, 그 대표적인 예가 프랑스, 노르웨이, 덴마크이다. 프랑스는 세계 최초로 1905년 노동조합의 자주적인 실업공제기금에 국가재정으로 보조금을 지급하였고, 노르웨이 또한 1906년 자주적인 실업구제기금제도에 의해 지급되는 실업급여액의 4분의 1에 해당하는 금액을 정부에서 보조하는 법률을 제정하였다. 이와 같은 형태의 전통은 현재에도 그 유형이 남아 있어 덴마크, 핀란드, 스웨덴 등의 국가에서는 임의적인 실업보험제도(voluntary unemployment insurance system)를 실시하고 있다.

이후, 노동조합에의 가입유무와 관계없이 일정 요건에 해당하는 근로자를 강제적으로 보험의 적용을 받도록 하는 강제적 실업보험제도가 도입되었다. 1911년 영국에 의해 최초로 도입되었는데, 노·사·정 3자의 부담을 원칙으로 하였다. 이러한 영국의 강제적 실업보험제도는 이후 이탈리아의 실업보험제도 도입에 영향을 주었다. 제1차 세계대전 이후의 대규모 실업사태는 많은 국가에서 실업보험제도의 도입을 촉진하는 계기가 되어, 오스트리아(1920년), 불가리아(1925년), 독일(1927년) 등은 강제적 실업보험제도를 도입하였다.

이러한 고용보험의 역사는 현재까지도 영향을 미쳐 고용보험제도는 크게 강제적 고용보험제도, 임의적 고용보험제도, 실업부조의 세 가지로 분류할 수 있다.

강제적 고용보험제도는 사회보험방식에 의하여 일정 요건에 해당되는 사업장의 근로자에 대해 포괄적으로 적용하는 형태로 한국, 미국, 영국, 일본, 독일 등이 채택하고 있다. 이러한 강제적용방식은 적용대상이 되는 근로자를 포함함으로써, 보다 적극적인 노동자 보호가 가능하고, 고용정책과 연계할 수 있다는 장점이 있다.

임의적 고용보험제도는 노동조합에 의해 자발적으로 설립된 실업기금이 정부로부터 인가를 받아 운영되는 형태인데, 덴마크, 스웨덴 등이 채택하고 있다. 임의적 고용보험은 노동조합을 중심으로 운영되는데, 조합원에 대해서는 가입이 강제되어 강제적 고용보험과 동일한 효과가 있다. 그러나 비조합원에 대해서는 임의가입을 허용한다. 이러한 방식은 개인의 선택을 존중한다는 장점이 있는 데 반해, 강제적 방식에 비해 노동자 보호가 약할 수 있다는 단점이 있다.

실업부조제도는 보험의 형식이 아니라, 소득조사를 통해 저소득 실업자에 대하여 정부 부담에 의해 실업수당을 지급하는 방식으로 호주, 뉴질랜드에서 실시하고 있다. 국가에 따라서는 앞의 세 가지 유형 중 보험제도와 실업부조제도를 동시에 활용하는 이원적 방식도 채택하고 있다. 예를 들어, 강제적 고용보험제도이든 임의적 고용보험제도이든 고용보험제도를 근간으로 하고, 저소득 실업자를 대상으로 실업부조를 병행하는 방식이다.

3) 한국의 고용보험

고용보험(employment insurance)은 실업의 예방, 고용의 촉진 및 근로자의 직업능력의 개발과 향상을 꾀하고, 국가의 직업지도와 직업소개 기능을 강화하며, 근로자가 실업한 경우에 생활에 필요한 급여를 실시하여 근로자의 생활안정과 구직 활동을 촉진함으로써 경제·사회 발전에 이바지하는 것을 목적(「고용보험법」 제1조)으로 하는 사회보장제도이다. 특히 한국의 고용보험은 전통적 의미의 실업보험을 비롯하여 고용안정사업과 직업능력사업 등의 적극적 노동시장 정책을 연계하여 통합적으로 실시하는 사회보험이다.

고용보험은 사회안전망으로서 소득재분배의 효과를 가질 수 있을 뿐 아니라, 실업자들에게 생계를 보장하고 새로운 취업 기회를 제공할 수 있다. 더 나아가 적극적 시장정책을 바탕으로 실업을 해소할 수 있게 된다. 고용보험은 총수요와 총공급의 균형을 이루는 방향으로 경기 변동을 억제하는 효과를 가진 자동안정화장치의 역할을 수행하기도 한다.

한국에서 고용보험제도의 변천과정을 살펴보면, 고용보험은 1995년 7월 1일에 도입되었는데, 타 사회보험과 비교하여 도입시기가 늦은 편이다. 도입시기는 늦으나, 경제위기 이후 실업의 급격한 증가로 적용확대가 급속도로 진행되었다. 초기에는 상시근로자 30인 이상 사업장을 당연가입대상으로 규정하였으나, 이후 고용보험의 가입대상이 점차 확대되어 1998년 1월 1일부터는 상시근로자 10인 이상 사업장, 3월 1일부터 상시근로자 5인 이상 사업장, 10월 1일부터는 1인 이상 사업장으로 확대 적용되었다. 2004년 1월 1일부터는 일용근로자, 60세 이후에 새로이 고용되는 자에 대하여도 고용보험 적용이 확대되었으며 시간제 근로자의 적용범위도 대폭 확대되었다. 또한 저출산 고령화의 문제에 대응하기 위하여, 지속적으로 모성보호사업을 확대하였으며, 2013년에는 65세 이상 근로자에게 고용보험을 확대 적용하는 등 시대적 요구에 따라 그 범위와 내용이 변화하고 있다.

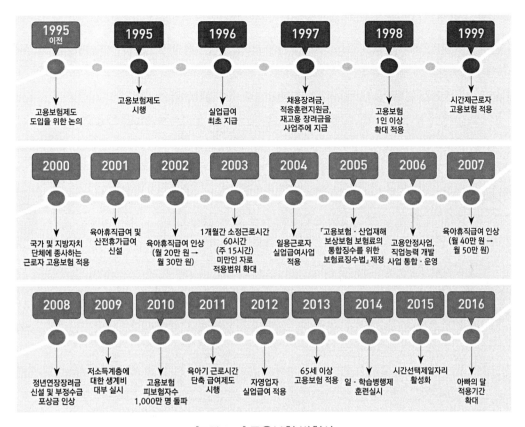

[그림 9-1] 고용보험 변천사

출처: 고용노동부(2017).

2. 고용보험제도의 운영

1) 적용대상

(1) 당연가입대상

원칙적으로 근로자를 사용하는 모든 사업 또는 사업장이 당연가입대상으로 적용된다. 사업이 개시되거나 사업이 적용요건을 충족하게 되었을 때 사업주 또는 근로자의 의사와 관계없이 자동적으로 고용보험관계가 성립되는 사업을 당연가입대상사업이라고 한다. 「고용보험법」 제정 당시에는 고용보험의 적용범위를 실업급여와 고용안정사업 및 직업능력개발사업으로 이원화하여 실업급여는 상시근로자 30인 이상의 사업 또는 사업장으로, 고용안정사업 및 직업능력개발사업은 상시근로자 70인 이상의 사업 또는 사업장에 적용하였다. 이렇게 이원화되던 고용보험은 점차적으로 적용 사업과 사업장을 확대시켜 나가다가 1998년 10월부터 1인 이상으로 확대되어 적용되었다.

1995년 7월 1일 고용보험 시행 당시 30인 이상 사업장, 1998년 1월 1일에는 10~29인 사업장, 3월 1일에는 5~9인 사업장, 10월 1일에는 1인 이상 사업장으로 적용대상이 확대됨에 따라 고용보험적용 사업장수와 피보험자수가 급격히 증가하였다. 1995년 7월 1일 적용사업장은 39천 개소에서 2016년 2,175천 개소로 55배 이상 증가하였고, 적용 근로자도 4,204천 명에서 12,655천 명으로 3배 이상 증가하였다.

〈표 9-1〉 연도별 적용대상 변화   (단위: 천 개소, 천명)

구분	1995. 7.1.	1998. 1.1.	1998. 10.1.	2004	2005	2006	2007	2008	2009	2010	2011	2012	2013	2014	2015	2016
적용범위	30인 이상	10인 이상	1인 이상	1인 이상	1인 이상	1인 이상	1인 이상	1인 이상	1인 이상	1인 이상	1인 이상	1인 이상	1인 이상	1인 이상	1인 이상	1인 이상
적용사업장	39	47	400	1,003	1,148	1,176	1,288	1,424	1,385	1,408	1,508	1,611	1,748	1,935	2,107	2,175
적용근로자 (피보험자)	4,204	4,272	5,268	7,577	8,064	8,537	9,063	9,272	9,654	10,131	10,675	11,152	11,571	11,931	12,363	12,655

출처: 고용노동부(2017).

(2) 적용제외 및 임의적용

근로자를 사용하는 사업이나 사업장은 당연적용대상이지만, 사업규모를 고려하여 대통령령으로 정하는 사업 또는 사업장에 대해서는 그 예외가 인정된다. 적용제외 사업은 ① 농업, 임업, 어업 및 수렵업 중 법인이 아닌 자가 상시 4명 이하의 근로자를 사용하는 사업, ② 총공사금액이 매년 고용노동부 장관이 고시하는 금액 미만인 건설공사(2009년 연면적 100m² 이하인 건축 또는 연면적 200m² 이하인 대수선에 관한 공사), ③ 가사서비스업 등이 있다.

또한 고용형태의 특성상 고용보험을 적용하기 어려운 일부 근로자는 적용 제외하도록 한다. 고용보험의 피보험자가 되는 근로자는 사업주의 지위, 감독하에서 상시 근로를 제공하고 그 대가로 임금형태의 금품을 지급받는 사람을 의미하는데, 적용제외 근로자는 ① 65세 이후에 고용되거나 자영업을 개시한 자(단, 고용안정, 직업능력개발 사업은 적용),

② 1개월간 소정근로시간이 60시간(1주간 소정근로시간 15시간) 미만인 자(단, 생업을 목적으로 근로를 제공하는 자 중 3개월 이상 계속하여 근로하는 자 및 일용근로자는 적용), ③ 「국가공무원법」 및 「지방공무원법」에 의한 공무원(별정직 및 임기제 공무원은 임의가입 가능), 「사립학교교직원연금법」의 적용을 받는 자, 「별정우체국법」에 의한 별정우체국 직원(시행령제2조), ④ 외국인 등이다.

　일반적인 적용대상 근로자 이외에도 사회 안전망이 취약한 대상을 임의적용하여 보호하고 있는데, 별정직, 임기제 공무원, 50인 미만의 근로자를 고용하고 있는 자영업자가 임의가입 적용대상이다.

2) 보험료

　보험료는 고용보험사업에 소용되는 비용을 충당하기 위하여 보험가입자인 사업주와 피보험자인 근로자로부터 징수하는 금액을 말한다. 고용안정, 직업능력개발사업 보험료(사업규모별로 0.25~0.85%, 〈표 9-2〉 참조)는 사업주가 전액 부담하고 실업급여 보험료(1.3%)는 사업주와 근로자가 각각 1/2씩 부담한다.

〈표 9-2〉 고용보험료율(「보험료징수법 시행령」 제12조)

구분		1998. 12. 31. 까지		1999. 1. 1. 이후		2003. 1. 1. 이후		2006. 1. 1. 이후		2011. 4. 1. 이후		2013. 7. 1. 이후	
		근로자	사업주	근로자	사업주	근로자	사업주	근로자	사업주	근로자	사업주	근로자	사업주
실업급여		0.3%	0.3%	0.5%	0.5%	0.45%	0.45%	0.45%	0.45%	0.55%	0.55%	0.65%	0.65%
고용안정사업			0.2%		0.3%		0.15%	능력개발사업과 통합					
직업능력개발사업	150인 미만		0.1%		0.1%		0.1%		0.25%		0.25%		0.25%
	150인 이상 (우선지원대상기업)		0.3%		0.3%		0.3%		0.45%		0.45%		0.45%
	150인 이상~ 1,000인 미만		0.5%		0.5%		0.5%		0.65%		0.65%		0.65%
	1,000인 이상 및 국가기관 등		0.5%		0.7%		0.7%		0.85%		0.85%		0.85%

　고용보험료는 근로자 개인별 월평균보수(전년도 보수총액을 전년도 근무개월 수로 나눈 금액)에 보험료율을 각각 곱한 금액을 합산하여 산정한다. 보수는 「소득세법」에 따른 근

로소득에서 비과세 근로소득을 공제한 총급여액의 개념과 동일하다. 보수총액은 보험연도 중 당해사업에 종사하는 피보험자인 근로자의 보수총액을 의미한다.

- 고용안정 · 직업능력개발사업 월별보험료
  = 근로자 개인별 월평균보수(전년도 보수총액을 전년도 근무개월 수로 나눈 금액) ×
    고용안정 · 직업능력개발사업 보험료율
- 실업급여 월별보험료
  = 근로자 개인별 월평균보수(전년도 보수총액을 전년도 근무개월 수로 나눈 금액) ×
    실업급여 보험료율

---

3) 관리운영

고용보험제도 및 운영에 관한 주요사항의 결정이나 기획에 관한 업무는 고용노동부 본부에 의해 이루어지고 있으며, 집행업무는 지방고용노동관서에 의해 이루어진다. 고용보험에 관한 주요정책의 결정은 고용보험위원회 심의를 거쳐 고용노동부 장관에 의해 이루어지게 된다. 이를 위해서, 고용보험위원회 산하에 고용보험에 관한 전문적 심의를 위해 고용보험운영전문위원회 및 고용보험평가전문위원회를 두었으며, 고용노동부 본부조직으로는 고용정책실 내에 노동시장정책관, 고용서비스정책관, 청년여성고용정책관, 고령사회인력정책관, 직업능력정책국이 있다. 과별 주요 사업수행 내용으로는 고용보험기획과(고용보험 및 보험료징수 법령, 기금 등), 노동시장정책과(고용안정사업 등), 직업능력정책과(직업능력개발훈련사업 등), 여성고용정책과(육아휴직급여 등), 고용지원실업급여과(실업급여, 피보험자격 관리 등) 등에서 고용보험사업을 수행하고 있다. 고용보험의 구체적 집행업무는 고용노동부 산하의 47개 지방고용노동관에서 수행하고 있으며, 근로복지공단과 한국산업인력공단에서도 업무의 일부를 위탁받아 수행하고 있다. 고용보험 피보험자의 권리구제를 위하여 고용보험심사관과 고용보험심사위원회(고용노동부 본부)를 두고 이의신청에 대한 권리구제제도를 운영하고 있다.

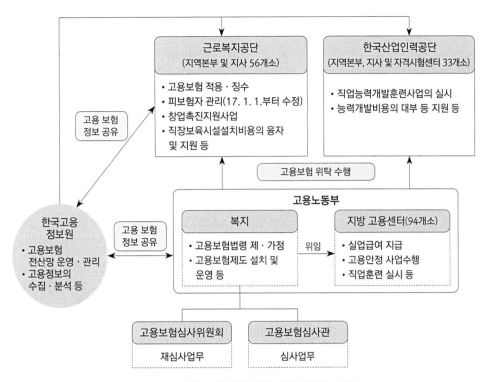

[그림 9-2] 고용보험 운영기관 업무처리 흐름도

출처: 고용노동부(2017).

3. 고용보험제도의 급여 및 사업

　고용보험제도를 구성하는 주요 사업은 실업급여, 고용안정사업, 직업능력개발사업이다. 고용안정사업은 근로자를 해고시키지 않고 고용을 유지하거나 구조조정으로 인한 실직자를 채용해 고용을 늘리는 사업주에게 소요비용을 지원함으로써 고용안정을 유지할 수 있도록 해 주고, 직업능력개발사업은 근로자의 직업능력개발을 위한 직업능력개발훈련을 실시하는 사업주·근로자에게 일정 비용을 지원하는 제도이다. 실업급여는 산업구조조정, 조직 및 기구 축소 등 기업의 사정으로 불가피하게 실직하는 근로자에게 급여를 지급함으로써 생활안정 및 재취직을 촉진할 수 있도록 지원해 주는 제도이다. 또한 여성근로자들의 모성을 보호하기 위한 모성보호급여제도와 자영업자들의 생산성과 수익성을 보장하기 위한 자영업자 고용보험제도가 있다.

1) 실업급여

실업급여는 근로의사와 능력이 있음에도 불구하고 취업하지 못한 상태에 있는 실직자들의 생활안정을 도모하고 구직활동을 용이하게 하기 위해 지급되는 급여로서, 고용보험의 핵심적인 사업이다. 실업급여는 일반적으로 구직급여와 취업촉진수당의 두 가지로 구분할 수 있는데 구직급여는 실직자의 생활안정을 위해 지급하는 급여이다. 부상, 질병으로 취업이 불가능한 수급자격자에 대해서는 구직급여에 갈음하여 상병급여, 연장급여를 지급한다. 취업촉진수당은 구직급여를 받는 실직자가 빠른 시일 내에 새로운 직장을 구하도록 유도, 지원하기 위하여 지급하는 급여로 조기재취업수당, 직업능력개발수당, 광역구직활동비, 이주비 등이 있다.

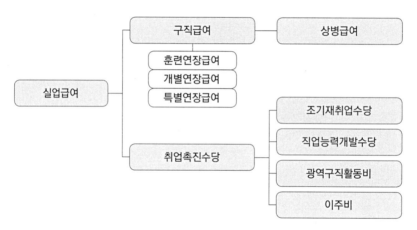

[그림 9-3] 실업급여제도의 기본구조

(1) 구직급여

실업급여 중 가장 중요한 급여로 피보험자가 실업 후 재취업활동기간 중 생활안정을 도모하기 위하여 지급되는 급여이다. 이직 전 평균임금의 50%[1일 최고액 6만 6천 원(2019. 1. 기준)]를 지급받을 수 있다. 구직급여는 수급자격자의 피보험기간과 이직 당시 연령에 따라 최소 90일에서 최대 240일까지 지급받을 수 있다.

구직급여를 지급받기 위해서는, 첫째, 이직 전 18개월(기준기간) 중 180일 이상 적용사업의 피보험자로 고용되어 임금을 목적으로 근로를 제공했을 것, 둘째, 정당한 이유 없이 자발적으로 이직하거나 자신의 중대한 귀책사유에 의해 해고된 것이 아닐 것, 셋째, 근로의 의사와 능력이 있음에도 불구하고 취업하지 못하고 있을 것, 넷째, 구직노력을 적극적으로 할 것의 네 요건을 충족해야 한다. 직장을 스스로 그만두었거나 중대한 자신의 귀책사유로 해고된 경우에는 원칙상 구직급여를 받을 수 없지만, 정당한 사유가 있는 사정에 관하여서는 「고용보험법 시행규칙」에 따라 구직급여를 받을 수 있다. 예를 들어, 장기간 계속된 임금체불, 휴업 등과 같은 사유이다. 또한 구직급여를 지급받기 위해서는 1~4주에 1회씩 직업안정기관에 출석하여 실업의 인정을 받아야 한다.

〈표 9-3〉 구직급여 소정급여일수

연령＼피보험기간	1년 미만	1년 이상 3년 미만	3년 이상 5년 미만	5년 이상 10년 미만	10년 이상
30세 미만	90일	90일	120일	150일	180일
30세 이상~50세 미만	90일	120일	150일	180일	210일
50세 이상 및 장애인	90일	150일	180일	210일	240일

(2) 연장급여

연장급여는 훈련연장급여, 개별연장급여, 특별연장급여가 있다. 훈련연장급여는 구직급여 소정급여일수가 종료되어 감에도 불구하고 취업하지 못한 수급자로서 직업능력개발 훈련 등을 받으면 재취업이 용이하다고 판단되는 자에게 훈련 기간 동안 지급되는 것이다. 이와 함께 취업이 특히 곤란하고 생계가 어려운 수급자격자에게 60일간 지급할 수 있는 개별연장급여, 실업의 급증으로 재취업이 어렵다고 판단되는 경우 지급하는 특별연장급여가 있다.

(3) 취업촉진수당

취업촉진수당은 구직급여 수급자의 적극적인 구직활동을 통한 조기 재취업을 장려하기 위한 인센티브로 도입된 제도로서 조기재취업수당, 직업능력개발수당, 광역구직활동비 및 이주비가 있으며, 사업 중 조기재취업수당이 가장 큰 비중을 차지한다. 동 급여는 구직급여 소정급여일수를 남기고 안정된 직장에 재취직하거나 스스로 영리를 목적으로 사업을 영위하는 경우에 남은 소정급여일수의 일정액을 지급함으로써 조기 재취업을 촉진하고자 도입되었다.

(4) 지급 현황

실업급여사업의 대부분은 구직급여로 제공되고 있다. 2016년 기준 구직급여 지급자는 1,200,914명, 지급액은 4,696,203백만 원이다. 구직급여 중 상병급여는 8,201명에게 17,623백만 원을, 조기재취업수당은 77,344명에게 205,726백만 원이 지급되었다.

〈표 9-4〉 실업급여 지급 현황(2016)   (단위: 명, 백만 원)

급여 항목		지급자	지급액
구직급여		1,200,914	4,696,203
	상병급여	8,201	17,623
연장급여	훈련연장급여	10	47
	개별연장급여	1,058	2,176
취업촉진수당	조기재취업수당	77,344	205,726
	직업능력개발수당	7	3.7
	광역구직활동비	3	0.2
	이주비	155	232

출처: 고용노동부(2017).

2) 고용안정사업

고용안정지원사업은 크게 3개 영역으로 구분할 수 있는데, 산업구조의 변화와 기술진보과정에서 발생하는 고용조정의 위험으로부터 근로자 실업을 예방하고 고용을 유지시키기 위한 '고용조정지원', 고령자, 장애인, 여성가장 등 취업취약계층에 임금보조금을 지원하여 고용을 활성화하기 위한 '고용촉진지원', 교대제와 장시간근로의 직무체계를 개선하여 일자리를 늘리고 고용환경개선, 성장유망산업과 전문인력에 대한 고용지원을 통해 중소기업의 경쟁력을 높여 실업자 고용을 늘리기 위한 '고용창출지원'이 있다.

[그림 9-4] 고용안정 지원제도체계

(1) 고용조정지원사업

고용조정지원사업은 고용조정이 있을 경우 기업의 부담을 줄이고 고용조정과정에서 발생할 수 있는 실업을 사전에 예방하며, 실직근로자의 신속한 재취업 기회를 제공할 수 있도록 하기 위해 고용유지지원금을 지원한다. 경영위기에 처한 기업을 지원함으로써 실업을 예방하고, 실직자의 신속한 재취업을 도모하는 등 근로자를 실업으로부터 보호하는 사회안전망으로서의 고용유지지원금은 휴업, 휴직, 훈련 등 사업주가 실시하는 세 가지 고용유지조치를 지원하며, 무급휴업, 휴직근로자지원금은 고용유지지원제도의 보완적 제도로서, 사업주가 근로자에 대하여 무급 휴업 또는 휴직을 실시하는 경우 지원하는 제도이다. 그 주요내용은 다음과 같다.

〈표 9-5〉 고용유지지원금의 주요내용

구분		고용유지지원제도	무급휴업 · 휴직근로자지원제도
지원수준		2/3(우선대상) 또는 1/2	평균임금 50% 이내
지원금 상한액		1일 43,000원	1일 43,000원
지원기간		매년 180일	최대 180일
고용조정 불가피한 사유 (요건)	기준시점	고용유지조치 시행 직전월	고용유지조치 신고일 직전월
	재고량	50% 이상 증가	50% 이상 증가
	생산량	15% 이상 감소	30% 이상 감소
	매출액	15% 이상 감소	30% 이상 감소
	재고량, 매출액 추이	재고량(매출액) 계속 증가(감소) 추세	재고량(매출액) 계속 20% 이상 증가(감소) 추세
	업종, 지역경제 여건	직업안정기관장이 인정	직업안정기관장이 인정
휴업, 휴직 규모율 요건		(휴업) 1개월 단위 전체 피보험자 총 근로시간의 100분의 20 초과	30일 이상 실시 피보험자의 • 50% 이상(19명 이하) • 10명 이상(20~99명) • 10% 이상(100~999명) • 100명 이상(1,000명 이상)
		(휴직) 1개월 이상 실시	90일 이상 실시 피보험자의 • 10명 이상(99명 이하) • 10% 이상(100~999명) • 100명 이상(1,000명 이상)

출처: 고용노동부(2017).

(2) 고용촉진지원사업

고용촉진지원사업은 노동시장의 통상적인 조건하에서 취업이 특히 곤란한 고령자, 장기실업자, 여성 등의 고용기회를 확대하고, 이들을 위한 고용촉진시설을 설치 · 운영하는 경우에 비용의 일부를 지원하는 사업이다. 고령자고용촉진장려금(시행령 제25조), 고용촉진지원금(시행령 제26조), 임금피크제 지원금(시행령 제28조), 임신 · 출산 후 계속고용지원금(시행령 제29조), 육아휴직장려금, 육아기근로시간단축장려금 및 대체인력채용장려금(시행령 제30조)이 실시되고 있다.

① 고용촉진지원금

　노동시장에서 통상적인 여건하에서 취업이 어려운 취약계층의 고용촉진을 위해서 고용촉진장려금제도를 시행한다. 고용촉진지원금은 직업안정기관 등에 구직등록을 하고 고용노동부장관이 고시하는 취업지원프로그램을 이수한 실업자를 사업주가 근로계약기간의 정함이 없는 피보험자로 고용하여 6개월 이상 고용을 유지(중증장애인, 여성가장, 도서지역 거주자 등 취업지원프로그램 이수 면제자의 경우 3개월 이상 고용을 유지한 경우) 지원하는 제도이다. 지원대상은 사업 최초 시행 당시는 고령자, 여성가장, 장기구직자 중심으로 운영되어 오다가 2004년 10월 청년실업자, 장애인까지 확대하고, 2007년 임신·출산 또는 육아를 이유로 이직한 여성근로자도 지원대상에 포함하였다. 2011년부터 고용촉진지원금으로 명칭을 변경하고 지원대상자는 고용노동부장관이 정하는 취업지원프로그램을 이수한 사람으로 한정하였으며 근로자의 장기 고용을 도모하기 위해 6개월, 12개월 이상 고용을 유지한 경우에만 지원금을 지급하도록 하였다. 지원금 수준은 1년간 최대 650만 원, 우선지원은 1년간 최대 860만 원으로 높였다. 하지만 지나친 요건강화로 활용도가 떨어지는 문제가 발생함에 따라, 2012년 1월부터는 중증장애인, 여성가장 등 취업지원 프로그램 이수면제자에 대해서는 지원금을 받기 위한 고용유지기간을 6개월에서 3개월로 완화, 2013년부터는 취업지원프로그램 이수자에 대해서도 지원금 지급주기를 6개월에서 3개월로 완화하였다. 2015년에는 기초생활수급자, 중증장애인, 여성가장 등 취약계층 근로자에 대해서는 지원기간을 1년에서 2년으로 확대하여 장기근속을 지원한다.

② 고령자고용연장지원금

　OECD 국가에서 노인빈곤율이 가장 높으며, 급속한 고령화를 경험하고 있는 한국의 현실에서 고령자 고용은 중요한 문제이다. 평균수명이 약 80세에 이르는 데 반해, 주된 일자리에서의 퇴직은 불과 49세에 그쳐 고령자들은 약 20년 이상 불안정한 고용상태에 놓여 있다. 효율적인 고령인력 활용과 고령자에 대한 고용의 안정은 고령자 개인의 문제만이 아닌 국가경제의 지속적 성장과 사회의 안정성과 직결된다는 문제의식하에, 정년을 연장 또는 정년퇴직자를 계속 고용하는 사업주에게 인건비를 보조하는 고령자고용연장지원금을 지원하고 있다.

〈표 9-6〉 고령자고용연장지원금의 사업내용

구분	지원요건	지원수준
정년연장 지원금	• 정년을 폐지하거나, 기존에 정한 정년을 58세 이상으로 1년 이상 연장할 것 –정년연장 전 3년 이내에 해당 사업장의 정년을 폐지하거나 단축하는 경우에는 지원대상에서 제외 –300인 미만 사업장	• 1인당 30만 원씩 지원 –연장기간 1년 이상 3년 미만: 1년 –연장기간 3년 이상: 2년 ※ 정년연장한 날부터 5년 이내 종전 정년에 이른 후 정년연장으로 계속 근무하는 자에 한함 ※ 임금피크제 지원금을 지급받는 자는 제외
정년 퇴직자 재고용 지원금	• 정년을 55세 이상으로 정한 사업장에서 18개월 이상 계속근무한 후 정년이 도래한 자를 퇴직시키지 아니하거나, 정년퇴직 후 3개월 이내에 재고용한 사업주 –1년 미만의 기간을 정하여 재고용하거나, 재고용 전 3년 이내에 정년을 단축하는 경우 등은 지원 제외 –고용 전 3개월간 고용 후 6개월간 고용조정으로 근로자를 이직시킨 경우는 지원 제외 –300인 미만 사업장	• 계속고용 1인당 월 30만 원씩 지원 –계속고용기간 1년 이상 3년 미만: 6개월 –계속고용기간 3년 이상: 1년(500인 이하 제조업 2년) ※ 임금피크제 지원금을 지급받는 자는 제외
60세 이상 고령자 고용지원금	• 정년이 설정된 적이 없는 사업장에서 고용기간이 1년 이상인 60세 이상인 자를 업종별 지원기준율(1~23%) 이상 고용한 사업주 ※ 매 분기 당해 사업의 월평균근로자수에 대한 월평균 고령자수의 비율로 판단 ※ '17년 4분기 지원금까지 한시 지원함	• 지원기준율 초과 고령자 1인당 분기 18만 원씩 지원 –매 분기 근로자수의 20%(대규모기업 10%) 한도

출처: 고용노동부(2017).

③ 임금피크제 지원금

우리나라 기업의 임금체계는 일반적으로 연공급이어서 고령자의 경우 노동생산성에 비해 임금수준이 높아 구조조정의 필요성이 있을 때 조기퇴출 등 고용불안 요인으로 작용할 수 있다. 이에 따라 2006년부터 임금피크제 보전수당(2011년 임금피크제 지원금으로 명칭 변경)을 도입하였다. 이 제도는 고용을 보장(정년연장 또는 정년 후 재고용)하고 임금이 기준감액률 이상 삭감된 근로자에 대하여 피크임금의 소정 비율 금액과 삭감된 임금의 차액을 지원하여 고령자의 고용연장 및 기업의 임금부담을 완화하기 위한 사업이다.

〈표 9-7〉 임금피크제 지원금의 사업내용

지원요건	지원수준
노사합의로 임금피크제를 도입 · 실시한 해당 사업장에서 18개월 이상 근무한 근로자로서 피크연도에 비해 임금이 10% 이상 하락한 근로자	피크임금의 소정 비율 금액과 당해 연도 임금과의 차액으로 하되, 연 1,080만 원 한도로 임금과 지원금의 합이 연 7,250만 원을 초과하지 않은 범위 안에서 지급 ※ 감액 후 연간 임금이 7,250만 원 이상인 자는 지급 제외

자료: 고용노동부(2017).

(3) 지원 현황

고용안정사업에서 가장 큰 비중을 차지하는 사업은 고용촉진지원금인데, 2016년 기준으로 44,982명에게, 186,220백만 원을 지원했다. 고용유지지원금은 25,110명에게, 33,870백만 원, 고령자 고용촉진지원금은 78,220명에게 31,967백만 원, 임금피크제 지원금은 6,926명을 대상으로 31,297백만 원을 지원하였다.

〈표 9-8〉 고용촉진지원사업 지원현황   (단위: 개소, 명, 백만 원)

구분	고용유지지원금	고용촉진지원금	고령자고용촉진지원금	임금피크제 지원금
사업장수	1,326	34,238	6,348	899
인원	25,110	44,982	78,220	6,926
금액	33,870	186,220	31,967	31,297

출처: 고용노동부(2017).

3) 직업능력개발사업

직업능력개발사업은 기업의 실정에 맞는 직업능력개발훈련을 실시할 경우 이를 지원하는 사업이다. 직업능력개발사업은 사업주를 지원하는 사업과 근로자를 지원하는 사업으로 구분될 수 있다.

(1) 사업주지원사업

사업주를 지원하는 사업으로는 직업능력개발훈련, 유급휴가훈련, 직업능력개발훈련시설·장비자금대부 등이 있다. 가장 비중이 높은 직업능력개발훈련지원을 중심으로 살펴보면, 사업주가 납부한 고용보험료를 재원으로 사업주가 소속 근로자, 채용예정자, 구직자의 직무능력 향상을 위해 직업훈련을 실시하는 경우 훈련실시에 따른 비용의 일부를 지원하는 사업이다.

⟨표 9-9⟩ 사업주에 대한 직업능력개발훈련 지원수준(2016년)

지원 내용	지원대상	지원수준	근거규정
훈련비	사업주	표준훈련비 80%(우선지원대상기업 120%)	「고용보험법」 제27조 및 시행령 제41조
유급휴가 훈련 인건비	사업주(소속 근로자 대상으로 유급휴가를 부여하여 훈련 실시)	소정훈련시간 × 시간급 최저임금액 (우선지원대상기업 100분의 150)	
훈련 수당	사업주(채용예정자 등을 대상으로 1개월 120시간 이상 양성훈련을 실시하면서 훈련생에게 훈련수당을 지급)	1월 20만 원 한도 내에서 사업주가 훈련생에게 지급한 금액	
숙식비	사업주(훈련시간이 1일 5시간 이상인 훈련과정 중 훈련생에게 숙식을 제공)	기숙사비 1일 14,000원 한도	

출처: 고용노동부(2017).

(2) 근로자지원사업

근로자를 지원하는 사업으로는 수강장려금, 근로자학자금대부, 실업자재취직훈련 등이 있다.

① 실업자 내일배움카드제

기술진보에 따른 인력수요의 변화, 비정규직 등 고용 형태의 다양화 등으로 개인의 고용안정과 원활한 노동이동을 위해 평생능력개발의 중요성이 크게 부각되었다. 훈련생에게는 훈련선택권을 확대하고, 훈련시장에는 진입장벽과 규제 완화를 통해 시장을 활성화하고 훈련의 질을 제고하며, 정부는 심층상담과 정보제공 등 고용지원서비스와의 연계를 강화하여 훈련성과와 자원배분의 효율성 등을 제고하기 위해 '직업능력개발계좌제(내일배움카드제)' 도입을 추진하였다.

내일배움카드제는 구직자에게 상담을 거쳐 훈련의 필요성이 인정된 자에게 훈련비를 1인당 200만 원 상당의 가상계좌를 통해 지원하고, 그 범위 내에서 자율적으로 훈련에 참여할 수 있도록 하였으며, 월 최대 11.6만 원의 훈련장려금을 추가로 지급하여 성실한 훈련수강을 지원하였다. 신중한 훈련선택 및 성실한 훈련수강을 위하여 훈련직종별로 20~50%를 훈련생 본인이 부담(취업성공패키지II유형 참여자는 10~20%)하도록 하였다. 다만, 저소득 취업취약계층인 '취업성공패키지I유형' 사업 참여자에 대하여는 자비부담을 전액 면제해 주고 훈련비를 최대 300만 원까지 지원할 수 있도록 하였다. 북한이탈주민, 결혼이민자, 기초생활수급자, 영세자영업자, 건설일용근로자 등 취약계층에 대해서는 맞춤형 특화과정을 별도로 공급하고 참여 시 자비부담 없이 훈련에 참여할 수 있도록 하였다.

계좌발급은 취업 전 1회 발급이 원칙이나, 180일 이상 취업 후 실직한 경우에는 상담을 거쳐 다시 200만 원까지 계좌가 발급되며, 계좌유효기간 만료일 이후에도 취업을 하지 못하였거나 180일 미만 취업 후 실직한 경우에는 계좌유효기간 만료일로부터 180일이 경과한 이후에 1회에 한하여 100만 원 범위 내에서 다시 지원한도를 부여받을 수 있다.

〈표 9-10〉 전직실업자직업훈련의 사업내용

지원요건	지원수준
• 지방고용노동관서의 고용센터에 구직등록하고, 상담을 통해 직업능력개발계좌를 발급받아 고용노동부장관이 인정한 훈련과정을 선택하여 훈련에 참여	• (훈련비) 직종별 취업률에 따라 훈련비의 50~80%를 200만 원까지 지원 -단위기간 출석률 80% 이상인 경우 전액, 출석률 80% 미만인 경우 출석률을 곱한 금액을 지원(자부담금액은 지원 제외) • (훈련장려금) 단위기간 출석률 80% 이상인 경우만 지원

② 재직자 내일배움카드제

고용보험 피보험자인 기간제·단시간·파견·일용직 근로자, 취업훈련을 신청한 날
로부터 90일 이내에 이직예정인 자, 경영상 이유로 90일 이상 무급 휴직·휴업을 하고
복귀하지 못한 자가 재직자 계좌를 발급받아 고용노동부의 인정을 받은 훈련과정을 수
강한 경우 연간 200만 원 한도 내에서 지원(훈련개시일로부터 매 5년간 300만 원을 초과하지
못함)받을 수 있다.

③ 직업훈련 생계비 대부

실업자, 기간제 근로자 등 취약계층이 생계 걱정 없이 체계적인 훈련을 받고 더 나은
일자리로 이동할 수 있도록 4주 이상의 직업훈련을 받는 경우 실업자(부부합산 연간 소득
4,000만 원 이하)와 비정규직 근로자(고용보험 피보험자로서 연간 소득 3,000만 원 이하)에게
월 100만 원, 연간 최대 1,000만 원을 대부하는 사업이다.

(3) 지원 현황

2016년도 고용보험 직업능력개발사업 적용 사업장을 보면 전체 2,174,508개소이며,
근로자수는 12,655,202명이다. 직업능력개발훈련을 실시하는 사업장을 규모별로 살펴
보면 '50인 미만' 사업장의 훈련지원금이 2016년에 35.1%로서 가장 높은 비중을 차지하
고 있다. 납입금액대비 훈련지원금액을 의미하는 수혜율의 경우 '50인 미만' 사업장이
39.7%, '50~100인 미만' 사업장이 59.6%, '100~300인 미만' 사업장이 35.5%로 평균수
혜율 23.9%보다 높고, 1,000인 이상 사업자의 수혜율은 11.2%였다.

〈표 9-11〉 직업능력개발사업 사업장 규모별 적용 현황 및 지원 현황

(단위: 개소, 명, 백만 원, %)

구분		계	50인 미만	50~ 100인	100~ 300인	300~ 500인	500~ 1000인	1000인 이상	분류 불능
고용보험	사업장	2,174,508	2,130,410	24,303	14,863	2,443	1,569	920	–
		100.0	98.0	1.1	0.7	0.1	0.1	0.0	–
	피보험자수 (A)	12,655,202	6,406,469	1,164,117	1,648,014	549,482	708,224	2,178,896	–
		100.0	50.6	9.2	13.0	4.3	5.6	17.2	–
	납부보험료 (B)	2,538,121	535,215	140,752	314,595	151,103	229,482	1,166,974	
		100.0	21.1	5.5	12.4	6.0	9.0	46.0	

지원실적	사업장	295,987	222,894	28,036	26,339	5,963	5,605	7,137	13
		100.0	75.3	9.5	8.9	2.0	1.9	2.4	0.0
	지원건수 (C)	3,228,436	743,485	317,490	535,889	215,519	298,251	1,117,782	20
		100.0	23.0	9.8	16.6	6.7	9.2	34.6	0.0
	지원금 (D)	606,168	212,621	83,881	111,798	33,805	32,908	131,149	7
		100.0	35.1	13.8	18.4	5.4	5.4	21.6	0.0
건수참여율 (C/A)		25.5	11.6	27.3	32.5	39.2	42.1	51.3	–
수혜율 (D/B)		23.9	39.7	59.6	35.5	22.4	14.3	11.2	–

* 사업주 직업능력개발훈련(유급휴가훈련 포함), 근로자직무능력향상지원금, 재직자 내일배움카드제, 중소기업핵심직무능력 합계.
출처: 고용노동부(2017).

4) 모성보호 및 일 · 가정 양립 지원

우리나라의 경우 2016년 여성 경제활동참가율은 58.4%로 대부분의 선진국에 비해서 낮으며 30대 임신, 출산으로 인한 경력단절현상이 발생하고 있다. 특히 저출산 고령화 시대를 맞아 노동시장에서 여성의 경제활동참여 확대는 중요한 과제라고 볼 수 있다. 모성보호정책으로 산전후휴가, 임산부의 시간외근로 금지 및 야간이나 휴일근로 제한, 보건상 유해 · 위험한 사업 사용금지, 생리휴가, 육아시간(수유시간) 등이 해당된다. 고용보험에서는 영유아의 양육을 위한 육아휴직, 근로자의 취업지원을 위한 수유 · 탁아 등 육아에 필요한 직장보육시설 설치 등을 지원하고 있다.

(1) 출산전후휴가급여

1953년 「근로기준법」 제정 시 60일의 산전후휴가제도를 도입하고, 2001년 11월부터는 30일을 연장하여 총 90일(산후 45일)의 산전후휴가를 보장하고 있다. 산전후휴가급여액은 산전후휴가 개시일 현재의 「근로기준법」상 통상임금액에 상당하는 금액을 지급하되, 피보험자의 산정된 통상임금에 상당하는 금액이 135만 원을 초과하는 경우에는 135만 원을 산전후휴가 급여로 지급한다.

(2) 육아휴직급여

육아휴직제도는 근로자가 피고용자의 신분을 유지하면서, 일정 기간 자녀의 양육을 위해 휴직을 할 수 있도록 하는 제도로 근로자의 직장생활과 가정생활의 양립을 가능하도록 하기 위한 사회적 지원제도이다. 육아휴직급여는 당해 근로자(피보험자)가 ① 「남녀고용평등과 일·가정 양립 지원에 관한 법률」에 따른 육아휴직을 30일 이상 부여받고, ② 육아휴직 개시일 이전 피보험단위기간이 통산하여 180일 이상이어야 하며, ③ 동일한 자녀에 대해 피보험자인 배우자가 30일 이상의 육아휴직을 부여받지 않아야 하며, ④ 육아휴직 개시일 이후 1월부터 종료일 이후 12개월 이내 육아휴직 급여를 신청하여야 한다. 육아휴직급여를 받을 수 있는 기간은 최대 1년이며 육아휴직을 실시하는 근로자에 대해서는 월 통상임금의 40%(상한액 100만 원, 하한액 50만 원)를 육아휴직급여로 지급하고 있다. 2019년부터 첫 3개월은 통상임금의 80%(상한 150만 원, 하한 70만 원)을 지급하도록 상향조정되었다.

육아휴직제도는 만 8세 이하의 초등학교 2학년 이하의 자녀를 가진 근로자가 그 자녀를 양육하기 위하여 1년간 사용할 수 있다. 2012년 8월부터는 육아기 근로시간 단축 청구권이 도입되어 육아휴직을 신청할 수 있는 근로자가 육아휴직 대신 근로시간의 단축을 신청하는 경우 특별한 사유가 없는 한 이를 허용하여야 한다. 2014년 10월부터는 육아휴직특례('아빠의 달')를 도입하여 순차적으로 부모가 육아휴직을 사용하는 경우 두 번째 육아휴직자의 급여를 통상임금의 100%(상한 150만 원) 지원하도록 하였다. 2016년 1월부터 아빠의 달 적용기간을 1개월에서 3개월로 확대하였다.

(3) 현황

도입 초기(2002년) 산전후휴가급여의 수급인원은 22,711명, 급여액은 22,602백만 원 수준이었으나, 2016년 89,834명에게 89,795백만 원이 지급되어 지속적으로 급여인원 및 액수가 증가했다. 육아휴직급여 또한 급여 대상자가 도입 초기부터 지속적으로 증가했는데, 3,763명에서 89,795명으로 24배 가까이 급증했다. 무엇보다도 남성 육아휴직 이용자가 2016년 7,616명에 달해 전체 육아휴직급여 이용자의 8.5% 수준이다. 지속적인 이용자수의 증가는 모성보호 및 일·가정 양립지원의 확대로 인한 것으로 보인다. 또한 이용자수의 증가와 함께 2002년 20만 원 수준에 불과하던 급여액이 2016년 현재 월 통상임금의 40%에 달하게 되면서 급여지급액도 증가한 것으로 평가된다.

〈표 9-12〉 모성보호급여 지원실적(2016)

산전후휴가급여		육아휴직급여				
인원	급여	인원			급여	월급여액
		전체	여성	남성		
89,834	247,331	89,795	82,179	7,616	625,243	월 통상임금의 40%

출처: 고용노동부(2017).

5) 자영업자 고용보험

우리나라는 자영업자의 비중이 높으나, 생산성과 수익성이 낮은 생계형 자영업자가 많고 자영업자의 절반 이상이 3년 이내에 폐업하고 있는 등 경쟁력이 취약한 실정이다. 그간 고용보험제도는 근로자 중심으로 설계되어 있어 자영업자에게 적용되지 않았으나, 2006년부터 고용안정, 직업능력개발사업에 대해서는 자영업자도 임의가입할 수 있도록 하였으며 2012년 1월 22일부터 자영업자도 실업급여에 임의가입할 수 있도록 제도를 시행하였다.

자영업자 고용보험은 사업자등록증을 보유하고 근로자를 고용하지 않거나 50인 미만의 근로자를 고용하는 자영업자를 대상으로 하고, 보험료는 기준보수의 2.29%이다. 기준보수는 소득파악이 용이하지 않고 소득이 수시로 변동하는 자영업자의 특성을 고려하여 실제 소득과 관계없이 가입자의 희망에 따라 선택할 수 있으며 7등급으로 세분화했다.

1년 이상 자영업자 고용보험에 가입하고 비자발적으로 폐업하는 경우(6개월 이상 적자가 지속되거나 매출액이 전년에 비해 20% 이상 감소하는 등 경영이 악화되어 사업을 영위할 수 없는 경우, 건강이 악화되거나 출산, 육아로 인해 폐업하는 경우) 기준보수의 50%, 월 77만 원에서 134만 5천 원 수준이다. 가입기간에 따라 3~6개월간 실업급여를 받을 수 있다. 또한 직업능력개발을 지원하여 직무능력향상지원제도를 통해 훈련비의 50~100%를 지원받을 수 있다.

4. 전망과 과제

우리나라의 고용보험은 1995년 도입 이후 가입대상을 지속적으로 확대하면서 사회안 전망의 역할을 담당하여 왔으며, 직업능력개발사업과 고용안정사업을 통해 적극적 노동 시장정책으로서의 특성을 강화하여 왔다. 최근에는 가입대상을 확대하여 65세 이상 고령자를 포함하고 자영업자의 임의가입을 허용하였으며 육아휴직지급액 증가 및 남성의 육아휴직 참여 독려(아빠의 달) 등 모성보호를 강화하는 등 다양한 변화를 시도하고 있다.

하지만 노동시장의 양극화 심화와 실업의 문제가 더욱 심화되고 있는 상황에서 고용 보험의 사각지대와 낮은 보장성의 문제는 앞으로도 개선해야 할 문제점으로 지적되고 있다. 노동시장에서 고용형태의 다양성이 증가하고 고용의 불안정성이 증가하면서 이중 노동시장화가 공고화되고 있어 이에 대한 대응이 시급하다(장지연, 2017). 고용보험이 발전하기 시작한 19, 20세기는 상대적으로 안정적이고 장기적인 고용관계가 일반화된 사회였다. 이에 따라, 초기의 실업보험은 실업급여를 중심으로 근로자와 그 가족의 생활안정에 기여하는 사후구제적 방식이었다. 최근에는 기술진보와 산업구조의 변화에 따라 전통적 의미의 근로자성이 모호한 계층의 증가와 프리캐리어트(precariat)의 등장으로 인해, 고용보험의 사각지대가 증가하고 있다. 한국의 경우 고용보험의 사각지대에 머물러 있는 이들이 주로 비정규직, 영세 자영자, 특수형태 근로자 등으로, 정규-상용직 근로자보다 고용이 더 불안하고 상시적 실업 위험에 노출되어 있으나, 가입 및 적용률이 낮다는 점은 고용보험이 개선하여야 할 문제이다(방하남, 남재욱, 2016). 이에 따라, 고용의 불안정으로 인해 실업을 사전에 예방하고 고용안정을 보장하기 위한 적극적인 고용정책을 실업보험에 연계하는 것이 더욱 강조된다고 볼 수 있다.

최근 해외에서는 노동시장 내에서 고용형태의 다양화와 양극화의 문제를 개선하기 위해 다양한 정책을 마련하고 있다. 덴마크에서는 저임금 일자리나 단시간 일자리 노동자에게 불리한 조항들을 개선하면서 실업급여 수급기간에 일자리가 생기면 급여 수급기간이 중단되던 제도를 개편하였다. 일한 기간을 '고용계좌'에 적립하여 그 기간만큼을 수급기간을 연장하는 방식으로 사용할 수 있도록 하였다(장지연, 2015). 이러한 제도 개편은 일자리의 불안정성이 큰 노동시장의 외부자에게 유리한 제도이다. 또한 독일과 오스트리아의 경우, 특수형태근로종사자와 같이 전통적인 의미의 '근로자성'이 모호한 이들의 경우 의사자영자(Scheinselbständige) 혹은 신자영자(neue Selbständige)의 개념을 도입하여 사회보험의 적용을 받도록 하였다(방하남, 남재욱, 2016). 청년층을 포함하여 근로이력이 없거나 실업급여 수급요건이 안 되는 자, 실업급여를 저소득층을 포함할 수 있는 보완적인 보호체계로서 실업부조 도입도 고려할 수 있다(장지연, 2017).

국제적 기준에서 고용보험의 보장성 및 규제성을 살펴보면, 한국의 실업급여는 수급기간이 짧고 지급수준과 상한액이 낮아 보장성이 낮다고 볼 수 있다. 이병희(2015)는 OECD 29개국을 대상으로 40세 근로자가 단절 없이 근로했다는 가정하에 받을 수 있는 실업급여 최대 수급기간을 비교하였는데, 우리나라 실업급여의 최대 지급기간은 7개월로서, 비교 국가 가운데 가장 짧은 나라 중의 하나였으며, 근로자의 세후 순소득 대비 실업급여의 수준으로 측정하는 순임금대체율(net replacement rate)은 실직 첫해 30.4%, 5년 평균 6.6%로서, OECD 31개국 가운데 가장 낮은 수준이었다. 문제는 짧은 실업급여 지급기간이 신속한 재취업을 유도하는 장점도 존재하지만, 실질적으로는 고용안정성을 높이는 데 기여하지 못하고 반복적인 실업과 반복적인 수급으로 이어지고 있다는 데 있다(이병희, 2015). 따라서 실업급여가 자발적인 실업기간을 늘리는 부정적인 효과를 줄이면서도 근로자가 자신에게 적합한 일자리로의 재취업을 지원하는 역할을 강화하기 위해서는 보장성과 지급기간을 개선하는 방안이 필요하다고 볼 수 있다.

또한 고용보험제도는 저출산 고령화와 여성의 사회참여에 따라 육아휴직과 출산휴가 지원을 확대하여 왔으나, 고용보험에 적용받지 못하는 여성노동자의 비중으로 인해 유급출산휴가제도의 적용을 받지 못하는 여성노동자가 여전히 존재하고 있다. 이는 여성의 경우 비정규직, 무급가족노동종사자의 비중이 상대적으로 높기 때문이기도 하다. 따라서 고용보험 적용을 받지 못하여 출산휴가나 육아휴직을 지원받지 못하는 여성근로자의 비중을 줄이는 노력이 필요하다. 더 나아가 여성의 경력단절을 개선하고 여성의 노동참여를 유도할 수 있도록 보육시설 지원 및 파트타임 등 시간제 근로를 희망하는 여성들을 위해 여성 친화적인 적합한 근로모델 개발, 일·가정 양립 지원 등 다각도로 여성의 고용을 지원하는 정책 마련이 필요할 것이다.

참고문헌

고용노동부(2017). 고용보험백서.

김태성, 김진수(2013). 사회보장론. 서울: 청목.

박석돈(2012). 사회보장론. 경기: 양서원.

방하남, 남재욱(2016). 고용보험의 사각지대와 정책과제에 관한 연구: 실업급여를 중심으로. 사회
　　복지정책, 43(1), 51-79.

이병희(2015). 고용보험 20년의 평가와 과제: 사각지대와 실업급여를 중심으로. 한국 사회보장학
　　회 정기학술발표논문집.

이병희, 강성태, 은수미, 장지연, 도재형, 박귀천, 박제성(2012). 사회보험 사각지대 해소방안. 한
　　국노동연구원.

장지연(2015). 실업보험 제도개편 및 역할변화 국제비교. 한국노동연구원.

장지연(2017). 고용형태 다양화와 노동시장 불평등. 고용 · 노동브리프 제69호. 한국노동연구원.

Barr, N. (2008). 복지국가와 경제이론. (이정우, 이동수 역). 서울: 학지사.

제10장

노인장기요양보험제도

신혜리(경희대학교 노인학과 연구교수)

1. 들어가는 말

한국은 고령화 속도가 빠르게 진행되고 있어 고령화와 관련된 다양한 문제를 경험하고 있다. 특히 고령으로 인한 취약성의 증가, 신체 및 인지기능의 약화, 만성질환의 보유 등으로 인해 노인들은 다른 연령집단과는 다른 욕구를 가지는 것으로 나타났다(Challis, Darton, & Stewart, 1998). 이러한 노인의 복합적 욕구를 적정하게 충족하기 위해서는 기존의 건강보험 영역에서 시행되었던 치료(cure, 의학적 돌봄) 외의 새로운 돌봄인 장기요양보호(care, 장기요양의 돌봄)를 필요로 하게 되었다(Nolte & Pitchforth, 2014).

노인을 위한 장기요양보호는 이전에도 있었으나 주로 가정 내에서 수행되거나 국민기초생활보장수급자 등 저소득층만을 대상으로 서비스가 제공되었다. 하지만 고령화 사회의 확대, 핵가족화, 여성의 사회활동 등 급속한 환경의 변화로 인해 치매 및 중풍 등의 요양보호가 필요한 노인은 증가하고 있는 반면에, 가족 내 노인부양기능은 예전보다 훨씬 감소하였다. 특히 노인장기요양은 성격상 회복 또는 치료의 가능성이 낮아 장기요양보호가 필요한 대상이 되면 사망할 때까지 지속적으로 장기요양보호서비스를 필요로 하는 성격을 갖고 있으며 노인의 복합적인 욕구 특성상 치료와 장기요양보호를 함께 해야 할 경우가 많기 때문에 노인뿐 아니라 가족의 부양부담이 증가하는 특징을 갖고 있다. 이에 따라 빈곤가구 노인에게 선별적으로 장기요양보호를 제공하기보다는 사회보험 형태의 보편적으로 장기요양보호를 제공하기 위해 소득구분 없이 일정한 자격을 취득한 노인이면 누구나 노인장기요양보험에 의한 급여를 제공받을 수 있도록 하였다.

저소득층의 노인에게만 서비스가 제공되던 선별적 방식에서 장기요양보호의 욕구를 가진 노인이면 누구나 장기요양보호를 받을 수 있는 보편적 방식으로 확대하기 위해 2000년대 초기부터 노인장기요양보험제도에 대한 논의가 시작되었다. 이후 2003년부터 2004년 동안 공적노인요양보장추진기획단 및 공적노인요양보장제도실행위원회가 운영되면서 노인요양보장제도 시행을 위한 준비체계를 구축하였다. 2005년부터 2008년 동안 총 세 번의 시범사업을 실시하였는데 1차 시범사업은 2005년 7월부터 2006년 3월 동안 6개 시·군·구(광주 남구·강릉·수원·부여·안동·북제주)에 거주하는 65세 이상 기초생활보장 수급노인을 대상으로 실시하였고, 2차 시범사업은 2006년 4월부터 2007년 4월 동안 기존 시·군·구에 부산 북구, 전남 완도를 추가하여 총 8개 시·군·구에 거주하는 65세 이상 노인을 대상으로 실시하였다. 마지막으로 3차 시범사업은 인천 부평구·대구 남구·청주·익산·하동 등의 지역을 추가하여 총 13개 시·군·구에 거주하고 있는 65세 이상 노인을 대상으로 실시하였다.

시범사업을 통해 노인장기요양보험제도의 시행을 준비한 뒤 2007년 4월 노인장기요양보험법을 공포하였고 2008년 7월 1일 노인장기요양보험제도를 시행하였다. 2008년 7월부터 운영된 노인장기요양보험제도는 외국인 근로자 장기요양보험가입자 제외제도 도입, 농어촌지역거주 수급자 본인일부부담금 감경도입, 장기요양기관장 의무 및 공단 장기요양기관 설치근거 신설, 장기요양기관의 운영질서 확립 및 관리 강화 등의 규정을 추가하여 제도 내부를 조금씩 보완하다가 2014년 노인장기요양의 등급체계를 3등급체계에서 5등급체계로 개편하여 대상을 대대적으로 확대하고 치매특별등급(5등급)을 신설하여 신체적 기능에만 초점을 맞추었던 장기요양보호 대상의 성격을 보완하였다.

한국의 노인장기요양보험이 도입된 지 10년이 지나가면서 그동안 초기 정착과정에서 지적되었던 문제점과 시행착오들이 상당히 개선되어 가고 있다. 이에 따라 본 장에서는 노인장기요양보험제도의 주요 특징을 살펴보고 노인장기요양보험의 평가 및 전망에 대해 논의하고자 한다.

2. 노인장기요양의 개념

1) 노인장기요양의 정의

노인장기요양(long-term care for elderly)이란 고령이나 노인성 질환으로 일상생활수행이 어려운 사람들의 욕구를 충족하고 가능한 독립적으로 지낼 수 있도록 고안된 장기간의 광범위한 서비스를 의미하며(McCall, 2001), 일반적으로 장기요양서비스는 전통적인 의료서비스와 사회서비스 등이 모두 포함하지만(McCall, 2001) 한국과 같이 장기요양과 질병을 별도의 사회적 위험으로 규정하여 제도를 운영하는 경우 장기요양서비스는 사회서비스에 조금 더 국한하여 용어를 사용하는 경향이 있다.

즉, OECD에서는 장기요양을 '기존의 사회보장체제에 포괄되어 사회보험 또는 공적부조 급여의 일부로 포함되어서 장기요양서비스를 제공하는 것'으로 규정(Colombo, Llena-Nozal, Mercier, & Tjadens, 2011)하고 있어 장기요양과 질병을 동일한 행위의 연장선상에서 바라보고 있다. 이와 다르게 장기요양을 별도의 사회적 위험으로 구분하고 새로운 제도를 도입한 국가(독일, 일본, 한국) 등은 장기요양을 사회보험의 독자적 대상으로 정의하고, 장애 또는 질병으로 인해 겪고 있는 일상생활의 어려움을 도와주는 행위로서 장기요양을 규정하여 전통적인 의료서비스보다는 사회서비스가 보다 초점을 맞추어 정의하고 있다.

2) 한국의 장기요양서비스 지원체계

한국의 장기요양서비스는 국민건강보험공단에 의한 노인장기요양보험제도와 지방자치단체에 의한 지역사회 노인보건복지서비스로 이원화되어 있다. 이 장에서는 노인장기요양보험제도에 대한 내용을 주요로 다루고 있으나 돌봄의 연속성(continuum of care)[1]

---

1) 돌봄의 연속성(continuum of care)란 신체적 건강, 정신건강, 사회서비스 등에 대해 안내하여 통합적이고 포괄적으로 서비스가 제공되어 각 서비스 종류 및 단계별로 단절되지 않도록 하는 메커니즘이다(Evashwick, 2005). 예를 들어, 돌봄의 연속성은 노인이 퇴원 직후 직면할 수 있는 서비스의 단절을 예방하고 서비스 사이의 틈새를 메꾸는 역할을 수행한다(Judd & Sheffield, 2010). 돌봄의 연속성을 통해 많은 학자는 의료적 비용 및 사회적 비용이 경감될 뿐 아니라 당사자의 삶의 질 또한 향상된다고 보고 있다(Delgado-Passeler & McCaffrey, 2006; Weinberger, Oddone, & Henderson, 1996).

차원에서 한국 장기요양서비스의 전반적 지원체계를 파악할 필요가 있다.

　노인장기요양보험제도는 고령이나 노인성 질환 등의 원인으로 6개월 이상 혼자서 일상생활수행을 하기 어렵다고 인정되는 자에게 시설급여 및 재가급여를 제공한다. 지역사회 노인보건복지서비스는 노인장기요양보험제도 내 등급판정제도를 통해 요양등급 A 또는 B등급을 받은 자를 대상으로 노인돌봄종합서비스(가사·활동지원서비스 및 주간보호서비스)를 제공한다.

〈표 10-1〉 한국의 장기요양서비스 지원체계

욕구	돌봄이 필요한 노인			
	노인장기요양보험 1~5등급		등급외자(A~C)	
제도	노인장기요양보험제도		재가복지서비스 지원체계	
관리운영	국민건강보험공단		지방자치단체	
서비스	재가급여	시설급여	복지서비스	보건서비스
	방문요양 방문목욕 방문간호 주야간보호 단기보호 복지용구	신체활동지원 심신기능유지	노인돌봄기본서비스 노인돌봄종합서비스 재가노인복지시설서비스 재가복지서비스 재가복지봉사서비스 노인보호서비스	방문건강관리사업 치매관리서비스
제공기관	재가노인복지시설 방문요양서비스 주간보호서비스 단기보호서비스 방문목욕서비스	노인요양시설 노인요양공동생활가정	노인복지관 사회복지관 지역자활센터 재가노인복지시설 재가노인지원서비스센터 농어촌 재가복지시설 재가노인지원센터 노인보호전문기관	보건소 광역치매센터 치매상담센터

출처: 이재정, 이민홍, 김영선, 김경모, 황재영(2017).

3. 노인장기요양보험의 적용대상 및 급여대상

노인장기요양보험의 적용대상은 국민건강보험과 동일하여 전 국민을 대상으로 한다. 이는 장기요양보호라는 새로운 사회적 위험에 대해 국가 및 사회가 공동으로 해결하여야 하며, 노인에 대한 부양부담을 노인 당사자 및 가족뿐 아니라 국민 전체가 함께 연대해야 한다는 제도적 취지를 반영한 것이라고 볼 수 있다. 이에 따라 노인장기요양보험의 적용대상은 건강보험 가입자 또는 의료급여 수급권자 모두를 포함한다. 의료급여 수급권자는 건강보험과 장기요양보험의 가입자의 적용범위에서는 제외되나 국가 · 지방자치단체의 재정지원을 통해 장기요양보험의 적용범위에 포함된다.

노인장기요양보험의 급여대상은 65세 이상의 노인 및 65세 미만의 노인성 질병을 가진 자(치매, 뇌혈관성질환, 파킨슨병 등)로서 6개월 이상 혼자서 일상생활을 수행하기 어려운 자로 국한하여 적용대상과 달리 연령 또는 질병으로 급여대상을 제한하고 있다. 다시 말하자면, 65세 이상 노인인 경우에는 질병의 종류와 관계없이 6개월 이상 혼자서 일상생활을 수행하기 어렵다고 판단되면 노인장기요양보호 서비스를 제공받을 수 있는 수급권을 가지며 65세 미만의 노인의 경우에는 노인성 질병을 가지면서 6개월 이상 혼자서 일상생활을 수행하기 어렵다고 판단되어야 수급대상이 될 수 있는 것이다.

노인장기요양보험 적용대상 및 급여대상의 현황을 살펴보면 〈표 10-2〉와 같다. 2016년 12월말 기준 노인장기요양보험 등급 인정자 수는 519,850명으로 이는 전체 노인의 약 7.49%에 해당한다. 또한 장기요양등급 인정자 수는 해마다 증가하고 있는 것으로 나타났다.

〈표 10-2〉 노인장기요양보험 적용대상 및 급여대상 (단위: 명, %)

구분		2008	2009	2010	2011	2012	2013	2014	2015	2016
적용대상		50,001,057	50,290,771	50,581,191	50,908,646	51,169,141	51,448,491	51,757,146	52,034,424	52,272,755
급여대상	인정자 (65+ 노인대비 인정자 비율)	214,480 (4.22)	258,476 (4.89)	270,320 (4.96)	324,412 (5.75)	341,788 (5.77)	378,493 (6.11)	424,572 (6.57)	467,752 (6.96)	519,850 (7.49)

출처: 국민건강보험공단(2008~2016).

한국 노인장기요양보험과 유사한 제도를 갖고 있는 독일 및 일본의 사례를 살펴보면 다음과 같다. 한국의 노인장기요양보험과 유사한 독일의 수발보험(Pfegeversicherung)의 적용대상 또한 건강보험의 적용대상과 동일하지만 한국과는 달리 일정 소득 이상의 고소득자는 가입대상에서 제외되고 있다. 일본의 개호보험은 한국, 독일과 다르게 전 국민이 아닌 65세 이상의 노인인 제1호 피보험자와 40세 이상 65세 미만의 건강보험가입자인 제2호 피보험자이다. 독일은 전 국민이 적용 및 급여의 자격을 갖추고 있는 보편주의적 특징을 갖고 있는 데 반해, 일본은 연령계층 및 특정질병에 따라 적용대상을 제한하는 선별주의적 특징을 갖고 있다. 반면, 한국은 독일과 마찬가지로 전 국민을 대상으로 노인장기요양보험에 가입하도록 하고 있으나, 수급자격은 65세 이상의 노인과 65세 미만의 노인성질병을 가진 자로 제한하는 일부 선별적인 특징을 갖고 있다.

4. 노인장기요양보험의 급여

1) 등급판정절차

노인장기요양보험 급여를 이용하기 위해서는 노인장기요양보험 가입자 또는 피부양자가 장기요양신청을 하고, 등급판정을 통해 등급을 인정받아야 한다. 장기요양인정을 받기 위해서는 건강보험공단에 장기요양신청서 및 의사·한의사가 발급하는 소견서를 첨부하여 제출하면 된다. 이때 거동이 불편하거나 도서벽지에 거주하여 의료기관을 방문하기 어려운 자는 의사소견서를 제출하지 않아도 되며, 장기요양신청은 당사자뿐 아니라 가족이나 친척, 이해관계인, 당사자 또는 가족의 동의를 받은 사회복지전담공무원이 대리 신청할 수 있다.

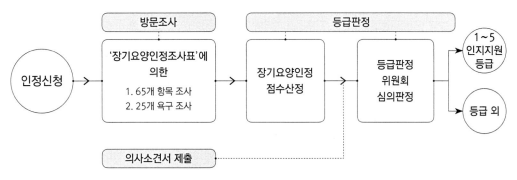

[그림 10-1] 장기요양 등급판정절차

출처: 노인장기요양보험. http://longtermcare.or.kr

　　장기요양신청을 한 뒤 국민건강보험공단은 소정의 교육을 이수한 간호사, 사회복지사 등으로 구성된 공단직원을 신청인 거주지에 파견하여 방문조사를 실시한다. 인정조사원은 '장기요양인정조사표'에 의한 65개 항목조사 및 특기사항을 조사하여 장기요양인정점수를 산정한다. 이때 65개 항목은 신체기능(13항목), 인지기능(10항목), 행동변화(22항목), 간호처치(10항목), 재활(10항목)로 구성되어 있으며 구체적인 내용은 다음과 같다.

〈표 10-3〉 장기요양인정조사표의 65개 항목

영역	항목		
신체기능 (13항목)	• 옷 벗고 입기 • 목욕하기 • 일어나 앉기 • 화장실 사용하기 • 머리 감기	• 세수하기 • 식사하기 • 옮겨 앉기 • 대변 조절하기	• 양치질하기 • 체위 변경하기 • 방 밖으로 나오기 • 소변 조절하기
인지기능 (10항목)	• 단기 기억장애 • 나이/생년월일 불인지 • 의사소통/전달장애 • 가족친척 불인지	• 날짜 불인지 • 지시 불인지 • 계산능력장애	• 장소 불인지 • 상황판단력 감퇴 • 하루일과 불인지

행동변화 (22항목)	• 망상 • 불규칙 수면, 주야혼돈 • 길을 잃음 • 물건 망가트리기 • 부적절한 옷 입기 • 혼자 있는 것을 두려워함 • 음식 아닌 물건 먹음 • 귀찮을 정도로 따라다님	• 환청, 환각 • 도움에 저항 • 폭언, 위험행동 • 의미가 없거나 부적절한 행동 • 대/소변 불결행위 • 이유 없는 고함 • 쓸데없이 간섭 또는 참견	• 슬픈 상태, 울기도 함 • 서성거림, 안절부절못함 • 밖으로 나가려 함 • 돈/물건 감추기 • 화기 관리할 수 없음 • 부적절한 성적 행동 • 식욕변화 또는 식사거부
간호처치 (10항목)	• 기관지절개관 간호 • 욕창간호 • 도뇨관리 • 당뇨발간호	• 흡인 • 경관영양 • 장루간호	• 산소요법 • 압성통증간호 • 투석간호
재활 (10항목)	운동장애(4항목)	관절제한(6항목)	
	• 우측상지 • 우측하지 • 좌측상지 • 좌측하지	• 어깨관절 • 팔꿈치관절 • 손목 및 수지관절 • 고관절 • 무릎관절 • 발목관절	

출처: 노인장기요양보험. http://longtermcare.or.kr

　장기요양인정조사표의 판정항목에 따라 장기요양인정점수가 산정되고, 이 점수와 함께 의사소견서가 등급판정위원회에 제출되면 등급판정위원회는 신청자의 심신상태와 서비스 필요량 등을 고려하여 5등급 분류체계에 따라 등급을 판정한다. 장기요양등급은 제도 도입 초기 때에는 3등급으로 운영하다가 2013년부터 치매 및 중풍 등으로 돌봄이 필요한 자에게 장기요양서비스를 확대하기 위해 3등급 기준점수를 완화하고, 치매특별등급(5등급) 및 인지지원등급을 신설하였다. 특히 인지기능장애와 문제행동을 갖고 있으나 비교적 신체기능이 양호하여 장기요양등급을 받지 못했던 경증 치매노인을 대상으로 서비스 확대가 이루어졌다는 의의를 가진다. 현재 확대 및 신설된 등급별 요양인정점수는 다음과 같다.

〈표 10-4〉 장기요양인정점수 구간별 장기요양인정등급

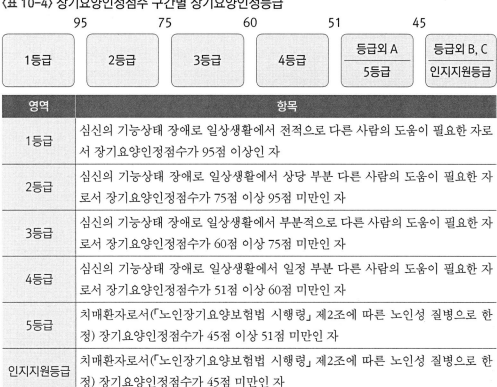

영역	항목
1등급	심신의 기능상태 장애로 일상생활에서 전적으로 다른 사람의 도움이 필요한 자로서 장기요양인정점수가 95점 이상인 자
2등급	심신의 기능상태 장애로 일상생활에서 상당 부분 다른 사람의 도움이 필요한 자로서 장기요양인정점수가 75점 이상 95점 미만인 자
3등급	심신의 기능상태 장애로 일상생활에서 부분적으로 다른 사람의 도움이 필요한 자로서 장기요양인정점수가 60점 이상 75점 미만인 자
4등급	심신의 기능상태 장애로 일상생활에서 일정 부분 다른 사람의 도움이 필요한 자로서 장기요양인정점수가 51점 이상 60점 미만인 자
5등급	치매환자로서(「노인장기요양보험법 시행령」 제2조에 따른 노인성 질병으로 한정) 장기요양인정점수가 45점 이상 51점 미만인 자
인지지원등급	치매환자로서(「노인장기요양보험법 시행령」 제2조에 따른 노인성 질병으로 한정) 장기요양인정점수가 45점 미만인 자

출처: 노인장기요양보험. http://longtermcare.or.kr

　　장기요양등급의 유효기간은 최소 1년이며 갱신 신청 결과 직전 등급과 동일한 등급으로 판정된 경우에는 유효기간이 연장된다(장기요양 1등급은 4년, 장기요양 2~4등급은 3년, 장기요양 5등급 및 인지지원등급은 2년).

　　장기요양등급을 받았으나 장애인활동지원급여와 장기요양급여 이용을 둘 다 할 수 없기 때문에, 최근 장기요양등급을 판정받은 65세 미만의 장애인들이 장애인활동지원급여의 이용을 이유로 장기요양등급 포기를 요청하는 사례가 증가하여 장기요양등급 포기 절차가 신설되었다. 장기요양 인정등급 포기제도의 신청 대상은 타 법령(예: 장애인활동지원급여 등)에 의한 사회복지서비스 이용의 목적으로 기존에 인정된 장기요양등급을 포기하고자 하는 장기요양 수급자이다. 등급을 포기하고자 하는 장기요양 수급자들은 장애인일자리 사업 등 타 법령에 의한 서비스들도 있긴 하지만 많은 경우 장애인활동지원급여를 수급받기 위해 장기요양등급을 포기한다. 기존 65세 미만 장애인활동지원 수급자가 장기요양인정신청을 통해 장기요양 수급자가 된 경우에는 장기요양등급 포기 후

장애인활동지원 신청이 가능하지만, 기존에 장애인활동지원을 받지 않고 있던 65세 미만 장애인이 장기요양 수급자가 된 경우에는 장기요양등급 포기를 하더라도 장애인활동지원급여를 수급할 수 없다. 또한 장애인활동지원 수급자가 65세가 되어 장기요양 수급자가 된 경우에도 장애인활동지원급여를 받을 수 없다.

2) 급여이용절차

장기요양등급이 판정되면 수급자는 장기요양인정서, 표준장기요양이용계획서, 복지용구 급여확인서를 제공받는다.

장기요양인정서에는 장기요양등급, 급여종류·내용, 그리고 장기요양인정 유효기간 등이 적혀 있다. 장기요양인정서는 수급자가 본인의 수급권을 확인하는 일종의 증서라고 볼 수 있다.

표준장기요양이용계획서는 수급자가 장기요양급여를 적절하게 이용하도록 발급하는 이용계획서이다. 케어 매니지먼트가 있는 국가에서는 케어매니저에 의해 작성된 케어플랜이 제공되지만, 한국은 케어 매니지먼트가 없기 때문에 장기요양급여 중 어느 급여를, 얼마나, 이용해야 할지 모르는 수급자를 위해 건강보험공단이 제시하고 있는 일종의 가이드라인이 표준장기요양이용계획서이다. 표준장기요양이용계획서에는 요양등급에 따라 이용할 수 있는 월한도액과 본인부담율, 장기요양 문제 및 목표, 장기요양 필요영역, 장기요양 필요내용, 장기요양 급여비용 등이 기재되어 있다. 이때 장기요양 목표 및 필요영역 등에 대한 내용은 장기요양이용신청 조사 당시 인정조사원이 등급판정 점수에 영향을 주는 65개 항목조사 외에 25개의 욕구조사를 실시하였던 내용을 근거로 작성된다.

마지막으로, 수급자가 제공받는 서류인 복지용구 급여확인서는 수급자의 신체 및 기능상태에 따라 구입 또는 대여할 수 있는 품목을 기재한 증서이다.

장기요양인정서,　　　　　　　장기요양기관과　　　　　　　장기요양
표준장기요양이용계획서 수정　　계약체결　　　　　　　　급여이용

[그림 10-2] 장기요양 급여이용절차

출처: 노인장기요양보험. http://longtermcare.or.kr

수급자는 장기요양인정서가 도달한 날부터 바로 제공받을 수 있다. 단, 돌봄가족이 없는 경우 등의 사유가 있을 때는 장기요양신청서를 제출한 날부터 장기요양인정서가 도달하는 날까지도 장기요양급여를 받을 수 있다.

수급자가 장기요양인정서, 표준장기요양이용계획서 등 필요한 서류를 모두 수령하고 나면 원하는 장기요양기관과 급여계약을 체결하여 급여를 이용할 수 있다. 수급자는 노인장기요양보험 홈페이지 내에서 장기요양기관을 검색하여 원하는 장기요양기관을 조회하거나 장기요양기관에 직접 연락하여 급여 종류 및 비용에 대해 상담을 받을 수 있다. 원하는 장기요양기관을 선택하면 수급자는 장기요양인정서, 표준장기요양이용계획서, 복지용구확인서, 본인일부부담금 감경대상자 증명서(해당자에 한함)를 제출하여 장기요양기관과의 급여계약을 체결할 수 있다. 본인부담 면제대상자인 국민기초생활보장(의료급여) 수급권자는 직접 장기요양기관과 계약을 체결하기 전에 관할 시·군·구에 이용신청서를 제출하여 급여계약을 진행하여야 한다.

3) 이용지원 상담

급여를 이용하기 시작하면 건강보험공단은 장기요양 이용지원 상담을 제공하는데 이때 건강보험공단은 수급자나 가족에게 장기요양인정서와 표준장기요양이용계획서의 내용을 설명하고 장기요양급여에 대한 일반적인 정보, 이용절차 및 방법 등을 설명한다. 장기요양이용지원 상담은 수행시기에 따라 최초상담, 정기상담, 수시상담으로 분류되며 상담의 방법으로 분류하면 방문, 내방, 전화 등으로 분류된다. 최초상담이란 수급자가 처음 급여를 이용하게 되었을 때 급여이용설명회 또는 개별면담을 통해 종합적인 상담을 제공받는 것을 말한다. 이후 급여이용 중 욕구가 발생하거나 문제 등이 발생하였을 때에는 공단직원으로부터 급여이용에 대한 상담을 받을 수 있는데, 정기상담은 수급자의 욕구사정을 통해 지지체계 및 기능 상태를 확인하고 적정한 급여를 제공받고 있는지를 알아보는 데 목적을 두고 있다. 정기상담은 다시 시설상담, 재가상담, 미이용 상담으로 분류되는데 시설상담의 경우에는 상담자가 직접 시설에 방문하여 수급자 및 시설관계자와의 면담을 통해 수급자의 상태를 확인한다. 재가상담은 수급자의 특성에 따라 1~5군으로 구분한다. 1군인 집중상담 필요 대상자란 적정 급여 이용에 어려움이 있거나 의료적 처치가 필요하거나 수급자를 도와줄 수 있는 주수발자가 없는 자를 뜻하며, 2군인 보호관찰 필요 대상자란 생애 최초로 수급권을 인정받은 대상자, 독거대상자, 기능상태변화로 급여계획에 변화가능성이 있는 자, 인지장애로 수발부담이 큰 대상자 등을 의미한다. 3군인 정기확인 필요 대상자란 수급자의 생활환경이나 위생상태 등으로 급여의 조정 또는 서비스 개선이 필요한 자를 의미하며, 4군인 연 1회 확인 필요 대상자란 가족요양보호사에 의해 장기요양서비스를 받고 있는 자이다. 마지막으로, 5군인 예비상담 대상자란 담당자인 상담사가 판단할 때 정기상담이 불필요한 자이다. 정기상담으로는 욕구충족이 되지 않는 수급자 또는 특별관리가 필요한 수급자들에게는 수시상담을 실시한다(김진수, 남석인, 김민아, 유재상, Christina Hiebl, 2014).

〈표 10-5〉 상담관리체계

분류	대상자 정의			주기	방법
최초상담	생애 최초 인정자			등급관정등록일로부터 14일 이내	방문 내방
정기상담	시설상담		입소시설(주·야간, 단기보호 포함) 이용 수급자	6개월	방문
	재가상담	1군	집중상담 필요 대상자	1개월	방문 내방 전화
		2군	보호관찰 필요 대상자	3개월	
		3군	정기확인 필요 대상자	6개월	
		4군	연 1회 확인 필요 대상자	12개월	
		5군	예비상담 대상자	없음	
	미이용 상담		상담일 현재 장기요양급여 미이용자	6개월	
수시상담	수급자 요청 등 상담 필요시 특별관리대상자 (학대 의심 징후가 확인된 자 등)			필요시, 다음 달	

출처: 국민건강보험공단(2014).

4) 급여의 종류 및 내용

　장기요양급여는 현물서비스 제공을 원칙으로 하며 급여의 종류는 크게 재가급여, 시설급여, 특별현금급여로 구분된다.

　재가급여란 수급자가 가정에 거주하면서 장기요양요원이 수급자의 가정을 방문하거나 수급자가 일정한 시간 또는 기간 동안 장기요양기관에 방문하여 서비스를 제공받는 급여의 종류이다. 노인장기요양보험의 재가급여는 방문형 재가급여(방문요양, 인지활동형 방문요양, 방문목욕, 방문간호), 통원형 재가급여(주·야간보호, 단기보호), 기타 재가급여(복지용구)로 구분된다.

　방문요양은 수급자의 가정을 장기요양요원이 방문하여 신체활동·가사활동 등을 지원하는 급여이다. 최근 신설된 인지활동형 방문요양은 사회훈련을 제공하는 급여로서 인지자극활동 및 잔존기능유지·향상의 목적을 가지고 있다. 기존 방문요양은 빨래, 식사준비 등의 가사지원은 제공하지 않았으나 인지활동형 방문요양은 수급자의 잔존기능의 유지 및 향상을 위해 수급자와 함께 옷 개기 및 요리하기 등을 함께 하는 것이 가능해졌다. 방문목욕은 목욕설비를 갖춘 차량을 이용하여 장기요양요원이 수급자의 가정을 방문하는 것을 말한다. 이때, 장기요양요원이 수급자의 가정 내 화장실을 사용하여 목욕서비스를 제공하는 것은 방문요양에 해당하며 목욕설비를 갖춘 차량을 통해 목욕서비스를 제공할 때만 방문목욕으로 인정된다. 방문간호란 간호사, 간호조무사 또는 치위생사가 의사, 한의사 또는 치과의사의 지시에 따라 수급자의 가정을 방문하여 간호 등에 대한 상담 또는 구강위생 등을 제공한다.

　주간보호 및 야간보호는 수급자를 하루 중 일정한 시간(주간 또는 야간) 동안 장기요양기관에서 보호하면서 목욕, 식사, 기본적인 간호, 치매관리 등 심신기능을 유지 및 향상할 수 있는 서비스를 제공하는 급여이다. 단기보호란 수급자를 한 달 중 15일 이내 동안 장기요양기관에서 보호하면서 기본적인 요양서비스를 제공하는 급여이다. 시설 내에 단기간 동안 입소하는 급여지만 임시적 성격의 급여이기 때문에 재가급여의 종류로 구분된다. 단기급여는 위급한 상황에서 수급자를 장기요양기관에 위탁하거나 시설급여의 중간단계로서 이용하기도 하지만 가족 주수발자의 휴식을 위해 이용하기도 한다.

　기타 재가급여는 수급자의 일상생활 또는 신체활동 지원에 필요한 용구를 의미하는 복지용구를 뜻한다. 복지용구는 10개 구입품목(이동변기, 목욕의자, 성인용 보행기, 안전손잡이, 미끄럼방지용품, 간이변기, 지팡이, 욕창예방방석, 자세변환용구, 요실금팬티)과 7개 대여품목(수동휠체어, 전동침대, 수동침대, 이동욕조, 목욕리프트, 배회감지기, 경사로), 1개의 구입 또는 대여품목(욕창예방매트리스)으로 분류된다. 배회감지기가 최근 신설되어 치매노인 실종예방 목적을 갖고 보호자가 치매노인의 위치를 실시간으로 조회할 수 있게 하였다. 구입 품목은 제품별 수가에서 수급자가 본인부담금을 부담하고 구입하여 사용하도록 되어 있으며, 대여품목은 제품별 대여수가에서 본인부담금을 부담하고 일정 기간 대여하여 사용하는 방식을 취하고 있다. 복지용구의 급여비용의 연간한도액은 2018년 현재 160만 원이며 복지용구급여비용(공단부담액 및 본인부담액 합산)이 160만 원을 초과할 경우 초과한 금액부터 전액 본인이 부담해야 한다. 복지용구를 이용할 수 있는 수급대상자는 재가급여 이용자에 한정되며 시설급여를 이용하는 경우에는 복지용구의 구입 및 대여가 불가능하고 의료기관에 입원한 기간 동안에는 전동 · 수동침대, 이동욕조, 목욕리프트 이용도 불가능하다.

시설급여는 장기요양기관이 운영하는 노인요양시설 또는 노인 요양공동생활가정에 장기간 입소하여 신체활동 및 심신기능의 유지 · 향상을 위한 서비스를 받는 급여의 종류이다. 시설급여를 제공받을 수 있는 장기요양기관에는 노인요양시설과 노인 요양공동생활가정이 있다. 노인요양시설은 노인장기요양보험 제도 시행 이전 노인요양시설, 노인전문요양시설, 유료노인요양시설 등의 노인의료복지시설이 통합된 시설유형이다. 노인 요양공동생활가정은 노인장기요양보험 이전에는 없었던 시설유형으로 노인장기요양보험과 함께 새롭게 신설되었다. 노인전문병원은 제도 도입 초기에 신설되었으나, 건강보험제도에서 운영하는 요양병원과의 역할 중복문제로 제외되었다. 이후 노인전문병원과 요양병원과의 중복문제는 사라졌으나, 노인장기요양보험에서의 요양시설과 건강보험에서의 요양병원의 역할 정립 문제가 새롭게 발생하였다.

현행 노인장기요양보험은 현물급여를 원칙으로 하고 있으나 특별한 사유가 있을 때는 현금급여를 지급받도록 하고 있다. 특별현금급여에는 가족요양비, 특례요양비, 요양병원간병비로 구분된다. 가족요양비는 수급자가 섬이나 벽지에 거주하거나 천재지변, 신체 · 정신 · 성격 등의 사유로 장기요양급여를 장기요양기관에서 제공받지 못하고 가족 등으로부터 장기요양서비스를 제공받을 때 지급된다. 특례요양비는 수급자가 노인장기요양보험에 의해 지정된 장기요양기관이 아닌 별도의 (노인요양)시설에서 장기요양급여를 받을 때 장기요양급여비용의 일부를 수급자에게 지급하는 급여종류이다. 요양병원간병비는 요양병원에 입원하였을 때 지급하는 급여종류이다. 현재 특례요양비와 요양병원간병비는 유보되어 가족요양비만 실질적으로 지급하고 있다.

5) 급여비용 및 본인부담

노인장기요양보험의 급여는 월 한도액 범위 안에서 이용하여야 한다. 월 한도액 범위 내에서 수급자는 재가급여 또는 시설급여를 선택하여 이용할 수 있는데, 재가급여는 장기요양등급별로 월 한도액이 차등화되어 있으며 시설급여는 등급 및 월간 일수에 의해 월 한도액이 설정된다.

〈표 10-6〉 장기요양급여의 월 한도액 및 1일 급여비용(2018)

분류	등급	월 한도액	
재가급여 (복지용구 제외)의 월 한도액(원)	1등급	1,396,200	
	2등급	1,241,100	
	3등급	1,189,400	
	4등급	1,085,900	
	5등급	930,800	
	인지지원등급	517,800	

분류	등급	일반	치매전담형	
			가형^{주)}	나형
노인요양시설의 1일 급여비용(원)	1등급	65,190		
	2등급	60,490	74,600	67,140
	3~5등급	55,780	68,790	61,910
노인요양 공동생활가정의 1일 급여비용(원)	1등급	56,960		
	2등급	52,850	65,520	
	3~5등급	48,720	60,410	

주: 노인요양시설 내 치매전담실의 경우 치매노인이 안정감을 느낄 수 있도록 침실전체 면적을 증가하였으나 기존 시설의 면적 확대의 어려움에 따른 진입제약을 고려하여 '가형'과 '나형'을 구분하여 '나형'은 기존 면적 기준을 그대로 유지함.
출처: 노인장기요양보험. http://longtermcare.or.kr

장기요양급여비용 중 일반 수급자는 총 급여비용의 20%(시설급여 기준) 또는 15%(재가급여 기준)를 본인부담으로 내야 하지만 저소득계층이나 희귀난치성질환·만성질환자이면서 차상위계층인 경우에는 기존 본인부담금액의 최대 60%까지 부담을 경감하고 있으며, 국민기초생활수급자의 경우에는 본인부담이 전액 면제된다.

　장기요양급여 감경대상자는 2018년 8월 이전까지는 본인부담금의 50%만 감경이 되었
으나, 2018년 8월 이후부터 「장기요양 본인일부부담금 감경에 관한 고시」 제2조 제1항
제4호 및 제2항에서 정한 규정에 따라 60% 또는 40%를 감경해 주는 것으로 변경되었다.
본인일부부담금 감경대상자는 〈표 10-7〉과 같이 구분된다.

〈표 10-7〉 장기요양급여 감경대상자 기준

구분	정의
본인일부부담금 100분의 60 감경	• 직장가입자 국민건강보험의 월별 보험료액이 국민건강보험가입자 종류별 및 가입자수 (당해 피부양자 포함)별 보험료 순위가 0~25% 이하이며 재산이 일정 기준 이하인 자 • 지역가입자 국민건강보험의 월별 보험료액이 국민건강보험가입자 종류별 및 가입자수별 보험료 순위가 0~25% 이하인 자
본인일부부담금 100분의 40 감경	• 직장가입자 국민건강보험의 월별 보험료액이 국민건강보험가입자 종류별 및 가입자수 (당해 피부양자 포함)별 보험료 순위가 25% 초과~50% 이하이며 재산이 일정 기준 이하인 자 • 지역가입자 국민건강보험의 월별 보험료액이 국민건강보험가입자 종류별 및 가입자수별 보험료 순위가 0~25% 이하인 자

출처: 노인장기요양보험. http://longtermcare.or.kr

　국민건강보험의 월별 보험료액에 따른 보험료 순위는 가구원 수별로 다르게 적용되며
구체적으로 가구원 수별 월별보험료액과 재산과표액의 적용기준은 〈표 10-8〉과 같다.

〈표 10-8〉 장기요양급여 감경대상자 기준

가구원 (가입자 수)	본인일부부담금 100분의 60 감경대상			본인일부부담금 100분의 40 감경대상		
	지역가입자	직장가입자		지역가입자	직장가입자	
	월별 보험료액	월별 보험료액	재산과표액	월별 보험료액	월별 보험료액	재산과표액
1명	13,100원 이하	46,800원 이하	1.22억 원 이하	21,160원 이하	62,400원 이하	1.22억 원 이하
2명	25,190원 이하	51,110원 이하	2.07억 원 이하	91,550원 이하	78,000원 이하	2.07억 원 이하
3명	41,140원 이하	57,230원 이하	2.68억 원 이하	106,310원 이하	93,600원 이하	2.68억 원 이하
4명	57,820원 이하	62,400원 이하	3.29억 원 이하	119,140원 이하	112,320원 이하	3.29억 원 이하
5명	60,850원 이하	81,870원 이하	3.89억 원 이하	125,090원 이하	137,900원 이하	3.89억 원 이하
6명 이상	80,650원 이하	99,840원 이하	4.50억 원 이하	148,100원 이하	156,250원 이하	4.50억 원 이하

출처: 노인장기요양보험. http://longtermcare.or.kr

또한 감경대상자의 본인일부부담금 부담비율은 이전에 재가급여는 일괄적으로 7.5%, 시설급여는 10%였던 것에서 변경되어 본인일부부담금 감경대상자 유형별로 감경비율이 달라지며 그 자세한 내용은 〈표 10-9〉와 같다.

〈표 10-9〉 장기요양급여 감경대상자의 본인일부부담금 부담비율

대상자 구분		본인일부부담금 100분의 60 감경	본인일부부담금 100분의 40 감경	감경대상 아님
대상자 선정 기준		건강보험료 순위 0~25% 이하	건강보험료 순위 25% 초과~50% 이하	건강보험료 순위 50% 초과
본인부담률	시설급여	본인 8%	본인 12%	본인 20%
	재가급여	본인 6%	본인 9%	본인 15%

출처: 김진수 외(2018).

5. 노인장기요양보험의 재정부담

노인장기요양보험은 가입자가 납부하는 장기요양보험료 및 국가와 지방자치단체에 의한 지원금, 장기요양급여 이용자가 부담하는 본인일부부담금으로 이루어져 있다. 노인장기요양보험료를 지불하는 노인장기요양보험 가입자는 국민건강보험 가입자와 동일하게 설정되었다. 또한 장기요양보험료는 건강보험료 금액에 장기요양보험료율(2018년 기준 7.38%)을 곱하여 산정하여 소득의 약 0.46% 수준이다. 장기요양보험료는 2009년 4.78%에서 2010년 6.55%로 인상한 이후 보험료율이 동결되었으나 수가 인상, 고령화에 따른 수급자 증가 등의 사유로 8년 만에 보험료율이 7.38%로 인상되었다.

국가의 부담은 국고지원금과 국가 및 지방자치단체의 부담으로 분류된다. 국고지원금이란 국가가 매년 예산의 범위 안에서 당해 연도 장기요양보험료 예상 수입액의 20%를 지원하는 금액을 뜻하며, 국가ㆍ지방자치단체의 부담이란 의료급여수급권자에 대한 장기요양급여비용, 의사소견서 발급비용, 방문간호지시서 발급비용 중 건강보험공단이 부담해야 할 비용 및 관리운영비의 전액을 부담하는 것을 의미한다.

보험료와 국가부담 외에 장기요양보험 재정은 본인일부부담금에 의해 충당된다. 재가급여 이용자는 장기요양급여비용의 15%를, 시설급여 이용자는 장기요양급여비용의 20%를 지불하며 「국민기초생활보장법」에 의한 의료급여 수급자는 본인일부부담금을 면제받아 본인일부부담금을 일체 지불하지 않으며, 소득ㆍ재산 등의 사유로 생계가 곤란한 자는 본인일부부담금의 1/2만 지불한다.

6. 노인장기요양보험의 관리운영체계

노인장기요양보험은 별도의 관리운영기관을 설치하지 않고 급여 및 재정관리 주체를 건강보험공단과 일원화하여 관리운영의 책임성과 효율성을 높이고자 하였다. 국민건강보험공단은 장기요양보험가입자 및 그 피부양자와 의료급여수급권자의 자격관리, 장기요양보험료를 부과하고 징수하는 업무, 신청인에 대한 환경 및 욕구 등의 조사, 등급판정위원회의 운영, 장기요양등급판정, 장기요양인정서의 작성, 표준장기요양이용계획서 제공, 장기요양급여의 관리, 수급자에 대한 정보제공ㆍ안내ㆍ상담 등 장기요양급여 관련 이용지원, 장기요양급여비용의 심사 및 지급, 장기요양사업에 관한 조사 · 연구 및 홍보, 부당이득금을 부과하고 징수하는 업무, 장기요양기관의 설치 및 운영 등을 담당하고 있다.

국민건강보험공단과 함께 노인장기요양보험의 원활한 운영을 위해 장기요양위원회, 등급판정위원회, 장기요양심사위원회가 설치 및 운영되고 있다. 장기요양위원회는 장기요양보험료율, 재가 · 시설 급여비용, 특별현금급여(가족요양비, 특례요양비, 요양병원간병비 등)의 지급기준 등을 심의하는 기구로서 근로자단체, 사용자단체, 시민단체, 노인단체 등의 적용대상자 대표와 장기요양시설 또는 의료계 등으로 구성된 장기요양시설 등 대표, 그리고 학계 · 연구계, 고위공무원단 소속 공무원, 공단추천으로 구성된 공익대표로 구성되며 위원장을 포함하여 16인 이상 22인 이하의 위원들로 구성된다.

장기요양심사위원회는 장기요양인정, 요양등급, 요양급여, 부당이득, 장기요양급여비용, 장기요양보험료 등에 대한 이의사항을 심리 및 의결을 통해 국민건강보험공단의 위법 또는 부당한 행위로부터 국민의 권리를 보호하고 행정을 적정하게 운영하기 위해 설치되었다. 장기요양심사위원회는 위원장을 포함하여 50인 이내의 위원으로 구성되며 의사 · 치과의사 · 한의사, 간호사, 사회복지사, 공단임직원, 법학 및 장기요양에 관한 전문가 등으로 구성된다.

등급판정위원회는 장기요양인정 및 등급판정 등을 심의하는 기구로서 장기요양신청자가 장기요양이 필요한 상태에 해당하는지를 심의하고, 장기요양이 필요한 상태인 경우 등급판정기준에 따라 등급을 판정한다. 위원장을 포함하여 16인 이내로 구성되며 위원들은 시 · 군 · 구 소속 공무원, 사회복지사, 의료인, 그리고 관련 전문가들이다.

7. 전망과 과제

노인장기요양보험은 도입 10년차를 맞이하여 장기요양제도의 다양한 문제해결을 기대하는 사회적 요구가 기존보다 증가하고 있다. 이에 따라 제2차 장기요양기본계획을 참고하여 10년 간 노인장기요양보험을 평가한다면 다음과 같이 요약할 수 있다(보건복지부, 2018).

첫째, 노인장기요양보험의 가장 큰 문제점이었던 대상의 협소성 문제가 개선되었다. 1~3등급에서 1~5등급으로의 등급 확대, 등급외자에 대한 지원 강화, 본인부담 감경대상의 확대 등으로 보장성이 제도 초기보다 크게 확대되었다는 평가를 받고 있다. 둘째, 노인장기요양보험의 서비스 질은 재가급여 월 한도액 인상, 이용지원 및 통합재가시범사업 등을 통해 재가급여를 활성화하려는 노력을 시도하였으나 여전히 방문요양에만 편향된 급여이용, 요양보호사 등의 전문성 등에 따른 서비스 질 문제를 해결하지 못한다는 평가를 받고 있다. 셋째, 노인장기요양보험의 공급 인프라는 장기요양기관 및 인력의 양적 성장 및 관리체계를 마련하여 장기요양보험 초기보다 크게 확대되었다는 평가를 받고 있으나, 질적 성장 및 관리는 매우 부족하고 지역별로 편차가 심하여 지역별 종합적·전문적 관리가 필요하다는 평가를 받고 있다.

10년간의 노인장기요양보험이 달성한 성과 및 평가를 토대로 향후 노인장기요양보험의 개선과제는 다음과 같이 정리된다.

첫째, 대상의 적극적 확대가 필요하다. 다양한 개선노력으로 대상의 협소성 문제가 많이 해결되긴 하였으나 경중 치매질환자 및 65세 미만 장기요양수급자 등에 대해서도 보장성을 확대하여 기존보다 대상자 규모의 틀을 적극적으로 확대하는 방안을 고민할 필요가 있다.

둘째, 등급판정 및 이용지원 단계에서의 개인의 다양한 욕구를 반영할 수 있도록 등급판정체계의 개편 및 한국형 사례관리 또는 이용지원시스템을 구축할 필요가 있다. 노인장기요양보험 인정조사 및 욕구조사를 수행 시 간호사와 사회복지사 등 서로 다른 전공이 2인 1팀으로 파견되도록 규정하고 있으나 실제로는 인력부족으로 1인 1팀이 인정조사 및 욕구조사를 실시하고 있다(김진수, 신혜리, 2015). 간호와 사회복지, 재활 등 다양한 영역에 복합적인 욕구를 사정하도록 하고 그에 맞는 등급기준선 및 등급기준 등이 설정될 필요가 있다.

또한 현재 건강보험공단이 담당하고 있는 이용지원업무를 케어 매니지먼트(care management) 등으로 확대할 필요가 있다. 기존 연구들에서 지속적으로 지적되고 있는 것처럼 현재 노인장기요양보험 수급자들은 이용자의 욕구에 맞는 서비스가 제공되지 않고 있다(최인덕, 2014). 따라서 표준장기요양이용계획을 개개인의 욕구를 반영할 수 있는 케어플랜(care plan)을 작성할 수 있는 사례관리시스템 또는 확장된 형태의 이용지원시스템을 구축하고 시스템을 운영할 수 있는 케어조정자, 케어매니저 등의 전문 인력을 양성할 필요가 있다.

셋째, 커뮤니티케어의 추진을 위해 통합재가급여의 확대, 재가급여유형의 다양화 등의 노력을 통한 재가급여의 양과 질의 개선이 필요하다. 정부는 2018년 '돌봄(care)이 필요한 사람들이 지역사회(community)에 거주하면서 개개인의 욕구에 맞는 복지급여와 서비스를 누리고 지역사회와 함께 어울려 살아가며 자아실현과 활동을 할 수 있는 사회서비스체계'인 커뮤니티케어를 추진하겠다고 발표하였다(보건복지부, 커뮤니티케어추진단, 2018). 노인장기요양보험 또한 커뮤니티케어의 추진목적에 맞게 재가급여를 선택할 수 있도록 급여의 양과 질을 개선할 필요가 있다.

통합재가급여란 개별적인 재가급여를 수급자의 욕구에 맞게 혼합하여 구성한 급여로서 포괄정액수가로 지불하는 특징을 갖고 있다. 통합재가급여는 이용자의 개별적 욕구에 맞는 맞춤형 서비스를 제공하여 지역사회 내 생활(aging in place)을 적극적으로 지원하는 데 목적을 갖고 있다. 통합재가급여는 현재 세 차례의 시범사업을 진행 중에 있으나 케어 매니지먼트 없이는 단편적인 서비스의 총합에 불과하기에, 통합재가급여의 활성화를 위해서는 이용지원의 확대 또는 사례관리의 도입이 필요하다.

재가급여는 또한 기존 급여유형을 보다 다양화하고 기존에 없었지만 지속적으로 노인의 욕구가 있었던 영역으로 급여를 확대할 필요가 있다. 예를 들어, 방문요양급여의 경우 신체수발영역과 가사수발영역이 다름에도 불구하고 대부분의 방문요양급여는 가사수발 중심의 서비스만을 제공하여 부작용을 초래하므로 두 영역을 구분할 필요가 있다. 또한 식사배달 등의 영양영역, 이동 및 외출지원 등의 이동영역, 주택개조서비스 등 주거영역 등은 노인의 일상생활에 지대한 영향을 미치는 영역임에도 불구하고 급여 영역에서 배제되었다. 이에 따라 새로운 영역으로 급여를 확대하는 노력을 시도해야 한다.

넷째, 복지용구의 영역 및 범위를 확대할 필요가 있다. 현재 노인 돌봄 과학기술은 생활 및 이동지원, 신체기능 복원, 재활치료, 모바일 원격진료, 건강관리서비스 등 다양한 분야에서 높은 수준에서의 기술(high-end technology)에서부터 낮은 수준에서의 기술(low-end technology)까지 발달하고 있다. 여러 국가는 과학기술을 적극적으로 활용하여 고령화 사회에서의 노인 돌봄을 대비하고 있으며, 특히 일본은 간호업무 지원로봇, 보행이나 재활, 식사를 지원하는 자립지원형 로봇 등을 개발하여 정책 사업에 활용하고자 노력하고 있다. 다양한 돌봄 기술의 활용은 재가노인의 삶의 질을 높일 수 있기에 한국 또한 복지용구의 영역을 지팡이, 휠체어 등의 낮은 수준의 용구에만 국한할 것이 아니라 첨단 기술 등의 높은 수준의 노인돌봄 기술도 고려해 볼 필요가 있다.

다섯째, 노인장기요양보험의 지속적인 제도 개선 및 안정적인 제도 운영을 위해서는 안정적인 재정체계를 마련해야 한다. 현재 노인장기요양보험의 보험료율은 지속적인 대상자의 확대 및 급여의 확대를 하기에는 현저히 낮은 비율이다. 따라서 점진적으로 안정적인 재원 확보를 위해 보험료의 산정방식을 개선하고 수가체계를 재정비할 필요가 있다.

마지막으로, 노인장기요양보험 수급자의 효과적 케어를 위해서는 통합적 돌봄

(integrated care) 관점에서 의료영역과 장기요양영역 간의 연계체계를 구축할 필요가 있다. 등급판정단계에서의 의료적 필요도와 요양필요도를 함께 측정할 필요가 있으며 급여이용단계에서의 요양병원-요양시설 간 전원체계, 방문간호 및 촉탁의 활성화 등이 함께 실시될 필요가 있다. 특히 요양병원과 요양시설 간의 역할정립이 되지 않아 욕구에 맞는 급여이용이 이뤄지고 있지 않기 때문에 장기적으로는 요양병원과 요양시설의 평가도구를 통합하여 공통의 평가도구를 통해 심사 및 판정을 함께 실시하여 욕구 및 상황에 맞게 요양병원 또는 요양시설을 이용할 수 있도록 안내 및 지원될 필요가 있다.

참고문헌

국민건강보험공단(2014). 노인장기요양보험 업무처리지침.

국민건강보험공단(2008~2016). 노인장기요양통계연보.

김진수, 남석인, 김민아, 유재상, Christina Hiebl(2014). 장기요양 치매수급자를 포함한 이용지원 효율화 방안 연구. 국민건강보험공단.

김진수, 신혜리(2015). 장기요양 급여와 건강보험 급여와의 연계방안연구. 노인복지연구, 67(단일호), 83-105.

김진수, 신혜리, 정창률, 유재상, Hiessl, 이민아, 박재범(2018), 장기요양 본인일부분담금 감경제도 개선 방안 연구. 국민건강보험공단.

보건복지부(2018). 2018~2022 제2차 장기요양 기본계획(안).

보건복지부, 커뮤니티케어추진단(2018). 지역사회 중심 복지구현을 위한 커뮤니티케어 추진방향.

이재정, 이민홍, 김영선, 김경모, 황재영(2017). 부산시 노인장기요양서비스 이용현황과 개선방안: 보호연속성을 중심으로. 부산복지개발원 2017-18.

최인덕(2014). 이용자욕구(need)와 거주지역에 기반한 요양병원과 요양시설의 기능재정립 방안 연구. 한국지역사회복지학, 50, 139-176.

Challis, D. J., Darton, R. A., & Stewart, K. (1998). *Community care, secondary health care and care management*. Farnham: Ashgate.

Colombo, F., Llena-Nozal, A., Mercier, J., & Tjadens, F. (2011). *Help wanted? Providing and paying for long-term care*. Paris: OECD Publishing.

Delgado-Passler, P., & McCaffrey, R. (2006). The influences of postdischarge management by nurse practitioners on hospital readmission for heart failure. *Journal of the American Academy of Nurse Practitioners, 18*(4), 154–160.

Evashwick, C. (2005). *The continuum of long-term care.* Boston: Cengage Learning.

Judd, R. G., & Sheffield, S. (2010). Hospital social work: Contemporary roles and professional activities. *Social Work in Health Care, 49*(9), 856–871.

McCall, N. (2001). Long term care: Definition, demand, cost, and financing. *Who will pay for long term care, 3*(31). Chicago: Health Administration Press.

Nolte, E., & Pitchforth, E. (2014). *What is the evidence on the economic impacts of integrated care?* Geneva: WHO.

Weinberger, M., Oddone, E. Z., & Henderson, W. G. (1996). Does increased access to primary care reduce hospital readmissions? *New England Journal of Medicine, 334*(22), 1441–1447.

노인장기요양보험. http://www.longtermcare.or.kr

제**11**장

퇴직연금제도

정창률(단국대학교 사회복지학과 부교수)

1. 들어가는 말

한국의 퇴직연금제도는 아직까지 우리나라의 주요한 사회복지제도로 자리를 잡은 제도는 아니다. 그러나 많은 국가에서 기업연금제도는 공적연금을 보완하는 제도로서 그 위상이 과거에 비해서 커지는 상황이며, 우리나라 역시 국민연금만으로 노후소득을 감당하기 어려운 상황에서 퇴직연금이 전체 노후소득보장제도에서 담당해야 할 역할은 적지 않다고 할 수 있다.

한국 퇴직연금제도의 기원은 사회보험제도의 발전 이전에 그 역할을 수행하여 왔던 퇴직금제도에 있다. 공적연금제도나 실업보험제도가 부재했던 시기에 퇴직금제도는 퇴직이나 실업으로 인한 소득중단으로부터 가입자들을 보호하기 위한 역할을 오랫동안 수행하여 왔다. 1980년대 후반부터 국민연금과 고용보험제도가 도입되면서 퇴직연금제도의 역할은 과거에 비해서 축소되어 왔으며, 여러 논의 끝에 2005년 「퇴직급여보장법」이 도입되면서 퇴직연금제도가 실시되게 되었다. 그러나 이는 완전한 의미에서의 전환은 아니었으며, 퇴직급여제도는 기업이 퇴직금제도와 퇴직연금제도를 택일할 수 있는 방식으로 도입되었다. 이는 퇴직금제도가 퇴직연금으로 전환되는 일종의 과도기적 상황으로서 중장기적으로는 퇴직연금제도는 다층 노후소득보장체계에서 1층인 국민연금(및 기초연금)을 보완하는 2층 기업연금의 역할을 수행하게 될 것으로 보인다. 국민연금이 거듭 소득대체율이 하락하면서 소득유지기능을 충족시키지 못하는 가운데에서 퇴직연금제도는 노후소득을 보완하기 위한 제도적 역할을 가지고 있다고 볼 수 있다.

다른 사회보험제도나 공공부조제도와 달리, 퇴직연금은 국가마다 상이한 역할을 수행하고 있고 국가마다 중요도에서도 차이가 심한 제도이다. 어떤 국가에서는 퇴직연금이 공적연금에 준하는 제도로서 역할을 수행해 온 반면, 다른 국가에서는 거의 금융상품 가운데 하나로 간주되기도 하였다. 그 때문에 퇴직연금의 경우 다른 제도보다 규범적 수준의 제도 검토가 그다지 활발히 이루어지지 않았다. 이 장에서는 우리나라 전체 노후소득보장에서 퇴직연금의 위상과 역할 검토를 시작으로 이 제도가 가지는 의의와 특성을 살펴보고, 이를 바탕으로 하여 퇴직연금의 제도 현황을 살펴본 후, 전망과 과제를 제시하도록 한다.

2. 퇴직연금제도의 의의와 특성

1) 전체 노후소득보장체계에서 기업연금의 위상 및 역할

다층노후소득보장체계에 대한 논의는 우리 사회에서 많이 이루어져 왔다. 다층노후소득보장체계 논의의 핵심은 노후소득원을 공적연금, 기업연금, 개인연금 등으로 다양화하여 노후소득 부족에 대처하자는 것이다. 물론 이에 대해서는 다양한 해석이 존재한다. 부정적인 시각에서는 다층노후소득보장체계 논의가 사실은 사적연금을 활성화하자는 시장주의자들의 의도가 숨어 있는 것이라고 보는 반면, 반대 시각에서는 인구고령화 시대에 공적연금에 일방적으로 의존하는 많은 국가의 연금제도가 나아가야 할 유일한 대안으로 보기도 한다.

다층체계에 관련된 많은 논의들은 현재까지는 '각국이 처한 사회경제적 여건과 기존 제도를 고려하여 상황에 맞는 공사연금 혼합(public/private pension mix)을 구축할 필요가 있다'는 정도로 요약될 수 있다. 1층의 공적연금은 보편적인 제도로서 각국의 제도에 따라서 빈곤경감 기능만을 수행하는 기초연금 형태로 운영될 수도 있고 소득유지 기능까지 수행하는 소득비례 형태로 운영될 수 있다. 다시 말해서, 1층의 역할은 소득재분배 기능에 그칠 수도 있고 보험 기능까지 포함할 수 있다. 2층의 기업연금은 1층 공적연금의 기능에 따라서 고소득 근로자 위주의(자발적인) 소득비례연금으로 운영할 수도 있고, 저소득 근로자를 제외한 대다수 근로자를 포함하는 소득비례연금으로 운영할 수도 있다. 다시 말해서, 2층은 주로 저축기능을 수행할 수 있다. 이 외의 3층 개인연금은 자발적인 수단으로서 고소득층의 추가적인 노후소득보장 수단으로 볼 수 있다. 다층 노후소득보장 논의가 대부분 1층과 2층에 집중되어 있다는 점에서 이 글에서도 3층 개인연금 논의는 생략하기로 한다.

1층과 2층의 관계는 국가마다 상이하다. 선진국의 경우 기업연금이 발전된 국가들은 공적연금은 기초보장에 머물러 있거나 소득비례연금이라도 충분한 노후소득보장이 이루어지지 않는 경우가 대부분이다. 반면, 기업연금이 덜 발전된 국가들은 공적연금이 소득비례연금으로서 이를 통해 충분한 노후소득보장을 제공하는 경우가 일반적이었다. 기업연금을 발전시켜 온 국가들이 주로 소득비례형 공적연금 중심의 비스마르크형 제도를 운영하는 나라가 아니라 공적연금을 기초보장 형태로 운영하는 베버리지형 제도를 운영하는 나라였던 것은 우연이 아니다.

그러나 최근 들어서는 이러한 전통적인 추세에 변화가 일어나기 시작했다. 인구고령화로 인한 연금재정 문제로 인해서 특히 비스마르크형 연금제도를 가진 국가들은 이를 기업연금으로 대체하는—혹은 개인연금을 활성화하는—연금개혁을 실시하였다. 이는 노후소득보장제도에서 기업연금의 역할이 주로 베버리지형 공적연금제도를 운영하는 국가에 한정되었던 것이 이제는 대부분의 선진국까지 확대되었음을 의미한다. 또한 전통적인 기업연금이 우수 근로자 확보 및 유지를 위한 일종의 기업복지차원에서 유지/운영되어 왔던 데 반해, 이제는 국가의 노후소득보장 틀에서 다루어지는 준 공적제도로 발전하였음을 의미한다.

그렇다고 해서 기업연금제도가 공적연금과 유사해졌다고 보아서는 안된다. 기업연금은 법에 의한 공적연금과 자발적인 개인연금의 중간 성격을 가지며, 일부 기능에 있어서는 공적연금과 유사한 기능을 할 수도 있으나, 다른 기능에서는 사적연금으로서 개인연금과 비슷한 기능을 수행하는 부분도 존재한다.

2) 적용대상

기업연금의 적용대상은 적용범위가 보편적인 공적연금보다 좁은 것이 일반적이다. 일반적으로 공적연금제도는 근로자 이외의 자영자 등까지 당연가입을 요구하지만, 기업연금의 경우는 원칙적으로 근로자만을 대상으로 하는 제도이기 때문이다.

기업연금의 적용대상 설정에서 이슈가 되는 것은 기업연금을 공적연금과 마찬가지로 의무가입 제도로 운영해야 하느냐에 대한 것이다. 전통적으로 기업연금제도는 양질의 근로자를 확보하기 위한 수단으로 도입되었다. 역사적으로 볼 때, '동일노동 동일임금'의 전통이 있는 유럽국가들의 경우 기업연금제도는 우수 근로자를 확보하기 위한 수단으로 널리 활용되어 왔다. 이는 태생적으로 기업연금제도가 국가 차원에서 의무적인 제도로 도입된 것은 아니었다는 것을 의미한다. 그러나 기업연금제도 초기의 취지가 어떠했든지 간에, 현재 기업연금의 성격은 다소 변화하였다. 일부 국가들은 공적연금을 축소하는 조건으로 기업연금의 가입유인을 강화하는 조치를 취하였으며, 일부 국가들의 경우에는 기업연금의 경우에도 공적연금처럼 가입을 사실상 강제화하기도 하였다.

기업연금의 적용대상을 의무화할 것인가 아닌가의 문제는 기업연금의 성격을 좌우하는 중요한 요인이 된다. 기업연금의 적용대상은 기업의 자율에 맡기는 경우 사실상 기업연금은 주로 대기업 근로자들을 위한 기업복지 차원의 성격을 가지며, 공공의 역할은 매우 제한된다. 이 경우에는 기업연금에 대한 국가의 개입이나 규제는 최소한에 그치는 것이 일반적이다.[1] 그러나 기업연금제도를 의무화하는 경우에는 기업연금은 준공적 연금 (quasi-public pension)의 성격을 가지게 되며, 노후의 소득대체율 등에 대해서 공적연금과 기업연금을 혼합하여 고려하게 된다.

기업연금 가입 방식은 스위스와 같이 가입이 법적으로 의무화된 국가도 있는 반면, 네덜란드와 스웨덴과 같이 법적 의무화는 아니지만 단체협약을 통해서 절대 다수의 근로자가 기업연금에 사실상 보편적으로 가입하는 국가도 있다. 그러나 가입을 의무화하더라도 가입가능 소득 하한을 설정하여 저소득 근로자들은 배제하는 것이 일반적이다. 이는 일정소득 이하의 저소득 근로자들의 경우 기업연금보다는 (재분배적인) 공적연금을 통해서 노후소득보장을 해결하도록 유도하기 때문이다.

기업연금에 가입하는 방법 역시 국가마다 다양하다. 기업 단위에서 기업연금에 가입하도록 하는 방식을 채택하는 나라도 있으며, 산업 단위에서 기업연금에 가입하도록 하는 방식을 채택하는 국가도 있다. 후자의 경우에는 기본적으로 개별 근로자들의 선택의 영역은 넓지 않은 반면, 전자의 경우에는 경우에 따라서 투자방향 등을 기업이 아니라 개인이 선택하도록 하는 방식을 채택할 수도 있다. 또한 최근에는 일부 국가에서 외형은 기업연금이지만 실제로는 개인계좌 형태로 가입하도록 하는 방식을 채택하는 국가들도 있다.

---

1) 최소한이라고 하면 대개 보험료에 대한 세금 감면 정도라고 볼 수 있다.

3) 급여

기업연금 급여 결정 방식은 DB(Defined Benefit)와 DC(Defined Contribution) 방식으로 구분된다. DB 방식은 급여가 사전에 결정되며 기업의 적립금 부담은 사용자의 책임 아래 이루어지는 방식인 데 반해, DC 방식은 기업의 부담금은 사전에 확정되며 근로자가 적립금 운용상품을 선택하고 운용의 책임과 결과도 근로자에게 귀속되는 방식이다. 따라서 DB 방식은 원칙적으로 사용자가 위험을 부담하는 방식이며, DC 방식은 근로자가 위험을 부담하는 방식이다. 그러나 이 2가지 방식은 이론적으로 기업연금 급여결정방식의 양극단을 보여 주는 것일 뿐, 실제로는 다양한 방식으로 양 방식을 결합할 수 있다. 예를 들어, DC 방식은 기여만 정해질 뿐 급여는 투자 성과에 따라 결정되어 결과적으로 모든 위험을 근로자가 떠안는 것으로 알려져 있지만, 경우에 따라서 최저수익률(minimum interest rate)을 보장하여 위험을 사용자, 근로자, 금융회사들이 분담하는 형태로 운영될 수도 있다. DB 방식은 사용자가 위험을 부담하는 방식으로 알려져 있지만, 경우에 따라서 투자 손실 시 근로자나 수급자들이 급여손실의 일부를 떠안는 방식으로 설계될 수도 있다.

그리고 DC 방식의 경우에도 근로자 개개인이 금융회사와 투자방향을 논의하고 결정하는 방식으로 직접 참여하도록 하는 방식도 가능하지만, 경우에 따라서는 근로자 개개인이 투자에 대해서 의사결정을 하는 것이 아니라 기업이나 기금 차원에서 투자방향을 결정하면 근로자들은 그러한 결정을 그대로 따르는 방식도 가능하다.

기업연금 급여지급 방식은 공적연금에 비해서 다소 유연하게 설정할 수 있다. 공적연금을 운영하는 국가들은 거의 예외 없이 노령연금을 사망할 때까지 지급하는 종신연금(annuity) 방식으로 지급한다. 이는 공적연금이 장수(longevity)라는 사회적 위험에 대처하기 위한 제도라는 점에서 타당하다. 반면, 기업연금의 경우는 급여지급 방식이 다소 다를 수 있다. 기업연금 역시도 장수에 대해 대처하는 제도이기는 하지만, 공적연금에서 어느 정도 노후빈곤 문제가 해결된다고 볼 수 있기 때문에, 기업연금 급여의 일부에 대해서는 일시금 지급을 허용하는 경우도 가능하다. 그러나 기업연금 역시 기본적인 지급방식은 종신연금 방식이라는 점은 분명하다.

급여와 관련된 다음 이슈는 기업연금이 노령에 대한 부분만을 보호할 것이냐 아니면 다른 사회적 위험까지 포괄해야 하느냐이다. 흔히 기업연금제도는 공적연금에서 해결하지 못하는 노후소득부족 부분을 벌충하기 위한 제도로 알려져 있지만, 국가에 따라서 공적연금에서 제공하는 장애나 사망에 대한 급여를 지급하도록 하는 경우도 있다. 특히, 공적연금제도가 이른바 기초보장의 성격을 가지는 경우에는 노령뿐 아니라 장애나 사망에 대해서도 공적연금 급여 수준은 빈곤경감을 목적으로 하기 때문에 과거 소득을 유지할 수준에 이르지 못한다. 따라서 그러한 경우는 공적연금 이외의 제도를 통해서 보충해야만 하며 기업연금을 통해서 노령뿐 아니라 장애나 사망에 대한 소득보장을 동시에 보충하기도 한다.

기업연금의 급여 수준이 어느 정도여야 하는지는 공적연금과의 관계에 따라서 나라마다 상이하다. 공적연금이 기본적으로 소득유지기능까지 제공하는 경우에는 기업연금은 중산층 이상을 위한 추가적인(additional)—선별적인—제도의 성격을 띠며 정책적으로 어느 정도의 급여를 제공해야 한다는 기준은 존재하지 않는다. 다만, 공적연금이 소득유지기능을 수행하는 데 한계를 가지는 국가의 경우—기초보장이나 lite 소득비례 연금—기업연금은 저소득층을 제외한 다수의 근로자를 강제(혹은 준강제)로 포괄하기 마련이며 이 경우, 공적연금과 기업연금을 결합한 소득대체율 수준 설정이 주요한 정책 요소가 된다. 다만, 기업연금의 경우는 사적연금으로서 이 제도를 통해서 수직적 재분배가 발생하도록 설계하지는 않는다. 다시 말해서, 기업연금은 원칙적으로 순수 소득비례연금의 성격을 가진다.

4) 보험료(재정)

기업연금의 재원은 원칙적으로 사용자 혹은 근로자의 기여로 구성된다. 국가에 따라서 사용자가 전액을 모두 부담하는 방식으로 운영될 수도 있으며, 사용자와 근로자가 분담하는 방식으로 운영될 수도 있다.

기업연금의 기금을 적립해야 하느냐 아니냐는 오랫동안 기업연금의 논쟁거리 가운데 하나였으나 최근 들어서는 기업의 수명이 줄어들고 도산이나 통폐합이 증가하게 되면서 비적립 기업연금 방식은 지급보장에 취약한 방식으로 인식되면서 점차 정당성을 잃기 시작하였다. 오늘날에는 기업연금은 적립방식이라는 인식이 일반화되고 있다.

오늘날에는 대부분의 선진국에서 기업연금을 적립방식으로 운영하고 있는데, 적립방식으로 운영한다고 해도 적립비율을 어느 정도로 유지해야 하는지 역시 논란거리이다.[2]

---

2) 이는 주로 DB 방식과 최소수익률을 보장하는 DC 방식에 적용되는 것으로, 영미식 DC 방식—최소수익률을 보장하지 않는—의 경우에는 적립 미달 개념은 존재하지 않으며 원금 손실은 원칙적으로 가입자의 급여 하락으로 이어진다.

적립식 DB형 기업연금은 현재 시점에서 지급해야 하는 연금금액을 100% 적립하는 것을 원칙으로 하는 경우가 많다. 문제는 100% 적립원칙을 엄격하게 적용할 때 금융투자 수익률이 낮은 경우 기업이 부족한 적립분을 벌충해야 하는 부담이 지나치게 높을 수 있다는 것이다. 또한 금융투자 수익률이 낮은 시점은 대개 경제가 침체된 상황으로 기업들도 경영환경이 좋지 않은 경우가 대부분이다. 따라서 기업의 상황이 좋지 않을 때 기업연금 적립 부족금액을 벌충해야 한다. 이는 기업의 경영에 좋지 않은 것으로, 안정적인 기업연금제도 유지를 위한 기금의 존재가 오히려 기업의 어려움을 증폭시키는 위험 요소가 될 수 있음을 의미한다. 이에 대처하기 위해서 100% 적립이 되지 않는 상황에서도 일정 비율의 부족분에 대해서는 별도의 조치를 하지 않고, 일정 비율 이하로 적립기금이 줄어드는 경우에는 기업, 근로자, 수급자들이 위험을 분담하는 조치들을 논의하는 방식을 운영하기도 한다.

DB 방식의 경우에는 별도의 보험료율이 정해져 있지 않은 것이 일반적이다. 이는 DB 방식 고유의 특징 때문으로서, DB 방식은 보험료율을 정해 놓는다 해도 결과적으로는 투자성과로 인한 적립금액을 사용자가 조정해야 하기 때문이다. 예를 들어, 적립방식의 경우에는 일정시점에서 적립해야 하는 금액을 기업 차원에서 맞추어 놓으면 된다. 금융시장의 성과가 좋을 때에는 경우에 따라서 몇 년씩 기업이 적립금액을 채우지 않아도 자동적으로 의무 적립금을 초과하여 기금을 축적할 수도 있으나, 금융시장의 성과가 나쁠 때에는 경우에 따라서 기업을 도산에 빠뜨릴 정도의 엄청난 금액을 충당해야 하는 경우도 발생할 수 있다.

반면, DC 방식의 경우에는 보험료율이 사전에 결정되는 것이 일반적이다. 다시 말해서, 사용자 혹은 근로자가 정해진 보험료율을 운용기관에 기여하면 운용기관은 그 보험료 수입으로 운용을 하게 된다. 다만, DC 방식하에서도 최소수익률을 보장해 주는 방식의 경우에는 수익률이 최소수익률을 보장하지 못하는 경우, 사용자와 금융회사, 근로자, 연금수급자 등이 합의를 통해서 이를 벌충하도록 할 수 있다.

마지막으로, 기업연금에 대해서 정부의 재정지원(공적재원 투입)이 필요한가 하는 것이다. 사실 기업연금제도는 대부분 가입을 유도하기 위한 세금감면 방식을 사용하여—조세지출(tax expenditure)을 통해서—막대한 재정지출이 간접적으로 투입되고 있다. 사실 기업연금에서 세금감면은 기업연금을 활성화하기 위한 핵심적인 정책 수단이다. 그러나 이 외에 저소득근로자들을 위한 재정지원 등은 기업연금제도에서 원칙적으로 이루어지지 않는다. 왜냐하면 기본적으로 저소득근로자들을 위한 재정지원이라 함은 기본적으로 소득재분배 기능인데 이는 공적연금의 역할이며, 기업연금의 역할은 아니기 때문이다.

다만, 기업연금의 막대한 세금감면이 결과적으로는 고소득층, 대기업에게 이익이 되는 것이기 때문에, 그 반대급부로 기업연금의 세금감면은 공적연금의 소득재분배기능 강화를 위한 근거가 될 수 있는 주요 근거가 된다.

5) 근로자(가입자) 보호

기업연금제도가 가지는 고유의 문제 가운데 하나는 기업연금 가입자의 수급권을 보호하기 위한 여러 장치를 필요로 한다는 점이다. 공적연금의 경우에는 적립방식이든 부과방식이든—기금적립 수준에 관계없이—가입자의 연금수급권이 보존되며, 급여지급 유무는 기금의 고갈이나 투자실패에 의해서가 아니라 정부의 의지에 의해서 결정된다. 반면, 기업연금의 경우에는 기본적으로 정부가 보증(guarantee)하는 연금제도가 아니기 때문에 기업의 도산 시 근로자의 연금급여를 어떻게 보호할 것인지가 이슈가 된다.

기업연금의 수급권보호 장치는 시각에 따라 다양하다. 크게 보면, 퇴직연금의 설치, 운영, 시장감독 및 사후적 보장장치 등이 수급권 보호를 위한 제도로 볼 수 있지만, 좁은 의미에서 사후적 보장장치로 한정하는 경향이 있다. 설치, 운영, 시장감독은 퇴직연금 사업자의 요건이나 계약 형태, 감독기관에 대한 규정에 대한 것으로 이 역시 매우 중요하지만, 이 글에서는 사후적 보장장치에 한정하여 살펴보도록 한다.

원칙적으로 DC 방식의 경우에는 가입자가 위험을 부담하기 때문에, 정해진 보험료가 납부되기만 하였다면 책임은 수급권자인 가입자가 지게 되고 원칙적으로 사후적 보장장치 개념은 필요하지 않다. 그러나 DB 방식의 경우에는 사용자가 정해진 적립금을 메우지 못하고 파산하는 경우 적립금은 가입자들이 정해진 연금급여를 모두 수급할 수 없게 된다는 문제가 되며 결과적으로 사용자가 발생시킨 문제로 인해서 가입자가 막대한 피해를 볼 수 있기 때문에 이에 대한 보호가 필요하게 된다. 이에 대해서는 보호해야 하는 우선순위를 설정하는 방식을 설정할 수도 있으며, 일종의 보증보험으로서 별도의 기금을 만들어서 도산으로 인한 수급권 보호가 필요한 근로자들을 보호하도록 하는 방식이 가능하다. 후자의 대표적인 예가 미국의 PBGC와 영국의 PPF인데, 기업별로 일정한 보험료를 내고 기업의 도산으로 인해서 기업연금 적립금을 충당하지 못하는 경우 이를 통해서 지급하도록 하는 일종의 재보험이다.

이러한 사후적 지급보증제도가 꼭 필요한지에 대해서는 논란이 있을 수 있다. 사전적 재무건전성 확보 장치의 강화를 강조하는 입장에서는 사후적 지급보증제도가 오히려 도덕적 해이나 역선택과 같은 보험 제도 자체의 문제점을 야기할 수 있다는 점에서 부정적으로 보기도 한다.[3] 또한 네덜란드처럼 기업연금이 개별 기업 단위가 아니라 산업단위로 이루어지는 경우에는 지급보증 자체를 운영하지 않기도 한다. 그러나 사전적인 재무건전성 확보 장치—예를 들어, 적립부족 시 적절한 시정조치 규정 등—만으로 가입자들을 보호하는 데 한계가 있기 때문에 사후적 지급보증제도는 매우 필요하다.

　원칙적으로 DC 방식의 경우 투자 실패는 가입자(근로자)에게 전가되며 결과적으로 연금급여의 손실로 이어지게 된다. 그러나 DC 방식하에서 근로자에게 책임을 전가하는 것은 당연하게 받아들이는 경우도 있는 반면, 이에 대해서 최소수익률을 보장한다든지, 원리금 보장 방식으로 설계한다든지, 디폴트 옵션(표준형 투자)을 마련해 둔다든지, 개인의 투자 설계가 아니라 기업 혹은 산업과 같이 풀(pool)을 넓게 함으로써 DC 방식하에서 개별 근로자들의 투자 위험을 줄이는 방안들도 고려될 수 있다.

　이 외에도 금융기관이 도산하게 되는 경우 기업연금의 수급권을 어디까지 보호할 수 있는지 역시 수급권보장에 포함될 수 있다. 특히 연금의 경우는 일정연령 이전에는 기본적으로 중도에 인출할 수 없도록 하는 것이 원칙이기 때문에 금융기관의 경영악화가 발생하는 상황에서도 이에 대해서 가입자가 어떠한 조치도 취하지 못하게 되는 경우가 발생할 수 있다. 따라서 금융기관 도산 시 기업연금의 수급권을 어디까지 보호할지 역시 논의될 수 있는 사항이다.

6) 통산

　기업연금의 특징 가운데 하나는 기업을 옮길 때 본인이 축적한 기업연금 수급권을 어떻게 처리할 것인지의 문제에 대한 것이다. 이는 기업연금에만 존재하는 문제는 아니며, 공적연금의 경우에도 조합방식으로 운영하거나, 우리나라 역시도 국민연금과 특수직역연금 사이에서 발생할 수 있는 문제이다. 그러나 기업연금, 특히 산업별로 운영되지 않고 기업(혹은 소규모 기업연합) 차원에서 기업연금을 운영하는 경우에는 자주 발생할 수 있는 문제이다.

　전통적인 기업연금은 기업 각각의 기업복지 측면에서 운영했을 때에는, 이직하는 근로자의 연금수급권을 어떻게 처리할 것인지가 중요한 문제가 아니었다. 또한 평생직장

---

3) 예를 들어, 미국의 경우 2000년대 초반 기업들의 도덕적 해이 등으로 인해서 PBGC가 상당한 재정적자에 직면하기도 하였다.

개념이 확고히 자리 잡혀 있는 과거의 노동시장 환경하에서 역시 이는 중요한 문제가 아니었다. 그러나 기업연금이 기업복지 차원이 아니라 국가의 주요한 노후소득보장 수단으로 발전하고, 노동시장 환경 역시 바뀌게 되면서 기업연금을 어떻게 통산할 것인가는 중요한 요소가 될 수 있다. 다른 각도에서는, 기업연금이 노동시장 변화에 걸림돌이 되어서는 안 된다는 문제의식 역시 함께 있었다.

경우에 따라서 통산 방법은 다양하다. 어떤 국가에서는 이직 시 이직하는 시점에서 이직 근로자 적립분은 동결시키고 퇴직시점에 이를 찾을 수 있도록 하는 방법도 가능하며, 다른 경우에는 이직 시 개인계정으로 관리하도록 하는 방법을 사용하기도 한다. 가장 극단적으로는 일부 국가에서 아예 기업연금을 처음부터 개인계정 방식처럼 운영하기도 한다. 그런데 일종의 개인연금처럼 다루게 되는 개인계정의 경우에는 수수료 부담이 상당히 높을 수밖에 없는 문제가 있다.

7) 관리운영

기업연금 관리운영과 관련해서 수수료와 기금운용기관의 범위를 다룰 필요가 있다.

기업연금의 수수료 문제도 논쟁적인 문제이다. 수수료를 금융기관들 사이의 경쟁에 맡겨서 자율로 결정하도록 하는 방식을 운영하는 경우도 가능하며, 또는 특정 비율을 할당하는 방법도 가능하다. 최저수익률을 운영하는 국가의 경우에는 외형적으로는 수수료를 별도로 규제하지는 않지만 수수료를 많이 부과해서는 최저수익률을 보장하기가 더 어렵게 되어 결과적으로 수수료를 규제하는 효과를 낳을 수도 있다.

연금의 수수료 문제가 중요한 이유 가운데 하나는, 연금은 특성상 장기계약의 특성을 가지기 때문에 결코 사소한 문제가 아니다. De Manuel Aramendia & Lannoo(2013)에 의하면, 1년 수수료가 0.75%인 경우 30년 동안 총 저축의 12% 정도가 수수료로 사용된다고 추정하고 있다. Barr & Diamond(2006)의 경우도 비슷하게 추정하는데, 1년에 1%의 행정비용은 40년 가입 시 20% 정도 연금액을 낮출 것으로 보고 있다.

기업연금 수수료는 운용관리수수료와 자산관리수수료가 있다. 이 중 운용관리수수료는 제도의 전반적인 운용과 관련된 것—적립금 운용방법에 대한 컨설팅, 적립금 운용현황에 대한 기록관리 등—으로 회사가 부담하는 것이 원칙이다. 자산관리수수료는 계좌의 설정, 연금 등 급여의 지급 등 자산관리 서비스를 제공받고 지불하는 수수료인데, 회사가 적립금을 운용하는 DB 방식의 경우 자산관리수수료는 회사가 부담하게 된다. 반면, 근로자가 적립금을 운용하는 DC의 경우 근로자 자신이 내는 방식으로 설정될 수도 있다.

공적연금의 경우 기본적으로 조합방식이든 중앙집중방식이든 간에 기본적으로 규모의 경제를 이룩할 수 있다는 점에서 관리운영비용을 낮출 수 있다. 반면, 기업연금을 운영하는 민간 금융회사의 경우에는 공적연금의 관리운영비에는 포함되지 않는 마케팅 비용과 이윤까지 필요하다. 따라서 기업연금의 관리운영비는 공적연금의 관리운영비에 비해서 다소 높을 수밖에 없다. 관리운영비는 수수료의 형태로 기업으로부터 징수되는데, 금융회사 입장에서는 규모가 큰 대기업은 가입자가 많기 때문에 규모의 경제를 통해서 적은 수수료로도 이윤을 남길 수 있는 반면, 영세기업의 경우에는 그렇지 못하다. 따라서 금융기관들은 영세기업의 가입을 꺼리게 마련이고, 이는 역설적으로 영세기업들은 기업연금에 가입하려고 해도 금융기관들이 꺼리게 될 수 있음을 의미한다.

수수료 문제와 영세기업의 진입장벽 문제를 고려할 때, 기업연금 관리운영주체를 민간 금융회사에 한정하지 말고, 기업연금을 운영할 수 있는 공공 관리운영주체까지 포함하도록 할 수도 있다. 기업연금을 운영하기 위한 별도의 공공기관을 설립하는 것은 취지에 어긋나며, 기존의 공공기관 가운데에서 기업연금의 관리를 수행할 수 있는 기관—공적연금 관리운영기관 등—을 활용할 수 있다. 이러한 기관들은 이윤추구를 하지 않기 때문에 관리운영비용을 줄임으로써 결과적으로 기업이나 근로자들의 이익을 높일 수 있고, 영세기업의 가입에도 이윤을 이유로 차별하지 않을 것이다.

3. 퇴직연금제도의 현황

1) 대상 및 가입

현행 우리나라의 퇴직연금제도는 퇴직금제도와 퇴직연금제도를 택일할 수 있는 퇴직급여제도로 운영되고 있다. 이러한 택일 규정은 2005년 퇴직연금 도입 이전부터 존재하여왔던 퇴직금제도를 퇴직연금으로 전화하기 위한 과도기적 규정으로 볼 수 있으며, 정부는 퇴직연금으로의 전환 시 기업들에게 유리한 세제혜택을 제공하여 퇴직연금으로의 전환을 유도하였다. 그 결과 제도 도입 10여 년 동안 지속적으로 퇴직연금 가입자는 증가하였다.

원칙적으로 퇴직급여제도는 모든 근로자에게 적용된다. 다시 말해서, 근로자를 고용한 모든 사업장에서 근로자에게 퇴직급여를 제공할 의무가 있다. 그러나 다른 사회보험과 마찬가지로 비정규직의 적용범위는 낮으며, 퇴직급여제도의 경우 1년 이상을 근속해야 퇴직금이 제공되는데 1년 미만의 단기계약 근로자의 경우에는 퇴직급여가 제공되지 않고 있어 실제 적용범위는 보편적이라 할 수 없다.

〈표 11-1〉 퇴직연금 가입자수 추이
(단위: 천 명, %)

구분	가입자수	증감률
2010년	2,394	–
2011년	3,284	37.2
2012년	4,377	33.3
2013년	4,852	10.9
2014년	5,353	10.3
2015년	5,904	10.3

금융감독원에 따르면 2015년 말 기준 퇴직연금 가입 근로자수는 590만 4,000명으로, 1년 전에 비해서 55만 1,000명이 증가하여, 가입률은 상용근로자 기준 53.5%에 이른다. 제도 도입 10년 만에 상용근로자의 절반 이상이 퇴직연금에 가입하고 신규사업장에 대해서는 연금제도 설정이 의무화되는 등 적용대상의 확대가 빠르게 진행 중이라고 볼 수도 있으나, 전체 근로자수(약 1,900만 명) 대비 가입률로 보면 30%를 갓 넘긴 수준에 불과하고 사업장수로 보면 퇴직연금 도입사업장은 30만 5,665개로 전체 사업장의 17.4% 수준에 불과한 상황이다. 또한 상시근로자 500인 이상 사업체의 도입률은 99.3%로 상당히 높은 편이지만, 10인 미만 사업체의 도입률은 12.5%에 불과한 상황으로(〈표 11-2〉 참조), 이는 퇴직연금제도가 대기업근로자, 상용근로자 중심으로 운영되고 있음을 보여 주는 것이다.

〈표 11-2〉 기업규모별 퇴직연금 도입 비율(2016)

구분	5인 미만	5~9인	10~29인	30~99인	100~299인	300인 이상	합계
(A)도입 사업장수	632,910	295,071	177,778	57,549	13,424	4,732	1,181,464
(B)전체 사업장수	69,228	94,596	96,024	43,070	11,285	4,171	318,374

도입비율 (A/B, %)	10.9	32.1	54.0	74.8	84.1	88.1	26.9

출처: 통계청(2017).

　그동안 정부는 퇴직연금 가입 확대를 위해 주로 세제혜택을 통해서 유인을 주는 간접적 유인책을 사용하여 왔다. 그러나 현실적으로 중소기업 입장에서는 퇴직연금에 가입하려고 해도 실제로는 금융기관들이 행정비용이 상대적으로 많이 드는 중소기업의 가입 자체를 꺼리는 경우가 많아서 실제 중소기업의 가입이 높지 않다. 이에 정부는 근로복지공단으로 하여금 30인 미만 사업장 근로자의 퇴직연금사업에 참여하도록 하여 중소기업들의 퇴직연금 가입을 유도하여 왔다. 그러나 2016년 6월 현재 근로복지공단 퇴직연금은 약 48,000개의 사업장에서 약 209,000명이 가입되어 있는 것에 불과한 실정이다.

2) 보험료(재정)

　과거 퇴직금제도가 운영되던 때부터 그 재원은 사용자가 전액을 부담하는 것으로 되어 있었고, 이는 퇴직급여제도로 바뀐 현재에도 마찬가지이다. 퇴직금의 경우에는 여전히 별도의 사외 적립을 필요로 하지 않지만, 퇴직연금으로 운영하는 경우에는 반드시 사외 적립을 요구하고 있다.

　퇴직연금의 경우, DB 방식의 경우에는 지급해야 하는 급여의 일정 비율을 금융기관에 적립해야 하며, DC 방식의 경우에는 사용자가 급여의 1/12 이상을 금융기관에 납부해야 하는 방식을 따른다.

　DB 방식의 경우 법에서 규정한 적립 수준은 계속 높아져 왔다. 퇴직금제도에서 퇴직연금제도로 전환되면서 기업이 기금 적립으로 인한 부담을 느끼지 않도록 하기 위해 완전적립 수준으로 적립 수준을 정하지 않았었다. 그러나 최근 규정 변화를 통해서 현재 80%인 적립 수준을 점진적으로 높여서 2021년부터는 100%로 높이기로 하였다.[4] 그러나 김봉환(2017)에 따르면, 2016년 현재 DB 퇴직연금의 사외적립률은 평균 45% 수준에 그치고 있는 것으로 나타난다. 그럼에도 불구하고, 무조건적인 상향은 다양한 문제를 야기할 수 있다. 예를 들어, 경기 변동으로 인해서—혹은 투자실패로 인해서—사외적립을

---

4) 「퇴직급여보장법 시행규칙」 제4조에 나타나 있다.

크게 밑돌게 되었을 때 이를 어떻게 해결하느냐에 대한 보다 구체적인 대안 제시는 부족하다. 현재 퇴직연금의 경우 적립 과부족에 따른 적기시정조치 조항이 존재하지 않으며, 기업이 부담금을 제대로 납부하지 않을 때에 이를 강제할 방법이 없다.[5]

3) 급여

기존의 퇴직금은 1년 이상 근로한 경우 근로연수 1년에 한하여 30일분 이상의 임금을 지급하도록 하였다. 퇴직연금의 경우 DB 방식과 DC 방식이 상이한데, DB 방식은 퇴직금에 해당되는 급여인 반면, DC 방식은 근로자가 운용상품을 선택하고 그 운용 결과에 따라 급여가 결정되는 방식이다.

퇴직연금의 경우 연금(annuity) 형태로 제공될 때 어느 정도의 소득대체율인지에 대해서는 여러 분석이 있다. 민간 연구기관들—류건식과 김동겸(2008) 등—의 연구들은 연구의 취지가 퇴직연금의 확대에 있다 보니 주로 퇴직연금 가입기간을 짧게 잡고 수급연령은 낮게 설정하여 소득대체율을 낮게 추정하는 경향이 있다. 류건식과 김동겸(2008)의 경우에는 28년 가입, 54세 지급을 가정하여 소득대체율을 12.5%로 추정하였다. 그러나 소득대체율 추정은 30년 혹은 40년을 가입하였을 때의 명목소득대체율과 실제 가입기간을 고려한 (국민연금과 동일한 가정에 입각한) 실질소득대체율 추정을 나누어서 살펴볼 필요가 있다. 명목소득대체율의 경우 퇴직연금 도입 당시 문형표(2004)는 30년 가입 시 20%의 소득대체율을 추정하였다. 최근 연구인 우해봉과 한정림(2015)은 실질소득대체율 추정을 출생(성별)연도를 기준으로(1952~1984년생) 추정하였는데,[6] 출생연도별로 소득대체율은 증가하는 것으로 나타난다. 1964년생은 남녀 평균 DB형의 경우 10.03%, DC형의 경우 11.35%로 나타나며, 1974년생은 DB형에서 14.79%, DC형에서 16.48%, 1984년생은 DB형에서 18.94%, DC형에서 20.99%인 것으로 나타난다. 따라서, 퇴직연금의 소득대체율은 중장기적으로 18~20% 수준으로 추정할 수 있다.[7]

그러나 이러한 추정이 당장 모든 근로자가 국민연금과 퇴직연금을 통해서 그러한 연금소득을 받게 된다는 것은 아니며, 이를 위해서는 중간정산 금지와 연금(annuity) 방식으로의

---

5) 물론 아무런 규정이 없는 것은 아니다. 시행령 제7조에 이에 대한 규정이 있으나 추상적인 수준이다.

6) 2022년까지 퇴직연금을 의무화한다는 계획을 가정하여 소득대체율을 추정하였다.

7) 물론 이는 확정적인 것이 아니며, DC 방식의 경우 투자 성과에 따라서 실제 소득대체율은 차이가 나게 된다.

급여지급방식 통일, 그리고 퇴직연금제도의 성숙 등 여러 선행조건이 갖추어져야 한다.

(1) 급여지급형태

원칙적으로 퇴직연금은 노후소득보장 수단이기 때문에 국민연금처럼 종신연금(life annuity) 형태로 제공되는 것이 제도 취지에 부합한다. 그러나 현재 퇴직연금의 경우에는 급여지급 형태에 대해서 사실상 제한이 없는 상태이고, 일시금으로 받는 것이 관행처럼 되어 있다. 이는 실제 현황에서도 그대로 나타나는데(⟨표 11-3⟩ 참조), 계좌 수로 보나 금액으로 보나 일시금 수령이 압도적인 것으로 나타난다. 또한 연금수령 역시 정해진 일정기간을 나누어서 지급하는 것일 뿐, 사망할 때까지 지급하는 것은 부재한 실정이다.

⟨표 11-3⟩ 유형별 퇴직급여 수령 현황   (단위: 좌, 억 원, %)

연금수령		일시금수령		합계	
계좌수(비중)	금액(비중)	계좌수(비중)	금액(비중)	계좌수(비중)	금액(비중)
4,672(1.9)	10,756(21.6)	236,783(98.1)	39,039(78.4)	241,455(100.0)	49,795(100.0)

출처: 금융감독원.

(2) 급여결정방식

퇴직연금이 도입될 때에는 DB 방식과 DC 방식을 둘러싼 갈등이 많았으나, 현시점에서는 실제로는 예상했던 것보다는 그렇게 큰 갈등이 일어나는 것 같지는 않다. 우리나라의 현행 방식은 DB 방식의 경우 사용자가 위험을 부담하고 DC 방식의 경우 근로자가 직접 투자 방식을 결정하고 위험을 부담하는 방식으로 볼 수 있다. 그러나 ⟨표 11-4⟩, [그림 11-1]에서 보이는 바와 같이, 아직까지 DB 방식의 비율이 높고, DC형이라고 해도 상당수가 원리금 보장형으로 설계되어 있어서 순수한 (이론적) 의미에서의 DC 방식을 채택하는 경우는 많지 않은 것으로 나타나 있다.

⟨표 11-4⟩ 제도유형별(DC, DB) 퇴직연금 적립금액 추이   (단위: 명, %)

구분	전체 가입 근로자	DB	DC	IRP특례	병행^{주)}
도입 사업장 수 (구성비)	340,030 (100.0)	108,499 (31.9)	182,204 (53.6)	25,936 (7.6)	23,391 (6.9)

가입 근로자수 (구성비)	5,810,244 (100.0)	3,317,332 (57.1)	2,339,981 (40.3)	67,495 (1.2)	85,436 (1.5)

주: 한 사업장의 근로자가 두 개 이상의 퇴직연금에 가입되어 있다면 해당 사업장과 가입자를 병행형으로 분류.
출처: 통계청(2017).

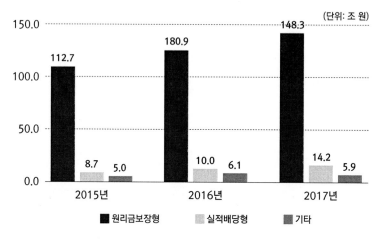

[그림 11-1] 운용방법별 적립금 추이

출처: 금융감독원, 퇴직연금 종합안내/통계.

(3) 급여지급보장

과거 퇴직금제도가 있을 때부터 「임금채권보장법」을 통해서 기업의 도산 시 직전 3년 치의 퇴직금제도를 보장하는 방식으로 운영되어 왔다. 그런데 퇴직연금 도입 이후에도 줄곧 퇴직연금의 수급권 보장 확대에 대한 요구를 무시해 오다가, 2012년 7월부터 임금 채권보장사업의 범위를 기존의 퇴직금에서 퇴직연금까지 확대하는 큰 변화를 겪었다. 그러나 여전히 최근 3년분에 대해서만 지급보장을 하는 등 실제 지급보장 기능으로는 충분하지 않은 것이 사실이다.

미국이나 영국의 경우, DB 방식에서 별도의 기금을 만들어서 기업의 도산으로 인해서 일정수준 이상의 적립금 축적을 하지 못하는 경우 일종의 보증보험인 PBGC 제도를 운 영하여 수급권 보장을 하는 반면, 우리나라에서는 이에 대한 장치가 크게 부족한 상태이 다. 특히 아직까지는 퇴직연금 역사가 일천하여 자산 축적 수준이 높지 않기 때문에 큰 문제가 되지 않으나 앞으로 자산이 축적되는 경우 금융회사의 투자실패 시 기업의 부담 이 크게 증가하거나, 도산하는 경우 가입자들이 퇴직연금 자산을 잃는 경우가 발생할 가능성이 높다.

또한 퇴직연금을 운영하는 금융기관의 도산이나 지급불능의 경우도 발생할 수 있는데, 아직까지 우리나라에서는 일반 「예금자보험법」에서 보호하는 원리금보장상품에 대한 금융기관별로 1인당 5천만 원까지만 보호하는 방식으로 운영되고 있다. 퇴직연금은 일반 금융상품과 달리 중간에 원칙적으로 인출을 제한하고 있기 때문에 이를 일반 금융상품과 같은 기준으로 적용하는 것은 분명 한계가 있다.

(4) 기타

다음으로, 우리나라에서는 이직 등으로 인한 통산장치로서 개인형퇴직연금(IRP)을 운영하고 있다. 2013년 7월부터 퇴직연금 가입자가 55세 이전에 퇴직하면 퇴직금을 IRP계좌로 의무적으로 이체하게 한 것이다. 하지만 이 방법은 별 성과를 거두지 못했는데, 퇴직자 열 명 중 아홉은 퇴직금이 IRP계좌로 이체되자마자 바로 찾아 써 버렸기 때문이다.[8] 앞서 언급했듯이, 이러한 개인계좌는 이직이 활발한 시기에 더 나은 방식이라고 간주되기도 하지만, 사실은 퇴직연금에 비해서 상당한 행정비용이 들 수밖에 없다. 일부 자료들에 따르면, IRP의 경우 연금을 지급받을 때를 기준으로 할 때 총 관리운영비가 원금의 20%에 달한다는 보고도 있는 것이 사실이다.[9,10]

4) 관리운영 및 지배구조

「퇴직급여보장법」 제26조에는 퇴직연금사업에 참여할 수 있는 주체를 다음과 같이 제시하고 있다. ① 투자매매업자, 투자중개업자 또는 집합투자업자, ② 보험회사, ③ 은행, ④ 신용협동조합중앙회, ⑤ 새마을금고중앙회, ⑥ 근로복지공단. 다시 말해서, 민간 금

---

8) 최근에는 연금을 받는 경우 세금을 30% 차감해 줌으로써 연금수급 유인을 늘리고 있다.

9) 2014년 3월 9일자 연합뉴스 기사에 따르면 한국 IRP의 수수료는 원금보장형을 기준으로 원금의 19.1%라고 지적된 바 있다.

10) 이 외에도 기업형 IRP가 있는데, 이는 상시근로자 10명 미만인 사업장에서 사용자가 개별 근로자의 동의를 받거나 근로자의 요구에 따라서 IRP를 설정하면 퇴직급여제도를 설정한 것으로 보는 것이다. 이는 DC형처럼 사용자가 일정한 보험료를 납입하는 것으로 한다.

융기관 중심으로 퇴직연금 사업에 참여할 수 있는 것으로,[11] 〈표 11-5〉에서 나타나는 바와 같이 은행이 가장 주요한 사업자라고 할 수 있다.

〈표 11-5〉 금융권역별 적립금액 현황   (단위: 억 원, %)

구분	은행	생명보험	손해보험	증권	근로복지공단
'14. 12월(비중)	529,781(49.5)	277,733(25.9)	74,520(7.0)	183,000(17.1)	5,651(0.5)
'15. 12월(비중)	633,703(50.1)	317,296(25.1)	84,327(6.7)	220,048(17.4)	8,626(0.7)
증감액	103,922	39,563	9,807	37,048	2,975
증감률	19.6	14.2	13.2	20.2	52.6

* 운용관리계약 기준 적립금규모 상위 6개사(시장점유율: 53.2%).
 삼성생명: 18.8조 원, 신한은행: 12.1조 원, 국민은행: 11.0조 원, 우리은행: 9.4조 원, 기업은행: 8.7조 원, HMC증권: 7.4조 원.

　수수료는 업권별로 다른 기준을 가지고 있어서 실제 비교가 어려웠다. 다시 말해서, 퇴직연금은 수수료 체계가 운용/자산관리수수료, 펀드보수(판매/운용/수탁/사무관리), 펀드판매 수수료 등으로 복잡하기 때문에 운용사간 비교를 하기 어려웠다. 그런데 2016년 2월부터 고용노동부와 금융감독원 홈페이지에 공시를 하고 있는데, 수수료율 비교가 쉽도록 '총비용부담률'을 기준으로 공시하고 있다. 총비용부담률은 가입자가 1년간 부담한 총수수료비용을 연말 퇴직연금 적립금으로 나누어 산출한 값을 나타낸다.

　최근 5년간의 평균 총비용부담률의 경우, 증권사의 DC형은 연 0.81%, 다음은 생보사의 DC형으로 연 0.64%, 손보사의 DC형은 연 0.57%, 은행의 DC형은 연 0.54%를 적용하는 것으로 나타난다. 국민연금의 수수료개별 운용사별로 차이가 커서, 생보사의 DB형의 경우 수수료는 최소 0.2%에서 최소 1.2%까지 6배에 이르고 있는 실정이다. 현재 퇴직연금 적립금이 126조 원(2015년 말 현재)인 것을 고려하면, 수수료가 연간 1조 원 수준에 육박할 것으로 추정된다.

---

11) 근로복지공단은 공공기관이지만, 실제로는 근로복지공단이 독립적인 사업자로서 참여한다기보다는 민간금융회사에서 꺼리는 영세기업의 가입을 돕기 위해, 민간 금융회사에서 설계한 상품을 대신 팔아 주는 역할에 지나지 않는다.

4. 전망과 과제

    국민연금제도가 2차례의 연금개혁으로 인해서 소득대체율이 크게 떨어졌기 때문에 퇴직연금은 부족한 노후소득을 보충하기 위한 수단이어야 하는 제도적 역할이 있음에도 불구하고, 퇴직연금제도는 도입 이후 지금까지 줄곧 금융이해당사자들의 금융시장 활성화 도구로서만 기능하여 왔던 것이 사실이다. 그렇다 보니, 퇴직연금은 다층노후소득보장체계에서 2층 연금으로서 당연히 수행하여야 할 역할마저도 하지 못했던 것이 사실이다. 사실 퇴직연금은 보험료 측면—소득의 8.33%—에서는 국민연금—총 9%—에 준하는 큰 제도임에도 불구하고 대다수 근로자는 퇴직연금제도를 노후소득보장 수단으로 인식하지 못하는 역설이 발생하고 있다. 따라서 퇴직연금은 여러 측면에서 개선이 필요한 상황이며, 퇴직연금제도가 지금처럼 노후소득보장기능을 수행하지 못한 채 소득의 상당 부분을 보험료만 납부하는 상황이 지속된다면 그 존재 이유가 흔들릴 수밖에 없을 것이다.

    우선, 퇴직연금은 실제 2층 연금제도로서의 수단으로 기능하기 위한 여러 제도적 장치의 강화가 필요하다. 실제 퇴직연금이 연금제도임에도 불구하고 절대다수가 일시금을 수령하고 있도록 허용하는 것은 이해하기 어려운 제도 설계이다. 근로자들의 일시금 선호 현상이 있는 것이 사실이지만 퇴직 후 거의 제한 없이 일시금으로 수령할 수 있도록 함으로써 스스로 노후소득보장제도임을 포기하고 있다.[12] 그리고 연금 방식이라고 하더라도 연금제도가 장수(longevity)라는 사회적 위험에 대비하기 위한 것이라면 당연히 종신연금 형태여야 함에도 불구하고 그러한 급여상품은 전무한 상황이다. 스위스와 같이 전환율(conversion rate)—개인의 연금자산을 연금(annuity)으로 환산하는 비율—을 법제화하는 등의 장치를 두어서 (가입자에게 불리하지 않은) 종신연금으로 일원화할 필요가 있다. 또한 DC 방식의 경우 개인이 투자를 결정하도록 하는 방식 역시 노후소득보장과는 거리가 먼 설계이다. 이는 전형적인 (실패한) 영미식 기업연금 방식으로서 스위스나 네덜란드와 같이 집합적인 결정을 하고 이를 근로자가 따라가도록 설계하는 것이 타당

---

12) 같은 맥락에서 중간 정산 역시 원칙적으로 중지되어야 하며, 허용한다면 의료비 지출 정도로 한정되어야 한다.

하다.[13) DC 방식하에서 노후소득보장을 위한 최소수익률 보장이나 DB 방식하에서 적립부족 시 이를 시정하기 위한 구체화된 적기시정조치 등도 필요하다. 또한 2층보장제도이면서도 장애나 사망에 대한 보장이 이루어지지 않는 것도 제도 취지에 부합한다고 볼 수 없는 부분이다. 국민연금 개혁으로 인해서 급여액이 줄어든 부분은 노령연금뿐만이 아니라 장애연금과 유족연금까지 포함됨에도 불구하고 퇴직연금은 노령연금만을 제공하도록 하고 있다. 이러한 상황에서는 퇴직연금이 2층보장의 기능을 수행하더라도 장애와 사망이라는 사회적 위험에 대한 체계적 보호가 이루어질 수 없음을 의미한다.

그 외에도 퇴직연금이 안정적인 제도로서 신뢰를 얻기 위한 다양한 규제정책이 필요하다(정창률 2014, 2015). 우선, 현재보다 수급권보장이 강화될 필요가 있다. 현재의 「임금채권보장법」 규정으로는 가입자들의 수급권보장은 취약할 수밖에 없다. 미국이나 영국과 같은 일종의 재보험 방식의 도입도 대안이 될 수 있을 것이며, 네덜란드처럼 사전감독을 강화하는 방식도 가능할 것이다. 다음으로, 현재의 통산 규정을 수정할 필요가 있다. 현재 퇴직연금의 통산 규정은 IRP만 존재한다고 볼 수 있는데, 대부분의 근로자들은 이직이나 퇴직 후 퇴직연금 자산을 IRP로 이동시킨 후 일시금 수령을 하고 있다. 이는 현재 퇴직연금의 통산 규정이 실제 목적에 부합하지 못하고 있음을 보여 주고 있다. 마지막으로, 수수료에 대해서 현재 퇴직연금은 민간 기관들의 자율 경쟁에 의존하고 있다. 최근 영국 등에서도 수수료에 대한 다양한 규제가 등장하고 있는데 우리나라의 경우 이를 시장기능에만 맡기고 있으며 수익률 저하에도 불구하고 수수료율은 과거와 비슷한 수준을 유지하고 있는 실정이며 이는 결과적으로 가입자들만 수익률 저하로 인한 손해를 떠안고 있음을 의미한다. 이에 대해서도 제도 목적에 걸맞은 수수료 규제를 마련할 필요가 있다.

이러한 제도적 장치들의 강화가 이루어지게 되어 실질적인 2층보장의 기능을 하게 되면 퇴직연금은 국민연금을 보완하는 실질적인 제도가 될 수 있다. 앞서 언급했듯이, 퇴직연금은 30년 가입 시 20%의 소득대체율이 예상되는데 이는 국민연금의 소득대체율과 합쳐지면 다음 [그림 11-2]와 같이 나타날 것으로 예상된다. 다시 말해서, 평균 소득을 가지는 근로자들의 경우 30년 가입 시 국민연금을 통해서 30%의 소득대체율을 얻고 퇴

---

13) 최근 영국과 미국에서 확대되고 있는 디폴트 옵션(default option)처럼 적극적인 투자결정을 하지 않는 사람들에게 중립적인 포트폴리오를 자동적으로 선택하도록 하는 방법도 하나의 대안일 수는 있다.

직연금을 통해서 20%의 소득대체율을 얻게 되면 총 50% 정도를 얻을 수 있게 되어 국민연금의 부족한 노후소득보장기능을 퇴직연금이 상당 부분 보완할 수 있을 것으로 예상된다.

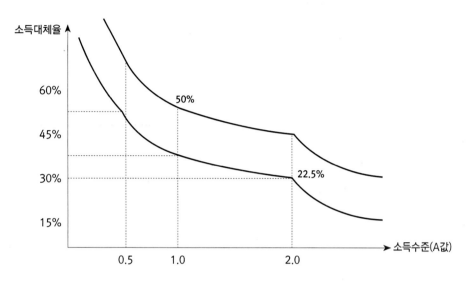

[그림 11-2] 국민연금과 퇴직연금의 결합 총소득대체율(30년 가입 시)

* 국민연금의 소득대체율은 2028년 이후의 소득대체율을 적용한 것임.

　그러나 이러한 총소득대체율이 실질적인 역할을 하기 위해서는 가입대상의 확대가 필요하다. 현재도 퇴직급여제도의 가입대상은 전체 근로자로 되어 있음에도 불구하고, 실제로는 퇴직연금 가입은 (앞서 언급했듯이) 중소기업 이상 근로자에게 집중되어 있는 상황이다. 물론 퇴직연금제도를 공적연금처럼 의무화하는 것이 타당한지에 대해서는 논란이 있을 수 있으나, 이미 우리나라의 경우는 퇴직금제도가 법정 제도로 오랫동안 운영되어 왔다는 점에서 새로운 사적연금을 의무화하는 경우와는 구분하여 접근할 필요가 있다(정창률, 2018).

　최근 정부의 지속적인 기금형 퇴직연금 도입 시도는 민간금융기관들이 흡수하지 못하는 영세 사업장 근로자들의 퇴직연금 가입과 관련이 깊다. 사실 기금형 퇴직연금은 기업이 퇴직연금 기금을 만들어서 노사의 협의하에 독립적으로 기금은 운용하도록 하는 방식으로 기업연금 본래의 취지에 부합하는 지배구조이다. 그러나 우리나라에서는 이러한 기금형 방식이 낯선 상황에서 기존 금융기관들이 퇴직연금상품을 만들어서 이를 기업이 선택하도록 하는 계약형 지배구조만을 허용하여 왔다. 그런데 최근 들어서 기금형 퇴직연금을 도입하려고 하고 있는데 그 가운데에서 흥미로운 것은 근로복지공단이 연합형을 만들 수 있도록 하여 일종의 퇴직연금 플랫폼 역할을 하도록 함으로써 여러 영세사업장의 근로자들을 가입시키도록 하는 방법이 도입될 것으로 예상된다는 점이다.[14] 물론 이러한 시도는 우리나라뿐 아니라 퇴직연금을 의무화하는 나라들 가운데에서 시행하고 있는 제도적 장치라고 볼 수 있지만, 앞서 지적한 다양한 전제조건이 해결되지 않는 상황에서의 퇴직연금 의무화 계획은 여러 부작용이 우려된다. 특히 퇴직연금 가입자 확대는 금융기관들의 오랜 과제였음을 고려할 때, 또다시 금융이해관계자 중심으로 제도가 왜곡되어 나가는 것은 아닌지 우려가 큰 상황이다.

　다층 노후소득보장체계하에서 우리나라 퇴직연금은 더 이상 기업의 인사노무관리 차원의 기업복지 수단이 아니라 노후소득보장의 한 축을 담당하는 제도이다. 그럼에도 불구하고, 퇴직연금제도는 그러한 역할 수행에 대단히 소극적이었고 노후소득보장체계라는 큰 틀에서 제도 발전이 이루어지지 않았다. 우리나라의 경우, 국민연금은 보건복지부 소관이고, 퇴직연금은 고용노동부 소관이며, 개인연금은 금융위원회 소관이다 보니 다층노후소득보장체계 마련이 효과적으로 이루어지지 못하고 있다. 퇴직연금을 주관하는 고용노동부는 퇴직연금을 기존의 퇴직금 제도의 연장선상에서 임금의 일부로서 간주할 뿐, 국민연금을 보완하는 노후소득보장 수단으로 인식하지 못하고 있는 것으로 보인다. 그러나 서구 연금개혁이 공적연금의 일방적 축소가 아니라 공사연금의 재구조화 과정이었다는 점을 고려하여(Whiteside, 2006), 퇴직연금이 전체 노후소득보장 구조에서 어떤 역할을 해야 하는지를 부처의 시각이 아니라 전체적인(holistic) 관점으로 재검토할 필요가 있어 보인다.

---

14) 물론 정부가 명시적으로 기금형 퇴직연금 도입이 영세사업장 가입자를 가입시키려는 시도라고 밝히지는 않았다. 다만, 2014년 종합 대책 발표에서 기금형 퇴직연금 도입이 제시되면서 점진적인 퇴직연금 의무화 계획이 발표되기도 했었다. 이후 의무화 계획은 제외되었으나 이러한 맥락에서 볼 때 기금형 퇴직연금 도입은 퇴직연금 가입자 확대와 밀접한 관련이 있음을 부인할 수 없다.

◈ 참고문헌

금융감독원. 퇴직연금 종합안내/통계.

김봉환(2017). 중견/중소기업 퇴직연금 부채 분석. 2017년 시장과정부연구센터 정책세미나. 12월 14일 서울대학교 행정대학원.

류건식, 김동겸(2009). 사적연금 소득대체율 추정에 의한 노후소득보장수준 평가. 보험학회지, 83, 93−121.

문형표(2004). 노후소득보장체계와 국민연금 개혁. 2004년도 한국 사회보장학회 추계학술발표대회.

우해봉, 한정림(2015). 다층소득보장체계의 수급권 구조와 급여수준 전망: 국민연금과 퇴직연금을 중심으로. 보건사회연구, 35(1), 299−329.

정창률(2014). 퇴직연금의 사회정책적 기능강화 방안연구: 소득보장 부문을 중심으로. 한국사회정책, 21(4), 165−194.

정창률(2015). 퇴직연금 내실화 방안으로서의 규제정책: 영국과 스위스의 경험 및 시사점. 한국사회정책, 22(3), 235−263.

정창률(2018). 퇴직연금 적용방식 개선방안 연구: 노후소득보장 체계와의 조화를 고려하여. 사회복지정책, 45(2), 123−149.

통계청(2017). 2016년 퇴직연금 통계.

Barr, N., & Diamond, P. (2006). The economics of pensions. *Oxford Review of Economic Policy, 22*(1), 15−39.

De Manuel Aramendia, M., & Lannoo, K. (2013). Saving for retirement and investing for growth. Centre for European Policy Studies.

Whiteside, N. (2006). Adapting private pensions to public purposes: historical perspectives on the politics on reform. *Journal of European Social Policy, 16*(1), 43−54.

제**4**부

사회복지서비스

제**12**장

노인복지서비스

박경숙(경기대학교 지식정보서비스대학 휴먼서비스학부 사회복지전공 교수)

1. 들어가는 말

　우리나라는 2018년에 고령사회로 진입했고 얼마 남지 않은 2020년대 후반에 벌써 초고령사회로 진입할 것으로 예상된다. 고령사회에 대비하여 최근에 도입되거나 개정되어 노인복지에 영향을 미칠 수 있는 제도로는 노인소득보장과 고용보장영역에서 2013년에 「고용상 연령차별금지 및 고령자고용촉진에 관한 법률」 개정으로 도입된 정년연장제도, 2014년에 제정된 「기초연금법」으로 도입된 기초연금제도, 2015년 「노후준비지원법」 제정으로 도입된 노후준비지원서비스제도가 있다. 의료보장영역에서는 2016년 「호스피스 완화의료 및 임종 과정에 있는 환자의 연명의료 결정에 관한 법률」 제정으로 도입된 완화의료 및 연명의료에 관한 제도가 있다.

　이러한 법의 제정과 개정을 통하여 노인복지제도 발전이 이루어진 것 외에 노인복지의 장기적 발전에 영향을 미치는 장기적 계획들이 문재인 정부가 들어서면서 재정비되기 시작했다. 우선 고령화사회에 전반적으로 영향을 미치는 제3차 저출산·고령사회 기본계획이 2016년부터 추진되기 시작하였다. 제3차 저출산·고령사회 기본계획(2016~2020)은 패러다임의 방향전환을 시도하여 그동안의 미시적이고 현상적인 접근에서 벗어나 저출산·고령화의 문제를 종합적이고 구조적으로 접근하고자 하였다. 이 3차 계획의 고령사회대응 패러다임은 국민연금과 주택연금 확대 등을 통한 실질적 노후준비를 강화하고, 실버산업을 키우는 등 고령화에 대응하는 경제·사회복지제도의 구조를 변화시키는 것이다. 이러한 계획은 정부가 2017년 발표한 주거복지로드맵 안에 65세 이상 노인들을 위한 연금형 매입임대제도를 추진하는 것으로 반영되어 있다. 노인고용보장영역에서는 제3차 고령자고용촉진계획(2017~2021)이 추진되면서 "55+ 현역시대, 일과 함께 활력 있는 장년(active ageing)"이라는 비전하에 연령에 관계없이 능력에 따라 일할 수 있도록 제도와 관행을 개선하고자 하는 과제들이 추진되기 시작하였다. 또한 제3차 치매관리종합계획(2016~2020)이 시행되기 시작하였다. 제3차 치매관리종합계획은 수요자 측면에서 치매환자 돌봄경로에 따른 맞춤형 치료관리체계를 마련하고 그동안의 치매환자에 대한 돌봄(장기요양)과 복지서비스 중심으로 이루어졌던 것에서 탈피하여 복지와 보건의 균형 잡힌 지원방안을 모색하고 있다.

　이 장에서는 우선 노인, 노화의 개념과 우리나라 고령화 현황에 대해 알아보고, 노인문제현황을 파악한 후 이에 대응하는 최근의 노인복지제도의 현황 및 과제를 살펴보기로 한다. 특히 노인복지정책들 중에서 일반 국민에게 적용되는 국민연금, 건강보험, 고용보험 등의 제도와 기초연금제도는 제2·3부에서 구체적으로 다루었으므로 여기서는 노인들에게만 적용되는 소득보장을 위한 주택연금제도와 고용보험 중 고령자를 위한 제도와 일자리지원, 의료보장 중 노인보건의료서비스, 주거보장, 노인복지서비스를 중심으로 우리나라 노인복지제도를 살펴보고자 한다.

2. 노인, 노화의 개념과 고령화

　노인은 신체적, 심리적, 사회적 영역 등 다양한 영역에서 노화단계와 관련하여 정의된다. 노화단계가 영역마다 차이가 있기 때문에 노인에 대한 인지 및 자각은 다양한 기준에 따라 다를 수 있다. 그러나 일반적으로 노인을 역연령에 의해 규정하기 때문에 UN이나 대부분의 산업국가에서는 제도적으로 노인복지의 대상자로 분류할 때 65세 전후를 기준으로 한다. 우리나라 「노인복지법」에서는 65세 이상을 노인으로 부르며, 「고령자고용촉진법」에서는 55세 이상을 고령자로 부른다. 역연령을 기준으로 한 노인에 대한 정의는 단순한 노화현상뿐만 아니라 현대 산업사회의 퇴직제도와 연금급여나 노인복지서비스 제공 연령을 결정하는 사회복지제도와도 긴밀한 연관을 갖기 때문에 중요하다. 최근 기대수명(0세 때의 기대여명)이 증가하고 건강한 노인이 늘어나면서 노인에 대한 법적 연령기준을 높여야 된다는 논의가 시작되었다. 우리나라 65세 이상 노인들이 노인이라고 생각하는 연령은 평균 71.4세인 것으로 나타났다(정경희 외, 2017).

보건의료기술의 발달과 출산율 저하로 기대수명이 늘어나고 노인인구가 증가하여 선진 산업국가들은 이미 오래 전부터 인구의 고령화를 경험하고 있다. 고령사회는 65세 이상 노인인구의 비율이 전체인구의 14% 이상을 차지하는 사회인데 영국, 프랑스, 독일, 스웨덴 등 유럽 국가들은 이미 1970년대에, 그리고 일본은 1990년대에 고령사회가 되었으며, 미국, 캐나다 등 북미 국가들도 이미 2010~2013년에 고령사회로 진입하였다. 우리나라도 2018년 6월 기준으로 65세 이상 고령자가 7,512,550명으로 전체 인구의 14.5%를 차지하고 있어 고령사회로 진입하였다(행정안전부, 2018. 7. 2.). 2025년에는 고령자가 20%에 이르는 초고령사회로 진입할 것으로 예측된다(보건복지부, 2017a).

우리나라 인구의 고령화는 출산율의 빠른 하락으로 인하여 선진국들보다 더욱 급속하게 진행되고 있다. 2016년도 합계 출산율이 1.17에 불과하여 인구대체 수준인 2.1명을 크게 밑돌고 있다(보건복지부, 2017b). 65세 이상 인구가 7%인 고령화사회에서 14%인 고령사회로 진입하는 데 프랑스는 115년, 미국은 73년, 독일은 40년, 일본은 24년 걸린 반면에 한국은 18년밖에 걸리지 않았기 때문에 짧은 기간에 고령화를 준비해야 하는 부담을 안고 있다(보건복지부, 2017a).

출산율의 하락과 고령인구의 빠른 증가로 노년부양비[1] 역시 빠르게 증가하고 있다. 2016년 18명에서 2030년에 38.2명이 되고 2065년에는 88.6명으로 50년 사이에 약 5배로 증가할 전망이다(보건복지부, 2017b).

노년부양비의 빠른 증가와 함께 노인가구의 증가는 노인부양측면에서 매우 중요한 사회현상으로 관심을 가져야 한다. 2016년 가구주 연령이 65세 이상인 노인가구는 전체 3,867천 가구인데 이 중 독거노인인 노인 1인 가구는 129만 4천 가구로 전체 노인가구의 33.5%를 차지하고 있다(통계청, 2017a).

우리나라 기대수명은 그동안 꾸준히 증가하여 2016년 기준 남자가 79.3세, 여자가 85.4세이다(통계청, 2017b). 여자의 기대수명이 남자보다 6.1세 더 많다. 건강수명은 완전하게 건강한 상태로 살 수 있을 것으로 기대되는 평균적인 연수로서 노인의 삶의 질을 나타내는 중요한 지표가 되고 있다. 2016년 건강수명을 나타내는 유병기간을 제외한 0세의 기대여명은 64.9세로 평균수명인 82.4세보다 17.5세나 짧아(통계청, 2017b) 건강수명을 늘리는 것이 중요한 과제가 되고 있다.

고령화의 특성 중 관심을 가져야 할 것은 성비의 불균형 현상과 지역별 고령인구의 격

---

1) 노년부양비 = (65세 이상 인구)/(15~64세 인구) × 100

차이다. 65세 이상 인구의 성비를 보면 여성노인의 수가 남성노인의 수에 비해 상당히 많다. 2017년 65세 이상 인구 중 42.5%가 남성 노인이고, 57.5%가 여성 노인이므로, 65세 이상 인구의 성비(여성 100명당 남자인구)는 73.9에 그치고 있다(통계청, 2017a). 따라서 여성노인의 빈곤, 고독과 소외문제에 대한 사회적 관심이 더욱 필요하다.

우리나라는 고령화의 지역별 격차문제도 안고 있다. 2017년 현재 노인인구비율이 전남의 경우는 21.5%로 이미 초고령사회로 진입하였고, 전북, 경북, 강원이 17% 이상의 높은 고령화를 경험하고 있는 반면, 서울, 광주, 대전, 인천 등의 큰 도시는 14% 미만의 고령화를 보이고 있다(통계청, 2017a). 농어촌 고령화의 속도가 빠름에 따라 이에 대한 대책이 필요하다.

앞으로 인구의 고령화는 경제 · 사회 · 복지 · 고용 등 전 분야에 걸쳐 큰 변화를 가져올 것이다. 고령인구의 증가는 저축률의 하락, 노동생산성의 감소를 가져와 경제성장을 둔화시킬 수 있다. 고령사회의 도래로 빈곤노인, 질병을 가진 노인, 장애노인, 독거노인, 학대받는 노인 등 보살핌을 필요로 하는 노인이 계속적으로 증가하고 있어 국가는 노인을 위한 소득보장, 의료보장, 고용보장, 주거보장, 노인복지서비스 등 각종 노인복지대책을 강화하고 있다. 이에 따라 공적연금, 국민기초생활보장, 기초연금 등 소득보장을 위한 지출이 증가할 뿐만 아니라 국민건강보험, 장기요양보험, 보건의료서비스, 노인복지서비스 등 의료보장과 고용보장, 주거보장, 노인복지서비스의 지출이 증가할 것이다. 사회보장부담의 증가는 기업들의 사회보장기여금의 인상이나 정부재정의 확대를 가져와 고용을 감소시키거나 경제성장을 저해할 것이며 부양부담의 정도와 주체문제로 세대 간의 갈등도 초래할 수 있다. 고령사회로 진입하면서 노인의 복지문제는 앞으로 더욱 사회복지의 주요 화두가 될 전망이다.

노인들의 기대수명은 계속 증가하고 있어 노인들이 앞으로 더 오래 살 것으로 예측된다. 이러한 고령사회에서 노인복지정책의 근간이 되는 중요한 개념은 "성공적 노화" 또는 "활동적 노화" 같이 노인의 능동적 사회참여를 중시하는 것이다. 성공적 노화란 질병과 장애가 없고, 신체적 기능과 정신적 기능을 유지하면서, 적극적으로 사회에 참여하는 것을 의미한다(Rowe & Kahn, 1999). 성공적 노화를 이끌도록 하여 사회에 참여하는 건강한 노인들이 많아지게 하면서 동시에 허약한 노인들이 지역사회에서 안전하게 살도록 하는 정책이 동시에 펼쳐져야 할 것이다.

3. 노인문제

노인이 되면 일반적으로 점차 신체가 허약해질 뿐만 아니라, 퇴직 및 일자리 상실로 인해 경제적·사회적·심리적 문제에 직면하게 된다. 흔히 노인의 4고(苦)라 불리는 노인문제로는 빈곤문제, 건강문제, 역할상실의 문제, 소외 및 고독문제가 있다. 현대사회에는 효의식의 쇠퇴로 노인부양, 노인 학대, 안전, 자살, 차별문제 등도 중요한 노인문제로 대두되고 있다.

2015년 세계노인복지지표(HelpAge International, 2018)에 따르면 노인의 삶의 질 수준에서 우리나라는 96개국 가운데 60위에 위치하고 있는데 2014년에 비해 10위가 낮아졌다. 소득보장영역에서 82위, 건강상태영역에서 42위, 역량영역에서 26위, 우호적 환경영역에서 54위에 위치하고 있어 우리나라 노인은 세계노인들에 비해 역량은 상당히 높고 건강상태도 양호한데, 소득보장영역에서 열악하고 노인에 대한 환경이 비우호적이어서 평균적인 삶의 질은 낮은 것을 알 수 있다.

소득보장영역에서 우리나라 노인이 열악하다는 것은 우리나라 노인의 상대적 빈곤율이 OECD 회원국 중 가장 높다는 것으로도 알 수 있다. 중위가구소득 절반 미만의 소득자 비율로 측정되는 상대빈곤의 개념에 비추어 볼 때 2014년 현재 한국노인의 49.6%가 빈곤상태인데 이는 OECD 국가 중 가장 높은 수준이며 최근 계속 증가하고 있다(보건복지부, 2017c). 절대빈곤을 나타내는 국민기초생활수급자의 연령별 구성비도 2016년 현재 65세 이상이 27.3%를 차지하고 있다(통계청, 2017a).

2017년 노인실태조사(정경희 외, 2017)에 따르면 65세 이상 노인 개인의 연간 총소득은 1,176.5만 원으로 월 평균 약 98만 원이어서 적절한 노후생활을 하기에는 상당히 부족함을 알 수 있다. 근로소득과 사업소득, 재산소득, 사적 연금소득, 기타 소득 등 본인이 벌어들이는 연소득은 총 483.2만 원으로 총소득의 41.0%를 차지하여 가장 비중이 크다. 그다음이 공적이전소득인데 연 434.7만 원으로 총소득의 36.9%를 차지하여 두 번째로 비중이 크다. 사적이전소득은 연 258.4만 원으로 총소득의 22.0%를 차지하고 있다. 2011년부터 소득원의 구성비의 추이를 보면 사적이전소득의 비중이 가장 빠르게 감소하고 있으며, 근로소득의 증가폭이 가장 크고, 사업소득, 재산소득, 공적이전소득이 점차 증가하고 있음을 알 수 있다. 즉, 공적이전소득이 증가하고 있지만 가족구성원에게 의지하여 얻는 소득이 줄어드는 것을 노인들이 일을 함으로써 충당하는 경향이 있는 것이다.

〈표 12-1〉 연도별 65세 이상 노인의 소득원별 연간 총소득과 구성비율의 변화(개인소득)

(단위: 만 원, %)

구분	2011년	2014년	2017년
근로소득	86.5(7.4)	122.3(12.7)	156.2(13.3)
사업소득	154.0(9.5)	145.0(15.1)	160.4(13.6)
재산소득	131.4(9.0)	110.6(11.5)	143.3(12.2)
사적이전소득	207.4(39.8)	228.7(23.8)	258.4(22.0)
공적이전소득	252.9(32.5)	335.5(35.1)	434.7(36.9)
사적연금소득	3.7(0.3)	4.3(0.4)	9.1(0.8)
기타소득	13.6(1.4)	12.9(1.3)	14.2(1.2)
연 총소득	849.6(100.0)	959.3(100.0)	1,176.5(100.0)

출처: 정경희 외(2012); 정경희 외(2014); 정경희 외(2017).

　소득은 적지만 우리나라 노인들은 주택, 토지, 건물 등과 같은 비금융자산을 많이 소유하고 있다. 우리나라 국민들의 가계자산 중 비금융 자산의 비중은 2016년 기준 74%로 유로존, 일본, 미국 등에 비해서도 매우 높은 편이다(정현종, 2017). 실제로 2017년 현재 65세 이상 노인들의 70.9%가 집을 소유하고 있는 것으로 나타나 주거안정성이 확보되어 있는 비율이 타 연령층에 비해 비교적 높은 편이다(정경희 외, 2017).

　노인들의 근로소득비중이 높아지는 원인을 고용률의 증가에서 찾을 수 있다. 우리나라 65세 이상 노인의 고용률은 2011년부터 증가하기 시작하여 2016년 현재 30.7%에 달하고 있다. 특히 60~64세 노인의 고용률의 증가속도가 빠른데 2014년부터 60~64세의 고용률이 20대의 고용률을 추월하기 시작하였다.

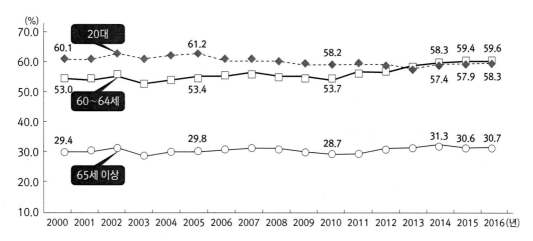

[그림 12-1] 연도별 고령자의 연령대별 고용률

출처: 통계청(2017a).

외국과 비교해 볼 때도 우리나라 노인들의 고용률이 상위집단에 속하고 있음을 알 수 있다. 65~69세 노인들의 고용률은 OECD국가 중 아이슬란드 다음으로 두 번째로 높다.

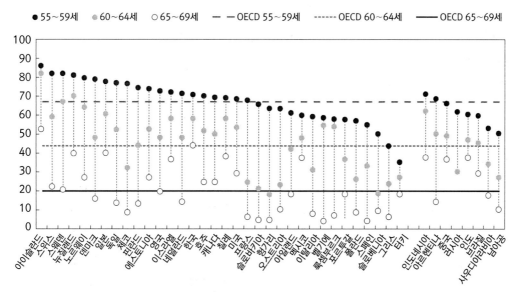

[그림 12-2] OECD 국가의 노인 고용률

출처: OECD 대한민국정책센터(2017); OECD(2015).

이처럼 고령자의 고용률이 계속 높아지는 것은 건강한 노인이 많아지는 동시에 소득보장에 대한 사회안전망이 취약하여 노인들이 일을 함으로써 생활고를 벗어나고자 하는 경향 때문이다. 2017년 고령층(55~79세) 중 장래에 일하기를 원하는 비율이 62.4%로 최근 계속 증가하고 있는데, 일하기를 원하는 이유로는 '생활비에 보탬(58.3%)'이 가장 많다(통계청, 2017a). 이는 장년 10명 중 6명이 50세 전후(남 51.4세, 여 47.2세)에 주된 일자리에서 퇴직하여 노후소득공백이 발생하기 때문이다(관계부처합동, 2017).

우리나라 노인들 중 일을 하는 사람들이 늘어나고는 있는데 일자리의 질은 낮은 수준이다. 2017년 노인실태조사에 따른 65세 이상 노인의 경제활동참여율은 30.9%인데 이들 중에 단순노무종사자가 40.1%로 가장 많았으며, 그다음으로 농림어업숙련종사자가 32.9%로 많았다. 종사상의 지위를 보면 자영업자가 38.0%, 임시근로자가 33.3%, 일용근로자가 9.2%인 반면, 상용근로자가 5.6%로 임시·일용근로자를 합한 비율이 상당히 높았다. 임금근로자에 종사하는 노인 중 42.8%가 정부지원일자리에 종사하고 있어 공공부문이 노인의 일자리 창출에 큰 역할을 하고 있음을 알 수 있다. 65세 이상 노인 중 일하고 있는 노인의 월평균 근로소득은 49만 원 이하가 51.7%로 절반 이상이 되었다(정경희 외, 2017).

노인들의 건강문제도 사회적인 관심이 필요하다. 2016년 현재 유병률은 20대 9.8%, 30대 11.9%, 40대 17.1%, 50대 30.7%, 60대 이상 60.2%로 60대 이상이 되면 50대의 2배로 높아진다(통계청, 2016). 2017년 노인실태조사(정경희 외, 2017)결과는 노인의 신체적, 정신적 건강상태를 보여 주고 있다. 이에 따르면 65세 이상 노인의 89.5%가 만성질환을 가지고 있으며 만성질환의 수는 평균 2.7개였다. 만성질환을 세 개 이상 지닌 경우도 51.0%나 되었다. 노인의 만성질환 중 유병률이 가장 높은 질병은 고혈압이었으며(59.0%), 그다음으로는 골관절염/류마티스 관절염(33.1%), 고지혈증(29.5%), 요통/좌골신경통(24.1%), 당뇨병(23.2%), 골다공증(13.0%) 순이었다. 근골격계 질환을 앓고 있는 노인이 50%를 넘게 됨에 따라 최근 근골격계 질환의 대응책의 필요성이 대두되고 있다. 우울증상이 있는 노인은 21.1%에 달했다. 노인의 기능을 측정하는 기본적 일상생활수행능력(ADL)이나 도구적 일상생활수행능력(IADL) 측면에서 볼 때 일상생활수행능력(ADL)의 경우는 완전자립률이 91.3%였고, 도구적 일상생활수행능력(IADL)의 경우는 완전자립률이 75.4%여서 일상생활능력(ADL)의 완전자립률보다 낮은 것으로 나타났다. 그러나 75% 이상의 노인이 기능적으로 건강하다는 것은 주목할 필요가 있다. 이 조사에서 나타난 치매 이전의 인지저하자비율은 전체의 14.5%였다. 2017년 현재 치매노인은 전체 노인의 10.2%인데, 2050년에는 15.1%까지 증가할 것으로 예측되고 있다(보건복지부,

2017c).

　노인들의 존엄한 죽음과 관련하여 사망원인을 살펴볼 필요가 있다. 2016년 노인들의 사망원인 1위는 암으로 인구 10만 명당 796.2명이 사망하였고, 그다음으로 심장질환(357.7명), 뇌혈관질환(286.9명), 폐렴(225.1명) 순이다(통계청, 2017a). 65세 이상 노인들의 자살에 의한 사망률은 2011년 이후로 점차 감소하는 추세에 있으나 2016년 현재 인구 10만 명당 53.3명으로 여전히 OECD국가에서 1위로 높고, 15~64세 인구의 2.3배에 달하며, 남성 노인의 자살률이 여성 노인의 자살률보다 2배 이상 높다(보건복지부, 2017b). 노인 자살의 원인으로는 경제적 어려움(37.4%)과 질환(36.2%)의 비중이 가장 높고, 그다음 순위를 외로움·고독(11.7%), 가정불화(6.9%)가 차지하고 있어(김상우, 2015), 경제, 건강, 관계 측면의 복합적 접근이 필요하다.

　기대수명이 늘어남에 따른 노인 질환자 수의 증가는 노인의료비의 증가로 이어지고 있다. 2016년 기준 건강보험의 65세 이상 노인 진료비는 24조 5,643억 원으로 전체 건강보험 진료비의 38.0%를 차지하였다. 65세 이상 1인당 진료비는 381만 1천 원으로 전체 인구 1인당 진료비보다 3배 정도 많으며, 그 증가 속도도 매우 빠르다(통계청, 2017a).

　노인부양도 사회적 관심이 필요한 문제이다. 노인들만 사는 가구가 증가하면서 노인의 부양문제가 중요한 노인문제로 대두되고 있다. 2017 노인실태조사(정경희 외, 2017)에 따르면 65세 이상 노인가구 중 노인독거가구가 23.6%, 노인부부가구가 48.4%로 노인으로만 구성된 가구가 전체 노인가구의 72.0%나 된다. 1994년에 노인가구의 대표적인 형태가 자녀동거가구(54.7%)였던 것이 23년 만에 자녀와 동거하지 않는 가구로 바뀌었다. 노인부부가구와 단독가구에서 노인들이 자녀와 동거하지 않는 이유로는 36.0%가 자녀의 결혼으로 인한 것이며, 18.8%는 "개인(부부)생활 향유 및 자녀가 타 지역에 거주해서", 11.0%는 "기존 거주지 거주를 희망하기 때문에" 등으로 자녀가 결혼하면 분리하는 것이 자연스러운 것이 되고 있다.

　국민들 가운데 가족이 부양해야 된다는 의식은 감소하고 정부와 사회가 함께 부양해야 한다는 의식이 빠른 속도로 증가하고 있다. 2000년 이전에는 자녀의 부모부양에 대한 인식이 보편화되어 있었으나 그 이후로는 빠른 속도로 약화되고 있다. 그러나 2006년과 2016년 사이 10년간의 변화만을 볼 때에도 노인의 부양책임이 가족에게 있다는 비율은 63.4%에서 30.6%로 급격히 감소한 반면, 가족과 정부, 사회에 공통적인 부양책임이 있다고 답한 비율이 26.4%에서 45.7%로 증가하였고, 정부와 사회에 있다고 답한 비율도 2.3%에서 5.1%로 증가하였다(〈표 12-2〉참조).

〈표 12-2〉 연도별 노부모 부양책임 인식변화(15세 이상 인구)   (단위: %)

연도	스스로 해결	가족	가족·정부·사회	정부·사회
2006	7.8	63.4	26.4	2.3
2016	18.7	30.6	45.7	5.1

출처: 통계청(2006, 2016).

　이러한 노인부양의식의 변화로 노인부양형태도 달라지고 있다. 2017년 노인실태조사에 따르면 노인들은 주로 배우자로부터 수발지원을 받고, 그다음으로 동거자녀로부터 받으며, 비동거자녀로부터 수발지원을 받는 경우는 전체 노인의 31.1%에 머무르고 있다(정경희 외, 2017). 노인으로만 구성된 노인가구비율이 전체 노인가구의 72%가 되는 상황에서 비동거자녀로부터 수발지원을 받는 노인들이 1/3 정도에 머무르고 있으므로 이제 부양문제가 더 이상 가족의 문제가 아니고 사회전체의 문제라는 것을 알 수 있다.

　노인부양의식의 감소는 연령차별과 노인학대로도 연결된다. 2017년 노인실태조사에 의하면 노인의 5.4%가 연령차별경험을 보고하였다. 학대경험률은 9.8%였으며, 가장 빈번한 학대는 정서적 학대로 7.4%를 차지하였고, 가족이나 보호자가 찾아오지 않거나 생활비를 주지 않는 방임이 2.3%, 가족이나 보호자가 돌봐 주지 않는 방임이 1.7%, 신체적 학대가 0.3%로 정서적 학대가 노인들이 가장 많이 경험하는 학대의 유형으로 나타났다(정경희 외, 2017). 실제 노인학대신고건수는 2007년 2,312건에서 2017년 13,309건으로 10년 동안 5.75배가 증가하였다(보건복지부, 중앙노인보호전문기관, 2018).

　노인가구가 많아지면서 노인의 안전문제도 증가하고 있다. 노인낙상과 이동문제 역시 사회적 관심이 필요한 분야이다. 2017년 노인실태조사에 의하면 지난 1년간 낙상경험이 있는 65세 이상 노인은 15.9%나 되었다(정경희 외, 2017). 2016년 사망원인별 사망률을 보면 운수사고 사망률이 15~64세는 인구 10만 명당 평균 7.6인 데 비해 65세 이상은 32.6으로 4배 이상 높다(통계청, 2017c). 이는 노인들이 이동할 때 겪는 어려움을 말해 주고 있다. 이러한 어려움들은 노인 주거환경을 안전한 환경으로 개선시켜야 할 근거가 되고 있다.

　노인의 사회참여는 증가하고 있지만, 사회참여와 여가의 질은 더 개선될 필요가 있다. 2017년 노인실태조사(정경희 외, 2017)에 따르면 TV 시청이나 라디오 청취, 여행을 제외한 노인들의 여가활동 경험률은 85.1%로 매우 높으며, 중복으로 응답한 주된 여가활동으로는 취미오락 활동이 50.5%로 가장 많았으며, 사회 및 기타활동이 49.1%, 휴식활동이 43.5%였다. 그러나 평생교육참여율은 12.9%로 매우 낮으며 자원봉사활동 경험이 있는 65세 이상 노인 역시 3.9%로 매우 낮은 수준에 머무르고 있다. 노인들이 가장 많이 이용하는 노인여가시설은 경로당인데 그 경로당 이용률은 23.0%이었고, 노인복지관 이용률은 9.3%에 머무르고 있다. 이 조사에 따르면 정보화에서 노인의 전자기기의 기능활용도는 점차 높아지고 있는데 문자받기는 전체 노인의 60.9%가 가능하다고 한 반면, 문자보내기, 사진과 동영상 촬영, SNS 사용, 정보검색 등이 가능한 노인은 20~30% 수준에 머무르고 있어 정보화시대와 연관 있는 평생교육이 더 강화되어야 함을 알 수 있다.

이상에서 살펴본 바대로 우리나라 노인은 기대수명이 늘어나 전보다 더 오래 살고 의료기술의 발달로 신체적으로는 비교적 건강하게 살지만, 노후에 세계적으로 가장 높은 빈곤율을 보이고, 세계적으로 오래 일하는 최상위 집단에 속하며, 자살률도 세계적으로 가장 높은 수준이다. 노인의 치매유병률도 지속적으로 증가하고 있으나 가족의 노인부양책임의식이 약화되고 노인가구 중 노인부부와 독거노인가구의 비율이 70% 이상으로 늘어나면서 노인부양이 사회문제로 떠오르고 있다. 또한 자원봉사나 평생교육과 같은 적극적인 여가활동이 부족하고 4차 산업혁명의 정보화시대에서 뒤떨어지는 등의 문제들이 해결해야 할 중요한 과제로 대두되고 있어 이에 대응하는 적극적이고도 다양한 노인복지정책이 필요하다. 또한 노인복지정책을 마련함에 있어서 성별 격차, 지역 격차를 반영하는 정책들이 세워져야 할 것이다.

4. 노인복지제도

노인복지제도는 노인문제에 대한 사회적 해결 및 예방을 목표로 하는 대책들로 구성된 체계로서 공공 및 민간의 제반 노력을 포함한다. 노인복지를 위한 제도적 장치로는 노인을 포함한 전체 성원을 위해 만든 제도에 노인이 적용되는 경우도 있고, 노인에게 초점을 두는 제도도 있다. 예컨대 소득보장 같은 제도에서 전자의 경우는 국민연금제도를 예로 들 수 있으며, 기초연금제도는 후자에 속한다고 볼 수 있다. 흔히 복지제공방식을 기준으로 사회복지제도를 사회보험, 공공부조, 사회서비스로 분류할 경우 사회보험과 공공부조는 전자의 경우에 해당하는 제도이고 사회서비스는 후자의 경우에 해당하는 제도이다. 노인만을 위한 복지제도로서 노인복지서비스는 사회서비스에 포함되는 것으로 볼 수 있다.

우리나라에서 노인을 대상으로 하는 대책들이 적극적으로 마련되기 시작한 것은 1981년 「노인복지법」이 제정된 이후이다. 「노인복지법」의 목적은 노인의 심신의 건강을 유지하고 노후의 생활안정을 위하여 필요한 조치를 강구함으로써 노인의 보건복지증진에 기여하는 것이다(「노인복지법」 제1조). 「노인복지법」은 1981년에 제정된 후 수차례에 걸친 개정을 거치면서 노인복지의 발전을 이끌어 왔다. 「노인복지법」의 기본정책은 점차 고령화되어 가는 사회의 변화를 반영하여 빈곤노인 중심의 잔여적 서비스에서 일반 노인들을 대상으로 하는 보편적 서비스로, 가족보호원칙에서 국가보호를 강화하는 것으로, 수용시설보호에서 재가복지를 강조하는 것으로, 노인학대에 대한 법적장치를 마련하여 노인인권을 강화하는 것으로, 고령사회를 반영하여 노인일자리를 창출하는 것으로 바뀌어왔다. 이와 같은 변화는 노인복지시설 종류의 확대를 가져와 2017년 현재 「노인복지법」에서 노인복지시설의 종류는 노인주거복지시설, 노인의료복지시설, 노인여가복지시설, 재가노인복지시설, 노인보호전문기관, 노인일자리지원기관, 학대피해노인 전용쉼터로 구성되고 있다.

노인복지의 장기적 발전을 이끌고 있는 것은 2005년에 제정된 「저출산 · 고령사회기본법」에 의해 매 5년마다 수립되고 있는 저출산 · 고령사회 기본계획이다. 2006년부터 제1차(2006~2010)와 제2차 저출산 · 고령사회 기본계획(2011~2015)이 추진되어 왔다. 2016년부터는 제3차 저출산 · 고령사회 기본계획-'브릿지 플랜 2020'(2016~2020)이 실행되고 있다. 제3차 저출산 · 고령사회기본계획(2016~2020)은 1, 2차 기본계획실행이 출산율의 증가로 이어지지 못함에 따라 패러다임의 방향전환을 시도하여 그동안의 미시적이고 현상적인 접근에서 벗어나 저출산 · 고령화의 문제를 종합적이고 구조적으로 접근하고자 하였다. 즉, 저출산대응 패러다임이 종전에는 기혼가구의 보육부담을 줄여 주는 것이었는데 이것을 결혼과 출산을 촉진하기 위한 청년 일자리, 주거복지 등 만혼 · 비혼 대책으로 전환하고, 그동안에 출산과 양육비용 지원 위주의 기반 조성이나 제도도입은 어느 정도 이루어졌으나 실천이 잘 안 되고 있는 현실을 타개하고자 사각지대를 해소하고, 제도의 실천과 문화를 개선하는 데 초점을 맞추는 것으로 바뀌었다. 고령사회대응 패러다임은 기초연금과 장기요양 등의 노후기반이 마련됨에 따라 국민연금과 주택연금 확대 등을 통한 실질적 노후대비를 강화하고, 노인복지대책에 중점을 두는 것으로부터 생산인구를 확충하고 실버산업을 키우는 등 구조적인 대응을 하는 것으로 방향전환을 하였다(보건복지부, 2017a).

고령사회에 대응하여 활동적 노화를 강화하기 위해 노인들의 고용과 관련된 법들도 제정되고 개정되어 왔다. 고령자고용에 대한 사회의 관심증대는 1991년 12월 「고령자고용촉진법」의 제정으로 이어졌다. 이 법은 고령자(55~64세)의 고용안정을 위해 만들어진 것으로 기업이 고령자를 고용하는 기준고용률을 정하여 고령자를 고용하도록 노력의무를 부과하였다. 또한 2002년 12월에는 「고령자고용촉진법」이 개정되면서 사업주가 근로자를 모집하거나 채용, 또는 해고함에 있어서 정당한 사유 없이 고령자나 준고령자임을 이유로 차별해서는 안 된다고 명시하여 노동시장에서의 연령차별을 방지할 수 있는 근거를 마련하였다. 2006년 12월에 개정된 「고령자고용촉진법」은 5년마다 고령자고용 촉진 기본계획을 수립하도록 하여 고령자의 고용확대를 위한 장기적 노력을 하도록 하였다. 이후 연령차별 방지를 좀 더 강화하기 위해 2008년 3월 「고령자고용촉진법」이 「고용상 연령차별금지 및 고령자고용촉진에 관한 법률」로 바뀌었다. 2013년 4월에는 「고용상 연령차별금지 및 고령자고용촉진에 관한 법률」이 개정되면서 정년연장을 의무사항으로 정하였다.

이 대책들 외에도 노인복지의 근간을 이루고 있는 주요한 법·제도들이 개정되거나 제정되었다. 2006년 12월에는 「고령친화산업진흥법」을 제정하여 고령친화산업을 지원·육성하고 그 발전 기반을 조성함으로써 노인의 삶의 질 향상과 국민경제의 건전한 발전에 기여하고자 하였다. 2007년 4월에는 「노인장기요양보험법」을 제정하여 만성질환으로 고통받는 노인들의 삶의 질을 향상시키고 가족의 부양부담을 경감시키고자 하였다. 2007년 4월에는 또 하나의 중요한 법이 제정되었는데 그것은 「기초노령연금법」이다. 이 법은 2014년 5월에 「기초연금법」으로 바뀌면서 노인들을 위한 좀 더 보편적인 소득보장제도가 되었다.

또한 우리나라의 매우 높은 자살률을 감소시키기 위해 2011년 3월 30일에 「자살예방 및 생명존중문화조성을 위한 법률」을 제정하였다. 2011년 8월에는 「치매관리법」을 제정하여 치매치료 관리 전반에 대한 국가적 관리체계를 수립해 나가고자 하였다. 2012년 8월부터는 「장애인·고령자 등 주거약자 지원에 관한 법률」이 시행되면서 저소득 노인가구를 위한 주택공급확대를 위한 제도가 마련되었다. 2015년 6월에는 국민들이 체계적으로 노후준비를 할 수 있도록 재무, 건강, 여가, 대인관계실태에 대한 진단과 상담을 제공하기 위해 「노후준비지원법」이 제정되었다. 2016년 2월에는 말기암환자의 삶의 질을 높이고 존엄한 죽음을 존중하는 제도를 마련하기 위해 「호스피스 완화의료 및 임종 과정에 있는 환자의 연명의료 결정에 관한 법률」을 제정하였다.

이러한 법 외에 노인복지서비스 관련법으로는 사회복지서비스 전체의 근간이 되는 「사회복지사업법」이 있다. 그리고 노인만을 대상으로 하는 제도는 아니지만 노인복지제도의 주요 내용이 되는 것으로는 「국민연금법」을 비롯한 「공적 연금에 관한 법률」 「건강보험법」「고용보험법」「의료급여법」그리고「국민기초생활보장법」등이 있다.

이러한 우리나라 노인복지제도를 기능별로 구분하면 ① 소득보장 및 고용보장, ② 의료보장, ③ 주거보장, ④ 노인복지서비스로 구분할 수 있다(〈표 12-3〉참조). 이 장에서는 이 제도 중에서 앞의 장에서 다루지 않는 노인복지제도를 중심으로 알아보고자 한다.

〈표 12-3〉 복지제도의 종류와 노인복지제도

복지제도의 종류	노인복지제도의 내용
소득보장 및 고용보장	• 공적연금(국민연금, 공무원연금, 군인연금, 사립학교교직원연금) • 기초연금, 국민기초생활보장, 긴급복지지원 • 퇴직금 · 퇴직연금제도, 주택연금제도 등 개인연금지원 • 노인일자리전담기관의 설치 및 운영 • 일자리지원(고용촉진, 생업지원, 직종개발과 보급 등)
의료보장	• 국민건강보험, 노인장기요양보험, 의료급여 • 노인보건예방, 치매 · 만성질환 노인관리 • 노인의료복지시설 설치 및 운영
주거보장	• 노인주거복지시설 설치 및 운영 • 주거지원
노인복지서비스	• 재가노인복지서비스와 재가노인복지시설 설치 및 운영 • 독거노인지원과 독거노인종합지원센터 설치 및 운영 • 자살예방서비스와 노인권익보호(학대피해노인 전용쉼터 운영) • 여가활동과 사회참여지원(노인여가복지시설 설치 · 운영) • 고령친화산업 육성 • 경로효친사상의 앙양 및 경로우대 • 세제감면 · 노부모가족수당 · 효행자 특례입학 등

1) 노인의 소득보장을 위한 주택연금제도와 일자리지원

(1) 주택연금제도

우리나라는 노인들의 자산에서 비금융자산이 차지하는 비중이 높다. 제3차 저출산 · 고령사회기본계획에서는 노후빈곤문제를 해결하기 위한 방안 중의 하나로 주택연금을 확대하여 국민연금과 주택연금으로 총 노후소득보장 수준을 높이고자 하고 있다. 주택연금제도는 고령자의 소유주택을 담보로 사망 시까지 노후생활비를 연금방식으로 지급하는 제도로서 2007년 7월부터 시행되었다. 주택소유자가 만 60세 이상이고 부부기준으로 1주택이 있으며 주택가격이 9억 원 이하일 때(다주택자는 모두 합한 가격이 9억 이하) 주택연금을 취급하는 은행과 보험사에서 주택연금을 받을 수 있다. 주택연금 출시 이후 2018년 5월까지 주택연금 가입자는 53,806명에 달하고 있으며, 주택연금을 받는 노인의 평균 연령은 72세이고 평균 월지급금은 99만 원으로 노후소득을 보전하는 데 도움이 되고 있다(한국주택금융공사, 2018. 7. 2.).

정부는 2017년 주거복지로드맵을 발표했는데, 그 안에는 65세 이상 노인들을 위한 연금형 매입임대제도가 포함되어있다. 이는 LH 등 공공주택사업자가 고령자주택을 매입하여 리모델링 후 주거취약계층에게 임대하면서 매월 연금방식으로 노인에게 노후생활자금을 지급하는 제도이다. 주택소유자인 고령자는 1주택자인 경우 LH와 같은 공공주택사업자에게 주택을 매도하면서 연금형 상품에 가입할 수 있으며 입주자격요건에 해당될 경우 임대주택을 지원받아 주거와 소득보장을 동시에 해결할 수 있다. 2018년 하반기부터 시범사업을 추진할 예정이다(국토교통부, 2017).

(2) 노인 일자리지원

빠른 속도로 진행되는 고령화와 OECD 회원국 중 가장 높은 노인빈곤율, 복지재정 여건을 고려할 때 노인에게 일자리가 매우 중요한 복지대책이 되고 있다. 현재 노인을 대상으로 하는 일자리 사업은 고용노동부가 주도하는 고령자고용촉진사업과 보건복지부가 주도하는 노인일자리 지원사업으로 구성되어 있다.

정부는 관계부처합동으로 고령자고용을 촉진하기 위해 2006년부터 매 5년마다 '고령자고용촉진기본계획'을 수립해 왔다. 1, 2차 계획기간 동안(2007~2016) 장년 고용촉진을 위한 제도와 인프라 확대를 통해 장년 고용률을 높이기 위해 노력한 결과 55~64세의 고용률이 2006년 59.3%에서 2016년 66.1%로 상승하였다. 이와 같은 성과 뒤에는 1, 2차 계획에 의한 장년고용지원금 도입(2013), 생애경력설계서비스 도입(2015), 중장년일자리희망센터 설치(2013), 고령자 인재은행 지정(2016년 전국 49개 기관)과 같은 노력이 있었다(관계부처합동, 2017).

그동안 1, 2차 계획에 의한 정책집행의 주요 성과와 남은 과제를 살펴보면, 첫째, 정년연장을 의무화시켜 정년 연령이 2015년 59.8세에서 2016년 60.3세로 증가하였으나 여전히 명예퇴직과 조기퇴직의 관행이 남아 있어 실효성 확보대책이 필요하다(관계부처합동, 2017). 2017년부터는 300인 미만 사업장도 정년연장 의무적용이 시작되어 앞으로 더 개선될 것으로 기대된다. 이 법은 기업의 노동비용을 증가시키고, 청년의 신규채용을 축소시켜 오히려 중고령자 조기퇴직의 원인을 제공할 수 있다는 주장이 제기되고 있어 임금피크제 도입이 함께 병행될 필요가 있다. 300인 이상 사업장의 임금피크제 도입률은 2015년 27.2%에서 2016년 46.8%로 향상되었으나(관계부처합동, 2017) 앞으로도 지속적으로 확산되어야 할 것이다.

둘째, 고령층의 능력개발측면에서 실업 전·후 장년층 노동자의 직무능력향상 기회를 높이기 위해 정부는 2013년부터 2016년까지 중장년취업아카데미를 운영하였다. 이러한 노력 결과 전체 직업훈련 참여자 중 중장년층 비중이 증가하고 취업률도 상승하고 있지만 여전히 55세 이상의 참여율이 55세 미만보다 낮다. 고용보험 피보험자수 대비 재직자훈련 참여율은 55세 미만은 30.8%인 데 비해 55세 이상은 11.1%, 실업자수 대비 실업자훈련 참여율은 55세 미만은 24.5%인데 55세 이상은 14.2%에 그쳤다(관계부처합동, 2017). 이에 2017년부터는 국가기관의 전략직종 훈련에 통합하여 운영하는 것으로 중장년취업아카데미 프로그램을 확대하였다.

셋째, 장년층의 재취업을 지원하기 위해 중장년일자리희망센터를 2013년부터 운영하고 2015년부터는 생애경력설계 서비스를 지원하였으며, 취업성공패키지 대상도 69세로 확대하여 60대 후반 구직자에게도 패키지형 재취업지원 서비스를 제공하도록 하기 위해 2016년 11월부터 시범사업을 시작하였다. 그러나 이러한 장년층 특화 지원서비스는 여전히 노동시장에 있는 장년층 비중에 비해서는 부족한 상황이다(관계부처합동, 2017).

1, 2차 계획의 성과에도 불구하고 국민연금 수급연령이 60세에서 65세로 단계적으로 높아짐에 따라 정년과 국민연금 수급연령간의 차이가 확대되어 노후소득의 공백가능성이 더욱 증가하고 있기 때문에 노인들의 일자리 지원은 더욱 강화될 필요가 있다. 따라서 제3차 고령자고용촉진계획(2017~2021)에서는 "55+ 현역시대, 일과 함께 활력 있는 장년(active ageing)"이라는 비전을 세워 놓고 "주된 일자리에서 오래 일하기" "전직 준비 기반 마련 및 재취업 지원" "장년 특화 훈련 확충 및 능력개발 여건 조성" "퇴직자에 대한 일자리 및 사회공헌 기회 확대" "초고령 사회를 대비한 인프라 구축"이라는 다섯 가지 정책과제를 설정하였으며, 추진전략으로 "연령에 관계없이 능력에 따라 일할 수 있도록 제도와 관행을 개선하는 것"을 마련하였다(관계부처합동, 2017).

노인들의 일자리는 보건복지부에서 2004년부터 시행하는 노인일자리사업으로부터도 창출되고 있다. 노인일자리사업은 그동안 자주 바뀌었지만 내용은 사회활동과 일자리, 두 개의 큰 틀을 유지하고 있다. 2016년부터는 노인일자리 및 사회활동 지원사업으로 명칭이 바뀌었으며 2017년 봉사활동의 성격을 지닌 공익활동과 재능나눔활동을 포함하는 노인사회활동과 취창업의 근로활동 성격을 지닌 시장형 노인일자리사업으로 구성되어 있다. 시장형 노인일자리에는 시장형 사업단, 인력파견형 사업단, 시니어인턴십, 고령자 친화기업, 기업연계형이 있다(보건복지부, 2018b). 2018년 현재 공익활동은 월 27만 원의 활동비를 주며, 참여기간을 9~12개월로 제한하고 있다. 2016년 12월 기준 사업수행기관에서 6,718개의 사업단을 통해 총 43만 개의 일자리가 제공되었는데 그중 29만 1천 개가 공익활동의 일자리였다(보건복지부, 2017a).

다양한 노인일자리사업은 노인의 소득을 보충하고 전반적인 삶의 질을 향상시키는 효과가 있는 것으로 평가되고 있다. 노인일자리 참여소득은 14.7%의 가구소득 빈곤감소효과가 있는 것으로 보고되고 있으며, 노인일자리에 참여할 경우 삶의 질, 삶의 만족도, 자아효능감이 증가하는 것으로 보고되고 있다(보건복지부, 2014). 또한 사회관계가 개선되고 건강수준에 긍정적인 변화를 주어 노인이 일자리사업에 참가 시 연간의료비 65만 5천 원이 절감된 것으로 나타났다(보건복지부, 2017a).

그러나 노인일자리사업에 공익활동사업의 비중이 높음에 따라 노인들이 퇴직하기 전에 좀 더 적극적이고 체계적으로 노후준비를 할 수 있도록 2015년 「노후준비지원법」을 제정하여 노후준비지원서비스를 제공하기 시작하였다. 이를 위해 재무, 일자리, 건강, 여가, 대인관계에 대한 상담을 제공하는 노후준비지원센터를 설치하였다. 이 센터는 국민연금공단 내 설치되어 있으며, 전국에 107개의 지역노후준비지원센터가 운영되고 있다(국민연금공단, 2015).

2) 노인보건의료서비스

국민건강보험과 장기요양보험, 의료급여 등 사회보험이나 국민전체를 대상으로 한 의료보장제도 외에 노인의 질병 및 건강문제를 해결하기 위한 노인보건의료서비스에는 노인보건예방, 치매예방 및 치매가족 지원, 노인의료복지시설 설치 및 운영 등을 위한 사업들이 있다.

(1) 노인보건예방

노인건강진단은 노인질환을 조기에 발견하여 노인건강을 유지하거나 증진시키고자 하는 목적을 가진 예방적 보건의료서비스이다. 정부는 제2차 국가건강검진종합계획 (2016~2020)에서 만성질환관리와 건강관리에 효과적인 건강검진체계로 전환하는 것을 중장기 추진 목표로 삼고, 수요자 입장에서 생애전환기 건강상담서비스를 그동안 만 40세, 66세에 하던 것에서 만 40세부터 매 10년으로 하는 것으로 확대하였다. 2018년 현재 골밀도검사, 인지기능장애, 정신건강검사(우울증), 생활습관평가, 노인신체기능검사가 일반 건강검진으로 건강보험에 가입한 노인들에게 제공되고 있으며, 의료급여수급권자 중 만 66세 이상 세대주 및 세대원에게도 의료급여 생애전환기 검진이 제공되고 있다(보건복지부, 2018. 7. 5.).

노인의 질병예방을 위한 보건서비스로 65세 이상 노인에게 보건소에서 폐렴구균 무료 예방접종을 실시하고 있으며, 2015년부터는 노인 독감(인플루엔자) 무료접종을 보건소 외 동네 병의원에서도 지원하고 있다. 만 75세 이상에 대해 국민건강보험과 의료급여대상자에 적용되던 틀니와 임플란트는 2016년 7월부터 만 65세 이상으로 대상 연령이 확대되었다(보건복지부, 2017c). 2018년 7월부터는 평생 2개의 임플란트의 본인부담금이 50%에서 30%로 인하되었다(국민건강보험공단, 2018. 8. 9.)

또한 건강한 노후생활을 위해 노인실명예방관리 및 무릎수술지원을 하고 있으며, 노인운동지원사업을 펼치고 있다. 2003년부터 저소득층 노인에 대한 안검진을 실시하고 필요시 안경이나 돋보기를 제공하고 개안수술에 대한 시술비 지원도 하고 있으며 2015년부터는 저소득 노인을 대상으로 무릎인공관절수술비를 지원하고 있다. 2016년 기준 노인 안검진인원은 10,889명, 노인실명예방관리를 통한 개안수술인원은 5,573명, 무릎인공관절수술비는 2,190명이 수술지원을 받았다(보건복지부, 2017a). 노인운동지원사업의 대표적 프로그램은 국민건강보험공단 건강백세운동교실이 있다. 2016년 전국의 4,293개 경로당, 노인복지관 등에 운동강사를 파견하여 약 8만여 명의 노인들에게 주 2회, 1시간가량 규칙적으로 운동하도록 지원하고 있다(보건복지부, 2017a).

(2) 치매예방 및 치매가족 지원

2011년 8월에 제정된 「치매관리법」에서 치매관리종합계획을 국가가 세우도록 함에 따라 2015년에 제3차 치매관리종합계획(2016~2020)이 수립되었다. 제1, 2차 치매관리종합계획의 추진으로 다음과 같은 성과가 있었다. 첫째, 초기 발견 및 예방 강화 영역에서 치매발생 위험요인의 사전관리강화를 위해 치매예방수칙과 치매예방운동을 개발하고 보급한 결과 보건소 조기검진사업을 통해 치매검진율이 높아지고 있고, 둘째, 맞춤형 치료와 보호 강화 영역에서 치매진행 지연을 위한 치료지원을 강화하고, 장기요양 대상자의 등급을 3등급에서 5등급으로 세분화하고, 경증치매 대상 인지활동형 프로그램을 5등급에 제공하고, 가족 돌봄을 지원하기 위해 주야간 보호시설을 확대하였으며, 셋째, 인프라 확충 영역에서 중앙치매센터와 시·도 광역치매센터를 17개까지 확대하였고, 넷째, 가족지원 강화 및 사회적 소통 확대 영역에서 치매상담콜센터 설치(2013)를 통한 치매케어상담이나 치매환자 가족 교육과 자조모임을 운영하였다. 그러나 여전히 해결해야 할 과제가 남아 있다. 치매검진사업을 통해 2016년까지 발견해 낸 치매환자는 약 20만 3천 명이지만(보건복지부, 2017a) 여전히 치매발견율이 낮고(2.1%; 보건복지부, 2015), 75세 이상 독거노인 외 치매 고위험군에 대한 맞춤형 서비스 제공이 미흡하고, 요양 등급외자 및 고위험군 외 건강한 노인을 대상으로 하는 치매예방 콘텐츠가 부족하며, 비약물적 치료요법에 대한 효과성 검증이나 표준화가 부족하고, 농어촌 등 취약지역의 치매환자돌봄체계가 미흡하며, 보건소 치매상담센터의 전담인력 및 공간이 부족하고, 치매환자 가족에 대한 사회·경제적 지원을 통한 실질적 간병부담 경감방안이 미흡하다는 과제가 남아 있었다(보건복지부, 2015).

　이와 같은 과제를 해결하기 위해 제3차 치매관리종합계획은 수요자 측면의 치매환자 돌봄경로[일반인 → 고령자 → 고위험군(독거노인, 인지저하자 등) → 경증·중증도 치매 → 중증·생애말기 치매] 관점에서 보건의료 분야를 활용한 치매환자 맞춤형 치료관리체계를 마련하여 그동안의 치매환자에 대한 지원이 돌봄(장기요양)과 복지서비스 중심으로 이루어졌던 것에서 탈피하여 복지와 보건의 균형 잡힌 지원을 하고자 하였다. 이를 위해 "지역사회 중심의 치매예방·관리" "편안하고 안전한 치매환자 진단·치료·돌봄 제공" "치매환자 가족의 부양부담 경감" "연구 통계 및 기술을 통한 지원" 등의 4개 분야 영역을 추진영역으로 하고, 지역사회 중심의 치매 중증도별 치매치료와 돌봄 제공, 그리고 치매환자의 권리·안전보호와 가족 부담경감 중심의 지원체계를 마련하는 것을 핵심목표로 하였다(보건복지부, 2018d).

　이에 더하여 문재인 정부는 제2차 장기요양기본계획(2018~2022)에서 "치매국가책임제"를 내세워 치매에 대한 국가의 책임을 강화하였다. 이를 토대로 치매안심센터를 전국에 256개소 설치하고, 이곳에서 상담–검진–치료–돌봄의 연계를 강화하고, 장기요양보험에 경증치매환자를 위한 인지지원등급을 신설하여 치매안심센터에서 치매조기검진을 통해 치매환자로 판정된 노인에게 장기요양 인지지원등급을 신청하여 지원하도록 하였다(보건복지부, 2018d).

(3) 노인의료복지시설 설치 및 운영

　노인의료복지시설은 노인성 질환이 있는 노인을 입소시설에 보호하여 서비스를 제공하는 시설노인복지서비스의 일환이다. 2018년 현재 노인의료복지시설로는 노인요양시설과 노인요양공동생활가정이 있다.

- 노인요양시설은 치매 · 중풍 등 노인성 질환 등으로 심신에 상당한 장애가 발생하여 도움을 필요로 하는 노인을 입소시켜 급식 · 요양과 그 밖에 일상생활에 필요한 편의를 제공하는 입소정원 10명 이상의 시설로서 2016년 말 기준 3,136개소에 126,277명이 입소하고 있다(보건복지부, 2017d).
- 노인요양공동생활가정은 치매 · 중풍 등 노인성 질환 등으로 심신에 상당한 장애가 발생하여 도움을 필요로 하는 노인에게 가정과 같은 주거여건과 급식 · 요양과 그 밖에 일상생활에 필요한 편의를 제공하는 입소정원 5명 이상 9명 이하의 시설로서 2016년 말 기준 2,027개소에 15,802명이 입소하고 있다(보건복지부, 2017d).

3) 주거보장

노인을 위한 주거보장대책으로는 노인주거복지시설 설치 및 운영사업, 그리고 노인들이 사는 주택에 대한 주거환경개선과 임대주택 제공 등이 있다. 노인주거복지시설은 일상생활에 지장이 없는 노인이 입소할 수 있는 시설이다. 2018년 현재 양로시설, 노인공동생활가정, 노인복지주택으로 이루어져 있다.

- 양로시설은 노인을 입소시켜 급식과 그 밖에 일상생활에 필요한 편의를 제공하는 것을 목적으로 하는 입소정원 10명 이상 시설로 2016년 기준 265개소에 8,879명이 입소하고 있다(보건복지부, 2017d).
- 노인공동생활가정은 노인에게 가정과 같은 주거여건과 급식이나 그 밖에 일상생활에 필요한 편의를 제공하는 것을 목적으로 하는 입소정원 5명 이상 9명 이하의 시설로 2016년 기준 128개소에 711명이 입소하고 있다(보건복지부, 2017d).
- 노인복지주택은 주거시설을 노인에게 임대하여 주거의 편의, 생활지도, 상담 및 안전관리 등 일상생활에 필요한 편의를 제공하는 시설이다. 2016년 기준 32개소에 5,085명이 입소하고 있다(보건복지부, 2017d).

이 외 국토교통부는 저출산 · 고령화 사회에 대응하는 주거 환경 조성에 힘쓰고 있다. 2012년 2월에 「장애인 · 고령자 등 주거약자 지원에 관한 법률」을 제정하여 고령자의 주거안정과 주거복지 향상을 위한 제도적 기반을 마련하였다(국토교통부, 2015. 7. 2.). 또한 주택법에서는 노부모특별공급제도를 만들어 주택건설사업체가 건설량의 3~5% 범위 내에서 65세 이상의 직계존속(배우자의 직계존속 포함)을 3년 이상 계속 부양할 때 우선권을 주도록 하고 있다(「주택공급에 관한 규칙」 제46조). 2017년에는 관계부처 합동으로 "사회통합형 주거사다리 구축을 위한 주거복지로드맵"을 발표하였는데, 이 로드맵은 생애단계별·소득수준별 맞춤형 주거지원이라는 목표를 세우고 그 목표달성을 위해 고령층에게는 무장애 설계를 적용하고 복지서비스를 연계할 수 있는 맞춤형 공공임대를 5만 호 공급하고, 2019년부터 주택의 노후도(경/중/대보수)를 평가하여 종합적인 주택개량을 지원하는 계획을 수립하고 있다. 구체적으로 주택 개보수 지원을 위한 수선유지 급여를 현행 경보수(3년마다 350만 원), 중보수(5년마다 650만 원), 대보수(7년마다 950만 원)로 분류하여 지원하는 것에다 주거약자용 편의시설 확충을 위한 지원금액 50만 원을 추가하는 것으로 확대하였다(국토교통부, 2017).

4) 노인복지서비스

(1) 재가노인지원서비스

2016년 말 기준 노인생활시설에 있는 노인 수는 151,669명으로(보건복지부, 2017b) 65세 이상 전체 노인의 약 98%가 지역사회 내 일반가정에서 생활하고 있는 재가노인이다. 이 중에 거동이 불편한 노인이나 치매노인 등 신체적 의존도가 높은 재가노인의 수발 문제는 이제는 더 이상 가족에 의해서만 전적으로 충족되기는 어려운 문제가 되어 가고 있다. 수발의 도움이 필요한 재가노인을 위한 재가노인복지서비스는 현재 방문요양서비스, 주·야간보호서비스, 단기보호서비스, 방문목욕서비스, 그 밖의 재가노인지원서비스(2010년 신설)로 구성되어 있다. 2016년 6월 「노인복지법」 개정에 의해 재가노인지원서비스에 방문간호서비스가 추가되었다. 이러한 재가노인복지서비스를 제공하는 노인복지시설을 재가노인복지시설이라고 한다. 이 중에 방문요양서비스, 주·야간보호서비스, 단기보호서비스, 방문목욕서비스는 장기요양보험의 급여에 속하고 장기요양기관에서 재가서비스를 제공한다. 2016년 12월 기준 장기요양기관 중 입소시설은 5,187개소, 재가서비스를 제공하는 재가기관은 14,211개소가 있다(보건복지부, 2017a).

본문에서는 앞의 장기요양보험에서 다루지 않는 재가노인지원서비스에 대해 알아보고자 한다. 재가노인지원서비스는 「노인복지법」 제38조 제1항 제5호에서 명명한 재가노인복지시설에서 제공하는 "그 밖의 서비스"에 대해 「노인복지법 시행규칙」을 2010년 2월 24일 개정하면서 재가노인에게 노인생활 및 신상에 관한 상담을 제공하고, 재가노인 및 가족 등 보호자를 교육하며 각종 편의를 제공하여, 지역사회 안에서 건전하고 안정된 노후생활을 영위하도록 새로 신설한 서비스이다. 이용대상은 장기요양급여 수급자 중 방문요양·방문목욕·주야간보호·단기보호서비스 외의 서비스를 필요로 하는 자, 기초수급권자 및 부양의무자로부터 적절한 부양을 받지 못하는 자로서 혼자서 일상생활을 수행하기 어려워 서비스가 필요한 자, 2008년 7월 이전에 국가 및 지방자치단체로부터 운영비를 지원받는 시설을 이용하고 있는 장기요양급여 수급자 외의 자 중 기초수급권자 및 실비이용자, 기타 자연재해 등으로 긴급지원이 필요한 노인 등이다(보건복지부, 2018a).

재가노인지원서비스에는 예방적 사업(직접서비스)과 사회안전망 구축사업(간접서비스), 긴급지원사업(긴급서비스) 세 가지 종류가 있다. 예방적 사업에는 방문요양서비스 내용을 제외한 일상생활지원(예: 무료급식 및 밑반찬서비스, 차량이송서비스 등), 정서지원, 주거환경개선지원, 여가활동지원, 상담지원, 지역사회자원개발(예: 후원·결연서비스) 등의 사업이 포함된다. 사회안전망 구축사업에는 연계지원(예: 안전확인서비스, 생활교육서비스, 노-노케어서비스, 개안수술서비스, 노인돌봄기본서비스, 노인돌봄종합서비스 등)과 교육지원(예: 임종교육, 응급처치교육, 낙상예방, 치매예방, 자살예방 등), 지역사회 네트워크지원(예: 지역재가협의체구성, 사례관리 등)과 같은 사업이 포함된다. 긴급지원사업에는 위기지원서비스, 무선페이징서비스, 응급호출서비스 등의 사업이 포함된다(보건복지부, 2018a). 이와 같은 재가노인지원을 위해 재가노인지원센터가 운영되고 있다. 2016년 말 재가노인지원서비스를 제공하는 재가노인복지시설은 390개이며 33,821명이 이용하였다(보건복지부, 2017d).

재가노인지원서비스 중 노인돌봄기본서비스와 노인돌봄종합서비스는 장기요양보험에서 제외되는 노인들에게 안전과 돌봄서비스를 제공하는 서비스이다. 노인돌봄기본서비스는 소득수준, 부양의무자 유무, 주민등록상의 동거자 유무와 관계없이 실제 혼자 생활하고 있는 독거노인에게 독거노인생활관리사가 주 1회 직접 방문하고 주 2회 전화 통화를 통해 생활실태 및 복지욕구파악, 안전확인 및 생활교육실시, 노인 관련 보건 및 복지서비스 연계활동을 하는 것이다.

2017년부터는 노인돌봄기본서비스를 2017년 「노인복지법」 개정으로 설치된 독거노인종합지원센터에서 제공하고 있다. 2016년 기준 22만 명이 노인돌봄기본서비스를 받았다(보건복지부, 2017a). 노인돌봄종합서비스는 전자바우처 사업으로 기초생활수급자 및 차상위계층이면서 혼자 힘으로 일상생활을 영위하기 어려운 만 65세 이상의 노인에게 가사 및 활동지원서비스를 제공하여 안정된 노후생활 및 가족의 사회, 경제적 활동기반을 조성하기 위한 서비스이다. 제공하는 서비스 유형은 방문서비스, 주간보호서비스, 치매환자가족지원서비스, 단기가사서비스이다. 방문서비스와 주간보호서비스 대상자는 만 65세 이상의 노인장기요양등급 외 A, B 판정을 받은 사람으로 가구 소득이 전국 가구 평균소득의 150% 이하여야 한다. 단기가사서비스 대상자는 만 65세 이상 독거노인 또는 만 75세 이상 고령 부부노인가구이면서 골절이나 중증질환 수술을 받아 가사일이 어려운 노인으로 가구 소득이 전국 가구 평균소득의 150% 이하여야 한다. 치매환자 가족휴가 지원서비스는 노인돌봄종합서비스 이용자(방문서비스나 주간보호서비스)를 대상으로 치매가족 휴가지원을 위해 서비스제공기관에서 치매노인을 맡길 수 있도록 한 것이다. 돌봄종합서비스는 2016년 현재 44,293명이 이용하였다(보건복지부, 2017a).

이 외에도 재가 독거노인들을 위해 화재·가스·활동감지기 및 응급호출장비를 설치하여 위급상황 시 대처할 수 있도록 한 독거노인 응급안전 알림서비스, 공공기관이나 민간기업, 자원봉사자들이 독거노인을 방문하여 전화로, 또는 직접 후원금품을 전달하도록 하는 독거노인 사랑잇기사업이 운영되고 있다. 2014년부터 독거노인친구만들기 시범사업을 통해 독거노인 사회관계활성화 사업이 진행되고 있다. 이 사업에서는 가족이나 이웃과 관계가 단절된 독거노인 중 우울증 및 고독으로 인해 자살 위험이 높은 독거노인을 대상으로 특성별로 운둔형 고독사 위험군, 활동제한형 자살위험군, 우울증 자살 고위험군 등으로 분류한 후 개인상담, 사례관리, 우울증 관리, 집단치료, 집단활동프로그램, 자조모임, 외부 나들이 등의 기회를 부여하고 있다(보건복지부, 2017c).

(2) 노인권익보호·자살예방서비스

노인학대 예방과 학대피해노인의 인권 보호를 위해 노인보호전문기관과 학대피해노인전용쉼터가 운영되고 있다. 2016년 기준 전국에 중앙노인보호전문기관 1개소와 지방에 29개의 지역노인보호전문기관이 있으며, 16개소의 학대피해노인전용쉼터가 운영되고 있다. 노인학대 신고의무자는 계속 확대되어 와서 2018년 현재 의료기관에서 의료업을 행하는 의료인과 의료기관의 장, 방문요양이나 돌봄, 안전확인 등의 서비스 종사자와 노인복지시설의 장 및 그 종사자와 노인복지상담원, 장애인복지시설에서 장애노인에 대한 상담·치료·훈련·요양을 행하는 자, 가정폭력관련상담소의 상담원 및 가정폭력피해자보호시설의 종사자, 사회복지전담공무원 및 사회복지관, 부랑인·노숙인시설의 장과 종사자, 장기요양기관 및 재가장기요양기관의 장과 종사자, 119구급대원, 건강가정지원센터, 다문화가족지원센터, 성폭력피해시설과 상담소 종사자, 응급구조사, 의료기사, 국민건강보험공단 소속 요양직 직원, 지역보건의료기관의 장과 종사자, 노인복지시설 설치 및 관리 업무 담당 공무원으로 되어 있다(법제처, 2018. 7. 4.).

우리사회의 자살문제, 특히 노인의 자살률이 높은 문제를 해결하기 위해 정부는 제1차

(2004~2008)와 제2차(2009~2013) 자살예방종합대책을 수립한 것에 이어 제3차(2016~ 2020) 자살예방종합대책을 2016년에 수립하였다. 제3차 계획에서는 자살예방 패러다임 을 전환하였다. 1, 2차 계획에서 보건의료중심의 자살예방정책과 위험군을 대상으로 하 는 제한적 자살예방에 초점을 맞추었다면 3차 계획에서는 보건 · 복지 · 사회 · 문화 등 통합적 자살예방에 초점을 맞추는 것으로 전환하였다. 이를 반영하여 제3차 자살예방종 합대책은 정신건강종합대책(2016~2020) 중에 "자살위험 없는 안전한 사회 구현"이란 목 표 아래 3개의 정책과제(전사회적 자살예방 환경 조성, 맞춤형 자살예방 서비스 제공, 자살예 방정책 추진기반 강화)와 9개의 세부 과제를 선정하였다(관계부처합동, 2016). 이 중에 "맞 춤형 자살예방 서비스 제공" 세부과제하에 노인들을 대상으로 정신건강증진센터와 노 인복지기관을 연계하여 자살위험 노인을 조기발견하고, 자살예방을 위해 보건과 복지를 통합한 서비스를 제공하는 지역사회 노인자살예방시범사업을 실시하고, 노인 관련 종사 자(독거노인 생활관리사, 방문보건간호사, 보건진료소장, 복지기관 종사자 등)를 자살예방을 위한 게이트키퍼로 양성하도록 하는 계획을 세웠다(관계부처합동, 2016).

문재인 정부는 적극적 자살예방 대책 추진을 위해 2018년 보건복지부에 자살예방정책 과를 신설하였으며, 정신건강증진센터를 정신건강복지센터로 변경하고, 이곳에서 자살 예방사업을 하도록 하고 있다. 2017년 기준으로 광역형 정신건강복지센터는 16개소, 기 초정신건강복지센터는 227개소가 있다(보건복지부, 2018c).

이와는 별도로 2011년에 제정된 「자살예방 및 생명존중 문화조성을 위한 법률」을 근 거로 2012년부터 자살예방센터가 설치되어 운영되고 있다. 2018년 현재 중앙자살예방 센터, 전국 7개의 광역자살예방센터와 24개의 기초자살예방센터가 운영되고 있다(보건 복지부, 중앙자살예방센터, 2018).

존엄한 죽음은 매우 중요한 노인의 권익에 해당된다. 노인이 인간답게 삶을 마감할 수 있도록 2017년 8월부터 「호스피스 완화의료 및 임종 과정에 있는 환자의 연명의료 결정 에 관한 법률」이 시행되면서 말기암 환자를 위한 호스피스 완화의료서비스가 국고지원 사업으로 시작되었다. 연명의료에 대한 시범사업(2017~2018) 결과 시범사업 3달간 사 전연명의료의향서를 작성한 건수가 9,336건이었으며, 연명의료계획서 작성건수가 107건, 연명의료의 유보 또는 중단이 54건인 것으로 나타났다(보건복지부, 2018e). 시범사업 결 과 환자가 의식이 없을 때 연명의료 중단에 관한 합의가 필요한 환자가족의 범위를 19세 이상의 배우자 및 직계혈족 전원으로 함으로써 너무 넓어 비현실적이라는 어려움이 드 러나 이를 배우자 및 1촌 이내의 직계 존비속으로 좁히는 개정안이 국회에 제출된 상태 이다(중앙일보, 2018. 6. 25.).

(3) 노인여가활동과 사회참여지원

노인들이 활기찬 노후 생활을 보낼 수 있도록 다양한 여가활동지원은 매우 중요한 노인복지서비스이다. 노인여가활동지원을 위해 노인여가복지시설이 운영되고 있다. 현행「노인복지법」제36조에 규정된 노인여가복지시설종류에는 노인복지관·경로당·노인교실이 있다. 노인복지관은 2016년 말 기준 전국에 350개소, 경로당은 65,044개소, 노인교실은 1,393개소가 있다(보건복지부, 2017d). 여가시설 중 경로당이 대다수를 차지하고 있는데 경로당을 활성화하기 위해 경로당 순회프로그램 배치를 추진하고 시·도에 경로당 광역지원센터를 두어 이용자 맞춤형 프로그램 발굴과 보급 등의 지원을 하고 있다(보건복지부, 2017a).

(4) 고령친화산업 육성

정부의 재원과 노력만으로는 빠른 속도로 진행되는 고령화에 대응하기 매우 어렵다. 정부는 이러한 현실을 직시하고 민간이 주체가 되어 고령자 및 중장년층의 건강, 편익, 안전을 위하여 민간이 시장경쟁원리를 토대로 상품이나 서비스를 제공하는 산업을 고령친화산업으로 부르고 이 산업의 육성에 노력을 기울이기 시작하였다. 이러한 노력의 일환으로 2006년 12월「고령친화산업진흥법」을 제정하였다. 이를 토대로 2008년부터 고령친화산업지원센터를 지정하여 고령친화산업 육성기반 강화, 홍보 및 정보교류, 품질향상 지원 정책들을 추진해 왔다. 우리나라 고령친화산업 시장규모는 2010년 약 33조 원에서 2020년에는 약 124조 원으로 성장할 것으로 전망되고 있다(보건복지부, 2017c).

그러나 고령화가 급속하게 진전함에 따라 신성장동력으로 거론되는 고령친화산업에 대한 국가적 지원체계를 좀 더 적극적으로 확립하여 인구고령화에 따른 문제를 효율적으로 해결하는 선순환 구조를 유도하기 위해 제3차 저출산·고령사회기본계획의 4개 과제 중에 하나로 '고령친화경제로의 도약' 영역을 두고 '유망산업 육성 및 국가지원체계 강화' '유니버설 디자인 등 수요자 중심의 실버경제 생태계 조성' '고령친화 R&D 종합지원체계 구축'이라는 세 가지 세부과제를 설정하였다. 고령친화산업을 육성하는 데 있어서 IT 연계 스마트 헬스케어로 취약지와 노인과 같은 취약계층이 있는 노인요양시설이나 재가노인환자 시범사업에 원격의료서비스를 확대하고, 고령친화산업 기반을 육성하기 위해 고령친화산업진흥법령을 정비하고, 고령친화제품 품목분류를 체계화하며, 노화 관련 중장기 R&D연구를 활성화하는 계획이 수립되어 있다(보건복지부, 2017c).

(5) 경로효친사상의 앙양 및 경로우대

정부는 매년 10월 2일을 노인의 날, 10월을 경로의 달로 정하여 노인에 대한 사회적인 관심을 높이고 경로효친사상을 지속적으로 계승하도록 하고 있다. 또한 효행자와 노인 복지사업에 업적이 많은 모범노인과 단체, 노인복지기여자를 발굴하여 포상함으로써 웃 어른을 공경하는 풍토를 조성하도록 하고 있다. 2007년 8월에는 「효행 장려 및 지원에 관한 법률」을 제정하여 효행 장려 및 지원을 적극적으로 추진할 수 있는 기반을 구축하 였다. 2017년에는 대전에 효문화진흥원을 설립하여 효문화 체험교육을 시작하였다(보건 복지부, 2017a).

1980년부터 70세 이상 노인에게 8개 업종(철도, 지하철, 고궁, 능원, 목욕, 이발, 시외버스, 사찰)에 대해 노인할인제를 실시하던 경로우대제도는 이후 점차 확대되어 왔다. 2016년 기준 공영 경로우대제도는 철도할인(열차에 따라 30~50%), 수도권 전철, 도시철도, 고궁, 능원, 국공립 박물관이나 공원, 미술관의 운임 또는 입장료 100% 할인, 국공립 국악원 입장료 50% 할인을 해 주고 있다(보건복지부, 2017a).

(6) 세제감면 · 노부모 가족수당 · 효행자 특례입학

가족에 의한 노인부양을 장려하기 위해 노인과 동거하는 가족에게 세제를 감면해 주 는 제도로 상속세공제, 소득세공제, 양도소득세면제 등의 공제제도가 있다. 상속세공제 는 상속이 개시될 때 상속인 및 동거가족 중 65세 이상 노인에 대해서 인적공제를 1인 당 5천만 원씩 해 주는 것이다(「상속세 및 증여세법」 제20조). 소득세공제에는 해당 과세기 간의 소득금액 합계액이 100만 원 이하인 60세 이상의 노인을 부양하는 가족에게 종합 소득 기본공제로 연간 노인 1인당 150만 원을 공제해 주고, 70세 이상 노인인 경우 경로 우대공제를 연간 1인 100만 원을 추가 공제해 주는 제도가 있다(「소득세법」 제50, 51조). 또한 양도소득세를 낼 때 1세대 1주택 특례조항에 60세 이상의 직계존속(배우자의 직계존 속 포함)을 동거봉양하기 위하여 세대를 합침으로써 1세대가 2주택을 보유하게 되는 경 우 합친 날로부터 10년 이내에 먼저 양도하는 주택을 1세대 1주택으로 보아 양도소득세 를 면제해 주는 제도가 있다(「소득세법 시행령」 제155조 제4항). 한편, 공무원에게 2018년 현재 부양가족에 포함된 직계존속 노인(남자 60세, 여자 55세) 1인당 월 20,000원의 가족 수당을 지급하고 있으며(인사혁신처, 2018), 노인봉양의식 제고의 일환으로 효행자에 대 한 대학 특례입학제도를 대학에서 자율적으로 시행하고 있다.

노인의 노후소득을 보충해 주기 위한 공제제도로 연금소득공제, 의료비공제, 주택담 보노후연금 이자비용공제, 노인저축에 대한 비과세제도 등이 있다. 개인연금저축과 개인형 퇴직연금(individual retirement plan)을 합쳐서 연금관련저축의 경우 연 700만 원 한도까지 세액공제가 된다. 세금을 낼 때 연금소득의 경우 350만 원 이하는 총연금액, 그이상은 350만 원 초과분에 따라 최대 900만 원까지 연금액에 따라 일정액을 공제받는다(「소득세법」 제47조의2). 의료비 공제 항목 중에 하나로 보청기 구입에 지출한 비용과 「노인장기요양보험법」에 따라 실제 지출한 본인일부부담금은 세액공제를 받는다(「소득세법 시행령」 제118조의5). 또한 연금소득이 있는 자가 주택담보노후연금을 받은 경우 그 받은 연금에 대해 해당 과세기간에 발생한 이자비용 상당액을 해당 과세기간 연금소득금액에서 공제를 해주는 주택담보노후연금 이자비용공제제도가 있다. 이 경우 공제할 이자 상당액이 200만 원을 초과하는 경우에는 200만 원을 공제하고, 연금소득금액을 초과하는 경우 그 초과금은 없는 것으로 하도록 되어 있다(「소득세법」 제51조의4). 금융지원분야에서는 2014년까지 있던 세금우대저축이 없어지고 2015년부터는 2019년 12월 31일까지 가입하는 경우 65세 이상 노인에게 5000만 원 한도 내에서 이자소득 또는 배당소득에 대해 소득세를 부과하지 않는 비과세종합저축제도를 시행하고 있다(「조세특례제한법」 제88조의2).

5. 전망과 과제

세계 유례가 없을 정도로 빠른 고령화를 경험하고 있는 우리나라는 2018년 현재 고령사회로 진입하였다. 노인이 과거보다 더 오래 건강하게 살고, 더 오래 일하며, 더 활발한 노후를 보내고 있는 등 긍정적인 변화가 일어나고 있지만 저소득층 노인의 증가, 초고령층의 증가로 인한 만성질환자와 치매노인의 증가와 그로 인한 노인의료비 증가, 소극적 여가활동과 그로 인해 4차 산업혁명 시대에 뒤처질 수 있는 사회통합문제, 독거노인의 증가와 그에 따른 노인부양문제, 고령화의 성별차이, 지역격차 문제 등은 성공적인 고령사회로 진입하는 데 해결해야 할 과제로 남아 있다. 특히 세계에서 가장 높은 노인빈곤율과 노인자살률을 볼 때 여전히 노인의 삶의 질을 높이기 위해 정책적으로 추진해야 될 과제들이 많이 남아 있음을 알 수 있다.

노인의 일자리 창출은 현시대에서 소득보장의 미흡함을 보완할 수 있는 대책으로 적극적으로 추진되고 있다. 국민연금의 수급연령이 상향되면서 퇴직과 연금수급 간의 간극이 더 벌어질 것으로 예상되기 때문이다. 그러나 노인고용의 확대는 청년실업의 문제와도 연결되기 때문에 소득보장대책으로 한계가 있다. 국민연금, 기초연금, 퇴직연금, 주택연금 등 소득보장의 체계가 잘 연계되도록 정비되면서 노인소득보장 수준을 높일 수 있도록 앞으로 개선되어야 할 것이다.

기대수명이 100세가 되는 고령사회를 앞두고, 건강수명을 늘리는 것도 앞으로 중요한 과제이다. 이를 위해 노인만성질환을 예방하며 의료비를 절감하기 위한 보건의료서비스, 자살예방, 치매예방을 위한 장기 계획들이 성과평가와 함께 지속적으로 발전되면서 추진되어야 할 것이다. 건강한 노인들이 많아지는 것을 대비하여 활발한 여가활동과 의미 있는 자원봉사와 같은 사회참여를 통해 사회관계를 강화하고 사회에도 기여하며, 평생교육의 참여확대로 4차 산업혁명의 새로운 시대에 뒤떨어지지 않도록 하는 것도 앞으로 주요한 정책추진 과제로 남아 있다. 또한 노인만으로 구성된 노인가구가 증가하고 있기 때문에 허약노인의 부양문제를 해결하는 데 재가복지시설과 재가지원서비스의 내실화가 필요하며, 지역사회에 노인이 건강하고 안전하게 살도록 주거환경도 더욱 정비되어야 한다. 이를 위해 노인보건과 복지서비스를 통합적으로 제공할 수 있도록 노인보건복지 통합적 전달체계가 개선되어야 할 것이다.

최근 노인연령기준 상향조정에 대한 논의가 시작되었다. 이 논의는 노인빈곤, 일자리, 보건의료서비스, 노인복지서비스 혜택 축소 등과 같은 정책파급효과에 대한 세심한 검토를 토대로 노인복지정책의 보완과 함께 결정되어야 할 것이다.

참고문헌

관계부처합동(2016). 행복한 삶, 건강한 사회를 위한 정신건강 종합대책.
관계부처합동(2017). 55+ 현역시대를 위한 장년고용정책(안)-제3차 고령자 고용촉진 기본계획.
국민연금공단(2015). 노후준비서비스 시행 카드뉴스.
국토교통부(2017). 주거복지로드맵 설명서.
김상우(2015). 자살예방사업의 문제점 및 개선과제. 2015 광역자살예방사업 워크숍 발표자료.
    중앙자살예방센터.
보건복지부(2014). 2013 보건복지백서 I.
보건복지부(2015). 제3차 치매관리종합계획.
보건복지부(2017a). 2016 보건복지백서.

보건복지부(2017b). 2017 보건복지통계연보.

보건복지부(2017c). 2017 주요업무참고자료.

보건복지부(2017d). 2017 노인복지시설현황.

보건복지부(2018a). 2018 노인보건복지사업안내 I.

보건복지부(2018b). 2018 노인보건복지사업안내 II.

보건복지부(2018c). 2018 정신건강사업안내.

보건복지부(2018d). "3만불 시대에 걸맞는 선진형 복지국가를 구축한다" 보도자료(2018. 1. 17.).

보건복지부(2018e). "18년 2월 4일, 연명의료결정제도 본격 시행" 보도자료(2018. 1. 24.).

보건복지부, 중앙노인보호전문기관(2018). 2017 노인학대 현황보고서.

보건복지부, 중앙자살예방센터(2018). 2018 자살예방백서.

인사혁신처(2018). 공무원 보수등의 업무지침.

정경희, 오영희, 이윤경, 손창균, 박보미, 이수연, 이지현, 권중돈, 김수봉, 이소정, 이용식, 이윤
    환, 최성재, 김소영(2012). 2011년도 노인실태조사.

정경희, 오영희, 강은나, 김재호, 선우덕, 오미애, 이윤경, 황남희, 김경래, 오신휘, 박보미, 신현
    구, 이금룡(2014). 2014년도 노인실태조사.

정경희, 오영희, 이윤경, 오미애, 강은나, 김경래, 황남희, 김세진, 이선희, 이석구, 홍송이(2017).
    2017 노인실태조사.

정현종(2017). 국내 가계의 자산관리와 주식투자, 자산배분전략 Note, 2017. 5. 16.

중앙일보(2018. 6. 25.). "연명의료 중단하는데 가족 수십명 동의 받도록 한 법 개정 추진한다."

통계청(2006). 사회조사.

통계청(2016). 2016 사회조사보고서.

통계청(2017a). 2017 고령자통계.

통계청(2017b). 2017 한국의 사회지표.

통계청(2017c). 2016 사망원인통계연보(전국편).

OECD 대한민국정책센터(2017). 한눈에 보는 연금 2015: OECD 회원국과 G20 국가의 노후소득
    보장제도.

OECD(2015). *Pensions at a Glance and G20 Indicators*.

Rowe, J., & Kahn, R. (1999). *Successful aging*. N. Y.: Pantheon Books.

국민건강보험공단. http://m.nhis.or.kr/hybWeb/main_web.html# (2018. 8. 9.).

국토교통부. http://nhuf.molit.go.kr (2015. 7. 2.).

법제처. http://www.law.go.kr/lsSc.do?tabMenuId=tab27&query=%EB%85%B8%EC%9D%B8%

EB%B3%B5%EC%A7%80%EB%B2%95#undefined (2018. 7. 4.).

보건복지부. http://www.mohw.go.kr/react/policy/index.jsp?PAR_MENU_ID=06&MENU_
ID=06330202&PAGE=2&topTitle=건강검진 (2018. 7. 5.).

한국주택금융공사. https://www.hf.go.kr/hf/sub03/sub03.do (2018. 7. 2.).

행정안전부. 주민등록 인구통계－연령별 인구현황. http://www.mois.go.kr/frt/sub/a05/ageStat/
screen.do (2018. 7. 2.).

HelpAge International (2018). Global AgeWatch Index 2015. http://www.helpage.org/global-
agewatch/population-ageing-data/country-ageing-data/?country=Republic%2Bof%2BKor
ea (2018. 10. 28.).

제**13**장

장애인복지서비스

유은주(한국장애인고용공단 고용개발원 부연구위원)

1. 들어가는 말

문재인 정부가 출범하고 처음으로 열린 제19회 장애인조정정책위원회 회의의 주요 안정군 중 하나는 '장애등급제폐지 추진방향'이었다(2018년 3월 5일).[1] 장애등급제 폐지는 박근혜 대통령 후보의 대선공약에 포함되었으며 대통령 당선 이후인 2013년 열린 제13차 장애인정책조정위원회에서 현행 장애등급제를 폐지하고 이를 대신할 장애 종합판정도구를 개발하기로 방침을 세웠다. 2014년 국무총리가 다시 한번 국정과제로 장애인등급제 폐지를 공식적으로 언급하면서 장애판정체계는 개인욕구, 사회·환경적 요인을 반영한 장애종합판정체계로 단계적 개선하겠다고 밝혔으나 2018년 초까지도 명확한 이행방안이 마련되지 않았다. 그러한 상황에서 이번 제19차 장애인조정위원회에서 2018년 상반기까지 장애등급제 폐지 및 종합판정도구 단계적 도입의 구체적 이행방안을 마련하고 2019년 7월부터 본격 시행할 예정이라고 공식적으로 발표한 점은 의미 있는 일이다.[2] 우리나라는 의학적 판정에 따른 장애등급(1~6급)을 기준으로 장애인서비스를 제공해 왔다. 장애판정에 있어 의학적 판정이 필요한 요건이나 의료적 관점이라는 한 가지 관점

---

1) 장애인정책조정위원회는 장애인 종합정책을 수립하고 관계 부처 간 의견을 조정하며 결정된 정책의 이행 및 평가를 담당하는 국무총리 소속 위원회로, 위원장인 국무총리를 포함한 30명 이내의 정부 및 민간 위원으로 구성된다(「장애인복지법」 제11조).
2) 국무조정실(2018. 3. 5.) 보도자료 참고.

이 복지·고용·교육 등의 여러 분야별 서비스 제공기준으로 활용되는 것은 한계가 크다.

장애인정책은 어떻게 장애를 정의하느냐에 따라 정책의 방향과 성격이 크게 달라진다. 즉, 장애를 바라보는 관점에 따라 장애인정책의 문제정의가 달라지고 그에 따라 정책적 대응도 달라지기 때문이다. 하지만 장애를 어떻게 규정하며 그에 따라 누구를 장애인으로 선정할 것인가에 대한 통일된 견해는 없다. 학자마다, 국가마다, 또는 한 국가 내에서도 법이나 제도의 목적에 따라 개념을 달리 정의하고 있다. 우리나라의 경우, 의학적 기준에 따라 장애 정도와 유형을 나누고 있다. 의학적 기준은 1988년 장애등록제가 도입된 이래 현재까지 장애판정의 근간을 이루고 있다. 그러나 장애판정기준으로써 의학적 기준은 장애인 욕구나 사회적 환경을 고려할 수 없다는 비판이 지속적으로 제기되어 왔다. 이러한 오래된 문제의식이 이제 2019년 7월부터 단계적 장애등급제폐지라는 국정과제로 선정됨에 따라 향후 어떠한 모습으로 장애인서비스가 재편될지 관심을 모으고 있다.

2. 장애개념과 장애인정책

1) 장애개념

장애인정책은 매우 다양하고 이질적인 집단을 정책대상으로 한다(OECD, 2003). 이는 결국 장애의 개념이 애매하고 논쟁의 소지가 많다는 것을 의미한다. 실제 장애개념에 대한 통일된 견해는 없다. 학자마다, 국가마다, 그리고 한 국가 내에서도 법이나 제도의 목적에 따라 개념을 달리 정의하고 있다(Johnstone, 1998). 통상적으로 장애인정책 또는 서비스에서 활용되는 장애개념으로 손상(impairments), 기능적 장애(disability), 사회적 장애(handicaps)가 있다.

손상은 신체적·정신적·해부학적 구조의 상실을 의미하는 것으로 의학적 관점에 기반한 개념이다. 이러한 의학적 관점에 기반한 장애개념은 장애를 개별적인 진단적 범주로 간주하고 다양한 유형의 장애원인과 결과 간 인과관계를 강조하는 의료 병리학적 관점을 반영하고 있다. 반면, 기능적 장애는 장애를 가진 개인이 수행할 수 있는 작업의 양이나 종류와 관련하여 건강의 한계를 강조하는 개념이다. 연령, 성별, 교육수준 등에 따른 기능손실과 사회활동, 문화활동 등 일상적으로 인식되는 역할수행의 제한정도를 의미하며 개인의 기능저하에 따른 경제적 손실에 초점을 둔다(Naggi, 1999). 마지막으로, 사회적 장애는 손상이나 기능장애 자체보다는 이로 인한 결과에 보다 초점을 두고 장애를 정의하고 있다. 즉, 장애는 손상이나 기능저하로 인한 개인의 무능력이 아닌 장애를 가진 개인의 욕구를 반영하고 못하는 사회구조적 환경 때문에 장애가 발생한다고 본다(Oliver, 1990). 장애개념과 관련하여 Hahn(1985)은 장애개념과 그에 따른 정책적 접근방법으로 의료적 접근, 경제적 접근, 사회정치적 접근을 제시한 바 있다.[3]

특히 세계보건기구(WHO)가 제시한 장애개념은 일반적으로 많이 활용된다는 점에서 의미가 있다. 그중에서도 2001년 세계보건기구가 제안한 장애분류체계인 ICF(International Classification of Function, Disability and Health)는 기존의 장애분류체계인 ICIDH(International Classification of Impairment, Disability and Handicap)가 장애인정책을 참여와 활성화에만 주로 초점을 두고 있어 전체 사회정책적 관점에서 유용한 기준을 제시하지 못한다는 문제의식에서 출발하였다(황수경, 2004).

다음 〈표 13-1〉는 세계보건기구의 장애분류체계가 ICIDH에서 ICF로 변천된 과정을 나타낸 것으로 장애를 분류하는 기준이 보다 세분화되고 개인적 요소 함께 환경·상황과의 상호작용을 반영하는 방향으로 전환되고 있다.

〈표 13-1〉 세계보건기구의 장애분류체계 ICIDH와 ICF 비교

구분	1980	2001
명칭	ICIDH	ICF
장애 분류	질병(disease) 손상(impairment) 장애(disability) 불리(handicap)	신체기능 및 구조 활동과 참여 상황적 요소 환경적 요소 개별적 요소

---

3) 의료적 접근에서는 장애로 인한 개인의 신체적 제약의 결과를 장애의 문제로 보고 주로 개인적 차원에서 이루어지는 의학적 치료를 통한 문제해결에 관심을 기울인다. 반면, 경제적 접근법에서는 장애에 따른 기능손실에 보다 초점을 두며 기능손실에 따른 노동능력 상실과 인적자본 손실을 극복하기 위해 직업재활서비스에 정책적 노력을 기울인다. 의료적 접근과 경제적 접근이 주로 개인차원에서 장애문제를 해결하고자 한다면 사회정치적 접근법은 장애문제를 장애로 인해 사회적 불리와 차별을 받는 소수집단문제로 파악하고 있다는 차이점은 있다.

특징	개인적 질병 또는 손상으로 인한 장애 및 사회적 불리 발생	건강을 중심으로 개인·환경·상황적 맥락 간 상호작용에 따른 기능적 장애를 중시

세계보건기구가 제시한 ICF에서는 장애를 '신체적·정신적 기능의 손실과 환경적 요인에 의해 활동과 사회참여에 장기간 제약을 받는 상태'로 설명하고 있다. 이전의 장애개념인 ICIDH와 달리 ICF는 장애를 정신적 구조 및 기능, 활동 및 참여, 환경적 요인 등세 가지 측면에서 규정하고 있으며 여기서 핵심은 장애를 개인적 상황과 환경적 맥락에 의해 규정한다는 점이다. 대인적 상황이란 신체적·정신적 손상, 활동 및 참여의 제약을 의미하고 환경적 맥락은 물리적·사회적·정책적 환경 및 사회인식 등을 의미한다.

세계보건기구가 ICF를 제시한 동기 중 하나는 장애는 복지·교육·고용·교통·주거 등 다양한 영역에서 서비스가 필요함에도 영역 간 상이한 장애개념을 활용하고 있어 유관기관과 협력의 저해요인으로 작용하였다는 것이다. 따라서 ICF라는 공통의 언어형성을 통해 유관기관 간 협력뿐 아니라 다학제적 연구를 촉진한다는 의도가 있었다. 그러나 ICF는 장애에 대한 개념정의라기보다는 장애를 정의하기 위한 가이드라인에 해당하며 이러한 분류체계를 기반으로 개별 국가의 상황과 맥락에 맞게 장애가 정의되어야 함을 권고하고 있다(OECD, 2003; WHO, 2012). 이러한 국제적 경향에 맞추어 우리나라도 오랫동안 유지해 온 장애등급제를 폐지하고 개인별 욕구와 환경을 반영할 수 있는 판정도구 및 서비스를 마련하고 있다고 볼 수 있다.

2) 장애인정책 변천과정 및 각 정책별 장애인 정의

국제연합(UN)은 1971년 정신지체인의 권리선언, 1975년 장애인의 권리선언을 채택하였으며 1976년에는 '1981년 세계 장애인의 날'을 선정하였다. 이렇듯 1970년대는 국제적인 장애인권리운동의 확대로 장애인 인권이나 노동권 문제에 대한 관심이 국제적으로 높아지기 시작한 시기이다. 국내에서도 장애인에 대한 적극적인 입법의지가 나타난 것은 대체로 이와 같은 국제적 움직임과 맥을 같이한다(권이혁, 2004). 특히 국제연합(UN)이 정한 '세계 장애인의 날'에 맞추어 당시 국내에서도 1981년을 '장애자의 날'로 선정하였으며 장애인을 대상으로 하는 「심신장애자복지법」을 제정하였다. 당시 동법의 제정은 국가적 보호대상을 발생원인에 따른 특수장애인만이 아니라 모든 장애인으로 확대시켰다는 점에서 의미 있는 정책결정이었다.

1980년 중반 이후 우리나라는 국제적 · 국내적으로 상당한 변화를 겪었다. 국제적으로는 서울올림픽대회 개최(1988년), 서울장애인올림픽대회 개최(1989년), 국제연합(UN) 가입(1991년), 국제노동기구(ILO) 가입(1991년) 등 국제사회에서 적극적으로 참여하기 시작했다. 국내적으로는 6 · 26 선언, 민주화운동, 헌정사상 첫 여소야대 국회 등은 우리나라 사회제도에 많은 변화를 가져왔다. 특히 1987년「헌법」개정으로 장애인에 대한 국가의 보호책임이 헌법에 처음으로 명시되었다.「헌법」제34조에 따르면, 생활유지의 능력이 없는 국민에게 최저생활을 보장하며 여기에 장애인이 처음으로 명시되었다.

우리나라 장애인정책의 주요 법률제정을 보면 다음 〈표 13-2〉와 같다.

〈표 13-2〉 장애인정책 주요 법률제정 현황

연도	법률명
1977.	「특수교육진흥법」
1981. 6.	「심신장애자복지법」제정
1989. 12.	「심신장애자복지법」전문개정 「장애인복지법」으로 변경
1990. 1.	「장애인고용촉진등에 관한 법률」제정
1997. 4.	「장애인 · 노인 · 임산부 등의 편의증진보장에 관한 법률」제정
2004. 1.	「교통약자의 이동편의증진법」제정
2005. 7.	「장애인기업활동촉진법」제정
2007. 4.	「장애인차별 및 권리구제 등에 관한 법률」제정
2007. 5.	「장애인등에 대한 특수교육법」제정
2008. 3.	「중증장애인생산품 우선구매 특별법」제정
2010. 10.	장애연금 지급(중증장애수당이 장애연금으로 전환)
2011. 1.	「장애인활동지원에 관한 법률」제정
2011. 8.	「장애아동복지지원법」제정

우리나라 장애인정책은 범부처차원에서 5년마다 수립되며 이는 국무총리실 산하 '장애인정책조정위원회'를 통해 이루어진다. 동 위원회는 장애인 관련 부처는 물론이고 민간기관, 학계, 전문가 등으로 구성되어 각 분야별 장애인 정책 및 서비스를 기관 간 유기

적 협력을 통해 체계적으로 추진하기 위함이다.

장애인정책은 상대적으로 다른 정책대상에 비해 광범위하면서도 이질적인 정책대상이라는 특성이 있다. 이로 인해 국가 또는 제도마다 장애기준은 상이하다. 따라서 기준을 어떻게 설정하느냐에 따라 장애인 현황은 달라진다. 우리나라의 장애판정은 의료진(의사)에 의한 의학적 판정으로 이루어진다. 일반적인 특성이라면 선천적 장애발생 비율이 갈수록 낮아진다는 것이다. 한국보건사회연구원(2017)에 따르면 장애발생 원인 중 88.1%가 질환, 사고 등 후천적 원인에 의한 것이며 이 외에도 원인 불명이 5.4%, 선천적 원인이 5.1%, 출산 시 1.4% 등으로 나타났다.

2000년대 이전에 제정된 「장애인복지법」「장애인고용촉진 및 직업재활법」「장애인 등에 대한 특수교육법」 등은 의학적 기준에 벗어나지 못하고 있는 반면, 2000년 중반 이후 제정된 「장애인차별금지 및 권리구제 등에 관한 법률」은 기능적 장애개념과 사회적 장애개념을 일정부분 사용하고 있다. 하지만 장애에 대한 개념은 단절적인 것이 아니기 때문에 현재는 장애에 대해 개인적 차원에 초점을 둔 개별적 접근 또는 의료적 접근과 사회적 차원에 초점을 둔 통합적 접근이 공존하고 있다고 볼 수 있다(Rouston & Prdeaux, 2012). 그럼에도 불구하고 전체적으로 볼 때, 현재까지 우리나라에서 활용되는 장애개념은 의학적 기준에서 크게 벗어나지 못하고 있다는 비판이 지배적이었다. 그리고 비로소 2017년 「장애인복지법」을 개정하였다. 주요내용은 '장애등급'을 장애정도로 변경하고 장애인에게 맞춤형 서비스를 제공하기 위해 서비스 지원 종합조사를 실시한다는 것이다. 〈표 13-3〉은 현재 「장애인복지법」 등 장애인 관련 법률에서 정의하고 있는 장애인이다. 예를 들어, 「장애인복지법」에서는 장애인을 장애로 인한 일상생활과 사회생활에서 상당한 제약을 받는 자로, 「장애인고용촉진 및 직업재활법」에서 직업생활에서 상당한 제약을 받는 자로 정의하고 있다. 그러나 각 법률이 정책대상으로 삼고 있는 대상은 의학적 기준에 따라 장애유형과 장애등급을 인정받은 사람이었다. 장애등급제 폐지로 「장애인복지법」 주무부처인 보건복지부는 '서비스 지원 종합조사'를 통해 서비스를 결정할 방침이며 「장애인고용촉진 및 직업재활법」 주무부처인 고용노동부는 장애등급제 폐지와 별도록 '직업적 장애기준'을 마련하고 있다.

⟨표 13-3⟩ 장애인 관련 법률별 장애인 개념

법률명	장애인 개념
「장애인복지법」	장애인이란 신체적·정신적 장애로 오랫동안 일상생활이나 사회생활에서 상당한 제약을 받는 자
「장애인고용촉진 및 직업재활법」	장애인이란 신체 또는 정신상의 장애로 장기간에 걸쳐 직업생활에 상당한 제약을 받는 자
「장애인 등에 대한 특수교육법」	특수교육대상자의 기준으로 '시작장애, 청각장애, 정신지체, 지체장애, 정서·행동장애, 자폐성장애(이와 관련된 장애를 포함한다), 의사소통장애, 학습장애, 건강장애, 발달장애, 그 밖에 대통령령으로 특수교육을 필요로 하는 사람
「장애인차별금지 및 권리구제 등에 관한 법률」	장애는 신체적·정신적 손상 또는 기능상실이 장기간에 걸쳐 개인의 일상 또는 사회생활에 상당한 제약을 초래하는 상태

⟨표 13-4⟩는 현재 「장애인복지법」에서 인정하고 있는 장애유형에 관한 설명이다. 현행 「장애인복지법」에서는 장애유형을 크게 신체적 장애와 정신적 장애로 구분하고 있으며 이를 다시 15개 유형으로 세분화하고 있다.

⟨표 13-4⟩ 장애인복지법에 따른 장애유형 분류

대분류	중분류	소분류	내용
신체적 장애	외부 신체기능 장애	지체장애	절단장애, 관절장애, 지체기능장애, 변형 등의 장애
		뇌병변장애	중추 신경의 손상으로 인한 복합적인 장애
		시각장애	시력장애, 시야결손장애
		청각장애	청력장애, 평형기능장애
		언어장애	언어장애, 음성장애, 구어장애
		안면장애	안면부의 추상, 함몰, 비후 등 변형으로 인한 장애
	내부 기관장애	신장장애	투석치료 중이거나 신장을 이식받은 경우
		심장장애	일상생활이 현저히 제한되는 심장기능 이상
		간장애	일상생활이 현저히 제한되는 만성·중증의 간기능 이상
		호흡기장애	일상생활이 현저히 제한되는 만성·중증의 호흡기기능 이상
		장루·요루장애	일상생활이 현저히 제한되는 장루·요루
		뇌전증장애	일상생활이 현저히 제한되는 만성·중증의 뇌전증(간질)

정신적 장애	지적장애	지능지수가 70 이하인 경우
	정신장애	정신분열병, 분열형 정동장애, 양극성 정동장애, 반복성 우울장애
	자폐성장애	소아자폐 등 자폐성 장애

3. 장애인 현황 및 장애인 문제

1) 장애인 현황

우리나라는 1988년부터 시행된 장애인등록제도에서는 장애를 유형과 정도에 따라 세분화하고 있다. 현재 장애유형은 15개 유형으로, 지체장애 · 뇌병변장애 · 시각장애 · 청각장애 · 언어장애 · 지적장애 · 정신장애 · 자폐성장애 · 신장장애 · 심장장애 · 호흡기장애 · 간장애 · 안면장애 · 장루장애 · 간질장애 등이 이에 해당한다. 장애등급은 1~6급으로 분류된다. 장애인등록 규정(「장애인복지법」 제32조)에 따르면 장애인으로 등록하고자 하는 자는 해당 주소지 관할 주민센터를 통해 장애등록 신청서를 접수해야 한다. 신청서 접수 후 해당 주민센터는 장애진단의뢰서를 발급하는데 장애등록 신청인은 의료기관 전문의사에게 장애인 진단 및 검사를 받은 후 관련 서류와 함께 장애심사를 해당 주민센터에 요청한다. 주민센터는 장애판정 전문기관인 국민연금공단 장애센터에 장애심사를 요청하고 국민연금공단은 심사 결과를 다시 주민센터에 통보한다. 만약 장애등급이 판정될 경우, 신청자는 주민센터에서 장애인등록증을 교부받게 된다.

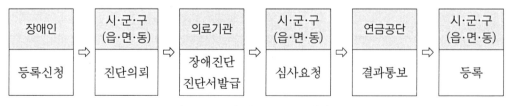

[그림 13-1] 장애인 등록 절차

[그림 13-1]은 장애인등록제도를 통해 인정된 법정등록장애인의 연도별 현황을 나타

낸 것이다. 2009년 이후 법정등록장애인은 전체인구 대비 약 5% 비중을 차지하고 있다. 그러나 1995년 기준 총인구대비 등록장애인 비중은 0.72%에 불과한 수준이었다. 이후 2000년부터 꾸준한 증가추세를 보이다 현재의 총 인구대비 약 5% 수준에 머물고 있다. 장애인구가 급증한 주요배경으로 2000년부터 기존 5개 유형에서 10개 유형으로의 장애범주 확대를 꼽을 수 있다.[4] 2017년 말 기준 등록장애인수는 약 254만 명으로 총인구 대비 약 5%를 차지하고 있으며 2011년 이후 감소추세에 있던 등록장애인수가 2016년부터 다시 증가하는 모습을 보이고 있다.

〈표 13-5〉 연도별 법정등록장애인 현황　　　　　　　　　　　　　　　　(단위: 천 명, %)

구분	2004	2005	2006	2007	2008	2009	2010	2011	2012	2013	2014	2015	2016	2017
등록 장애인	1,610	1,789	1,967	2,104	2,246	2,429	2,517	2,519	2,511	2,501	2,494	2,490	2,511	2,545
(비율)	(3.3)	(3.7)	(4.0)	(4.3)	(4.5)	(4.9)	(5.0)	(5.0)	(4.9)	(4.9)	(4.9)	(4.8)	(4.9)	(4.9)

* 비율(%)은 주민등록인구 대비 등록장애인 수를 말함.
출처: 보건복지부(각 연도); 통계청(각 연도).

〈표 13-6〉은 장애유형별 · 성별 등록장애인 현황을 나타낸 것이다. 장애유형별로 보면, 지체장애인 비중이 전체 등록장애인의 약 50% 수준으로 가장 높게 나타났다. 그다음으로 청각장애(13.1%), 뇌병변장애(10.1%), 시각장애(9.6%)가 높은 순으로 나타났다. 성별에 따른 등록장애인수를 보면, 남성 장애인 약 147만 명, 여성 장애인 약 105만 명으로 이는 각각 전체 등록장애인의 약 58%와 52%에 해당한다.

〈표 13-6〉 장애유형별 · 성별 등록장애인 현황(2017. 12.)　　　　　(단위: 명, 천 명, %)

구분	전체		남성		여성	
	인원	비율	인원	비율	인원	비율
전체	2,545,637	100.0	1,475,550	100.0	1,070,087	100.0
지체	1,254,130	49.3	725,384	49.2	528,746	49.4

---

4) 2000년 이전에는 지체장애, 시각장애, 청각장애, 언어장애, 정신지체 등 5개 유형만으로 분류되다가 2000년 1월 1일부로 현재의 10개 유형으로 확대되었다.

시각	252,632	9.9	150,364	10.2	102,268	9.6
청각	302,003	11.9	162,319	11.0	139,684	13.1
언어	20,321	0.8	14,590	1.0	5,731	0.5
지적	200,903	7.9	121,167	8.2	79,736	7.5
뇌병변	252,819	9.9	144,706	9.8	108,113	10.1
자폐성	24,698	1.0	20,972	1.4	3,726	0.3
정신	101,175	4.0	52,144	3.5	49,031	4.6
신장	83,562	3.3	48,768	3.3	34,794	3.3
심장	5,399	0.2	3,405	0.2	1,994	0.2
호흡기	11,807	0.5	8,819	0.6	2,988	0.3
간	11,843	0.5	8,494	0.6	3,349	0.3
안면	2,692	0.1	1,557	0.1	1,135	0.1
장루 · 요루	14,718	0.6	9,098	0.6	5,620	0.5
간질	6,935	0.3	3,763	0.3	3,172	0.3

출처: 보건복지부(2017b).

2) 장애인의 문제

장애인 당사자뿐 아니라 가족들도 장애로 인한 제약과 불편, 차별 등을 경험하게 한다. 특히 최소한의 인간다운 삶을 보장하기 위한 기초영역인 소득 · 교육 · 교육 · 의료 분야에서 장애로 인한 어려움은 상당할 것이다. '2017년 장애인실태조사'(한국보건사회연구원)에 따르면 실제 장애인이 사회 및 국가에 대해 가장 우선적으로 요구하는 사항으로 소득보장(41.0%), 의료보장(27.6%), 고용보장 순으로 나타났다. 다음에서는 이들 영역별로 현안들을 살펴보도록 하겠다.

(1) 소득문제

일반적으로 장애인은 장애로 인한 근로능력 감소로 경제활동에서 비장애인과 비교하여 상대적으로 어려운 환경에 처할 가능성이 높아 대표적인 취업취약계층에 속한다. 그러나 장애인은 설령 취업에 성공하더라도 임금 등 고용의 질이 낮다는 데 문제가 있다.

2017년 장애인실태조사를 보면, 월평균 장애인가구 소득은 약 242만 원으로, 전국가

구 월평균 소득 361만 원의 약 66% 수준이다. 2011년에는 전국가구 대비 장애인 가구
월평균 소득이 60.8%, 2017년에는 66.9%로 장애인 가구소득이 상승하고는 있으나 여전
히 전국 가구소득의 70%에도 못 미치는 수준에 머물러 있다.

〈표 13-7〉 장애인가구 월평균소득 현황 (단위: 만 원, %)

구분	연도	전국 가구	장애인 가구	구성비(전국가구 대비 장애인가구)
월평균 가구소득	2011	326.0	198.2	60.8
	2014	356.0	223.5	62.8
	2017	361.7	242.1	66.9

* 전체가구 월평균 소득은 2011년, 2014년, 2017년 2/4분기 기준임.
출처: 통계청(2017a); 한국보건사회연구원(2018).

   문제는 장애인은 장애로 인한 소득감소뿐 아니라 장애로 인해 추가비용을 발생시킨다
는 것이다. 추가비용은 장애인이 아닌 경우 지출하지 않아도 되지만 장애인이기 때문에
장애로 인해 추가적으로 지출되는 비용을 의미하는데 장애로 인한 추가비용은 2017년 기
준 월평균 약 16.5만 원에 이른다. 추가비용 항목별로 보면, 의료비(65.9%), 부모사후 및
노후대비비(22.9%), 보호·간병비(20.6%), 교통비(20.5%) 순으로 높은 비중을 차지하는
것으로 나타났다.

〈표 13-8〉 장애인가구의 장애로 인한 추가비용 (단위: 천 원)

구분	2000	2005	2008	2011	2014	2017
전체	157.9	155.4	158.7	160.7	164.2	165.1
교통비	29.1	22.9	17.8	22.8	25.6	20.5
의료비	83.3	90.2	57.3	56.8	66.0	65.9
보육·교육비	7.5	6.1	6.2	6.0	4.1	8.0
보호·간병비	9.6	11.8	9.9	14.1	13.6	20.6
재활기관 이용료	–	2.1	2.0	1.9	4.2	4.8
통신비	–	1.2	1.4	9.6	9.9	9.8
장애인보조기구 구입·유지비	15.6	6.4	36.8	31.7	18.9	7.2

부모사후 및 노후대비비	–	8.8	6.2	5.4	16.8	22.9
기타	4.2	6.0	21.2	12.3	5.1	5.4

출처: 한국보건사회연구원(각 연도).

(2) 고용문제

장애인고용정책을 주로 담당하는 「장애인고용촉진 및 직업재활법」에서 정의하고 있는 것처럼 장애인은 장애로 인해 직업생활에 상당한 제약을 받는다. 2017년 기준 장애인구의 실업률은 5.7%로, 전체인구 실업률 3.6%보다 약 2.0%p 높은 수치를 보이고 있다. 15세 이상 인구 중 취업자 비중을 나타내는 고용률은 전체인구가 61.3%인 반면, 장애인구는 이에 크게 못 미치는 36.5%이다. 이는 장애인이 비장애인에 비해 상대적으로 노동시장 참여에 상당한 어려움이 있다는 것을 알 수 있다. 장애인 중에서도 여성장애인은 노동시장 참여가 더욱 제한적인데 남성장애인의 고용률이 46.8%인 데 반해, 여성장애인은 절반 수준에도 못 미치는 22.4%에 머물고 있다. 전체인구 여성의 고용률이 51.3%와 비교해서도 큰 차이를 보이고 있다.

〈표 13-9〉 장애인의 경제활동상태[5]   (단위: 명, 천 명, %)

구분	15세이상 인구	경제활동인구			비경제 활동인구	경제활동 참가율	실업률	고용률
		계	취업자	실업자				
장애인구	2,460,080	953,008	898,475	54,533	1,507,072	38.7	5.7	36.5
남성	1,424,442	705,002	666,078	38,924	719,440	49.5	5.5	46.8
여성	1,035,638	248,006	232,397	15,609	787,632	23.9	6.3	22.4

---

5) 1) OECD기준, 즉 통계청의 '경제활동인구조사'의 경제활동판단기준[실업자(4주간 구직기간)]으로 제시함.

   2) 전체인구의 경우 천 명 단위임

   3) 경제활동참가율(%) = (경제활동인구/15세 이상 인구) × 100

   4) 실업률(%) = (실업자/경제활동인구) × 100

   5) 고용률(%) = (취업자/15세 이상 인구) × 100

   6) 가중치 적용 등으로 전체 수치와 표 내의 합계가 일치되지 않는 경우가 있을 수 있음.

   7) 2017년 5월 기준임.

전체인구	43,735,000	43,735,000	26,824,000	1,003,000	15,907,000	63.6	3.6	61.3
남성	21,452,000	21,452,000	15,388,000	598,000	5,466,000	74.5	3.7	71.7
여성	22,283,000	22,283,000	11,436,000	405,000	10,441,000	53.1	3.4	51.3

출처: 통계청(2017b); 한국장애인고용공단(2017a); 한국장애인고용공단(2017b).

〈표 13-10〉은 전체인구와 비교하여 장애인 실업자의 구직기간을 나타낸 것이다. 일반적으로 분류되는 6개월 이상 장기실업자의 경우, 전체인구는 전체 실업자의 12%임에 반해 장애인구는 20.1%로 장애인의 실업문제가 심각한 것을 알 수 있다. 즉, 비장애인과 달리 장애인은 실업기간이 상대적으로 길다는 특성이 있어 이들 실업자가 다시 노동시장으로 진입하지 못하는 문제가 발생할 가능성이 있다.

〈표 13-10〉 장애인 실업자의 구직기간   (단위: 명, %)

구분	장애인구		전체인구	
	인원	비율	인원	비율
전체	54,533	100.0	1,003,000	100.0
3개월 미만	24,620	45.1	484,000	48.3
3~6개월 미만	18,901	34.7	400,000	39.9
6~12개월 미만	6,374	11.7	107,000	10.7
12개월 이상	4,600	8.4	13,000	1.3
모름/응답거절	38	0.1	0	0

출처: 통계청(2017b); 한국장애인고용공단(2017b).

(3) 교육문제

장애인은 장애로 인해 참여에 제약이 따르는 특성이 있다. 교육과 관련해서도 장애인은 교육을 받을 수 있는 기회가 상대적으로 적다. 〈표 13-11〉를 통해서도 알 수 있듯이, 전체인구 중 대졸 이상 고학력자가 41.7%인 반면 장애인구의 대졸 이상 고학력자는 15.3% 수준에 머물고 있다. 반면, 초등학교 졸업 이하 학력을 가지고 있는 장애인구는 40.4%로 전체인구의 17.1%에 비해 23.3%p나 높은 수준이다. 장애인구 중에서도 여성장애인의 교육정도는 남성장애인보다 낮은 것으로 나타났다.

여성장애인의 경우, 초등학교 졸업 이하의 학력을 가진 장애인이 57.8%로 전체 여성장애인의 절반 이상을 차지하고 있으며 여성장애인 중 대졸 이상의 고학력자는 8.6%로 남성장애인의 고학력자 비율은 20.2%에 크게 못 미치고 있다.

〈표 13-11〉 장애인의 교육정도   (단위: %)

구분		무학	초졸 이하	중졸	고졸	대졸 이상
전체	전체인구	3.5	13.6	10.5	30.8	41.7
	장애인구	11.6	28.8	16.2	28.1	15.3
남성	전체인구	1.7	11.2	9.9	30.9	46.3
	장애인구	4.7	23.0	17.7	34.5	20.2
여성	전체인구	5.3	16.0	11.1	30.6	37.0
	장애인구	21.0	36.8	14.2	19.3	8.6

* 전체인구는 6세 이상이 대상.
* 장애인구는 무응답, 미취학자 만 6세 미만 제외, 2014년 기준.
* 대졸 이상은 대학(3년제 이하)에서 대학원까지 모두 포함.
출처: 통계청(2015), 한국보건사회연구원(2015)에서 재인용; 한국장애인고용공단(2017b).

전체 장애인의 교육수준은 초등학교 졸업이 32.9로 가장 많았고 그다음으로 고등학교 졸업이 25.0%, 중학교 18.3%, 대학교 졸업 이상 12.0%, 무학 11.8% 순으로 나타났다. 이를 다시 장애유형별로 보면 〈표 13-12〉와 같다. 무학이 가장 많은 장애유형은 시각장애인으로 19.7%로 가장 높았다. 대학교 졸업 이상 고학력자 비중은 간장애가 52.8%로 가장 높게 나타난 반면, 장애특성상 지적장애의 고학력자 비중은 3.3%로 가장 낮게 나타났다.

〈표 13-12〉 장애유형별 장애인의 교육정도   (단위: %)

구분	전체	무학	초등학교	중학교	고등학교	대학 이상
전체	100.0	11.6	28.8	16.2	28.1	15.3
지체	100.0	11.7	30.2	16.7	26.1	15.4
뇌병변	100.0	12.3	30.2	16.3	25.7	15.5
시각	100.0	10.6	28.5	16.1	27.9	16.9
청각	100.0	19.4	33.7	15.3	20.1	11.5
언어	100.0	8.8	34.4	15.3	25.2	16.2
지적	100.0	9.7	23.9	12.9	45.6	7.9

자폐성	100.0	5.0	21.3	21.7	38.8	13.1
정신	100.0	2.2	7.8	19.1	42.3	28.6
신장	100.0	6.8	20.4	13.7	34.7	24.3
심장	100.0	10.1	18.8	9.1	42.4	19.6
호흡기	100.0	4.5	49.6	24.7	11.8	9.4
간	100.0	37.9	7.6	34.5	20.0	20.0
안면	100.0	11.4	10.5	0.0	43.5	34.7
장루·요루	100.0	2.9	33.4	17.4	36.4	9.8
뇌전증	100.0	12.0	13.4	24.7	45.2	4.6

* 장애인구는 미취학자 만 6세 미만 제외, 2014년 기준.
* 대학 이상은 대학(3년제 이하)에서 대학원까지 모두 포함.
출처: 한국보건사회연구원(2015)에서 재인용; 한국장애인고용공단(2017b).

(4) 의료문제

〈표 13-13〉은 건강에 대한 주관적 평가를 나타낸 것이다. 장애인구 중 자신의 건강이 '나쁨'이라고 응답한 비중은 38.9%로 가장 높게 나타났다. 그다음으로 '보통' 30.7%, '좋음' 14.6%, '매우 나쁨' 14.5%, '매우 좋음' 1.3% 순이다. 반면, 비장애인은 '좋음'으로 응답한 비중이 37.6%로 가장 높았고 그다음 순으로 '보통'이 36.2%, '나쁨'이 13%, '매우 좋음' 11.1%, '매우 나쁨' 2.2% 순이다. 비장애인과 비교하여 장애인구가 자신의 주관적 건강상태에 대해 부정적인 답변을 하고 있다고 볼 수 있다.

〈표 13-13〉 장애인의 주관적 건강평가　(단위: %)

구분	전체	
	전체인구	장애인구
매우 좋음	11.1	1.3
좋음	37.6	14.6
보통	36.2	30.7
나쁨	13.0	38.9
매우 나쁨	2.2	14.5

*: 전체인구는 만 13세 이상을 대상으로 조사함.
출처: 통계청(2014), 한국보건사회연구원(2015)에서 재인용; 한국장애인고용공단(2017b).

장애인은 장애특성상 지속적인 의료서비스가 필요한 대상이다. 〈표 13-14〉에서 알수 있듯이, 전체 장애인 중 약 78.3%가 정기적이고 지속적인 치료가 필요하다고 응답하였다. 장애유형별로는 신장장애, 심장장애, 간장애, 뇌전증은 장애특성상 100% 정기적·지속적 치료가 필요하다고 응답하였다. 이 외에도 정신장애, 호흡기장애, 장루·요루장애가 정기적·지속적 치료가 필요하다고 응답한 비중은 90%를 훨씬 넘고 있어 장애인 중 상당수가 의료서비스에 대한 지원이 필요함을 알 수 있다. 특히 이러한 치료는 장기간이라는 점에서 상당수의 장애인에게는 경제적인 부담으로 작용할 수밖에 없다.

〈표 13-14〉 장애유형별 정기적 · 지속적 진료 여부(2014)   (단위: 명, %)

구분	전국추정수	전체	예	아니오
전체	2,611,126	100.0	78.3	21.7
지체	1,325,877	100.0	76.4	23.6
뇌병변	316,309	100.0	92.0	8.0
시각	256,841	100.0	74.3	25.7
청각	278,337	100.0	72.3	27.8
언어	21,049	100.0	65.6	34.4
지적	153,332	100.0	59.3	40.7
자폐성	16,238	100.0	88.2	11.8
정신	103,894	100.0	97.4	2.7
신장	58,500	100.0	100.0	0.0
심장	18,508	100.0	100.0	0.0
호흡기	19,249	100.0	97.9	2.1
간	9,289	100.0	100.0	0.0
안면	2,426	100.0	77.4	22.6
장루·요루	16,705	100.0	98.2	1.8
뇌전증	14,572	100.0	100.0	0.0

* 현재 치료, 재활, 건강관리 목적으로 정기적, 지속적으로 진료를 받고 있는지 여부.
출처: 한국보건사회연구원(2015).

4. 영역별 주요 정책 및 서비스 소개

　장애인정책은 다양하고 이질적인 집단을 대상으로 하는 것임을 앞서도 언급했다. 이러한 특성으로 어떤 정책대상보다도 영역별 서비스 내용이 다양하다. 여기서는 다양한 영역별 서비스 중 주요 서비스인 소득보장, 고용서비스, 의료서비스, 교육서비스, 장애인복지서비스 등 5개 서비스를 소개하도록 하겠다.

1) 소득보장

　장애인은 장애로 인해 경제활동에 어려움이 있어 전통적으로 대표적인 취업취약계층으로 분류되고 있다. 그뿐만 아니라 장애인은 장애로 인한 추가비용이 발생한다. 따라서 비장애인과 비교하여 장애인은 상대적으로 낮은 임금소득과 장애에 따른 추가비용 발생으로 경제적 지원이 필요하다. 현재 우리나라에서 장애인에게 제도적으로 보장하고 있는 소득보장으로는 장애연금, 장애수당, 장애아동부양수당, 장애연금 및 국민기초생활보장제도[6] 등이 있다.

(1) 장애수당

「장애인복지법」 제49조 제1항에서는 "국가와 지방자치단체는 장애인의 장애정도와 경제적 수준을 고려하여 장애로 인한 추가적 비용을 보전(補塡)하게 하기 위하여 장애수당을 지급"할 수 있다고 규정하고 있다. 이에 따라 1990년 '생계보조수당'이라는 명칭으로 장애수당을 지급하기 시작했다.

　지급대상은 1990년 당시, 1급 지체장애와 정신지체에만 해당되었으나 이후 확대되었으며 지급액도 꾸준히 증가하였다. 2002년도부터는 1999년 「국민기초생활보장법」 제정에 따라 동법 생계급여 수급자 중 중증장애인에게 월 5만 원을 지급하였다. 이후 2005년부터는 중증장애인만이 아닌 기초생활보장수급 장애인은 모두 장애수당을 받을 수 있게 되었다. 단, 경증장애인은 2만 원, 중증장애인은 6만 원으로 장애정도에 따라 차등을 두

---

6) 국민연금의 장애연금과 국민기초생활보장제도는 장을 달리하여 자세하게 다루고 있는 관계로 본 절에서는 생략한다.

었다.

2007년에는 기초생활보장 수급자 장애인뿐만 아니라 차상위계층에 속하는 장애인까지 장애수당의 지급대상을 확대시켰으며 급여액도 중증장애인의 경우, 월 최대 13만 원, 경증장애인의 경우, 월 3만 원을 지급받게 되었다. 이후 2010년 「장애인연금법」의 시행으로 장애수당 수급권자였던 중증장애인 대부분이 장애인연금을 받게 됨에 따라 현재는 경증장애인만을 대상으로 장애수당이 지급되고 있다. 2018년 장애수당 대상은 만 18세 이상 등록장애인 중 3~6급의 장애등급을 가진 자로 국민기초생활수급자 및 차상위계층이 이에 해당된다.

〈표 13-15〉 장애수당 변천과정

연도	지급대상	급여액	비고
1990	1급 지체장애, 정신지체	20,000	–
1992	1급 지체장애, 정신지체, 시각장애	20,000	–
1994	생계보호대상 중증장애인	40,000	–
1997	생계보호대상 중증장애인	45,000	–
2002	기초생활보장수급 중증장애인	50,000	–
2004	기초생활보장수급 중증장애인	60,000	–
2005	기초생활보장수급 장애인	60,000 20,000	(중증장애인) (경증장애인)
2006	기초생활보장수급 장애인	70,000 20,000	(중증장애인) (경증장애인)
2007	기초생활보장수급 및 차상위계층 장애인	130,000 120,000 30,000 30,000	(기초생활보장수급 중증장애인) (차상위 중증장애인) (기초생활보장수급 경증장애인) (차상위 경증장애인)
2010	기초생활보장수급 및 차상위계층 장애인	30,000 30,000 20,000	(기초생활보장수급 경증장애인) (차상위 경증장애인) (보장시설수급자)
2017	기초생활보장수급 및 차상위계층 장애인	40,000 40,000 20,000	(기초생활보장수급 경증장애인) (차상위 경증장애인) (보장시설수급자)

(2) 장애아동수당

우리나라 장애아동동수단은 1999년 개정된 「장애인복지법」에 '장애아동부양수당'이라는 명칭으로 처음 도입되었다. 실제 장애아동수당은 처음 지급된 것은 2002년부터로 당시 지급대상은 기초생활보장수급자 가구로 18세 미만 1급 중증장애아동이 있는 가구에 월 4만 5,000원이 지급되었다. 이후 2006년도에는 월 7만 원까지 지급액이 확대되었다.

이후 2007년 동법 개정으로 현재의 명칭인 '장애아동수당'으로 변경되었으며 장애아동수당 지급대상은 만 18세 미만 등록 장애인으로 국민기초생활보장수급자와 차상위계층까지 확대되었다. 지급액은 장애정도와 대상별 특성에 따라 차등 지급되며 〈표 13-16〉과 같다.

〈표 13-16〉 대상자 특성별 장애아동수당 지급액

구분	국민기초생활보장수급자	차상위계층	보장시설수급자
중증장애인	월 20만 원	월 15만 원	월 7만 원
경증장애인	월 10만 원	월 10만 원	월 2만 원

(3) 장애인연금

장애인연금은 장애로 인한 근로능력 상실로 생활이 어려운 중증장애인에게 매월 일정 금액을 지급하여 생활안정을 지원하는 사회보장제도이다. 우리나라 장애인연금제도는 장애로 인한 근로능력 상실 또는 근로능력의 현저한 감소로 인해 감소된 소득 보전을 위한 기초급여와 장애로 인하여 추가로 발생하는 비용의 전부 또는 일부를 보전해 주기 위해 지급하는 부가급여로 구성된다.

① 기초급여

기초급여는 근로능력의 상실 또는 현저한 감소로 인해 줄어드는 소득을 보전해 주기 위하여 지급하는 급여로 소득보장적 성격을 갖고 있다. 기초급여는 만 18세에서 만 64세가 되는 전달까지 수급권을 유지하고 있는 자가 이에 해당한다.[7] 만 65세 이상에게는 동

---

7) 지급대상은 18세 이상의 중증장애인 중 본인과 배우자의 소득과 재산을 합산한 금액(소득인정액)이 선정기준액 이하인 사람이다. 그리고 약간의 소득인정액 차이로 장애인연금(기초연금)을 받는 자와 못 받는 자의 소득역진 방지를 위해 기초급여액의 일부를 단계별로 감액한다.

일한 성격의 급여인 기초연금으로 전환하여 지급하는 대신 장애인연금의 기초급여는 지급하지 않는다.[8] 지급액은 감액이 없는 경우, 2018년 8월까지는 최고 월 209,960원이 지급되며 2018년 9월부터는 250,000원으로 상향조정된다. 기초급여액의 경우, 전국소비자물가변동률이 반영되어 매년 법에 따라 당연 인상되고 있다. 반면, 장애수당은 재정상황에 따라 지급액이 결정된다.

② 부가급여

부가급여는 장애로 인해 발생하는 추가비용의 전부 또는 일부를 보전해 주기 위한 목적의 급여로 추가비용에 대한 보전적 성격을 갖고 있다. 부가급여 수급 대상자는 만 18세 이상 장애연금수급자 중 국민기초생활보장수급자와 차상위계층 그리고 차상위초과자가 이에 해당한다.[9] 부가급여는 2018년 8월까지는 월 2만 원에서 최대 289,960원까지 차등 지급되며 2018년 9월부터는 330,000원으로 상향조정된다. 부가급여는 장애로 인한 추가지출비용 보전 성격으로 부부감액과 초과분 감액 등을 적용하지 않는다.

〈표 13-17〉은 대상자 특성별 부가급여액을 정리한 것이다.

〈표 13-17〉 지급대상별 부가급여액(2018. 7. 기준)

구분	65세 미만	65세 이상
기초생활보장수급자(일반 재가)	80,000원	286,050원
보장시설수급자(일반)	0원	0원
보장시설수급자(급여특례)	0원	70,000원
차상위계층(일반)	70,000원	70,000원
차상위계층(급여특례)	–	140,000원
차상위초과(일반)	20,000만 원	40,000원

8) 또한 단독가구와 부부(2인)가구의 생활비 차이를 감안하여 부부가 모두 기초급여를 받는 경우 각각의 기초급여액에 20%를 감액한다.

9) 기초생활수급자는 생계 또는 의료급여 수급자를, 차상위계층은 주거 또는 교육급여 수급자, 기준중위소득 50% 이하에 해당되는 자, 차상위초과자는 기초생활수급자, 차상위계층에 해당하지 않으면서 장애인연금 선정기준액 이하에 해당되는 자를 의미한다.

2) 고용정책 및 서비스

우리나라는 1990년 장애인의 고용문제를 해결하고자 「장애인고용촉진등에 관한 법률」을 제정하여 장애인의 고용증진을 도모할 수 있는 법적체계를 마련하였으며 동법에 따른 커다란 변화로는 의무고용제도 시행으로 이는 일정 규모 이상의 근로자를 고용한 사업주에게 일정 비율의 의무고용을 할당하는 제도이다. 이후 1999년 개정을 통해 현재의 「장애인고용촉진 및 직업재활법」으로 법률명이 변경되었다. 동법 개정으로 인한 가장 큰 변화 중 하나는 중증장애인 기준이 신설되었으며 이들에 대한 지원이 강화되었다는 것이다. 동법에서 중증장애인은 '장애인 중 근로능력이 현저하게 상실된 자로서 대통령령이 정하는 자'로 규정하고 있다. 여기서는 의무고용제도와 주요 고용서비스를 소개하고자 한다.

(1) 할당의무고용제도(quota-levy system)

고용주가 일정 비율의 장애인을 고용하지 않을 경우 가해지는 강제성에 따라 제재 조치가 없는 법적 의무할당, 권고에 기초한 비의무적 할당, 할당의무고용제로 나뉜다. 이 중 우리나라가 채택한 할당의무고용제도는 '일정 규모 이상 사업주는 장애인고용의 법적 의무를 가지며 법적 의무고용률(quota)에 미달한 사업주는 부담금(levy)을 납부'하도록 하고 있다. 우리나라는 국가 및 지방자치단체와 50명 이상 공공기관·민간기업 사업주에게 장애인을 일정비율 이상 고용하도록 의무를 부과하고 있으며 할당된 의무고용률 미달 시, 부담금을 부과하고 있다.

〈표 13-18〉은 기관별 의무고용률을 정리한 것으로, 2018년 기준 국가·지방자치단체의 공무원과 공공기관은 의무고용률 3.2%를 부과하고 있으며 국가·지방자치단체의 근로자와 민간기업은 의무고용율 2.9%를 부과하고 있다. 의무고용률은 90년대 이후 점차 상향되고 있는 추세이다.

〈표 13-18〉 부문별 의무고용률

기준연도	2016	2017	2018	2019
국가 및 지자체(공무원) 공기업 및 준정부기관 기타공공기관 및 지방공기업	3%	3.2%	3.2%	3.4%

민간사업주	2.7%	2.9%	2.9%	3.1%
국가 및 지자체(공무원이 아닌 근로자)				3.4%

* 의무고용률은 상시근로자 대비 장애인근로자 비율을 의미함.

예를 들어, 상시근로자가 200명인 민간기업의 경우, 의무고용율 2.9%가 적용되어 장애인근로자 5명을 고용해야 한다.[10] 만약, 의무고용률만큼 고용하지 못한 경우, 100인 이상 상시근로자를 고용한 기업은 부담금을 매월 납부해야 하며 부담금은 부담기초액을 기준으로 장애인고용률에 따라 가산 적용한다. 2018년 기준으로 장애인 의무고용인원 대비 고용하고 있는 장애인 근로자 비율이 3/4 이상인 경우 부담금은 945,000원이며 만약 장애인을 한 명도 고용하지 않는 기업은 2018년도 최저임금을 적용하여 부담금이 1,573,770원으로 상향된다.

(2) 고용서비스

장애인고용과 관련해서 의무고용제도과 함께 장애인고용장려금, 표준사업장설립지원, 보조공학기기 지원, 장애인고용관리지원, 직업능력개발, 취업지원서비스 등이 장애인에게 제공되고 있다. 다음에서는 이와 관련하여 소개하도록 하겠다.

① 장애인고용장려금

「장애인고용촉진 및 직업재활법」을 근거로 시행하고 있다. 장애인고용장려금제도는 장애인 근로자의 직업생활 안정 및 고용촉진을 유도하고자 의무고용율을 초과하여 장애인을 고용한 사업주에게 일정액의 보조금(subsidy)을 지원하는 제도이다. 현재 장애인고용장려금은 장애정도, 성별, 고용기간에 따라 장려금 단가를 차등하여 지급하고 있다. 의무고용률을 초과하는 1인당 장애정도 및 성별에 따라 최소 30만 원에서 최대 60만 원을 지급한다.

---

10) 의무고용인원 산정 시, 민간기업과 국가 및 지방자치단체 근로자, 공공기관의 경우는 소수점 이하는 절사한다. 즉, 상시근로자 200명인 기업의 경우, 의무고용율은 2.9%를 적용하면 5.8명이 산출되나 소수점 이하는 산입하지 않는다. 그러나 국가 및 지방자치단체의 공무원의 경우, 소수점 이하는 절상한다.

〈표 13-19〉 장애인고용장려금의 지급단가

장애정도	경증		중증	
성별	남성	여성	남성	여성
근속기간	30만 원	40만 원	50만 원	60만 원

② 직업재활서비스

　장애인이 고용기회를 얻고 직업생활에 종사할 수 있으며 고용상태를 유지할 수 있게 지원하는 제반 서비스를 직업재활이라고 한다(한국장애인개발원, 2013). 일반적으로 직업 재활서비스는 직업평가, 직업지도, 직업준비와 직업훈련, 직업알선, 사후지도, 창업지원 등으로 구성된다. 우리나라의 직업재활은 1981년 「심신장애자복지법」을 통해 1982년 장애인재활협회에서 장애인취업알선을 처음으로 시작하였다.

　장애인직업재활시설은 장애인이 자신의 능력과 적성에 맞는 직업생활을 통해 인간다운 생활을 할 수 있도록 보호고용, 직업상담, 직업능력평가, 직업적응훈련, 직업훈련, 취업알선, 취업 후 사후지도 등 장애인직업재활과 관련된 제반 서비스와 함께 취업기회를 제공하여 장애인의 자활 및 자립을 도모하기 위한 목적으로 설립된 기관이다.

　장애인직업재활시설은 1986년 '자립작업장 설치운영계획'에 따라 전국에 22개의 보호작업장이 설치운영되면서 본격화되었다. 2007년 이전까지는 직업재활시설은 근로작업시설, 보호작업시설, 작업활동시설, 직업훈련시설 네 가지 유형으로 운영되다가 2007년 「장애인복지법」 개정으로 보호작업장과 근로사업장으로 개편하였다.[11] 2016년 기준으로 장애인직업재활시설은 582개소로 전년도 560개소 대비 22개소가 증가하였으며 이용

---

11) • 장애인근로사업장: 작업능력은 있으나 이동 및 접근성이나 사회적 제약 등으로 취업이 어려운 장애인에게 근로의 기회를 제공하고 최저임금 이상의 임금을 지급하며 경쟁적인 고용시장으로 옮겨 갈 수 있도록 돕는 역할을 하는 시설
　　• 장애인보호작업장: 작업능력이 낮은 장애인들에게 직업적응능력 및 직무기능을 향상훈련 등 직업재활 프로그램을 제공하고 보호가 가능한 조건에서 근로의 기회를 제공하여 이에 상응하는 노동의 대가로 임금을 지급하여 장애인 근로사업장이나 그 밖의 경쟁적인 고용시장으로 옮겨 갈 수 있도록 돕는 역할을 하는 시설
　　• 장애인직업적응훈련시설: 작업능력이 극히 낮은 장애인에게 작업활동, 일상생활훈련 등을 제공하여 기초작업능력을 습득시키고 작업평가 및 사회적응훈련 등을 실시하여 장애인보호작업장 또는 장애인근로사업장이나 그 밖의 경쟁적인 고용시장으로 옮겨 갈 수 있도록 돕는 역할

장애인수도 2016년 기준 17,131명으로 전년도 대비 16,414명 증가하였다.

〈표 13-20〉 직업재활시설 지역별 현황   (단위: 개소, 명)

구분	2015		2016	
	시설수	이용장애인수	시설수	이용장애인수
전체	560	16,414	582	17,131
보호작업장	496	13,616	516	14,335
근로사업장	64	2,798	63	2,762
직업적응훈련	–	–	3	34

출처: 보건복지부(2017a).

　장애인 직업재활서비스는 보건복지부에 의한 직접사업과 지방자치단체 지원에 의해 이루어지는 사업으로 나뉘는데 보건복지부에 의한 직업사업은 '중증장애인직업재활지원사업'이다. 지방자치단체 지원에 의한 사업은 장애인복지관을 통한 직업재활사업과 장애인직업재활시설을 통한 사업이 있다.

　보호작업장은 직업능력이 낮은 장애인에게 직업적응능력 및 직무기능 향상훈련 등 직업재활훈련 프로그램을 제공하고 보호 가능한 조건에서 근로기회를 제공하며 이에 상응하는 임금을 지급하게 된다. 반면, 근로사업장은 직업능력은 있으나 이동 및 접근성이나 사회적 제약 등으로 취업이 어려운 장애인에게 근로기회를 제공하고 최저임금 이상의 임금을 지급한다. 2016년도 근로장애인의 월평균 임금은 54만 2천 원으로 나타났다.

〈표 13-21〉 시설유형별 근로장애인 임금분포   (단위: 명)

구분	월평균 임금	임금수준별 분포						
		10만 원 미만	10~30만 원 미만	30~50만 원 미만	50~70만 원 미만	70만 원~ 최저임금 미만	최저임금 이상	계
근로 사업장	1,011,00원	6	49	367	305	513	1,310	2,550
보호 작업장	395,000원	543	3,376	2,221	990	456	552	8,138
전체	542,000원	549	3,425	2,588	1,295	969	1,862	10,688

출처: 보건복지부(2017a).

③ 장애인일자리사업

장애인일자리사업 목적은 세 가지로 나눌 수 있다. 첫째, 취업 취약계층 장애인에게 일자리를 제공하여 사회참여를 확대하고 소득보장을 지원한다. 둘째, 장애유형별 맞춤형 신규 일자리 발굴 및 보급을 통한 장애인일자를 확대한다. 셋째, 근로연계를 통한 장애인복지 실현 및 자립생활을 활성화한다. 장애인일자리사업은 2007년부터 시작되었는데 사업 초기에서는 장애인복지일자리사업과 장애인행정도우미사업의 두 가지 유형으로 실시되었다. 이후 시각장애인안마사 파견사업(2010)을 실시하였으며 장애인복지일자리사업도 일반형 사업과 특수교육-복지연계형 복지일자리사업으로 세분화하였다. 2018년에는 사업유형이 크게 일반형 일자리(시간제/전일제), 복지일자리(참여형/특수교육-복지연계형), 특화형일자리(시각장애인안마사 파견사업/발달장애인 요양보호사 보조일자리)로 구분된다.[12]

〈표 13-22〉 장애인일자리 사업 추진내용

구분		참여대상	근무시간	인건비	지원인원
일반형	전일제	만 18세 이상 등록장애인	주 5일(40시간)	1,574천 원[1]	4,746명
	시간제		주 20시간	787천 원[2]	
복지형	참여형	만 18세 이상 등록장애인	주 14시간 이내 (월 56시간)	422천 원	10,044명
	특수교육-복지연계형	특수교육기관 고등부 3학년 및 전공과 학생			
특화형	시각장애인 안마사 파견사업	만 18세 이상 안마사 자격을 취득한 시각장애인	주 5일 (25시간)	1,094천 원[3]	760명
	발달장애인 요양보호사 보조일자리	만 18세 이상 지적장애 및 자폐성 등록장애인		982천 원[4]	277명

---

12) 일반형 일자리는 미취업장애인의 일반노동시장으로의 전이를 위한 실무능력 습득을 지원하고 일정기간 소득을 보장하는 일자리로 전국 시·도, 읍·면, 동주민센터, 공공기관 등에 배치하여 장애인복지행정 등의 업무를 수행한다. 복지일자리는 취업이 어려운 장애인에게 장애유형별 다양한 일자리를 개발 및 제공하여 직업생활 및 사회참여 확대를 위한 직업경험을 지원하는 일자리로 18세 이상 누구나 참여가능한 참여형 일자리와 장애학생을 대상으로 한 특수교육-복지연계형 일자리가 있다. 특화형일자리는 시각장애인을 위한 안마사와 발달장애인을 위한 발달장애인 요양보호사 보조일자리가 있다.

주: 1) 12월은 주 5일 38시간 근무이며 지원액은 1,476,000원
    2) 12월은 주 19시간 근무이며 지원액은 746,000원
    3) 12월은 주 5일 23.5시간 근무이며 지원액은 1,032,000원
    4) 12월은 주 5일 23.5시간 근무이며 지원액은 927,000원
출처: 보건복지부(2018).

    먼저, 장애인일자리사업 중 장애인복지일자리사업의 주요 서비스 대상은 중증장애인이다. 중증장애인은 비장애인은 물론이고 상대적으로 장애정도가 낮은 경증장애인에 비해서도 노동시장 참여가 어려운 대상이다. 이러한 배경에서 장애인복지일자리사업은 보다 더 취약한 중증장애인에게 근로기회를 제공함으로써 노동시장의 안정적인 진입을 지원하기 위함이다.

    일반형 일자리사업은 2007년부터 시작된 사업으로 장애인일자리사업 초기부터 시행되었다. 동 사업은 장애인들을 지방자치단체에 배치하여 사회복지, 장애인복지 등 지방자치단체의 업무를 수행하는 일자리형태이다. 일반형 사업과 장애인복지일자리사업과의 차이는 근무시간과 지원액에 있다. 장애인복지일자리가 중증장애인에게 근로기회를 제공하는 데 보다 초점을 두고 있다면, 일반형 사업은 직업생활을 통한 자립 지원에 초점을 두고 있다. 따라서 근무시간도 주 5일 40시간으로 전일제 고용형태를 취하고 있다.

〈표 13-23〉 일반형 일자리사업 참여 현황

구분	2014			2015			2016		
	배정인원	참여인원	참여율	배정인원	참여인원	참여율	배정인원	참여인원	참여율
계	4,900	4,805	98.1	4,904	4,899	99.9	4,746	4,761	100.3

    장애인복지일자리사업은 장애형별로 다양한 일자리를 개발하고 있는데, 현재까지 개발되고 제공되는 일자리로는 도서관사서 도우미, 우편물 분류 도우미, 학교급식 도우미, 병원린넨실 도우미, 푸드 은행원, 실버케어, 보육도우미, 버스청결 도우미, 사회서비스사업, 홀몸어르신 안부지킴이, 시작장애인 동화구연가, 관공서정원 관리 도우미, 학교급식 조리원보조, 주차단속보조요원, 환경도우미, 디앤디케어(disability & disability), 룸메이드, 문서파기업무, 아름다운 기부물품 관리 도우미 등이 있다. 장애인복지일자리사업은 만 18세 이상의 등록장애인이 참여할 수 있으며 중증장애인과 여성장애인 우선 서비스대상이 된다. 반면, 특수교육-복지연계형 일자리의 경우, 특수교육기관 고등학교 3학년

또는 전공과 재학생을 대상으로 사업을 실시하고 있다.

〈표 13-24〉 복지일자리 참여 현황

구분	2014			2015			2016		
	배정 인원	참여 인원	참여율	배정 인원	참여 인원	참여율	배정 인원	참여 인원	참여율
참여형	7,925	8,027	101.3	8,105	8,324	102.7	8,178	8,482	102.6
특수교육-복지연계형	921	921	100	906	922	101.8	866	985	105.2

시작장애인 안마사 파견 사업은 장애유형 중 시각장애인 맞춤형 일자리라고 할 수 있다. 동 사업은 안마사 자격이나 기술을 보유하고 있으나 미취업 상태로 경제적인 어려움을 겪고 있는 시작장애인에게 일자리를 제공하여 이들의 경제적 안정을 도모하는 것을 목적으로 하고 있다. 발달장애인 요양보호자 보조일자리 사업의 주요직무는 식사 도와드리기, 실내외 보행 및 이동 도와드리기 등 요양보호사의 전반적인 업무지원이다.

〈표 13-25〉 특화형 일자리사업 참여 현황

구분	2014			2015			2016		
	배정 인원	참여 인원	참여율	배정 인원	참여 인원	참여율	배정 인원	참여 인원	참여율
시작장애인	625	603	96.5	703	694	98.7	760	738	97.1
발달장애인	220	211	95.9	261	245	93.9	277	284	102.5

3) 의료서비스

장애인을 위한 의료서비스는 「국민기초생활보장법」과 「의료급여법」에 의해 지원되는 장애인보조기구 교부와 장애인 의료비 지원이 있다. 이 외에도, 건강보험의 급여대상인 재활보조기구가 있다. 재활보조기구는 장애인의 재활치료를 위해 필수적이나 과거에는 건강보험 급여에서 제외되었다가 1999년 재활보조 기구 중에서도 의료와 직접적으로 관련이 있는 품목만이 급여대상에 포함되었다. 이후 2004년부터 급여대상 항목이 74개로 확대되었다. 또한 2008년 7월부터는 「노인장기요양법」에 따라 노혈관 질환 등 노인성 질환에 해당하는 장애인은 장기요양급여 이외에도 건강보험의 적용을 받을 수 있게 되었다(한국장애인개발원, 2013).

(1) 장애인보조기구 교부

장애인보조기구 교부 사업은 생활이 어려운 저소득 장애인을 대상으로 이들의 생활능력 향상 및 복지증진을 도모하고자 1982년 영세장애인에게 보장구 교부사업을 실시하면서 본격화되었다. 현재 장애인보조기구 교부 대상자는 등록장애인 중, 국민기초생활보장 수급자 및 차상위계층이다.

지원내용은 욕창방지용 방석 및 커버, 와상용 욕창예방 보조기구, 보행차, 좌석형 보행차, 탁자형 보행자, 목욕의자, 휴대용 경사로, 음향신호기의 리모콘, 음성탁상시계, 음성인식기, 시력확대 및 각도조절용구, 휴대용 무선신호기, 진동시계와 음성증폭기, 자세보조용구, 보행보조차, 식사보조기구와 기립보조기구 등이 해당된다.

(2) 장애인의료비 지원

장애인의료비 지원사업은 「의료급여법」에 의한 의료급여 2종 수급권자인 장애인과 건강보험의 차상위 본인부담 경감 대상자인 등록장애인(만성질환 및 18세 미만 장애인)을 대상으로 실시하는 사업이다. 동 사업은 1989년 「장애인복지법」 제정으로 의료비 부담이 어렵다고 판단되는 장애인에게 장애정도와 경제적 부담능력 등을 고려하여 의료비에 소요되는 비용을 지원하였다. 이후 의료급여수급권자 의료비 지원 및 본인부담금 지원사업의 확대와 함께 희귀 · 난치성 질환자에 대한 의료비 지원과 청각장애아동 인공와우수술비 지원사업까지 지원대상이 확대되었다. 2018년 6월 기준으로 지원내용은 의료기관 이용 시 발생하는 급여항목 본인부담금의 일부 또는 전액을 지원(비급여 제외)하고 있으며 1차 의료기관 외래진료 본인부담금 750원 일괄지원하고 있다. 또한 2차 또는 3차 의료급여기관 진료 시 의료급여수가를 적용하고 있고 있다. 본인부담진료비 15%(차상위 14%, 암환자 5%, 입원 10% 등) 전액을 지원하되 본인부담금 식대는 지원하지 않는다.

만성신부전, 혈우병, 고셔병, 파브리병, 전신 홍반성 투푸스, 다운증후군 등 희귀 · 난치성 질환자 중 의료급여 2종 또는 저소득 건강보험 가입자를 대상으로 의료비 중 요양급여에 해당하는 본인부담금을 지원하는 제도이다. 청각장애아동 인공와우수술비 지원사업은 2003년에는 저소득가정 10세 미만 장애아동이 지원대상이었으나 이후 2005년부터는 인공와우에 대한 건강보험급여가 적용되어 고도난청이나 전농환자들의 의료비도 일부 지원되고 있다.

(3) 여성장애인 출산비용 지원

여성장애인 출산비용 지원사업은 임신과 출산에 대한 비용이 추가로 발생하는 여성장애인에게 출산비용을 지원하여 경제적 부담 경감을 목적으로 실시되고 있다. 사업대상은 장애등록을 한 여성장애인으로 출산이나 유산 또는 사산(임신기간 4개월 이상)을 했을 경우가 이에 해당한다. 지원내용은 출산(유산 또는 사산포함) 시 태아 1인 기준으로 100만 원을 지원하고 있다.

4) 교육서비스

(1) 특수교육

「장애인 등에 대한 특수교육법」에서는 특수교육대상자에게 적절한 교육을 제공하기 위한 국가 및 지방자치단체의 역할을 명시하고 있다. 중앙정부 차원에서는 교육부가, 지방 차원에서는 시·도 교육청이 이를 담당하고 있다. 특수교육이란 특수교육대상자의 교육적 요구를 충족시키기 위하여 이들 특성에 적합한 교육과정 및 특수교육관련 서비스 제공을 통해 이루어지는 교육을 의미한다.

특수교육대상자로 선정된 학생은 특수교육기관에서 교육을 받거나 또는 일반학교 일반학급에서 교육을 받을 수 있다. 특수교육대상자는 교육장 또는 교육감이 시각장애, 청각장애, 정신지체, 지체장애, 정서·행동장애, 자폐성장애, 학습장애, 건강장애, 발달지체, 그 밖에 대통령령으로 정하는 장애 중 특수교육을 필요로 하는 사람으로 진단·평가된 사람을 특수교육대상자로 선정한다.

특수교육기관에는 특수학교와 특수학급, 순회교육, 병원학교(급), 파견학급 등이 있다. 특수학교는 신체적·정신적·지적 장애 등으로 인하여 특수교육을 필요로 하는 자에게 유치원 및 초등학교 중학교 또는 고등학교에 준하는 교육과 실생활에 필요한 지식 기능 및 사회적응 교육을 하는 것을 목적으로 설치된 학교를 말한다. 그리고 일반학교의 특수학급은 특수교육대상자의 통합교육을 실시하기 위해 일반학교에 설치된 학급을 의미한다. 이 외에도 특수교육대상자를 직접 방문하여 교육서비스를 제공하는 순회교육, 장기 입원하고 있는 건강장애 학생들을 위해 병원 내에 설치된 병원학교 또는 병원학급, 특수교수가 상주하여 파견지도를 하는 파견학급 등이 있다.

〈표 13-26〉 특수교육기관 유형

특수교육기관	내용
특수학교	특수교육대상자만을 위한 교육과정을 운영하는 독립된 학교
특수학급	특수교육대상자의 교육을 위해 일반학교 내에 설치된 학급
순회교육	특수교육 교원 및 특수교육 관련 서비스 담당 인력이 각급 학교나 의료기관, 가정 및 복지시설 중에 있는 특수교육대상자를 직접 방문하여 실시하는 교육
병원학교(급)	질병, 사고 등으로 인하여 장기 입원을 하고 있는 건강장애 학생들을 위하여 병원 내에 설치된 학급
파견학급	학생들이 많은 시설 중에 학급을 설치하고 특수교사가 상주하여 파견지도를 하는 학급

〈표 13-27〉은 연도별 특수교육 현황을 나타낸 것이다. 특수교육 학교 및 학급 수는 2002년 이후로 꾸준히 증가하고 있는 추세이다. 이 중에서도 특수학교보다는 특수학급 증가율이 높게 나타나고 있는데 이는 비장애인과 같은 교육환경에서 이루어지는 통합교육에 보다 초점을 두고 있기 때문으로 해석할 수 있다.

특수교육기관의 증가와 더불어 특수교육 대상 학생 수도 2002년 이래 꾸준히 증가하고 있다. 2002년 54,470명에서 2017년 89,353명으로 증가하였다. 교원수도 2002년 8,695명에서 2017년 18,327명으로 증가하였다. 그러나 특수교육의 전문화, 개별화 경향에 부응하기 위해서는 특수교육 교원수가 상대적으로 부족하다는 지적이 끊임없이 제기되고 있다.

〈표 13-27〉 연도별 특수교육 현황   (단위: 교, 학급, 명)

구분	특수 학교 수	특수 학급 수	특수교육 대상 학생 수							교원 수
			소계	장애영아	유치원	초등학교	중학교	고등학교	전공과	
2002년	136	3,953	54,470	–	1,809	32,006	11,356	8,491	808	8,695
2003년	137	4,102	53,404	–	1,932	30,838	11,055	8,779	800	9,175
2004년	141	4,366	55,374	–	2,677	30,329	11,326	10,207	835	9,846
2005년	142	4,697	58,362	–	3,057	31,064	12,493	10,756	992	10,429
2006년	143	5,204	62,538	–	3,243	32,263	13,972	11,851	1,209	11,259
2007년	144	5,753	65,940	–	3,125	32,752	15,267	13,349	1,447	12,249

2008년	149	6,352	71,484	–	3,236	33,974	16,833	15,686	1,755	13,165
2009년	150	6,924	75,187	288	3,303	34,035	17,946	17,553	2,062	13,997
2010년	150	7,792	79,711	290	3,225	35,294	19,375	19,111	2,416	15,244
2011년	155	8,415	82,665	356	3,367	35,124	20,508	20,439	2,871	15,934
2012년	156	8,927	85,012	403	3,675	34,458	21,535	21,649	3,292	16,727
2013년	162	9,343	86,633	578	4,190	33,518	22,241	22,466	3,640	17,446
2014년	166	9,617	87,278	680	4,219	33,184	22,159	22,973	4,063	17,922
2015년	167	9,868	88,067	742	4,744	33,591	21,108	23,422	4,460	18,339
2016년	170	10,065	87,950	656	5,186	33,770	19,793	23,943	4,602	18,772
2017년	173	10,325	89,353	549	5,437	35,505	19,218	23,655	4,989	19,327

* 특수교육 대상 학생은 장애학생 중 특수교육 대상자로 선정되어 특수학교, 특수학급, 일반학급에 재학하고 있는 학생을 의미함.
출처: 교육부(2017).

(2) 장애아동 무상보육지원사업

장애아동을 대상으로 하는 무상보육사업은 2005년 「영유아 보육법」 개정에 따라 무상보육서비스의 우선대상을 장애등급 1급과 2급, 2급 또는 3급 정신지체, 발달장애 중 중복장애에만 한정하였으나 이후 15개 장애유형 모두 서비스 대상이 된다.

〈표 13-28〉 장애아동 무상보육지원기준

대상	기준	지원내용
미취학 장애아동	보호자 소득 수준과 상관없이 등록장애인(만 6~12세) 또는 의사 장애진단서(만 5세 이하) 제출자	종일반: 월 394,000원 방과후: 월 197,000원

출처: 보건복지부(2014).

(3) 장애인자녀교육비 지원

장애인자녀교육비 지원사업은 비장애인에 비해 상대적으로 교육비용이 많이 드는 저소득 장애인가구의 교육여건을 개선하고자 1992년부터 저소득층 장애인의 자녀 또는 장애아동에게 교육비를 지급하면서 시작되었다. 이후 지원대상을 확대해 오다가 2008년도부터는 「국민기초생활보장법」에 의한 기초수급자 선정기준을 적용했다. 하지만 부양의무자 기준은 적용하지 않고 장애인이 속한 개별 가구의 소득인정액만으로 장애인 자료교육비 수급여부를 판단하고 있다.

지원대상은 등록장애인 중 장애등급이 1~3급인 초등학생, 중학생, 고등학생이거나 장애등급 1~3급 장애인의 초등학생, 중학생, 고등학생의 자녀가 이에 해당된다.

5) 장애인복지서비스

(1) 장애인활동지원서비스

장애인활동지원 서비스는 신체적 · 정신적 이유로 원활한 일상생활과 사회활동이 어려운 장애인에게 활동보조서비스를 제공함으로써 장애인의 자립생활과 사회활동 참여를 증진하는 것을 목적으로 한다. 서비스 대상은 「장애인활동 지원에 관한 법률」에 근거하여 1~3급 법정 장애를 가진 만 6~65세 장애인이다. 서비스 내용은 신변처리 지원, 가사지원, 일상생활 지원, 외출 · 이동 · 보조 등 활동 지원 및 방문목욕, 방문간호 등이다. 지원형태는 서비스 대상자에게 인정등급에 해당하는 만큼의 매월 일정액의 바우처로 지급되며 서비스 대상자는 매월 일정액의 본인부담금을 납부하고 바우처 지원액만큼 사용할 수 있었다. 2017년 들어 기존 바우처는 카드는 금융형 국민행복카드로 대체되었다.

장애인활동지원서비스는 활동보조(신체활동 지원, 가사활동 지원, 이동보조 등)과 방문목욕(목욕차량 등 이용), 방문간호(간호, 요양에 관한 상담, 구강위생서비스 등) 등이 있으며 기본급여 이외에 서비스 대상자의 생활환경에 따라 추가급여가 제동된다. 기본급여를 활동지원 등급별로 지원되며 추가급여는 활동지원 수급자에 대한 생활환경에 따라 추가지원된다.

〈표 13-29〉 장애인활동지원서비스 급여내용

구분	지원내용
기본급여(월단위)	• 1등급: 1,270천 원 • 2등급: 1,012천 원 • 3등급: 764천 원 • 4등급: 506천 원

추가급여	<ul><li>인정점수(400점 이상 독거 및 취약가구): 2,938천 원</li><li>인정점수(380~399점인 독거 및 취약가구): 861천 원</li><li>인정점수(380점 미만인 독거 및 취약가구): 216천 원</li><li>출산가구: 861천 원</li><li>자립준비: 216천 원</li><li>학교생활: 108천 원</li><li>직장생활: 431천 원</li><li>보호자일시부재: 216천 원</li><li>가구 구성원의 학교 · 직장생활: 786천 원</li></ul>

〈표 13-30〉은 지원대상과 선정기준을 정리한 것으로 소득과 무관하게 등록 장애인 여부, 연령 등 신청요건 충족되면 신청할 수 있다.

〈표 13-30〉 장애인활동지원서비스 선정기준

지원 대상	<ul><li>만 6세 이상~65세 미만의 장애인으로 「장애인복지법」상 1~3급 장애인</li><li>장애인 활동지원서비스를 받는 도중 만 65세가 도래하여 노인장기요양보험의 장기요양을 신청하였으나 수급권이 인정되지 않은 장애인</li><li>시설 입소, 의료기관 입원 및 교정시설 및 치료감호시설에 수용 중인 자가 퇴소 또는 퇴원을 앞두고 있어 활동지원이 필요한 경우</li></ul>	소득과 무관하게 신청가능
선정 기준	<ul><li>만 6세 이상~만 64세의 경우: 신청자격이 있는 자로서 수급자격심의위원회에서 심의 및 의결 결과 인정점수가 220점 이상인 경우, 또는 인정점수가 220점 미만인 자 중 추가급여 사유가 인정되는 경우로 인정점수 20점 이내 조정으로 수급자격인정이 가능한 경우에 한함</li><li>만 65세 도래자: 인정조사표에 의한 방문조사 및 장애등급심사를 거치지 않고 기존의 활동지원등급 및 월 한도액 인정</li></ul>	

5. 전망과 과제

　복지정책은 스스로의 힘으로는 자신의 복리를 향상하기 불가능한 시민의 복리증진과 인간다운 삶의 보장을 위해 시장의 힘을 조정하는 정부역할로 정의할 수 있다(Briggs,

1961). 이러한 정의에 따르면 복지정책은 세 가지 차원에서의 선택이 반드시 수반되어야 할 것이다. 첫째는, 스스로의 힘만으로 자신의 복리를 향상시키는 것이 불가능한 시민이 과연 누구인가 하는 정책대상 선정의 문제이다. 둘째는, 어느 수준을 복리증진으로 볼 것이냐 하는 것으로 서비스의 질과 관련된 사항이다. 셋째는, 그렇다면 시장의 힘을 조정하기 위해 정부는 어떠한 역할을 해야 하느냐의 문제이다. 이하에서는, 첫째, 서비스 대상자 선정의 문제, 둘째, 서비스의 수준에 대해 몇 가지 제안을 하고자 한다.

장애인은 동시에 여러 개의 서비스가 필요한 경우가 많으며 중증장애인의 경우 더욱 그렇다. 그중에서도 의료서비스, 복지서비스, 고용서비스는 장애인정책에서 핵심적인 제도들이며 장애인의 삶의 질 향상을 위해 이들 제도를 담당하는 유관기관 간 조정과 협력은 매우 중요하다. 하지만 유관기관 간 협력 및 조정을 저해하는 요인들이 많은데 그 중에서도 이들 제도들이 법적으로 분리되어 있는 경우가 더욱 그렇다(OECD, 2010). 우리나라의 경우, 보건복지부, 교육부, 고용노동부가 복지 · 교육 · 고용부문에서 주요한 서비스를 제공하고 있다. 하지만 이들 기관 간 유기적인 협력관계에 대해서는 비판적인 시각이 많다. 장애인 문제에 대한 통합적인 정책개입을 저해하는 주요 요인 중 하나는 정책 실무자와 연구자들 사이에서도 장애나 장애인에 대한 개념 합의가 제대로 이루어지지 않고 있다는 것이다.

우리나라는 1981년 「심신장애자복지지법」의 제정을 시작으로 장애인복지정책과 서비스는 양적인 측면에서 크게 성장을 이루었다고 할 수 있다. 2013년 한국장애인개발원의 『장애인백서』에는 복지 · 건강, 교육 · 문화, 경제활동, 사회참여 등 영역별 장애인정책을 소개할 정도로 그간 장애인정책은 법적 · 제도적 측면에서 상당한 성과를 이루었다고 할 수 있다. 그러나 앞서 언급했듯이, 장애인정책에서 장애를 어떻게 정의할 것이냐에 따라 정책과 서비스의 방향과 내용은 크게 달라진다. 우리나라 장애인정책의 근간을 이루는 의학적 기준에 따른 장애등급제는 1980년대 이후 기울였던 정책적 노력을 가시화하는 데 걸림돌이 될 수 있으며 무엇보다 장애인의 욕구와 사회 환경의 변화를 반영하지 못한다는 커다란 한계를 지니고 있다. 장애등급제 폐지를 대신할 장애판정체계의 모습은 구체적으로 드러나지 않고 있지만 현재의 장애판정체계처럼 의학적 기준으로만 대부분의 장애인관련 서비스의 적격성을 판단하지 않을 것이다.

다음으로 서비스의 질적인 측면이다. 일부 서비스의 경우, 소득과 상관없이 장애정도에 따라 서비스가 제공되고 있지만 여전히 소득이 서비스 수급 여부에 주요한 기준으로 적용되고 있다. 또한 일정 소득액이 미달하여 서비스 대상자가 되더라도 지원 금액에 실제 장애인에게 도움이 되는지 여부는 또 다른 문제이다. 결국 장애인정책의 궁극적인 목적은 장애인의 인간다운 삶의 보장이다. '인간다운 삶'이 어느 정도의 수준인지에 대한 합의는 없으나 최소한의 수준 이상은 보장되어야 할 것이다. 예를 들어, 장애인의 소득 보장 측면에서 본다면 장애로 인해 근로능력이 감소하여 근로를 하더라도 소득수준이 낮다면 최소한 이들의 소득이 공식적으로 정한 최저생계비 이상은 달성되도록 정책적 노력이 있어야 할 것이다.

참고문헌

권이혁(2004). 인구 보건 환경. 서울: 서울대학교출판부.

교육부(2017). 2017 특수교육 연차보고서.

보건복지부(2017a). 2016년도 장애인직업재활시설 및 판매시설 운용실적 보고서.

보건복지부(2017b). 등록장애인현황.

보건복지부(2018). 2018 장애인일자리사업 안내.

보건복지부(각 연도). 등록장애인현황.

통계청(2015). 인구주택총조사.

통계청(2017a). 가계동향.

통계청(2017b). 경제활동인구조사(2017년 5월).

통계청(각 연도). 주민등록인구통계.

한국보건사회연구원(2015). 2014 장애인실태조사.

한국보건사회연구원(2018). 2017 장애인실태조사.

한국보건사회연구원(각 연도). 장애인실태조사.

한국장애인개발원(각 연도). 장애인백서.

한국장애인고용공단(2017a). 2017 장애인 경제활동 실태조사.

한국장애인고용공단(2017b). 장애인통계.

한국장애인고용공단(각 연도). 장애인통계.

황수경(2004). WHO의 새로운 국제장애분류(ICF)에 대한 이해와 기능적 장애개념의 필요성. 한국노동연구, 4(2), 127–148.

Johnstone, D. (1998). *An introduction to disability studies*. Londons: David Fulton Publiders.

Nagi. S. Z. (1991). *Disability concepts revisited: Implication for prevention*. Andrew M. Pope

& Alvin R. Tarlov (Eds.). Washington, D. C.: National Academy Press.

OECD. (2003). Transforming disability into ability: Policies to promote work and income security for disabled people.

Oliver, M. (1990). *The politics of disablement*. Basingstoke: Macmillan.

OECD. (2010). Sickness, disability and work: Breaking the barriers.

WHO. (2010). World report on disability.

고용노동부. http://www.moel.go.kr

법제처. http://www.law.go.kr

보건복지부. http://www.mw.go.kr

제14장

아동복지서비스

윤혜미(충북대학교 아동복지학과 교수)

1. 들어가는 말

아동복지란 아동을 대상으로 한 민간과 공공의 정책과 복지서비스 활동을 말한다. 현대국가는 아동에게 최선의 보호와 양육을 제공하고 바람직한 사회인으로 성장하도록 지원할 책임을 가족과 공유한다. 아동복지 발전 정도는 그 국가의 아동에 대한 인식과 전반적인 사회복지 수준의 가늠자라 할 수 있다. 우리나라의 현대적인 아동복지서비스는 한국전쟁 이후 전쟁고아 등 부모로부터 이탈된 아동에 대한 응급구호적인 접근으로 시작되어 오랫동안 보호대상아동에 국한된 선별적인 접근을 해 왔다. 아동이 사회정책의 전면에 부상하기 시작한 것은 2000년대 이후부터라 할 수 있다.

여기에는 두 가지 중요한 계기가 있다. 첫째는, 1991년 한국정부가 「UN 아동권리협약」에 조인함으로써 아동권리위원회에 정기적으로 협약이행성과를 보고할 의무를 지게된 것이다. 아동권리협약(Convention on the Right of the Child)은 아동의 기본권 보호와 실현에 필요한 원칙을 포괄적이고 체계적으로 규정하고, 아동을 능동적인 권리주체로 인정한 국제조약이다. 아동권리협약에는 비차별의 원칙, 아동 최선의 이익 원칙, 아동의 생존·보호·발달의 원칙 및 아동 의사존중의 원칙이라는 네 가지 원칙이 있으며 기본적인 아동권리는 생존권, 발달권, 보호권, 참여권의 네 가지로 구성된다(Brandon, Schofield, & Trinder, 1998). 아동권리협약 비준국으로서 우리나라는 2017년까지 1~6차 국가보고서를 제출하여 협약이행내용을 보고하고 있고, 유엔아동권리위원회는 이를 검토하여 부족한 부분에 대한 권고사항을 제시한다. 아동권리협약 비준 이후 약 25년간 우리나라의 아동복지서비스 영역에서는 아동권리 실현과 관련된 다수의 법과 제도 제정 및 개선이 이루어졌다. 학대피해아동을 보호하고 학대발생을 예방하려는 2000년의 「아동복지법」 개정과 2014년의 「아동학대범죄등의 처벌에 관한 특별법」, 헤이그협약 가입을 위한 「입양촉진 및 절차에 관한 특례법」, 아동의 가정형보호 촉진을 위한 가정위탁보호제도 도입등이 그 예이다.

둘째는, 우리사회의 인구·사회·경제적 변화의 영향이다. 1970년대 이후 세계경제구조와 노동시장 및 인구가족구조의 변화가 가져온 신(new) 사회적 위험에 대해 기존의 복지국가 대응이 한계를 드러냈다는 공통적 인식이 한국에도 시차를 두고 설득력을 갖게 된것이다. 급속한 저출생·고령화의 인구문제, 후기산업사회에서 정보화 사회로의 빠른 진전과 4차산업혁명의 도래에 대한 산업구조 변화 및 노동력 부족에 대한 위기감은 아동을국가의 인적자원으로 재조명하게 하였다. 1970년에 4.5였던 합계출산율은 1983년 2.06, 그리고 2017년 1.05로 떨어져, 생산가능인구(15~64세) 100명에 대한 고령인구(65세 이상)의 비율인 노년인구부양비는 1990년 7.4에서 2015년 17.5로 15년 사이 두 배 이상 늘었으며, 2020년에는 21.8로 예측되고 있다.

이러한 인식과 환경의 변화는 가정환경이탈아동에 대한 대안적 보호와 양육이 주를이루었던 종래의 아동복지서비스에 더하여 아동을 양육하는 가정을 지원하는 서비스가약진하는 성과를 가져왔다. 즉, 선별적이고 제한적이었던 아동복지정책기조에 보편주의와 생애단계를 고려한 통합적 서비스 개념을 도입하고, 아동복지서비스를 사후적 문제해결이 아닌, 미래 성장동력으로서의 아동에 대한 사회투자적 접근에 힘을 싣는 계기가되었다(윤혜미, 2017). 국가에서 아동을 양육하는 가정을 지원하는 정책은 크게 돌봄 노동을 지원하는 정책과 아동양육으로 인해 지출되는 양육비용을 지원하기 위한 정책으로나눌 수 있다. 보편적 보육서비스와 방과후 보호제도가 돌봄서비스의 주축이 되었고, 디딤씨앗통장(아동발달계좌)과 자녀장려세제의 도입은 2018년 9월부터 시행되고 있는 0~6세 아동에 대한 아동수당제도와 함께 소득지원과 자산형성으로 아동복지의 지평이 다양해지는 모습을 보여 주고 있다.

또한 국가의 아동에 대한 관심을 가시화하는 조처로 정부는 5년 단위로 '아동정책조정위원회'에서 '아동정책기본계획(2015~2019)'을 수립하도록 하였고, 이를 위해 정기적으로 '아동종합실태조사'를 실시하도록 하였다. 이에 따라 2015년의 1차에 이어 2019년에는 '제2차 아동종합실태조사'가 보고될 예정이며, 제2차 아동정책기본계획 역시 공표될것이다. 국가보고서는 아동복지의 취약부분을 보완하고 아동권리협약 및 유엔 아동권리위원회의 권고사항을 정책화하여 '아동이익최우선의 원칙'을 실현하는 동시에 아동에 대한 적극적 투자를 통해 미래를 준비해야 한다는 의식의 변화를 반영한 것이다. 이 글에서는 한국 아동복지의 최근의 지형변화를 살펴보고 문제점 및 개선방향을 조망해 보고자 한다.

2. 아동복지 관련 법률

한국의 아동복지 관련 법률은 통합법으로서의 「아동복지법」에 기반을 두고 「영유아보육법」을 비롯한 「입양촉진 및 절차에 관한 특례법」과 「실종아동 등의 보호 및 지원에 관한 법률」 등의 개별 법률로 이루어져 있다. 〈표 14-1〉은 아동복지 관련 법률을 정리한 것이다.

1961년 제정된 「아동복리법」이 1981년 대대적인 개정작업을 거쳐 「아동복지법」으로 재탄생하면서 아동복지를 조망하는 국가의 시각도 응급구호적 · 선별적인 것에서 보편적인 것으로 바뀌었으며 수많은 개정이 시행되었다. 이 외, 1989년 UN에서 제정한 3장 54개조로 구성된 「아동권리에 관한 국제협약」 역시 협약비준국으로서 이행의무가 있는 아동복지 관련 법률이다.

〈표 14-1〉 아동복지 관련 법률 체계와 내용

구성체계		법률의 주요 내용
아동복지기본법	아동복지법	아동복지 관련 기본사항
아동복지 특별법	직접관련법률	• 영유아보육법 • 한부모가족지원법 • 입양특례법 • 모자보건법 • 실종아동보호지원법 • 저출산 · 고령사회기본법 • 장애아동복지지원법 • 아동학대범죄의 처벌 등에 관한 특별법	• 영유아보육 • 한부모가족복지 • 입양절차 등 • 모자보건 • 실종아동보호 • 저출생대책 • 장애아동복지지원 • 아동학대범죄 처벌 등

간접관련법률	• 국민기초생활보장법	• 빈곤가정아동 지원
	• 긴급복지지원법	• 위기아동긴급지원
	• 청소년기본법	• 청소년복지 기본사항
	• 청소년보호법	• 청소년보호
	• 사회복지사업법	• 사회복지사업과 시설운영
	• 소년원법	• 비행소년
	• 보호관찰법	• 비행소년보호관찰
	• 장애인복지법	• 장애인복지

3. 아동복지제도와 서비스 현황

1) 대상자 현황

1980년대 「아동복지법」 개정의 주요 특성은 정책인구를 보호대상아동뿐 아니라 보편성을 강조한 '모든 아동'으로 상정한 것이었다. 당시에는 선언적 의미가 짙었으나 서론에서 논의한 두 가지 변화 요인에 따라 차차 구체화되는 양상을 보여 주고 있다. 보육서비스, 학대피해아동보호서비스 및 2018년 9월부터 시행되고 있는 아동수당제도는 보편성이 강조되는 서비스이다. 기본법인 「아동복지법」이 명시한 아동복지의 대상은 0~18세 미만의 인구로서, 출생률 저하 기조에 따라 아동인구 수는 감소하고 있다.[1]

---

1) 1991년 아동권리협약 비준으로 한국에 살고 있는 난민이나 불법체류자 등의 아동도 '차별금지'의 원칙에 따라 아동복지의 수급권을 가지고 있다고 해석된다.

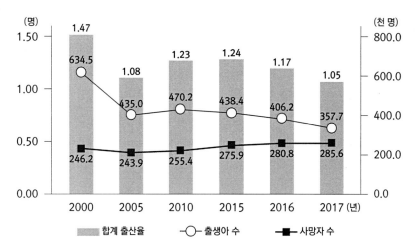

(명)　　　　　　　　　　　　　　　　　　　　　　　(천 명)

1.47

634.5　　1.08　　1.23　1.24　1.17　1.05

435.0　470.2　438.4　406.2　357.7

246.2　243.9　255.4　275.9　280.8　285.6

2000　2005　2010　2015　2016　2017 (년)

합계 출산율　─○─ 출생아 수　━■━ 사망자 수

[그림 14-1] 우리나라 합계출산율의 변화

출처: 통계청(2017).

　　그러나 아동복지서비스의 대부분이 아직 양육과 보호에 위기를 겪는 보호대상아동을 표적으로 또는 서비스 우선 대상으로 책정하고 있는 것도 사실이다. 박세경(2015)은 현행 아동보호체계의 보호대상 아동규모는 2013년을 기준으로 전체 아동의 0.47%로 약 4.3만 명[2]이라고 보고하면서 아동인구 수준이 유사한 영국의 4.01%에 비해 지나치게 제한적으로 정책대상을 표적화하고 있어 보호체계의 효과성에 한계가 있다고 지적하였다. 〈표 14-2〉는 이 연령인구 중에서 국가와 지자체의 아동복지사업의 우선적 대상이 되는 전통적인 보호대상아동 인구의 발생과 보호내용을 보여 준다.

2) 한편, 김지연과 좌동훈(2015)은 국가의 보호체계 내에 있는 18세 미만 보호대상아동이 연간 약 3.2만 명이라고 하여 통계수치의 정확성도 담보하기 어렵다.

〈표 14-2〉 보호대상아동 발생유형과 보호내용   (단위: 명)

구분	계	발생유형					보호내용					
		기아	미혼모·부아동	미아	비행가출,부랑아	빈곤사망학대등	시설보호			위탁보호	입양	소년소녀가정책정
							아동시설	장애아	공동생활가정			
2013	6,020	285	1,534	21	512	3,668	2,532	39	686	2,265	478	20
2014	4,994	282	1,226	13	508	2,965	2,384	10	506	1,688	393	13
2015	4,503	321	930	26	360	2,866	2,211	13	458	1,582	239	–
2016	4,592	264	856	10	314	3,148	2,277	12	605	1,449	243	6
2017	4,121	261	850	12	229	2,769	1,777	19	625	1,413	285	2

출처: 국가통계포털. http://kosis.kr

〈표 14-2〉에서 지속적으로 보호대상아동수가 감소한 것을 볼 수 있는데 이는 출산률 저하로 인한 아동인구의 감소가 가장 큰 원인이다. 구체적으로는 보호대상아동 발생 유형에서 과거의 주요 유형이었던 기아나 미혼모 아동, 비행·가출 부랑아의 비율은 급격히 줄어들었으나 빈곤·부모사망·학대 유형은 크게 감소했다고 말하기는 어렵다. 비단 이 유형뿐 아니라 기·미아나 미혼모 아동 등의 유형도 빈곤이 기저에 있다는 점을 가정하면 아동빈곤의 문제가 여전히 지속되고 있다고 추정할 수 있다.

보호대상아동에 대한 보호내용은 시설보호보다는 가정위탁보호나 입양으로 변화하고 있음이 관찰된다. 소년소녀가장 수가 급격한 감소를 보이는 것은 이들이 가정위탁보호로 편입되고 있는 추세와 무관하지 않다. 미혼부모의 아동수가 줄어드는 것은 저출산 경향에 따른 청소년 인구 감소와 피임법의 보급 영향으로 볼 수 있으며, 미아의 수가 급속히 감소하는 것은 실종아동 등의 보호와 지원에 관한 법률의 통과에 따라 전산화 작업과 DNA 분석 등을 통해 발생 초기에 부모에게 돌아가는 확률이 높아진 것과 관련이 있다고 할 것이다.

정리해 보면, 아동문제의 발생유형과 보호내용의 변화는 미세하게나마 감지되고 있으나 여전히 아동복지에서 빈곤은 가장 큰 과제이다. 정부는 가정해체 등에 따라 빈곤아동이 증가 추세에 있어 공식적 보호체계에 편입되지 않은 아동까지 포함하면 최저생계비 이하의 빈곤아동이 약 1백만 명이 될 것으로 추정하고 있다. 이들 보호대상아동에 대한 보호도 공동생활가정이나 가정위탁보호가 증가하고는 있으나 시설보호가 다수여서 양육시설을 가능한 한 가정에 가깝게 형태와 기능을 보완하여야 할 필요가 있다.

2) 가정환경 상실아동에 대한 대안양육

(1) 아동의 시설보호

부모가 없거나 부모가 키울 수 없는 경우, 아동은 전통적으로 사회가 운영하는 아동복지시설에서 보호·양육되어 왔다. 2016년 말 기준 한국 아동복지시설과 보호아동 현황은 〈표 4-3〉과 같다.

〈표 14-3〉 아동복지시설 보호아동 현황 (단위: 개소, 명)

구분	계(현원)	양육시설	보호치료시설	자립지원시설	일시보호시설	종합시설	그룹홈	개인양육시설
시설 수	281	243	11	12	12	3	510	17
인원	13,689	12,448	485	230	356	170	2,758	132

출처: 보건복지부(2017).

① 양육시설보호

양육시설은 부모의 보호를 이탈한, 또는 부모가 일시적으로 양육권을 유보한 아동에 대한 사회적 보호의 형태 중 가장 강도가 높은 접근이지만 일반적으로 대안적 보호의 최후수단으로 알려져 있으며 외국에서는 시설보호아동수가 많지 않다. 그러나 한국에서는 가정위탁보호나 공동가정 등 가정형 보호에 비해 여전히 가장 많은 아동을 보호하고 있고 가장 오랜 역사를 가지고 있는 중요한 아동복지서비스이다. 2016년 기준 총 281개의 시설에 13,689명이 보호되고 있으며 지역적으로는 서울과 인천, 경기도 일원에 집중되어 있다. 정원 대비 양육시설 보호아동수는 지속적으로 감소하고 있어, 시설 다기능화를 통해 상담, 일시보호, 급식, 방과후 보호, 각종 교육 훈련 프로그램 운영 등 지역사회의 종합아동복지서비스 시설로의 역할전환이 요구되고 있다.

② 공동생활가정

공동생활가정은 가정보호원칙에 따라 기존의 시설보호를 탈피하고 가정 형태의 지역사회 중심 아동보호유형으로 논의되고 있으며 단기보호, 장기보호, 치료보호의 세 가지로 나뉜다. 단기보호란 경제적 위기 또는 부모 갈등이나 별거, 수감 및 아동학대 등으로 인해 보호자 또는 친·인척이 함께 거주할 수 없는 아동을 보호하는 것이며 장기보호란 기존의 소년소녀가정 또는 시설에서 보호 중인 아동 및 장기보호가 필요한 아동에 대한 서비스이다. 치료보호는 시설보호에 적응하지 못하거나 약간의 정서적 문제 등으로 인하여 시설보호에 적합하지 않는 아동을 보호하는 서비스이다. 공동생활가정당 보호아동 수는 5인을 표준으로 하되 7인 이내이며 전담인력 2인의 인건비가 지원된다.

(2) 가정위탁보호

가정위탁보호서비스는 17개 시·도 가정위탁지원센터를 통해 보호가 필요한 18세 미만의 아동(18세 이상인 경우에도 고등학교 재학 중인 아동은 포함)을 제3자의 가정에서 일정한 기간 동안 보호양육하는 제도이다. 대상아동은 시·군·구에서 부모의 질병, 가출, 실직, 수감, 사망 그 밖의 사유로 인하여 보호가 필요하다고 인정한 아동이나 아동학대로 인하여 격리 보호가 필요한 아동이며 학대피해 아동은 우선적으로 선정된다. 가정위탁의 유형에는 대리양육 가정위탁(친조부모, 외조부모에 의한 양육), 친·인척 가정위탁(친조부모, 외조부모를 제외한 친인척에 의한 양육)과 일반 가정위탁(일반인에 의한 가정위탁)의 세 가지가 있으며 위탁가정과 아동을 매칭(matching)할 때에는 대리양육이나 친인척 가정위탁의 가능성을 일반 가정위탁보다 우선시하여 검토한다. 〈표 11-4〉는 가정위탁현황을 보여 준다.

〈표 14-4〉 가정위탁 현황   (단위: 명)

연도	계		대리양육		친인척위탁		일반위탁	
	세대수	아동수	세대수	아동수	세대수	아동수	세대수	아동수
2013	11,173	14,584	7,352	9,829	3,068	3,803	753	952
2014	11,042	14,340	7,207	9,587	3,044	3,757	791	996
2015	10,705	13,721	6,959	9,141	2,949	3,590	797	990
2016	10,183	12,907	6,636	8,594	2,765	3,339	782	974

출처: 보건복지부, 중앙가정위탁지원센터(2016).

가정위탁아동으로 지정되면 부양능력이 있는 부양의무자가 존재하는 경우에도 실질적인 가족관계가 단절된 것으로 보아 「국민기초생활보장법」에 의한 생계·의료·교육비를 지원받게 된다. 특히 부모로부터 학대받은 아동의 경우 부양능력 있는 부양의무자가 있어도 부양을 거부하거나 기피하면 이를 시장·군수·구청장이 인정하여 기초생활수급자로 보호하도록 되어 있다. 위탁보호가정에게는 아동 1인당 일정액의 양육보조금을 지원하는데 아동의 양육 관련 물리적, 정서적, 신체적 비용을 생각할 때 현실성이 없다는 지적이나, 현재까지는 지방정부의 재정능력에 좌우되는 형편이며 지역간 액수 차이가 있다. 이 외, 2007년부터 가정위탁아동 1인당 연간 10만 원 이내의 상해보험료를 지원하고 대상아동이 가능한 한 혈연관계에서 보호를 받을 수 있는 기회를 늘리기 위해 건설교통부와 합의하여 대리양육·친인척 위탁 가정에게는 전세자금을 지원하고 있다. 2018년부터는 정서·행동 문제가 있는 위기아동을 보호치유하기 위해 전문위탁가정제도를 시범실시하고 있다.

　이 외에, 긴급아동양육제도를 실시하고 있는데 이 제도의 목적은 기존의 보호대상아동의 범주에 속하지 않지만 부모의 이혼, 별거·가출, 부부간 심화된 불화, 신용불량 등으로 가정 내 아동양육이 곤란한 경우에 발생되는 아동문제를 해결하려는 것으로 시설보호 등 긴급보호를 실시하여 아동을 보호하려는 제도이다. 보호자나 부양의무자, 이웃 등이 긴급보호를 신청하면 아동복지시설 입소 및 국민기초생활보장 긴급급여를 실시(1개월)토록 하고 국민기초생활수급자 선정기준 적합 여부를 조사하여 가정위탁보호 및 시설(공동생활가정) 입소조치를 하도록 한 것이다.

(3) 입양

　입양은 요보호아동에게 법적, 사회적 과정을 거쳐 가정을 마련해 주는 서비스로서 「입양촉진 및 절차에 관한 특례법」에 의거하고 있으며 국내입양과 국외입양으로 나누어진다. 한국전쟁 이후부터 시작된 국외입양건수는 오랫동안 국내입양건수를 크게 초과해왔으나 2007년을 기점으로 차차 국내입양 비중이 국외입양에 비해 더 높아, 입양의 역전현상을 보여 준다. 여기에는 저출생과 피임의 발달 등으로 입양대상아동 발생이 전반적으로 감소한 것과 아동양육수당의 신설, 입양부모자격 완화,[3] 공무원에 대한 입양휴가제, 그리고 2007년 도입된 '국내입양우선추진제' 시행[4]과 같은 국내입양활성화를 위한 꾸준한 인식전환 활동이 이어져 온 까닭도 있겠지만, 2020년까지 국외입양을 종식한다는 정부 방침에 따라 지속적으로 국외입양 쿼터를 줄여 온 정책의 결과이다. 이와 같은 정책방향이 과연 아동에게 최선인가에 대한 논의는 여전히 남아 있다. 이 외, 대상아동에

---

3) 그동안 25세 이상이면서 50세 미만이어야 했던 입양부모의 자격을 60세 미만으로 확대하고 기존의 자녀 수와 혼인조항을 삭제하여 독신자도 입양이 가능하도록 하였다.
4) 아동인수 후 5개월간 국내입양만을 추진하도록 하였다.

게 공평한 입양기회를 부여하기 위한 입양대상아동통합관리시스템을 운영하고 있으며 2006년에 마련된 '국내입양 활성화 종합대책'에 따라 '중앙입양정보센터'가 설립되었다.

〈표 14-5〉 국내외 입양현황의 변화 추이

구분	2005	2007	2009	2011	2013	2014	2015	2016	2017
계	3,562	2,652	2,439	2,464	922	1,172	1,057	880	863
국내	1,461	1,388	1,314	1,548	686	637	683	546	465
국외	2,101	1,264	1,125	916	236	535	374	334	398

출처: 보건복지부. http://www.mohw.go.kr

입양과 관련된 가장 큰 변화는 주요한 입양아동송출국이었던 한국이 1993년 제정된 「국제입양에 관한 아동의 보호 및 협력에 관한 헤이그협약」에 가입하지 못했으나, 2012년에 「입양특례법」을 개정함으로써 2013년 헤이그협약에 가입한 것이다. 2012년 법개정은 입양허가제를 도입함으로써 친생부모로부터 출생신고가 되어 있어야만 입양허가를 청구할 수 있게 되었다(현소혜, 2015). 이는 입양대상아동의 친생부모에 대한 알 권리를 보장하고, 국제입양에서 아동매매 등의 가능성을 원천적으로 차단하려는 헤이그협약과 상응한 체제를 갖춘 것이다. 이러한 변화는 긍정적으로는 아동이 입양된 후의 사후관리가 용이하고 입양부모 자격에 대한 심사 강화 및 입양의사의 진정성 확인을 가능하게 하여 아동의 복리에 진일보한 결정이라는 평가를 받는다. 반면, 출산 사실을 비밀로 하고 싶은 일부 친생부모의 영아 유기가 증가하는 부작용도 생겨났다.

이 외에도 입양서비스가 가지고 있는 과제로는 장애아동의 국내입양, 해외입양인에 대한 사후서비스 지원(한국어 교육 적응과 문화교육, 체류쉼터 지원, 원가족 찾기와 고충상담 등) 강화문제 등이 지적되어 왔다. 또한 2017년 문재인 정부 출범 이후, 사회서비스의 공공성 강화를 위한 방법의 일환으로 현재 민간에서 운영하는 국내외입양을 공적 영역으로 흡수하려는 시도에 대한 논의가 진행 중이다.

3) 아동의 안전과 보호서비스

(1) 학대피해아동보호서비스

2000년의 「아동복지법」 개정은 학대와 방임 피해아동에 대한 보호와 가해자 처벌을

가능하게 하였다. 우리나라 아동보호서비스는 국민과 신고의무자의 아동학대신고접수
→ 가정조사 → 사례판정 → 서비스계획과 개입 → 종결 → 사후관리의 과정을 거친다.
즉, 누군가가 아동학대와 방임을 의심하여 신고해야만 서비스가 시작되고 피해아동과
가해행위자로 서비스 대상이 나뉘는 이분법적 구조를 가지고 있다. 따라서 엄밀하게 말
하면 아동학대 관련 통계는 발생율이 아닌 발견율로 보는 것이 적절하다. 피해아동발견
율은 아동인구 1,000명당 학대피해로 판정된 아동 수로 계산되며, 2015년의 1.32에 비해
2016년에는 0.83 늘어난 2.15로 나타났다. 이는 동년도의 아동보호전문기관 증설에 따
른 영향으로 보인다.[5]

[그림 14-2]는 2001년 이후 아동학대 신고건수와 학대 의심사례 건수의 증감경향을
보여 준다. 2014년을 기점으로 한 증가폭은 아동학대행위자에 대한 처벌을 강화한 「아
동학대범죄 등의 처벌에 관한 특별법」 시행의 효과일 것이다.

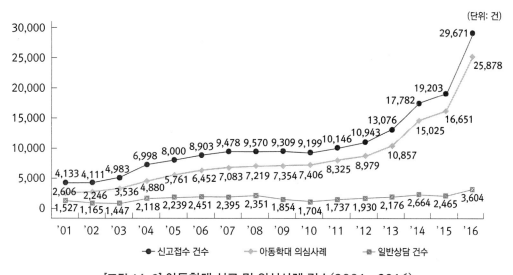

[그림 14-2] 아동학대 신고 및 의심사례 건수(2001~2016)

출처: 보건복지부, 중앙아동보호전문기관(2016).

아동학대 유형은 신체학대, 정서학대, 성학대 및 방임의 네 가지로 나뉘는데, 두 가지
이상의 유형이 동시에 발생하는 경우 이를 중복학대로 명명하고 있다. 시간이 갈수록 중

---

5) 상대적으로 아동보호서비스가 활발한 미국의 2016년 아동학대발견율은 9.2, 호주는 8.5로 보고되
   고 있다.

복학대건수가 다른 유형보다 크게 증가하고 있고, 중복유형을 제외하면 2015년을 기점으로 방임보다 정서학대 건수 증가비율이 더 높아지고 있음을 [그림 14-3]을 보면 알 수 있다. 가정에서 발생한 1~3세 아동의 학대유형은 50%가 방임으로 나타나 발달단계상 매우 심각한 장기적 영향을 가져올 우려가 있는 한편, 어린이집 발생 아동학대는 대개 상처를 확인할 수 있는 신체학대가 많다. 신체학대의 증가추세는 보육서비스가 보편화되면서 어린이집에서 발생하는 아동학대 신고가 늘어난 시점과 조응하는 것이다. 학대로 인해 사망한 아동의 수도 증가하고 있어 2011년에는 13명, 2013년 17명, 2015년 16명, 2016년에는 36명으로 늘었고, 공식적 개입이 시작된 2001년부터 2016년까지 모두 178명의 아동이 학대로 목숨을 잃은 것으로 나타났다(보건복지부, 중앙아동보호전문기관, 2016). [그림 14-3]은 아동학대 유형별 발생 경향을 보여 준다.

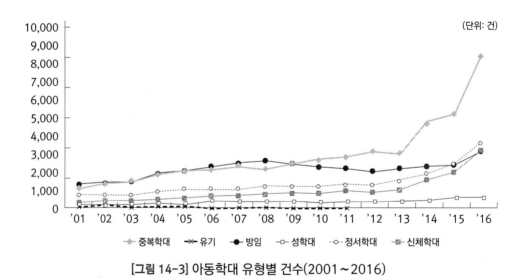

[그림 14-3] 아동학대 유형별 건수(2001~2016)

출처: 보건복지부, 중앙아동보호전문기관(2016).

아동학대행위자는 매년 부모가 전체 학대피해아동보호사례의 80~85%로 나타나며, 다음으로 타인 → 친인척의 순으로 나타나, 아동학대예방을 위한 부모교육 등의 일차적 예방과 고위험군에 대한 집중적 가족지원서비스가 필요함을 역설해 준다. 아동학대가 발견되면 피해사실의 경중에 따라 피해아동을 원가정에 보호하면서 개입하거나, 안전이 보장되지 않는다고 판단할 경우에는 아동을 분리하여 쉼터(전국 53개소) 등에서 보호하면서 심신의 건강문제에 대한 의료적 지원, 상담지원과 다양한 치유 프로그램을 제공하게 된다. 2015년에 비해 2016년에는 학대아동쉼터에서 보호받은 학대피해아동이 약 24% 증가했다(보건복지부, 2017). 가족에 대해서도 비가해부모와 형제자매에 대한 상담과 가족치료 및 필요한 경우 물질적 지원을 제공하며, 학대행위자는 부모교육과 상담, 또는 행위가 중할 경우에는 「아동학대처벌특별법」에 의해 고소고발이 진행된다. 2016년 통계를 보면 학대행위자는 관련기관과 연계하여 서비스를 받거나 주기적으로 모니터링을 받는 지속관찰이 62.7%, 사법절차가 진행되는 고소 · 고발 · 사건처리가 32.2%였다. 최종적으로 개입이 완료되면 가정으로 복귀하거나 대안양육이 결정되는데, 2016년 분리보호된 피해아동(3.0%) 중 원가정으로 복귀한 아동은 그중 28.9%에 그쳐, 일단 분리보호가 결정된 경우, 원가정의 학대재발상황이 개선되지 못한 경우가 70%에 이르는 것으로 나타났다.

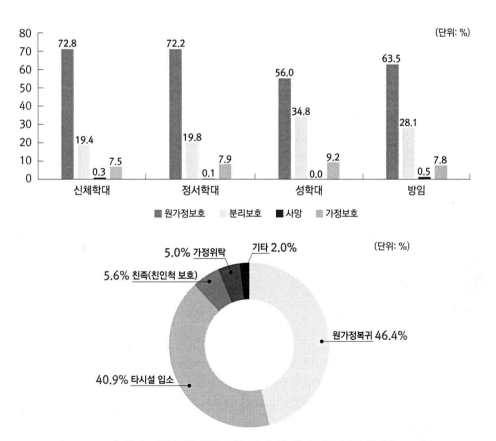

[그림 14-4] 학대 피해아동 최종조치 결과 및 쉼터 퇴소아동 상황(2016)

학대피해아동 보호서비스에 대한 2016년 이후의 쟁점은 현 제도가 가지고 있는 비체계성, 서비스의 파편화, 불연속성 등의 문제 해소를 위한 획기적인 서비스전달체계 개편이다. 학대피해아동 발견의 사각지대 해소와 전달체계 공공성 강화, 관련기관 간의 그리고 민관 간의 연계와 협력체계 부족 및 부족한 서비스 인프라는 늘 지적되는 문제인데, 이에 더해 학대피해아동보호를 지금처럼 신고에 따른 처벌과 보호의 이분법적 체계로 유지할 것인지, 양육지원 강화와 모니터링 체계 구축을 통해 가족지원서비스 체계로 개편할 것인지의 깊이 있는 논의가 필요한 시점이라 하겠다.

(2) 실종아동보호사업

아동의 실종은 아동에게는 부모와의 예기치 않은 격리로 인해 극도의 불안감과 스트레스를 가져오고 지우기 힘든 심리적 충격이며, 부모에게도 일상생활의 중단과 죄책감, 우울 등의 심리적·경제적 어려움을 가져와 가정이 해체되는 등의 사회문제이다. 이에 따라 국가차원의 대책으로 2005년 「실종아동 등의 보호 및 지원에 관한 법률」이 제정되어 실종아동과 실종장애인의 발생을 예방하고 신속한 가정복귀를 도모하기 위한 제도적 기틀이 마련되었다. 2008년 아동범죄 예방 및 안전대책 마련을 위해 '아동·여성보호종합대책'을 수립하여 시·도별 실종 아동·장애인 일시보호센터를 지정하여 보호창구를 일원화하고 아동복지시설, 보육시설, 유치원 초·중·고등학교 대상 실종예방교육을 보급하였다. 〈표 14-6〉은 연도별 실종아동 발생 및 발견 현황을 보여 준다. 비장애아동의 실종건수가 감소추세인 데 반해 장애아동은 증가하고 있어 대책이 요구된다.

〈표 14-6〉 연도별 실종아동 발생 및 발견 현황　　(단위: 명)

연도	비장애아동			장애아동		
	발생건수	발견건수	미발견	발생건수	발견건수	미발견
2011	28,099	28,076	22	7,377	7,372	5
2013	23,089	23,084	5	7,623	7,613	10
2015	19,428	19,344	84	8,311	8,257	54

출처: 실종아동전문기관. http://www.missingchild.or.kr

(3) 아동안전사고예방

아동의 안전사고는 이를 예방해야 할 성인의 부주의나 국가정책 미흡에 의해 발생하는데 사망이나 중상을 입을 가능성이 높아 아동의 성장발달에 심각한 영향을 끼치고, 가족도 위기를 맞게 된다. 아동의 안전은 그동안 부모의 사적인 책임으로 여겨져 효율성 있는 접근이 어려웠으나 유엔의 「아동권리협약」 비준 이후 아동의 안전문제가 지적되었고 OECD 국가들(평균 10만 명당 5.3명)에 비해서도 10만 명당 안전사고 사망자 비율이 상대적으로 높아(2003년 10.6명), '어린이안전종합대책'이 2003년 수립되었다.

이 대책은 시행 후 5년간 어린이 안전사고 사망자 수를 매년 10%씩 낮추어 1/2 수준으로 감축하는 것을 목표로 하였다. 교통사고, 물놀이 사고, 추락사고 등의 안전사고는 줄어들었으나 사회변화에 따른 놀이공간의 축소, 인터넷, 생계형 방임아동의 증가 및 인스턴트 식품의 증가 등 새로운 위협요인들이 늘고 있다. 이 외, 정부는 유괴 등 아동범죄예방을 위해 아동보호구역 내 CCTV 설치를 위한 근거로 「아동복지법」을 개정하여 2009년 6월부터 시행하고 있다.

4) 아동돌봄서비스

(1) 통합적 조기개입서비스: 드림스타트

드림스타트는 아동의 초기발달단계에서부터 교육과 보육, 보건의 맞춤형 통합서비스를 제공하여 아동의 건강한 성장과 발달을 도모하고 공평한 출발기회를 보장한다는 목적을 가진 통합적 조기개입서비스로, 2007년부터 시범 실시되고 있다. 영국의 슈어스타트, 미국의 헤드스타트 등과 맥을 같이하며, 한국의 아동에 대한 사회투자 중 인적자원개발의 대표적 프로그램 중 하나라 할 수 있다. 〈표 14-7〉은 연도별 드림스타트 사업지역과 서비스 수급 아동 및 가구 수의 증감을 보여 준다.

〈표 14-7〉 연도별 사업지역과 서비스 수급 아동 및 가구 수

연도	사업지역(개소)	아동수(명)	가구수(가구)
2010	101	32,634	21,699
2011	131	44,651	29,332
2012	181	65,724	42,387
2013	211	95,133	61,630
2014	219	107,127	66,551
2015	229	125,562	80,102
2016	229	134,853	86,681

출처: 보건복지부(2009~2017) 재구성.

드림스타트는 2007년 16개 시범사업으로 시작하여 2017년 현재 전국 229개 시 · 군 · 구에서 시행되고 있으며 약 247,000명(누적)의 아동이 서비스를 받고 있다. 서비스 대상은 0(임산부)~만 12세(초등학생) 이하의 취약계층 아동 및 가족이며, 국민기초수급 및 차상위계층 가정, 보호대상한부모가정(조손가정 포함), 학대 및 성폭력피해아동 등에 대한 우선지원원칙이 적용된다.

〈표 14-8〉 드림스타트 사업대상자 연령별 현황('16. 12월 말)

구분	계	영아(0~2세)	유아(3~6세)	취학대상(7~12세)
아동수(명)	247,959	21,307	60,027	166,625

출처: 보건복지부(2009~2017) 재구성.

드림스타트의 통합사례관리대상이 되면 필수 및 맞춤 서비스를 받게 된다. 필수서비스는 아동의 전인적 발달을 지원하기 위해 반드시 필요한 서비스로 모든 드림스타트 사례관리 대상에게 제공되는 아동발달 영역별(신체/건강, 인지/언어, 정서/행동, 부모의 양육) 서비스이다. 여기에는 건강검진(성장발달스크리닝 포함), 예방접종, 영양교육, 응급처치교육, 아동권리교육, 인터넷 중독 및 예방 교육, 소방 및 안전 교육, 학대 및 (성)폭력 예방 교육의 총 8종과 임산부를 대상으로 하는 산전 및 산후 검진, 예비부모교육, 그리고 부모를 대상으로 하는 자녀발달 및 양육교육서비스가 있다. 이 외, 사정 결과에 따라 대상자별로 지원하는 맞춤형 서비스가 제공되며 기타 물품지원 및 후원자 연계 등이 제공된다.

(2) 보육서비스

보육서비스는 단일한 아동복지사업으로는 우리나라에서 가장 재정적 규모가 큰, 저출산 대응이라는 인구정책적 성격과 여성인력의 경제활동참여증대 및 영유아의 표준적 발달지원성격을 가진 복합적인 목적사업이다. 0~만 5세까지의 영유아에 대한 어린이집 무상보육 및 미이용자에 대한 양육수당지급이 제도의 개요이다. 보육서비스 발전과정은 새싹플랜(2006~2010), 제1차 아이사랑플랜(2009~2012) 및 제2차 아이사랑플랜(2013~2017)으로 이어지고 있으며 최근 '제3차 중장기보육계획(2018~2022)'이 작성되었다. 〈표 14-9〉는 보육서비스의 발달과정을 보여 준다.

〈표 14-9〉 보육서비스 발달과정

연도	정책 주요변화내용
1987	노동부「남녀고용평등법」에 의한 직장탁아제 도입
1991	「영유아보육법」 제정
2004	제1차 육아지원정책(육아부담 경감, 1년 육아휴직제, 평가인증제 도입, 보육교사국가자격제도 시행)
2005	제2차 육아지원정책(표준보육료 · 교육비 산정, 영아기본보조금 제도 도입)
2006	새싹플랜-공보육강화(국공립보육시설 확충, 보육아동 확충, 차등보육료를 평균소득 130%까지 확대)
2006. 8.	새로마지 플랜-저출산 해소(국공립 30%로 확대, 영아기본보조금 도입, 차등보육료 확대, 만 5세 무상보육확대, 아동수당 도입 검토)
2008	「영유아보육법」 개정(양육수당, 보육전자바우처제도 근거 마련)
2009	아이사랑플랜(보육료 전액지원확대, 보육시설 미이용 아동 양육지원, 보육전자바우처 제도 도입 등)
2012	0~2세 아동 무상보육, 만 5세아 누리과정
2013	0~5세 보육시설이용 아동 무상보육/가정양육아동에게 양육수당 지급
2014	입소대기시스템(전산화) 도입
2015	모든 어린이집에 CCTV 설치, 임신 · 출산 · 육아 관련 웹사이트 통합, '아이사랑' 포털
2016	'맞춤형보육' 도입 · 시행
2018 ~2022	제3차 중장기보육기본계획-보육의 공공성 강화, 효과적 보육서비스 제공을 위한 보육체계 개편, 보육서비스의 품질 향상, 부모양육지원 확대

〈표 14-10〉을 보면 2017년 어린이집 이용 영유아는 145만여 명으로 이 중 187천 명만이 공보육기관을 이용하고 있어, 공립 어린이집에 대한 수요에 비해 자원의 부족이 늘 지적되고 있다.

〈표 14-10〉 어린이집 및 보육아동 현황(2017)　　(단위: 개, 명)

구분	계	국공립	사회복지 법인	법인 · 단체	민간	가정	부모 협동	직장
어린이집	40,238	3,157	1,392	771	14,045	19,656	164	1,053
영유아 수	1,450,243	186,916	96,794	43,404	738,559	321,608	4,508	58,454

출처: 보건복지부(2017b).

　　2012년 0~1세 아동에 대한 무상보육 발표 이후 가정에서 양육받던 아동이 대거 어린이집으로 몰리면서 '보육대란'이 벌어지고 영아의 시설보육에 대한 비판이 높아지면서 보육료나 유아학비 또는 종일제 아이돌봄 서비스를 지원받지 않고 가정에서 양육되는 모든 영유아에게 현금을 지급하는 양육수당이 도입되었다. 이 서비스는 소득재산기준이 없이 신청일에 만 5세 이하 영유아(0~84개월 미만)가 있는 가정에 대해 12개월 미만은 20만 원, 24개월 미만은 15만 원, 24개월 이상~84개월 미만은 10만 원을 지급하는 것이다.

〈표 14-11〉 보육료, 가정양육수당을 지급받는 영유아 현황(2017)

구분	0세	1세	2세	3세	4세	5세	72월~취학 전	계
어린이집	138,025	327,865	387,735	233,733	186,080	158,502	-	1,431,940
양육수당	317,981	274,578	106,954	43,300	29,134	32,163	32,180	836,290

출처: 보건복지부(2017c).

　　〈표 14-11〉에 따르면 양육수당 지급이 시작된 후, 0세 영아의 경우 부모가 직접 양육하기를 선호하지만 만 1세 이후부터 대거 어린이집을 선호하는데 만 2세아의 경우 이처럼 약 70%가 시설보육을 받는 것은 OECD 국가 평균 30%에 비하면 매우 높은 것이다. 또 만 3세 이상이 되면 어린이집보다는 유아교육기관인 유치원으로 이동하는 경향을 보여 준다. 보편보육의 확산은 여성취업과 출산율 상승에 대한 기대가 있었던 것이지만 OECD 34개국 평균 영유아기관 이용율(2010년 기준)은 32.6%인 데 비해 50%에 달하는 높은 이용율을 보이는 우리나라 영유아기 자녀를 둔 여성의 취업률은 35.4%에 그쳐, 기대에 미치지 못한다는 평가를 받고 있다. 2016년부터는 출생율의 지속적 하락으로 민간 어린이집과 양육수당 지급의 직접적 영향을 받는 소규모 가정어린이집의 폐원이 늘고 있으며, 민간어린이집의 공공형 전환도 속도를 내고 있다. 한편, 어린이집의 확산과 함께 어린이집에서의 아동학대가 꾸준히 증가하고 있어 사회적 공분을 사고 있다. 어린이집 교직원에 대한 아동학대 예방교육이 강화되고 CCTV가 설치되었으며 처벌이 강화되었으나 교직원의 인권침해 논란도 제기되어 보다 근본적인 변화가 필요해 보인다. 문재인 정부에서는 사회서비스의 공공성 강화를 위해 보육과 요양서비스를 포함하는 사회서비스원을 설립한다는 계획이어서 보육서비스 질과 관련된 논란이 새로운 방향을 보여 줄 것으로 보인다.

(3) 방과후 돌봄서비스: 지역아동센터

　여성의 경제활동참여율이 50%를 넘어서면서 맞벌이 가구 형태가 크게 증가한바, 아동기 자녀를 돌보는 보호노동이 상품화하게 되고 이를 구매하지 못하는 가정의 아동은 생계형 방임을 겪게 되는 결과가 나타나고 있다. 이는 아동의 안전과 발달지원을 위한 보호 대상과 기간의 확대에 대한 사회적 요구를 불러 일으켜, 아동의 방과후 보호서비스에 대한 관심이 크게 증가하였다. 방과후 보호는 일차적으로 아동을 어른의 보호하에 둠으로써 안전을 보장하고 지도감독을 통해 일탈에 노출되지 않도록 하며, 저소득층 아동에게는 보충학습, 적성교육, 급식, 상담과 문화적 지원을 통해 아동의 발달욕구를 채워 주어, 사회통합에 기여한다.

　보건복지부는 민간이 운영하던 공부방을 지역아동센터로 전환하여 위기취약아동에게 방과후 보호 및 교육지원을 제공하고 있는데, 지역아동센터는 유아기부터 고등학교 재학생까지의 아동을 대상으로 개인이나 법인 등 민간이 운영하고 있으며 국 4,107개소의 지역아동센터가 중앙정부로부터 운영을 지원받고 있다(2016년 기준).

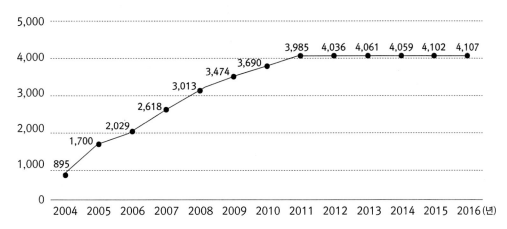

[그림 14-5] 전국 지역아동센터 개소 수 증감(2004~2016)

출처: 보건복지부(2016).

　지역아동센터는 지역사회의 빈곤아동이나 맞벌이가정, 부모가 이혼이나 별거를 한 가정, 한부모가정 등 위기아동을 방과후 시간 동안 지역 내에서 보호하려는 시도로서 보호·교육, 건전한 놀이와 오락의 제공, 보호자와 지역사회의 연계 등 아동의 건전육성을 위하여 종합적인 아동복지서비스를 제공한다는 목적을 가지고 있다. 만 18세 미만을 대상으로 하고 있으나 초등학생이 가장 많은 이용비율을 보이고 있으며 중·고생 중에서는 다른 이용시설이 없는 농어촌지역 아동, 그리고 발달문제가 있는 아동 및 최근에는 다문화가족의 중도입국청소년 및 탈학교 청소년이 새로운 이용자로 등장하고 있다.

〈표 14-12〉 지역아동센터 시설 수와 연령별 이용 아동 현황   (단위: 명)

구분	시설 수	계	미취학	초등 저학년	초등 고학년	중학생	고교생	탈학교
2011	3,985	104,982	4,578	37,407	42,324	17,374	3,014	285
2012	4,036	108,357	4,028	38,030	42,396	20,017	3,663	223
2013	4,061	109,066	3,714	39,293	41,025	20,817	4,006	211
2014	4,059	108,936	3,533	40,425	40,662	20,121	4,035	160
2015	4,102	109,661	3,133	42,267	40,113	19,566	4,418	164
2016	4,107	106,668	1,872	41,750	40,390	18,156	4,377	123

출처: 보건복지부(2016).

5) 아동과 가족에 대한 현금 지원

(1) 아동수당

아동수당(child allowance, child benefit)은 아동이 있는 가구의 소득을 현금급여를 통해 지원함으로써 아동 양육에 소요되는 비용을 감소시켜 부모의 양육부담을 낮추는 소득지원제도의 성격을 갖는다. 한국에 아동수당과 같은 현금급여가 필요한 이유로는, 첫째, 낮은 아동가족지출을 들 수 있다. OECD 국가에서는 앞에서 논의한 다양한 형태의 돌봄 노동 지원 정책과 현금 지원 정책을 조합해 아동가족정책 패키지(pakage)로 제공하고 있다. 아동가족복지 지출에는 아동수당과 같은 현금지원, 보육서비스를 포함한 서비스, 세제지원이 포함되며 OECD 국가의 평균 아동가족복지 지출 수준은 GDP 대비 평균 2.4%(2014년 기준)인데 비해 한국의 아동가족복지 지출 수준은 매우 낮은 편인 GDP 대비 평균 1.4%이다. OECD 국가들 가운데 멕시코에 이어 최하위 수준에 속하며, 그중에서도 현금성 지원은 상대적으로 더 낮고, 주로 보육과 같은 서비스 지출이 주를 이루고 있는데 이는 2018년 9월 이전까지 아동수당과 같은 보편적 현금급여의 부재와 보육서비스 지원 집중에 따른 것으로 보인다. 아동수당을 비롯한 현금성 지원은 아동을 양육하는 가정의 추가비용을 지원함으로써 아동빈곤의 해소나 생존권과 발달권 등 기본적 권리 신장의 의미가 있어 오랫동안의 논란 끝에 정부는 2018년 9월부터 보편적 아동수당을 지급하기로 하였다.

아동수당제도의 내용을 살펴보면 0~5세 아동을 둔 가정에 아동 개인별로 월 10만 원을 소득상위 10% 계층을 제외한 모두에게 지급한다는 것이다. 수당금액은 변함이 없으나, 소득상위 10% 계층을 제외하기로 하여 아동수당의 '보편주의적 성격'을 훼손하였다는 비판이 제기되었고, 정부는 2019년부터 소득제한을 철폐하는 데 합의하였다. 또 아동수당이 영유아기 아동에게 제한된 것도 출생률 제고의 간접적 목적이 짐작되지만, 풀어 나가야 할 과제이기도 하다. 아동수당을 도입하고 있는 선진국의 경우, 수당을 지급하는 연령층도 높다. 독일은 일반적으로 아동이 18세가 될 때까지 아동수당이 지급되며, 학업이나 직업교육, 대학진학 등과 같이 특별한 사유가 있는 경우에는 최대 25세까지도 연장 지급된다. 일본의 경우 도입 초기에는 5세 미만의 셋째 이후 아동만이 지급 대상(월 3000엔)이었지만, 2009년 민주당 집권 이후 지원 범위가 중학교 졸업까지의 아동으로 확대됐으며 지급액도 월 1만 3000엔으로 인상됐다.

아동 중심의 소득지원제도는 결과적으로 자녀양육에 필요한 일정 비용을 정부가 지원함으로써 아동의 발달상의 위험을 줄이고 최소한의 양육조건을 담보할 수 있도록 해 줌으로써 아동빈곤을 방지하고 출산장려기제로서의 기능도 기대할 수 있는데, 정책효과를 얻기 위해서는 다른 현금성 지원 프로그램 및 돌봄서비스 비용 등과 함께 통합적으로 고려할 필요가 있다.

(2) 세제지원: 자녀장려세제

아동세제지원(child tax credit)은 아동을 양육하는 가정에 대해 현금성 지원의 방법으로 세제를 이용하는 제도이다. 우리나라에서는 2015년부터 자녀장려금이 도입되었다. 자녀장려금은 출산을 장려하고 저소득 가구의 자녀양육 부담을 경감하기 위해 총소득 4,000만 원 미만이면서 부양자녀(18세 미만)가 있는 경우 부양자녀(18세 미만) 1명당 최대 50만 원을 지급하는 제도이다. 가구요건, 소득요건, 재산요건의 세 가지 기준으로 자격을 파악하는데, 가구요건으로는 조부모가 손자녀를 부양하는 경우에도 부양자녀로 인정하며, 재산요건은 가구원 재산 합계가 1억 원 미만일 때 전액, 1억 원 이상~1억 4,000만 원 미만일 때는 50%가 지급된다. 재산에는 주택과 토지, 자동차, 전세금, 금융자산 등이 포함된다. 국세청은 자녀장려금을 받을 수 있는 가구를 약 66만 가구로 추정하고 있다.

(3) 자산형성지원 프로그램

아동발달계좌(Child Development Account: CDA)는 빈곤 보호대상아동이 18세에 이르러 사회진출을 할 때 경제활동에 소요되는 초기비용마련을 위한 자산형성을 지원하는 제도이다. 우리나라에서도 아동 자산형성지원 프로그램으로 아동발달지원계좌를 '디딤씨앗통장'이라는 이름으로 2007년부터 실시하고 있는데, 아동의 자립을 위해 정부가 아동의 지원금을 매칭해 주는 것이다. 정부매칭금액의 상한선은 월 3만 원이며 아동의 이름으로 적립가능한 금액은 월 47만 원까지이다.

대상은 시설보호아동, 가정위탁보호아동, 소년소녀가정아동, 공동생활가정(그룹홈)아동, 장애인시설보호아동과 가정복귀아동 등이며 이 자금은 향후 진학, 결혼, 자립 자금으로 사용된다. 〈표 14-13〉은 가입아동 현황을 보여 준다.

〈표 14-13〉 디딤씨앗통장 가입아동 구성내역(2017)

구분	합계	시설보호 아동	가정위탁 보호아동	소년소녀 가정아동	공동생활 가정아동	장애인 시설아동	가정복귀 아동	기초생활 수급아동
총가입자(명)	71,457	11,844	8,478	63	2,405	1,058	2,469	45,140
비율(%)	100%	17%	12%	1%	3%	1%	3%	63%

출처: 디딤돌씨앗통장. https://www.adongcda.or.kr

아동발달지원계좌사업은 아동이 18세에 이르러 독립하게 될 때 자산형성을 지원하기 위한 사업이고, 현재 저축금 지급이 연장아동에게 이루어지고 있으나 이 돈이 자립에 어떻게 쓰였으며 자산형성에 어떤 효과를 보여 주고 있는지에 대한 연구는 아직 찾아보기 어렵다. 수급아동에 대한 장기간의 자료수집을 통해 종단적 분석이 이루어지면 사회투자적 성격이 얼마나 효과성을 보여 주었는지 평가할 수 있을 것이다.

4. 전망과 과제

현재 아동복지에서 가장 주목하게 되는 인구 동향은 (초)저출산 현상의 장기적 추이다. 합계출산율이 2001년 1.3명 아래로 떨어진 이래 2017년까지 1.2명 내외에 머물러 있는 모습, 연간 출생아 수가 2017년에 역대 최저 수준인 40만 명 미만으로 감소하는 추세는 저출산의 구조적 고착을 말해 준다. 저출산 추세로 아동인구가 지속적으로 줄어들고, 2013년 기준 18.6%였던 아동의 (총인구 대비) 비중이 2020년 15.9%(추계치)까지 지속적으로 감소할 전망이다.

아동복지서비스에서 출산률 저하의 의미는 양가적이다. 최근 OECD 통계에서 한국의 아동빈곤율이 낮아진 것은 이와 같은 아동인구의 감소와 관련이 있다는 분석은 시사점이 많다. 저출산 시대 진입 이후에 태어난 코호트가 가임기 여성이 되면서 가임기 여성 규모가 감소하였기 때문이라는 지적(김종훈, 2018)과 함께, 취업난 등으로 인해 이제 결혼과 출산은 빈곤계층에서는 감당할 수 없는 과제여서 자연히 아동빈곤율이 다소 급격히 낮아졌다는 것이다. 그런데 아동인구가 감소하면 1인당 양육, 보육 인프라가 늘어날수도 있겠지만 한편으로는 아동을 부양하는 인구의 감소와 더불어 아동에 대한 재원과 정책 자원의 배분이 오히려 둔화될 가능성도 있다. 2018년 저출산·고령화 대응책은 출산장려를 위한 직접적인 투자보다 가족형성과 가족생활지원을 위한 가족단위의 지원으로 방향을 전환한 것이 한 예이다.

2000년대 이후 아동복지서비스는 비로소 대안양육 중심에서 벗어나 돌봄서비스의 공적 제공으로 확장되었고, 2015년 이후에야 아동과 가족에 대한 직접적 지원제도가 도입되었다. 이는 아동권리협약은 물론, 아동인구 감소에 대한 경계심이 인적 자본의 효율적이고 평등한 축적을 위한 사회적 투자라는 정책방향을 아동복지서비스에도 적용한 것으로 볼 수 있다. 2018년 도입된 아동수당은 사회투자정책의 대표주자격이다. 그러나 사회투자전략 특성의 아동복지 프로그램이 기존의 고전적 아동복지 프로그램을 대체할 수 있는가에 대해서는 논의의 여지가 많다. 빈곤계층은 물론, 중산층까지 보편적인 사회안전망이 잘 갖추어진 서구 복지국가에 비해 우리나라는 아직도 사회안전망이 취약한 상태이기 때문에 기회의 평등에 치중하는 사회투자전략만으로는 곤란하다. 아동에 대한 학대·폭력 증가에 대응하여 아동의 안전과 건강한 발달에 위협이 되는 양육 환경을 개선하는 일은 여전히 미흡한 상태로 남게 될 여지가 있다. 이에 대해서는 연구자들도 고전적 복지 프로그램과 사회투자 프로그램을 상호보완적인 관계로 보고, 두 가지가 결합되어야 효과를 볼 수 있다고 하였다.

또 다른 문제는 아동복지서비스체계이다. 보육, 아동, 청소년으로 구분된 법체계 및 보건복지부와 여성가족부로 나뉘어진 행정 및 서비스전달체계도 정책수행의 효과성과 효율성을 떨어뜨리는 원인으로 지적된 지 오래이다. 아동의 발달주기에 따른 생애지속형 정책개발이 필요한데, 현재 아동복지서비스는 보육과 아동복지, 청소년복지가 각기 독립적으로 진행되면서 중복과 누락의 문제를 발생시키는 동시에 아동 개인으로서는 서비스 전달의 파편화로 인해 성과가 제대로 관리되지 못하고 있다.

마지막으로, 사회적 보호체계에 진입하는 아동을 심사하고 선별하여 보호결정을 내리는 게이트웨이(gateway)가 확실하지 않다는 점이다. 서울의 경우 아동복지센터가 많은 부분을 담당하는 데 반해 지방의 경우, 지방자치단체의 순환근무를 하는 담당 공무원에게 아동의 일생이 걸린 중대한 결정이 맡겨짐으로써 서비스의 질은 물론, 책임성 부재라는 문제가 대두된다. 중앙의 아동복지, 아동보호를 담당하는 총괄 기획기구로서 아동정책조정위원회가 있다면 지방에도 명실상부한 해당기구가 설립되어 지역 단위 아동복지서비스의 기획과 조정기능을 수행할 수 있도록 해야 할 것이다. 실행조직으로는 시 · 군 · 구 단위의 위기아동 신고 · 접수 · 의뢰가 통합적으로 이루어지도록 전담기구를 설치하고 위기유형 및 심각성 수준에 따라 사례관리 방식의 통합적 서비스가 이루어지도록 하며, 특히 위기아동 사례별 보호책임 전담제 등을 마련할 필요가 있다. 현재 논의되는 가칭 사회서비스원과 아동복지서비스의 자리매김에 대한 전체적인 공론화의 장이 필요하다 하겠다.

　마지막으로, 한국 아동의 복지서비스는 아동권리협약의 이행권고에 근거를 두고 있어 이제 한국의 아동복지가 한국이라는 지역사회의 특수성에만 기반하는 것이 아니라 전 지구적인 보다 광범위하고 보편적인 가치에 기반하여 글로벌한 기준을 갖추어야 한다. 고전적인 대안양육서비스에서 탈피하여 아동의 기본권이 보장될 수 있도록 지침을 준수하기 위한 다각도의 노력이 요구된다.

🐦 참고문헌

김종훈(2018). 인구정책 및 저출산 · 고령화 대책 전망. 보건복지포럼 2018. 1. 61-74.

김지연, 좌동훈(2015). 아동 · 청소년 · 가족 보호체계 개선방안 연구. 한국청소년정책연구원.

박세경(2015). 아동보호의 공적 책임 강화를 위한 전달체계 개편의 쟁점과 과제. 한국아동복지학회 2015 춘계학술대회 자료집.

보건복지부(2009, 2013). 아동청소년종합실태조사.

보건복지부(2009-2017). 드림스타트 사업안내.

보건복지부(2016). 전국지역아동센터 통계조사 보고서.

보건복지부(2017a). 2017년 아동복지시설현황 일람표.

보건복지부(2017b). 어린이집 및 이용자 통계.

보건복지부(2017c). 보육통계.

보건복지부, 중앙아동보호전문기관(2016). 전국아동학대실태보고서.

보건복지부, 중앙가정위탁지원센터(2016). 가정위탁보호현황보고서.

윤혜미(2017). 아동복지와 사회투자적 접근:이슈와 쟁점. 인구포럼. 한국보건사회연구원.

통계청(2017). 한국의 사회지표.

한국보육진흥원(2014). 드림스타트사업 효과성 보고서.

현소혜(2015). 헤이그국제입양협약 가입 및 입양특례법 시행에 따른 한국 아동복지의 변화. 한국
　　　아동복지학회 2015 춘계학술대회 자료집.

Brandon, M., Schofield, G., & Trinder, L. (1998). *Social work with children*. New York:
　　　MacMillan Press.

국가통계포털. http://kosis.kr. 보건복지부, 보호대상아동현황.

디딤돌씨앗통장. http://www.adongcda.or.kr

보건복지부. http://www.mohw.go.kr

실종아동전문기관. http://www.missingchild.or.kr

제**15**장

청소년복지서비스

이경준(경기대학교 시간강사)

1. 들어가는 말

청소년은 아동에서 성인으로 성장을 하는 진행과정에 속한 중간기로서 청소년기를 의미하는 'adolescence'는 아동에서 '성인기로 성장하다'라는 뜻을 가지고 있으며, 모든 사회에서 성숙한 성인기에 해당되는 사람으로 정의를 하고 있다. 청소년복지는 청소년을 대상으로 하는 사회복지로서 학교에서 소외되거나 불우한 가정에서 탈선하여 사회에서 문제를 일으키며 제대로 적응하지 못하는 요보호청소년과 일반청소년을 포함한 모든 청소년에게 복지서비스를 제공하여 실천하는 것을 말한다. 「청소년 기본법」에서는 청소년의 연령을 9세 이상 24세 이하로 규정하였는데 1991년부터 본격적이고 점진적으로 「청소년 기본법」을 제정하는 등 국가 청소년복지정책의 기틀을 조성하였다. 1993년부터 「청소년 기본법」에 근거한 청소년육성 5개년 계획을 중심으로 국가 청소년정책을 수립·추진하여 왔다. 이후 2008년 아동·청소년으로 이원화된 청소년행정조직을 통합하기로 결정하고 추진하였으나 2010년 「정부조직법」 개정으로 인해 아동복지와 청소년복지는 정부 행정 조직 내 다른 부처로 분리하여 운영하고 있다.

아동복지는 보건복지부에서 관장하고 청소년복지는 여성가족부에서 주로 관장하며 추진하여 사회적·경제적 지원을 통하여 청소년이 정상적인 생활을 할 수 있는 기본적인 서비스를 지원해 주는 기반이 되고 있다. 청소년기에 대한 규정에 대해서는 시대적으로 차이가 나타나며 여러 가지로 정의되고 있다. 특히 청소년기에는 친구와의 관계, 가족과의 관계, 이성친구와의 관계를 통하여 독립적이고 싶은 욕구와 사회성을 포함해서 발달해 가는 진행과정을 추진하는 것을 보여 주기도 한다. 이와 같은 청소년기에 나타나는 사회성 발달과정에서 올바른 교육환경과 청소년 특성에 맞는 지도가 필요하며, 이에 따른 청소년에게 필요한 복지서비스 제공도 이루어져야 한다. 청소년기 필요한 지식체계를 습득해 가는 데 필요한 주된 교육 장소는 학교이다. 이와 반면에, 학교에서 적응하지 못한 청소년은 학교 밖에서 주로 시간을 보내는 경우가 대부분이다. 따라서 학교 밖에서 보내는 청소년을 위한 보호와 지원 대책마련이 이루어져야 한다. 청소년의 중요한 시기에 학교 밖에서의 건전한 생활 적응과 지속적으로 유지해 갈 수 있도록 교육환경을 조성하는 청소년정책과 복지서비스의 제공은 절실하다고 할 수 있다. 이에 따라 2015년 학교에서의 생활적응이 어려워 학교 밖에서 보내는 청소년을 지원하는 「학교 밖 청소년 지원에 관한 법률」이 시행되어 건강한 사회구성원으로서 성장할 수 있도록 지원한다.

이에 관한 지원은 청소년기의 시기에서 누려야 할 기본적인 권리 보장과 성인기를 준비할 수 있는 여건들을 보장하는 것에 대하여 그 중요성을 두고 있다. 청소년기는 아동에서 성인으로 가는 과도기에서 건강한 사회구성원으로 성장하는 데 세심한 주의와 보호 · 지도가 요구되며, 청소년이 안정적이고 정상적인 삶을 영위할 수 있도록 국가가 제도적으로 청소년복지서비스를 지속적으로 지원하며 확장해 가는 정책이 중요하다. 이 장에서는 추가적으로 최근의 우리 사회에서 청소년복지의 확대 서비스에 대한 노력과 새롭게 달성해 가는 정책들에 대해 파악하고 이에 따른 향후 과제를 제시하고자 한다.

2. 청소년복지의 개념 및 기반

1) 청소년복지의 개념

청소년은 그동안 아동과 포함되어 이해되는 경우가 많았다. 이러한 영향으로 청소년에 관한 정책과 복지는 아동복지와 매우 밀접한 관련성을 갖고 운영되어 왔다. 청소년은 아동의 연장선으로 이해되어 청소년을 정의하여 구별하는 것이 실질적으로 어려운 점으로 여겨졌기 때문이다. 따라서 청소년복지의 개념을 정의하기 위해서는 청소년에 대한 정의가 우선되어야 하는데 아동이나 성인에 포함되지 못하여 혼재되어 있는 특성을 구별하는 것이 중요하다고 할 수 있다. 대표적으로 한국의 법체계 속에서 다양한 연령층을 살펴보면 「아동복지법」에서는 18세 미만을 아동으로 구분하고, 「청소년 기본법」에서는 만 9세 이상 24세 이하인 자를 청소년으로 구분하고 있다. 이와 같이 아동과 청소년의 연령에 대하여 혼재되어 구분되는 경우로 인하여 그동안 아동복지분야에 청소년 역시 포함되어 있었다. 이후 1991년 「청소년 기본법」이 제정되면서 '청소년복지'라는 용어가 일반적으로 구분되는 결과와 함께 학계에 명시적·공식적으로 사용되었으며 대학 교과과정에서도 청소년복지의 전공분야가 독립되어 등장했다.

　일반적으로 구분되는 청소년기의 특성으로 볼 때 아동은 초등학교 시기로서 12세까지로 구분할 수 있고, 청소년은 아동과 성인에서 구별되는 용어로서 중학생 이상 대학생 미만의 나이에 해당한다고 할 수 있다(서울대학교 교육연구소, 1998). 연령으로는 만 12세에서 만 18~19세까지가 대략적으로 청소년에 해당된다. 우리나라는 청소년에 대한 법적인 보호내용을 연령에 따라 〈표 15-1〉과 같이 적용하여 시행하고 있다.

〈표 15-1〉 청소년의 법적인 연령기준

구분	조항	연령	규정내용
민법	제4조	19세 미만	19세로 성년이 된다.
형법	제9조	14세 미만	14세가 되지 아니한 자의 행위는 벌하지 않는다.
소년법	제2조	19세 미만	소년의 정의
청소년 기본법	제3조 제1항	9~24세	청소년 육성정책에 관한 기본적인 규정(혜택의 부여)
청소년 보호법	제2조 제1항	만 19세 미만	청소년이라 함은 만 19세 미만의 자를 말한다.
식품위생법	제44조	19세 미만	유흥접객원 고용금지, 단란주점 유흥주점 영업소 출입금지
근로기준법	제64조	18세 미만	도덕성·보건성 유해·위험한 사업에 사용하지 못한다.

출처: 법제처(2016).

　비행이나 청소년범죄와 관련된 자료들의 대부분은 12세 이상 19세 미만인 자들을 청소년으로 간주하고 있다. 한편, 「청년고용촉진특별법 시행령」에서는 15~29세 이하를 청년의 나이로 정의하고 있다. 아동, 청소년, 청년의 개념이 혼재하는 가운데 이들 세 가지 용어는 차례대로 연령의 증가를 나타내고 있다는 점을 고려하여 여기에서는 청소년복지의 일반적 대상을 아동과 청년 사이로 설정하여 12세 이상 19세 미만인 자로 잠정 정의하기로 한다. 「청소년 기본법」에서 '청소년복지'는 "청소년이 정상적인 삶을 영위할 수 있는 기본적인 여건을 조성하고 조화롭게 성장·발달할 수 있도록 제공되는 사회적 · 경제적 지원"(법 제3조 제4호)으로 정의되고 있다. 이를 통해 알 수 있는 것은, 첫째, 청소년복지의 대상은 특별히 지원을 필요로 하는 청소년뿐만 아니라 일반 청소년을 포함한다는 것이다. 둘째, 청소년복지는 현 상태의 청소년기 삶의 질을 보장하는 여건을 조성하는 것뿐만 아니라 미래의 삶을 준비하는 데 필요한 사회적 · 경제적 지원을 제공하는 것이라는 점이다.

따라서 청소년복지의 목적은 일반 청소년과 특별지원 청소년 모두에게 다양한 복지서비스를 제공해 청소년의 다양한 욕구를 충족시키고 아울러 이들을 각종 유해환경 및 문제로부터 보호함으로써 복지의 증진을 도모하는 데 있다. 이렇듯 현재 우리나라의 「아동복지법」과 「청소년 기본법」 등에서 천명하고 있는 청소년복지는 전체 청소년을 대상으로 하는 보편주의 원칙 위에 서 있다고 할 수 있다. 하지만 「청소년 기본법」 제49조 제2항에서는 "국가 및 지방자치단체는 기초생활 보장, 직업재활훈련, 청소년활동 지원 등의 시책을 추진할 때에는 정신적 · 신체적 · 경제적 · 사회적으로 특별한 지원이 필요한 청소년을 우선적으로 배려하여야 한다."라고 밝힘으로써 청소년복지에 관한 한 실질적으로는 빈곤 청소년, 미혼모 청소년, 한부모가정 청소년, 가출 청소년, 시설보호 청소년, 학교 밖 청소년 등 사회적 보호를 필요로 하는 청소년을 대상으로 한다고 할 수 있다.

2) 청소년복지의 기반

우리나라에서 청소년복지의 최초의 관련법은 1961년 「미성년자 보호법」과 「아동복리법」 제정이다. 1987년 청소년정책에 필요한 근거 법으로 「청소년 육성법」이 제정되었으며, 1991년 대체법으로 「청소년 기본법」이 제정되어 청소년복지가 시행되는 법적인 기반을 세울 수 있었다.

이후 「청소년 보호법」(1997. 7. 1.), 「청소년복지 지원법」(2004. 12. 31.), 「아동 · 청소년의 성보호에 관한 법률」(2010. 4. 15.), 「학교 밖 청소년 지원에 관한 법률」(2015. 5. 29.) 등이 있다. 청소년복지 관련 모든 법은 청소년의 각종 유해환경으로부터 보호하고 삶의 질 향상 및 건전한 인격체로의 성장을 도우며, 요보호청소년, 문제 청소년을 위한 특별 지원 및 제공과 관련된 법규범을 포함한다. 청소년복지와 관련하여 청소년들에 대한 서비스와 실질적으로 특별지원 청소년과 관련되어 있는 시행 법규범을 연계하여 청소년복지 관련법을 명시하고자 한다.

「청소년 기본법」은 청소년헌장의 성격과 청소년정책 기능 역할로서 총괄규범이나 관리규범과 청소년을 위한 기본 법제와 조직을 갖추는 성격을 갖고 있다. 「청소년 기본법」

은 "청소년의 권리 및 책임과 가정·사회·국가 및 지방자치단체의 청소년에 대한 책임을 정하고, 청소년육성정책에 관한 기본적인 사항을 규정"함을 목적으로 한다(동법 제1조). 이 법의 기본 이념은 "청소년이 사회구성원으로서 정당한 대우와 권익을 보장받음과 아울러 스스로 생각하고 자유롭게 활동할 수 있도록 하며 보다 나은 삶을 누리고 유해한 환경으로부터 보호될 수 있도록 함으로써 국가와 사회가 필요로 하는 건전한 민주시민으로 자랄 수 있도록 하는 것이다"(동법 제2조 제1항). 특히 이 법에서는 "가정문제가 있거나 학업수행 또는 사회적응에 어려움을 겪는 등 조화롭고 건강한 성장과 생활에 필요한 여건을 갖추지 못한 청소년을 위기청소년이라 정의하고 국가 및 지방자치단체는 대통령령으로 정하는 바에 따라 위기청소년에게 필요한 사회적·경제적 지원(이하 '특별지원'이라 한다)을 할 수 있다."라고 정의하고 있다. 따라서 청소년복지는 특별지원이 필요한 청소년집단을 포함하는 일반청소년을 대상으로 생활 여건향상과 복지 증진, 보호 및 육성에 기여하는 사회복지 실천 분야라고 할 수 있다. 최근 개정으로 2017년 12월 12일 개정하여 2018년 6월 13일 시행된 내용으로는 청소년의 의견을 수렴하고 참여를 촉진하기 위한 청소년 참여위원회의 구성·운영에 관한 규정을 신설하였다.

또한 청소년 보호를 위한 실천방안으로 「청소년 기본법」에서 규정한 사항을 실천하기 위한 법률이 「청소년 보호법」이다. 이 법은 성장과정에 있는 청소년을 유해한 환경에서 보호하기 위한 목적으로 제정되었다. 동법은 "청소년에게 유해한 매체물과 약물 등이 청소년에게 유통되는 것과 청소년이 유해한 업소에 출입하는 것 등을 규제하고, 청소년을 청소년 폭력·학대 등 청소년유해행위를 포함한 각종 유해한 환경으로부터 보호·구제함으로써 청소년이 건전한 인격체로 성장할 수 있도록 하고자 하는 것이다"(제1조). 「청소년 보호법」은 사회적 유해환경에 따른 규제와 정화를 이루어 각종 유해환경에서 청소년을 보호하고자 하는 규제법적인 특징이 있다. 이 법 제36조 규정에 의해 청소년을 보호를 위한 각종 시책을 독립적으로 추진하기 위하여 여성가족부장관 소속하에 청소년 보호위원회를 설치하여, 청소년유해매체물, 청소년유해약물, 청소년 유해물건, 청소년 유해업소 등에 대해 행정처분 권한으로 검사 및 조사권, 시정명령권 등을 부여하여 시행하고 있다. 또한 청소년을 각종 위험 및 유해환경으로부터 보호하기 위한 가정의 역할과 책임, 사회·국가·지방자치단체의 책임 등을 명시하고 있다. 최근 개정으로는 2017년 12월 12일 개정하여 2018년 3월 13일 시행된 내용으로 인터넷신문을 통한 유해광고로부터 청소년을 보호하기 위해 광고 등 콘텐츠 청소년유해 매체물을 심의 대상에 포함하였다.

「아동·청소년의 성보호에 관한 법률」은 "아동·청소년 대상 성범죄의 처벌과 절차에 관한 특례를 규정하고 피해청소년을 위한 구제 및 지원절차를 마련하며 아동·청소년 대상 성범죄자를 체계적으로 관리함으로써 아동·청소년을 성범죄로부터 보호하고 아동·청소년이 건강한 사회구성원으로 성장할 수 있도록 함을 목적으로"(제1조) 제정되었다. 이 법은 아동·청소년대상 성범죄의 처벌과 절차에 관한 특례(제2장), 아동·청소년대상 성범죄의 신고·응급조치와 지원(제3장), 아동·청소년의 선도보호 등(제4장), 아동·청소년대상 성범죄로 유죄판결이 확정된 자의 신상정보 등록 및 열람과 취업제한 등(제5장)에 관한 내용을 규정하고 있다. 2005년 시행된 「청소년복지 지원법」은 청소년복지의 다양한 요구 사항에 대응하고 체계적·효율적 지원을 위해 2012년 개정되었다. 최근 개정으로는 2017년 12월 12일 개정하여 2018년 6월 13일 시행된 내용으로 여성청소년 위생용품 지원 근거를 마련하였다. 「청소년 기본법」 제49조 제4항의 규정에 따라 청소년복지 증진에 관한 사항을 정하기 위한 목적을 위함이다.

이 법은 사회복지서비스를 특별히 필요로 하는 청소년을 '위기청소년'으로 정의하고 있으며, 청소년복지 증진을 위한 노력으로서 '청소년의 건강보장'(제3장), '지역사회 청소년통합 지원체계'(제4장), '위기청소년 지원'(제5장) 등의 내용을 담고 있다. 청소년 가출 예방 및 보호와 지원을 위해 청소년쉼터의 설치와 운영에 관한 사항(제16조)도 이 법 속에 규정되어 있다. 또한 이 법 제18조에서는 이주배경 청소년에 대한 지원을 명시함으로써 최근 증가하고 있는 다문화가족 청소년과 북한이탈주민 청소년들에 대한 지원 근거를 마련하였다(엄명용, 2016). 개략적으로 청소년복지는 이상의 법체계들이 규정하고 있는 내용을 바탕으로 실천된다. 하지만 앞으로 살펴볼 내용을 통해 알 수 있듯이 각 중앙 부처별로 행해지는 여러 청소년복지 관련 사업은 각 부처 나름대로 갖고 있는 정책 의지 및 안에 따라 다양한 형태로 이루어지고 있다.

3. 청소년복지의 발달과정

1) 행정조직의 변천

청소년복지의 발달과정은 청소년복지 업무를 관장하는 정부 조직의 변화와, 이에 맞물려 진행된 청소년복지 관련 법제도의 정비과정을 추적해 봄으로써 알 수 있다. 청소년복지라는 업무 영역이 구별되기 시작한 것은 최근 몇 년 사이의 일이다. 지금까지 청소년복지는 국가의 청소년정책이라는 보다 큰 틀 속에서 다루어져 왔으며 정부의 청소년정책 조직은 현재까지 주관부서 이관, 부처 통폐합, 기구 명칭 변경 등의 변화를 거쳐 왔다. 정부 수립 이후 1964년까지 청소년정책은 정부 차원의 종합·조정체제를 갖추지 못한 채 각 부처별 기능에 따라 산발적으로 수행되고 있었다. 따라서 부처 간 협조·조정 및 일관성 있는 업무 수행이 어려워 청소년 정책수행에 많은 문제를 안고 있었다. 이에 따라 국가적 차원에서 청소년 관련 정책의 방향 제시, 종합·조정 등의 기능을 갖는 청소년대책기구의 설치 필요성이 제기되어 1964년 9월 11일 대통령령 제1932호로 내무부장관을 위원장으로 하는 '청소년보호대책위원회'가 설치되었다. 이후 의도되었던 종합·조정 기능이 미흡하다고 판단, 1977년 8월 27일 대통령령 제8670호로 청소년대책위원회 규정을 제정·공포해 '청소년보호대책위원회'를 해체하고 청소년의 선도 및 보호 관련 종합 대책을 심의하는 중앙기구로 국무총리를 위원장으로 하는 '청소년대책위원회'를 설치했다. '청소년대책위원회'는 1977~1984년까지의 '청소년대책관련사업추진계획', 1985~1987년까지의 '청소년종합대책세부추진계획', 1988~1990년까지의 '청소년육성종합계획' 등을 마련하면서 종합적이고 장기적인 청소년정책계획의 기본 틀을 제공했다.

정부의 청소년업무 최초 전담조직은 1988년 당시 체육부에 독립된 부서로 설치되었던 청소년국이다. 청소년국은 청소년 관련 최초의 종합법률인 「청소년육성법」이 1987년에 제정되어 1988년부터 시행되면서 이를 실천하기 위해 설치된 부서였다. 청소년국은 1991년 체육청소년부 청소년정책조정실로 확대·개편되었고, 1993년 3월에는 정부조직의 통합에 따라 문화체육부 청소년정책실로 변화되었다. 1997년 3월 유해환경으로부터 청소년을 보호하기 위해 청소년유해매체물·유해약물에 대한 유통규제와 단속, 유해업소의 청소년 출입·고용금지를 주요 내용으로 하는 「청소년 보호법」이 제정되면서 이를 시행할 청소년보호위원회가 1997년 7월 문화체육부에 설치되었다. 1998년 2월 조직 개편에서 청소년정책실은 청소년국으로 되어 문화관광부에 존치되었고, 청소년보호위원회는 국무총리실로 소속이 변경되어 활동했다. 청소년 중앙행정조직이 문화관광부와 청소년보호위원회로 이원화되면서 체계적·종합적 청소년정책 수행이 곤란했고 각 부처에 산재한 청소년정책 총괄 및 조정역할을 수행하기가 어려웠다. 또한 새로운 정책 환경 변화에 대한 대처 능력도 부족했다. 이를 해결하기 위해 2004년 12월 17일 정부혁신지방분권위원회는 육성 및 보호라는 정부의 청소년 기능을 통합·관리할 국무총리소속 청소년위원회를 설립하기 위한 추진단을 구성·운영해 2005년 3월 24일에 합의제 행정기관인 청소년위원회 설치를 위한 관계 법률(「청소년 기본법」「청소년 보호법」「정부조직법」)

을 개정·공포했다. 이와 같은 과정을 거쳐 2005년 문화관광부 청소년국과 청소년보호
위원회가 통합되어 청소년위원회가 탄생했으며, 2006년 3월 「청소년 기본법」의 개정에
의해 국가청소년위원회로 명칭을 변경했다. 이후 국가청소년위원회는 일원화된 청소년
정책 행정 조정체계로서 청소년정책의 총괄·조정 및 영역확장을 위해 노력해 왔다. 그
러나 2008년 3월 정부조직개편으로 국가청소년위원회는 해체되고 종전 보건복지부 아
동정책, 여성부 보육정책, 국가청소년위원회의 청소년 정책을 통합하여 보건복지가족부
아동청소년정책실로 업무가 개편되었다. 그러다가 2010년 1월의 「정부조직법」 개정으
로 청소년의 육성·보호 기능은 여성가족부의 청소년가족정책실로 이관되어 수행되어
오고 있다.

2) 관련 법률의 변천

청소년복지 관련 행정체계의 변천 과정에서 청소년복지 관련 각종 법령이 제정되었
다. 청소년 관련 법제의 변천을 통해 청소년복지의 발달 과정을 추적해 볼 수 있다. 이용
교(1994)는 청소년복지 관련 주요 법제의 변화에 중점을 두어 청소년복지 발달과정을
3단계로 나누었다. 제1기는 맹아기로서 해방 후부터 「미성년자보호법」과 「아동복리법」
이 제정된 1961년까지이다. 이 시기는 청소년복지와 아동복지 영역의 분화가 없었을 뿐
만 아니라 조선구호령(1944) 등 일제하의 제도를 답습하거나 임시적인 각종 행정지침에
의해 긴급구호 위주의 활동을 해 오던 시기다. 제2기는 청소년복지 도입기로 1962년부
터 「청소년육성법」이 제정된 1987년까지다. 제3기는 1988년부터 시작되는 청소년복지
의 전개기이다.

김희순(2003: 111-122)은 청소년육성 관련 법의 제·개정을 중심으로 청소년복지의 발
달과정을 크게 4단계로 구분했다. 제1기(1948~1986)는 청소년 관련법이 제정되지 못한
시기로 청소년정책 자체가 부재한 시기이다. 제2기(1987~1993)는 「청소년육성법」이 제
정된 시기로 청소년정책에 대한 포괄적인 정책의 마련과 함께 정부의 청소년정책 활동
이 본격적으로 시작된 시기이다. 제3기(1994~1998)는 「청소년보호법」이 제정된 시기로
청소년 정책의 실용화가 시도된 시기이다. 제4기(1998~)는 청소년육성5개년계획이 본
격화된 시기로 청소년에 대한 정부의 정책이 내실화된 시기이다.

고숙희, 김영희, 서동희, 김유리(2006: 16-17)는 청소년 관련 법제의 변천을 중심으로
청소년복지의 발전기를 5단계로 나누었다. 제1기(1948~1986)는 청소년정책에 관련된
법제적 근거가 부족한 시기로서 경제개발계획 추진이 국가의 우선 과제로 자리 잡아 청

소년에 대한 사회적 관심이 크게 부각되지 못하던 단계이다. 제2기(1987~1990)는 우리나라 최초의 청소년 관련 법률이면서 청소년정책의 근간인 「청소년육성법」이 제정·발효된 시기다. 동법은 청소년 정책의 목적, 청소년, 청소년시설, 청소년 단체 등에 대한 개념적 정의를 담고 있는 다소 추상적·선언적 규정으로서 실제로 청소년 정책의 수립·추진을 위한 법적 근거로서의 실효성에는 다소 문제가 있는 것으로 평가받고 있다. 제3기(1991~1992)는 종전의 「청소년육성법」의 전면개정을 통해 「청소년 기본법」이 제정된 시기다. 「청소년 기본법」 제정에 앞서 청소년기본계획이 수립되어 청소년정책을 과거의 청소년보호에서 청소년육성으로 전환하려는 노력이 있었다. 청소년기본계획은 청소년활동 부문, 청소년복지 부문, 청소년교류 부문, 법제보강 부문, 청소년 재정의 확충 등 정부의 청소년정책 실현 의지를 담고 있다. 제4기(1993~1997)는 비현실성이 노출된 종래의 한국청소년10개년기본계획을 청소년육성5개년기본계획으로 전환한 시기다. 제5기(1998~)는 제2차 청소년육성5개년기본계획이 추진된 시기다. 제2차 청소년육성5개년기본계획은 원칙적으로 종래의 제1차 기본계획의 연장선상에서 청소년의 권리보장과 자율참여의 확대를 강조했다. 지금까지 여러 연구자가 제시한 청소년복지 정책의 발달 단계를 참고해 청소년정책의 발달 과정을 〈표 15-2〉과 같이 8단계로 제시해 보았다.

〈표 15-2〉를 살펴보면 제6기에 「청소년복지 지원법」이 제정됨으로써 "청소년의 복지 향상을 위한 정책을 실시할 책임을 국가가 진다."라는 헌법 제34조 제4항의 내용을 법률로 구현하려는 의지가 비로소 표출된 셈이다. 동법은 여러 차례의 개정을 거치다가 2012년 2월 1일에 전부개정을 거쳤고, 타법 개정으로 인해 2014년 5월 28일 타법 개정에 따른 개정을 한 후 2015년 5월 29일부터 시행되고 있다. 이후 내용은 청소년복지 발달단계상 제6기(2003~2007)와 제7기(2008년 이후)에서 이뤄진 청소년복지 내용을 중심으로 한다. 제8기(2013~2017)는 향후 제5차 청소년육성5개년계획하에 진행될 내용에 해당된다.

〈표 15-2〉 청소년복지의 발달과정과 그에 따른 특성

구분	특징	관련법제	비고
제1기	• 청소년 관련 법적 근거 부족	• 「청소년육성법」 제정 이전	(1948~1986)
제2기	• 우리나라 최초의 청소년 관련 법률인 「청소년육성법」이 의원입법으로 제정됨 • '청소년 육성 종합계획'(1988~1990) 마련됨	• 「청소년육성법」 제정(1987)	(1987~1990)

제3기	• 한국청소년10개년기본계획수립(1992~2001) • 청소년보호정책에서 청소년육성정책으로 전환	• 청소년기본계획 시작 • 「청소년 기본법」 제정(1991)	(1991~1992)
제4기	• 한국청소년10개년기본계획을 현실적으로 보완해 청소년육성5개년기본계획으로 전환(청소년 육성 및 선도·보호교화 위주의 청소년 정책)	• 제1차 청소년육성5개년 기본계획(1993~1997) 추진 • 「청소년 보호법」 제정(1997)	(1993~1997)
제5기	• 동반자적 청소년 지위부여 • 소수 문제청소년 보호 위주에서 다수 청소년 육성정책시도 • 청소년을 정책 대상에서 정책 파트너, 참여주체로 인식	• 제2차 청소년육성5개년 기본계획(1998~2002) 추진 • 「청소년 보호법」 제정(2000) • 청소년헌장 개정(1998)	(1998~2002)
제6기	• 세대통합 지향 • 복지확대/참여·인권의 지속 강조 • 행정체계의 일원화로 청소년정책기반 마련 • 청소년정책의 총괄·조정 및 영역확장 노력	• 제3차 청소년육성5개년 기본계획(2003~2007) 추진 • 「청소년복지지원법」 제정(2004)	(2003~2007)
제7기	• 청소년 활동기반 보강 • 청소년복지와 인권향상 • 청소년 친화적 환경조성 • 추진체계 강화(각 부처 및 지방자치단체의 청소년 관련 정책에 대한 총괄·조정 기능과 민간영역을 아우르는 지역사회 연계 강화) • 아동정책과 청소년정책 통합 추진 • 보편적·통합적 청소년정책 추진	• 제4차 청소년육성5개년 기본계획(2008~2012) 추진 • 국가청소년위원회 폐지 • 보건복지가족부 청소년정책실 → 여성가족부 청소년 가족정책실(청소년정책관)	(2008~2012)
제8기	• 선제적·실질적 청소년정책 • 포괄적·균형적 청소년정책 • 청소년의 다양한 역량 강화 • 청소년복지 및 자립 지원 • 청소년 참여 및 권리 증진 • 추진체계 강화(범부처 정책 총괄·조정 기능 강화, 청소년 지원 인프라 보강)	• 제5차 청소년육성5개년 기본계획(2012~2017) 추진 • 「학교 밖 청소년지원에 관한 법률」 제정(2014. 5. 28.)	(2013~2017)

4. 청소년복지서비스 현황

청소년복지서비스는 보편적으로 계속해서 확대되고 있으며 지원 방법 역시 이용자 중심으로 여러 가지 다양한 경로를 통해 전달되고 있다. 여기서는 먼저 청소년시설을 통해 공급되는 서비스의 형태들을 소개한 후 개별적으로 제공되는 주요 서비스 내용들을 소개하고자 한다.

1) 시설 보호

청소년 관련 전반적 정책의 실천을 위한 공간으로는 다양한 청소년시설이 있어 여기서 청소년을 위한 다양한 활동과 서비스가 제공된다. 청소년시설은 크게 청소년활동시설, 청소년복지시설, 청소년보호시설로 분류된다. 청소년활동시설은 수련활동, 교류활동, 문화활동을 위한 공간으로서 2016년 12월 31일 기준 전국에 799개의 청소년수련시설과 청소년이용시설이 있다. 청소년복지시설은 청소년이 정상적인 삶을 영위할 수 있는 기본 여건을 조성하고 조화롭게 성장·발달할 수 있도록 사회적·경제적 지원을 제공하는 시설이다. 가출청소년쉼터, 청소년공부방, 청소년선도시설, 「아동복지법」에 의한 아동복지시설 등이 여기에 포함된다. 청소년보호시설은 청소년을 각종 청소년 유해환경으로부터 보호하기 위한 시설이다. 청소년보호센터와 청소년재활센터가 여기에 속한다. [그림 15-1]에 나타난 다양한 청소년시설에서 다양한 내용의 서비스가 제공되고 있지만 여기에서는 여러 청소년시설 중에서 청소년복지시설의 현황을 선별적으로 소개한 후 이들 시설에서 제공되는 서비스의 내용만을 살펴보고자 한다.

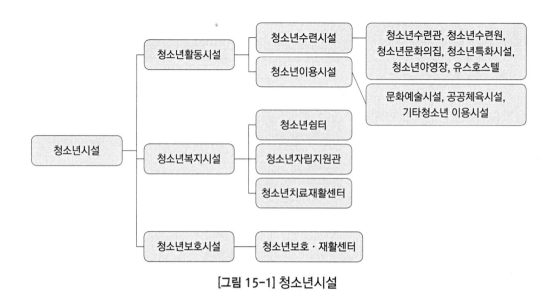

[그림 15-1] 청소년시설

(1) 청소년쉼터(가출청소년보호시설)

청소년복지시설 중 '가출청소년쉼터'는 「청소년복지 지원법」에 의해 설치 · 운영되고 있으며 가출청소년의 일시보호 및 숙식제공, 가출청소년의 상담 · 선도 · 수련활동, 가출청소년의 학업 및 직업훈련 지원활동, 청소년의 가출 예방을 위한 거리상담활동 등을 담당한다. 청소년쉼터에는 원래 9~24세의 청소년이 입소할 수 있으나 실제적으로는 20세 미만의 미성년자들이 입소해 있다. 보호기간은 9개월 이하의 일시보호를 원칙으로 24시간 개방한다. 2005년에는 가출 및 위기청소년의 욕구와 특성에 따라 청소년쉼터를 일시쉼터(드롭인센터, 24시간), 단기쉼터(청소년쉼터, 3개월), 중 · 장기쉼터(2년)로 구분했다. 이후 2017년에는 일시쉼터(드롭인센터, 7일 이내), 단기쉼터(청소년쉼터, 3~9개월), 중 · 장기쉼터(3~1년 단위로 연장)로 연장했다. 가출청소년쉼터는 1992년 시범사업 운영의 일환으로 서울 YMCA 청소년쉼터가 열린 이래 1996년 이후 광역시 중심으로 확산되기 시작했으며 2018년 1월 1일 기준 국가와 지방자치단체의 지원을 받는 쉼터가 130개 (일시쉼터 30개소, 단기쉼터 62개소, 중장기쉼터 37개소)에 이르고 있다(여성가족부, 2018).

(2) 청소년자립지원관

2012년도 「청소년복지 지원법」 전부개정에 따라 제31조(청소년복지시설의 종류) 규정에 의해 새로 정의된 청소년복지시설의 한 유형으로서 일정 기간 청소년쉼터의 지원을 받았는데도 가정 · 학교 · 사회로 복귀하여 생활할 수 없는 청소년에게 자립하여 생활할 수 있는 능력과 여건을 갖추도록 지원하는 시설이다(「청소년복지 지원법」 제31조 제2호). 이용 대상자로는 쉼터 및 청소년회복지원시설 퇴소 후 갈 곳이 없어 장기적인 보호와 자립지원이 필요한 가출 청소년이며, 자립의지가 강하고, 자립을 위한 준비가 더 필요한 청소년을 우선 대상으로 선정하고 있다. 연령으로는 만 24세 이하 가출 청소년이며, 만 20세 이하 가출 청소년을 우선 입소대상으로 하되, 만 24세까지 입소 가능하도록 하고 있다. 제공되는 서비스로는 중장기쉼터, 독립생활기술 훈련과정 운영, 독립생활 지원,[1] 정서적지지 및 정기적인 상담서비스, 직업알선 및 취업지도, 취업알선, 자기개발을 위한 지원 및 연계, 의료비 지원을 하고 있다(여성가족부, 2018).

(3) 청소년치료재활센터

2012년도 「청소년복지 지원법」 전부개정에 따라 제31조 규정에 의해 새로 정의된 청소년복지시설의 한 유형으로서 학습·정서·행동상의 장애를 가진 청소년을 대상으로 정상적인 성장과 생활을 할 수 있도록 해당 청소년에게 적합한 치료·교육 및 재활을 종합적으로 지원하는 거주형 시설이다(「청소년복지 지원법」 제31조 제3호). 거주형 시설의 하나로서 2012년 12월에 정서적·행동적 장애로 어려움을 겪는 청소년에게 종합적·전문적 치료·재활 서비스를 한 장소에서 제공하는 거주형 기관인 국립중앙청소년디딤돌센터가 개원하였다. 여기에는 인터넷게임 중독, 학대 및 학교폭력 피해, 학교부적응 등으로 인해 우울증, 불안 장애, 주의력결핍과잉행동장애 등 정서적·행동적 장애를 가진 청소년(만 9~18세)이 들어갈 수 있으며, 시설 운영기간으로는 연중 4박 5일, 1~4개월 과정 프로그램이 운영되고 있다. 이곳에 들어온 청소년에게는 상담·치료, 보호, 자립지도, 교육 서비스 등이 종합적으로 제공된다(여성가족부, 2018).

(4) 이주배경청소년 지원센터

최근 다문화가정의 증가와 타국에서 생활하다가 국내 다문화가정에 합류하는 이른바 중도입국청소년의 수가 증가하고 있다. 아울러 북한이탈주민의 일원으로서 동반 또는

---

1) • 주거상담 및 주거지원서비스: 퇴소 후 주거상담, 공공임대주택 입주 연계, 임대료 및 집수리 지원 연계 등
　• 정기적인 사후 관리
　• 기본 생계를 위한 보조금 지원 및 사회복지서비스 연계: 지자체 및 사회복지관 연계 도시락 및 쌀 지원, 기초생활수급자 수급지원, 자원봉사연계, 일자리 연계 등

중도 입국하는 북한이탈 청소년의 수도 증가하고 있다. 이들은 국내에 들어오는 과정에서 많은 어려움과 상처를 경험할 뿐만 아니라 입국 후에도 문화적응, 교육 적응, 직업 적응 등 모든 면에서 어려움을 겪고 있다. 이러한 어려움을 해소하고 이들의 국내 정착을 돕기 위해 2012년 8월부터 시행된 「청소년복지 지원법」 전부개정으로 북한이탈 청소년 및 다문화 청소년 등 이주배경 청소년을 지원하는 '이주배경청소년지원센터' 설치 근거(제 30조 제1항)가 마련되어 이주배경 청소년에 대한 보다 적극적인 지원이 이루어질 수 있는 기틀이 마련되었다. 사업목적으로는 중도입국 · 다문화 · 북한이탈 등 이주배경 청소년의 사회적응을 지원하고 이들에게 맞춤형 정보제공, 기초 한국어, 진로지도, 문화 활동 등을 지원하고 있다. 현재 이주배경 청소년 지원센터로서의 역할을 무지개청소년센터가 수행하고 있다.

2) 가정보호

아동복지의 제1차 방어선은 가정이다. 「아동복지법」 제2조 제2항에서도 아동의 완전하고 조화로운 인격발달을 위하여 아동은 안정된 가정환경에서 행복하게 자라나야 할 것을 명시하고 있다. 하지만 여러 가지 사정으로 인해 자신의 가정에서 생활할 수 없는 아동을 위해서는 사회가 개입하고 있다. 개입방법으로는 입양, 가정위탁, 공동생활가정(그룹홈) 보호, 소년 · 소녀 가정 아동 보호 등이 있다. 이와 관련된 내용은 아동복지에서 별도로 다루어질 것이므로 여기에서는 생략한다.

3) 취약계층 청소년 지원

(1) 청소년 방과후 아카데미

청소년 방과후 아카데미는 국가청소년위원회 출범(2005. 4.)과 함께 4대 핵심 주요 정책과제 중 하나로 2005년 시범사업을 거쳐 2006년부터 본격적으로 운영되었다. 이 사업은 학교수업 후 혼자서 시간을 보내는 저소득 · 맞벌이 · 한부모가정의 청소년들에게 청소년수련시설(청소년수련관, 청소년문화의 집, 공공청소년공부방, 청소년단체시설 등)을 활용해 학습능력을 배양하고 다양한 체험활동과 특기적성 계발활동 및 급식 · 건강관리 · 상담 등 종합적인 지원을 제공하는 사업이다. 이 사업은 오후 3시부터 10시까지 학생당 평균 4~5시간씩 운영되며 프로그램은 기본공통과정(숙제지도, 보충학습 등), 전문선택과정(문화 · 예술 · 스포츠 활동 등을 통한 창의성 계발), 특별지원과정(부모 간담회, 가족캠프, 부모교육 등), 생활지원(급식, 건강관리, 상담, 생활일정관리, 안전귀가 등) 등으로 구성된다. 이 서비스는 중앙정부와 지방정부 및 학교와 가정 · 지역사회가 연계하여 공교육을 보완하는 기능을 하고 있다.

이 사업은 여성가족부와 지방자치단체가 공동 운영하고 있으며 2008년 185개소가 운영되다가, 2009년 178개소, 2010년 161개소로 잠시 축소 운영되었으나, 2011년 다시 200개소, 2018년 260개소로 대폭 확대 운영되었다. 대상으로는 저소득층(기준중위소득 60% 이하), 한부모 · 조손 · 다문화 · 장애가정 · 3자녀 이상 · 맞벌이가정(기준중위소득 100% 이하) 등 방과후 돌봄이 필요한 청소년이 해당된다. 기타 지원 대상으로 학교장 및 지역사회 추천으로도 가능하다(2018년 기준). 청소년운영방식에 있어서는 2005년 시범 실시(46개소) 이후 2006년 지자체 보조사업으로 전환(국비 50%)되어 지자체 매칭펀드방식으로 운영되다가 2009년 청소년육성기금에서 일반회계로 전환되었다. 2018년 국고 192억 원의 예산으로 책정되었으며 서울의 경우 30%, 지방의 경우 50%가 국비에서 지원되었다(여성가족부, 2018). 아울러 「청소년 기본법」 제48조의2(청소년 방과후 활동의 지원)가 2011년 5월에 신설됨으로써(2014년 3월 전면개정) 청소년 방과후 활동 지원에 대한 법적 근거가 마련되었다. 동조 제1항에서는 "국가 및 지방자치단체는 학교의 정규교육으로 보호할 수 없는 시간 동안 청소년의 전인적(全人的) 성장 · 발달을 지원하기 위하여 다양한 교육 및 활동 프로그램 등을 제공하는 종합적인 지원 방안을 마련하여야 한다."라고 규정하고 있다.

(2) 지역사회 청소년통합지원체계(CYS-Net)

양극화로 인한 가정해체, 가정 내 갈등으로 인한 가출, 학교부적응, 학업중단, 친구관계에서의 소외 등 복합적인 문제를 안고 있는 위기청소년들이 우리 사회에서 급증하고 있다. 이러한 위기청소년들의 다양한 욕구 충족과 상담, 긴급구조, 보호 · 지원, 자활, 활동 장려 등의 기능을 체계적으로 통합하는 역할을 수행하기 위한 지역사회 기반 통합적 지원체계 구축 노력이 지역사회 청소년안전망(Community Youth Safety-Net: CYS-Net) 구축 사업이다. CYS-Net 사업은 지역사회 청소년 관련 기관 간의 네트워킹을 통해 위기청소년에 대한 전화상담, 구조, 보호, 치료, 자립, 학습 등의 서비스를 제공함으로써 위기청소년의 건강한 성장과 생활 역량을 강화하는 데 초점을 두고 있다. CYS-Net 구축의 일환으로 2005년에는 2개 시(부산, 광주)에 청소년종합지원센터가 설치되었고, 2개 도(경기, 경남)에서는 기존의 청소년종합상담센터가 청소년상담과 아울러 위기청소년의 긴급구조, 일시보호, 자활 등의 통합기능을 수행했다. 또한 「청소년 기본법」의 개정(2005. 12.

29.)에 의해 한국청소년상담원이 위기청소년 총괄지원기능을 수행하도록 했으며, 시·도 및 시·군·구 청소년(종합)상담센터는 청소년에 대한 상담, 긴급구조, 자활, 치료 등의 기능을 수행하게 되었다. 2006년도에는 국가청소년위원회에서 전국 16개 시·도 청소년종합상담센터를 청소년상담지원센터로 확대·개편해 청소년상담뿐만 아니라 위기청소년에 대한 긴급구조, 일시보호, 치료·자활 등 통합지원 기능을 수행하도록 하였다. 지원대상은 9세 이상 24세 이하 위기 청소년이며, CYS-Net 운영 규모로는 전국 청소년상담복지센터 226개소(2018년 기준)를 운영하고 있다. 2009년 전국 16개 시·도 및 81개 시·군·구의 청소년(상담)지원센터를 중심으로 98,020명의 위기청소년에게 715,589회의 맞춤형 서비스를 제공·연계하였다(여성가족부, 2010). 2011년에는 전국 16개 시·도 및 150개 시·군·구의 청소년상담지원센터를 중심으로 145,376명의 위기청소년에게 1,773,892회의 맞춤형서비스를 제공·연계하였으며(여성가족부, 2012), 2013년에는 전국 17개 시·도 및 179개 시·군·구의 청소년상담복지센터를 중심으로 183,328명의 위기청소년에게 1,921,273회의 맞춤형 서비스를 제공·연계하였다(여성가족부, 2014a).

한편, 2012년 2월에 「청소년복지 지원법」이 전면개정됨에 따라 동법 제9조(지역사회 청소년통합지원체계의 구축·운영)의 제1항과 제2항에서 각각 "① 지방자치단체의 장은 관할구역의 위기청소년을 조기에 발견하여 보호하고, 청소년복지 및 「청소년 기본법」 제3조 제5호에 따른 청소년보호를 효율적으로 수행하기 위하여 지방자치단체, 공공기관, 「청소년 기본법」 제3조 제8호에 따른 청소년단체 등이 협력하여 업무를 수행하는 지역사회 청소년통합지원체계(이하 "통합지원체계"라 한다)를 구축·운영하여야 한다." "② 국가는 통합지원체계의 구축·운영을 지원하여야 한다."라고 명시함으로써 지역사회통합지원체계(CYS-Net) 구축의 법적 기준이 마련되었다.

(3) 청소년동반자(YC) 프로그램

청소년동반자(Youth Companion: YC)는 사회안전망에서 이탈할 가능성이 있거나 이미 이탈한 위기청소년들과 유기적인 관계를 형성해 위기청소년의 입장에서 지역사회 자원을 현장에서 함께 찾고 연계하며 청소년의 삶을 지원하는 전문 인력이다. 위기청소년의 경우 자신의 문제를 해결하는 데 필요한 정보의 부족과 함께 자신에게 도움을 주는 전문가에 대한 신뢰부족으로 실질적인 도움을 받지 못하는 경향이 있다. 청소년동반자는 청소년이 있는 곳에 직접 찾아가서 위기에 처한 청소년을 지원해 주는 역할을 수행한다. 2008년 말에 전국 16개 시·도에서 시행되었으며 2017년 말 기준 전국 17개 광역시·도에서 시행되고 있다.

청소년동반자 프로그램의 다섯 가지 특성은 ① 다중체계적 관점, ② 개인별 맞춤형 통합적 서비스, ③ 찾아가는 서비스, ④ 현장 중심의 직접적 개입, ⑤ 개입 효과의 지속적 평가를 통한 개입 전략의 정교화라 할 수 있다(국가청소년위원회 정책총괄팀, 2007c). 이와 같은 특성을 바탕으로 청소년동반자는 위기청소년을 발견하고 평가하며 개입한 후, 사후 관리의 네 단계 과정을 거치게 되며, 이 과정을 통해 궁극적으로는 위기청소년들을 사회안전망내로 포섭하는 것이 프로그램의 목표다. 2005년도에는 시범사업으로 청소년동반자 223명이 위기청소년 1,592명에게 각종 상담, 심리·정서적 지지, 자활 지원, 학습·진로지도, 문화체험 등을 제공했다(국가청소년위원회, 2007a). 2009년도에는 추경예산을 통해 800명의 동반자가 추가 선발되어 시·도 및 시·군·구 센터에서 약 1,270명의 청소년 동반자 자원을 통해 위기청소년에게 서비스를 제공했다(여성가족부, 2010).

이후 2010년도, 2011년도에는 본예산에 반영되어 880명의 동반자가 활동하였고(여성가족부, 2012), 2012년은 100명 증원된 980명, 2013년도에는 5명 증원된 985명의 청소년동반자가 전국 17개 광역시·도에서 활동하여 31,190명의 청소년이 도움을 받았다(여성가족부, 2014a). 이후 2018년 현재 1,261명 청소년동반자가 활동하고 있다(여성가족부, 2018). 여성가족부의 2011년 연구결과에 의하면 동반자 프로그램 참여자가 비참여자에 비해 재범률이 낮은 것으로 나타났다(여성가족부, 2012).

(4) 비행청소년

우리나라에서 청소년 비행은 형벌 법령을 어긴 행위에 해당하는 소년범죄와 법에는 어긋나지 않지만 사회의 윤리와 규범상 청소년으로 바람직하지 않은 행위를 모두 포함한다. 우리나라 「소년법」 제4조에서는 소년부의 보호사건으로 다루어져야 하는 대상을 세 가지로 분류하고 있다.

첫째, 죄를 범한 소년,[2] 둘째, 형벌 법령에 저촉되는 행위를 한 10세 이상 14세 미만인 소년, 셋째, 다음 각 사항에 해당하는 사유가 있고 그의 성격이나 환경에 비추어 앞으로 형벌 법령에 저촉되는 행위를 할 우려가 있는 10세 이상인 소년, 즉 ① 집단적으로 몰려다니며 주위 사람들에게 불안감을 조성하는 성벽이 있는 것, ② 정당한 이유 없이 가출하는 것, ③ 술을 마시고 소란을 피우거나 유해환경에 접하는 성벽이 있는 것 등이다. 범죄 행위를 할 우려가 있는 상태하에 놓여 있는 14~19세 청소년의 가출자 수는 2008년

---

2) 14세 이상 20세 미만인 자를 의미한다.

에 15,337명, 2009년도에 15,118명이었는데 2009년도 가출 청소년 중 남자가 5,253명(34.7%), 여자가 9,865명(65.3%)으로 여자 청소년의 가출이 많았다(경찰청, 2010). 2010년에는 가출청소년의 숫자가 19,440명으로 증가했는데 이 중 남자가 6,654명(34.2%), 여자가 12,786명(65.8%)으로 여자 청소년의 가출이 남자 청소년 가출의 거의 두 배에 달했다(경찰청, 2011). 2011년에는 총 20,434명의 가출 청소년 중 남자가 7,354명(36.0%), 여자가 13,080(64.0%)이었고, 2012년에는 총 20,690명의 가출 청소년 중 남자가 7,819명(37.8%), 여자가 12,871명(62.2%)로(경찰청, 2013) 가출 청소년의 수가 약간씩 증가하는 가운데 여자 청소년의 가출자 수가 남자 청소년의 가출자 수에 비해 약 1.8배 많았다.

한편, 가출 청소년 지원에 대한 법적 근거가 마련된 것은 2012년 「청소년복지 지원법」 개정에 의해서였다. 「청소년복지 지원법」 제16조(청소년 가출 예방 및 보호·지원) ①항에는, "여성가족부장관 또는 지방자치단체의 장은 청소년의 가출을 예방하고 가출한 청소년의 가정·사회복귀를 돕기 위하여 상담, 제31조 제1호에 따른 청소년쉼터의 설치·운영, 청소년쉼터 퇴소 청소년에 대한 사후지원 등 필요한 지원을 하여야 한다."라고 밝히고 있으며 ②항에서는, "보호자는 청소년의 가출을 예방하기 위하여 노력하여야 하며, 가출한 청소년의 가정·사회 복귀를 위한 국가 및 지방자치단체 등의 노력에 적극 협조하여야 한다."라고 되어 있다. 우리 사회의 전체 범죄는 2006년에 약간 감소한 것을 제외하면 매년 증가추세를 보였는데, 소년범죄는 2005년에는 총 범죄 대비 3.4%를 기록한 후 계속 증가하여 2008년에는 5.5%까지 증가했다가 2009년에는 감소하여 4.5%, 2011년에는 4.4%를 차지했다(여성가족부, 2010, 2012). 이어 2012년에는 5.1%, 2013년에는 4.3%를 기록했다(여성가족부, 2014a). 전체 마약류 사범은 2005년 이후 2007년까지 계속 증가했다가 2008년 다소 감소하는 경향을 보이다가 2009년(11,875건) 잠시 증가했다가 2010년부터는 소강상태를 보인 데 반해(2010년 9,732건, 2011년 9,174건, 2012년 9,255건, 2013년 9,764건, 2016년 5,309건) 청소년 마약범죄는 2006년까지 29명으로 증가하였다가 다소 감소하였으나(2007년 17명, 2008년 19명), 2009년도에 82명으로 급격하게 증가했다(여성가족부, 2010, 2012). 2010년에는 소폭 감소했고(35건), 2011년에는 다시 소폭 증가(41건)했으며, 2012년 38건, 2013년 58건, 2016년 44건을 나타냈다(여성가족부, 2014a; 검찰청, 2017).

비행청소년 중에서 죄질이 극히 불량해 선도, 교육이 불가능하다고 판단되는 범법소년에 대해서만 형사 처분하고 개선 가능성이 있는 범법소년에 대해서는 선도, 보호 측면에서 교육적인 처우를 하고 있다. 비행청소년의 처리기관은 경찰, 검찰, 법원, 분류심사원 등이다. 이 중에서 일반학교 부적응학생에 대한 특별교육을 실시하고 있는 곳이 분류심사원이다. 분류심사원은 「소년법」 제18조 제1항 제3호의 규정에 의해 가정법원 또는 지방 법원 소년부에서 위탁한 소년을 수용·보호하고 이들의 자질과 비행원인을 진단해 어떠한 처분이 적합한가를 분류 심사하는 법무부 소속 기관이다. 분류심사원은 2002년부터 각 시·도 교육청으로부터 「초·중등교육법」 시행령 제31조 제3항(학생의 징계 등)에 의한 중·고등학생 특별교육 이수기관으로 지정되어 일반학교 부적응학생에 대한 특별교육을 실시하고 있다. 2007년부터는 신설된 6개의 청소년비행예방센터 14개와 소년분류심사원 및 7개의 대행소년원에서 대안교육을 담당하고 있다. 특별교육은 진로·성격 등 심리검사, 심성훈련, 체험교육 등 1~5일 과정의 프로그램을 운영하고 있다. 교육과정을 이수한 학생에게는 특별교육수료증이 수여된다. 교육결과는 해당학교와 학부모에게 통보되어 학생 생활지도와 자녀지도의 자료로 활용하게 하고 있다.

(5) 학교 밖 청소년 지원

　학교 밖 청소년은 학업중단, 가출, 비행, 시설 입·퇴소 등으로 학교의 보살핌에서 벗어나 있는 취약 청소년을 의미한다. 이들은 학교나 가정의 돌봄으로 벗어나 있기 때문에 자신의 진로를 찾아가고 직업을 갖는 과정에서 많은 어려움을 경험하고 있어 국가와 전문기관의 도움을 필요로 한다. 따라서 사회가 학업이 단절된 청소년에게는 학업을 지속할 수 있도록 도움을 주고 자립에 어려움을 겪는 청소년에게는 체계적인 자립준비가 이루어질 수 있도록 지원할 필요가 있다. 이러한 필요를 인식하여 2007년부터 취약청소년 자립 지원프로그램 '두드림'이 운영되어 왔고 2011년부터는 학업중단청소년을 지원하기 위한 사업 '해밀'이 운영되기 시작했다. 그러다가 2013년부터 청소년중심의 맞춤형 서비스를 제공하기 위해 '두드림·해밀'이 통합되었다. 2014년에는 54개 청소년상담복지센터에서 지역사회청소년통합지원체계(CYS-Net) 내에서 유기적인 연계를 통해 운영되고 있다.

　두드림·해밀 사업의 목표는 취약청소년의 학업복귀와 사회진입을 촉진함으로써 그들이 건강한 사회인으로 성장할 수 있도록 돕는 것이다. 서비스대상은 우선지원대상과 지원대상으로 구분된다. 우선지원대상은 만 13~20세 사이 학업중단청소년, 학업중단 숙려제 대상 청소년(보호·복지·교정시설보호 및 퇴소 청소년, 청소년쉼터, 아동청소년 그룹홈, 아동복지시설, 자립생활관, 보호관찰소, 소년원 등), 기타 가정 외 보호체계에서 생활하는 청소년이다. 지원대상은 만 13~24세 사이 CYS-Net 체계를 통해 연계된 청소년 중 경제적·가정적·환경적으로 취약한 청소년이다. 이러한 사업이 진행되어 오는 과정에서 학업 중단 또는 진학 포기로 인해 학교 밖에 머물고 있는 이른바 '학교 밖 청소년'이 건강한 사회구성원으로 성장할 수 있도록 돕기 위한 「학교 밖 청소년 지원에 관한 법률」과하위 법령이 2015년 5월 29일부터 시행에 들어감으로써 학교 밖 청소년에 대한 지원강화 근거가 마련되었다. 이 법률은 학교 밖 청소년에 대한 종합적이고 체계적인 지원체계를 마련하도록 규정하고 있다. 정부는 법에 따라 연도별로 학교 밖 청소년을 위한 시행계획을 수립하고 정책 수립에 활용하기 위해 3년마다 실태 조사를 실시해 결과를 발표하도록 되어 있다. 국가와 지방자치단체는 이들의 특성과 수요를 고려한 상담(법 제8조), 교육(법 제9조), 직업 체험 및 취업 지원(법 제10조)과 함께 학교 밖 청소년 자립 지원(법 제11조) 프로그램을 마련해 제공하도록 되어 있다.

또한 국가와 지방자치단체는 학교 밖 청소년 지원을 위하여 필요한 경우 '학교 밖 청소년 지원센터'를 설치하거나 기존의 「청소년복지 지원법」 제29조의 청소년상담복지센터, 「청소년 기본법」 제3조 제8호의 청소년단체, 학교 밖 청소년을 지원하기 위하여 필요한 전문 인력과 시설을 갖춘 기관 또는 단체 등을 학교 밖 청소년 지원센터로 지정할 수 있다. 현재 여성가족부에서는 한국청소년상담복지개발원과 함께 전국 206개 청소년상담복지센터를 통해 학교 밖 청소년 지원 사업을 추진하여 학교 밖 청소년에게 일상생활기술훈련, 학습능력 향상 및 학교복귀 지원, 사회적응 지원 등의 사례관리서비스를 제공하고 있다(여성가족부, 2018).

(6) 학교폭력

학교 현장에서 발생되고 있는 폭력은 「학교폭력예방 및 대책에 관한 법률」 제2조에서 정의하고 있는 바와 같이, "학교 내외에서 학생을 대상으로 발생한 상해, 폭행, 감금, 협박, 약취 · 유인, 명예훼손 · 모욕, 공갈, 강요 · 강제적인 심부름 및 성폭력, 따돌림, 사이버 따돌림, 정보통신망을 이용한 음란 · 폭력 정보 등에 의하여 신체 · 정신 또는 재산상의 피해를 수반하는 행위"를 포괄한다. 최근 SNS의 활용이 확산됨에 따라 특히, 여성청소년들 사이버 따돌림 현상이 확산되고 있어 향후 이로 인한 청소년들의 피해가 확산될 것으로 전망된다. 학교폭력에 종합적으로 대처하기 위해 2012년 2월 정부합동으로 학교폭력근절종합대책이 발표되었다. 그 이후, 학교 내 폭력서클, 폭력문화, 왜곡된 또래문화 등을 조기에 탐색 · 대응하기 위한 일진경보제를 도입 · 운영하고, 학교폭력에 대해 교사, 학생, 학부모가 합동으로 대응하고 사전에 학교폭력을 예방할 수 있도록 하기 위한 학교폭력 매뉴얼 자료가 개발 · 보급되었으며 아울러 학교폭력 예방을 위한 가족관계 개선사업이 추진되었다(여성가족부, 2012). 학교폭력은 청소년의 안전을 위협하는 가장 큰 요인으로 간주되고 있는데 그 이유는 학교폭력 최초 발생 연령이 낮아지고 있고, 중학생의 학교폭력 발생비율이 초등학교나 고등학교에 비해 상당히 높게 나타나고 있기 때문이다(여성가족부, 2012).

학교폭력 현황과 관련하여 청소년폭력예방재단(2012)이 발표한 바에 따르면 전국의 학생 9,174명을 대상으로 조사한 결과 2011년에 학교에서 폭력을 당한 학생이 조사대상자 18.3%(약 1,678명)로서 2010년의 11.8%에 비해 55.1% 증가했다. 학교폭력 가해자도 2011년에는 조사대상자의 15.7%(약 1,440명)로서 2010년의 11.4%에 비해 37.7% 증가했다. 이러한 결과는 학교폭력근절종합대책이 나오기 이전에 실시된 조사에 바탕을 두고 있어 2012 종합대책 시행 이후의 학교폭력발생률 변화를 보여 주고 있지는 못하다. 2013년 초 현재 전국 중고등학교를 대상으로 학교폭력실태 전수조사를 실시하고 있지만, 학교에 따라 전체 학생 중 조사참여자가 차지하는 비율이 제각각이어서 전국 학생의 학교폭력실태를 정확히 파악하는 데는 시간이 소요될 것으로 보인다.

학교폭력 현상 가운데 두드러지는 점은 대부분의 학생들이 학교폭력 현장에서 방관자의 역할을 하고 있다는 것이다. 청소년폭력예방재단(2012) 발표에 의하면 학교폭력을 목격하고도 신고하지 않은 학생이 전체의 86.75%(7,959명)를 차지했다. 신고하지 않은 이유 중 가장 큰 비율을 차지한 것은 "자신이 피해를 입을까 봐"(33.6%)였고 "관심이 없어서"도 21.3%나 차지했다. 우리 학교현장의 폭력현상 중 또 하나의 특징은 그것이 일반화되어 있다는 것이다. 즉, 어떤 특정 가해자들에 의해 폭력이 발생하는 것이 아니라 피해를 당한 학생이 가해자가 되는 순환적 사건이 일어나 누구나 다 잠재적 가해자, 잠재적 피해자가 될 수 있다는 것이다. 따라서 가해자들도 피해를 입은 경험이 있고, 그들도 나름대로의 고통을 갖고 있을 수 있다는 것이다. 가해자들이 모두 동일한 유형의 아동들이 아니라 어떤 가해자 아동은 외롭고, 힘들며, 가정과 학교에서 인정받지 못하고 따돌림을 당하며 나름의 돌파구를 찾고자 하는 아이들일 수 있다는 것이다. 이러한 일반적 폭력 상황 속에서 누구나 가해자, 피해자가 될 수 있기 때문에 폭력에 연루된 아동들 사이에는 죄의식이 희박하고, 따라서 발각이 되더라도 운이 없어 발각되었다는 생각을 갖게 되는 것도 문제이다. 2013년 '현장중심 학교폭력대책'의 분석 현장 의견 등을 토대로 2014년 '현장중심 학교폭력대책' 추진 계획을 수립하여 지속적인 학교폭력예방 및 대책을 위한 노력을 하고 있다. 그 내용을 요약하면 〈표 15-3〉과 같다.

〈표 15-3〉 2014년 '현장중심 학교폭력대책' 추진방향

영역	중점과제
학교현장의 다양한 자율적 예방활동 지원	• 연극교육, 청소년 경찰학교 등 체험형 교육 확대 • '어울림 프로그램' 등 예방교육 내실화 • 학교의 자율적인 예방활동 활성화
폭력유형별 맞춤형 대응	• 사이버폭력 및 언어폭력 맞춤형 대응 • 관계 회복을 통한 집단따돌림 해소 • 성폭력 예방 및 피해학생 치유 · 보호 강화 • 전담경찰관과의 협력을 통한 폭력서클 대응
피해학생 보호 및 가해학생 선도 내실화	• 피해학생 보호 및 치유 지원 확대 • 가해학생 선도 내실화
학교역량 제고 및 은폐 · 축소에 대한 관리 · 감독 강화	• 학교 생활지도 및 상담 여건 개선 • 단위학교 대응역량 제고 • 은폐 · 축소 및 부적절 대처 관리 · 감독 강화
안전한 학교생활 조성 및 사회적 대응체계 구축	• 학교폭력 조사 및 신고 시스템 개선 • 학교전담경찰관 증원 등 운영 활성화 • 학교안전 인프라 확충 및 운영 내실화 • 지역사회의 예방 및 근절 활동 확산

출처: 관계부처합동(2014: 9), 여성가족부(2014a: 216)에서 재인용.

(7) 교육복지우선지원사업

2002년 제7차 인적자원개발회의에서는 교육 · 문화적 조건이 상대적으로 열악한 도시 저소득지역의 교육복지대책을 수립하기로 관계부처 간에 합의를 했고, 그 결과 2002년 12월 '교육복지투자우선지역지원사업' 최종계획이 발표되었다. 이 사업은 저소득층 학생 및 청소년의 학습결손 예방과 행동 · 정서 · 문화적 치유를 통해 학력을 증진시키고, 건강한 신체 및 정서발달과 다양한 문화적 욕구를 충족시키며, 교육 · 문화 · 복지 수준 향상을 위해 가정-학교-지역사회 차원의 지원망을 구축하는 등 지역교육공동체 구현을 통한 취약계층의 삶의 질을 제고하기 위해 실시되었다. 교육복지투자우선지역 지원사업은 2003~2004년에는 서울 6개 지역과 부산 2개 지역에 위치한 총 79개교(유치원 34교, 초등학교 29교, 중학교 16교)를 대상으로 시범적으로 실시되었고, 이를 위해 238억 원이 지원되었다(교육인적자원부, 국가청소년위원회, 2007a). 시범지역의 지정에는 국민기초생활보장수급자, 가구주 교육수준, 기초자치단체별 1인당 지방

세 납부액 등이 반영되었다. 2005년에는 공모제를 도입하고 사업대상 지역을 확대하여 기존의 8개 지역 외에 신규로 7개 지역을 추가 지정하였으며 2006년에는 대상지역을 총 30개 지역으로 확대, 신규로 선정되는 사업의 기본운영 기간을 5년으로 결정하는 수준으로 확대되었다. 교육복지사업이 확대 실시되면서 사업 대상지역은 인구 25만 명 이상의 중소도시도 포함되었고, 사업예산 특별교부금 209억 원이 지원되었다. 2008년 12월에는 모든 시·도 지역을 대상으로, 40개 지역을 추가 지정하였으며, 2010년 12월 100개 지역, 538개교, 특별교부금 310억 원을 지원하고, 2014년에는 100개 지역, 2,021개교를 운영하였다(한국교육개발원, 2014). 교육복지투자우선지역 지원사업의 취지와 성과계승과 안정적인 사업 추진을 위해 2010년말 「지방교육재정교부금법 시행령」 개정과 「초·중등교육법」 제4조 개정을 통하여 2011년에 교육복지투자우선지역 지원사업은 교육복지우선지원사업으로 그 이름이 바뀌었다. 사업전환과 함께 종래 지역단위로 선정되던 대상학교 지정이 학교단위로 바뀌어 개별학교도 지역사회와 연계하여 사업을 추진할 수 있게 되었다. 이에 따라 시·도 지역뿐 아니라 읍·면 지역에서도 사업추진이 가능하게 되었다. 2011년에는 특별교부금 1,188억 원에 대응투자 367억 원, 총 1,566억 원이 교육복지사업에 투입되어 1,356개 학교의 학생 1,096,434명(이 중 국민기초생활수급자 71,853명)에게 서비스를 제공하였다(한국교육개발원, 2012). 2012년에는 특별교부금 1,440억 원에 대응투자 223억 원, 총 1,663억 원이 교육복지사업에 투입되어 1,801개 학교의 학생 1,302,250명(이중 국민기초생활수급자 72,881명)에게 서비스가 제공되었으며(한국교육개발원, 2013), 2013년에는 특별교부금 1,172억 원에 대응투자 321억 원, 총 1,493억 원이 교육복지사업에 투입되어 1,833개 학교의 학생 1,247,836명(이 중 국민기초생활수급자 65,291명)에게(한국교육개발원, 2014), 그리고 2014년에는 특별교부금 1,297억 원에 대응투자 107억 원, 총 1,404억 원이 교육복지사업에 투입되어 1,828개 학교의 학생 1,256,387명(이 중 국민기초생활수급자 60,056명)에게 서비스가 제공되었다(한국교육개발원, 2015). 이 사업의 추진을 위해 교육부가 사업비를 확보하고 사업의 총괄 및 관리를 담당한다. 시·도교육청은 시·도 단위 연간 및 중장기 사업을 계획, 추진 및 평가를 담당한다. 이 과정에서 지방자치단체와 연계 및 협동을 모색한다. 교육지원청은 학교중심의 지역 단위 교육복지사업을 계획하고 추진하는데 이 과정에서도 지역사회와의 연계 및 협력을 도모한다. 사업학교에는 교육복지 전담부서를 두고 대상학생의 발굴, 프로그램개발, 지역사회 자원연계 등을 위해 프로젝트조정자나 지역사회교육전문가 등의 민간전문인력과 협력하면서 사업을 추진해 간다. 류방란, 김준엽, 송혜정, 김진경, 김도희(2012)에 의한 3년간 교육복지우선지원사업의 종단효과 분석에 의하면, 사업학교는 비사업학교에 비해 교사의 효능감, 취약계층에 대한 학교장의 리더십, 동아리 참여율, 진로프로그램 참여, 멘토링 프로그램 참여율 등에서 높게 나타났으며, 사업학교 기초수급 초등학생들이 비사업학교 학생들에 비해, 사회성, 자존감, 학교생활적응, 어려움극복 효능감 등에서 높은 수준을 보인 반면, 중학교에서는 별 차이를 나타내지 않았다. 이는 초기개입의 필요성을 말해 주고 있는 것이다.

5. 전망과 과제

1) 청소년 환경의 변화

청소년복지서비스의 환경은 점차적으로 개선되고 있다. 특히 청소년의 주된 활동 근거지로서 교육의 현장인 학교를 들 수 있는데, 이에 대한 청소년들의 진로와 지도 그리고 상담 등 다양한 정부의 지원과 제도가 이루어지고 있다. 이 외에도 청소년과 관련한 우리 사회의 가장 큰 변화는 청소년 인구의 지속적인 감소이다. 저출산 · 고령화의 영향으로 9세에서 24세 사이의 청소년 인구가 전체 인구에서 차지하는 비율은 1980년 36.8%를 정점으로 지속적으로 감소해 2006년에는 22.5%로 감소했다(통계청, 2007). 2010년 현재, 청소년 인구(9~24세)는 1,029만 명으로 청소년 인구 구성비가 21.1%로 낮아졌으며(여성가족부, 2010), 2012년 현재는 1,020만 명으로 청소년 인구 구성비는 20.4%를 차지하고 있다(여성가족부, 2012). 2014년 9~24세의 청소년 인구는 984만 명으로 우리나라 총인구 5,042만 명 중 19.5%, 2016년 9~24세의 청소년 인구는 946만 명으로 우리나라 총인구 5,124만 명 중 18.4%를 차지하고 있어(여성가족부, 2014a; 통계청, 2017) 지속적인 감소를 보이고 있다. 통계청(2017)의 장래인구추계에 의하면, 청소년 인구 구성비는 2020년에 16.3%, 2030년에 13.2%, 2050년에는 12.0%로 청소년 인구가 갈수록 감소할 전망이다.

청소년 인구의 감소는 청소년의 희소성을 의미하므로 미래의 성장 동력으로서의 청소년에 대한 사회의 관심과 투자의 증대가 요구된다고 할 수 있다. 최근 우리 사회의 또 다른 변화는 이혼율의 증가로 인해 한부모 가구 청소년들의 수는 늘고 있다는 것이다. 아울러 다문화가족 청소년인 국제결혼가정 자녀, 외국인 근로자 자녀, 북한이탈 청소년 등의 숫자가 매년 크게 증가하고 있다. 국제결혼가정 자녀 재학생 수(초 · 중 · 고)는 2005년에 6,121명, 2006년에 7,998명, 2007년에 13,445명, 2008년에 18,778명, 2009년에

24,745명으로 지속적인 증가를 보이고 있으며(통계청, 2010), 2011년에 36,726명, 이 중 모가 외국인인 학생 수는 31,940명(87%)에 이르고 있으며, 2015년 현재 67,465명에 이르고 있다(통계청, 2016). 2012년에는 46,954명의 다문화가족 학생 수를 보이는 가운데 그 중 3,662명(9.0%)이 중도입국 청소년이었으며, 2013년에는 다문화가족 학생 55,780명 중 중도입국 학생 4,992명(8.8%), 그리고 2014년에는 총 6,7806명의 다문화가족 학생수를 보이는 가운데 그중 5,602명(8.2%)이 중도입국 청소년이었으며, 2015년에는 다문화가족 학생 67,465명 중 중도입국 학생이 5,398명(8.0%)으로 나타났다(교육부, 2014; 통계청, 2016). 2014년까지 다문화가족 학생의 지속적 증가와 함께 중도입국 청소년의 숫자도 증가하는 추세에서 2015년도에는 근소한 감소 추세를 보여 주고 있음을 알 수 있다. 중도입국 청소년은 다른 문화권에서 출생하여 생활하다가 한국으로 입국하기 때문에 학업, 사회화, 문화적응 등에서 다른 학생들보다 많은 어려움을 겪고 있다(엄명용, 2013). 이와 유사한 어려움을 겪는 대상이 북한이탈 청소년이다. 북한이탈 청소년(9~24세) 입국자 수는 2005년에 315명이었고 2006~2008년까지 매년 400~500명의 탈북 청소년이 입국하다가 2009년 706명으로 정점을 이룬 후 2010년에서 2013년까지 각각 569명, 654명, 395명, 407명을 기록하였다(여성가족부, 2014a). 2015년 현재 학교에 재학 중인 탈북청소년은 초등학교 541명, 중학교 344명, 고등학교 341명으로 전체 1,226명이다(통계청, 2015).

다문화가정 청소년과 북한이탈 청소년의 경우 기초학력 미달이나 중도탈락 등 적응상의 어려움이 일반 청소년보다 매우 높은 것으로 나타났다. 이러한 이주배경 청소년의 숫자 증가와 교육 부실의 추세는 앞으로도 지속될 것으로 판단된다. 따라서 증가하는 이주배경 청소년에 대한 우리 사회의 정책적 배려가 향후 더욱 절실해질 전망이다. 북한이탈 청소년의 경우 입국과정에서 겪은 심리·정서적 충격에 따른 신체·정신적 건강상 문제로 많은 수가 외상 후 스트레스증후군을 겪고 있는 것으로 보고되고 있다(여성가족부, 2010). 이 외에도 북한에서의 생활환경과 탈북과정에서 가족해체 등을 경험하였으며, 북한에서 지도받은 교육 체계와 배경으로 인한 영향으로 남한학교에서의 문화적응 및 학업적응에서의 기초학력 차이발생과 학업부담에 의한 심리·정서적 스트레스로 인한 휴학 및 학업포기와 함께 사회적으로 진로에 불안과 진로장벽 등을 경험하는 것으로 나타났다(문희정, 2018). 교육적·사회적 측면에서 이들에 대한 지속적인 관심과 배려가 필요한 상황이다. 청소년복지를 위협하는 현상의 또 다른 측면은 사회적 양극화가 지난 몇 년간 크게 진행되어 취약·위기청소년의 숫자가 증가하고 있다는 것이다. 경제적 파탄으로 인한 이혼의 숫자가 늘어났고 부모의 가출로 조부모에게 위탁되어 양육되는 청소년의 숫자 또한 증가했다. 이러한 사회현상은 가정의 보호기능을 점차 약화시키고 있으며 이로 인해 가출청소년의 숫자 또한 증가하는 추세다. 가족 간 소득격차는 교육격차로 이어져 취약계층 청소년들이 빈곤을 대물림할 가능성이 높아지고 있다.

이러한 취약계층 청소년의 증가는 청소년의 성장과 사회 참여를 강조하는 청소년정책 가운데서도 복지서비스의 보장과 확대를 우선적으로 고려할 것을 요구한다. 이러한 내용을 뒷받침하듯 2040년까지의 청소년 미래 환경변화를 전망해 보고 청소년 미래 환경변화 전망에 따른 청소년정책의 과제를 제시하기 위해 2013~2014년 2개년에 걸쳐 진행된 연구(이경상, 2016)는 전문가 조사를 바탕으로 청소년 미래 환경변화 트렌드를 분석한 결과를 제시하였다. 이들 중 청소년 미래 환경에서 나타날 가능성이 높은 청소년 행태 관련 중요한 트렌드를 10가지만 제시하면 다음과 같다. ① 취약가구 청소년들의 상대적 박탈감 증가, ② 폭력적 또래관계의 증가, ③ 교육의 기회균등과 공정성에 대한 불신 증대, ④ 다문화 청소년 및 기성세대에 대한 사회통합역량의 약화, ⑤ 청소년들의 가족 내 부모 돌봄 의식 및 기능의 약화, ⑥ 애착적 또래관계의 약화와 현재적 필요에 따른 네트워크적 또래관계의 강화, ⑦ 다문화 또래환경의 증가와 다문화갈등 증가, ⑧ 인성과 사회적 역량의 약화, ⑨ 가족 내 세대 간 갈등의 증가, ⑩ 청소년 취업난의 지속과 세대갈등 가능성의 증가.

2) 청소년복지의 향후 과제

청소년복지서비스에 대한 확장과 지원은 계속해서 이루어져야 할 것이다. 이를 위해서는 지속적인 청소년문제 및 필요성에 관한 제도적 보완과 시행이 이루어져야 할 것이고 실질적인 지원 혜택이 보장되어야 할 것이다. 청소년 정책적 측면에서의 향후 과제는 앞서 이경상(2016)의 연구를 통해 드러난 청소년 미래 환경 관련 트렌드에 대비하는 방향의 정책을 검토, 준비, 집행하는 일일 것이다. 트렌드에 대비하여 이경상(2016)이 제안한 과제들 중 일부를 요약하여 소개하면 다음과 같다.

첫째, 취약가구 청소년들의 상대적 박탈감을 감소시키고 취업난으로 인한 세대 갈등의 해소를 위해 청소년 수당제 도입을 검토하는 것이다. 현재의 저성장 경제상황과 복지 수요의 팽창을 고려할 때 당장은 현실적으로 불가능해 보일지라도 긴 안목에서 검토해 봐야 할 것이다.

둘째, 청소년의 인성과 사회적 역량확대, 그리고 청소년으로 하여금 타인의 처지에 대해 함께 고민하고 경험하게하기 위해 자원봉사나 기부 등의 청소년 나눔 활동을 활성화하는 것이다. 특히 청소년의 인성을 개발하기 위해 학교 내 생활지도사 제도 시행에 대한 검토가 필요하다.

셋째, 폭력적 또래 관계를 애착적 또래관계로 전환시키고 네트워크적 또래관계를 강화하기 위해 또래 간 신뢰 및 좋은 친구관계에 대한 청소년 교육프로그램을 개발하여 실시하는 것이다. 특히 청소년들의 집단적인 폭력성은 잔인하게 이루어지고 있는 문제점으로 나타나 이에 대한 개선과 추가적인 청소년 교육적 프로그램이 뒷받침되어야 할 것이다.

넷째, 다문화 청소년과 교류증진, 기성세대와 사회통합 역량확대를 위해, 그리고 가족 내 부모 돌봄 의식 및 기능의 강화를 위해 세대 간 이해 및 소통 증진을 위한 청소년 교육프로그램을 개발하여 실시하는 것이다. 청소년과의 직접 접촉을 통한 청소년복지 실천에 있어서는 청소년의 가치와 인식 틀을 존중하는 실천방법이 개발·보급되어야 할 것이다. 청소년은 지금까지의 전통적 규범과 가치 또는 문화로부터 한 발 더 나아가 나름대로의 삶을 창조·개척하려는 특성을 갖고 있기 때문이다.

이와 관련하여 김선애(2010)는 임파워먼트, 구성주의적 사회복지실천, 그리고 옹호 등의 적용실천을 제안했다. 임파워먼트는 청소년의 자기결정권을 존중해 주면서 청소년 자신이 자기와 자기를 둘러싼 상황을 스스로 통제할 수 있는 힘을 갖도록 여건을 조성하고, 교육하고, 도와주는 과정이다. 구성주의적 사회복지실천은 청소년의 실재와 청소년의 문제를 이해하기 위해서는 청소년의 관점 안으로 들어가서 청소년의 주관을 반영한 문제나 현상의 재구성 작업을 의미한다. 청소년은 성인들이 인지하고 규정하는 객관적인 세계 속에서 살기보다는 자신들이 경험하고 구성한 역동적인 현실 안에서 살고 있다(김선애, 2010). 따라서 이들의 문제를 이해하고 그 문제 해결에 개입하기 위해서는 관찰과 측정과 같은 객관적 척도나 수단에 의지하기보다는 청소년들이 사용하는 언어와 대화에 주목해야 할 것이다. 옹호는 청소년의 권익을 옹호하는 실천 활동을 의미한다. 청소년복지 관련자들은 권익옹호와 관련된 기술을 익혀 실천해야 할 것이다. 그리하여 청소년 관련 정책의 입안 및 결정과정, 각종 청소년관련 프로그램의 실행에 있어 청소년들의 권익이 옹호될 수 있도록 해야 할 것이다. 이때 청소년들이 전자메일, 서신, 정책입안자나 행정가 대상 면담 요청 및 건의사항 전달 등 다양한 의사소통 방법을 통해 청소년과 함께 권익옹호 활동에 참여할 수 있는 전략을 마련해야 할 것이다(엄명용, 김용석, 노충재, 2005). 이러한 옹호활동은 청소년 권익과 관련하여 지속적으로 청소년을 교육하는 활동까지 포함한다. 즉, 청소년 자신들이 자신의 복지권리를 이해하고 이러한 권리가 부당하게 침해받았을 때 이에 대해 정당한 요구를 할 수 있는 방법 등을 교육해야 할 것이다.

참고문헌

검찰청(2017). 범죄분석통계.

경찰청(2010). 경찰백서.

경찰청(2011). 경찰백서.

경찰청(2013). 경찰백서.

고미영(2007). 사회복지실천에서의 임파워먼트 접근에 대한 구성주의적 이해와 적용. 상황과 복지, 23, 131-161.

고숙희, 김영희, 서동희, 김유리(2006). 21세기 사회변화와 청소년정책의 중요성. 한국청소년개발원.

관계부처합동(2014). '현장중심 학교폭력대책' 14년 추진계획.

교육인적자원부, 국가청소년위원회(2007a). 2006 청소년백서.

교육인적자원부(2007b). 2007년 특수교육실태조사서.

국가청소년위원회(2007b). 청소년 희망세상 비전 2030.

국가청소년위원회 정책총괄팀(2007c). 청소년동반자 프로그램의 운영실태 및 개선방안 연구.

김명수(2006). 한국 청소년복지정책 결정요인에 관한 연구. 복지행정논총, 16(2), 169-198.

김선애(2010). 청소년복지의 실천적 정립을 위한 고찰: 아동복지실천과의 비교를 통한 청소년의 개발적 복지접근을 중심으로. 청소년복지연구, 12(4), 279-299.

김승권, 김유경, 조애정, 김혜련, 이혜경, 설동훈, 정기선, 심인선(2009). 2009년 전국다문화가족 실태조사 연구. 서울: 보건복지가족부, 법무부, 여성부, 한국보건사회연구원.

김현용 외(1997). 현대사회와 아동: 아동복지의 시각에서. 서울: 소화.

김희순(2003). 청소년정책과 행정, 그 틈을 위해 필요한 노력. 청소년문화포럼, 7, 108-156.

류방란, 김준엽, 송혜정, 김진경, 김도희(2012). 교육복지우선지원사업 종단적 효과분석 연구(3차년도) (CR2012-31). 한국교육개발원.

문희정(2018). 탈북 후기청소년의 대학적응. 충남대학교 대학원 박사학위논문.

법제처(2016). 청소년기본법, 청소년복지지원법 및 시행령. 서울법제처.

보건복지부(2012). 보건복지부성과자료집.

서울대학교 교육연구소(1998). 교육학대백과사전.

엄명용, 김용석, 노충래(2005). 사회복지실천기술의 이해. 서울: 학지사.

엄명용(2013). 한국의 사회복지. 한국복지연구원.

엄명용(2016). 한국의 사회복지. 한국복지연구원.

여성가족부(2009). 아동·청소년백서.

여성가족부(2010). 청소년백서.

여성가족부(2012). 청소년백서.

여성가족부(2014a). 청소년백서.

여성가족부(2014b). 제5차 청소년정책기본계획[2013~2017] 2014년도 시행계획 −중앙행정 기관−.

여성가족부, 이경상(2015). 미래 환경변화 및 청소년정책 전망 연구, NYPI 청소년정책리포트, 60, 한국청소년정책연구원.

여성가족부(2018). 청소년백서.

이용교(1994). 한국 청소년정책의 형성과정에 관한 연구. 중앙대학교 대학원 박사학위논문.

이경상(2016). 청소년역량지수 측정 및 국제비교 연구 III. 한국청소년정책연구원연구보고서.

청소년폭력예방재단(2012). 전국학교폭력실태조사.

통계청(1999). 1999년 생활시간조사보고서.

통계청(2007). 장래인구추계.

통계청(2010). 장래인구추계.

통계청(2010). 지방자치단체 외국인 주민 현황: 국제결혼 가정자녀.

통계청(2015). 지방자치단체 외국인 주민 현황: 국제결혼 가정자녀.

통계청(2016). 지방자치단체 외국인 주민 현황: 부모의 국적별 외국인 주민자녀(계).

통계청(2017). 장래인구추계.

하우동설, 엄명용(2013). 다문화가정 중도입국청소년의 한국 사회 적응 영향 요인. 한국가족사회복지학, 49, 39−82.

한국교육개발원(2012). 2012 회계연도 시ㆍ도 교육비.

한국교육개발원(2013). 2013 특별회계 세입ㆍ세출 예ㆍ결산 현황.

한국교육개발원(2014). 2014 특별회계 세입ㆍ세출 예ㆍ결산 현황.

한국교육개발원(2015). 2015 특별회계 세입ㆍ세출 예ㆍ결산 현황.

제16장

가족복지서비스

김성천(중앙대학교 사회복지학부 교수)

1. 들어가는 말

　가족이란 사회적 맥락에 영향을 받는 사회적 산물이며 살아 있는 유기체와 같이 늘 변화하는 제도이다. 후기근대로 이행한 현대사회의 가족은 그 정체성이 고정불변한 것이 아니라 시대와 맥락에 따라 유동적이며(Beck, 2007; Healy, 2012), 가족의 형태와 기능 또한 다변화되고 있다. 가족공동체를 유지하던 유대의 개념은 약화되었으며 개인주의화되고 개별성이 강조되고 있다. 더불어 세계화와 양극화의 물결 속에서 압축 성장을 경험하고 있는 한국의 가족은 급변하고 다양한 어려움에 처해 있다. 급격한 1인 가구의 증가, 저출산 문제의 심화, 5포 7포세대의 등장 등과 맥락을 같이하는 결혼율의 하락, 이혼의 증가로 인한 한부모가족과 조손가족의 증가, 그리고 새터민가족, 국제결혼가족, 이주노동자가족 등 다문화가족의 증가 및 가출팸과 사이버가족 등의 등장 등 한국의 가족은 다양화되고 있다. 이러한 현상은 사회의 급격한 변화에 따른 새로운 사회구조에 적용하고자 하는 자연스러운 결과로 볼 수 있다. 그러나 다른 한편으로 이러한 가족의 다변화를 사회와 개인이 수용하지 못할 경우에 이러한 현상은 가족문제가 될 수 있고 더 나아가서는 사회의 존립을 위협하는 사회문제로 인식되기도 한다. 이 장에서는 이렇게 쟁점이 되며 급변하는 한국의 가족과 가족의 복지 욕구 및 문제를 진단하고 이에 대응하는 가족복지제도를 분석하고자 한다.

2. 가족복지의 개념

가족복지의 개념은 다양하게 제시되고 있으나 보수적 정의의 특징은 가족을 하나의 사회적 단위로 보고, 집단으로서의 성격을 지닌 "가족의 전체성(family as a whole)"을 고려한 대책이라는 점이다(김성천, 2007; 한인영 외, 2015; 山崎美貴子, 1976; Kamerman & Kahn, 1978). 가족의 전체성이 대상이 되는 것은 가족복지가 가족구성원의 개별적인 욕구보다 한 단위로서 집단성을 강조하는 가족이 지니는 가족기능과 가족관계와 상호작용의 증진을 돕는다는 것을 의미한다. 따라서 아동과 노인의 돌봄, 부부관계의 증진, 가족의 생계 지원 등 가족의 생존과 사회적응을 돕는 것이 가족복지의 주요 내용이 되고, 체계로서의 특성(Goldenberg & Goldenberg, 2000)을 지닌 가족집단이 서비스의 대상이 됨을 의미한다.

그러나 진보적 관점에서 가족복지의 대상은 가족주의(familialism)보다 가족구성원 개개인의 욕구를 중시하는 개인중심의 서비스를 중시하는 경향을 보이고 있다(이진숙, 신지연, 윤나리, 2010). 이는 후기 근대사회가 가족중심이 아니라 개인 중심적인 사회이고, 가족의 다원화를 인정하면서 개인들의 선택을 존중해 준 결과라고 생각한다.

한국의 가족복지 근거법인 「건강가정기본법」(2014)에서는 건강가정지원의 목적과 정의(제1조, 제3조 제4항, 제23조)에서 가족의 부양, 양육, 보호, 교육 등의 가정기능을 대상으로 함으로써 한 단위로서의 가족(가정)과 그 기능을 대상으로 하고 있음을 알 수 있다. 그러나 건강가정기본법의 이념(제2조)에서는 "가정은 개인의 기본적인 욕구를 충족시키고…"라고 규정함으로써 가족의 전체성에 매몰될 수 있는 개인의 욕구를 간과해서는 안 된다는 가치를 제시하고 있음으로써 가족의 전체성으로 인한 문제를 견제할 수 있는 근거를 만들어 놓고 있다고 볼 수 있다. 그럼에도 불구하고 이혼을 부정적인 시각에서 보고 있고(제21조), 한부모 가족, 이혼가족을 가족해체라고 표현하고 있는 점을 볼 때 이 법은 기본적으로 가족구성원의 욕구 충족보다는 정형화된 특정 가족(the family)을 지향하는 한 단위로서의 가족을 대상으로 하는 가족정책을 우선시한다고 볼 수 있다. 또한 가족복지서비스도 탈가족화(de-familization)보다는 가족주의(familialism)를 지향하는 보수적 지원의 성격을 지니고 있다.

3. 한국 가족의 변화와 문제

1) 가구원수와 가구유형의 변화[1]

(1) 가구원수

2015년 현재 평균 가구원수는 2.53명으로 이는 2010년보다 0.15명이 감소한 수치이다. 주요 국가별 가구원수는 중국 2.97명, 미국 2.54명, 일본 2.42명, 영국 2.30명이다.

(2) 가구유형

가구유형의 경우, 1990년부터 2005년까지 가장 주된 가구유형은 4인 가구였으며 2010년에는 2인 가구가 주된 가구유형이었으나 2015년에는 1인 가구(27.2%)가 가장 주된 가구유형으로 변화하였다. 1980년대 1인 가구는 전체 가구의 4.8%에 불과했으나 1995년 10%를 상회하였고, 2016년 27.9%에 달하여 20년 사이에 2배 이상 증가하였다. 반면, 부부와 미혼자녀로 구성된 4인 가구의 비율은 1995년 31.7%에 이르렀으나 2000년대 20%대로 감소하였으며 2016년 18.3%에 불과한 것으로 집계되었다(통계청, 2016). 이는 우리 사회에서 1인 가구가 주된 가구 형태로 자리 잡고 있음을 의미한다. 1인 가구의 증가는 경제, 사회, 문화 등 사회 전반에서의 변화를 초래하며 가구 구조의 변화 과정에서 단절과 고립, 사회통합의 제약 등 기존과는 다른 사회적 위험을 견인할 것으로 예상된다(이명진, 최유정, 이상수, 2014). 그러므로 1인 가구가 직면하는 삶의 위기들을 적실하게 파악하여 그에 따른 복지수요에 대응하고자 하는 노력이 필요하다.

〈표 16-1〉 가구 유형별 구성비   (단위: %)

연도	1인 가구	2인 가구	3인 가구	4인 가구	5인 가구 이상
1990	9.00	13.79	19.05	29.51	28.65
2000	15.54	19.08	20.87	31.07	13.43
2010	23.89	24.25	21.31	22.48	8.06
2015	27.2	26.1	21.5	18.8	6.4

출처: 통계청(각 연도).

---

1) 출처: 통계청(2015).

2) 가족형태의 다양화

(1) 이중부양자 가족의 증가

고학력화와 노동시장의 유연성 제고에 따른 여성의 경제활동 참여 증가로 맞벌이가족이 증가하였다. 여성의 경제활동 참가율은 42.8%(1980)에서 52.7%(2017)로, 특히 기혼여성은 49.4%(2010)에서 51.8%(2015)로 증가했으며, 맞벌이가족도 41.4%(2011)에서 43.9%(2015)로 상승했다(통계청, 2017a).

〈표 16-2〉 여성의 경제활동참가율   (단위: 천 명, %)

연도	15세 이상 인구	경제활동 인구	참가율	남자	여자	실업자	실업률
1980	24,463	14,431	59.0	76.4	42.8	748	5.2
1990	30,887	18,539	60.0	74.0	47.0	454	2.4
2000	36,186	22,134	61.2	74.4	48.8	979	4.4
2010	40,803	24,538	60.1	72.5	48.3	853	3.5
2017	43,931	27,748	63.2	74.1	52.7	1,023	3.7

출처: 통계청(2017a).

(2) 이혼과 재혼 및 한부모가족의 변화

이혼율은 2000년도 초반에 급증하다 후반 들어와서 그 증가율이 둔화되었다. 전체 혼인 중 재혼 비율이 10.3%(1996)에서 17.4%(2006), 16.4%(2011), 16.4%(2016)로 변화했으며, 남녀 모두 재혼인 경우도 14.7%(2005)에서 11.5%(2015)로 나타났다.

〈표 16-3〉 혼인 통계   (단위: 천 건, %)

연도	2000	2003	2005	2010	2017
혼인건수	343	305	316	326	265
이혼건수	200	167	128	117	106
혼인/이혼율	0.58	0.55	0.41	0.40	0.40
조이혼율	–	3.4	2.6	2.3	2.1

출처: 통계청(2017b).

이혼율이 증가하다가 떨어지고 있으나 한부모가족은 증가 추세이다. 외환위기로 인한 경제문제 때문에 한부모가족이 증가했고 이들 가정의 빈곤의 심화로 빈곤의 대물림 및 사회양극화가 우려된다. 한부모가구 수는 889천 가구(1990)에서 1,677천 가구(2012)로, 2,502천(2015) 가구로 급증하고 있다. 한부모가족 중 이혼에 의한 가구 비율은 76.4%(2012)에서 77.1%(2015)로 다소 증가했다.

〈표 16-4〉 성별 한부모가족 현황 (단위: %, 천 명)

연도	계	모자가족	부자가족	모자가족비율
2000	1,124	904	220	80.4
2005	1,370	1,083	287	79.1
2010	1,594	1,247	347	78.2
2015	2,502	1,646	857	65.8

출처: 통계청(각 연도).

(3) 조손가족의 증가

이혼의 과정에서 부모가 자녀를 키우지 않겠다는 결정을 내리거나 부모의 별거로 인해 조부모가 손자손녀를 맡아서 돌보는 조손가족이 늘어나고 있다. 2005년 통계청 인구주택 총 조사에 따르면 조손가족은 2010년에 3만 1천 가구에서 2012년에는 5만 5천 세대로 2만 가구 이상이 늘어난 것으로 나타났다(김혜영, 김은지, 최인희, 김영란, 2011).

(4) 다문화사회와 다문화가구

세계화로 국제 인구 이동의 증가에 따라 한국인의 아시아계 여성과의 국제결혼이 급증하면서 결혼이민자가족이 증가했다. 특히 산업화·도시화 과정에서 나타난 농촌지역의 기능 축소로 국내에서 배우자를 찾기 어려운 농림어업종사자의 국제결혼이 늘었다. 2005년 국제결혼은 총 결혼 건수의 13.6%를 차지했으나 2010년에는 10.8%로 2011년에는 9.5%, 2016년에는 2만 6백 건으로 전년대비 3.2% 감소했다(통계청, 인구통계연보). 다문화가구는 387천 가구로 우리나라 총 17,574천 가구의 2.2%를 차지하고 있는 것으로 나타났다(통계청, 2010). 2020년에는 결혼이민자가 약 35만 명, 자녀 30만 명, 한국인 배우자 35만 명으로 다문화가족은 총100만 명으로 예상('11년 대비 75% 증가)하고 있다(여성가족부, 2015).

〈표 16-5〉 성별경제활동인구

연도	결혼건수	국제결혼		외국인 아내		외국인 남편	
		건수	구성비	건수	구성비	건수	구성비
1990	399,312	4,710	1.2	619	0.2	4,091	1.0
1995	398,484	13,494	3.4	10,365	2.6	3,129	0.8
2000	334,030	12,319	3.7	7,304	2.2	5,015	1.5
2004	310,944	35,447	11.4	25,594	8.2	9,853	3.2
2010	326,104	34,235	10.5	26,274	8.1	7,961	2.4
2017	264,455	20,835	7.9	14,869	5.6	5,966	2.3

출처: 통계청(2017a).

탈북자의 국내 입국도 증가하여 2000년 312명, 2005년 1,383명, 2009년 2,927명으로 2014년 10월까지의 총 입국자수는 27,253명으로 보고되고 있다(한인영 외, 2015). 또한 시간이 지나면서 먼저 입국한 사람이 북한과 중국 등에 잔류한 가족을 입국시키는 연쇄 이주가 급증하고 있는 것으로 보고되고 있다(최명민, 이기영, 최현미, 김정진, 2009).

3) 가족기능의 변화

(1) 재생산 기능의 약화

우리나라의 합계출산율은 1.05명(2017)으로 미국의 1.86명(2016), 일본 1.42명(2016), 프랑스 1.98명(2016), OECD 평균 1.68명(2015)에 비교했을 때 세계 최저 수준을 보이고 있다. 1983년 합계출산율이 인구대체 수준 이하로 하락한 이후 20년간 저출산현상이 지속되면서 지난 2005년 1.08명으로 최저치를 기록한 이후 2008년 1.19명, 2014명 1.20명 등으로 조금씩 증가하고 있으나 2017년에 다시 1.5명을 기록하는 등 OECD 회원국 가운데서 최하위권에 머무르고 있다. 이러한 현상은 소득의 양극화 심화 및 고용 불안정, 양육·교육비 부담, 개인중심의 가치관, 여성의 취업증가 등으로 결혼과 출산의 기피 현상이 심각하기 때문이다.

또한 고령화가 급격하게 진행되어 2000년 고령화사회(7%)가 되었으며, 2017년 조사에 따르면, 65세 이상 고령인구는 5,144만 명으로 전체인구의 13.8%가 넘는다. 2020년경에는 노인인구비율이 14.4%에 달해 고령사회로, 2026년경엔 20%를 넘어 초고령사회에 도

달할 것으로 예측되고 있다. 이렇게 우리나라는 세계에서 가장 빠르게 고령화가 되고 있는 나라다. 또한 노인 빈곤율과 자살률은 OECD 국가 중 1위를 기록하고 있다. 특히 독거노인의 자살률은 일반노인의 자살률의 3배에 달한다(조선일보, 2017. 9. 9.). 이러한 인구변화가 특히 문제가 되는 것은 노인인구 대비 생산인구가 급감함으로써 생산인구 감소 및 소비수요 격감으로 경제성장의 잠재력이 상실되고 국민 부담이 증대한다는 점 때문이다. 예로, 2005년에는 8.2명의 생산인구가 1인의 노인을 부양했지만 2020년에는 4.6명, 2050년에는 1.4명이 1인의 노인을 부양하는 구조로 바뀌게 될 것으로 전망된다.

〈표 16-6〉 조출생율

구분	1998	2000	2005	2011	2014	2016
출생아 수(천 명)	635	635	435	471	435	406
증감(천 명)	-34	20	-38	1	-1	-32
증감률(%)	-5.0	3.3	-8.0	0.2	-0.2	-7.3
조출생률 (인구 천 명당 명)	13.6	13.3	8.9	9.4	8.6	7.9
합계출산율(명)	1.45	1.47	1.08	1.24	1.20	1.17

출처: 통계청(2017a).

(2) 양육 및 교육 기능의 약화

전통적으로 가족은 애정의 기능이나 양육의 기능과 같은 고유한 기능 이외에도 생산과 소비 기능을 비롯해 교육, 보호, 휴식, 오락, 종교 등의 다양한 기능을 담당하고 있었다. 그러나 산업화가 발달하면서 가족이 담당했던 대부분의 기능은 다양한 사회적 주체에 의해 대체되기 시작했다. 특히 가족의 양육 기능과 보호 기능은 급격히 약화되었으며, 경제적인 기능을 제외하고는 휴식이나 오락 등과 같은 정서적인 기능 또한 점차 약화되고 있다(김성천 외, 2018).

자녀 수의 감소로 인하여 가족의 자녀 양육·교육에 대한 관심은 높아졌으나, 사회의 다원화·전문화, 아동양육과 돌봄의 시간 부족 등으로 가족의 자녀 양육 및 교육 기능은 현저히 약화되었다. 교육기간 연장 및 과다한 사교육으로 자녀 양육·교육이 가족에게 큰 부담이 되어 자녀기피 현상으로 나타났다.

(3) 경제부양 기능과 돌봄 기능의 약화

가족복지의 기능이 약화되었다. 그간 가족은 사회안전망이 미비한 가운데 사회복지기능을 대신 수행해 왔으나 외환위기 이후 특히 소득보장 기능이 크게 약화되었다. 가족에서 부모가 생계부양을 하는 비중이 58.2%(1998)에서 53.3%(2002)로 하락했다.

여성의 취업증가와 핵가족화에 따라 돌봄 기능에 공백이 발생했다. 저출산, 만혼·이혼이 증가했고, 고령화 등 인구학적 변화와 세대 간 부양의식의 약화로 가족돌봄체계의 불안정 현상이 가속화되었다. 반면에, 가족이 수행해 왔던 전통적 기능 중에서 점점 더 강화된 가족 기능은 소비의 기능, 애정적 기능, 정서적 기능 등을 들 수 있다.

4) 가족 가치관의 변화

(1) 개인중심 가치관의 확산

우리나라 전통적인 가족 가치관은 유교주의에 입각한 가족주의(familism)와 효 사상에 기반하고 있다. 전통사회에서 개인보다는 가족의 이익을 우선하는 집단주의 윤리가 지배적이었으므로 개인만의 이익추구는 죄악시되었고, 개인의 독립성과 자율성은 극도로 제한되었다. 그러나 개인 임금에 기초한 산업화는 필연적으로 개인주의를 발전시켰고 이로 인해 집단으로서 가족을 중시하는 가족주의는 약화되고 있다.

가족과 관련된 가치관의 가장 큰 변화는 결혼에 대한 가치관과 자녀에 대한 가치관에서 나타난다. 과거와 달리 결혼을 반드시 거쳐야 하는 필수적인 관문으로 생각하는 경우는 줄고 있다. 2016년 혼인건수는 28만 1천 6백 건으로 2014년 혼인건수는 30만 5,500건이고 2015년보다 7.0%(2만 1천 2백 건) 감소했다. 조혼인율(인구 1천 명당 혼인 건수)은 5.5건, 1970년 통계작성 이후 최저수치를 보이고 있다. 전년대비 혼인 건수가 가장 크게 감소한 연령은 남자 30대 초반(1만 1천 8백 건, −9.7%), 여자는 20대 후반(9천 건, −8.2%)으로 나타났다. 평균초혼연령은 남자 32.8세, 여자 30.1세로 전년대비 남자 0.2세, 여자 0.1세 상승했다(2016년 혼인 통계자료)

통계청이 발표한 '2014년 혼인·이혼통계'를 살펴보면 지난해 혼인건수는 30만 5,500건으로 전년보다 5.4%, 1만 7,300건이 줄었다. 이는 2004년(30만 8,600건) 이후 가장 낮은 수치였다. 초혼 연령은 1980년에 남성 27.3세, 여성 24.5세였으나 2013년에는 남성 32.2세, 여성 29.6세로 높아지고 있다. 초혼율의 감소는 결혼이 만혼이나 불혼의 양상을 띠는 것으로 이는 경제적 불안정과 여성의 취업 증가, 일·가족 양립제도의 부재의 현상을 보여주는 것이다(한인영 외 2015).

(2) 전통적 성역할 가치관의 변화

가족이 외형상 양성평등의 부부중심, 소가족화로 빠르게 변화하는 반면, 여전히 가부장적 가치관이 유지되는 지체를 보이고 있다. 부계중심의 '대잇기' 의식이 크게 약화되고, 권위주의적 부부관계에서 수평적 관계로 바뀌어 평등한 가정생활로 변화했다. 한편, 맞벌이 부부가 증가함에도 가정의 전통적 성역할은 크게 변화되지 않는 등 지체 현상을 보이고 있다.

이와 같이 한국 가족의 가치관은 유교적 권위주의에 입각한 가족주의에서 민주주의에 입각한 개인주의로 변화하고 있지만 아직도 전통적 가치관이 강하게 남아 있어서 전통적·현대적·탈현대적 요소가 동시대에 공존하고 있다는 점이 특징이다. 장경섭(2001)은 한국의 가족이념을 유교주의적·도구주의적·서정주의적·개인주의적 가족이념이 공존하는 것으로 파악하며 이러한 이질적인 가족개념이 세대, 학력, 지역, 성별 등에 따라 복잡한 분포를 보이며 나타난다고 보았다.

4. 한국 가족복지의 발달과정

1) 정부 가족 관련 부서의 발달과정

한국의 가족복지를 담당했던 정부부서의 발달과정은 [그림 16-1]과 같다(여성가족부 2012). 전담 부서는 사회부 부녀국으로 시작되어 보건사회부 소속으로 편재하다가 2005년에 여성가족부로 이관되었고, 2008년에 다시 보건복지부, 2010년부터 지금까지 여성가족부에 존치되고 있다.

시기	담당기구	주요내용
'48년	사회부 부녀국	○ 여성복지 업무의 일환으로 추진
'63년	보건사회부 부녀아동국	○ 부녀국을 부녀아동국으로 개칭
'88년	정무장관(제2실)	○ 저소득 모부자 가정과 취약계층 여성에 대한 지원을 내용으로 하는 「모부자복지법」 제정
'98년	여성특별위원회	○ 대통령 직속/여성정책의 기획 · 종합
'01년	여성부	○ 여성정책의 기획 · 종합, 남녀차별의 금지 · 규제 등 여성의 지위향상
'03년	보건복지부 인구가정심의관	○ 가정복지심의관에서 인구가정심의관으로 전담부서 명칭 변경
'04년	보건복지부 인구가정심의관	○ 가족정책에 관한 기본법으로 「건강가정기본법」 제정('04. 2월) ○ 가족에 대한 지원사업으로 지방건강가정 지원센터 사업 시작('04. 6월) ○ 정부혁신지방분권위에서 가족업무의 기능 조정안 보고
'05년	여성가족부	○ 여성정책의 기획 · 종합, 여성의 권익증진 등 지위향상, 가족정책의 수립 · 조정 · 지원 및 영유아 보육
'07년	여성가족부 가족정책국	○ 결혼이민자 가족 지원 확대를 위해 가족통합팀 신설(1국 4과, '07. 11월) ○ 「다문화가족지원법」 「결혼중개업의 관리에 관한 법률」 「가족친화사회환경 조성 촉진에 관한 법률」 제정
'08년	여성부	○ 여성정책의 기획 · 종합, 여성의 권익증진 등 지위향상
'10년	여성가족부	○ 여성정책의 기획 · 종합, 여성의 권익증진 등 지위향상, 청소년 및 가족(다문화가족과 건강가정사업을 위한 아동업무 포함)
'12년	여성가족부 청소년가족정책실 가족정책관	○ 다문화가족과 직제변경(1관 4과)
'15년	여성가족부 청소년가족정책실 가족정책관	○ 여성가족부 개편(학교밖청소년지원과 신설 및 인력 증원) 2실 2국 2관 1대변인 26과, 정원 252명

[그림 16-1] 가족 관련 정부부서의 발달사

2) 가족복지 관련법의 발달과정

현 여성가족부의 가족정책국 소관 법령을 입법 연도순으로 제시하면 [그림 16-1]과 같다. 이 법과 가족정책국 소속의 법은 아니지만 가족과 관련된 주요 법들을 소개하면 다음과 같다.

여성가족부의 가족정책 소관 법률은 「건강가정기본법」(2004. 2. 9. 제정), 「가족친화 사회환경의 조성 촉진에 관한 법률」(2007. 12. 14. 제정), 「건전가정의례의 정착 및 지원에 관한 법률」(1999. 2. 8. 제정), 「결혼중개업의 관리에 관한 법률」(2007. 12. 14. 제정), 「다문화가족지원법」(2008. 3. 21. 제정), 「한부모가족지원법」(1989. 4. 1. 제정) 등을 들 수 있다. 가족복지와 관련된 주요 법을 살펴보면 다음과 같다.

(1) 건강가정기본법(2018, 일부개정)

「건강가정기본법」에서는 법 제3조에서 가족에 관한 법적 개념을 정의해 놓고 있다. 먼저 '가족'이란 혼인 · 혈연 · 입양으로 이루어진 사회의 기본단위(제1항)이며, '가정'이란 가족구성원이 생계 또는 주거를 함께하는 생활공동체로서 구성원의 일상적인 부양 · 양육 · 보호 · 교육 등이 이루어지는 생활단위(제2항)이다. '건강가정'이란 가족구성원의 욕구가 충족되고 인간다운 삶이 보장되는 가정을 의미한다(제3항). 이어 가족복지 대책의 핵심이라 할 수 있는 '건강가정사업'이란 건강가정을 저해하는 문제("가정문제")의 발생을 예방하고 해결하기 위한 여러 가지 조치와 가족의 부양 · 양육 · 보호 · 교육 등의 가정기능을 강화하기 위한 사업(제4항)으로 정의하고 있다.

제정과정에서부터 「건강가정기본법」에 명시되어 있는 '가족'의 정체성은 몇 가지 점에서 논란이 되어 왔다. 첫째, 가족에 대한 정의가 정상가족(the family) 중심의 가족관으로 협소하게 내려짐으로써 다양하게 등장하는 가족유형들을 '비정상가족'이나 '문제가족' '해체가족'으로 접근하고 있다는 비판이 제기되고 있다. 둘째, '가족의 기능'을 부양, 양육, 보호, 교육 등으로 '명시'함으로써 '보살핌' 기능을 가족의 기능으로 분명히 하고 있다. 이는 부양과 양육의 책임이 1차적으로 '가족'에 있음을 강조하는 것으로서 이러한 기능을 수행하지 못하는 가족은 '건강하지 못한 가족'이라는 낙인을 부여할 수 있다. 셋째, '건강가정사업'에 대한 제3항의 정의는 교육과 양육 그리고 사회적 약자에 대한 보호를 점차 사회와 국가가 책임져야 한다는 최근의 변화방향과 배치될 수 있다는 점도 논란의 여지가 있다.

「건강가정기본법」에 따라 실시되는 '건강가정사업'의 구체적인 정책과 프로그램 중 궁정적으로 보이는 점은 여성의 노동권과 모성권의 인정, 가사노동 가치의 인정과 양성평등 가치에 입각한 가정 운영의 강조, 가족과 지역사회 혹은 시민사회의 민주적인 관계의 성장 발전 강조, 다른 사회보장 정책에서의 가족 단위에 대한 고려 등을 명시적으로 언급했다는 점은 그 동안 '암묵적으로' 존재해 왔던 가부장제에 입각한 성차별적 규범이나 제도를 변화의 대상으로 분명히 했다는 데 있다.

반대로 우려할 점도 있다.[2] '기본법'의 특성상 구체적인 사업의 대상, 내용, 재원을 자세하게 다룰 수 없다는 한계가 있지만 다른 측면에서 보면 사업의 내용은 가족유형이나 기능만큼이나 다면적으로 구성될 수 있음을 의미하기도 한다. 이 법에서는 건강가정사업으로 비교적 폭넓고 유익한 내용을 담으려고 했음에도 불구하고, '가족'과 '가정'에 대한 사회적 차별이 담긴 개념을 명시적으로 정의함으로써, 결국 건강가정사업이 기능주의적인 관점에 입각한 전형적인 '가족가치(제7조, 부양·자녀양육·가사노동 등 가정생활의 운영의 공동참여와 상호존중과 신뢰)'를 굳건히 하고 그 관점에 입각하여 '가족해체(제9조)'를 문제시하고 통제하려는 정책의도를 강하게 담게 되었다.

(2) 가족친화 사회환경의 조성 촉진에 관한 법률(2016, 일부개정)

이 법률은 저출산 고령화와 여성의 경제활동 참여 증가 등 사회환경이 변화함에 따라 가정과 직장생활을 조화롭게 병행할 수 있는 사회적 분위기나 제도적 장치의 필요성으로 제정되었다. 법률의 시행으로 가족친화적인 사회환경 조성을 위한 종합적이고 체계적인 지원체계가 마련되었다고 볼 수 있다.

(3) 한부모가족지원법(2018, 일부개정)

한부모가족에 대한 법은 1989년의 「모자복지법」으로 출발하였고, 2002년에 그 대상이 부자가족까지 확대된 「모부자복지법」으로 변경되었으며, 이후 65세 이상의 고령자와 손자녀로 구성된 조손가족까지 정책 대상으로 포괄하면서 2007년 10월 17일에 「한부모가족지원법」으로 개정되었다. 「한부모가족지원법」은 매우 제한적인 경제적 보조에 치중되었던 「모부자복지법」과 달리 한부모가족이 가지고 있는 복합적이고 다양한 문제에 대한 대책을 제시하기 위해 제정되었고, 한부모가족의 문제들이 가정해체, 아동유기 등으로

---

2) 이 법에 입각해 집행된 정책들을 평가하기에는 시기적으로 이른 감이 있기 때문에 문제가 될 가능성을 지적하는 것으로 제한한다.

심화되어 사회적 부담의 증가로 연결되지 않도록 사전예방적 차원에서 국가의 다양한 지원이 가능토록 하기 위해 구상되었다.

(4) 다문화가족지원법(2018, 일부개정)

2008년 9월부터 시행되는 이 법은 보건복지가족부장관령하에 보건복지가족부장관과 법무부장관의 협의로 다문화가족을 지원할 수 있도록 명시하고 있다. 다문화가족지원법은 총 16개 조항과 부칙으로 구성되어 있는데 주요 내용으로는 국가와 지방자치단체는 다문화 가족 구성원이 안정적인 가족생활을 영위할 수 있도록 필요한 제도와 여건을 조성하고 이를 위한 시책을 수립 및 시행해야 하며, 다문화가족에 대한 이해 증진, 결혼이민자에게 생활정보 및 교육지원, 평등한 가족관계의 유지를 위한 조치, 가정폭력 피해자에 대한 보호, 지원, 산전.산후 건강관리 지원, 아동보육, 교육 다국어 서비스 제공, 다문화가족지원업무 관련 공무원의 교육, 다문화가족 지원사업을 수행하는 민간단체 등의 지원업무 등을 수행해야 한다는 것이다. 여성가족부장관은 다문화가족의 현황 및 실태를 파악하고 다문화가족 지원을 위한 정책 수립에 활용하기 위해 3년마다 다문화가족에 대한 실태조사를 시행하고 그 결과를 공표하여야 하며, 다문화가족지원정책의 시행을 위한 다문화가족지원센터를 지정해야 하고 권한의 위임과 위탁을 하도록 규정하고 있다. 이 밖에도 다문화가족서비스로는 정부와 지자체가 다문화 가족이 민주적이고 양성평등한 가족관계를 누릴 수 있도록 가족상담, 부부교육, 부모교육, 가족생활교육 등을 추진하고 문화의 차이 등을 고려한 전문 서비스를 제공하도록 명시하고 있다. 또한 언어통역, 법률상담 및 행정지원 등도 필요한 경우에 제공할 수 있게 한다.

(5) 남녀고용평등과 일 · 가정 양립지원법(2018, 일부개정)

여성근로자의 성차별을 방지하기 위해 1987년에 「남녀고용평등법」이 제정되었다. 그러나 이 법을 통해서도 자녀양육이라는 돌봄 노동의 과제가 해결되지 않는 등의 문제점으로 인하여 2007년에 「남녀고용평등법」이 「남녀고용평등과 일 · 가정 양립 지원에 관한 법률」로 개정되었다. 2008년에는 '제4차 남녀고용평등과 일 · 가정 양립 기본계획'을 수립하였다. 주요 내용은 여성역량 제고 및 일자리 확대, 일하는 여성 중심의 육아 지원제 마련, 가정과 조화되는 근로제도 정착, 남녀차별이 없는 일터정착, 사회합의에 기반을 둔 고용 인프라 확충 등이다.

(6) 저출산 · 고령사회기본법(2014, 일부개정)

이 법은 2005년 4월에 입법되어 9월 1일부터 시행된 법으로써, 명칭 그대로 저출산과 인구 고령화 시대를 대비하여 국가적인 대응책을 마련하기 위해 제정된 법률이다. 이 법안에서 다룰 저출산 정책의 내용은 국가와 지방자치단체의 인구정책 수립과 시행(제7조), 자녀가 차별받지 않고 성장할 수 있는 사회환경 및 가정과 직장의 양립가능한 사회환경 조성 등 자녀출산과 보육에 적절한 사회환경 조성(제8조), 모자보건 증진을 위한 정책 수립(제9조), 자녀의 임신 · 출산 · 양육 · 교육에 필요한 경제적 부담 경감 지원(제10조)이 핵심이다. 고령사회정책의 내용은 고령자의 근로환경 조성 및 노후소득보장체계 마련(제11조), 국민의 건강증진 대책 마련 및 고령자를 의료 · 요양시설과 인력 확충(제12조), 주거를 포함한 생활환경과 안전보장(제13조), 여가 · 문화 및 사회활동 장려(제14조), 평생교육과 정보화를 위한 시책(제15조), 여성노인 · 장애노인 · 농어촌지역 노인 등 취약계층 노인에 대한 고려(제16조), 민주적이고 평등한 가족관계 조성(제17조), 고령친화적 산업 육성(제19조) 등이 있다.

(7) 양성평등기본법(2015)

20년 만에 「여성발전기본법」이 「양성평등기본법」으로 전부개정, 2015년 7월 1일부터 시행되었다. 이 법은 사회 전 분야에서 여성과 남성의 균형 있는 참여를 도모하는 것으로 공공기관의 관리직 목표제 시행, 모 · 부성권 보장 등 양성평등 시책을 강화하는 내용이 담겨 있다. 이 법의 시행으로 모든 영역에서 여성과 남성의 동반 성장을 위한 시책이 강화된다. 국가와 지방자치단체는 정책결정과정 · 공직 · 정치 · 경제활동 등 사회 전 분야에서 여성과 남성의 평등한 참여를 도모하기 위한 시책을 마련하고, 공공기관의 장은 관리직 목표제 등을 시행하여 여성과 남성이 균형 있게 임원에 임명될 수 있도록 노력해야 한다. 또한 국가기관과 사업주 등은 자녀양육에 관해 엄마뿐만 아니라 아빠의 권리를 보장해야 하며, 여성뿐만 아니라 남성의 일 · 가정 양립을 위한 여건도 마련토록 노력해야 한다.

5. 가족복지의 정책과 서비스 현황

2018년 여성가족부의 가족정책의 목표와 정책과제는 [그림 16-2]와 같다.

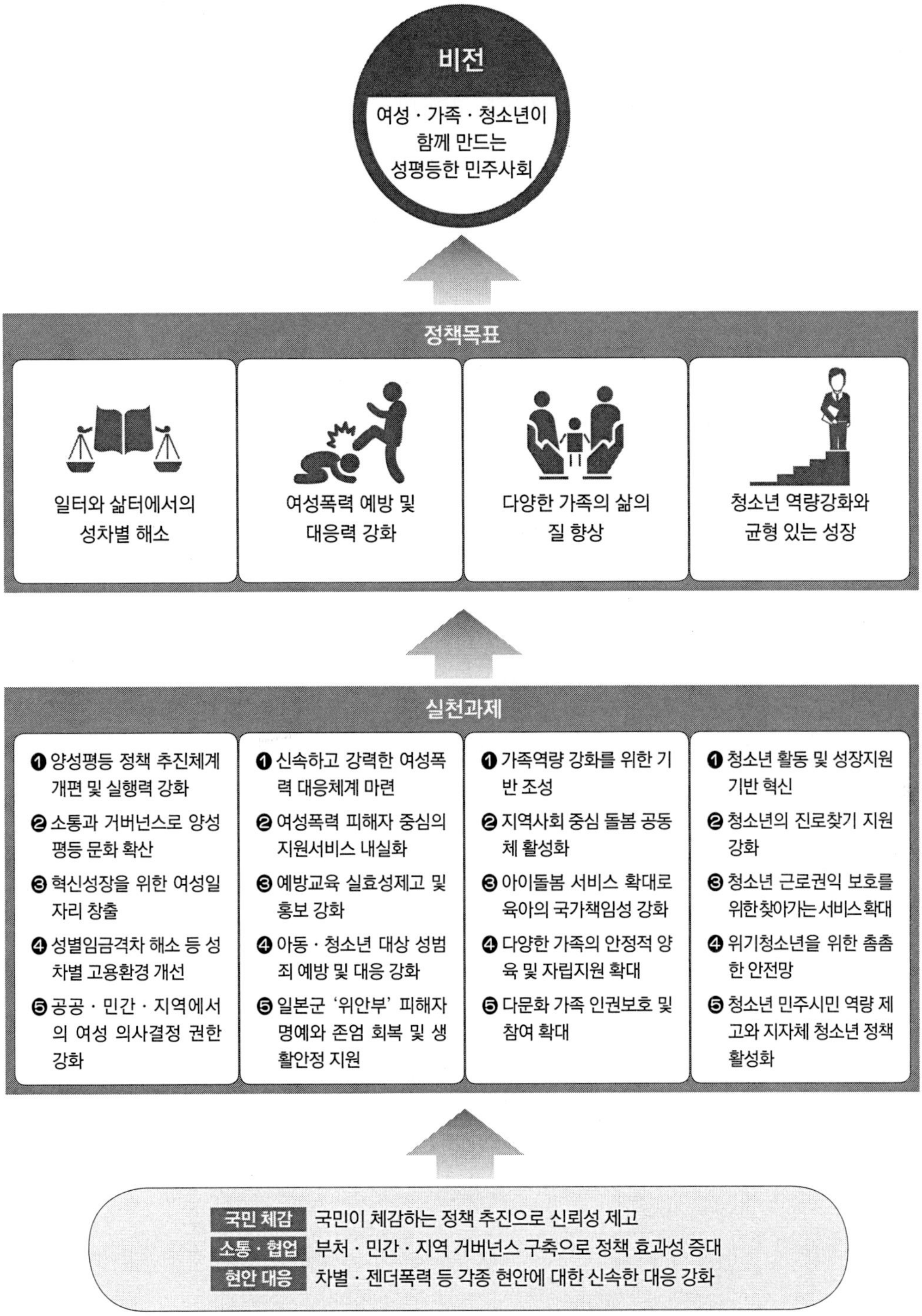

비전

여성 · 가족 · 청소년이
함께 만드는
성평등한 민주사회

정책목표

일터와 삶터에서의
성차별 해소

여성폭력 예방 및
대응력 강화

다양한 가족의 삶의
질 향상

청소년 역량강화와
균형 있는 성장

실천과제

❶ 양성평등 정책 추진체계 개편 및 실행력 강화

❷ 소통과 거버넌스로 양성평등 문화 확산

❸ 혁신성장을 위한 여성일자리 창출

❹ 성별임금격차 해소 등 성차별 고용환경 개선

❺ 공공 · 민간 · 지역에서의 여성 의사결정 권한 강화

❶ 신속하고 강력한 여성폭력 대응체계 마련

❷ 여성폭력 피해자 중심의 지원서비스 내실화

❸ 예방교육 실효성제고 및 홍보 강화

❹ 아동 · 청소년 대상 성범죄 예방 및 대응 강화

❺ 일본군 '위안부' 피해자 명예와 존엄 회복 및 생활안정 지원

❶ 가족역량 강화를 위한 기반 조성

❷ 지역사회 중심 돌봄 공동체 활성화

❸ 아이돌봄 서비스 확대로 육아의 국가책임성 강화

❹ 다양한 가족의 안정적 양육 및 자립지원 확대

❺ 다문화 가족 인권보호 및 참여 확대

❶ 청소년 활동 및 성장지원 기반 혁신

❷ 청소년의 진로찾기 지원 강화

❸ 청소년 근로권익 보호를 위한 찾아가는 서비스 확대

❹ 위기청소년을 위한 촘촘한 안전망

❺ 청소년 민주시민 역량 제고와 지자체 청소년 정책 활성화

국민 체감 국민이 체감하는 정책 추진으로 신뢰성 제고
소통 · 협업 부처 · 민간 · 지역 거버넌스 구축으로 정책 효과성 증대
현안 대응 차별 · 젠더폭력 등 각종 현안에 대한 신속한 대응 강화

[그림 16-2] 여성가족부의 가족정책의 목표와 정책과제

여성가족부의 가족정책서비스는 여성·가족·청소년이 함께 만드는 성평등한 민주사회라는 비전하에 네 가지 정책목표와 실천과제를 설정하였다.

첫째, 일터와 삶터에서의 성차별 해소를 위해 양성평등정책 추진체계 개편 및 실행력 강화, 소통과 거버넌스로 양성평등 문화 확산, 혁신성장을 위한 여성일자리 창출, 성별 임금격차 해소 등 성차별 고용환경 개선, 공공·민간·지역에서의 여성의사결정 권한 강화를 계획하고 있다.

둘째, 여성폭력 예방 및 대응력 강화를 위해 신속하고 강력한 여성폭력 대응체계 마련, 여성폭력 피해자 중심의 지원서비스 내실화, 예방교육 실효성제고 및 홍보 강화, 아동·청소년 대상 성범죄 예방 및 대응 강화, 일본군 '위안부' 피해자 명예와 존엄 회복 및 생활안정 지원 등의 실천과제를 수행하고 있다.

셋째, 다양한 가족의 삶의 질 향상을 목표로 하고 있다. 이를 수행하기 위한 구체적인 방안으로는 가족역량 강화를 위한 기반 조성, 지역사회 중심 돌봄 공동체 활성화, 아이돌봄 서비스 확대로 육아의 국가책임성 강화, 다양한 가족의 안정적 양육 및 자립지원 확대, 다문화 가족 인권보호 및 참여 확대 등이다.

마지막으로, 청소년 역량강화와 균형 있는 성장을 목표로 설정하였다. 청소년 활동 및 성장지원 기반 혁신, 청소년의 진로 찾기 지원 강화, 청소년 근로권익 보호를 위한 찾아가는 서비스 확대, 위기청소년을 위한 촘촘한 안전망, 청소년 민주시민 역량 제고와 지자체 청소년 정책 활성화를 구체적인 실천 방안으로 계획하였다.

이를 통해 가족정책서비스가 체감도·신뢰성 높은 정책으로 구현될 수 있도록 추진하여 부처·민간·지역 거버넌스 구축을 통해 정책의 효과성을 증대할 수 있을 것이다. 또한 그뿐만 아니라 차별·젠더폭력 등 각종 현안에 대한 신속히 대응할 수 있는 방안을 강화할 수 있을 것이다.

6. 전망과 과제

현 한국의 가족복지정책은 양성평등정책과 가족친화적 정책 및 출산율제고 정책에 역점을 두고 있으나 아직까지 특정 가족을 강화하는 가족기능강화정책에서 벗어나지 못하는 보수적 가족중심의 정책에 기반하고 있다고 평가할 수 있다. 가족 관련 정책이 탈상품화, 탈가족화, 탈젠더화의 경향을 보이고, 신자유주의 경제구조 속에서 고용유연화 및 고용불안정이 높아지면서 가족의 돌봄 문제가 쟁점이 되게 되었다. 이에 따른 가족구조의 유동성 강화와 가족결속의 시계열적 단절은 가족을 통해 가족복지를 자체적으로 해결하려는 전통적 가족정책의 물적 토대를 약화시키고 있다(조흥식 외, 2017). 또한 가족다변화 시대에 실재하는 다차원적인 위험에 처한 가족은 전통적 핵가족을 넘어서는 패러다임의 전환을 요구하고 있다. 가족부양 책임이라는 부양행위자의 중심축이 약화되면서 가족연대는 아동, 노인, 장애인 등 가족구성원을 이중으로 소외시키고 배제시킬 수밖에 없다. 이와 같은 사회변화와 위기는 부양과 돌봄의 책임을 가족에서 가족과 사회로 분담하는 탈가족화, 돌봄의 탈젠더화의 지향성을 갖는 새로운 통합적 가족정책 패러다임으로의 전환함으로써 가족문제에 효율적인 대응을 할 수 있다고 볼 수 있다(조흥식 외, 2017).

따라서 사회여건의 변화로 인하여 가족복지정책은 혈연중심의 전통적 가족주의에서 벗어나 다양한 가족형태를 인정하고 양성평등한 가족관계를 지향하여야 할 것이고 돌봄에 대한 실질적인 양성평등적 접근이 필요하다. 한국의 가족문제를 해결하기 위해 가장 우선적으로 선행되어야 할 과제는 가족복지책임에 대한 사회연대적 분담체계 확립, 독신가구, 한부모가족, 다문화가족 등의 다양한 가족을 가족복지정책의 대상으로 포용하는 보편성 확립 그리고 가족관점과 성인지관점의 결합 등을 통해 가족복지정책의 방향성을 재정립하는 일이다. 이를 기반으로 자녀양육에 대한 지원, 부모의 노동권과 양육권 보장, 노인부양에 대한 사회적 지원 등의 가족복지 프로그램 개발이 뒤따라야 할 것이다(이진숙 외, 2010). 또한 가족복지서비스 전달체계의 안정적인 구축을 서두를 필요가 있다. 정부 차원에서는 가족 친화적 관점이 개별정책에 반영될 수 있도록 가족정책을 담당할 기구의 실질적인 운용을 서둘러야 하며, 공·사적 서비스 전달체계의 원활한 네트워크를 구축하도록 해야 한다.

한국의 가족복지서비스는 저소득층을 대상으로 하는 프로그램이 주를 이루고 있어 그 내용이나 범위가 매우 한정적이다. 저소득 빈곤가족의 경제적 안정이나 보건서비스 등 기초생활보장을 위한 제도와 프로그램을 중심으로 협소한 범위 내에서 운영되기 때문에 앞으로는 다양한 가족의 욕구를 반영하여 프로그램이 개발되어야 할 것이고 서비스의 질적 수준도 높여야 할 것이다. 특히 최근의 저출산, 인구고령화 문제와 긴밀한 순환적 인과관계를 형성하고 있는 자녀양육 기능은 지금까지 여성을 주 대상으로 인식하던 모성보호와 보육정책이 이제 '사회적 모성보호'로 확대되고 관련 정책이 강화되어야 할 필요성을 드러내고 있다. 또한 가족의 노인부양 부담을 완화하기 위해서는 여성의 부양노동에 대한 사회적 가치 인정, 노인부양과 가족보호의 역할을 병행할 수 있는 가족친화적 고용정책의 현실화, 여성전담의 노인부양방식에서 벗어나 남성 및 가족구성원의 참여 증대를 통한 노인부양의 가족 간 역할 공유 등이 중심과제이다.

참고문헌

김성천(2007). 한국 가족복지정책의 정체성. 한국가족복지학회 추계 학술자료집.

김성천, 강욱모, 김영란, 김혜성, 박경숙 외(2018). 사회복지학개론. 서울: 학지사.

김혜영, 김은지, 최인희, 김영란(2011). 조손가족지원방안연구. 한국여성정책연구원.

보건복지가족부(2009. 2. 26.). 보도자료.

여성가족부(2005). 2005 가족실태조사.

여성가족부(2010). 함께 가는 가족 2010.

여성가족부(2012). 가족정책. 정책자료집.

여성가족부(2013a). 여성 · 청소년 · 가족 희망으로 미래로. 정책자료집

여성가족부(2013b). 주요업무추진 현황.

여성가족부(2015). 제2차 다문화가족정책 기본계획. 2015 시행계획.

여성가족부(2018). 여성 · 가족 · 청소년이 함께 만드는 성평등한 민주사회 2018년 여성가족부 업무보고.

여성가족부(2018). 제3차 다문화가족정책 기본계획(안).

이명진, 최유정, 이상수(2014). 1인 가구의 현황과 사회적 함의에 관한 탐색적 연구. 사회과학연구. 27(1). 229-253.

이진숙, 신지연, 윤나리(2010). 가족정책론. 서울: 학지사.

인구주택총조사보고서 각 연도

장경섭(2001). 가족이념의 우발적 다원성. 정신문화연구, 24(2).

조선일보(2011. 8. 23.).

조흥식, 김인숙, 김혜란, 김혜련, 신은주(2017). 가족복지학. 서울: 학지사.

최경석, 김양희, 김성천 외(2006). 한국가족복지의 이해. 서울: 인간과 복지.

최명민, 이기영, 최현미, 김정진(2009). 문화적 다양성과 사회복지. 서울: 학지사.

통계청(2006a). 2005 가계수지 동향.

통계청(2006b). 2006년 사회통계조사 결과.

통계청(2010). 경제활동인구조사: 성별경제활동인구총괄.

통계청(2010). 인구총조사.

통계청(2011). 보도자료.

통계청(2015). 인구주택 총조사보고서.

통계청(2016). 인구주택 총조사보고서.

통계청(2017a). 경제활동인구조사: 성별경제활동인구총괄.

통계청(2017b). 혼인통계, 이혼통계.

통계청(각 연도). 인구주택 총조사보고서.

한인영, 강향숙, 구승신, 김경희, 김선민 외(2015). 가족복지론. 서울: 학지사.

혼인통계자료(2016).

山崎美貴子. 1976.「家族福祉の 對象領域と 機能」. 明治學院論總, 『社會學社會福祉硏究』, 第45. 明治大學.

Beck, U. (2007). 위험사회(*Risikogesellschaft*). (홍성태 역). 서울: 새물결. (원저는 1986년에 출판).

Goldenberg, I., & Goldenberg, H. (2000). *Family therapy an overview*. California: Pacific. Grove, Brooks/Cole Press.

Healy, K. (2012). 사회복지사를 위한 실천이론(*Social work theories in context*). (남찬섭 역). 서울: 나눔의 집. (원저는 2005년에 출판).

Kamerman, S., & Kahn, A. (Eds.). (1978). *Family policy: Government and families in 14 countries*. New York: Columbia University Press.

제**17**장

여성복지서비스

허수연(한양대학교 공공정책대학원 교수)

1. 들어가는 말

여성복지는 여성이 인간으로서의 존엄성 및 인간다운 생활을 할 권리를 남성과 동등하게 보장받음으로서 건강, 재산, 행복 등 삶의 조건들이 만족스러운 상태를 의미하며 동시에 기존 가부장적 가치관과 이에 기초한 법과 사회제도들을 개선하는 모든 구체적 노력(과정)을 포괄하는 실천 개념이다(박인덕, 김엘림, 서명선, 배영자, 1990).

복지국가의 궁극적 지향 가운데 하나는 평등이다. 평등은 다양하게 정의될 수 있으며 누구의, 무엇의, 그리고 어느 정도의 평등인가에 대한 논의 역시 지속되어 왔지만 평등의 핵심 영역 가운데 하나는 성 평등(gender equality)이라는 사실에 대부분 동의한다.

그러나 완벽하게 이상적인 복지국가가 존재하지 않듯이 온전한 성 평등을 달성한 국가 역시 발견되지 않는다. 여성주의자들은 오히려 전후 복지국가체제가 불평등한 성(젠더) 관계를 재생산하면서 발달하였다고 비판한다. 자본주의 복지국가 시스템 안에서 정해진 성 역할(gender roles) 규범에 따라 여성은 주로 가사와 돌봄의 일을 생애에 걸쳐 계속하지만 가정에서의 노동에 대한 공식적 보상은 지급되지 않았으며 여성은 남성 생계부양자에게 경제적으로 의존하는 수동적 존재로 남아 있었다. 동시에 대부분의 여성은 유급노동시장 참가를 전제로 하는 사회보험 수급권으로부터도 배제되어 여성이 복지 수급권을 가지는 경우는 주로 남성으로부터 부양을 받을 수 없는 경우로 한정되었다. 그 결과 여성은 가족이라는 비공식적 영역 속에 '숨겨진 존재'가 되었으며 노동시장참가와 독립을 기반으로 하는 온전한 시민권을 획득하기 어려웠다(Orloff, 1993; Daly, 2000).

이후 복지국가 위기론 속에서 기존 복지체제가 새로운 사회적 위험(근로빈곤, 노동시장 양극화 및 돌봄의 공백 등)에 대응하지 못하는 한계가 드러나면서 복지국가 재편 담론의 핵심에 젠더 이슈가 등장하게 되었다. 여성주의 복지학자들은 복지국가 재편과정에서 성 평등한 젠더관계의 재구성을 주장하였으며 서구 복지국가를 중심으로 여성의 경제 활동참가와 '일·가족 양립'을 지원하기 위한 정책들이 확대되었다. 그러나 대부분의 복지국가에서 성 평등의 성과는 더디게 나타나며 국가 간의 차이도 뚜렷하다. 동시에 많은 사회에서 여성은 여전히 위계적 젠더 관계 속에서 빈곤과 차별, 폭력의 위험에 노출되어 있다.

한국 사회 역시 2000년 이후 저출산·고령화라는 새로운 위험에 대응하기 위해 다양한 일·가족 양립정책을 확대하고 있으며 동시에 복지정책의 내실화를 통해 제반 사회문제에 대응하기 위해 노력하고 있다. 그러나 노동시장과 경제 환경의 급격한 변화 속에서 구(舊) 사회적 위험에 대한 대응마저 부실한 가운데 사회 전반의 불평등은 확대되고 있으며 이 가운데 성 불평등 문제는 첨예한 사회문제의 한 축을 구성하고 있다.

이 장에서는 한국사회에서 여성이 경험하는 다면적 불평등 양상과 폭력, 배제 및 인권 침해 등 여성이 경험하는 다양한 문제 및 이에 대응하기 위한 정책들을 살펴보고 여성복지의 과제와 전망에 대해 논의하고자 한다. 이어지는 2절은 여성주의와 복지국가에 대한 주요 이론을 소개하고 3절에서는 한국사회에서 나타나는 성 불평등 문제를 현황을 중심으로 살펴본다. 4절에서는 한국 여성복지제도의 발달과정을, 5절에서는 여성복지서비스의 영역별 내용을 알아본다. 마지막 6절에서는 전망과 과제를 제시한다.

2. 여성주의와 복지국가

초기 여성주의자들은 젠더관계의 형성과 유지에 있어 국가와 복지국가 모두에 대해 회의적이었고 비판적인 태도를 취하였다. 무엇보다 국가는 가부장 사회를 유지하는 원동력이며 복지국가 또한 전통적인 성별 분업을 재생산하는 기제로 인식되었다(Sainsbury, 1996). 제2차 세계대전 후 발달한 복지국가는 질병, 실업, 은퇴, 빈곤 등의 사회적 위험에 대해 사회보장제도를 통한 소득의 안정을 유도하였지만 사회보장의 핵심 제도인 사회보험의 주 대상은 '일을 하는 남성'이었다. 복지국가 시스템 안에서 여성은 가정 내에서 가사와 돌봄 등의 무급노동을 수행하면서 생계부양자인 남성의 소득에 의존하는 지위를 가졌다. 여성이 복지수급자가 되는 경우는 주로 유족이 되었거나 이혼 등으로 인해 남성의 부양을 받지 못할 때로 한정되었으며 이 경우 복지급여 수준은 상대적으로 낮았다. 노동시장에 참가한 여성 노동자들 또한 핵심 노동인력이기보다는 산업예비군으로서 불안정하고 낮은 노동지위를 가지게 되었다.

한편, 복지국가가 성숙하면서 복지체제의 다양성이 발견되자 여성에 대한 복지국가 역할을 분석하는 새로운 시각이 등장하였다. 복지국가 비교연구 결과 대체로 북유럽 복지국가들에서 계급 불평등뿐 아니라 성 불평등 역시 상대적으로 낮게 나타난다는 사실이 밝혀짐에 따라 여성주의 복지학자들은 이들 국가군을 '잠재적으로 여성 친화적인 국가'로 인식하게 되었다(Hernes, 1988: Sainsbury 1996에서 재인용). 특히 여성가구주의 빈곤, 여성의 노동시장참가율과 노동시장으로부터의 성과 등에서 국가마다 뚜렷한 차이가 발견되면서 여성에 대한 복지국가의 새로운 기능과 역할에 주목하게 되었으며(Orloff, 1996) 개별 복지국가 내에서 기존 젠더관계가 어떻게 유지 또는 재편되는가가 핵심 이슈로 부상하게 되었다.

이에 대한 논의의 대표로 올로프(Orloff, 1993)는 여성이 돌봄 노동에 대한 부담을 줄이고 유급노동 접근권을 획득하여 경제적 독립과 독자적인 가구를 형성하고 유지할 수 있는 능력을 가질 때 여성은 비로소 온전한 시민권을 확보할 수 있다고 보았다. 여기에서 한 걸음 더 나아가 리스터(Lister, 1994)는 여성이 독자적인 가구를 형성할 뿐 아니라 결혼생활을 유지하면서도 경제적 자율성을 획득할 능력을 가져야 함을 지적하며 '탈가족화(de-familalization)'를 주장하였다. 리스터가 주장하는 탈가족화란 '성인 개인이 유급노동 또는 사회보장급여를 통해 가족관계와 상관없이 사회적으로 수용할 만한 수준의 삶을 유지할 수 있는 정도'이다(Lister, 1994). 이때 복지국가가 탈가족화를 위해 돌봄의 사회화를 어떻게 제도화하고 지원하는가는 젠더 관계와 성평등에 큰 영향을 미치게 된다.

한편, 개인에게 유급노동 참가권 못지않게 중요한 권리는 무급노동 참가권, 즉 돌봄의 권리이다. 가족을 돌보고 가족과 함께하는 기회와 시간을 확보하는 것은 삶에서 중요한 영역이기 때문에 노동권만큼 돌봄권의 보장은 여성과 남성 모두에게 중요하다. 이에 따라 가족을 돌볼 권리를 제도적으로 지원하는 '가족화(familalizaion)' 정책 역시 (유급노동 참가를 위한) 탈가족화 정책과 함께 발달하게 되었다. 다만, 이때 중요한 점은 가족화 정책으로 인해 돌봄의 책임과 부담이 (다시) 여성에게 일방적으로 부과된다면 성 평등이 저해되는 문제가 발생한다는 것이다. 따라서 노동을 지원하는 정책(탈가족화 정책)과 돌봄을 지원하는 정책(가족화 정책)이 서로 어떠한 결합관계를 가지며 그 결과 젠더관계는 어떻게 유지 또는 재구성되는지가 중요하다(Leitner, 2003).

3. 한국사회의 성 불평등

산업화 사회에서 인간 삶의 영역은 크게 정치행정 및 시장을 중심으로 하는 '공식 영역'과 가정을 중심으로 하는 '비공식 영역'으로 나누어진다. 전후 복지국가체제에서도 성역할 분화에 따라 남성은 주로 공식 영역에서, 여성은 비공식 영역에서 활동하였으며 사회복지제도 역시 사회보험의 주 수혜자는 남성으로, 공공부조의 주 수혜자는 여성으로 나뉘는 양상을 보였다.

오늘날 서구 복지국가에서 여성의 교육수준과 경제활동참가율이 높아지면서 성역할 영역 분화 현상은 사라져 가고 있으며 복지급여의 성 불평등한 분포 역시 변화되고 있다. 그러나 한국 사회에서 공식 영역과 비공식 영역 모두에서 성 불평등은 정체되고 있는 모습을 보인다.

한편, 공식 영역에서의 성 불평등과 비공식 영역에서의 성 불평등은 상호순환 구조를 이룬다. 여성이 노동시장에 참가하지 않거나 불규칙하게 참가할 때, 또는 노동에 대한 낮은 보상을 받을 때 가정 내에서 여성의 권한과 지위는 낮아지며 그 결과 무급 돌봄 노동에 대한 여성의 책임과 역할은 강화된다. 반대로 가정에서의 가사와 돌봄 책임이 과중할 때 여성은 노동시장 참가를 포기하거나 중단하게 되며 노동을 전제로 한 복지급여로부터도 배제된다. 따라서 한 사회 내에서의 성 불평등 양상은 공식과 비공식 두 영역에서 종합 진단될 필요가 있다. 이 절에서는 한국 사회에서 나타나는 공식 영역과 비공식 영역에서의 성 불평등 양상을 구체적인 지표를 통해 알아본다.

1) 공식 영역에서의 성 불평등

대표적 공식 영역인 노동시장에서 개인의 지위 획득에 가장 영향을 미치는 인적 자본은 교육수준이다. 그러나 한국사회에서 여성의 높은 교육수준은 경제활동참가나 주요 노동지위의 획득으로 이어지지 못하고 있다. 무엇보다 고등교육진학률은 2009년에 비해 2016년 남성보다 뚜렷하게 높게 나타나지만 경제활동참가율에서의 성별 격차는 거의 좁혀지지 않았다. 고용의 질적 지표라 할 수 있는 상용직과 정규직 비율 및 임금 수준에 있어서도 여성의 낮은 노동지위가 발견된다. 2016년 여성의 상용직 비율은 다소 높아졌으나 여전히 남성에 비해 낮으며 정규직 비율에서의 성별 격차도 거의 그대로 유지되고 있다. OECD가 발표한 한국의 성별임금격차는 36.7%(2016년 기준)로 35개 국가 중 가장 크게 나타나고 있다.

　사회적 의사결정의 장인 정치영역에서의 성 불평등 역시 발견된다. 국회의원 가운데 여성의원의 비율은 2016년 17.0%로 2009년 14.0%에 비해 다소 높아졌으나 절대적인 수는 남성의원에 비해 매우 적다.

〈표 17-1〉 여성과 남성의 사회참가 양상(2009, 2016)　　(단위: %)

구분	2009년		2016년	
	여성	남성	여성	남성
고등교육진학률	82.4	81.6	73.5	66.3
경제활동참가율	49.3	73.2	52.2	74.0
임금근로자 중 상용직 비율	43.9	66.7	57.9	73.0
임금근로자 중 정규직 비율	56.0	71.9	58.9	73.7
성별임금격차	38.6		36.7	
국회의원여성 비율	14.0		17.0	

출처: 통계청(2012~2017), 중앙선거관리위원회 통계 DB, 교육부, 한국교육개발원(2012~2017), 여성가족부(2017)에서 재인용.

　한국사회에서 여성의 낮은 경제활동참가율과 노동시장 지위는 무엇보다 경력단절현상에서 기인하는 바가 크다. 여전히 많은 여성이 30대와 40대에 출산 및 육아로 인한 경력단절을 경험하고 이후 재취업 시 고용의 질이 낮아지는 문제가 발생하고 있다(여성가족부, 2017).[1] 연령별 비정규직 비율을 볼 때 20대 연령에서 남성과 여성의 비정규직 비율은 유사한 수준이지만 30대부터 격차가 발생하여 50대에는 여성의 비정규직 비율이 남성의 약 2배에 이르고 있다.

---

1) 여성가족부의 제1차 양성평등실태조사(2017)에 의하면 '결혼, 자녀 출생, 미취학 아동 돌봄, 자녀의 초등학교 취학 및 교육, 가족간병의 사유로 직장을 그만둔 경험이 있는 경우'는 여성이 38%로 남성 1.6%에 비해 월등히 높은 수준이다.

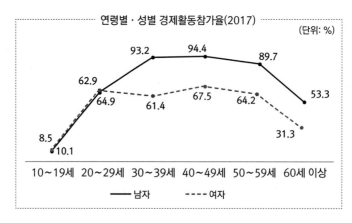

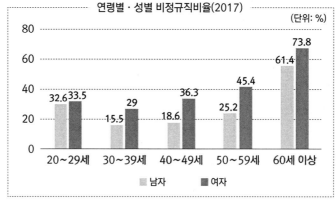

[그림 17-1] 연령별 성별 경제활동참가율과 비정규직 비율(2017)

출처: 통계청(2012~2017).

2) 비공식 영역에서의 성 불평등

비공식 영역인 가정에서 나타나는 성 불평등 양상은 무엇보다 가사 및 돌봄에 사용하는 시간의 남녀 차이에서 드러난다. 통계청의 2014년 생활시간 조사에 의하면 맞벌이가구 여성은 가사·돌봄에 하루 평균 193분을 사용하는 반면, 맞벌이가구 남성은 41분을 사용하는 것으로 조사되었으며,[2] 이는 오히려 외벌이 남성보다 적은 시간이다. 남성 외벌이 가구에서는 여성배우자의 가사·돌봄 시간이 남성배우자의 8배 정도로 높은 데 비해 여성 외벌이 가구에서는 남성배우자보다 여성의 가사·돌봄 시간이 더 길어 여성은 유급노동에 참가하거나 생계를 주로 부양할 때조차 가사 · 돌봄의 부담에서 불평등을 경험하고 있음을 볼 수 있다.

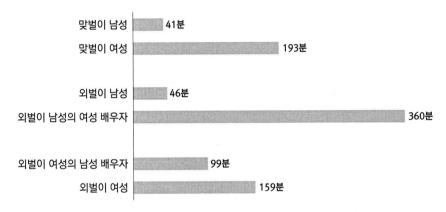

[그림 17-2] 맞벌이가구와 외벌이가구의 가사 · 돌봄시간 사용

출처: 통계청(2014).

3) 복지급여에서의 성 불평등

노동시장에서 여성의 낮은 경제활동참가 및 지위는 복지급여의 성불평등으로 이어진다. 대표적으로 공적연금의 여성 가입률은 2008년 이후 크게 증가하였으나 여전히 남성에 비해 낮은 수준이다. 낮은 공적연금 가입은 여성의 노후 빈곤을 양산하는 위험요인이기도 하다([그림 17-3] 참조).

---

2) 한편, 맞벌이가구의 하루 '일' 시간은 남성 평균 371분, 여성 평균 292분으로 남성의 노동시간이 여성보다 79분 더 길다. 또한 맞벌이가구 남성의 일 시간은 외벌이가구 남성의 일 시간(평균 352분)보다 더(19분) 길다. 이러한 사실을 종합하여 볼 때 맞벌이가구 남성의 긴 노동시간이 짧은 가사 · 돌봄 시간 투입에 영향(시간가용성관점)을 미쳤을 수도 있으나, 반면 여성의 긴 가사 · 돌봄 시간이 여성의 짧은 노동시간에 영향(성역할태도관점)을 미쳤을 수도 있다. 결국 노동시장에서의 성 불평등은 가정에서의 성 불평등과 밀접한 관련이 있다.

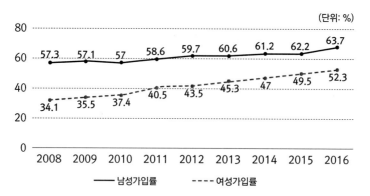

[그림 17-3] 성별 국민연금 가입률 추이

출처: 국민연금관리공단(2012~2017), 공무원연금관리공단(2012~2017), 사학연금관리공단(2012~2017), 여성가족부(2017) 재인용.

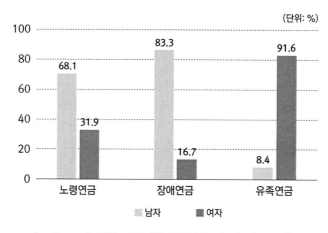

[그림 17-4] 성별 · 급여별 연금수급자 비중(2016)

출처: 국민연금공단(2016).

2016년 국민연금의 급여별 수급자 현황을 보면 여성은 노령연금 수급자의 31.9%, 장애연금 수급자의 16.7%에 불과한 것으로 나타난다. 반면, 유족연금의 경우 여성은 수급자의 91.6%를 차지하고 있는데 이러한 사실은 여성이 노동시장 참가를 통해 연금수급권을 획득하기보다는 생계부양자의 사망으로 인한 파생적 수급권을 가지는 경향을 보여 준다([그림 17-4]). 또한 유족연금 급여액은 보통 노령연금이나 장애연금보다 낮은 수준인 만큼 노동시장에서의 불평등이 결국 복지급여에의 불평등으로 이어진다 할 수 있다.

한편, 여성과 남성의 일 · 가족 양립을 지원하고 특히 어린 자녀를 돌볼 수 있는 '돌봄권'을 보장하기 위해 마련된 육아휴직에 있어서도 여성과 남성의 불평등한 이용 양상이 드러난다([그림 17-5] 참조). 육아휴직 사용자수는 여성과 남성 모두 2008년 이후 꾸준히 증가하고 있으나 남성의 사용자수는 여성에 비해 크게 적다. 육아휴직은 부모 모두의 '돌봄권'을 보장하는 대표적인 정책이지만 휴가 사용이 여성 노동자들을 중심으로 이루어질 때 고용주의 여성노동자 차별을 야기할 수 있는 문제가 된다.

[그림 17-5] 성별 육아휴직 사용자수

자료: 고용노동부.

종합하여 보면 노동시장에서 여성의 낮은 경제활동참가율과 높은 경력단절, 그리고 그 결과로 나타나는 낮은 노동지위는 가정에서 가사와 돌봄을 둘러싼 불평등한 성 역할 분담과 관련 있으며 불안정한 여성의 노동은 다시 공적연금 등의 복지 급여에서의 불균등으로 이어지고 있다. 일과 가족을 양립하기 위한 휴가정책조차 여성이 주 사용자가 되면서 노동시장에서 새로운 성 불평등 문제를 양산할 위험이 있다.

4. 여성운동과 여성복지의 제도적 발달

한국 사회에서 여성운동은 일제강점기부터 민족운동과 여성지위 향상을 목적으로 적극적인 활동을 전개하여 왔으며 해방 이후에도 「가족법」 개정운동을 추진하는 등 활발한 시민운동 주체로서 성장하여 왔다. 이에 비해 사회정책으로서 여성복지는 1980년대 이전까지 '요보호' 여성만을 대상으로 한 잔여적인 부녀복지의 수준에 머물렀다(송다영, 김미주, 최희경, 장수정, 2015). 오랜 기간 동안 정부는 가정에서 남성의 부양을 받지 못하는 여성을 '요보호' 여성으로 규정하고 이들에 대해서만 가부장적 국가의 제한적인 개입 원칙을 고수하였다. 성장우선주의와 급속한 산업근대화를 추구하면서도 가족(여성)의 영역에서는 전통 성역할과 도덕을 강조하는 사회 모순 속에서 여성의 시민권 신장은 여성운동의 역량과 활동에 힘입은 바 크다.

1) 1980년대 이전

1960년대부터 한국 정부는 경제개발5개년계획을 연속 추진하면서 주로 저임금 노동자를 통해 노동집약적 경공업에 기반한 산업화를 추진하였고 이때 미혼 여성노동자들은 유동적인 저임금 인력으로 활용되었다. 그러나 이 시기 국가 차원에서 여성을 노동자로 인정하고 지원하는 정책은 거의 찾아볼 수 없었다. 1953년 제정된 「근로기준법」은 산전후휴가(현, 출산전후휴가) 조항을 두어 출산을 전후로 여성근로자에게 60일간의 유급보호휴가를 제공하는 규정을 명시하고 있었으나 취업여성의 대부분이 비상용 근로자인 데다 상용직 여성이더라도 결혼 또는 출산 이후 퇴직하는 당시의 관행에서 이 조항은 실효성 없는 사문화된 규정이었다(윤홍식, 2010). 아동 돌봄 문제를 해결하기 위한 보육정책 역시 구호차원의 탁아시설 운영 수준에 머물렀으며 이마저 국가의 정책 개입 없이 대부분 미인가 시설로 운영되거나 도시빈민층과 일부 농어촌 아동을 위한 제한적인 시설운영에 그쳤다.

2) 1980년대

한국의 산업구조가 경공업에서 중화학공업 중심으로 전환되고 여성의 경제활동참가가 꾸준히 증가하면서 정부는 여성을 국가경제발전의 수단으로 인식하였으며 '여성복지'라는 용어를 공식 사용하여 보편적인 여성에 대한 차별철폐와 고용촉진에 관심을 가지기 시작하였다. 이에 1983년에는 한국여성개발원과 여성정책심의위원회를 설치하였고 1985년에는 '여성발전기본계획'을 수립하였으나 여성복지의 핵심목표는 성 평등한 시민권의 보장이 아닌 경제발전을 위한 여성노동력의 도구화에 있었다(윤홍식, 2010).

한편, 1980년대에는 '노동자대투쟁' 이후 노동운동의 흐름 속에서 여성 노동자의 모성권 보장이 사회의제로 부각되기 시작하였다. 여성운동의 지속적인 연대 및 활동, 그리고 1981년 ILO의 '가족부양책임을 지는 남녀근로자의 기회와 대우의 평등에 관한 조약' 가입과 1984년 UN의 '여성차별철폐협약' 비준이라는 국제사회의 영향으로 인해 정부는 1987년 「남녀고용평등법」을 제정하였다. 동법은 사업주에게 육아휴직과 보육시설 설치 의무를 부과하는 진일보한 측면을 가지고 있으나 양육 책임자를 여전히 여성으로 전제 하는 등의 한계 역시 가지고 있었다. 이와 더불어 5공화국 정부는 '새마을 유아원'을 설 립하고 확대하였으나 이는 유아의 조기교육을 목적으로 한 중산층 대상의 교육시설이었 다. 새마을 유아원은 하루 5~6시간에 불과한 짧은 운영시간과 긴 방학기간, (영아가 아 닌) 유아만을 대상으로 하는 점, 저소득층의 이용부담이 크다는 점 등에서 보육시설로서 기능하지 못하였다.

이 밖에 여성과 아동으로 구성된 모자(母子)가정이 급증함에 따라 이들의 자활을 지원 하기 위한 「모자복지법」이 1989년 제정되었다.

3) 1990년대

1990년대 여성운동의 주요의제는 여성에 대한 '폭력'에의 국가개입, 그리고 여성노동 자의 '일·가족 양립 지원'이었다. 먼저 1991년 「영유아보육법」은 혜영·영철 어린 남매 의 안타까운 화재사망사건에 대한 사회적 분노 형성과 1980년대부터 시작된 '지역탁아 소 연합회' 운동에 힘입어 제정되었다. 「영유아보육법」 제정을 통해 비로소 국가와 지방 자치단체의 보육 책임이 법률로 명시되었으며 기혼여성의 자녀양육을 여성 개인의 문제 가 아닌 사회적 책임으로 인식하는 계기가 마련되었다. 그러나 실질적이고 보편적인 공 보육서비스에 대한 국가개입 규정은 마련되지 않은 한계 역시 가지고 있었다. 보육에 대 한 사회적 수요가 급증하자 김영삼 정부는 '영유아보육사업 확충계획(1994~1997)'을 통 해 보육시설 설치를 인가제에서 신고제로 전환하고 보육종사자 및 시설기준을 완화함으 로서 민간 영세 보육시설의 양적 증가를 가져왔다.

1995년에는 「남녀고용평등법」을 개정하여 육아휴직 사용을 남성근로자에게까지 확대 하고 직장보육시설을 제도화하였으며, 같은 해 「여성발전기본법」을 제정하여 여성정책 패러다임을 성 평등 관점으로 전환하는 성과를 거두었다. 또한 '1차 여성정책기본계획' 을 수립하여 '직장·가정 양립'이라는 용어가 여성정책에서 공식 등장하게 되었다(송다 영 외, 2015).

이 밖에 1991년 최초로 일본군위안부 피해자 증언이 나오고 정신대 실상이 폭로되면 서 「일본군위안부 생활안정지원법」이 제정되었다. 여성에 대한 폭력이 주요 사회의제가 되면서 한국성폭력상담소 등 여성단체들은 성폭력을 '성적 자기결정권'을 침해하는 범죄로 개념화하였으며 '성폭력특별법제정 추진위원회'를 구성하여 1994년 「성폭력의 처벌 및 피해자보호 등에 관한 법」이 제정되었으며 1997년에는 「가정폭력방지 및 피해자 보호 등에 관한 법률」과 「가정폭력범죄 처벌에 관한 특례법」이 제정되어 성폭력과 가정폭력에 대한 가해자 처벌과 피해자 보호에 대한 국가개입을 법제화하였다.

4) 2000년대

김대중 대통령은 100대 국정과제 가운데 하나로 여성의 고용촉진과 지위향상을 선정하였고 고용평등조치와 일 · 가족 양립정책을 중심으로 여성의 사회참여를 적극 지원하겠다는 의지를 밝혔다. 여성운동 역시 정부와의 긴밀한 협조를 통해 다양한 제도의 실질적 성과에 기여하였다.

먼저 일 · 가족 양립정책은 2001년 「모성보호 3법」(「근로기준법」 「남녀고용평등법」 「고용보험법」)의 개정으로 큰 전기를 맞이하게 되었다. 구체적으로는 산전후휴가(현, 출산전후휴가) 기간을 60일에서 90일로 확대하였고 확대된 30일간의 급여를 고용보험재원을 통해 지급하게 되었다. 육아휴직 또한 무급에서 유급으로 전환되면서 정액 월 20만 원을 고용보험에서 지급하게 되었다. 그러나 산전후휴가와 육아휴직급여의 낮은 소득대체율은 저소득 가정이나 남성 근로자가 실질적으로 휴가를 사용하기 어렵게 만드는 요인으로 작용하였으며,[3] 건강보험이 아닌 고용보험 가입을 통해 급여가 지급됨에 따라 고용보험 가입요건을 충족하지 못하는 많은 근로자가 배제되는 문제를 발생시켰다.

노무현 정부는 성평등과 저출산 문제 해결이라는 두 가지 목표하에 보편적 보육정책을 확대하고자 하였다. 2004년 「영유아보육법」을 전면 개정하여 기존의 선별주의에서 보편적 지원으로 정책 대상을 확대하였고 보육의 주무부서를 여성가족부로 이전하였

---

[3] 산전후휴가급여의 확대된 30일에 대해서는 통상임금에 해당하는 금액을 고용보험에서 지급하기로 하였으나 급여 상한액이 135만 원으로 고정되면서 시간이 지남에 따라 실질적인 급여수준이 낮아지는 결과를 가져왔다(2001년 기준 135만 원은 근로자 평균임금의 133% 수준이었으나 2004년에는 105%로 낮아졌다). 또한 육아휴직급여 정액 20만 원은 근로자 월 평균 임금의 14.4% 수준에 불과하였다. 이후 2007년부터 육아휴직급여가 월 50만 원으로 상향되었으나 여전히 낮은 액수로 남성 근로자나 한부모가구 여성근로자가 육아휴직급여를 통해 생계를 유지하기 어려운 문제가 계속 제기되었다(윤홍식, 2010).

다. 2006년에는 '제1차 중장기보육계획'인 '새싹플랜'을 발표하여 보육의 공공성 확대 의
지를 표방하였으며 차등보육료 지원을 통해 양육자의 보육비용 부담을 경감하고자 하였
다. 그 결과 보육예산은 급증하였으나 '국공립시설의 30% 확충'이라는 목표는 강력하게
추진되지 못하여 민간 어린이집의 범람 속에서 '믿고 맡길 만한 시설'의 부족이라는 문
제가 지속되었다. 2007년에는 「남녀고용평등법」이 개정되어 「남녀고용평등과 일·가정
양립 지원에 관한 법률」(이후 '고평법')이 제정되었으며 육아기 근로시간 단축제도와 배우
자 출산휴가제도가 새롭게 도입되었다.

이 밖에 2004년에는 「성매매 알선 등의 행위의 처벌에 관한 법률」과 「성매매 방지 및
피해자 보호 등에 관한 법률」이 국회를 통과하여 성매매를 강요당한 여성을 '피해자'로
규정하고 사회복귀를 지원하며 성매매 알선자와 성구매자에 대한 처벌을 강화하는 법
근거를 확립하였다. 2005년에는 호주제가 폐지되었고 '성별영향평가제'가 도입되었으며
2008년 '성인지예산정책제'가 도입되어 성인지정책의 기반이 마련되었다. 2002년 「모자
복지법」에서 개정된 「모부자복지법」은 2007년 다시 「한부모가족지원법」으로 개정되었다.

5) 2010년대

이명박 정부 시기에는 성폭력, 가정폭력, 성매매 관련 법령과 「한부모가족지원법」 및
'고평법'의 일부 제·개정이 이루어졌다. 보육에 있어서는 정책 주무부서를 보건복지부
로 이관하였으며 돌봄의 시장기제와 가족책임 강화라는 정책기조를 내세워 보육시설이
아닌 양육자가 바우처 방식으로 보육료를 지급받고 어린이집을 선택하는 시장중심 보
육구조를 강화하였고,[4] 2008년에는 가정양육수당 지급을 시작하여 돌봄의 가족화를 조
장하였다는 비판을 받았다(송다영, 2014). 2011년 무상급식을 의제로 한 서울재보선 참
패 이후 총선과 대선에서의 정치적 우위를 확보하기 위해 2012년 만 0~5세 아동에 대한
'무상보육 복지예산안'을 통과시켜 2013년부터 전면 무상보육이 실시되었다.

박근혜 정부는 가정양육수당의 대상 연령을 확대하였고 그 결과 가정양육수당 예산은

---

4) 이명박 정부 기간 동안 국공립 보육시설 증가율은 0%인 반면, 민간보육시설은 11.7%, 가정보육시
설은 77.3%나 증가하였다(보건복지부, 2013: 송다영 2014에서 재인용). 양육자의 수요가 높은 국공
립보육시설 확대가 보류되고 보육 바우처를 확대한 결과 정부의 보육예산은 급증하였지만 보육정
책은 보편주의 공보육이 아닌 무상보육의 틀에 갇히게 되었으며 보육에 대한 국가 책임은 바우처의
지급으로 한정되었다(송다영, 2014).

2012년 1,026억 원에서 2013년 8,810억 원으로 무려 8배가 증가하였다(보건복지부, 2013: 송다영, 2014에서 재인용). 2015년에는 「여성발전기본법」을 전면개정한 「양성평등기본법」을 제정하였다. 「양성평등기본법」은 기존의 여성정책 패러다임을 '여성발전'에서 '양성평등'으로 전환한 의의가 있다. 구체적으로 동법은 여성과 남성이 동등한 참여와 대우를 받고 모든 영역에서 평등한 책임과 권리를 공유함으로써 실질적 양성평등 사회를 이루는 것을 기본이념으로 한다.

5. 여성복지서비스 영역별 내용

이 절에서는 현 한국사회의 여성복지서비스에 대해 소개하며 이를 모든 여성에 대한 보편적 서비스와 특정 대상을 목표로 한 서비스로 구분하여 각각을 살펴보기로 한다.

먼저 보편적 여성복지서비스 영역은 '아동을 돌볼 권리(돌봄권, right to care)'[5]와 '노동시장에 참가할 권리(노동권, right to work)'를 조화시킬 수 있도록 일·가족 양립을 지원하는 정책과 그 밖의 여성 고용 관련 정책들, 돌봄의 (재)가족화를 지원하는 가정양육수당정책으로 구분되며 구체적인 내용은 다음과 같다.

1) 보편적 여성복지서비스

(1) 일·가족 양립지원정책

한 개인이 생애과정에서 다양한 역할을 조화롭게 해 내기 위해서는 무엇보다 '경제적 자립을 위한 노동'과 '가족을 돌보며 함께 지내는 시간'이 모두 필요하다. 앞 절에서 기술한 바와 같이 산업화 초기단계에서 성 역할은 여성의 가족 돌봄과 남성의 유급 노동으로 성별에 따라 분화되었으나 여성과 남성 모두 성 평등하고 균형 잡힌 삶을 영위하기 위해서는 모든 개인에게 일과 가족이 양립 가능해야 한다. 이에 따라 일·가족 양립지원정책은 크게 가족을 돌보기 위한 휴가정책과 노동시장에 참가할 수 있도록 돌봄의 사회화를

---

5) '돌봄'은 가족 내 아동뿐 아니라 노인, 장애인, 그 밖에 아픈 가족원 등 다양한 대상을 포괄하지만 여기에서는 아동에 대한 돌봄으로 논의를 한정한다.

지원하는 보육정책으로 구성된다.

① 휴가정책

'일'과 '가족'의 양립을 지원하는 제도들 가운데 양육자의 돌봄권을 보장하는 대표적인 정책은 휴가정책(leave policy)이다. 돌봄을 위해 일을 잠시 중단하는 휴가는 휴가의 사용이 법적 권리로 보장되고 휴가를 마친 후 원 직장·직무로 복귀가능하며 사용 기간이 적절하고[6] 유급일 때 실효성을 가지게 된다. 또한 휴가정책 가운데 육아휴직은 남성과 여성의 동등한 사용이 활성화될 때 성 평등을 저해하지 않게 된다. 상황 및 대상에 따른 다양한 휴가정책들은 다음과 같다.

◆ 출산전후휴가

출산전후휴가는 여성 근로자가 출산을 전후로 사용할 수 있는 90일(다태아 120일)의 휴가제도이다. 「근로기준법」 제74조는 사용자가 임신 중인 여성근로자에게 출산전후휴가를 주어야 하고 휴가 기간 중 처음 60일에 대해 통상임금 전액을 지급할 것을 규정하고 있으며, 「고용보험법」은 출산전후휴가 급여의 지급 조건과 국가의 일부 지급책임 및 급여의 상한액과 하한액을 각각 규정하고 있다.

고용보험에 의한 출산전후휴가 급여 대상은 고용보험 가입기간이 180일 이상인 여성이다. 이 가운데 우선지원 대상기업에서 근무하는 여성에게는 90일(다태아 120일)의 급여를 모두 고용보험에서 지급하되 최초 60일에 대해서는 휴가사용자의 통상임금이 급여상한액(2018년 현재 월 160만)을 초과할 경우 그 차액은 사업주가 지급한다. 나머지 30일에 대해서는 고용보험에서 급여상한액까지 지급하되 통상임금이 급여상한액을 넘더라도 사업주가 차액을 지급하지 않는다. 대규모 기업에서 근무하는 여성에게는 최초 60일(다태아 75일) 동안 통상임금을 모두 사업주가 지급하고 나머지 30일(다태아 45일)에 대해서는 고용보험에서 통상임금을 지급한다(2018년 현재 상한액 월 160만).

---

6) 휴가기간이 지나치게 길 경우 여성노동자에 대한 고용주의 차별을 유발하여 노동시장에서의 성 평등을 저해할 위험이 있다. 육아휴직은 여성과 남성 모두 사용할 수 있으나 실질 휴가 사용자의 대부분이 여성이기 때문에 긴 휴가기간은 여성 노동자의 (재)가족화를 촉진하고 이로 인해 고용주로 하여금 여성노동자를 기피하게 만드는 문제를 발생시킬 수 있기 때문이다.

〈표 17-2〉 예시: 통상임금이 월 200만 원인 근로자가 받는 출산전후휴가급여(2018)

구분	최초 60일	나머지 30일
우선지원 대상기업	고용보험에서 지급: 320만 원(60일분) 사업주 지급: 나머지 80만 원(60일분)	고용보험에서 지급: 160만 원(30일분)
대규모 기업	사업주 지급: 400만 원(60일분)	고용보험에서 지급: 160만 원(30일분)

* 급여상한액이 월 160만 원일 때의 지급예시임.

◆ 유산·사산휴가

「근로기준법」 제74조 제2항에 따르면 사용자는 임신 중인 여성 근로자가 ① 유산·사산의 경험이 있는 경우, ② 출산전후휴가를 청구할 당시 연령이 만 40세 이상인 경우, ③ 유산·사산의 위험이 있다는 의료기관의 진단서를 제출한 경우 출산전후휴가를 출산 전 어느 때라도 나누어 사용할 수 있도록 하여야 한다(단, 출산 후의 휴가 기간이 45일 이상이 되도록 할 것). 또한 제74조 제3항에 따르면 사용자는 임신 중인 여성이 유산 또는 사산한 경우 근로자의 청구에 따라 유산·사산 휴가를 주어야 한다(인공 임신중절 수술의 경우 제외).

◆ 배우자 출산휴가

사업주는 근로자가 배우자의 출산을 이유로 휴가를 청구하는 경우 5일의 범위에서 3일 이상의 휴가를 주어야 하며 휴가기간 중 최초 3일을 유급으로 해야 한다(고평법 제18조의2). 배우자의 출산에 따른 휴가이기 때문에 사용자는 남성이며 '부성휴가(paternity leave)'라고도 한다. 배우자 출산휴가는 2019년부터 유급 10일로 연장된다.

◆ 육아휴직

사업주는 근로자가 만 8세 이하(또는 초등학교 2학년 이하)의 자녀를 양육하기 위해 휴가를 신청하는 경우 1년 이내로 육아휴직을 허용해야 한다(고평법 제19조). 육아휴직은 여성근로자와 남성근로자 모두 각각 사용가능하며 고용보험 가입기간이 180일 이상일 경우 고용보험에서 휴가급여를 지급한다. 처음 3개월간은 월 통상임금의 80%(2018년 현재 상한 150만 원, 하한 70만 원), 이후 4개월째부터 종료일까지는 월 통상임금의 40%(2018년 상한 100만 원, 하한 50만 원)를 지급하며, 2019년부터는 육아휴직 4개월째부터 종료일까지 월 통상임금의 50%(상한 120만 원, 하한 70만 원)를 지급하게 된다.[7] 한편, 육아휴직 대신 근로시간 단축을 신청하여 1년의 기간 동안 주 15~30시간 근무하면서 아동을 돌볼 시간을 확보할 수도 있다.

◆ 가족돌봄휴직

사업주는 근로자가 가족을 돌보기 위해 휴직을 신청하는 경우 예외적인 사유가 없는 한 연간 최장 90일의 가족돌봄휴직을 허용해야 한다. 이때 가족은 부모, 배우자, 자녀 또는 배우자의 부모 등이며 이들의 질병, 사고, 노령에 대한 돌봄을 의미한다.

② 보육정책

휴가정책이 양육자의 돌봄권을 보장하기 위한 정책이라면 보육정책은 양육자의 노동권을 보장하기 위한 정책이다. 보육정책을 통해 양육자가 실질적으로 노동시장에 참가하기 위해서는 무엇보다 '믿고 맡길 수 있는' 시설 및 서비스가 모든 가족에게 이용가능하고(affordable), 접근 가능하도록(accessible) 제공되어야 한다.

◆ 영유아보육료 지원

2013년 무상보육이 제도화됨에 따라 어린이집을 이용하는 만 0세부터 만 5세의 모든 영유아의 양육자는 소득에 관계없이 보육료를 지원받는다. 보육료는 '아이행복카드'라는 전자바우처 방식으로 양육자에게 지급되며 지원 금액은 아이의 연령 및 이용시간에 따라 다르다.

무상보육제도의 도입 초기에는 모든 가정의 영유아에게 종일 무상보육료를 지급하였으나 맞벌이 가구 등 오랜 시간 어린이집 이용이 필요한 가구에게 충분한 보육서비스를 제공하기 위해 2016년부터 '맞춤형보육'을 시행하고 있다. 0세부터 2세까지는 아이와 양육자의 필요[8]에 따라 종일반 또는 맞춤반을 선택하여 이용하며 맞춤반의 경우 원칙적으

---

7) 만약 한 자녀에 대하여 부모가 순차적으로 모두 육아휴직을 사용하는 경우, 두 번째 사용한 사람의 육아휴직 첫 3개월 급여는 통상임금의 100%(2018년 현재 상한 200만 원, 2019년 상한 250만 원으로 확대)로 상향 지급된다. 이는 남성의 육아휴직 사용률을 높이기 위해 만들어진 정책으로 '육아휴직급여 특례' 규정이라고 한다.

8) 종일반을 이용하기 위해서는 양육자의 취업, 구직 및 취업준비, 장애, 다자녀 · 육아부담, 임신 및 산후관리, 한부모 · 조손가구, 입원 · 간병, 학업, 장기부재, 저소득층 · 다문화가정 등의 자격사유를 제출해야 한다.

로 주중 6시간과 긴급 보육바우처로서 월 15시간 동안 어린이집 이용을 지원받는다.

◆ 아이돌봄 지원사업

아이돌봄 지원사업은 부모의 맞벌이 등으로 양육 공백이 발생한 아동에게 찾아가는 돌봄서비스를 제공하여 시설 보육의 사각지대를 보완하기 위해 제도화되었다. 만 12세 이하 아동에게 시간 단위 돌봄을 제공하는 시간제 서비스와 만 36개월 이하 영아에게 종일 돌봄을 제공하는 영아종일제 서비스로 구분된다. 기준 중위소득 120% 이하 가정에 대해 소득수준에 따라 서비스 비용을 차등지원하며 지원시간은 연 600시간 이하이다.

(2) 그 밖의 여성 고용 관련 정책들

일·가족의 양립 이외 여성의 고용에 관련된 정책들은 다음과 같다.

먼저, 임신한 여성 근로자에 대한 보호제도가 있다. 「근로기준법」에 따라 사용자는 임신 중의 여성 근로자에게 시간외근로를 하게 해서는 안 되며, 근로자의 요구가 있는 경우에는 쉬운 종류의 근로로 전환하여야 한다. 또한 임신 후 12주 이내 또는 36주 이후에 있는 여성 근로자가 1일 2시간의 근로시간 단축을 신청하는 경우 이를 허용하여야 한다.

다음으로, 여성의 고용을 촉진하기 위한 '적극적 고용개선조치 지원' 제도는 근로자 500인 이상 사업장 및 전 공공기관을 대상으로 고용률 및 관리자 비율에서의 성 격차를 해소하기 위한 조치이다.

이 밖에 경력단절여성의 재취업을 지원하기 위한 '여성 새로 일하기 센터', 여성의 특화된 경력관리와 역량개발 기회를 제공하는 '여성인재아카데미사업', 직장어린이집이나 여성고용친화시설을 설치하는 사업주에게 비용을 융자해 주는 '여성고용환경개선 융자 사업' '시간 선택제 일자리 지원 사업' 등이 있다.

(3) 돌봄의 (재)가족화 정책: 가정양육수당

앞에서 휴가정책과 보육정책이 일·가족 양립을 지원하기 위해 제도화되었다면 가정양육수당은 어린이집을 이용하지 않고 집에서 아이를 돌보는 가정에 대해 현금을 지급하는 제도이다. 한국에서 가정양육수당은 어린이집을 이용하지 않는 가정에 대한 정부 지원의 형평성을 맞추기 위해 도입되었으나 우리 사회보다 먼저 가정양육수당을 경험한 국가에서 이러한 제도는 보육예산을 줄이기 위한 정책 또는 여성의 (재)가족화를 촉진하

는 정책으로 비판받고 있다.[9]

가정양육수당의 지급대상은 보육료나 유아학비, 종일제 아이돌봄서비스 등을 지원받지 않고 만 84개월 미만 아동을 가정에서 돌보는 양육자이다. 2018년 현재 수당액은 0~11개월일 경우 20만 원, 12~23개월 15만 원, 24~84개월 10만 원이 기본 지급된다.

2) 대상별 여성복지서비스

(1) 한부모가족 여성 지원

한부모가족 여성이 경험하는 가장 큰 어려움으로는 경제적 문제를 들 수 있는데 이는 '빈곤의 여성화(feminization of poverty)' 현상과 깊이 관련되어 있다. 남성의 빈곤은 주로 노동시장과 연동되어 있으며 복지국가는 노동의 위기상황에 대해 사회보험 방식으로 소득을 보장하는 시스템을 구축하여 왔다. 그러나 남성으로부터 생계를 부양받는 여성 또는 경제활동에 참가하지만 노동시장 내 성차별이나 경력단절로 인해 낮은 일자리에서 일하는 여성은 일자리뿐 아니라 생애주기에 따른 출산과 돌봄, 유급노동을 기반으로 하는 사회보험으로부터의 배제 등의 복합적 요인으로 빈곤의 위험에 더 크게 노출되어 있다. 이때 사별이나 이혼 등으로 인해 여성이 가구의 단독 생계부양자가 되면 빈곤의 여성화 현상은 가장 뚜렷하게 드러나게 된다.

이에 서구 복지국가는 한부모가족 여성에 대한 지원을 제도화하여 왔는데 한부모가족 여성에 대한 지원방식은 국가별로 차이를 보인다. 관련 연구에 따르면 한부모가족 여성의 역할을 '어머니'로 규정하고 주로 공공부조를 통해 생계를 지원하는 국가가 있는 반면, 이들의 역할을 '노동자'로 규정하고 낮은 수준의 정부 지원 속에서 노동을 통한 자립을 지원하는 국가 또한 있다. 그러나 한부모가족 여성의 빈곤이 가장 낮게 나타나는 국가는 다양한 급여 및 서비스와 노동시장정책의 조화를 통해 이들의 '어머니' 역할과 '노동자' 역할을 모두 지원하는 국가이다(Christopher, 2001).

한국의 경우 지금까지 한부모가족 여성에 대한 지원은 복지급여와 지원서비스 모두에서 매우 잔여적인 형태로 나타나고 있다. 구체적인 제도의 내용은 다음과 같다.

---

9) 가정양육수당은 돌봄에 관한 현금보상을 통해 돌봄의 사회적 가치를 인정하고 양육자에게 경제적 자율성을 제공한다는 장점이 있지만 돌봄을 (재)가족화하면서 여성을 모성이라는 전통적 역할로 회귀시킬 위험이 있다. 실제로 프랑스와 핀란드에서는 가정양육수당의 도입으로 인해 상당수의 저임금 여성근로자가 유급노동을 그만두고 가정으로 돌아가는 현상이 발견되었다(윤홍식, 2014).

① 한부모가족 자녀 양육비 지원

「한부모가족지원법」에 따라 저소득 한부모가족은 아동양육비, 아동교육지원비, 생활보조금 등의 지원을 받을 수 있다. 먼저 지원대상은 사별, 이혼 등에 의한 한부모가족으로 세대주인 모 또는 부가 만 18세 미만(취학 시 만 22세 미만)의 자녀를 양육하며 가구 소득인정액이 기준 이하인 경우이다. 이때 가구 소득인정액이 기준 중위소득의 60% 이하인 경우 한부모가족증명서를 발급받으며, 52% 이하인 경우 복지급여를 받을 수 있다[10],[11](〈표 17-3〉 참조).

〈표 17-3〉 한부모가족 대상 복지급여 종류(2018)

급여 종류	지원 대상	지원 금액
아동양육비	만 14세 미만 자녀	1인당 월 13만 원
추가 아동양육비	조손 및 만 25세 이상 미혼 한부모가족의 만 5세 이하 아동	1인당 월 5만 원
아동교육지원비	중학생, 고등학생 자녀	1인당 연 5.41만 원
생활보조금	한부모가족복지시설에 입소한 가족	가구당 월 5만 원

② 한부모가족 복지시설 지원

저소득 무주택 한부모가족에게 시설 입소를 통해 주거제공과 함께 심리 상담 · 치료, 직업연계 · 교육 등의 자립지원, 출산지원 등 다양한 서비스를 제공하고 있다. 한부모가족 복지시설은 대상에 따라 구분되며 전국에 모자가족복지시설이 48개소, 부자가족복지시설이 4개소, 미혼모자가족복지시설이 62개소, 일시지원복지시설이 11개소, 한부모가족 복지상담소가 4개소 있다(2017년 기준). 한부모가족 복지시설의 입소기간은 6개월~3년(기간연장 가능)으로 한정되어 있다.

---

10) 「국민기초생활보장법」에 의한 생계급여나 긴급복지지원법의 생계지원, 아동위탁수당을 받는 경우 지원대상에서 제외된다.

11) 24세 이하 청소년한부모에게는 소득인정액이 중위소득 60% 이하인 경우 아동양육비(월 18만 원), 아동교육지원비, 생활보조금, 검정고시학습비, 고등학생교육비, 자립촉진수당(월 10만 원)이 지급된다.

③ 그 밖의 한부모가족 여성 지원서비스

'양육비이행 지원제도'는 이혼 후 자녀를 직접 돌보지 않는 이전 배우자에게 미성년 자녀의 양육비 청구와 이행확보를 지원하기 위한 제도이며 이혼한 부모뿐 아니라 미혼모와 미혼부에 대해서도 지원되고 있다. 양육비 상담에서 협의, 소송 및 추심, 양육비 이행에 이르기까지 지속적으로 양육비 이행을 관리하며 양육비를 받지 못해 어려움에 처한 가정에 대해 한시적 양육비를 긴급 지원한다(2018년 현재 월 20만 원, 최장 9개월).

다음으로 '취약·위기가족 지원서비스'는 소득인정액이 기준 중위소득 72% 이하인 한부모 등 가족을 대상으로 하며 사례관리, 자녀대상 학습·정서지원, 생활·가사지원, 긴급 가족돌봄, 긴급심리·정서지원 서비스 등을 제공한다.

이 밖에 한부모가족은 영구임대 1순위, 국민임대 우선공급 대상 등 임대주택 공급의 혜택을 받을 수 있으며 법적분쟁 발생 시 무료법률구조를 통해 소송비용 및 변호사 보수 등을 지원받을 수 있다.

(2) 결혼이주 여성 지원

한국 사회에서 결혼이주는 1990년대부터 배우자를 구하기 어려운 농촌 남성들의 외국 여성과의 결혼을 자방자치단체가 적극 지원하면서 촉진되었다. 이 과정에서 불법적인 국제결혼중개업은 사실상 묵인되었으며 결혼관계에서 남성의 경제적·가부장적 통제력 행사와 여성에 대한 가사, 출산 및 돌봄 등의 전통적 역할강요 등이 문제로 나타났다. 또한 이주 여성과 출신문화에 대한 존중보다는 일방적인 '한국화'가 강요됨으로써 결혼이주 여성을 중심으로 차별과 인권의 문제가 이슈화되었다. 이 밖에도 결혼이주 여성이 겪게 되는 한국사회에서의 적응문제와 가족 또는 자녀와의 갈등 등의 어려움이 가중되면서 결혼이주 여성에 대한 다양한 서비스가 확대되었다.

현재 한국 사회에서 다문화가족 대상 서비스 전달체계의 중추기관은 '다문화가족지원센터'[12]이다. 다문화가족지원센터의 기본 프로그램은 ① 가족, ② 성평등·인권, ③ 사회통합, ④ 상담, ⑤ 홍보 및 자원연계로 나누어진다.

---

12) 다문화가족지원센터는 건강가정지원센터와의 연계를 위해 '건강가정·다문화가족지원센터'로 통합운영되고 있다.

먼저 가족 프로그램은 다문화가족의 이중 언어 환경조성프로그램, 학령기 자녀에 대한 교육 및 지도 프로그램, 가족관계 향상 프로그램 등으로 구성된다. 성평등·인권 프로그램은 가족 내 성평등 교육이나 다문화이해 교육, 인권감수성 향상 교육 등이며, 사회통합 프로그램은 다문화가족의 취업 및 교육훈련, 봉사활동, 한국사회 적응교육, 멘토링 프로그램 등을 통해 다문화가족 구성원의 적극적 사회통합을 지원한다. 상담 프로그램은 가족상담, 개인상담, 집단상담, 사례 관리 등의 지원이며, 마지막으로 홍보 및 자원연계는 지역사회를 대상으로 한 홍보와 지역사회네트워크를 지원한다. 이 밖에 다문화가족지원센터들의 별도 지원 사업으로 방문교육사업, 자녀 언어발달 지원사업, 사례관리사업, 통번역서비스 사업, 이중 언어 가족환경 조성사업, 한국어교육 운영 등이 있다. 2018년 현재 전국 다문화가족지원센터는 217개소이다.

(3) 폭력 피해여성 지원

폭력 피해자의 대부분은 여성이며 가정폭력과 성폭력의 발생은 가부장적 사회구조의 불평등한 젠더위계와 관련 깊기 때문에 폭력은 여성복지에 있어 중요한 이슈가 된다(송다영 외, 2015). 오랫동안 한국 사회는 가정폭력에 대해서는 '공공(公共)이 개입하지 않는 개별 가정의 문제'로, 성폭력에 대해서는 '피해자에게도 잘못과 책임이 있는 개인의 수치'로 치부하여 왔으나 여성운동의 꾸준한 활동과 사회인식 개선으로 성폭력과 가정폭력의 가해자를 처벌하고 피해자를 보호하기 위한 법률들이 1990년대 차례로 제정되었다.

① 여성긴급전화(1366) 운영지원

가정폭력·성폭력·성매매 등으로 긴급 구조·보호 또는 상담이 필요한 경우를 위해 one-stop 서비스 제공의 중점기관으로 여성긴급전화 1366을 365일 24시간 운영하고 있다. 긴급전화를 통해 1차적으로 여성폭력 피해자에 대한 신고접수 및 긴급 상담과 구조 지원을 한다. 긴급피난 전화 시 현장상담원이 현장에 출동하여 긴급보호·상담 및 의료·법률지원 등의 서비스를 제공하며 위기개입과 긴급구조를 위해 112, 119에 연계조치하고 상담·의료·법률구조기관 또는 보호시설에 대한 정보제공과 연계조치를 행한다. 이와 함께 전국 18개소(2018년 현재)의 긴급피난처를 운영하여 피해자 및 동반자녀에 대한 365일 24시간 임시보호(최대 7일) 및 숙식제공, 심리상담, 의료 등을 지원하며 관련 보호시설이나 상담소 등에 연계서비스를 제공한다.

② 가정폭력 피해자 지원

가정폭력에 대해 정부는 「가정폭력방지 및 피해자 보호 등에 관한 법률(이하 '가정폭력방지법')」에 근거하여 피해자를 보호하고 있다. '가정폭력방지법'은 1997년 제정 이후 꾸준한 개정을 거쳐 피해자를 적극 보호하고 가정폭력으로부터 벗어나기 위한 자립기반을 지원하는 등의 변화를 보였다. 대표적으로 2006년 개정을 통해 피해자와 동반 가정구성원에 대한 보호 내용을 구체적으로 명시하였고 2012년 법 개정에서는 신고를 받고 출동한 경찰이 행위자(가해자)의 말에 의존하지 않고 직접 피해자의 안전을 확인할 수 있도록 현장에 출입하여 조사할 수 있는 권한을 부여하는 등의 변화를 보였다.

현재 가정폭력 피해자를 위한 주요 서비스 지원내용은 다음과 같다.

먼저 가정폭력상담소는 가정폭력피해 신고를 받거나 이에 관한 상담에 응하며, 긴급보호가 필요한 피해자를 임시 보호하거나 의료기관 또는 시설로 인도한다. 이 밖에 가정폭력 예방과 방지에 관한 교육과 홍보, 조사·연구 사업을 하며 2017년 기준 전국 205개소가 있다.

가정폭력피해자 보호시설은 일시보호와 안정 및 가정 복귀 지원, 자활지원 등의 서비스를 제공하며 입소기간과 대상에 따라 단기보호시설(6개월), 장기보호시설(2년), 외국인보호시설, 장애인보호시설로 구분된다. 가정폭력피해자에게 숙식 제공, 상담 및 치료, 질병치료와 건강관리, 법률 협조와 지원요청, 자립자활교육 실시와 취업정보 제공 등의 서비스를 제공한다. 필요한 경우 생계비, 아동교육지원비, 아동양육비, 직업훈련비, 가정폭력피해자 치료비가 지원될 수 있다. 2017년 기준 전국 67개소가 있다.

가정폭력 가해자에 대해서는 폭력행위의 상습, 반복, 대물림 등의 특성이 있는 경우 「가정폭력범죄 처벌에 관한 특례법」에 의해 교정·치료 프로그램을 실시한다.

③ 성폭력 피해자 지원

1994년 제정된 「성폭력의 처벌 및 피해자보호 등에 관한 법」은 2010년 성폭력피해자 보호와 지원에 관한 사항과 성폭력 가해자에 대한 처벌 규정을 분리하기 위하여 각각 「성폭력방지 및 피해자보호 등에 관한 법률(이하 '가정폭력방지법')」과 「성폭력범죄의 처벌 등에 관한 특례법」으로 나뉘었다.

'성폭력방지법'에 따라 여성가족부장관은 3년마다 성폭력 실태조사를 실시하며 국가와 지방자치단체는 유치원의 장, 어린이집의 원장, 각 급 학교의 장, 그밖에 공공단체에 대해 성폭력 예방교육을 해야 한다.

성폭력 피해자에 대한 지원 서비스는 다음과 같다.

먼저 성폭력피해상담소 운영을 통해 성폭력피해의 신고접수와 상담, 시설 및 의료기관에의 연계, 피해자에 대한 수사기관 조사와 법원 증인신문에의 동행, 성폭력행위자 사법처리 절차에 관한 협조 및 지원요청 등의 서비스를 제공한다. 성폭력피해상담소는 2017년 기준 전국 167개소가 있다.

성폭력 피해자 보호시설은 피해자의 보호 및 숙식제공, 상담과 치료, 자립·자활교육 실시와 취업정보 제공 등의 서비스를 제공한다. 이 밖에 성폭력 피해자를 치료하기 위한 응급키트 제공, 의료비와 간병비 지원, 성폭력피해자 방문상담 및 돌봄서비스 지원, 성폭력 피해자 무료법률지원 서비스 등이 제공된다. 대상자에 따라 일반보호시설, 장애인보호시설, 특별지원보호시설(19세 미만의 피해자), 외국인보호시설로 구분되며 2017년 기준 전국에 30개소가 있다.

성폭력 가해자에 대해서는 「성폭력범죄의 처벌 등에 관한 특례법」에 근거하여 교정 및 예방 프로그램을 실시하며 성폭력상담소를 중심으로 상담 및 심리치료 프로그램을 실시한다.

(4) 성매매 피해자 지원

「성매매방지 및 피해자 보호 등에 관한 법률(이하 '성매매방지법')」은 성매매를 방지하고 성매매피해자 및 성을 파는 행위를 한 사람의 보호, 피해회복 및 자립·자활을 지원하는 것을 목적으로 한다. 동법에서 '성매매피해자'란 ① 위계, 위력, 그 밖에 이에 준하는 방법으로 성매매를 강요당한 사람, ② 업무관계, 고용관계, 그 밖의 관계로 인하여 보호 또는 감독하는 사람에 의해 마약·향정신성의약품 또는 대마에 중독되어 성매매를 한 사람, ③ 청소년, 사물을 변별하거나 의사를 결정할 능력이 없거나 미약한 사람 또는 중대한 장애가 있는 사람으로서 성매매를 하도록 알선·유인된 사람, ④ 성매매 목적의 인신매매를 당한 사람을 의미한다('성매매방지법' 제2조 제1항 제4호).

성매매피해자를 위한 지원서비스 실시기관으로서 성매매피해 상담소는 성매매 관련 상담 및 현장방문, 지원시설 이용에 관한 고지 및 지원시설에의 인도와 연계, 성매매피해자의 구조 등의 서비스를 제공하며 2018년 기준 전국에 29개소가 있다.

성매매피해자지원시설은 숙식제공, 상담 및 치료, 질병관리와 건강관리를 위한 의료지원, 증인신문에의 동행, 법률에 필요한 협조와 지원요청, 자립·자활교육의 실시와 취업정보제공, 국민기초생활보장법 등의 사회보장 법에 의한 급여수령지원, 기술교육 등의 서비스를 제공한다. 2017년 기준 대상에 따라 일반지원시설(25개소), 청소년지원시설(14개소), 외국인지원시설(1개소)이 있고 이 밖에 자립지원공동생활시설(12개소)과 자활

지원센터(11개소), 대안교육 위탁기관(2개소)이 있다.

(5) 일본군 '위안부' 피해여성 지원

여성단체들은 1980년대부터 일제에 의해 강제 동원된 일본군 '위안부' 문제를 사회 이슈화하였으며 1990년에는 37개 여성단체가 연합하여 '한국정신대문제 대책협의회(이후 정대협)'를 결성하여 정부의 적극적 개입을 촉구하였다. 1991년 첫 '위안부' 피해자의 공개 증언이 있은 후 시민단체들에 의한 강력한 요청으로 1993년 「일제하 일본군 위안부에 대한 생활안정지원법」이 제정되었으며 이후 몇 차례 개정을 거쳐 2017년 피해자 보호와 지원을 확대하기 위해 법률 제명을 「일제하 일본군위안부 피해자에 대한 보호·지원 및 기념사업 등에 관한 법률」로 변경하였다. 동법에 의해 국가는 위안부 피해자의 명예 회복과 인권증진 및 관련 진상규명, 올바른 역사교육을 위해 노력하며 필요한 조직과 예산을 확보해야 한다. 또한 국내외적으로 피해자를 적극 찾아내고 안정적인 생활을 유지할 수 있도록 조치를 마련해야 하며 관련 정책을 수립할 경우 피해자의 의견을 청취하고 주요 내용을 국민에게 적극 공개해야 한다.

위안부 피해자에 대한 서비스 지원 내용은 다음과 같다. 먼저 경제적 지원으로 생활안정지원금 및 특별지원금의 지급이 있다. 생활안정지원대상자에 대해 1인당 월 1,337천 원을 전액 국비에서 지급하며 생활안정지원대상자로 등록·결정된 경우 일시금으로 43,000천 원을 지급한다. 무주택자일 경우 임대주택에 우선 입주할 수 있다. 기타 서비스로서 간병이 필요한 경우 간병인에 대한 비용을 연 18,000천 원 한도 내에서 지급하며 일상생활에 필요한 활동보조 기구 구입, 생활환경 개선 등을 지원한다. 사망자에 대해서는 장제비를 지원한다. 이 밖에 '일본군위안부 피해자 e−역사관(http://www.hermuseum.go.kr/)'을 운영하고 있다. 2018년 기준 등록된 생존 피해자는 25명이다.

6. 전망과 과제

한국에서 여성복지서비스는 '요보호 여성'을 중심으로 하는 선별적이고 잔여적인 정책에서 벗어나 모든 여성을 대상으로 하는 보편적인 제도로 정착하였다. 여성의 가족형태에 따른 빈곤이나 폭력, 차별, 인권 침해 등 다양한 여성 관련 문제에 대해서도 정책 개입과 지원이 확대되어 왔다. 그러나 눈에 띄는 몇몇 성과에도 불구하고 노동시장과 가족 및 복지체계 모두에서 여성과 남성의 불평등 및 불균형 양상은 견고하다. 또한 빈곤과 폭력은 여전히 여성의 삶을 위협하고 있다. 제도의 발달이 의미 있는 사회변화를 가져오기까지 일정 정도의 시간경과가 필요하지만 이때 중요한 점은 제도의 궁극적 목적과 실효성이다. 단순히 제도의 확대와 관련 예산의 투입이 아니라 어떠한 제도가 실질적으로 무엇을 가져오는가가 중요하다. 이러한 견지에서 앞 절에서 설명한 주요 여성복지서비스의 한계와 과제에 대해 논의하면 다음과 같다.

첫째, 일·가족 양립지원정책으로서 휴가정책은 휴가의 기간과 급여수준이 모두 확대되는 성과를 거두었지만 보편적 여성복지서비스라는 용어가 무색하게 모든 근로자가 실질적으로 사용할 수 있는 제도가 아니다. 무엇보다 휴가급여가 고용보험 가입을 조건으로 지급되면서 많은 비정규직 노동자가 휴가사용으로부터 배제되고 있다. 조건을 충족하여 휴가급여를 받더라도 소득대체율이 낮고 상한액이 정해져 있어 휴가급여만으로 생계를 유지하기 어려운 저소득 가구 근로자나 한부모가족의 사용이 제한된다.[13] 또한 계약직 근로자의 경우 출산전후휴가를 사용할 때 휴가기간 중 계약 종료일이 지나면 더 이상 급여를 받지 못하며 휴가기간 중 계약기간이 만료되면 재계약이 힘들기 때문에 실질적으로 휴가를 사용하기 어렵다. 마지막으로 휴가사용으로 인한 직장에서의 불이익이 법적으로 금지되어 있음에도 불구하고 일부 사업장에서 근무평가나 승진에서 실질적인 불이익이 발생한다는 보고가 나오는 등 여전히 휴가사용이 어려운 직장분위기가 제도 이용을 가로막고 있다. 이러한 정책적 한계를 개선하기 위해서는 휴가급여를 고용보험이 아닌 건강보험에서 지급하는 방안을 생각해 볼 수 있다. 아울러 실질적인 휴가급여수준을 높이고 휴가사용 활성화를 위해 기업에 대한 감독을 강화하는 일도 적극 검토되어야 한다.

둘째, 몇몇 일·가족 양립정책은 오히려 성 불평등을 확대할 위험을 가지고 있다. 대표적으로 육아휴직은 남성과 여성 근로자가 모두 사용할 수 있지만 실질적인 사용자의 대다수가 여성이기 때문에 여성근로자에 대한 고용주의 차별을 유도할 위험이 있다. 정부는 남성의 육아휴직 사용을 장려하기 위해 육아휴직급여 특례정책을 도입하였으나 낮

---

13) 2017년 육아휴직 사용자 90,123명 중 남성은 12,043명으로 전체의 13.4% 수준에 불과하다. 육아휴직 사용자 가운데 남성 근로자의 비율은 해마다 증가하고 있지만 사용자의 대부분은 여전히 여성 근로자이다. 육아휴직 사용의 격차 문제는 성별뿐 아니라 사업장 규모에서도 나타난다. 10인 미만 사업장의 경우 전체 육아휴직급여 수급자의 약 16%에 불과하나, 1,000인 이상 대규모 사업장은 전체 육아휴직급여 수급자의 약 34%를 차지하고 있다(고용노동부, 2017).

은 상한액으로 인해 휴가 사용이 쉽지 않으며 남성의 경우 직장분위기상 휴가 사용이 더욱 힘들다는 문제가 있다. 또한 가정양육수당은 돌봄 노동의 가족화를 지원함으로써 여성의 경제활동 중단을 야기할 위험이 있다. 이러한 문제에 대응하기 위해 정부는 육아휴직 급여대체율과 상한선을 모두 높이며 남성 육아휴직 사용에 대한 적극적 유인책을 모색해야 한다. 또한 가정양육수당은 여성의 노동시장이탈 등 다양한 사회적 영향을 고려하여 재논의될 필요가 있다.

셋째, 보육서비스의 대부분이 시장 기제를 통해 제공됨으로서 돌봄의 질 문제가 지속되고 있다. 무상보육 도입으로 인해 보육예산은 급증하였으나 여전히 '믿고 맡길 만한 시설'의 부족 문제는 여성 경제활동참가의 걸림돌로 작용한다. 정부는 민간 어린이집의 질 제고를 위해 시설평가인증제를 도입하고 국공립어린이집 및 공공형 어린이집 확충 등의 방안을 추진하고 있으나 양육자의 불안은 여전하다. 무엇보다 바우처 제공을 통한 보육의 시장화는 공공책임의 부재를 가속화할 위험이 있다. 그 결과 보육예산의 확대가 여성 경제활동참가의 뚜렷한 증가나 저출산 문제의 완화 등과 같은 사회적 성과로 이어지지 않고 있다. 많은 학자가 주장하여 왔듯이 단순히 보육 예산의 확대가 아닌 보육서비스의 질적 관리와 공보육 시스템의 확립이 요구된다.

넷째, 성 차별적인 사회에서 여성이 경험하는 다양한 문제를 완화하기 위한 정책 역시 개입수준이 미약하고 잔여적인 한계를 벗어나지 못하고 있다. 한부모가족 여성을 양육자로서 지원하기 위한 복지급여 수준은 비현실적으로 낮으며 이들 여성이 노동자로서 일과 가족을 양립하기 위한 별도의 지원 역시 거의 존재하지 않는다. 폭력 또는 성매매 피해 여성에 대한 보호와 지원 또한 이들의 회복과 자립을 보장하기에 부족한 수준이다. 무엇보다 여성이 빈곤과 폭력으로부터 벗어나 온전한 시민으로서 생활하기 위해서는 성 차별적이고 성별 위계적인 사회구조의 근본 변화가 필요하다.

참고문헌

고용노동부. 고용보험DB자료.

고용노동부(2017). 고용보험통계표.

교육부, 한국교육개발원(2012~2017). 교육통계연보.

공무원연금관리공단(2012~2017). 공무원연금통계.

국민연금공단(2012~2017). 국민연금통계연보.

국민연금공단(2016). 국민연금생생통계.

박인덕, 김엘림, 서명선, 배영자(1990). 여성복지 관계법제에 관한 연구. 한국여성개발원.

보건복지부(2013). 보건복지통계연보. 보건복지부.

사학연금관리공단(2012~2017). 사학연금통계.

송다영(2014). 돌봄의 사회화와 복지국가의 지연. 한국여성학, 30(4), 119-152.

송다영, 김미주, 최희경, 장수정(2015). 새로 쓰는 여성복지론: 쟁점과 실천. 경기: 양서원.

여성가족부(2017). 양성평등실태조사. 여성가족부.

여성가족부(2017). 한국의 성평등보고서. 여성가족부

윤홍식(2010). 한국가족정책의 현실과 전망: 가족정책, 복지국가를 향한 새로운 전망. 한국행정학
    회 conference자료.

윤홍식(2014). 박근혜 정부의 가족화정책과 성, 계층 불평등의 확대-보수정부 6년의 가족정책을
    중심으로. 경제와 사회, 101, 87-116.

중앙선거관리위원회. 통계DB.

통계청(2012~2017). 경제활동인구조사.

통계청(2014). 생활시간조사.

홍승아(1998). 복지국가의 가부장적 특성에 대한 연구. 한국사회복지학, 35, 453-474.

Christopher, K.(2001). Single motherhood, employment, or social assistance: Why are U.S. women
    poorer than women in other affluent nations?. *Luxembourg Income Study Working Paper*
    No. 285

Daly, M.(2000). *The gender division of welfare: The impact of the British and German welfare
    states*. Cambridge: Cambridge University Press.

Hernes, H. (1988). The welfare state citizenship of scandinavian women". In K. Jones and A.
    Jonasdottir (eds), *The Political Interests of Gender*. Newbury Park, CA: Sag.

Leitner, S. (2003). Varieties of familialism: The caring function of the family in comparative perspective. *European Societies, 5*(4), 353-375.

Lister, R. (1994). She has other duties: Women, citizenship and social security. In S. Baldwin and J. Falkingham (Eds), *Social security and social change: New challenges.* Hemel Hempstead: Harvester Wheatsheaf.

Orloff, A. (1993). Gender and the social rights of citizenship: The comparative analysis of gender relations and welfare states. *American Sociological Review, 58*(3), 303-328.

Orloff, A. (1996). Gender in the welfare state. *Annual Review of Sociology, 22*, 51-78.

Sainsbury, D. (1996). *Gender, equality and welfare states.* Cambridge: Cambridge University Press.

제**18**장

정신건강복지서비스

김혜성(강남대학교 사회복지학부 교수)

1. 들어가는 말

한국사회에서 정신건강에 대한 관심은 이제 더 이상 정신장애나 정신질환에 대한 치료나 사회적 보호 수준에 머무르지 않고 있다. 정신건강 문제는 누구나 경험할 수 있는 것으로 이를 적절하게 치료하는 것과 심각한 손상이 야기된 정신장애의 경우에도 치료와 회복과정이 중요하다는 인식이 높아지고 있으며, 다양한 사회적 자원이 협력하여 그 과정을 돕고 지원하는 역할을 하게 된다는 논의들이 적극적으로 제기되고 있다. 정신질환자의 인권보호와 지역사회 복귀를 위한 서비스의 중요성은 지속적으로 제기되어 왔는데, 최근 개정된 「정신건강 증진 및 정신질환자 복지서비스 지원에 관한 법률」(이하 '정신건강복지법')은 이러한 추이를 반영하고 있다. 그러나 법 개정에 따른 지역사회에서 살아가야 하는 정신장애인과 가족, 그리고 지역사회에 대한 지원의 노력은 미비하다는 시각이 존재하고 있다. 한국 사회에서의 정신건강 문제는 사회변화와 긴밀하게 연계되어 있다고 보아야 한다. 가족구조의 변화에 따른 1인 가구 증가, 개인주의, 사회적 지지망의 축소, 사회적 고립, 심각한 사회계층 간 격차, 빈곤과 사회적 고립, 그리고 대형 재난에 따른 심리적 외상 등은 한국사회 구성원의 정신건강 문제에 부정적인 영향을 미치는 요소이기도 하다. 더불어 삶의 가치로 행복 추구, 일과 가정의 양립, 작은 행복의 추구 등이 환영받으면서 행복한 삶이 가지는 가치로 자리 잡고 있기도 하다. 여기에는 모든 사회 구성원의 안녕에 정신건강이 중요하다는 인식이 퍼져 있고, 정신건강 없는 건강은 존재하지 않는다는 이해가 이미 공유되고 있다.

국내의 변화 이외에도 국외 정세와 남북 정세의 변화도 급물살을 타고 있다. 세계화 추세로 인한 난민의 유입 문제, 남북교류 활성화로 인한 사회적 연대감에 대한 이해 차이와 갈등 등이 수면으로 떠오르고 있다. 사회적 불안과 스트레스도 이러한 변화에 기인하는 측면도 있다. 이같이 다양한 사회 변화에 따른 정신건강의 문제의 유형이나 대상의 다양성이 예상되고 있다. 그러나 이 같은 변화에 적극적인 대응책이 미처 마련되지 못한 상황에서 한국사회의 정신건강 문제는 심각한 수준을 보이고 있다. 한국의 정신건강 문제 중에 자살은 2017년 통계자료에서도 OECD 국가에서 1위를 차지하고 있다. 2015년 이후 감소 추세를 보이고 있으나. 2016년 기준으로 인구 10만 명당 자살률은 25.6명으로 OECD 국가의 평균 12.1명에 비해 높은 수치를 보이고 있다. 정신질환 경험과 관련된 통계를 살펴보면, 2016년 기준, 지역사회에서 거주하고 있는 국민 중 정신질활 유병률은 25.4%로 남자(28.8%), 여자(21/9%)로 보고되었다. 이 수치는 정신의료기관이나 정신요양시설 등에 입원 혹은 입소 중인 환자는 포함하고 있지 않은 수치라는 점에서 높은 수준을 보이는 것으로 해석된다(보건복지부, 2017). 또한 분노 범죄, 데이트 폭력 등 대인관계에서 발생하는 폭력이 지속적으로 발생하고 극단적으로 살인에까지 이르는 경우도 보고되고 있다. 성폭력 피해자가 스스로 피해를 밝히는 운동인 미투 운동도 성폭력의 피해자에 대한 2차 피해의 우려와 가해자의 자살 등으로 성폭력 문제로 발생한 피해에 대한 치료와, 해결방안 모색에서 정신건강 문제에 대한 지원과 치료가 체계적으로 자리 잡아야 할 것임을 보여 주고 있다.

정신건강 문제에 대한 사회적 지원이나 서비스에 대한 욕구가 증가하면서, 실제로 지역사회 기반 종합사회복지관에서 심리상담센터를 개소하고 운영하는 사례가 증가하고 있다. 그러나 이러한 상담센터에서 상담을 제공하는 인력은 상담 전문가가 담당하는 경우가 대부분이다. 지역사회에서 사회복지사가 정신건강 문제에 개입해야 하는 역할이 요구되고 있으나, 실질적으로 이 역할을 담당하는 데 역할이 제대로 이루어지지 않고 있는 면이라 하겠다. 사회복지사는 생·심리·사회 관점과 인간과 환경이라는 관점을 적용하여 클라이언트의 문제 영역에 개입하게 된다. 여기에서 정신건강 문제에 대한 개입은 필수적으로 요구되는 영역이기도 하다. 이 같은 필요성에도 불구하고, 현실적으로 사회복지사의 지역사회 기반 정신건강 전문가로서의 역량이나 전문성에 대한 논의가 제기되지 않아 이에 대한 주목이 필요한 시점이다.

한 사회의 구성원들의 정신건강의 수준은 그 사회의 복지상태와 긴밀하게 연관이 있다. 이는 사회 구성원들이 정신질환이나 장애와 같은 정신건강 문제를 경험하지 않는 소극적인 상태에서 나아가 각자가 추구하는 삶의 의미와 삶의 질을 누리는 안녕한 삶이 충족되는 사회 환경이 마련되어야 한다는 의미이기도 하다. 정신건강 문제가 이제는 더 이상 개인의 질환 문제로 이해되지 않는 시각이 확장되고 있기도 하다. 그러나 정신건강 문제에 대한 사회적인 인식과 시각의 변화가 이루어지고 있으나, 정신질환이나 정신장애에 대한 편견이나 사회적 배제의 문제가 해소되고 있는 것은 아니어서 이에 대한 해결 과제는 여전히 남아 있다.

이 장에서는 한국사회의 정신건강 문제와 관련한 추이와 최근의 법 개정과 정책의 변화, 정신건강복지서비스 체계 및 인력 현황에 대하여 살펴보고자 한다. 마지막으로, 한국사회에서 정신건강 문제와 관련된 주요 이슈 등을 정리해 보고자 한다.

2. 정신건강 및 정신장애에 대한 이해

정신장애에 대한 정의는 꾸준히 변화해 왔다. 정신의학 관점을 반영한 이해에서는 정신장애를 만성적 정신질환이 점진적으로 장애로 이르는 것으로 본다. 여기에서 정신질환은 개인적 결함으로 이해되며 이에 대한 대응도 개인의 결함과 손상을 최소화하고 노력하는 방향으로 이어지게 된다. 최근 정신장애 나아가 장애에 대한 이해를 사회구조적 측면의 영향에 대하여 조명해 보고자 하는 노력이 활발하다. 세계보건기구에서 발간한 자료(World Health Organization, 2005)에서 각 국의 정신질환이나 정신장애와 관련된 법적 정의를 분석하여 〈표 18-1〉과 같이 제시하였다. 크게 정신질환(mental illness), 정신장애(mental disorder), 정신적 장애(mental disability), 정신적 무능력(mental incapacity), 정신적 불완전(unsoundness of mind) 등으로 분류하여 각각의 장점과 단점을 분석하였다.

〈표 18-1〉 정신질환(정신건강)에 대한 정의 비교

용어		정신질환	정신장애	정신적 장애	정신적 무능력	정신적 불완전
적용 범위		매우 협소	협소	광범위	극단적으로 협소	가변적이나 광범위한 적용 가능
장점		• 정의가 잘 되어 있음 • 모든 이해당사자가 이해하고 사용할 수 있음(때로 상이한 의미 부여가능하나)	• 의학적 분류체계와 양립가능 • 조작적 정의가 용이	• 광범위한 적용이 가능하며 장애 정도에 상관없이 개인의 권리를 보호하는 데 유용 • 당사자의 일상에서의 정신건강 문제에 근접할 수 있음	• 의료나 법체계에서 이해와 정의가 유사함 • 정신장애나 정신질환이 무능과 동일한 것으로 간주되지 않음 • 심각한 정신질환이나 정신장애를 지닌 당사자들에게 최대한의 보호를 제공하고자 함	• 정의가 유동적이어서, 당사자의 최고 이해를 가져올 수 있다는 장점이 있음
단점		의료모델 강화	• 매우 심각한 정신건강 상황들에 한정해서 포함할 수 있음 • 정신지체와 같은 상황도 포함될 수 있음	• 정의내리기 어려움 • 광범위하게 적용될 수 있어 다수가 비자발적 치료나 입원의 대상이 될 수 있음	• 협소한 적용범위이기는 하나 정신장애인 권리 향상에 유용함	• 법률적 개념으로 의료적 범주와 양립하지는 않음 • 남용할 우려가 있음 • 의료와 법률 체계 간의 의사소통이 어려울 수 있음

출처: World Health Organization(2005).

3. 정신건강 현황

정신건강 현황은 2017년 국가정신건강현황 3차 예비조사결과보고서(보건복지부, 국립 정신건강센터, 2017) 내용을 정리한 것이다.

1) 정신건강 문제 현황

조사 결과에 의하면, 응답자의 54.5%가 자신의 정신건강상태에 대해 '좋다'라고 보고 한 반면, '나쁘다'라고 응답한 경우가 11.6%로 나타났다. 정신건강 문제 경험에 대하여는 지난 1년간을 기준으로 질문하였는데, 응답자의 65.0%가 경험하였다고 보고하였다. 주 로 많이 경험하였다고 보고한 정신건강 문제 유형으로는 심각한 스트레스가 39.9%, 우 울감이 31.8%였다. 자살생각에 대한 경험에서는 응답자의 51.1%가 최근 1년간 자 살에 대해 진지하게 생각해 본 것으로 나타났다. 고위험 음주율은 13.3%로 남자의 경우 20.8%, 여자의 경우 5.8%로 나타나 남성 고위험 음주자가 높은 비율을 차지하는 것으로 나타났다. 조사 대상자가 지역사회 일반인이라는 점을 감안할 때 긍정적인 정신건강 상 태를 보고하는 경우도 있으나, 10%가 정신건강에 어려움을 경험하고 있는 조사 결과에 주목해야 할 것이다. 또한 정신건강 문제 유형에서 스트레스와 우울감이 높은 순위를 차 지하고 있어, 이들 유형의 정신건강 문제는 한국사회에 널리 확산되어 있는 것으로 추정 된다. 스트레스와 우울은 지역사회 거주하는 일반인들이 널리 경험하고 있는 문제이니 만큼, 상담이나 정신건강 증진 측면에서의 예방적 개입에서부터 전문적 치료가 적시에 이루어질 수 있도록 다층적으로 개입과 지원이 이루어지는 체계적인 노력이 필요하다. 음주 문제의 심각성은 지속적으로 보고되고 있는 정신건강 문제 유형인데, 지역사회에 서 알코올 문제에 대한 적극적인 치료와 개입이 이루어져야 할 것이다.

2) 정신질환 및 정신장애 실태

2016년도 정신질환실태 역학조사에 의하면 정신질환 평생유병률은 25.4%로 나타났 다. 남성의 경우는 28.8%, 여성의 경우는 21.9%로 나타나, 남성이 다소 높은 수준을 보 이는 것으로 보고되었다. 비자의 입원율의 경우 2016년 12월 말 기준 전체 입원환자 중 비자의 입원환자 비중은 약 61.4%로 보고되었다. 2016년 정신보건시설 및 지역사회 재활기관에 등록한 정신질환자 중에서 중증정신질환자는 62,938명으로 전체 등록자의 약 50.0%를 차지하는 것으로 보고되었다. 2016년 정신건강 현황조사 결과, 자살을 포함한 우울문제의 서비스의뢰 실인원 중 6.2%만 치료서비스로 연계된 것으로 보고되었다. 중독문제의 경우는 8.4%로 보고되었다. 2016년도 인구 10만 명당 자살사망률은 25.6명으로 나타났으며 지속적인 감소경향을 보이고 있으나 여전히 높은 수준이라 하겠다.

정신장애 전체에서 정신건강서비스 이용률은 2011년도 15.3%에서 2016년도 22.2%로 증가하는 추이를 보였다. 그러나 정신건강서비스를 이용하지 않은 경우 '나는 정신질환이 없다(정신건강상의 문제가 없다)고 생각했다'에 응답한 경우가 81.0%로 나타나, 정신질환에 대한 치료 연계가 되지 않는 경우, 이들에 대한 사회적 보호나, 적절한 치료 제공을 어떻게 할 것인가가 여전히 과제로 남아 있음을 보여 주고 있다. 이는 최근 개정된 '정신건강복지법'에서 입원 절차를 강화하여, 퇴원 절차는 당사자의 의도가 주요 결정 역할을 하도록 개정되어 있다. 이러한 정책이 의도한 대로 정신장애인의 인권 보호와 치료의 권리를 보장하는 결과를 가져오기 위해서는 무엇보다 지역사회에서 다양한 회복 과정을 돕는 자원이 형성되어야 한다. 더불어 이를 뒷받침할 수 있는 지역사회 간 다양한 자원 간에 파트너십과 구성원들의 사회적 차별과 편견 해소를 위한 노력이 활성화되어야 할 것이다.

4. 정신건강 관련 법

1) 정신건강복지법

「정신건강 증진 및 정신질환자 복지서비스 지원에 관한 법률」(이하 '정신건강복지법')은 21년 만에 전부개정되어 2017년 5월부터 시행되고 있다. '정신건강복지법'은 비자의 입원 절차 개선을 통한 환자의 인권 보호, 정신질환자에 대한 복지서비스 지원, 일반 국민의 정신건강 증진을 위한 사업근거 마련 등을 내용으로 하고 있다(보건복지부, 2018). 법의 주요 내용을 다음에 정리하였다.

(1) 목적
제1조에 법의 목적을 제시하고 있다. 이 법은 정신질환의 예방·치료, 정신질환자의

재활·복지·권리보장의 정신건강 친화적인 환경 조성에 필요한 사항을 규정함으로써 국민의 정신건강증진 및 정신질환자의 인간다운 삶을 영위하는 데 이바지함을 목적으로 한다.

(2) 주요 개념 정의

① 정신질환자에 대한 정의

제3조 제1항에 "정신질환자"란 "망상, 환각, 사고나 기분의 장애 등으로 인하여 독립적으로 일상생활을 영위하는 데 중요대한 제약이 있는 사람을 말한다."라고 규정하고 있다.

② 정신건강증진사업

제3조 제2항에서 "정신건강증진사업"이란 "정신건강 관련 교육·상담·정신질환의 예방·치료, 정신질환자의 재활, 정신건강에 영향을 미치는 사회복지·교육·주거·근로 환경의 개선 등을 통하여 국민의 정신건강을 증진시키는 사업을 말한다."라고 규정하고 있다.

③ 정신건강복지센터

제3조 제3항에서 "정신건강복지센터"란 "정신건강증진시설, 「사회복지사업법」에 따른 사회복지시설, 학교 및 사업장과 연계체계를 구축하여 지역사회에서의 정신건강증진사업 및 제33조까지의 규정에 따른 정신질환자 복지서비스 지원사업(이하 "정신건강증진사업" 등이라 한다)을 하는 다음 각 목의 기관 또는 단체를 말한다."라고 규정하고 있다.

④ 정신건강증진시설

제3조 제4항에서 "정신건강증진시설"이란 "정신의료기관, 정신요양시설 및 정신재활시설을 말한다."라고 규정하고 있다.

⑤ 정신의료시설

제3조 제4항에서 "정신의료기관"이란 "주로 정신질환자를 치료할 목적으로 설치된다."라고 규정하고 있다.

⑥ 정신요양시설

제3조 제6항에서 "정신요양시설"이란 제22조에 따라 설치된 시설로서 정신질환자를

입소시켜 요양서비스를 제공하는 시설을 말한다.

⑦ 정신재활시설

제3조 제7항에서 "정신재활시설"이란 "제22조에 따라 설치된 시설로서 정신질환자 또는 정신건강상 문제가 있는 사람 중 대통령령으로 정하는 사람(이하 "정신질환자 등"이라 한다)의 사회적응을 위한 각종 훈련과 생활지도를 하는 시설을 말한다."라고 규정하고 있다.

2) 법 개정으로 인한 주요 변화

새로 개정된 '정신건강복지법'에서는 기존의 비자의입원에 따른 정신질환자의 인권 침해를 개선하고 보호하고자 하였다. 입·퇴원 절차의 주요 내용을 다음과 같이 정리하였다(보건복지부, 2018a).

(1) 자의입원

자의입원	정신건강복지법(제41조)
입원대상자	정신질환자, 정신건강상 문제가 있는 사람
자의입원확인	2개월마다
퇴원절차	퇴원신청이 있는 경우 지체 없이 퇴원

(2) 동의입원

동의입원	정신건강복지법(제42조)
입원대상자	정신질환자
입원요건	환자 본인의 신청＋보호의무자 1인 동의
동의입원확인	2개월마다
퇴원절차	1. 퇴원신청이 있는 경우 지체 없이 퇴원이 원칙 2. 예외적으로 동의입원자가 보호의무자 동의 없이 퇴원 신청하는 경우 치료와 보호 필요성이 있는 경우 72시간 퇴원 제한 가능 3. 퇴원 제한 시간 동안 보호입원이나 행정입원으로 전환 가능

(3) 보호의무자에 의한 입원

보호입원	정신건강복지법(제43조)
보호의무자	1. 보호의무자 2명 이상 신청 2. 보호의무자 간 다툼이 있는 경우 선순위자 2명 이상 신청 3. 후견인 우선
입원요건	1. 정신질환자 2. 입원치료 또는 요양을 받을 만한 정도 또는 성질의 정신질환 3. 자신의 건강 또는 안전이나 다른 사람에게 해를 끼칠 위험(보건복지령으로 정함) *1, 2, 3의 모든 요건을 갖추어야 함
입원기간	1. 2주의 입원(진단을 위한 입원) 2. 1개월의 입원(2주 내 국공립 등의 두 번째 의사 진단 필요) 3. 3개월의 입원(1개월 내 입원적합심사위원회 적합성 심사 및 승인 필요) 4. 6개월의 입원 및 연장(3개월 내 정신건강심사위원회 입원연장심사 및 승인 필요, 이후 6개월마다 연장심사)
정신과 전문의진단	위의 1의 진단을 위한 입원을 제외한 3, 4의 각 단계마다 2명의 정신과 전문의 진단 필요(그중 1인은 국공립 등 정신과 전문의여야 함)
입원연장 동의	보호의무자 2명 이상 동의
퇴원절차	정신의료기관(정신요양시설)의 장은 퇴원신청이 있는 경우 지체 없이 퇴원시키는 원칙이지만 보호입원의 요건(입원의 필요성+자타해 위험성)이 지속되고 있는 경우 퇴원거부 가능. 이 경우 환자 또는 보호의무자는 퇴원 등 심사청구 가능

(4) 특별자치시장·특별자치도지사·시장·군수·구청장에 의한 입원

행정입원	정신건강복지법(제44조 및 제52조)
대상자	정신질환으로 자신의 건강 또는 안전이나 다른 사람에게 해를 끼칠 위험이 있다고 의심되는 자
입원의뢰 절차와 기간	1. 정신건강전문요원 또는 정신과 전문의의 신청 2. 시장·군수·구청장의 진단의뢰 3. 정신과 전문의 진단 4. 시장·군수·구청장의 입원의뢰(2주) 5. 2명 이상의 정신과 전문의 입원진단

	6. 시장 · 군수 · 구청장의 행정입원의뢰
	7. 행정입원(3개월)
경찰관의 행정입원요청	경찰관이 정신건강전문요원 또는 정신과 전문의에게 행정입원 신청 요청 가능
입원연장	1. 정신과 전문의 2명 이상의 진단 3. 정신건강심사위원회의 입원연장 심사(최초입원 시에는 3개월, 그 후 매 6개월마다)

(5) 응급입원

응급입원	정신건강복지법(제50조)
대상자	정신질환자로 추정되는 사람으로서 자신의 건강 또는 안전이나 다른 사람에게 해를 끼칠 위험이 큰 사람
입원신청절차와 시간	1. 누구든지 발견한 사람이 의사와 경찰관의 동의를 받아 응급입원 신청 2. 경찰관 또는 구급대원의 정신의료기관 호송 3. 정신의료기관의 장이 응급입원환자에 대해 3일(공휴일 제외) 내 입원 가능 4. 정신과 전문의 진단 후 입원 계속 필요 없으면 즉시 퇴원 5. 다른 입원으로 전환하지 않으면 3일의 입원기관 만료로 퇴원
입원전환	자타해 위험 및 입원 필요성이 있는 경우 3일 입원기간 내에 보호입원이나 행정입원으로 전환절차 진행

5. 정신건강서비스 전달체계

1) 중앙부처의 정신건강서비스 체계

　2018년 현 정부에서 정신건강 문제에 대한 예방과 지원, 대책을 담당하는 부처명은 정신건강정책국이다. 정신건강의 예방 차원을 강조하고, 모든 사회 구성원을 대상으로 하는 보편적 접근이라 할 수 있는 건강증진 관점을 반영하는 정책이 정부 부처 구성에도 반영되고 있음을 볼 수 있다. 현 정부의 정신건강 문제에 대한 주된 관심으로 치매에 대한 국가의 책임을 강조하고, 자살문제에 대한 적극적인 정책과 개입을 펼치는 것을 강조하는 것은 바람직한 의도이다. 이 같은 변화와 더불어 정신질환자와 정신장애인에 대한 집중적이고 안정적인 지원의 중요성이 충분히 강조되고 있는 가에 대하여도 주목해야 할 것이다. 보건복지부 산하 정신건강영역을 담당하는 상위 부서는 건강정책국이다. 하부 조직으로는 건강정책과, 건강증진과, 구강생활건강과, 정신건강정책과, 자살예방정책과로 구성되어 있다. 정신건강에 집중하여 역할과 기능을 담당하는 곳은 정신건강정책과라고 할 수 있다.

(1) 정신건강정책과

정신건강정책과의 부서별 업무 내용은 다음과 같다.

① 정신보건사업에 관한 종합계획의 수립 및 조정
② 정신보건에 관한 조사 및 연구
③ 정신보건 관련 법령에 관한 사항
④ 정신질환예방과 정신질환자 치료·재활·권익보호지원 및 사회적 인식개선에 관한 사항
⑤ 지역사회 정신보건사업의 조정 및 평가
⑥ 자살예방사업 관련 정책의 수립 및 조정
⑦ 국립정신건강센터 및 국립정신병원 및 정신보건시설의 지원 및 육성
⑧ 알코올 등 중독에 대한 치료 및 재활
⑨ 정신보건전문요원의 양성 및 평가
⑩ 절주를 위한 계획의 수립 및 실행
⑪ 마약류중독자의 치료보호
⑫ 마약류중독자에 대한 실태조사

2) 정신건강증진기관 및 시설 현황

2017년 현재 정신건강증진기관 및 시설 현황을 〈표 18-2〉에 제시하였다.

〈표 18-2〉 정신건강증진기관 · 시설 현황 (단위: 개소)

구분		기관수	주요기능
계		2,142	
정신건강복지센터		243	• 지역사회 내 정신질환 예방, 정신질환자 발견 · 상담 · 정신재활훈련 및 사례관리 • 정신건강증진시설 간 연계체계 구축 등 지역사회 정신건강 사업 기획 · 조정 ※ 기초 227(국비 201, 지방비 26) 광역 16(극비 15, 지방비 1)
정신의료기관	국·공립	18	• 정신질환자 진료, 지역사회정신건강증진사업 지원
	민간	1,431	• 정신질환자 진료
정신요양시설		59	• 만성 정신질환자 요양 · 보호
정신재활시설		341	• 병원 또는 시설에서 치료 · 요양후 사회복귀촉진을 위한 훈련 시설
중독관리통합지원센터		50	• 중독 예방, 중독자 상담 · 재활훈련

출처: 보건복지부(2018a).

〈표 18-2〉에서 제시하고 있듯이 현행 정신건강증진기관이나 시설은 민간 정신의료 기관이 차지하는 비중이 높은 것을 알 수 있다. 여전히 정신질환자에 대한 의료적 치료 기반 접근이 주로 자리 잡고 있다 하겠다. 개정된 '정신건강복지법'에서는 지역사회 기반 정신건강증진사업을 활성화하고자 하는 의도는 보이고 있는데, 이를 위해서는 무엇보다 서비스 인프라 구축이 선결되어야 하겠다. 또한 민간의 역할과 공공 역할의 차별화도 고려되어야 할 부분으로 보인다. 정신건강의 사회적 가치, 정신질환자의 삶의 질이나 인권 문제는 민간의 역할이라기보다는 사회적 여론을 형성하고 인식개선을 주도할 수 있는 공공의 역할이 강조되어야 할 것이기 때문이다. 이러한 점에서 지역사회 기반 사업을 주로 담당하고 있는 정신건강복지센터의 역할을 다양하고 창의적으로 변화되어야 할 것이다. 기존의 지역사회 내 정신장애인 관리에 초점을 두기보다는 지역사회가 정신질환의 어려움을 가지고 있는 정신질환자나 정신장애인과 함께 살아갈 수 있도록 사회 구성원의 인식 개선과 더불어 사는 공동체 가치를 보급하여, 정신질환이나 정신장애로 인한 차이가 편견이나 배제로 작용되지 않도록 그 역할을 주도해야 할 것이다.

6. 정신건강 전문 인력

1) 정신건강인력 현황

2017년 5월 30일 정신건강복지법령 개정에 의거하여 기존의 '정신보건전문요원'에서 '정신건강전문요원'으로 명칭이 변경되었다. 정신건강 인력 현황에서는 정신의료기관, 정신요양시설, 정신재활시설, 정신건강복지센터, 중독관리통합지원센터 등에서 상근으로 근무하고 있는 인력 현황을 제시하였다(국립정신건강센터, 2018).

〈표 18-3〉 정신건강증진시설 및 지역사회재활기관 유형별 상근인력 현황　　　　　　(단위: 명)

구분	계	정신과 전문의	정신과 전공의	정신건강전문요원			간호사	사회 복지사	임상 심리사	간호 조무사	기타
				간호사	사회 복지사	임상 심리사					
2016년 총계	21,411	3,127	584	1,982	2,266	591	5,067	2,165	215	5,226	188

출처: 보건복지부, 국립건강정신센터(2017).

인력 현황을 살펴보면 정신건강전문요원에서는 사회복지사가 가장 높은 순위를 차지하고 있다. 정신건강증진시설에서 근무하고 있는 비정신건강전문요원에서도 사회복지사가 차지하는 비중이 높은 것으로 나타났다. 시설 수용에서 재활과 지역사회 중심 재활과 사회복귀가 강조되고 있어 다학제 전문가의 협력이 요구되고 있다. 정신건강영역에서 다학제적 접근이 중요한데, 사회복지 전문가는 지역사회 고위험군의 발굴과 아웃리치, 상담, 사회복귀 훈련 및 사례관리 등에서 역할이 기대되는 직군이기도 하다. 실제로 〈표 18-3〉에서 보여 주고 있듯이, 정신건강서비스 제공에서 정신건강전문요원과 더불어 사회복지 전문가의 역할이 자리 잡고 있음을 보여 주는 것이다. 정신건강전문요원의 양성과 질 관리에 더욱 힘쓰는 한편, 사회복지 전문가가의 정신건강 영역에서 서비스를 제공하는 데 필요한 역량과 자질을 키우는 교과과정과 현장을 기반으로 하는 실습과 산학 연계 프로그램이 개발되고 보급되어 사회복지 전문직의 정신건강 인력으로 성장하는 과정이 활성화되어야 할 것이다.

2) 정신건강 전문요원 및 수련기관

2017년 현재 정신보건전문요원 수련기관은 전국 306개소에서 374개 수련과정이 진행되고 있다. 정신건강간호사는 35과정 468명 정원, 정신건강사회복지사는 206과정 504명 정원, 정신건강임상심리사는 133과정 372명 정원으로 보고되고 있다. 인력 배출 현황을 살펴보면 정신건강간호사가 정신건강사회복지사의 2배에 달하는 수를 차지하고 있다. 정신건강영역에서 의료 전문직이 차지하는 비중이 여전히 높은 것을 보여 준다. 전반적인 질 관리에 대한 노력도 시도되고 있는데, 2018년도부터 보수교육을 시행하고 있다.

〈표 18-4〉 정신건강전문요원 총 누적인원 현황('17. 4. 30. 기준)　　　(단위: 명)

정신건강간호		정신건강사회복지		정신건강임상심리		합계
1급	2급	1급	2급	1급	2급	
2470	5,414	1,297	3,137	1,227	1,346	14,892
7,884		4,434		2,573		

출처: 국립정신건강센터(2018).

7. 정신건강복지서비스 이슈

1) 정신건강정책과 커뮤니티케어

2018년 6월 현 정부는 지역사회 중심 복지구현을 위한 커뮤니티 케어 추진방향을 선포하였다(보건복지부, 2018b). 커뮤니티케어정책 대상으로 지역사회에서 돌봄이 필요한 자로 규정하고 세 유형을 제시하였다. 돌봄서비스 수급자, 사회적 입원 등 시설·병원 신규입원자 등이다. 사회적 입원에 해당되는 경우는 시설·병원에서 생활 중인 73.8만 명 중 입원이나 입소의 필요성이 낮은 사람이 여기에 해당되는 것으로 규정한다. 정신의료기관의 경우 6.9만 명으로 추정하고 있다. 즉, 약 7만 명에 해당되는 정신질환자가 퇴원 혹은 퇴소하여 지역사회에서 독립적인 삶을 누려야 한다고 보는 것이다. 커뮤니티 케어의 개념을 돌봄(care)이 필요한 주민들이 자기 집이나 그룹홈 등 지역사회에 거주하면서 개개인의 욕구에 맞는 복지급여와 서비스를 누리고 지역사회와 함께 어울려 살아가며 자아실현과 활동을 할 수 있도록 하는 사회서비스체계로 제시하고 있다. 정신질환이나 정신장애의 경우 대인관계의 어려움, 사회적 기능의 취약성, 병식의 부재 등이 대표적인 증상으로 거론된다. 지역사회에서 자신의 삶을 누리는 것은 누구나 바라는 바요, 누구나누려야 하는 권리이기도 하다. 그러나 권리를 충족할 수 있는 사회적 환경이 충족되어야하는 것이 전제가 되어야 한다. 서구에서 탈시설화 경험은 오랜 시간 동안 시행착오와변화와 도전을 거쳐 성숙되고 성장되어 왔다. 한국의 정신건강서비스체계에서 급작스러운 탈시설화를 전제로 하는 커뮤니티케어체계가 잘 정착되려면, 무엇보다 다양한 서비스인프라 구축과 지역사회의 정신질환이나 정신장애에 대한 편견과 사회적 포용의 분위기가 형성되는 것이 중요하다. 이를 위한 노력은 당사자를 중심으로 그들의 목소리에 귀를 기울이고 그들의 욕구에 기반한 정책과 서비스가 개발되고 발전되어야 한다. 커뮤니티케어가 원래의 취지대로 포용적 복지라는 사회적 가치의 실현이 되기 위해서는 당사자의 인권과 삶의 질이 가장 우선되는 가치로 정립되어야 할 것이다. 이를 위해 현 정부에서는 입원적합성심사정책, 정신건강전문요원 확충, 정신건강사례관리시스템, 정신질환자 중간의 집 시범사업, 공공후견인 및 절차보조인 지원사업 등을 진행하거나 진행할예정으로 발표하였다(보건복지부, 2018c). 법 개정으로 인한 다양한 서비스 인프라 확충의 필요가 예상되었으나, 진행 속도가 현장의 요구에 부응하고 있는가에 대한 우려가 있다. 실질적인 현장의 변화에 대한 정신장애인 당사자와 가족, 전문가, 그리고 지역사회구성원 등을 대상으로 하는 평가와 연구가 필요하다.

2) 정신질환자와 범죄

조현병으로 치료받던 환자가 가족이나 타인을 살해하거나 해치는 사건이 지속적으로미디어를 통해 보고되고 있다. 위험한 정신질환자에 대한 우려의 목소리가 있다. 여기에서 무엇보다 자신이나 타인을 해칠 수 있는 위험한 정신질환자에 대한 치료가 적극적으로 제공되어야 한다. 그리고 이에 앞서 정신질환이 조기에 발견되어 치료받을 수 있는권리가 보장되어야 할 것이다. 더불어 정신적 어려움을 가진 정신질환자가 지역사회에서 안전하게 치료를 받으면서 회복될 수 있는 다양한 노력이 함께 이루어져야 한다. 한국의 정신질환자에 대한 사회적 대응은 전통적으로 약물치료에 기반한 의료서비스가 대부분을 이루어 왔다. 정신질환의 회복은 약물 치료와 병행하여 사회적 관계를 회복하고, 지역사회에서 의미 있는 역할을 경험하는 사회적 기능의 회복에 많은 노력이 투자되는 것이 중요하다. 이러한 노력은 많은 시간과 비용이 요구되는 것으로 사회적 합의를 이루는 것이 필요하다. 최근 발생된 정신질환자의 범죄사건 발생이 위험관리 차원으로 획일적으로 지역사회에서 분리하는 정책으로 전환될 수 있다는 우려를 잊지 말아야 할 것이다. 특히 주목해야 할 부분은 이들 범죄 가해자의 경우 정신질환이 제대로 치료받지 못하거나, 방치되어 온 경우가 다수라는 점이다. 즉, 지속적이고 안정적인 치료와 회복과정을 경험하게 되면, 정신질환의 어려움을 갖고 있다 하여도 지역사회에서 의미 있는 삶을 살아갈 수 있다는 점에 우리 사회는 주목해야 할 것이다.

3) 게임중독과 정신건강 문제

세계보건기구(WHO)는 국제질병분류 11차 개정판(ICD-11)에서 게임 장애를 질병으로 분류했다. 한국에서도 2016년 보건복지부 '정신건강종합대책' 발표에서 인터넷·게임 등을 중독 문제로 규정한 바 있다. 이후 진전이 되지 않았으나, 세계보건기구에서 바라보는 게임 중독을 질병에 포함하는 변화는 주목할 필요가 있다. 한국의 경우, 앞서 언급한 바와 같이, 중독문제로 접근하려는 시도가 있어 왔으며, 실제로도 인터넷 중독이나 게임 중독에 대한 치료의 필요성에 대한 논의가 형성되어 왔고, 중독관리통합지원센터라는 서비스체계에서 인터넷 중독과 게임 중독에 대한 개입과 서비스를 포함하는 방식으로 서비스체계도 발전시켜 왔다. 2018년 현재 전국에 50개소가 개설되어 운영되고 있다. 여기에서 서비스를 제공하고 있는 중독 유형에 인터넷 게임중독을 포함하고 있다. 성남시중독통합지원센터에서 제공하는 자료에 의하면 인터넷 게임중독은 인터넷 게임에 과도하게 몰입하여 학교 가정 및 대인관계에 부정적인 영향을 지속적으로 받고 있는 상태를 말하는 것으로 정의하고 있다. 증상으로는 대인관계 손상, 부적응 행동, 가상관계 촉구, 직무/학업태도 변화, 심리적 몰입 및 집착, 비도덕적 행동을 들고 있다. 게임 중독의 폐해가 신체적 영역에서부터 사회적 관계, 그리고 자신과 타인에 해가 될 수 있는 영역까지 포함하고 있는 것을 알 수 있다. 그러나 여전히 게임 산업이 한국의 유망 산업 업종이라는 인식이 게임 중독을 정신질환의 맥락에서 보는 관점에 소극적인 입장도 존재하고 있다. 현실에서 게임중독으로 인한 폐해가 지속적으로 보고되고 있는 만큼 치료가 필요한 대상자에게 치료의 권리를 보장하고, 이를 지원할 수 있는 정책의 적극적인 변화가 필요하다고 하겠다.

4) 미투 운동과 정신건강 문제

2018년도 일선의 검사가 성폭력을 밝히는 사건을 기점으로 성폭력 피해자들이 자신들의 피해를 밝히는 미투 운동이 진행되었다. 운동이 증폭되면서, 성폭력 피해자에 대한 사회적 관심과 지지가 확장되어 갔다. 그러나 여전히 피해자에 대한 편견의 시선, 조사 과정이나 피해 사실을 밝히는 과정에서 발생하는 2차 피해의 이슈들이 쟁점으로 부각되기도 하였다. 이러한 과정에서 성폭력 가해자로 지목된 한 배우의 자살과 연이어 성폭행 사건에 연루된 가해자의 투신자살 소식 등은 성폭력에서의 비극적인 또 다른 양상을 보여 준 사건이기도 하다. 성폭력 피해자는 우울증, 불안, 분노 등의 정신건강의 어려움을 경험할 뿐 아니라 피해를 밝히는 과정에서도 다양한 정신건강상의 어려움을 경험하므로, 이에 대한 사회적 지원이 적극적으로 마련되어야 한다. 또한 성폭력 피해는 단순히 피해자와 가해자에게만 국한되는 것이 아니라, 가족과 그들이 속한 공동체에 커다란 영향을 미치게 되므로, 이들이 상처를 극복하고 회복하는 과정에 사회적 지지와 배려 등을 경험할 수 있도록 정서적 지지체계가 형성되는 것이 필요하다. 미투 운동은 궁극적으로 한국사회가 더 이상 성폭력이 용인되지 않는 사회로 나아가는 과정에서 심리적 외상이 악화되기도 하고 회복도 되는 과정이기 때문에 정신건강 측면에서의 지원이 어느 영역보다 세밀하게 제공되어야 할 것이다.

5) 북한이탈주민, 나아가 남북교류를 대비하는 정신건강정책

북한이탈주민은 탈북 과정에서 극심한 스트레스와 폭력, 착취의 경험을 하게 되는데, 이후 외상후 장애를 경험하기도 한다. 이들에 대한 정신건강서비스 제공은 남한 정착 서비스의 한 축으로 제공되어야 할 것이다. 새로운 사회에 진입하는 경우에 경험할 수 있는 스트레스, 문화적 충격, 그리고 진입과정의 특수성으로 인한 피해 경험 등이 북한이탈주민의 정신건강 문제에서 관심 있게 주목해야 할 내용이라면, 최근 한반도 남북 교류가 급물살을 타면서, 교류과정에서 다양하게 발생될 수 있는 문화 차이나 사회적 갈등에 대비하는 준비가 필요하다. 북한이탈주민의 정신건강을 지원하고자 하는 정책은 이러한 준비과정의 한 축으로 볼 수 있다. 북한이탈주민의 정신건강 문제에 대한 이해와 체계적인 지원 서비스 구축 등을 통해, 효과적으로 대응 전략을 개발하여, 남과 북의 단절된 체제에서 교류하는 체제로 전환하는 과정에서 다양하게 발생할 수 있는 갈등이나 불안과 같은 정신건강 문제를 풀어 가는 데 기여할 수 있을 것이다.

6) 재난과 정신건강 문제

2016년 경주지진과 2017년 포항지진이 연이어 발생하면서 한반도는 더 이상 지진안전 지대로 간주할 수 없게 되었다. 지진과 같은 재난 경험은 개인의 삶과 지역사회 기반이 한순간에 무너지는 경험으로 재난 이후에 지속적인 불안과 우려 등의 강박에 시달리게 된다. 재난으로 인한 정신건강 문제를 지원하고자 재난 심리대책반이 파견되고 현장에서 심리치료를 제공하는 등의 노력이 이어지고 있다. 재난의 피해에 놓인 주민들에게 환경의 복구, 생활 지원 못지않게 정신건강 문제에 관심을 보이는 점은 과거에 비해 재난으로 발생하는 정신건강 문제의 심각성을 인정하고 체계적으로 지원하고자 하는 변화를 보이고 있다고 하겠다.

7) 난민문제와 사회적 공포감

현대 사회는 세계화 시대이고, 이민자는 세계화 시대에서 자연스럽게 발생하는 인류의 이동이다. 이민의 성격은 다양한데, 이 중 난민은 그들이 속한 사회에서 삶을 더 이상 지속할 수 없는 전쟁이나 박해를 피하기 위해 다른 나라로 오게 되는 경우가 대부분이다. 이미 유럽 국가는 난민 수용과 관련하여 여러 가지 어려움과 이슈를 경험하고 있다. 이에 비하여 한국 사회는 난민 정책이 존재하기는 하나, 유명무실할 정도로 난민의 수는 매우 소수라, 난민과 관련된 사회적 대응의 대한 경험이 부족할 뿐 아니라 법적체계나 서비스 체계 역시도 미비한 실정이다. 최근에 내전을 피하여 무비자 입국이 가능한 제주도에 예멘난민이 다수 입국하면서, 이들 수용 문제와 관련하여 사회적으로 여론이 갈라지고 있는 상황이다. 무엇보다 난민에 대한 사회적 공포는 비교적 다양한 인종과 문화에 대한 경험치가 많이 축적되지 못한 한국사회가 경험할 수밖에 없는 이슈이기도 한다. 향후 이민이나 난민은 증가할 가능성이 있는 만큼 이들에 대한 균형 있는 사회적 인식과 관점이 형성될 수 있도록 사회적 정서를 형성하는 데 관심을 기울여야 할 시점에 와 있다 하겠다.

8) 한국의 자살문제, 전 국민이 자살예방 지킴이 역할로

한국의 자살률은 다소 감소 추이를 보이고 있다. 그러나 여전히 OECD 국가 중 1위를 차지하고 있는 현실이다. 현 정부에서는 한국의 자살문제의 심각성에 주목하고, 지역사회에서 일반인의 역할을 적극적으로 활성화하고자 하고 있다. 중앙자살예방센터에서는 전 국민 대상의 자살예방 게이트키퍼 교육인 '보고 듣고 말하기' 교육을 상시적으로 받을 수 있는 교육장을 개설하였다. 이러한 교육을 통하여 일상 속에서 주변 사람들의 자살 위험신호를 인지하여 전문기관에 연계하는 역할을 수행하는 것을 기대하고 있다. 그러나 이같은 프로그램이 실질적인 교육 효과를 거두기 위해서는 현행 프로그램의 방식인 자발적으로 지원자를 모집하는 방식으로는 한계를 가질 수밖에 없다(보건복지부, 2018d). 보다 적극적으로 보급하는 방식으로 진행하는 노력이 있을 때, 자살예방이라는 기대하는 성과를 거둘 수 있을 것으로 보인다.

9) 지역사회 정신건강 문제 전문가 양성

현재 종합사회복지관에서 심리상담센터를 운영하는 추세가 증가하고 있는데, 사회복지사의 지역사회 정신건강 전문가로서의 역할 매김이 중요한 시점에 와 있다. 지역사회에서 활동하는 사회복지사는 필수적으로 정신건강 문제에 대한 지식과 개입 역량을 갖추어야 한다. 전문적인 치료를 요하는 클라이언트의 경우는 정신건강복지센터나 정신의료기관의 개입이 필요하다. 그러나 정신적 어려움을 호소하나 심각한 기능 손상이 없는 경우 지역사회에서 정신건강 문제에 대한 개입과 서비스를 제공하는 것이 필요하다. 이를 위해 사회복지 전문가 역량 중에 정신건강 문제에 대한 이해와 서비스 제공 역량을 키우는 노력이 활성화되어야 한다. 현행 사회복지사 자격제도에 포함되어 있는 교육과정으로는 이를 준비하기에는 매우 부족하다. 현행 학부 및 대학원 교육과정에서 지역사회 정신건강 전문가로서의 사회복지사 역량을 향상시키기 위한 노력이 강화되어야 할 것이다.

참고문헌

국립정신건강센터(2018). 정신건강전문요원제도 운영 안내.

보건복지부(2017). 2016년도 정신질환 실태조사.

보건복지부(2018a). 2018년 정신건강사업안내.

보건복지부(2018b). 지역사회 중심 복지구현을 위한 커뮤니티케어 추진방향.

보건복지부(2018c). 비자의입원 · 입소에 대한 입원적합성심사 시행.

보건복지부(2018d). 자살예방국가행동계획.

보건복지부, 국립정신건강센터(2017). 국가 정신건강현황 3차 예비조사 결과보고서.

World Health Organization. (2005). WHO Resource book on mental health, human rights and legislation.

제**19**장

의료사회복지

최권호(우송대학교 사회복지아동학부 교수)

1. 의료사회복지 개념: 의료와 보건 사이

1) 병원사회복지와 의료사회복지

의료사회복지는 medical social work을 번역한 것이지만, 미국의 경우 의료사회복지를 지칭하는 medical social work, 병원사회복지를 지칭하는 hospital social work, 보건사회복지[1]를 지칭하는 health social work 등이 매우 다양하게 사용되며 각각의 의미가다르다. 우리나라에서는 의료사회복지의 개념을 협의와 광의로 구분하고 있으나, 각각의 개념에 부합하는 학술적 용어가 합의되지 않은 상태이다.

우선, 의료사회복지의 개념정의에 선행해야 하는 것은 질병과 건강의 개념에 대한 정리이다. 1948년 세계보건기구에서는 "건강은 단순히 질병이나 결함의 부재상태가 아니라, 신체적·정신적·사회적으로 완벽한 안녕상태"(World Health Organization, 1948)라고

---

1) health social work은 학자들에 따라 다양하게 번역된다. 강흥구(2014)는 "의료사회복지실천"으로, 한인영 외(2013)는 "보건사회사업", 이광재(2005)는 "의료사회사업"으로 사용하고 있다. 본고에서는 'health social work' 분야의 권위 있는 저서라 할 수 있는 Gehlert & Browne(2012)의 『Handbook of Health Social Work』 한국어 역서에서 '보건사회복지'로 번역한 것을 따랐다.

한 바 있다.[2] 이는 건강을 신체적 질병 부재상태를 넘어 정신적이고 사회적인 안녕상태로 건강개념을 확장한 데 의의가 있으나, 건강의 다차원적이고 역동적인 개념을 포괄하는 데 한계가 있었다.

이러한 건강개념하에서는 질병을 비정상 상태로 규정하고 건강이라는 완전한 안녕상태 달성을 위해 질병의 소거를 목적으로 치료가 이루어지게 되며, 질병 치료에 장애요인이 되는 심리사회적 문제들을 해결하기 위한 전인적이고 통합적 접근의 일환으로서 의료사회복지의 당위성이 도출되게 된다. 즉, 병원사회복지(hospital social work)는 초기 의료사회복지역사에서 Pelton과 Cannon이 수행한 역할과 같이 병원 내에서 의료 목적을 달성하는 데 문제를 야기하는 심리적, 사회적, 경제적 어려움을 해결하는 일련의 사회복지실천이라 정의할 수 있다.

그러나 미국에서 1940년대 이후 군대나 가정보호서비스(home care service) 등과 같이 병원 밖에서 환자와 가족에게 보건의료서비스를 제공하는 기관이 늘어나게 되었고, 병원이 아닌 기관에서 일하는 사회복지사가 늘어나기 시작하였다. 이들을 병원사회복지사(hospital social worker)라는 개념으로 포괄할 수 없게 되자, 의료사회복지(medical social work)라는 개념이 등장하게 되었다(Gehlert & Browne, 2012). 즉, 의료사회복지는 병원을 포함한 다양한 형태의 보건의료관련 기관에서 치료 팀의 일원으로 환자와 가족의 건강회복을 위해 사회복지의 지식과 기술을 활용해 제공하는 일련의 서비스라 할 수 있다. 이는 우리나라에서 의료사회복지의 개념을 "의료사회복지는 질병에 대한 다각적인 접근을 바탕으로 질병을 가진 개인과 환경과의 상호관계에 초점을 두고 의료팀의 일원으로 환자 및 가족의 사회기능 향상을 위해 전문적 실천방법을 활용하여 질병의 예방, 치료 및 재활에 이르기까지 다양한 활동을 수행하는 사회복지의 한 전문분야"라고 보는 것과 유사하다(한인영 외, 2006).

---

2) Health is a state of complete physical, mental and social well-being and not merely the absence of disease or infirmity." Preamble to the Constitution of the World Health Organization as adopted by the International Health Conference, New York, 19–22 June, 1946; signed on 22 July 1946 by the representatives of 61 States (Official Records of the World Health Organization, no. 2, p. 100) and entered into force on 7 April 1948. (출처: http://www.who.int/about/definition/en/print.html)

2) 보건사회복지

치료 중심과 문제해결 중심의 기존 의료사회복지 개념으로는 급변하는 의료 환경의 변화를 반영하기 어렵다. 건강이 단순히 질병이 없는 상태(absence of illness)가 아님에도 불구하고, 기존의 의료서비스는 건강을 질병이 소거된 상태로 두고, 비정상적 상태인 질병을 치료하는 데 초점을 두고 있다. 그러나 Bircher(2005)는 건강을 "나이, 문화, 개인의 책임 등의 요구에 부합하는 신체와 정신적 역량의 역동적 조화상태"로 정의하고 있다. 이러한 건강개념에서는 질병을 비정상적 상태로 규정하기보다 질병을 갖고 있더라도 개인이 갖고 있는 사회적이고 문화적인 책임에 요구되는 역량에 대해 얼마나 정신과 신체가 조화상태를 역동적으로 이루고 있는지가 더 중요해진다. 예를 들어, 유방암으로 인해 유방절제술을 진행하였고, 암 치료가 종료된 여성을 환자로 간주할 것인지의 질문에 대한 답이 쉽지 않은 것과 같다. 의학적 모델은 종양이 사라졌더라도 피로감과 같은 비정상적 증상이 남아 있다면 여전히 환자로 간주한다. 그러나 이 여성이 직업을 갖고 일하고 있으며, 사회적으로 친밀한 관계를 가진 이들과 교류하며 생활하고 있다면 이를 환자로 간주해야 할지 의문이 제기될 수 있다. 즉, 의료사회복지는 환자 치료에 장애요소를 해결하기 위해 사회복지서비스가 제공하는 것에 초점을 맞추었다면, 새로운 건강개념을 반영한 사회복지는 질병의 예방, 공중보건, 지역사회건강증진, 환자의 지역사회 복귀 후 적응 등을 다양하게 포괄하게 된다.

이러한 건강개념에 따라 기존의 의료사회복지를 넘어 보건사회복지(health social work)라는 개념에 대한 학술적 논의가 필요하다 하겠다.[3] 이는 의료 환경 변화와도 맥락을 함께한다. 예를 들어, 종양 분야에서의 사회복지실천을 들 수 있다. 의학기술 발전에 따른 암 환자의 장기생존율 증가로 인해 사회복지실천은 입원기간뿐만 아니라 치료 종료 후 지역사회에서 암 생존자로 살아가는 데 필요한 다양한 것을 지원하는 것으로 전환되고 있다. 즉, 의료기관뿐만 아니라 지역사회에서 서비스를 제공할 수 있어야 하는데, 이는 의료사회복지(medical social work)의 영역을 넘어서는 것이다. 또한 이는 직접적인 서비스(direct service)만이 아니라 국가 보건정책이나 행정, 지역사회 등과 같은 거시 영역과

---

3) 보건사회복지(health social work)를 국내 문헌에서는 '의료사회복지'의 광의 개념으로 설명하는 경우가 많으나, 의료모델의 한계를 극복하기 위해 'medical'을 'health'라는 개념으로 사용하는 점을 고려한다면, 의료사회복지의 광의개념으로 health social work을 보는 관점보다 별도의 개념으로 health social work을 다루는 것이 바람직하다고 여겨진다.

도 맞물려 있기 때문에 매우 광범위한 영역이라 할 수 있다.

　우리나라에서 보건사회복지는 아직까지 의료사회복지의 광의적 개념으로 간주되고 있다. 그러나 보건사회복지는 우리나라의 의료사회복지 지평을 넓힐 수 있는 새로운 개념으로 논의가 필요하다 하겠다. 2000년대 이후 3차 의료기관뿐만 아니라 노인요양병원 등의 다양한 영역에서 일하는 사회복지사가 대의협에 들어오게 된 변화는 미국에서 1940년대 이후 병원 외의 다양한 돌봄 기관에서 일하는 사회복지사를 포괄하는 개념으로 'hospital social worker'에서 'medical social worker'로 확장된 것과 유사하다 하겠다. 아직까지 우리나라에서는 보건사회복지영역을 정확하게 규정하기 어려우나, 병원 외의 보건의료 관련 재단에서 일하는 사회복지사들이 최근 대의협 회원으로 가입하는 등 새로운 변화가 감지된다. 세이브더칠드런의 보건의료파트 담당자들이나, 소아암 혹은 혈액암 관련 민간 비영리기관, 희귀질환 어린이의 소원성취를 위한 한국메이크어위시재단 등의 사회복지사들이 여기에 해당한다.[4] 이들은 의료기관이 아님에도 불구하고 환자들의 권익 옹호나 지원 등의 사업을 담당하고 있다. 만약 미래에 지역사회 내 암 생존자 서비스를 위해 지역복지관에서 사회복지사가 채용되어 일한다면 이들을 무엇이라 규정해야 할 것인가? 의료사회복지를 넘어 보건사회복지로의 개념확장을 위해서는 향후 다양한 논의가 필요할 것이다.

3) 한국의 보건사회복지 모델[5]

　전술한 바와 같이 우리나라에서는 의료사회복지를 병원 의료사회복지로 국한하여 바라보는 경향이 강한 편이나, 문재인 정부 출범 이후 병원을 넘어 지역사회 내 보건과 사회복지의 통합적 접근이 강화되고 있는 추세이다. 이에 따라 보건과 의료의 협력이라는 본질의 구현 존재태(存在態)를 병원이 아니라 병원을 넘어서 확장시켜 해석하려는 논의가 이뤄지고 있다(최권호, 2015). 한 축으로는 예방-치료-사후관리라는 건강의 연속적 모델, 다른 한 축으로는 병원중심과 지역사회중심이라는 연속성을 고려하여 5개의 한국 보건사회복지 모델을 최권호(2015)는 다섯 가지의 보건사회복지로 설명하고 있다.

---

4) 해당 기관에서 일하는 사회복지사들의 경우 일부는 의료사회복지 수련경험이 있거나, 의료사회복지 근무경력이 있는 이들도 있다.

5) 한국의 보건사회복지 모델과 관련한 내용은 최권호(2015)의 '보건사회복지의 개념과 역할 재구성: 병원을 넘어' 내용을 참고하였다.

첫째, 지역사회기반 예방중심 접근은 시민 건강증진과 질병예방을 위한 보편적인 접근과 아울러, 저소득 계층의 건강격차를 최소화하기 위한 예방 접근이 중요한 보건사회복지의 접근이다. 해당 영역에서는 기존의 소득보장 차원의 사회복지 접근을 넘어 시민 건강증진을 위한 보건과 복지의 협력을 요구한다.

둘째, 위기개입 접근은 자살이나 학대 등과 같은 위기상황 발생 시 보건과 복지의 협력 접근을 요구하는 개념이다. 예를 들어, 아동학대나 성폭력, 가정폭력 등의 상황에서 응급실을 방문한 환자의 퇴원 이후 지역사회 연계 체계가 확보될 필요가 있으나, 여전히 부족한 상황이다. 미국, 대만 등의 국가에서는 응급실에서의 의료사회복지가 위기개입의 중요한 영역으로 다뤄지고 있는 반면, 우리나라에서는 응급실에서 사회복지개입은 여전히 제한적이다. 응급상황은 권리가 가장 심하게 박탈된 이들이 접근하는 최후의 도움요청이라는 점에서 사회복지와 보건의 협력이 중요한 영역이라 하겠다(Gordon, 1999).

셋째, 옹호중심 접근은 질병에 부여된 다양한 낙인에 대한 권리보장을 위한 접근을 의미한다. 예를 들어, HIV 감염자나 성적 소수자의 건강 등의 문제뿐만 아니라 질병을 갖고 있는 시민의 권리증진을 위한 사회적 운동과 변화노력들이 여기에 해당한다.

넷째, 병원중심 보건사회복지, 즉 전통적인 의료사회복지영역과 아울러 마지막으로 지역사회중심 사후관리 접근이 있다. 병원중심 접근은 이미 논의되었으므로 생략하고, 지역사회중심 사후관리접근은 중증질환자들의 퇴원 후 지역사회 보호나 지역사회 내 생애 말 돌봄 등이 여기에 해당한다. 이는 최근 문재인 정부의 치매안심돌봄 제도나 지역사회 중심 커뮤니티 케어 등에서 보건과 복지의 협력 모델로 구현될 수 있을 것으로 기대된다.

2. 의료사회복지의 역사[6]

1) 영국의 의료사회복지 역사

근대적 의미의 의료사회복지는 미국에서 시작되었으나, 빈곤 환자에 대한 구제의 노력은 영국에서도 발견된다. 14세기 초 종교집단에서 환자, 노인 및 장애인 등을 수용하고 보호하는 형태의 활동과 웨슬리(Wesley, 1713~1791)가 런던에서 최초로 빈민구제소(almshouse)를 개설하는 등 비조직적인 봉사로 인한 접근이 의료사회복지의 기원활동이라고도 볼 수 있다. 18세기에는 빈곤한 환자와 가족들에게 경제적 원조뿐만 아니라 진료과정에서 생물학, 심리학, 사회적 측면에서 이들을 통합적으로 이해하고 관리해야 한다는 인식으로 간호사들의 봉사활동이 있었다. 그 이후 19세기 후반 지역사회를 중심으로 빈곤한 환자를 위한 자선조직협회(Charity Organization Society: COS)가 개설되어 우애방문원(friendly visitor)라 불리면서 빈곤한 환자를 병원과 연계하는 활동을 하였다. 이렇게 자선조직협회를 중심으로 지역사회의 환자가정을 돌보고 환경개선 등을 교육하는 과정에서 의료사회복지의 기반이 마련되었다. 영국에서는 19세기에 정신병원에서 퇴원한 환자의 사후지도 및 보호를 목적으로 가정방문을 하여 가족 및 환자에게 서비스를 제공했다. 이것이 의료사회복지의 기초적 활동이 되었다. 그러나 의료사회복지가 전문직으로 조직화된 것은 19세기 후반 런던에서 메리 스튜어트(Mary Stewart)가 영국 왕실시료병원에 사회사업가로 채용되면서부터라 할 수 있다. 메리 스튜어트는 무분별한 무상진료를 막고 의료비를 지불할 수 없는 사람은 구빈법의 혜택을 받을 수 있도록 하였으며, 위생교육, 환자의 색인카드작성, 월례 집담회, 결핵환자의 가정교육 지도 등 의료관리에 대한 확신과 의료사회복지의 가치를 사람들에게 인식시키는 데 기여하였다. 이후 병동에서도 의료사회복지서비스를 확장하여 많은 봉사자들과 함께 사회사업팀을 이루고 왕실시료병원에서 실습도 실시하였다.

---

6) 우리나라의 공식 용어는 "의료사회복지사"이지만, 본 파트에서는 문맥에 따라 병원사회사업가, 의료사회사업가, 의료사회복지사 등을 혼용하였다. 의료사회복지 발달 초기에는 병원에 역할이 국한되어 있었고, 개별사회사업(case social work)의 전통이 강했으므로, 병원사회사업가라는 용어를 사용했고, 1950년대 미국에서 전미의료사회사업가협회(American Association of Medical Social Workers)가 설립된 시점 이후로는 의료사회사업가라는 본 장에서 용어를 사용하였다.

2) 미국의 의료사회복지 역사[7]

　19세기에 유럽에서 미국으로 대규모 이민이 이루어지며 미국 내 영국의 빈민구제소(almshouse) 전통이 이식되며 이민자들 중 빈곤 환자에 대한 격리 보호나 구제 활동이 이루어지게 되었다. 1857년 뉴욕에 대규모 이민자가 유입되며 진료소에서 모든 환자를 소화하기 어렵게 되자 블랙웰(Blackwell) 진료소에서 가정방문 서비스를 제공하기 시작하였는데, 1865년부터는 레베카(Dr. Rebecca Cole)가 "위생 방문원(sanitary visitor)"을 고용하여 지역사회 내 환자들에게 위생관리, 요리 방법, 영양 교육 등의 서비스를 제공하였다. 뉴욕 여성 및 아동 진료소(New York Infirmary for Women and Children)로 명칭이 변경된 블랙웰 진료소는 1890년에 전업 가정방문원(full-time home visitor)을 고용하여 환자들의 가족상황이나 경제적 상황 등을 조사하도록 했는데, 이는 건강과 사회경제적 상황의 관련성을 함께 파악하려는 첫 시도라 할 수 있다.

　미국의 초기 의료사회복지역사에서 등장하는 3인방은 의사였던 캐봇(Dr. Cabot), 가넷 펠튼(Garnet Pelton), 아이다 캐논(Ida Cannon)이다. 특히 캐봇의 역할이 중요했는데, 그는 하버드에서 의학을 전공하였고 1890년대부터 1930년대까지 의학의 전문성에 대한 다양한 글을 썼으며 의학 발전에 기여한 바 있다. 캐봇은 사회복지의 전문성에 큰 영향을 미쳤던 플렉스너 박사(Dr. Flexner)[8]와의 교분이 깊었고, 정치적으로 급진적 성향이었으며, 의학이 갖는 한계에 대해 깊이 고민하였다고 한다.[9] 특히 그는 당시 사회사업이 갖는

---

7) 한국의 의료사회복지가 미국 의료사회복지의 실천이론과 기술 등을 그대로 도입한 것이 많기에 미국 역사에 대한 검토가 반드시 필요하다. 그러나 우리나라의 의료체계가 사회보험의 통제하에 있다는 점에서 미국과는 전적으로 다르기에 미국뿐만 아니라 건강보험을 사회보험 방식으로 운영하는 국가들의 의료사회복지 발달역사를 고찰하는 것이 추후 반드시 필요하다 하겠다. 본 장 중 20세기 초부터 1980년대까지의 역사는 Gehlert(2012)의 『Handbook of Health Social Work』 중 1장 일부를 참고하였다.

8) 플렉스너는 미국 의학교육의 혁신을 통해 의사 전문성 향상에 기여한 것으로 평가된다. 사회복지역사에 플렉스너가 등장한 것은 1915년 미국 자선단체 및 교정대회에서 'Is Social Work a Profession?'이라는 발표를 통해 사회복지가 전문성을 인정받기에는 미흡한 점이 많음을 지적하였고, 이후 사회복지 전문성에 대한 논쟁이 촉발되는 계기가 되었다(Flexner, 1915/ 2001).

9) 캐봇이 건강증진에 있어 의학적 접근의 한계를 짐작하게 하는 기록이 흥미롭다. "어느 날 아침 외래 진료를 볼 때 당뇨 환자가 나에게 왔다. 당뇨란 질병은 실제로 의사가 할 수 있는 게 별로 없다. (중

온정주의적 경향에 대해서도 비판적이었다. 이러한 배경하에 그는 메사추세츠 종합병원(Messachusetts General Hospital)에 재직하며 자신의 고민을 현실로 옮기기 위해서는 병원 내 사회복지사가 필요하다고 보았다. 그는 간호사가 의사의 지시를 이행하는 직종이지만, 사회사업가는 의료의 사회적 역할을 충실히 할 수 있는 직종이라고 판단하여 사회사업가 가넷 펠튼(Garnet Pelton)을 1905년에 고용하게 되었다.[10] 캐봇은 펠튼에게 ① 의학의 사회화 과정에서 비판자(critique) 역할을 할 것, ② 의사와 환자 및 가족 사이의 통역자(translator) 역할을 할 것, ③ 질병과 관련하여 사회적이고 정신적 요소에 대해 정보를 제공할 것 등의 3가지 역할을 요청하였다. 즉, 캐봇이 지향했던 병원사회사업가의 초기 역할은 환자와 가족에 대한 개별 치료자의 역할보다 의료의 공공성을 어떻게 구현할 것이며, 어떻게 비판자로서의 역할을 할 것인지에 대한 것이었다고 볼 수 있다. 펠튼은 6개월 만에 폐렴으로 일을 그만두게 되어, 뒤를 이어 간호사 출신 아이다 캐논(Ida Cannon)이 고용되었다. 그는 다소 급진적인 캐봇과는 다른 입장이었다. 의료의 공공성도 중요하지만 병원의 수익 등과 같은 병원의 입장이나 사회사업의 전문성과 같은 전문직 옹호 등도 함께 중요하게 여겼다. 이에 캐논은 병원 내에서 사회사업 전문성 강화를 위해 병원 내 수련 프로그램을 운영하였으며, 환자와 가족에 대한 적극적인 서비스에 힘입어 메사추세츠 병원의 사례가 미국 전역으로 확대되는 데 기여하였다. 메사추세츠 종합병원의 사례가 미국병원협회(American Hospital Association)와 미국의학협회(American Medical Association)에서 주목을 받게 되며 각 병원에서 사회사업가의 채용이 늘어나게 되었다. 1907년에는 존스홉킨스병원(Johns Hopkins Hospital)에서 헬렌 펜들턴(Helen B. Pendleton)이 고용되었고, 1911년에는 14개 도시에서 44개의 사회사업 부서가 운영되었으며, 1913년에는 미국 전역에 약 200여 명의 의료사회복지사가 고용되었다. 이후 1918년에 미국병원사회사업가협회(American Association of Hospital Social Workers: AAHSW)[11]

략) 그에게 아스파라거스나 채소 등을 먹는 것을 권하는 메모를 써 주자, 그는 쭉 훑어보더니 이것을 사 먹을 만한 능력이 없다고 하였다."(Cabot, 1911).

10) 펠튼을 고용하려는 캐봇의 시도에 대해 병원 당국의 입장이 부정적이었기 때문에 캐봇은 병원 당국에 사회복지사를 고용함으로써 내과질환을 가진 소아 환자의 병원 방문횟수가 감소하여 궁극적으로 병원 수익에도 기여할 것이라는 보고서를 작성하여 제출하였다는 점이 흥미롭다. 그러나 캐봇은 단순히 병원 수익증대를 위해 사회복지사를 고용하려는 의도는 아니었다. 결국 1905년 펠튼을 고용하였으나, 펠튼은 별도의 사무실을 제공받지 못했고, 클리닉의 복도 코너에서 일했다.

11) AAHSW는 1934년 미국 의료사회사업가협회(American Association of Medical Social Workers)로

가 설립되게 되었다. 1928년 AAHSW에서는 병원사회사업가의 활동으로 ① 건강관련 정보 제공을 통해 환자의 일반적인 건강문제에 대한 적절한 이해를 도모, ② 환자의 건강문제에 대해 환자 자신과 가족, 그리고 지역사회 복지기관에 해석해 주는 것, ③ 환자와 관련된 이들의 안녕을 위해 다양한 수단을 동원하는 것 등의 3가지를 제시하였는데 이는 메사추세츠 종합병원에서 초기에 캐봇이 제시한 병원 사회사업가의 역할과 크게 다르지 않다.

　미국의 의료사회사업 분야가 일방향적 성장만을 했던 것은 아니다. 20세기 초 정신의학의 발전은 의료사회사업가 역할을 뒤흔들었다.[12] 1880~1890년대 유럽에서 유행하던 정신치료가 1907년 미국에서 처음으로 의학교육의 정규과정에 포함되고, 1909년 프로이트의 첫 미국 방문 후 질병과 정신건강(mental health) 분야에 독점적 지위를 차지하고 있었던 20세기 초 의료사회사업가들은 정신의학과 심리학 전문가들로부터 도전을 받게 되었다. 의료사회사업가들은 개인중심관점(person-centered perspective), 즉 개인의 정신건강문제에 대한 치료자의 역할을 수행함으로써 질병문제를 해결하려는 접근에 한계가 있음을 인식하게 되었다. 의료사회사업에 개인과 사회환경(social environment)의 이중초점에 주목하려는 움직임이 있게 되자, 전통적 정신치료를 유지하려는 정신의료사회사업가들의 반발과 분리 움직임이 있게 되었고, 1926년에는 정신의료사회사업가들이 미국병원사회복지사협회에서 분리하여 별도의 정신의학사회사업가협회(American Association of Psychiatry Social Workers)로 독립하는 과정을 밟았다.[13]

　1940년대에서 60년대에 걸쳐 2차 세계대전과 베트남전, 「사회보장법(Social Security Act)」 시행은 의료사회복지가 병원에서 벗어나 다양한 영역으로 확대되는 계기가 되었다. 2차 세계대전으로 인해 미국 육군 및 해군에서는 부상병들과 퇴역군인을 위한 사회사업 프로그램이 다양하게 도입되게 되었고, 1960년대 이후에도 베트남전으로 인한 군(軍) 사회사업 서비스가 지속적으로 유지되며 병원사회사업이 전통적인 의료기관을 넘

　명칭이 변경되었다.

12) 우리나라에서 일반적으로 정신의학의 발전에 힘입어 사회복지 전문성이 향상되었다고 알려진 것과 달리 Gehlert(2012)는 20세기 초 정신의학의 발전이 의료사회사업가들에게 심각한 도전으로 작용하였으며, 이에 대한 응전의 형태로 현재의 의료사회복지가 태동하게 되었다고 보고 있다.

13) 미국의 의료사회복지발달사에서 미국 병원사회사업가협회와 미국 정신의료사회사업가협회가 분리된 것과 유사하게 한국에서도 의료사회복지와 정신보건사회사업분야가 1994년 양분되는 경험을 한 바 있다(이광재, 2005).

어서 군대 내로 확장하게 되었다. 또한 「사회보장법」 일환으로 1960년대 이후 시행된 메디케어(Medicare)와 메디케이드(Medicaid)는 병원 밖에서까지 서비스의 포괄 범위를 확장시키며 병원 밖 지역사회 공공 영역에서 사회복지사가 대거 고용하는 계기를 만들었다. 1971년의 조사에 의하면 11,576명의 사회복지사가 병원에, 2,759명이 병원 외 기관(extended-care facilities)에, 316명이 가정돌봄기관(home health agencies)에 고용되어 있었는데, 이러한 변화는 의료사회사업의 개념을 병원으로만 국한할 것인지에 대한 논의를 불러일으켰다.[14]

1960년대 이후 1980년대까지 미국 의료사회복지에 변화를 가져온 것은 바로 연방정부의 보건의료분야 비용통제 노력으로 수행된 관리의료(managed care)였다. 1960년대 베트남전 이후 미국 연방정부의 재정압박이 심해지며 더 이상 보건의료분야의 재정지출압박이 용인할 수 없는 수준에 이르자 미국 정부는 관리의료의 일환으로 대표적인 3가지 제도를 도입하였다. 1972년에는 의료기관의 비용청구에 대해 반드시 적정성을 심사하는 기구인 PSRO(Peer Standards Review Organization)를 도입하였고, 1973년에는 선불방식(prepaid)의 의료조합인 건강관리조직(Health Maintaninece Organization)을 강화하였으며, 1983년에는 포괄수가제(Diagnostic-related groups: DRGs)[15]를 도입하였다. 이러한 제도적 변화는 의료사회사업에 큰 변화를 가져오게 되었다. 이러한 일련의 제도 변화는 당시 의료사회복지사들로 하여금 관리의료하에서 비용통제를 위해 환자의 재원기간 단축을 위해 노력하도록 하였고, 이러한 노력을 인정받으며 의료사회복지의 영역이 확장되게 되었다.[16] DRGs 도입은 과거 진료비의 사후환급방식(retrospective reimbursement system)

---

14) 병원사회사업(hospital social work)과 의료사회사업(medical social work)의 용어가 1940년대 이후 문헌에서 혼재되는 경향이 나타나는데, 이는 건강 관련 사회사업의 영역이 병원을 넘어 군과 지역사회로 확대되었던 1940년대 이후의 미국 사회복지계 변화와 무관하지 않다고 여겨진다.

15) DRGs는 환자의 진단(diagnosis)에 따라 사전에 정해진 치료행위의 비용만을 지불하도록 하는 제도로 의료기관에서 제공하는 서비스의 양과 무관하게 사전에 비용이 책정되어 있기 때문에 매우 강력한 비용통제를 위한 제도라 할 수 있다.

16) 미국 관리의료하에서 1960~70년대 의료사회복지사들이 비용통제를 위한 노력을 통해 영역을 확대한 것은 부인할 수 없는 사실이나 이에 대한 비판 역시 존재한다. 한국에는 이와 관련된 내용이 잘 소개되지 않았다. 이와 관련하여 Cornelius(1994: 52)는 "사회복지사들은 관리의료의 대행인(agent)이자 소속된 기관의 가이드라인과 정부를 위해 봉사하는 역할을 하게 되었다. 이러한 것은 클라이언트의 사정된 욕구(assessed needs)와는 거리가 먼 것이다. (중략) 돈은 당근과 채찍이 되어 버렸다."라고 당시의 의료사회복지사들의 역할에 대해 비판하고 있다.

에서 선지불방식(Prospective Payment System: PPS)으로의 전환을 가져왔다. DRGs하에서는 제공하는 의료서비스가 늘어나더라도 더 많은 비용청구가 원천적으로 불가능해지기 때문에 의료기관에서는 재원일수 단축이 매우 중요한 이슈로 대두되게 되었다. 이러한 일련의 변화는 의료사회복지사가 더 이상 개별 환자에 대해 장기개입을 하는 것에 한계를 가져오게 되었다. 의료사회복지사는 관리의료하에서 비용통제의 자구노력 일환으로 재원일수 단축을 위한 퇴원계획(discharge planning)에 적극적으로 참여하게 되었다.[17] 이러한 퇴원계획 참여의 바람직함에 대한 비판이 존재함에도 의료사회복지의 역할이 전통적인 개별사회사업에서 벗어나 환자 퇴원 후 지역사회와의 연계를 통해 돌봄 연속성(continuum of care)을 확보하는 데 기여함으로써 역할의 변화가 이루어지게 되었다.

　1990년대 이후 의료기관의 조직 재설계(reengineering)와 구조조정(restructuring)이 미국 의료계의 중요한 변화라 할 수 있다(Judd & Sheffield, 2010). 조직혁신논리가 의료기관에도 도입되며 의료기관 내 다양한 조직들이 초학제적(trans-disciplinary)으로 유연하게 변화되게 되었다(Neuman, 2003). 의료서비스에 있어 초학제적 경향이 두드러지게 나타나게 되었는데, 예를 들어 의학의 하위 학제 영역 간, 의사-간호사 간, 간호사-사회복지사 간 교차수련(cross-training)의 활성화로 간호사 자격을 가진 사회복지사, 혹은 사회복지사 자격을 가진 간호사가 늘어나게 되며 전통적 역할의 융합이 이루어지고 있다(Mizrahi & Berger, 2005). 이러한 초학제적 경향은 의료기관 조직의 탈중심화를 가져오게 되었으며, 이로 인해 사회복지부서 자체 리더십의 침식이 유발되게 되었다(Berger, Robbins, Lewis, Mizrahi, & Fleit, 2003). 즉, 사회복지사들의 직무에 대한 수퍼비전을 간호사나 의사가 제공하는 경우가 많아지게 되었다.[18] 또한 1960년대 이후 의료사회복지사

---

17) 1970년대 이후 미국 의료사회복지사들이 퇴원계획전문가로 인정받고 영역을 확장하게 됨으로써 전문성을 얻게 된 것은 사실이나, 이에 대한 비판 역시 제기된다. 재원일수 단축을 위한 퇴원계획의 목적이 환자의 돌봄 연속성(continuity of care)에 있어야 함에도 불구하고 과도하게 수익성에 치우친 나머지 병상청소부(bed cleaner)나 병원 단절자(cut from hospital)라는 오명을 얻게 되기도 하였다(Coulton, 1988).

18) 한국의 경우 사회복지부서의 관리감독을 최종적으로 의사(병원장 혹은 부원장, 진료부장 등)가 담당하지만, 업무 수퍼비전을 제공하는 부서장을 사회복지사 외의 타 직종이 맡는 경우는 일부의 경우에 국한된다. 종교 법인에서 설립한 의료기관에서 성직자가 사회복지부서의 관리감독을 맡는다거나, 2000년대 이후 일부 대형병원에서 행정부서 출신의 중간관리자가 사회복지부서 관리감독을 맡게 된 경우가 있었다. 그러나 이러한 한국의 흐름은 미국의 학제 초월적 조직 융합의 변화와는 맥락이 다르다고 여겨진다.

들의 핵심직무 중 하나로 발전시켜 왔던 퇴원계획에 있어서도 간호영역과의 역할 경쟁이 치열해지게 되었다(Sulman, Savage, & Way, 2002). 마치 20세기 초 의료기관 내 정신건강분야에서 병원사회사업가들이 독점적 지위를 유지하다 정신의학과 심리치료에 자리를 내 주었듯, 21세기에는 심리사회적 서비스제공자로의 역할에 대한 위협으로 인해 역할 경쟁이 치열해진 상황이다.

3) 한국의 의료사회복지 역사[19]

서구 의료사회복지 역사에서 구빈원이나 무료진료소, 부녀봉사원 등이 있었던 것과 유사하게 우리나라의 경우에도 고려시대 동서대비원, 혜민국이 있었고, 조선시대 역시 활인서 등의 기관에서 빈곤 환자를 대상으로 한 의료 구제사업을 수행하였다. 우리나라의 첫 서양의학기관이라 할 수 있는 광혜원(廣惠院)[20]이 1885년 설립되며 신분차별 없이 의료서비스를 제공하였고, 극빈환자에 대한 무료진료 역시 이루어졌다(김두종, 1981).

근대적 의미의 한국 의료사회복지는 1958년에 출발하여 약 60년 정도의 역사를 갖고 있다. 한국전쟁 당시 UN은 세계 각국의 비영리단체에 긴급구호를 호소하게 되었고 약 120개 NGO가 연합해 외국민간원조기관 한국연합회(Korean Association of Voluntary Agency: KAVA)[21]가 1952년 설립되었다. 특히 의료사업을 활발하게 편 외원단체로 캐나다 유니테리언 한국봉사회(USCC)[22]의 역할이 컸는데, USCC와 노한협회(NKA)는 한노병원, 목포아동결핵병원 등을 설립 및 운영하였으며, 목포, 인천, 이천, 영등포 등에 사회복지관을 설치 · 운영하였다. 노르웨이인이자 사회사업을 전공한 레케보(Mr. Diakon

---

19) 한국의 의료사회복지역사를 다양한 교과서에서 다루고 있는데, 상세한 역사를 서술한 것으로 이광재(2005)의 자료를 참조하기 바란다.

20) 광혜원(廣惠院, House of Extended Grace)은 선교사 알렌이 고종황제에 요청하여 지원을 받아 설립된 우리나라 최초의 서양의학기관으로 설립되었으며, 이후 1894년 제중원(濟衆院, House of Universal Helpfulness)으로 명칭이 변경되었다. 두 병원 모두 광혜, 제중이라는 명칭을 병원명에 사용하고 있는데 이는 평등사상을 반영한 것이라 할 수 있다.

21) KAVA는 한국전쟁 이후 우리나라의 사회복지에 큰 영향을 미쳤는데, 전쟁이 끝난 후에도 1995년까지 유지되었다.

22) 유니테리언(Unitarian)은 기독교 정통교리인 삼위일체를 반대하고 신만의 신성을 주장하는 기독교 종파로 미국에서 인도주의 활동의 큰 계보를 형성한 것으로 알려져 있다(가스펠서브, 2013).

Gotfred Rekkebo)의 지도감독하에 USCC로부터 미화 5,000달러를 지원받아 한노병원 내 1958년 개별사회사업팀(social case worker team)이 설치되었으며, 여기에 당시 USCC 총무였던 조기동을 고용하였다. 레케보는 한국인 사회사업가들에게 이론과 실기지도를 하며, 영양실조 및 결핵 환자, 난치병 환자들에 대해 구호양곡 및 의류, 분유 등을 전달하는 업무를 수행토록 하였고, 주 1회 정기 사례회의를 통해 지도감독을 실시하였다(조기동, 2008). 같은 해(1958년) 세브란스병원 흉곽내과에 김성분이 기독교 사회봉사회의 원조를 받아 결핵약품과 구호물자 배급 등을 담당하는 활동을 펴게 되었으며, 1959년에는 스칸디나비아 의료진의 요청으로 국립중앙의료원에 의료사회사업팀이 설치되어 2명의 사회사업가가 일을 시작했고, 같은 해 서울시립남부병원에도 1명이 한노병원에서 파견되어 일을 시작하였다(조기동, 2008). 이러한 한국의 초기 의료사회사업은 미국의 초기 의료사회복지역사에서 캐봇이 전문주의적 실천에 비해 의료의 공익적 역할과 사회기여에 초점을 맞춘 것과 유사하며, 일반주의실천(generalist practice)에 가까워 보인다고 할 수 있다.

이후 1960년대부터 대학병원을 중심으로 서구의 사회사업 이론과 기술을 적극 흡수하며 50년대 전후의 일반주의 실천경향과는 달리 전문주의적 실천으로 방향이 전환되게 되었다.[23] 1962년 가톨릭의대부속 성모병원에서는 신경정신과의 요청에 의해 자살환자를 전문적으로 상담하는 정신의료사회사업가가 배치되었고(이광재, 2005), 세브란스병원에서는 1964년 미국 감리교단에서 파송된 의료사회사업가 조니타(Jaunita)의 지도감독하에 한국인 사회사업가가 고용되어 본격적인 미국식 사회사업서비스가 이루어지게 되었다. 1966년에는 동산의료원, 1968년 전주예수병원, 고려병원, 중앙대부속병원 등에서 의료사회사업 업무가 시작되었고, 1971년에는 한강성심병원, 안양정신병원, 혜동의원 정신과에서 사회사업 업무가 이루어졌다(김규수, 2008). 이 시기는 아직 법적인 근거가 있지 않은 상태에서 환자와 가족들, 지역사회 등 의료사회복지를 계몽활동처럼 실시하였기 때문에 의료사회복지가 전문직영역으로 인식되고 발전하는 데 어려움이 있었다.

1970년대에는 의료사회사업이 사회적 인정을 획득하는 시기였다. 1973년 대통령령 제6863호에 의해 개정된 「의료법 시행령」 제24조 제2항 제5호[24]에 의해 종합병원에서

---

[23] 물론 1960년대 이후에도 빈곤 환자들을 위한 의료의 공익적 역할에 의료사회사업가들의 역할은 여전히 존재한다. 1960년대 가톨릭중앙의료원은 서울 변두리지역(대방동 무의탁 용사촌, 구로동 영세민 지역 등)의 자선진료와 이동진료가 조직화되었던 것이 그 예라 하겠다(이광재, 2005).

[24] "종합병원에는 사회복지사업법의 규정에 의한 사회복지사업종사자자격을 가진 자 중에서 환자의

사회복지사의 채용규정이 명시되었고 같은 해 대한의료사회사업가협회가 창립되어 의료사회복지사의 전문성과 권익을 뒷받침해 주었다. 이후 몇 년에 걸쳐 전국 여러 곳의 종합병원[25]에서 의료사회사업이 시작되었다. 또한 1963년 의료보험제도의 실시 이후 1977년 의료보험제도의 확대실시로 정신의료사회복지의 활동에 대한 의료보험수가를 인정하여 정신과를 중심으로 의료사회사회업이 신설, 확대되었다. 의료보험제도의 실시에 따른 의료서비스의 수요와 공급의 증가는 제공되는 의료서비스의 질에 대한 관심을 촉발했는데, 이로 인해 1981년 의료서비스의 질적 향상과 의료사회복지서비스의 수행정도를 평가할 수 있는 '병원표준화 심사제'가 도입되게 되었다. 이 제도는 의료사회복지에 대한 인식을 고양시키는 기폭제가 되었으며, 보다 많은 의료기관에서 의료사회복지사를 적극적으로 채용하게 되는 계기를 제공하였다.

　1990년대 이후 현대아산중앙병원을 비롯해 기업형 병원이 등장하며 의료사회복지 서비스의 전문화 계기가 마련되었다. 특히 의료기관 간 경쟁이 심화되면서 초창기 일부 임상분야에 국한되었던 의료사회복지서비스가 의료기관 내 다양한 영역으로 활동 범위를 넓히게 되었다. 이러한 노력은 다양한 제도에서 의료사회복지사의 역할이 명기되거나 수가에 사회복지활동이 반영되는 결과로 연결되었다. 예를 들어, 1992년 골수이식기관 인정기준 도입에서 사회복지사의 배치가 명기된 것, 1994년 재활의료사회사업 수가 인정, 1995년 의료서비스평가제에서 사회사업 서비스에 대한 부문이 포함된 점, 1999년 「장기 등 이식에 관한 법률 시행령」 등에 사회사업부분이 인정된 것이 그 예에 해당한다(강홍구, 2014). 또한 대한의료사회복지사협회(이하 대의협)를 중심으로 의료사회복지사의 자격, 실습, 훈련, 유지 및 관리 등 전문 의료사회복지사의 양성과 서비스를 제공하기 위한 발판을 마련하고 발전을 모색하고 있다. 한국의 정신보건사회복지는 의료사회복지의 한 분야로서 1970년대에는 정신의료사회복지사들이 대한의료사회사업가협회에서 활동하였으나 1993년 한국정신의료사회사업학회가 결성되면서 대한의료사회사업가협회에서 분리되었다. 이후 1995년 「정신보건법」이 제정되고 1997년에는 정신보건사회복지사협회가 결성되어 정신보건 분야의 교육과 전문성 강화를 위해 활동하고 있다.[26]

갱생·재활과 사회복귀를 위한 상담 및 지도업무를 담당하는 요원을 1인 이상 둔다."라고 규정하고 있다.

25) 1974년-이화여대부속병원, 서울기독병원, 고려대부속병원/1975년-성분도병원/1976년-가톨릭대부속산업재해병원, 서울백제병원/1977년-대구파티마병원, 국립보훈병원.

26) 이는 앞서 언급한 바와 같이 미국 의료사회복지역사에서 1926년에 의료사회사업과 정신의료사회

〈표 19-1〉 대한의료사회복지사협회 워크숍 및 심포지엄 연도별 대표 주제[27]

연도	대표주제
1981	의료사회사업의 본질과 직무
1982	만성질환과 의료사회사업
1983	의료사회사업가의 재교육
1984	의료사회사업가의 임상실제
1985	감수성훈련의 이론과 실제
1986	의료사회사업의 가치와 전문기술
1987	Theory and practice in medical social work
1988	의료사회사업의 임상실제
1989	Brief family therapy
1990	의료사회사업활동의 활성화를 위한 제도적 보완
1991	의료사회사업가의 전문화 및 자질향상 방안
1992	「정신보건법」 제정에 따른 의료사회사업가의 역할
1993	–
1994	의료사회사업 실습 표준화
1995	의료수가와 의료사회사업의 질 관리
1996	의료사회사업의 교육과 수련
1997	–
1998	의료사회사업의 직무표준화와 실천과제
1999	의료사회사업 전문성 확립을 위한 제도적 방안 모색
2000	21세기 의료사회복지사의 새로운 역할 모색

사업이 분리된 것과 유사하다.

27) 대한의료사회복지사협회에서 1981년부터 매년 주관하는 워크숍(현 심포지엄으로 변경)의 주제를 통해 한국 의료사회복지계의 이슈 흐름을 읽을 수 있다. 1981년부터 2001년까지의 워크숍 주제를 살펴보면 대부분 전문성이나 임상, 의료사회사업 역할, 자질향상, 교육수련 등과 같은 내용들이 주를 이루고 있다(대한의료사회복지사협회 http://www.kamsw.or.kr 웹사이트 참고). 1993, 2004, 2007년의 경우 자료가 없어 생략하였다. 2009년 이후 워크숍이 심포지엄으로 변경되며, 해당 년도 대표 주제를 선정하지 않게 되었다. 2009년 이후의 대표주제는 심포지엄의 주제 강연 내용을 검토하여 필자가 요약한 것이다.

2001	21세기 의료사회복지사의 새로운 역할 모색 2
2002	의료사회사업 실천과 가족
2003	의료사회복지사의 제도적 역량 강화
2004	-
2005	의료사회사업의 최신동향과 정도모색
2006	의료사회사업의 임상역량강화와 전문자격제도
2007	-
2008	의료사회복지실천현장에서의 인지치료
2009	노인장기요양보험, 한일(韓日) 의료사회복지
2010	한국 의료환경의 미래변화
2011	모금전문가로서의 의료사회복지사 역량강화
2012	의료환경변화에 따른 의료사회복지사의 임상역량강화
2013	소통과 화합을 통한 의료사회복지사의 역량강화
2014	-
2015	-
2016	-
2017	의료환경 변화에 따른 혁신적 의료사회복지실천
2018	문재인 정부 복지정책의 과제와 전망

　　2000년대 이후 한국 의료사회복지는 다양한 분야로 전문화의 과정을 거치게 되었다. 1999년 대의협이 한국사회복지사협회 산하단체로 포함되었으며, 협회 내부에는 호스피스나 장기이식 등과 같은 세부분야 의료사회복지사 연구모임이 형성되었다(대한의료사회복지사협회, 2013). 90년대부터 당뇨병교육사회복지사연구회가 결성되어 왕성한 활동을 하고 있었으나, 2000년 재활의료사회복지사연구회, 2002년 화상전문사회복지연구회, 2005년 노인요양병원사회복지사연구회, 2007년 호스피스사회복지사연구회, 2007년 장기이식전문사회복지사연구회, 2011년 암전문사회복지사연구회 등이 설립되며 세부분야별 연구가 활성화되었다. 이러한 변화는 의료사회복지분야 전문성에 대한 사회적 요구가 증대하였던 점에 기인한다. 또한 타 전문분야로부터 의료사회복지의 역할에 대한 도전이 심각해진 시기이기 때문이기도 하다. 2000년대 이후 사회복지 교육기관의 폭발적 증가와 이에 따른 사회복지사 자격증 발급의 폭발적 증가가 이루어졌다. 이에 대한

대응으로 2008년 의료사회복지사 자격증 제도를 도입하게 되었다. 의료사회복지사 자격증은 법정 국가자격이 아닌 대한의료사회복지사협회 발급 민간자격으로 운영되고 있다. 이를 위해 1999년 일부 병원에서 운영되었던 의료사회복지사수련과정을 대의협 주관으로 2009년부터 개설하여 현재 운영 중에 있다.

2010년대 이후 대한의료사회복지사협회는 의료사회복지 제도화를 위한 다양한 노력을 기울이고 있다. 2000년대부터 추진해 오던 의료사회복지서비스의 수가화 작업은 한동안 이와 관련된 실증적 근거 부족으로 추진이 보류되다가 2017년 문재인 정부 출범 이후 적극적인 노력이 이뤄지고 있다. 임정원과 김민영(2017)의 연구결과에 의하면 의료사회복지사는 1인당 매월 33명의 새로운 환자를 상담하며, 101건의 상담을 시행하고 있으나, 실제로 수가청구는 12건에 불과하여 대부분 수가청구 자체가 이뤄지지 못하고 있었다. 병원 내에서 개별상담뿐만 아니라 환자 교육, 집단상담 등과 같은 다양한 심리사회적 서비스 행위가 이뤄지고 있음에도 불구하고 해당 서비스에 대한 수가가 인정되지 않음으로써 의료사회복지의 중요성이 인정되지 못하고 있는 상황이다. 2018년 이후 대한의료사회복지사협회는 보건복지부와 지속적으로 수가도입을 위한 방안을 논의하고 있다.

3. 한국의 의료사회복지사 현황과 역할 변화[28]

한국 의료사회복지사의 현황에 대한 자료가 매우 부족한 상황에서 최근 대의협의 의뢰로 연세대학교 사회복지대학원(책임연구자 남석인 교수)에서 의료사회복지사의 역할과 관련된 조사를 2014년 수행하였고, 그 결과를 2014년 대한의료사회복지사협회 춘계 심포지엄에서 발표한 바 있다. 이 절에서는 2015년 현재 우리나라 의료사회복지사의 인구사회학적 특성과 현황, 그리고 수행하는 역할 등에 대해 제시하고자 한다.

1) 조사방법

본 연구는 조사개시 시점인 2014년 3월 현재 대의협 협회원 자격을 유지하고 있는 전

---

28) 남석인과 최권호(2014)의 대의협 춘계 심포지엄 발표 자료에서 일부를 발췌하였다.

회원 전원을 대상으로 이루어졌다. 대의협 홈페이지(http://www.kamsw.or.kr)를 통해 자가 보고식 온라인 설문조사로 조사가 수행되었으며, 조사기간은 2014년 3월 24일부터 2014년 4월 17일까지 약 3주가량이었다. 2014년 3월 시점에서 자격유지 성실회원[29]이 총 778명이었는데 이 중 연구 참여자는 198명으로 최종 응답률은 25.4%였다. 연구의 윤리적 고려를 위해 소속기관인 연세대학교 기관검토위원회(Institute Review Board: IRB)의 승인을 연구개시 전 획득하였다(1040917-201403-SB-122-03). 본 결과는 전수조사를 목표로 하였으나 낮은 응답률로 인해 모집단인 의료사회복지사 전체의 특성으로 추리하기에는 한계가 있기에 제한적 해석이 필요하다.

2) 의료사회복지복지사 현황

첫째, 조사대상자의 성별을 살펴보면 79.8%가 여성이었고, 20.2%가 남성으로 의료사회복지사 중 여성이 차지하는 비중이 높은 것으로 확인되었다.

둘째, 조사대상자의 평균연령은 35.36세이며, 표준편차는 8.27세였다.

셋째, 근속기간은 평균 8.24년, 표준편차 6.35년이었다. 의료사회복지사의 경우 근속년수가 상대적으로 긴 것으로 알려져 있는데 본 조사결과 일반적인 타 사회복지현장에 비해 긴 것으로 확인되었다.

넷째, 학위를 살펴보면 석사 과정 이상이 59.2%로 학사 학위만을 갖고 있는 이들에 비해 더 많았다. 의료사회복지분야의 경우 의사나 간호사 등과 같은 타 전문직과 협업해야 하기 때문에 타 사회복지영역에 비해 상대적으로 학력이 높은 것으로 여겨진다.

다섯째, 조사대상자들이 소속된 병원의 특성을 살펴보면 대학 및 종합병원이 70.3%로 가장 많았다. 또한 국립 및 공립병원 소속 사회복지사들은 13.6%로 두 번째의 비중을 차지하고 있었으며, 요양 및 산재병원 소속 사회복지사들은 10.9%였다. 전통적으로 의료사회복지사의 주류를 차지하는 대학 종합병원 소속 사회복지사의 비중이 여전히 높았지만, 최근 의료 공공성 강화를 위해 국립병원과 지자체 운영 공립병원 등에서 사회복지사를 채용하는 경우가 늘어나게 되면서 해당 병원 소속 사회복지사의 비중이 늘어난 것으로 여겨진다. 또한 노인요양보험제도 도입 이후 노인전문병원과 요양병원 증가에 따라

---

29) 대의협 등록 회원수는 1,000여 명이 넘으나 협회비를 완납하고 교육연수평점을 유지하는 회원이 실질적으로 병원에서 근무하고 있는 의료사회복지사 자격유지 회원으로 간주하였다.

해당 병원의 사회복지사 역시 의료사회복지사협회에 가입하게 되면서 해당 병원 소속 사회복지사가 증가한 것으로 여겨진다.

여섯째, 의료사회복지부서가 소속된 상위 조직이 어떠한지 살펴보면, 종교관련 부서가 33.8%로 가장 많은 비중을 차지하고 있었으며, 진료관련 부서나 병원장/부원장 소속인 경우가 22.8%로 그다음을 잇고 있었다. 종교법인에서 병원을 설립한 경우 종교적 사명구현과 의료사회복지활동이 관련된 경우가 많아 종교부서 소속이 많은 비중을 차지하는 것은 불가피하다고 여겨진다. 또한 치료 팀의 일원으로 다학제적 접근을 하는 의료사회복지 활동의 특성상 진료부서나 병원장/부원장 소속 역시 다수를 차지하고 있는 것으로 여겨진다. 그러나 사무관련 부서가 20.6%, 홍보관련 부서가 11.6%, 원무 부서가 11.1%를 차지하고 있다는 점은 의료사회복지활동의 정체성 혼란과도 연결될 수 있다.

일곱째, 사회복지사 1인당 병상규모를 살펴보면 758.38병상이며, 표준편차는 584.27병상이었다.

여덟째, 사회복지사 1인당 하루 평균 담당 환자 수는 12.18명, 표준편차는 15.91명이었다. 1인당 병상 수와 1인당 하루 평균 담당 환자 수를 고려할 때 의료사회복지사들의 업무부담이 매우 클 것으로 예상된다.

아홉째, 신규 환자에 대한 평균 초기상담시간은 34.04분, 표준편차는 15.36분이었다.

열째, 전체 업무 중에서 상담이나 자원연계 등과 같이 환자에 대한 직접 서비스 업무 비중이 평균 50.96%였고, 표준편차는 18.08%였다. 즉, 응답자들이 느끼기에 업무량의 절반 가량은 환자에 대한 직접 서비스와 관련된 것임을 의미한다.

열한째, 수퍼비전 제공과 관련하여 응답자들 중 수퍼비전을 받는다고 인식하는 경우가 56.0%, 그렇지 않은 경우가 44.0%로, 전체 응답자 중 상당수가 여러 이유에 의해 수퍼비전을 제공받지 못하고 있다고 인식하였다. 이는 의료사회복지 영역의 특수성상 혼자 일하는 나홀로 워커가 많다는 점, 수퍼바이저가 사회복지사가 아니라 다른 직종(예: 간호사, 의사, 성직자 등)인 경우라서 등과 같은 다양한 원인 때문인 것으로 여겨진다.

〈표 19-2〉 조사대상자의 인구사회학적 특성(n=198)

항목	구분	n(%), 평균(표준편차)
성별	남	40(20.2)
	여	158(79.8)
연령		35.36(8.27)

근속기간(단위: 년)		8.24(6.35)
월 평균 소득(단위: 만 원)		265.37(119.22)
학위	학사	80(40.4)
	석사 이상(과정 및 수료 포함)	111(59.2)
병원 구분	대학/종합병원	135(70.3)
	국립/공립병원	26(13.6)
	요양/산재병원	21(10.9)
	기타	10(5.2)
소속 부서	종교관련 부서	65(33.8)
	진료관련부서 및 병원장/부원장 소속	43(22.8)
	사무관련 부서	39(20.6)
	홍보관련 부서	22(11.6)
	원무관련 부서	21(11.1)
사회복지사 1인당 병상규모(단위: 병상)		758.38(584.27)
사회복지사 1인당 하루 평균 담당 환자 수(단위: 명)		12.18(15.91)
신규 환자에 대한 평균 초기상담시간(단위: 분)		34.04(15.36)
전체 업무 중 환자에 대한 직접 서비스 업무 비중(단위: %)		50.96(18.08)
수퍼비전 제공 여부	예	107(56.0)
	아니요	84(44.0)

3) 의료사회복지사의 직무 변화

남석인과 최권호(2014)의 연구에서 의료사회복지사 역할 변화에 대한 조사도 함께 수행되었다. 의료사회복지사의 핵심직무로 ① 심리사회적, 정신적 문제해결, ② 경제적 문제해결, ③ 사회복귀 및 재활문제 해결, ④ 지역사회 자원연결, ⑤ 행정, ⑥ 교육 및 연구, ⑦ team approach 등의 7가지에 대한 1970년대부터 변화 추이는 [그림 19-1]과 같다.

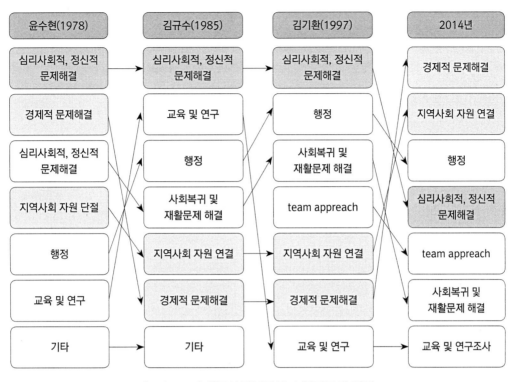

[그림 19-1] 의료사회복지사 수행직무의 변화

　　의료사회복지사의 수행직무 변화 추이를 살펴보면 흥미로운 점은 1997년에는 경제적 문제해결직무가 6위였다가 2014년에는 1위로, 지역사회 자원연결직무가 1997년에는 5위였다가 2014년에는 2위로 상승하였다는 점이다. 반면, 1970년대부터 1위의 직무였던 심리사회적, 정신적 문제해결 직무가 2014년에는 4위가 되었다는 점이다. 1997년 이전의 조사방법을 면밀하게 확인할 수 있는 방법이 현실적으로 없는 상황에서 2014년 조사방법에 따른 결과를 이전의 결과와 동일하게 비교한다는 것이 여러 제약이 있지만 대략적인 흐름을 보여 주는 지표로 참고할 수 있다.

　　이러한 변화는 의료사회복지 분야에서 전통적인 역할인 개별사회복지실천(casework) 중심의 임상가·치료자에서 벗어나 실질적으로 환자의 당면한 문제인 의료비 문제나 지역사회와의 연계 문제 등과 관련된 지원이 핵심직무로 부상하였음을 의미한다. 왜 이러한 변화가 발생하였는지에 대해서는 두 가지 추론이 가능하다. 첫째, 병원 내부의 변화 차원으로 병원 서비스의 경쟁이 치열해지면서 병원 내 의료사회복지사들은 병원 수익증대에 기여해야 할 역할 강화가 필요해지게 되었다고 여겨진다. 의료사회복지서비스의 수가가 매우 제한적으로 인정되고 있는 현실에서 비수익부서로 간주되는 의료사회복지부서의 병원 비용통제노력에 기여할 수 있는 방법은 저소득 환자의 의료비 부담을 경감시킬 수 있는 후원금을 모금하고 지원함으로써 비용손실을 최소화하는 것이다. 둘째, 병원 외부 환경변화 차원으로 건강 분야에서 민간모금 지원규모가 확대된 경향이 반영된 것이라 할 수 있다. 미국의 경우 전통적으로 종교분야를 제외하고 보건 분야의 민간 모금과 지원이 높은 비중을 차지하고 있었으나, 우리나라는 저소득계층의 소득이전 등에 초점이 맞추어져 있었다(Giving USA, 2015). 우리나라의 대표적인 민간모금기관인 사회복지공동모금회의 배분지원사업 분야 중 의료건강분야가 2014년 한 해 807억 원으로 기초생계분야 2,081억 원에 이어 2위를 차지하였다(사회복지공동모금회, 2015).[30] 이러한 두 가지의 변화로 인해 의료사회복지사의 역할 변화가 발생하였다고 여겨진다.

4. 전망과 과제

한국 의료사회복지의 역사를 서구와 비교적 관점에서 살펴보았고, 병원사회복지와 의료사회복지, 그리고 확대된 개념으로서 보건사회복지의 개념, 한국의 의료사회복지사 현황과 직무 변화 등을 살펴보았다. 이를 토대로 현재 한국 의료사회복지 및 보건사회복지의 전망과 과제를 논의하고자 한다.

1) 의료사회복지 정체성과 영역에 대한 도전

의료사회복지의 정체성과 영역에 대한 도전이 다각도로 이루어지고 있다. 이는 비단 한국만의 독특한 현상이라고 보기는 어렵다. 앞서 살펴본 바와 같이 미국에서도 의료기관의 구조조정, 그리고 초학제적 경향의 강화 등으로 전통적인 사회복지영역에 대한 도전이 이루어지고 있다. 한국에서 의료사회복지 정체성과 영역에 대한 도전은 다음과 같은 두 가지 차원에서 이루어지고 있다.

---

30) 2014년 사회복지공동모금회의 배분사업 중 의료/건강 분야가 높은 비중을 차지한 것은 박근혜 정부의 핵심공약이라 할 수 있는 중증질환 진료비 본인부담금 경감대책이 민간 모금을 통한 지원으로 전환된 것과 무관하다 할 수 없다. 대표적인 사회복지공동모금회의 해당 지원 사업으로 "생명의 손길"이 있는데, 이는 중증질환 의료비와 재난적 의료비를 지원하고 있다.

　첫째, 직접적으로 병원 수익에 기여할 수 없는 의료사회복지의 특성상 병원 내 입지가 위축되고 있다는 점이다. 최근 10여 년간 의료사회복지사의 신규 고용이 경색되어 있으며, 병원 인력 구조조정 등으로 의료사회복지사의 비정규직이 증가하고 있다. 미국에서도 1990년대 이후 병원 조직축소(hospital down-sizing)에 의해 의료사회복지영역이 위축된 것이 사실이나, 미국의 경우와 달리 한국에서는 사회복지활동이 수가로 반영되어 있지 않기 때문에 발생하는 수익−비용구조가 근본적인 원인이라 할 수 있다. 의료사회복지활동의 수가인정을 위해 대의협이 다방면에서 제도화를 위한 노력을 하고 있음에도 불구하고, 사회복지활동의 수가가 반영되지 않고 있는 것은 의료사회복지서비스의 단위와 원가, 그리고 비용효과에 대한 근거가 부족하기 때문이라 하겠다. 지역사회복지서비스를 중심으로 사회복지 서비스의 성과평가나 원가분석 등이 학술적으로 연구되고 있지만, 건강분야의 사회복지활동에 대한 성과, 원가, 효과성 등의 연구는 거의 이루어지지 않고 있다.

　둘째, 의료사회복지의 전문성에 대한 도전이다. 미국의 의료사회복지역사에서 최근 초학제적 경향으로 인해 의료사회복지의 전통적인 심리사회적 서비스영역에서 사회복지와 간호영역을 비롯한 타 전문직 간 경쟁이 치열해졌음을 지적한 바 있다. 마찬가지로 우리나라에서도 2000년대 이후 의료 서비스 경쟁이 심화되면서 환자들에 대한 심리사회적 서비스가 부수적인 영역에서 핵심적인 서비스로 부상하게 되었고, 이러한 수요에 따라 간호와 심리학 영역에서 심리사회적 서비스 활동에 적극적으로 참여하기 시작하고 있다. 이에 대한 대책으로 1999년 최초 도입되었다가 중도 폐지된 의료사회복지 전문자격제도를 2008년부터 시행 중에 있다. 의료사회복지사 자격은 국가 법정자격에 해당하지 않으나, 대의협 주관으로 1년 이상의 의료사회복지 수련을 마친 사회복지사 1급 자격 소유자에 대해 소정의 시험을 합격한 자에게 자격을 부여하고 있다(대한의료사회복지사협회, 2015). 그러나 이 역시 최근 정부의 청년 비정규직 최소화 방침에 따라 수련을 목적으로 하는 의료사회복지 수련생 역시 비정규직으로 간주되어 수련 정원이 축소되고 있는 상황이다.

　이러한 정체성과 영역 도전이란 과제 해결을 위해 우선 의료사회복지활동의 성과에 대한 연구가 다각도로 이루어져야 할 것이다. 사회복지의 근거기반실천(evidence based practice)의 연원이 근거중심의학(evidence based medicine)임을 고려할 때, 보건의료분야에서 성과에 대한 근거가 입증되지 않은 상태에서는 수가필요성에 대한 당위성 주장만으로는 제도화에 한계가 있다. 사회복지 제 영역에서 실천가들의 협회와 해당 분야의 학회가 병존하며 상호 발전을 도모하는 점을 고려할 때, 현재 의료사회복지분야의 학회가 부재하다는 점은 해당 분야의 학문적 논의가 부족함을 상징적으로 반영한다. 또한 초학제적 경향이 향후에도 강화될 것임을 고려할 때 의료사회복지분야 역시 선제적으로 타인접분야와의 파트너십을 강화할 필요가 있다. 미국 의료사회복지사들에 대한 역할 도전에 "사회복지사들은 과도하게 공격적으로 보이는 것을 피하며 자신들의 전문성에 대한 옹호(advocating for their profession)를 할 수 있는 미묘한 균형감각(delicate balancing)을 마스터하여야 한다."라는 Gregorian(2005)의 조언에 주목할 필요가 있다. 의료사회복지실천현장에서 의료진과의 파트너십은 오랜 경험이 축적되어 있기에 어느 정도 가능하지만, 심리-사회복지, 간호-사회복지 영역과의 협력관계 형성 및 유지는 어려운 영역이라 여겨진다. 클라이언트의 최선의 이익을 위한다는 사회복지사의 윤리강령에 부합하기 위해서는 사회복지서비스가 제공하지 못하는 타 영역의 효용성에 대해 인정하고 동시에 협력함으로써 더 나은 서비스를 제공할 수 있도록 해야 할 것이다. 자칫 역할갈등을 넘어 역할투쟁이 되지 않기 위해서는 현재 상대적으로 소수인 의료사회복지사들의 섬세한 균형감각이 필요하다 하겠다.

2) 보건의료환경 변화와 의료사회복지의 과제

우리나라의 대표적 보건의료환경 변화라 할 수 있는 것은 인구 고령화와 의학기술 발전에 따른 생명위협질환(life-threatening illness)의 장기생존 가능성 제고 등이다. 이는 입원 환자를 중심으로 서비스를 제공하던 기존의 의료사회복지 전통적 접근에서 벗어나 광의의 의료사회복지, 그리고 나아가 보건사회복지(health social work)으로의 변화를 요구한다 하겠다.

노인인구 증가는 필연적으로 노인인구 돌봄의 사회화를 요구한다. 가족들의 노인 돌봄 부담을 경감시키기 위해 2005년 도입된 노인요양보험제도는 우리나라의 대표적인 사회적 노인서비스라 할 수 있다. 이후 질병에 대한 치료중심의 병원이 아니라, 돌봄(care)을 목적으로 하는 다양한 세팅에서 일하는 사회복지사들이 늘어나고 있다. 대의협에는 노인요양병원에서 일하는 사회복지사들만 참여하고 있으나, 노인요양시설 등의 사회복지사들도 노인의 건강관련 서비스를 제공한다고 볼 때 이들의 역할 정체성을 어떻게 규정하여야 할지 더욱 모호해질 가능성이 높아질 것이다.

또한 의학발전에 따라 국민 생명을 위협하는 대표적인 질환인 암환자의 장기생존율이 증가하게 되었고, 또한 잘 죽어 감(well-dying)에 대한 국민적 관심이 높아지며 암에 대한 의료사회복지사의 전통적 역할에 변화가 필요한 시점이 되었다. 2005년 공표된 보건복지부의 암 정복 10개년 계획은 암에 대한 기존의 의학중심 치료모델에서 벗어나 암 환자와 가족의 삶의 질 증진과 호스피스 서비스의 강화 등을 포함하고 있다(보건복지부 외 관계부처합동, 2006). 전통적인 우리나라 의료사회복지사들의 역할은 입원기간 중 치료 팀의 일원으로 환자의 치료를 지원하는 것이라 할 수 있다. 암 환자의 경우 치료과정과 퇴원에 장애요인이 되는 다양한 심리사회적 문제를 해결하는 것에 초점을 맞추어 왔다. 그러나 암 장기생존자들이 증가하며 병원에서의 치료기간보다 치료 이후의 지역사회 생존기간이 늘어나게 되었고, 지역사회 내 심리사회적 서비스의 수요가 증가할 것으로 전망된다. 이는 병원을 넘어서지 못하는 현재의 전통적 의료사회복지 역할만으로는 한계가 있음을 의미한다. 또한 호스피스 서비스 역시 의료 영역의 통증관리뿐만 아니라 심리사회적 측면이나 영적 측면의 서비스가 반드시 필요하며, 이에 대한 다양한 논의가 진행 중에 있다. 그러나 호스피스 제도화 과정에서 의료사회복지사의 역할에 대한 인정이 다소 부족한 상황이라고 여겨진다. 특히 2017년 시행된 「암관리법」은 암의 예방뿐만 아니라 장기 암 생존자들의 지역사회 통합 지지체계 구축을 명시하고 있다(보건복지부, 2016). 현재 서울을 비롯한 전국 8개 권역에서 암 생존자 통합지지센터 시범운영이 진행 중이며, 시범사업을 통해 사회복지를 포함하여 지역사회 기반 통합 지지센터 운영이 전국으로 확대될 예정이다.

　이러한 상황에서 특히 노년분야와 종양분야의 전문성 강화에 역량을 집중할 필요가 있다고 여겨진다. 노년기는 심리사회적 건강뿐만 아니라 신체적 건강에 대한 집중적인 서비스가 필요한 시기이기에 해당 분야에서 의학과 사회복지학 학제 간 실천과 연구는 보다 강화될 것이다. 이를 위해서는 노인복지분야에서 노인의학에 대한 교육이 보다 강화되어야 할 것이다. 또한 종양사회복지(oncology social work)분야의 전문성도 강화되어야 한다. 2011년 대의협 내에 암사회복지연구회가 조직되어 운영 중이지만, 소규모 연구모임을 넘어 종양분야의 매우 광범위한 심리사회적 서비스영역에서 사회복지사는 어떤 역할을 하여야 하는지에 대한 연구와 논의가 이루어져야 한다. 종양사회복지는 암 예방, 진단과 초기 치료, 치료 종료 후 암 서바이버십(cancer survivorship)[31]을 갖고 암 생존자로 살아가는 것, 임종 서비스 등의 암 궤적(cancer trajectories)을 모두 포함하는 개념이다 (Mullan, 1985; Gardner, & Werner-Lin, 2012). 현재 한국의 의료사회복지는 암 환자의 진단과 치료라는 병원 내 서비스에 초점을 맞추고 있기 때문에 모든 암 궤적을 포괄하는 데

---

31) 암 서바이버십(cancer survivorship)은 암으로 진단받은 사람들에 대한 사회적 인식을 개선하기 위해 1986년 미국의 National Coalition for Cancer Survivship에서 고안한 용어이다(Twombly, 2004).

한계가 있다. 종양분야의 사회복지실천을 견인할 수 있기 위해 종양 사회복지에 대한 선도적 연구가 반드시 필요할 것이다. 또한 암 궤적의 모든 과정 전문가를 양성하는 데 한계가 있기에, 현시점에서는 제도화를 눈앞에 두고 있는 호스피스서비스에서 사회복지 전문가들이 양성되어야 한다. 대의협에서 호스피스분야 연구모임이 결성되어 있으나, 학계와의 연계가 부족하고 사회복지 학계에서도 임종과 관련된 연구가 매우 부족한 현실이다. 마찬가지로 호스피스영역과 완화의학영역에서 사회복지학계의 적극적 관심과 참여가 필요하다 하겠다.

노년 및 종양 분야에서 의료사회복지의 전문성이 강화되어야 함과 동시에, 병원 울타리를 넘어 의료사회복지의 지평이 확대될 필요가 있다. 앞서 언급하였듯 대표적 의료환경 변화라 할 수 있는 노년 및 종양 분야는 병원뿐만 아니라 지역사회와 국가 정책 차원까지 포괄하는 광범위한 보건의료분야라 할 수 있다. 노년분야에서는 사회복지영역에서도 노인복지와 의료사회복지의 분절이 있고, 종양분야는 지역사회 내 사회복지영역은 전무하다 해도 과언이 아니다. 돌봄 연속성을 고려할 때 노년분야에서는 우선 의료 및 노인복지 간의 접점을 찾기 위한 노력이 선행되어야 할 것이다. 또한 지역사회 내 종양 환자들을 위한 서비스 개발을 위한 노력이 함께 있어야 할 것이다.

이러한 전반적인 변화를 위해 선행되어야 할 것은 의료사회복지 교육의 변화라고 여겨진다. 현재 학부 및 대학원 사회복지 교육에서 선택과목으로 되어 있는 의료사회복지론 혹은 의료사회사업론은 협의와 광의의 개념을 구분하여 교육하고 있지만, 불가피하게 협의의 의료사회복지라 할 수 있는 병원사회복지에 집중된 경향이 있다. 전국에서 고용되어 있는 의료사회복지사가 800명이 채 안 되는 현실을 고려할 때, 의료사회복지론이 병원사회복지에 초점을 맞추는 것은 바람직하지 않다. 그뿐만 아니라 보건의료 환경 변화에 대응하기 위해서는 병원을 넘어선 모든 분야에서 건강 이슈를 통합적으로 이해할 수 있는 사회복지 전문가 양성이 반드시 필요하다. 따라서 장기적으로 의료사회복지의 광의적 개념을 제대로 다룰 수 있는 교과목의 개편이 필요할 것이다. 또한 이를 위한 교육과정 개발이 반드시 필요하리라 여겨진다.

3) 공공보건의료분야의 사회복지

2014년 경상남도의 진주의료원 폐업 결정, 2015년 여름 한국을 뒤흔든 중동호흡기증후군 메르스 사태는 역설적으로 공공보건의료의 중요성을 인식시키는 계기가 되었다. 「의료법」상 영리의료기관이 존재할 수 없음에도 불구하고, 민간영역의 의료서비스가 시장화된 것은 부인하기 어려운 현실이다. 의료 공공성을 위해 2000년 「공공보건의료에 관한 법률」(이하 '공공보건의료법')이 제정되었으며, 2012년 개정 공공보건의료법에는 공공보건의료사업을 ① 보건의료 공급이 원활하지 못한 지역 및 분야에 대한 의료공급에 관한 사업, ② 보건의료 보장이 취약한 계층에 대한 의료공급에 관한 사업, ③ 발생규모, 전파속도, 심각성 등을 고려할 때 국가와 지방자치단체의 대응이 필요한 질병의 예방과 건강증진에 관한 사업, ④ 그 밖에 국가가 관리할 필요가 있는 보건의료로서 보건복지부령으로 정하는 사업 등으로 정하고 있다. 시장화된 보건의료서비스에서 공공의료는 빈 공백을 채울 뿐만 아니라 국민 건강증진을 위해 기여할 수 있을 것으로 기대된다. 또한 공공의료에서의 의료사회복지는 캐봇이 최초의 의료사회복지사에게 요구했던 "의학의 사회화(socialize medicine)"의 초기 사명, 인보관운동의 사회개혁운동과도 부합한다 (Sable, Schild, & Hipp, 2012).

민간 및 시장이 제공할 수 없는 공공의료의 대표적인 사회복지서비스로는 지역사회 공공서비스와 공공의료기관의 연계(liaison) 역할이 있다(보건복지부, 2011). 광의의 의료사회복지가 예방과 퇴원 후 지역사회 복귀와 적응까지 포괄한다 하더라도 현실에서의 민간 병원은 퇴원 이후까지 공익을 목적으로 관리할 이유가 없다. 이론으로서 의료사회복지와 보건사회복지와 현실의 실천 간 공백이 생기는 이유가 여기에 있다. 그러나 공공보건의료는 공익을 최우선으로 삼기 때문에 수익과 어느 정도 자유롭게 퇴원 후 환자의 복귀까지 고려하여 서비스를 제공하는 것이 가능하다. 공공의료분야의 사회복지 역할 확대에 있어 예방적 역할이 강화될 수 있을 것으로 전망된다. 현재 공공보건의료가 치료 목적의 병원이지만, 공중보건(public health) 영역에는 병원뿐만 아니라 공공 1차 의료기관인 지역사회 내 보건소 역시 포함된다. 현재 보건소에는 사회복지사가 배치되어 있지 않지만, 공공분야의 사회복지 공무원이나 지역사회 내 사회복지기관 사회복지사들과 연계하여 다양한 질병예방과 건강증진사업이 가능할 것으로 전망된다.

참고문헌

가스펠서브(2013). 교회용어사전. 경기: 생명의 말씀사.

강흥구(2014). 의료사회복지실천론. 경기: 정민사.

김규수(2008). 의료사회복지실천론. 경기: 형설출판사.

김두종(1981). 한국의학사. 서울: 탐구당.

남석인, 최권호(2014). 의료사회복지사의 역할. 대한의료사회복지사협회 2014년 춘계 심포지엄 발표자료.

대한의료사회복지사협회(2013). 대한의료사회복지사협회 40년사.

보건복지부(2011). 공공의료 네트워크 구축을 위한 국립대병원의 역할과 기능.

보건복지부(2016). 제3차 국가암관리종합계획(2016-2020).

보건복지부 외 관계부처 합동(2006). 암 정복2015: 제2기 암정복 10개년 계획.

사회복지공동모금회(2015). 사회복지공동모금회 연간보고서 2014.

세브란스병원(2009). 세브란스병원 사회사업팀 업무규정(내부자료).

이광재(2005). 의료사회사업원론. 서울: 인간과 복지.

임정원, 김민영(2017). 의료사회복지사의 직무실태와 활동 수가 현황. 한국사회복지조사연구, 54, 167-194.

조기동(2008). 대한의료사회복지사협회 한국 의료사회복지 50주년 기념행사 특별 강연 자료.

한인영, 최현미, 장수미(2006). 의료사회복지실천론. 서울: 학지사.

한인영, 최현미, 장수미, 임정원, 이인정, 이영선(2013). 의료현장과 사회복지실천. 서울: 학지사.

최권호(2015). 보건사회복지의 개념과 역할 재구성: 병원을 넘어. 비판사회정책, 49, 368-403.

Berger, C. S., Robbins, C., Lewis, M., Mizrahi, T., & Fleit, S. (2003). The impact of organizational change on social work staffing in a hospital setting: A national, longitudinal study of social work in hospitals. *Social work in health care, 37*(1), 1-18.

Bircher, J. (2005). Towards a dynamic definition of health and disease. *Medicine, Health Care and Philosophy, 8*(3), 335-341.

Cabot, R. C. (1911). Social service work in hospitals. *Chicago Medical Recorder, 33,* 307-321.

Cornelius, D. S. (1994). Managed care and social work: Constructing a context and a response. *Social Work in Health Care, 20,* 47-63.

Coulton, C. (1988). Prospective payment requires increased attention to quality of post hospital care. *Social Work in Health Care, 13,* 19-30.

Flexner, A. (1915/ 2001). Is social work a profession? *Research on Social Work Practice, 11*(2), 152-165.

Gardner, D. S., & Werner-Lin, A. (2012). Oncology social work. In S. Gehlert, & T. Browne, (Eds). *Handbook of health social work* (pp. 498-525). New Jersey: John Wiley & Sons.

Gehlert, S. (2012). The conceptual underpinnings of social work in health care. In S. Gehlert, & T. Browne (Eds). *Handbook of health social work* (pp. 3-22). New Jersey: John Wiley

& Sons.

Gehlert, S., & Browne, T. (2012). 보건사회복지(*Handbook of health social work*). (송인한 외 역). 서울: 박영사.

Giving USA (2015). Giving USA 2015 highlights.

Gordon, J. A. (1999). The hospital emergency department as a social welfare institution. *Annals of Emergency Medicine, 33*(3), 321–325.

Gregorian, C. (2005). A career in hospital social work: Do you have what it takes? *Social Work in Health Care, 40*(3), 1–14.

Judd, R. G., & Sheffield, S. (2010). Hospital social work: Contemporary roles and professional activities. *Social Work in Health Care, 49*(9), 856–871.

Mizrahi, T., & Berger, C. S. (2005). A longitudinal look at social work leadership in hospitals: The impact of a changing health care system. *Health & Social Work, 30*(2), 155–165.

Mullan, F. (1985). Seasons of survival: Reflections of a physician with cancer. *New England Journal of Medicine, 313*(4), 270–273.

Neuman, K. (2003). The effect of organizational reengineering on job satisfaction for staff in hospital social work departments. *Social Work in Health Care, 36*(4), 19–33.

Sable, M. R., Schild, D. R., & Hipp, J. A. (2012). Public health and social work. In S. Gehlert, & T. Browne (Eds). *Handbook of health social work* (pp. 64–99). New Jersey: John Wiley & Sons.

Sulman, J., Savage, D., & Way, S. (2002). Retooling social work practice for high volume, short stay. *Social Work in Health Care, 34*(3–4), 315–332.

Twombly, R. (2004). What's in a name: Who is a cancer survivor? *Journal of the National Cancer Institute, 96*(19), 1414–1415.

World Health Organization (2015). Official records of the World Health Organization, 2, 100. http://www.who.int/about/definition/en/print.html (2015. 6. 30.).

대한의료사회복지사협회. www.kamsw.or.kr(2015. 6. 27.)

제20장

학교사회복지서비스

홍나미(수원과학대학교 사회복지과 교수)

1. 들어가는 말

학교에 사회복지사가 필요한가? 이에 대한 답을 위해서는 우리나라 학교의 현실을 먼저 이해할 필요가 있다. 계층 간 교육기회의 불평등, 빈곤의 대물림 등 사회적 양극화의 문제는 학교 안에도 고스란히 침투해 있다. 사교육비의 지출 격차와 부모의 학력 및 소득 차이는 자녀의 학업성취에 반영되고 있으며, 한부모가족과 조손가족 등 가족구조의 다양한 변화는 양육환경을 악화시켜 학대와 방임에 노출되는 아동·청소년의 증가를 불러왔으며, 이러한 역동은 학교 내 따돌림과 학교폭력, 우울과 자살 등 정신건강 문제로 이어지는 등 학교는 몸살을 앓고 있는 상황이다. 최근 우리나라 아동의 삶의 만족도는 경제협력개발기구(OECD) 국가 가운데 가장 낮은 수준이었으며, 삶의 만족도가 내려가는 만큼 아동의 결핍지수는 가장 높은 것으로 확인되었다(보건복지부, 2014). 이러한 문제를 겪으면서 기존 교육에 대한 새로운 대안이 요청되는 가운데 학교사회복지제도가 중요한 축을 담당해 오고 있다.

학교사회복지는 학생을 개별적으로 존재하는 개인으로 바라보지 않고, 학교라는 환경 속에서 영향을 주고받으며 상호작용하는 존재로 학생들을 바라보고 있다. 즉, 학생이 겪는 어려움을 발견할 경우 학생을 둘러싼 가족, 교사와 또래친구, 거주하는 지역 등 다양한 체계를 사정하여 학생의 문제를 이해하고 개입한다. 학생의 욕구와 문제유형에 따라 지역사회의 자원을 학교 안으로 끌어와 학생의 역량을 강화하며, 다양한 지역사회의 네트워크를 활용하여 학교의 생태환경을 변화시키고 있다.

사전적 의미(두산백과사전)로 학교는 일정한 목적하에 전문직 교사가 집단으로서의 학생들을 대상으로 교육을 실시하는 기관으로 정의되고 있지만, 교사들만으로 학생들이 가지고 있는 다양한 문제와 복잡한 욕구를 해결하면서 교육적 목적을 이루기 어렵다. 학교교육은 가르치는 교(敎)만을 의미하는 것이 아니라, 육(育)이 접목될 때 진정한 의미를 가진다. 학교교육이 학생의 균등한 교육기회와 적합한 교육의 권리를 제대로 보장하고, 교육 본래의 목적을 달성하기 위해서는 학교교육을 지원하는 다양한 서비스가 필요하다 (주석진 외, 2016: 18). 학교에서 학생들은 인지 능력을 향상시키기도 하지만 다양한 문제와 어려움에 부딪히고 해결하는 과정을 통해 심리적으로 성장하기도 한다. 아동 · 청소년의 발달적 특성을 온몸으로 겪어 내는 공간인 학교가 안전하고 질 높은 교육과 보호를 제공되는 공간으로 거듭나기 위해서 학교를 기반으로 복지서비스를 제공하는 것이 효과적이다. 학교를 중심으로 학생의 욕구에 기초한 원스톱 서비스를 가정−학교−지역사회 연계 안에서 제공하는 학교사회복지는 학생들의 다양하고 복잡한 욕구를 해결하고 문제를 예방하여 총체적으로 학생들의 삶의 질을 향상시키고 있다.

우리나라는 현재 취약계층의 교육기회 확대와 질 높은 교육과 보호를 제공하기 위해 교육복지정책을 운영하고 있다. 나름대로 제도로서의 지속성과 안정성을 확보하고 있지만 교육복지에 대한 개념적 정의가 분명하지 않으며, 학교사회복지의 개념과 충돌하는 부분도 있는 상황이다. 여전히 학교사회복지는 제도로서 확립되지 못하고, 학교사회복지를 담당하는 사회복지사의 역량, 지역의 특수성과 담당자의 의지와 여건에 따라 사업의 규모와 효과에 차이가 나고 있다. 이 장에서는 학교사회복지의 개념과 우리나라의 교육복지정책의 흐름을 살펴보고 향후 학교사회복지가 나아가야 할 과제와 방향을 제시해 본다.

2. 학교사회복지 개념

학교사회복지의 개념을 논하기 전에 교육복지를 바라보는 견해에 대해 살펴보고자 한다. 사회복지분야에서는 학교사회복지는 2차 현장의 개념에 속한다. 기관의 우선적인 목적과 기능이 사회복지서비스 제공인 1차 현장과 달리, 2차 현장은 사회복지서비스가 기관 운영과 서비스 효과에 도움을 주므로 사회복지개입이 이루어지는 실천현장을 의미한다. 학교사회복지는 학교라는 사회적 체계에서 사회복지서비스를 제공하므로 이차 현장으로 구분되지만, 학교 현장에서 복지서비스가 강조되면서 꾸준한 관심분야로 주목받고 있다.

교육복지에 대한 견해는 교육복지가 교육과 동일한 개념인지, 아니면 교육에 참여하는 학생의 교육여건과 환경을 지원하는 사회복지서비스만을 의미하는지, 또는 이를 둘다 포함하는지가 쟁점이 되었다(박주호, 2017). 즉, 교육복지의 개념을 교육과 복지 어느한쪽을 상위개념으로 설정하여 구분하여 왔는데, '교육의 복지적 성격을 강조하는 방식'과 '교육과 구분되는, 교육이 이루어지기 위한 토대로서의 복지로 이해하는 방식'으로 구분하여 왔다. 장덕호(2012)는 [그림 20-1]과 같이 교육계와 사회복지계의 교육복지 관점의 차이를 지적하였는데, 교육 전문가 그룹은 교육복지의 개념 모델 구축에서 교육복지의 주체가 교육 전문가(교사)가 되어야 한다는 전제하에 교육복지영역을 교육의 하위영역으로 인식하고 있었다. 반면, 사회복지 전문가 그룹은 교육복지영역을 교육 및 사회복지와 독립된 영역으로 인식하고 있었다.

이처럼 교육복지를 바라보는 시각은 여전히 합의되지 못한 채 존재하지만, 이 장에서는 교육복지를 '모든 학생·청소년을 대상으로 국가, 지역사회, 학교가 중심이 되어 그들의 사회·경제·문화적 불평등 및 부적응을 해소 또는 방지를 위한 모든 형태의 공적지원을 말하며, 이를 통하여 학생의 최소한의 절대적 교육기준을 보장하고 더 나아가 잠재력 실현을 통한 행복한 삶의 영위를 목표로 한다'는 정의(장덕호, 2015)로 전제하고자한다.

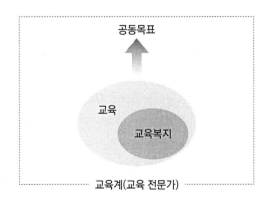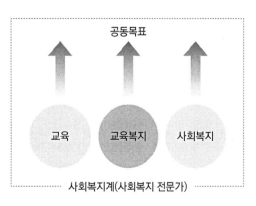

[그림 20-1] 교육계와 사회복지계의 프레임 비교

출처: 장덕호(2012: 15).

1) 학교사회복지의 정의

학교사회복지에 대한 정의는 시대와 학자의 관점에 따라 다양하다. 학교사회복지에 관한 이론적 토대를 발전시킨 코스틴(Costin, 1981)은 학교사회복지를 "학교가 학생 개개인의 지적·사회적·정서적 욕구와 문제해결에 관심을 갖도록 도와주며, 이를 통해 모든 학생이 학교에서 공평한 교육기회와 성취감을 제공받을 수 있도록 학교 현장에서 활동하는 전문적인 사회복지분야"라고 정의했다. 앨런-미어스(Allen-Meares, 2010)는 "아동·청소년들이 문제해결과 의사결정 능력, 즉 유능감을 습득하고 변화에 잘 적응해 계속적 학습에 대한 책임감을 받아들일 수 있도록 가르치고 학교의 중심 목적을 달성하는 것을 도와 학생들의 삶의 질을 높이는 것"이라고 했다. 전미학교사회사업협회에서는 "공교육체계에서 학교교육의 목적을 달성하는 것을 지원하고, 학생들이 학교에 잘 적응할 수 있도록 도와주며, 이를 위해 학교, 가족, 지역사회가 수행하는 노력을 조정하고 영향을 미치는 활동"(NASW, 2012)이라고 정의하면서 학교, 가족, 지역사회 등의 노력과 조정을 언급하고 있다.

우리나라 학자들의 정의를 살펴보면, 한인영 등(1997)은 "학교를 실천 장소로 하여, 학생-가정-학교-지역사회의 역기능적 상호작용에 의해서 발생하는 학생의 심리적·사회적 문제를 예방하고 해결하며, 모든 학생이 자신의 잠재력과 능력을 최대로 발휘할 수 있도록 도와주는 교육기능의 한 부분이며 사회복지의 전문분야"로 정의 내리고 있다. 윤철수 등(2010)은 "학교에서 학교사회복지사라는 전문가가 학생의 심리사회적 문제의 예방 및 해결을 통해 학교교육의 목적을 달성할 수 있도록 학생, 학교, 가족 및 지역사회를 대상으로 사회복지의 기술과 지식을 활용해 개입하는 활동"이라 정의하고 있다.

이상의 정의를 살펴보면 학교사회복지는 학생의 문제를 개인만의 문제가 아닌 환경과의 상호작용 문제로 보고, 이러한 심리적·사회적 문제들을 학생-학교-가정-지역사회의 연계를 통해 예방하고 해결하는 사회복지 실천과정을 말한다. 또한 모든 학생이 자신의 잠재력과 능력을 최대로 발휘할 수 있도록 최상의 교육환경과 공평한 교육기회를 제공해 궁극적으로는 교육의 본질적인 목적을 달성하고, 학생복지를 실현할 수 있도록 도와주는 교육기능의 한 부분이며 사회복지의 전문분야라고 말할 수 있다(한국학교사회복지사협회, http://www.kassw.co.kr).

2) 학교사회복지의 목적과 대상

(1) 학교사회복지의 목적

학교는 학생을 교육하는 데 그 목적을 두고 있으므로, 학교사회복지도 우선 학생에 대한 교육효과를 최대화하는 데 목적을 두고 있다(한인영, 홍순례, 김혜란, 2004). 따라서 학교사회복지의 목적은 지역사회와의 연계체계를 활용하여 학생들이 학교생활에 잘 적응해 교육목적을 달성할 수 있도록 돕는 것이다. 즉, 학교사회복지의 궁극적 목적은 교육의 목적과 동일하며, 단 한 명의 아이도 포기하지 않는 교육이 학교사회복지의 목적이다.

(2) 학교사회복지의 대상

학교사회복지의 대상은 개입 체계별로 학생, 학부모, 교사, 지역사회 등이 개입 대상이며, 이 중 학생체계는 개입의 시급성으로 1차적 대상과 전체 대상으로 나눌 수 있다. 일반적으로 학교사회복지사의 개입대상은 교육의 4대 주체라고 할 수 있는 학생, 학부모, 교사, 지역사회 모두 개입해야 한다.

첫째, 학교사회복지의 주된 개입대상은 학생이다. 초기 학교사회복지의 대상은 등교 거부, 빈곤, 학교 폭력, 가출 등 학교생활에 문제를 가진 학생을 1차적 대상으로 하였다. 학교사회복지의 필요성이 대두되면서 모든 학생이 개입대상으로 확대되었으며, 예방활동과 질 높은 학교생활을 영위할 수 있는 프로그램과 체계 등을 지원하고 있다.

둘째, 학생의 문제를 해결하기 위해서 학생을 둘러싼 학부모에 대한 개입도 필요하다. 학생이 겪는 문제는 가족의 역동과 관련되어 있다. 부모와 가족이 그동안 학생에게 미쳤던 영향은 무엇이며, 학생이 직면한 위기 상황에 어떻게 대처했는지, 그 문제를 어떻게 인식하고 있는지 등을 파악해야 한다. 그 상황에서 부모를 어려움에 노출된 또 다른 대상자로 이해하는 것도 필요하며, 학부모에게도 개입해야 한다(전혜성 외, 2018: 313).

셋째, 학교사회복지의 대상에 교사도 포함된다. 학교에서 사회복지사는 교사와 팀을 이루어서 접근할 수 있다. 학교조직에 대한 이해를 기반으로 교사와의 협력체계를 구축하는 것은 학교에서 사회복지사가 학생에게 개입하는 과정에서 필수적이다. 이를 위해 사회복지사는 교사연수를 지원하며 사례회의 및 학생복지위원회에 참여하면서 교사를 대상으로 다양한 교육활동을 실시해야 한다.

넷째, 학교는 지역사회의 일부이고 지역사회는 학교의 일부가 되어 학생과 가족에게 영향을 미치므로 학교가 속해 있는 지역사회, 학생이 거주하는 지역사회를 대상으로 개입해야 한다. 학교사회복지사는 학생의 욕구에 부합하는 지역사회의 다양한 연계기관과 자원 목록을 확보하여 학생의 인권을 보호하고 지원해야 한다.

3) 학교사회복지사의 역할

학생의 안전하고 질 높은 교육환경을 제공하고 교육목적을 달성하기 위해 학교사회복지사가 제공하는 서비스는 〈표 20-1〉과 같이 체계적이고 통합적으로 대상자에게 개입하는 사례관리부터 개별개입, 집단개입 그리고 가정개입과 지역사회연계 등 다양하다.

〈표 20-1〉 학교사회복지의 제공 서비스

역할	내용
사례관리	복잡다양한 문제와 욕구를 가진 학생에게 여러 가지 지원방법을 활용하고 학교 내외의 자원을 연계하여 효과적으로 문제를 해결하고 욕구가 충족되도록 모든 서비스 과정을 운영하는 사회복지실천 전문방법
개별개입	대면상담, 이메일이나 전화상담, 심리검사, 정보제공
집단개입	공통의 욕구나 문제를 가진 학생들을 집단으로 구성하여 프로그램을 제공하거나 학급단위 예방교육적인 집단 프로그램을 제공
가정개입	가정방문 및 학부모 면담을 통한 상담, 학교와 가정 간 연계 지원, 생활지원을 위한 서비스 연계
지역사회연계	학생복지 증진을 위한 학교 밖 자원 개발 및 관계자 네트워크 구축, 학교의 지역사회 봉사
기타	실태조사, 욕구조사, 연구 및 자원봉사 활용 등

출처: 한국학교사회복지사협회. http://www.kassw.or.kr

학교영역에서 학교사회복지사는 1인 배치가 되어 혼자서 사회복지 업무를 감당하고 서비스를 제공해야 하는 어려움이 있다. 학교사회복지사의 전문적 자질과 역량에 대한 요구가 높아질 수밖에 없는 여건이기도 하다. 학교사회복지사가 학교-가정-지역사회와 함께 학생의 문제를 예방하고 효과적으로 개입하기 위해서는 이에 필요한 전문적 지식과 경험을 갖추는 것이 바람직하다.

코스틴(Costin, 1986)은 학교 체계 안에서 학교사회복지사의 전문적 중재역할을 가능케 하는 자(enabler), 자문가(consultant), 공동협력자(collaborator), 교사(teacher), 조정자(mediator) 옹호자(advocator), 관리자(manager), 중개자(broken) 등 8가지로 소개하였다.

현재 한국학교사회복지사협회는 〈표 20-2〉와 같이 학교사회복지사의 역할을 9가지로
명시하고 있다. 학교사회복지사는 임상전문가, 교육자와 같이 대상자에게 직접서비스를
제공하는 임상가로서의 역할을 수행해야 한다. 또한 대상자의 욕구 충족을 위해 자원을
개발하고 문제해결을 위한 연계자, 조정자, 옹호자, 자원개발자, 협력자 등 간접실천 기
능을 감당하는 역할도 감당해야 한다. 학교사회복지의 제도화와 타 전문가와의 차별성
을 가진 정책으로 자리 잡기 위해 조사연구자와 정책제언자의 역할까지 강조된다.

〈표 20-2〉학교사회복지의 역할

역할	내용
임상전문가	학생을 위한 개별, 집단 상담 및 치료적 개입
교육자/자문가	• 학습, 진로를 위한 정보를 제공 • 사회성 기술, 학습전략, 의사소통훈련, 각종 예방을 위한 교육
매개자/연계자	학생과 가족에게 필요한 자원의 발굴, 연계
조정자/중재자	학생과 환경 사이에서 양자 모두의 문제 해결 과정을 조정, 중재
옹호자	학생과 가족의 인권을 보장하기 위한 옹호활동
자원개발자	학생과 가족, 학교에 필요한 지역사회자원의 발굴 및 개발촉진
공조자/협력자	교사를 비롯하여 다양한 전문가, 관련기관과의 협력, 공조
조사연구자	실태조사 및 효과성 연구를 통한 효과적 복지서비스 제공
정책제언가	학생복지 증진을 위해 다양한 수준에서의 정책감시, 제언에 참여

출처: 한국학교사회복지사협회. http://www.kassw.or.kr

　학교 안에는 학교사회복지 외에도 위(Wee)클래스 전문상담교사, 학교폭력예방상담사
등이 들어와 활동하고 있다. 학교사회복지사는 타 전문직종과 서로의 영역과 역할을 공
유하고 협력관계를 유지하여 시너지효과를 발휘해야 한다. 학생을 지원하기 위한 목적
은 동일할지라도 학교사회복지사업이 타 전문직종과의 차별화되는 지점은 다음과 같다.
첫째, 생태체계적인 관점으로 학생의 문제를 사정하고 이해하며, 학생을 둘러싼 다양한
체계에 개입하고 욕구를 해결한다는 점이다. 둘째, 강점관점으로 접근하므로 학생들의
변화과정을 발생시키고 에너지를 부여하며 낙인감을 최소화할 수 있다. 셋째, 학생의 욕
구에 적합한 지역사회 자원을 개발하고 연계하며 지역사회 네트워크를 활용하여 학교의
문화를 변화시킬 수 있다는 점이다.

학교사회복지제도가 안정적으로 정착하기 위해서는 학교사회복지사의 교육과 훈련이 이루어졌는지가 중요하다. 학교사회복지사협회에서는 자격시험과 자격연수를 통해 학교사회복지사의 역량을 지원하고 있다. 학교현장 경험이 있는 신진학자들은 한국학교사회복지학회를 중심으로 학교사회복지에 대한 연구뿐 아니라 다양한 워크숍, 프로그램 개발 등으로 실천현장을 지원하고 있으며, 한국학교사회복지사협회와 긴밀하게 협조하면서 학교사회복지의 제도화를 위해 다양한 정책 활동을 전개하고 있다. 현장에서 뛰는 학교사회복지사들의 열정과 전문성은 인정받고 있으며, 그 결과 학생과 학교의 변화된 사례는 계속 쏟아지고 있다. 느리지만 천천히 학교사회복지는 제도화의 길로 접어들고 있는 중이다.

3. 학교사회복지서비스 현황

1) 학교사회복지의 발달

우리나라의 학교사회복지서비스의 역사는 그리 길지 않다. 학교사회복지의 역사는 다음〈표 20-3〉과 같이 1992년 이전(여명기), 1993년부터 1996년(태동기), 1997년부터 2001년(도입기), 2002년부터 2008년(성장기), 2009년 이후(확립기)로 구분할 수 있다.

1992년 이전에는 학생들을 대상으로 사회복지 실천이 비공식적으로 이루어졌으며, 1993년부터 복지관에서 학교와 연계하여 프로그램을 수행하면서 사회복지관 중심의 학교사회복지가 시작되었다. 1995년 삼성복지재단에서 지역사회복지관에 "학교사회복지" 프로그램을 지원하면서 학교사회복지사업에 대한 인식이 확산되었다. 1995년 문민정부 시절 보건복지부 산하 국민복지기획단에서 '학교사회복지' 제도화를 권고하면서 1997년부터 2년 동안 학교사회복지 시범사업이 4개 중·고등학교에서 운영되었다. 이 사업은 적은 예산과 학교사회복지의 모형이나 지침의 부재로 더 이상 확대되지 못하였다.

2002년에는 지역교육청의 시범사업, 사회복지공동모금회 기획사업, 지방자치단체지원의 학교사회복지사업 시행, 그리고 교육부의 '교육복지투자우선지역지원사업' 실시까지 다양한 기관에서 학교사회복지가 시범적으로 시행되었다. 특히 2003년 시범사업으로 시작된 '교육복지투자우선지역지원사업'은 저소득층이 밀집한 학교를 지정하여 집중적으로 지원함으로써 학생의 삶의 질 향상과 교육성취 수준을 높이고 교육격차를 해소하기 위한 사업으로 정착되었다. 현재 우리나라 교육복지정책 중에서 큰 축을 차지하고 있다.

2009년에 우리나라 최초로 성남시에서 학교사회복지 관련 조례가 제정되면서 학교사회복지가 활성화되는 데 기여를 했다. 이 조례제정은 학교사회복지사업에 관심 있는 지방자치단체가 조례를 제정하거나 학교사회복지사업을 확대하는 데 영향을 미쳤다.

학교사회복지 제도화를 위한 법안이 17대, 18대, 19대 국회에 발의되고 상정되었으나 결국 제정되지 못하고 있다. 현재 20대 국회에 학교사회복지사에 대한 자격을 부여할 수 있는 「사회복지사업법」 일부 개정안이 3월 30일 사회복지사의 날을 맞이하여 발의되었다. 학교사회복지제도화가 된다면 더욱더 안정적으로 사업이 추진될 수 있을 것이다.

〈표 20-3〉학교사회복지 시기 구분

시기	명칭	내용
1992년 이전	여명기	비공식적 실천수행과 연구를 중심으로 진행
1993~1996년	태동기	1993년 은평종합사회복지관과 윤철수에 의해 학교사회복지 실시
1997~2001년	도입기	1997년 서울시교육청 시범사업, 삼성복지재단 후원사업으로 공식적 시작
2002~2008년	성장기	• 2002년 사회복지공동모금회 3년 기획사업으로 기준 마련 • 2003년 교육복지투자우선지역지원사업 실시, 지방자치단체사업 실시 • 2004년 위스타트 학교사회복지 실시
2009년~ 법제화 준비기	확립기	• 2009년 성남시에서 조례로 학교사회복지활성화 법안이 최초로 제정 • 중앙단위의 법제화를 통한 안정적 사업 추진

출처: 주석진 외(2016: 47).

2) 학교사회복지의 서비스 현황

한국에서 초기 학교사회복지는 종합사회복지관에서 아동·청소년 복지사업의 일환으로 실시되었으며, 학교사회복지의 시범사업으로 외부에서 재원을 지원하더라도 학교장이 학교사회복지사를 고용하여 학교에서 활동을 하고 있는 학교기반 학교중심모형까지 실천유형은 다양하다. 재원과 주관기관에 따른 학교사회복지 유형은 〈표 20-4〉와 같으며, 실천 유형에 따른 서비스 현황은 다음과 같다.

〈표 20-4〉학교사회복지 실천유형 구분

재원/주관기관		학교사회복지사의 활동중심	
		학교중심(상주형)	지역사회중심(비상주형)
중앙정부	교육부	교육복지우선지원사업	Wee프로젝트(Wee센터사업)
	보건복지부		드림스타트
지방자치단체		용인, 성남, 수원, 군포, 의왕, 화성, 안양, 안산, 서울 은평, 의정부 등 학교사회복지사업	
민간기관		학교사회복지사 파견(하이원)	복지관에서 운영하는 프로그램 중심의 학교사회복지사업

출처: 주석진 외(2016: 28).

(1) 교육복지우선지원사업

외환위기 이후 계층 간 격차 심화에 대하여 다방면에서 정책적 대응이 요구되었는데, 교육부문에서는 도농 간 격차뿐만 아니라 도시 내 지역 간 교육격차, 계층 간 교육격차 해소를 위해 '교육복지투자우선지역지원사업'이 수립되었다(류방란, 김준엽, 송혜정, 김진경, 2013). 이 사업은 교육격차 해소를 위하여 지역사회 내에 교육공동체를 구축함으로써 학생 개인의 변화뿐만 아니라 학교와 지역의 변화를 꾀하기 위하여 추진되었다. 2003년 중앙정부 차원에서 처음 실시되어 온 '교육복지투자우선지역지원사업'은 2011년 '교육복지우선지원사업'으로 이름이 바뀌어 저소득층 학생의 학습과 생활 등을 학교 현장에서 지원하고 있다. 이러한 개념의 변화는 국가 주도의 학생에 대한 복지정책의 집행 방식에서 벗어나 학교와 지역의 특성에 맞는 학교 중심의 교육복지사업으로 전환할 수 있는 계기가 되었다(정은현, 2017). 2011년부터는 재원을 특별교부금에서 보통교부금으로 전환하여 시·도교육청에서 자율적으로 사업을 추진할 수 있도록 하면서 시 지역뿐 아니라 읍·면 지역에서도 사업 추진이 가능하게 되었다. 따라서 지역교육청의 교육복지에 대한 의지 여부에 따라 사업의 확장여부가 결정될 것으로 보인다.

사업내용으로는 학습·문화·심리정서·복지·지원 등의 영역을 중심으로 운영하고 있으나 각 시·도교육청별로 학교 및 지역사회의 특성과 욕구를 반영하여 지역단위 프로그램 등 지역기반형 협력 사업을 운영하고 있다(문아람, 이윤환, 2018). 현재 각 시·도별 교육복지사업의 추진체계와 내용 등은 모두 자율적으로 운영하면서 다양하게 전개되고 있다. 초기 '교육복지투자우선지역지원사업' 명칭으로 8개 지역 45개 학교에서 시범적으로 시작되었던 이 사업은 2011년부터 '교육복지우선지원사업'으로 전국 1,356개교로 확장되고, 2017년 현재 전국 3,171개교에서 수행되고 있다(한국사회복지사협회, 2018).

(2) 지방자치단체 주관 학교사회복지사업

2018년 현재 경기도 8개 지방자치단체와 서울 은평구와 의정부 지방자치단체에서는 자체 예산으로 학교사회복지사업을 실시하고 있다. 경기도 학교사회복지사업은 '학교상담복지사업'(과천), '학교사회복지사업'(수원, 용인, 안양, 의정부), '학교복지상담사업'(성남), '교육복지우선지원사업'(안양) 등 다양한 명칭으로 수행되고 있다. 이처럼 국가와 지방자치단체에서 학교사회복지사업을 실시하는 이유는 그 필요성과 효과가 검증되었기 때문이다. 한국학교사회복지사협회(2018)에 따르면 지방자치단체 주관 학교사회복지사업은 2018년 현재 145개교에서 운영되고 있다.

최근 일부지역 지방자치단체에서 비정규직이 발생되는 복지사업은 지자체가 언제든지 예산을 중단할 수 있는 한시사업이라고 입장을 바꾸면서(참여와혁신, 2017. 8. 14.), 학교사회복지사의 불안정한 고용조건에 대한 문제제기가 있었다. 문재인 정부의 '공공부문 비정규직의 정규직 전환가이드라인'에 따라 지방자치단체에 속한 사회복지사의 고용조건이 안정적으로 변화하길 기대한다.

(3) 위(Wee)프로젝트(학교안전통합시스템)

'학생안전관리통합시스템 구축' 사업인 위(Wee)프로젝트는 학생 청소년의 위기문제를 해결하기 위해 구축된 다중 통합지원 서비스망이다. 2008년부터 학교에는 위(Wee)클래스, 지역교육청에는 위(Wee)센터, 시·도 교육청에는 위(Wee)스쿨의 학생안전망이 설치되어 운영되고 있다.

이 사업은 학교·교육청·지역사회가 연계된 다중 안전망을 통해 학생들에게 건강하고 즐거운 학교생활이 되도록 지원하기 위한 것이다. 위(Wee)는 we(우리)와 education(교육), we(우리)와 emotion(감성)의 합성어이다.

위(Wee)클래스와 위(Wee)센터에는 전문상담교사, 전문상담사, 상담심리사, 청소년상담사, 임상심리사, 정신보건 임상심리사, 사회복지사 등 다양한 자격조건을 갖춘 인력이 활동하고 있으며, 업무내용은 학교부적응, 위기학생 등에 대한 심리검사 및 상담지원, 학교폭력, 비행 등 문제예방, 학부모·교사 상담자문 등이다. 2018년 기준으로 위(Wee)클래스는 6,414개교, 위(Wee)센터는 195개소, 위(Wee)스쿨은 14개교, 가정형 위(Wee)센터 26개소가 운영 중에 있다(http://www.wee.go.kr). 위(Wee)프로젝트 초기 교육청에 상담사, 임상심리사, 사회복지사를 배치하여 팀 접근을 추구하였지만, 최근에는 위(Wee)센터의 업무성격이 상담으로 제한되면서 사회복지사의 인력배치가 줄고 있다.

(4) 드림스타트

드림스타트는 현대 사회에 가족해체 및 사회양극화 현상 등으로 아동빈곤 문제가 심각하게 대두됨에 따라 2004년 민간에서 시작된 위스타트(Wee Start)프로그램을 2007년 국가의 정책으로 전환한 국가주도형의 아동복지사업이다. 이는 빈곤에 대한 대물림을 단절하고 빈곤을 완화할 수 있는 공공정책으로 비용 대비 효과성이 높은 사업이라 할 수 있다(임경옥, 홍나미, 손경숙, 2018: 207). 드림스타트 사업대상은 0세(임산부)~만 12세(초등학생 이하) 아동 및 가족이다. 국민기초수급 및 차상위계층 가정, 보호대상 한부모가정, 학대 및 성폭력 피해아동 등에 대한 우선 지원을 원칙으로 하며, 사례관리가 필요하다고 인정되는 경우 사례관리 기간 연장이 최대 15세까지 가능하다(보건복지부, 2018). 2018년 현재 전국 229개 지역에서 학교 사회복지인력과 협력으로 사업을 운영하고 있다.

(5) 학교사회복지사 파견사업 학생복지안전망 구축사업

한국학교사회복지사협회는 하이원리조트 사회공헌위원회의 지원으로 폐광지역 청소년의 잠재능력 발굴 및 극대화를 지원하고, 지역사회의 교육환경 개선을 위한 노력과 실천적 프로그램 제공을 위해 고한, 사북지역 초·중·고 5개교에 학교사회복지사 파견사업을 실시하고 있다(한국사회복지사협회, http://www.kassw.or.kr). 기존 학교사회복지 시범사업이 도시중심의 사업이었다면 이 사업은 산촌지역의 소규모 학교에 학교사회복지실천모형을 적용한다는 점에서 의미가 있다(주석진 외, 2016: 33).

4. 교육복지정책

1) 외국의 교육복지정책

학교가 학생들에게 중요한 안전망의 역할을 하면서 앞으로 학교사회복지 또는 교육복지를 운영하는 학교는 증가할 것으로 보인다. 복지국가 유형 중 자유주의 유형으로 우리나라 상황과 유사한 미국의 교육복지정책으로는 학교의 책무성과 학교 간 경쟁을 강조하고 학부모와 학생의 학교 선택권을 강화하면서 연방 정부의 재정 할당 유연성을 높이고자 한 「낙오아동방지법(No Child Left Behind: NCLB)」, 기존의 공립학교와는 다른 형태의 교육기회로서 학교 선택권을 높이기 위한 홈스쿨링, 학교 바우처, 헤드 스타트(Head Start)와 조기 헤드 스타트(Early Head Start) 등 유아 교육지원의 확대 등이 있다(김경애 외, 2012). 다른 한편, 「모든 장애아를 위한 교육법(Education for All Handicapped Children Act)」이 제정되면서 민간재단과 연방정부의 교육법을 통해 지원받고 있던 학교사회복지사업이 연방법에 의해 제도적으로 안정적인 운영을 할 수 있는 기틀을 마련하였으며, 민간재원을 바탕으로 학교사회복지사업이 수행되고 있다(한국학교사회복지사협회, 2003). 미국 교육복지정책은 학업성취도가 낮은 학생 및 학교를 대상으로 교육격차를 해소하는 것을 중요한 목표로 설정하고 있으며, 대상을 해당 아동뿐 아니라 가족, 학교, 지역사회 등까지 확대하는 포괄적인 정책을 시행하고 있다.

영국에서는 다양한 전담 인력들이 정부가 손을 뻗칠 수 없는 현장 곳곳에 배치되어 맞춤형 서비스를 제공하고 있다. 교육복지관(Education Welfare Officer), 특수교육 코디네이터, 학습멘토 등은 취약계층 학습자의 역량을 끌어내어 교육격차를 해소하고 나아가 모든 학습자들이 자신의 필요와 목적에 맞는 교육지원을 받도록 지원하고 있다. 주요 교육복지정책으로는 슈어 스타트(Sure start), 교육우선지역(EAZ)과 도심지역수월성(Excellence in Cities: EiC)사업, 방계형 교육지원 서비스(EOTAS), 방과후학교 사업 등이 있다(김경애 외, 2012). 영국의 교육복지정책은 다양한 기관이 협력체계를 구축하고 교육복지 전담인원이 배치되어 원스톱으로 통합서비스를 제공하고 있다.

프랑스의 교육복지정책으로는 소외계층 대상으로 '덜 가진 자들에게 더 준다'라는 슬로건 아래 긍정적 차별에 기초한 교육우선지역(ZEP)정책을 실시하였으며, 교육우선지역이 넓은 경우 지원의 효율성이 떨어지는 한계로 인해 ZEP의 기능을 제대로 수행할 수 없다는 판단하에 교육우선연계망 제도(REP)로 전환, 통합을 시도하고 있다(문아람, 이윤환, 2018). 프랑스의 교육복지정책은 교육취약집단에 대해 집중적인 지원과 관리를 하며, 중앙정부는 교육복지정책의 방향을 설정하고 지자체는 정책을 실행하고 운영하는 등 기관 간 책임과 역할이 명확하게 수행되고 있다.

그 외의 나라들은 주로 학교 출석의 의무적 이행을 돕는 것과 문제행동과 상황을 발견하고 개입하는 내용들로 교육복지가 진행되고 있으며, 전 세계 43개국에서 실시되고 있다(성민선 외, 2012).

2) 한국의 교육복지정책

우리나라에서 정책적으로 '교육복지'라는 단어는 1995년 '신교육 체제 안'에서는 '모든 국민이 자아실현을 극대화할 수 있는 교육복지 국가를 지향한다.'라고 밝힌 문민정부 때로 보고 있다(정영수, 2009). 본격적인 교육복지정책은 외환위기를 겪으면서 빈곤층이 증가하고 소득의 격차가 교육기회의 불평등, 교육격차 심화 등의 문제로 이어지면서 이에 대응하기 위해 시작되었다.

교육복지 용어가 널리 쓰이게 된 것은 국민의 정부 말기 교육소외집단 혹은 취약집단을 지원하는 정책을 망라한 교육복지정책을 구상하면서부터이다(류방란, 2010). 교육복지정책은 참여정부와 이명박 정부를 거치면서 구체화되었다. 참여정부에서는 교육복지정책을 체계적으로 진행하였는데, 노무현 정부는 '교육복지 종합계획(2004-2009)'에서 교육복지의 개념을 정의하고 국민기초교육수준 보장, 교육부적응 및 불평등 해소, 복지친화적 교육환경 등 3대 정책목표 아래 종합적인 교육복지의 체계를 마련하였다(신희정, 2013). 이 시기에 중학교 의무교육이 완성되었으며, 도시 저소득층 학생을 대상으로 교육복지투자우선지역사업이 실시되었고, 만 3~4세아 유아교육비가 지원되었다. 또한, 방과후 학교사업, CYS-Net, 청소년방과후 아카데미, 돌봄교실 등의 정책이 시행되었다.

이명박 정부는 보수주의 정책기조를 강화하면서 교육복지정책의 운영 방향을 다소 선회하였으나, 교육복지정책의 목적과 내용 측면에서는 참여정부의 교육복지정책과 유사하게 운영되었다(엄문영 외, 2014). 이 시기의 주요 정책으로는 위(Wee)프로젝트(2008), 중학교 무상교육실시(2008), 교육복지우선지원사업의 법제화(2011), 희망복지지원단 설치(2011) 등이 있다.

박근혜 정부는 참여정부와 이명박 정부와 같은 종합적 교육복지계획을 수립·시행하지는 않았으나 교육부가 대통령에게 보고한 2013 교육 분야 국정과제의 영역에 '고른 교육기회 보장을 위한 교육비 부담 경감'이 한 축으로 포함되어 있으며, 그 중점 내용으로는 방과후 돌봄 서비스 확대, 교육비 부담 경감, 장애·다문화·탈북 학생 등 교육지원 강화를 과제로 채택하고 있다(김인희, 2014).

문재인 정부에서는 여건에 관계없이 누구나 양질의 교육기회를 보장받고 교육을 통해 꿈을 키워 나갈 수 있는 정책적 지원을 본격화하였다. 균등한 교육기회 보장을 통해 교육이 '희망'이 되는 사회구현을 위해 4가지 교육복지의 정책을 제시하였다(교육부, 2017).

〈표 20-5〉 정부 정책으로서 교육복지사업 추진 현황

시기	주요정책
문민정부 (1993. 2.~ 1998. 2.)	• 1995년 5 · 31 교육개혁에서 교육개혁비전으로 교육복지국가(edutopia) 　제시 • 1997년 교육복지 종합대책 발표
국민의 정부 (1998. 2.~ 2003. 2.)	• 1999년 '교육발전 5개년 계획' • '국가 인적자원개발 기본계획' 수립 • 만 5세 아동 무상교육실시(1999), 저소득층 자녀 학비 지원 실시(2000)
참여정부 (2003. 2.~ 2008. 2.)	• 2004년 '참여정부 교육복지 종합계획' 수립 • 2006년 교육격차 해소를 초점으로 교육안전망 구축 지원을 정책 발표 • 도시 저소득층 교육복지투자우선지역사업 시작(2003), 방과후학교사업(2006), 　지역아동센터(2004), 희망스타트(2007, 차후 드림스타트), CYS-Net(2005), 　청소년방과후 아카데미(2005), 돌봄교실(2004 방과후교실, 2009 초등돌봄 　교실)
이명박 정부 (2008. 2.~ 2013. 2.)	• 2008~2012년 이명박 정부 교육복지 대책 추진 • 교육복지우선지원사업, 방과후학교 사업, 초등돌봄교실(2010~2011), Wee 　프로젝트(2008), 다문화학생교육지원(2009), 탈북청소년 교육지원, 창의경 　영학교(2009), 전원학교사업(2009), 드림스타트, 지역아동센터, 희망복지지 　원단(2011), CYS-Net, 청소년 방과후 아카데미
박근혜 정부 (2013. 2.~ 2017. 3.)	• 교육복지3대중점 추진과제 선정(우선배려학생 맞춤형 교육지원 강화, 소득 　수준 간 · 지역 간 교육격차해소, 모두를 위한 교육기회 확대) • 국민 행복을 위한 맞춤복지 주력
문재인 정부 (2017. 3.~ 현재)	• 균등한 교육기회 보장을 통해 교육이 '희망'이 되는 사회 구현 • 저소득층에 대한 실질적 교육기회 보장 확대 • 취약계층별 맞춤형 지원 강화 • 성장단계별 학습결손 예방 내실화 • 수요자 중심의 종합적, 체계적 지원기반 구축

출처: 박주호(2017: 7).

5. 전망과 과제

지금까지 학교사회복지를 이해하기 위해 학교사회복지의 개념, 학교사회복지의 서비스 현황, 교육복지정책의 흐름 등을 살펴보았다. 우리나라 학교사회복지는 민간기관에서 자발적으로 시작되었으며, 다양한 정책변화의 흐름 속에서 정체성을 형성하고 실천모형을 개발하며 현장에 뿌리내리고 있다. 이를 토대로 한국의 학교사회복지 전망과 과제를 살펴보면 다음과 같다.

1) 학생의 안정적 서비스 제공을 위한 학교사회복지의 법제화 필요

학교사회복지사들은 학교가 사회복지실천현장에서 2차 현장이기 때문에 겪는 불안정한 고용조건이나 열악한 근무형태를 알면서도 뛰어들고 있다. 학교 안에서 학생들을 만나면서 문제행동에서 벗어나 성장하고 변화하는 감동의 순간을 잊을 수 없기 때문이다. 학교와 지역사회의 연대로 다양한 자원이 연계되고 개입되면서 변화하는 아이들의 성장을 지켜볼 수 있기 때문이다. 최근 학교사회복지는 현장의 학교사회복지사들과 현장을 경험한 신진 연구자들이 함께 주도적으로 역량을 강화하면서 차근차근 그 세력을 확장하고 있다.

그러나 학교사회복지사의 활동을 보장할 만한 법적 근거의 부재로 학교사회복지사는 신분보장이 되지 못하고, 업무를 지속적으로 수행하기 어렵다. 학교사회복지사의 불안정한 신분은 학교사회복지사뿐 아니라 학생들에게도 부정적인 영향을 미치고 있다. 학교사회복지사가 학교에 배정이 되면 "선생님은 언제까지 있어요? 올해까지 있어요?"(한겨레 신문, 2018. 5. 25.)를 묻는 학생들은 단절된 학교사회복지서비스에 실망한 경험을 보여 주고 있다. 이들은 힘든 시간을 함께 한 사회복지사를 떠나보낸 뒤, 익숙해진 학교의 공간을 또 다시 낯설게 서성거릴 수도 있다.

2018년 3월 30일 사회복지사의 날을 맞아 정신건강 · 의료 · 학교 등 특정영역에서 활동하고 있는 사회복지사들의 안정적 서비스 제공을 위하여 「사회복지사법」 일부개정안이 발의되었다. 학교사회복지사에 대한 법적 근거가 불명확해 학교사회복지사의 보호와 정책개선을 위한 의견수렴이 어려운 현실이다. 다양화 · 전문화되는 복지의 욕구에 대응하기 위하여 자격제도가 뒷받침되어 학교사회복지가 전문성을 인정받으며 활동할 수 있기를 기대해 본다.

2) 학교사회복지 개념의 정립 및 확산

학교사회복지의 법제화가 되기 위해서는 우선적으로 학교사회복지 개념을 명확하게 정립할 필요가 있다. 학교사회복지의 개념이 교육계에서는 교육복지로, 사회복지계에서는 학교사회복지로 정의되고 있는 상황이다. 학계의 입장에 따라 교육복지를 바라보는 관점에서 여전히 차이를 보이고 있으며(장덕호, 2012), 그 차이는 아직 좁혀지지 못하고 있다. 일반적으로 교육복지는 교육소외집단을 대상으로 하고, 학교사회복지는 모든 학생을 개입대상으로 규정하고 있다. 교육복지에 관한 선행연구(김수홍, 2017; 노기호, 2012)에서는 교육소외를 대상으로 하는 선별적 교육복지와 모든 국민을 대상으로 하는 보편적인 교육복지를 병행하는 방향으로 수립되어야 할 것을 강조하고 있다. 모든 국민의 교육받을 권리를 보장하기 위한 학교사회복지의 개념을 충분한 논의와 합의를 통하여 정립하는 것은 앞으로 장기적인 교육복지의 방향 설정에 출발선이 될 것이다.

학교사회복지에 대한 대중적 확산을 위해 기존 학교에서 운영하고 있는 우수사례를 적극 발굴하고 전파해야 한다. 또한「교육법」에 학교사회복지사업의 근거조항이 삽입될 수 있도록 입법 활동을 강화해야 한다. 학교사회복지사업의 효과성은 입증되고 있는 만큼 제도와 정책으로 반영될 수 있는 다각적인 노력이 요청된다.

3) 학교사회복지 전문직으로서의 정체성 확립 및 양성체계 활성화

현재 학교현장에서 사회복지사는 학교사회복지사, 지역사회교육전문가, 교육복지사 등 다양한 명칭으로 불린다. 재원의 출처와 주관기관에 따라서 요청되는 직무와 역할이 조금씩 달라지기도 한다. 그럼에도 불구하고 학교 안에서 사회복지사만이 개입하고 관여할 수 있는 영역이 있으므로 학교사회복지는 전문직으로서의 정체성을 확립할 필요가 있다.

전문직으로서의 정체성을 확립하기 위해서 학교사회복지사는 학교사회복지에 관한 충분한 지식과 철학을 가지고 있어야 한다. 학교사회복지서비스의 질을 보장하기 위해서는 끊임없이 교육과 훈련이 필요하다. 현재 한국학교사회복지사협회에서는 학교사회복지사 자격제도를 운영하고 있다. 체계적인 자격제도의 운영을 통해 학교사회복지사의 양적·질적인 양성을 도모하고 있다. 학교사회복지의 지속적인 성장과 발전을 위해 학교사회복지사를 위한 수퍼비전 체계를 구축한다면 변화하는 학교문화와 사회제도에 효과적으로 대응하고, 복잡하고 다양한 욕구를 가진 학생과 학교, 그리고 지역사회에 대응할 수 있을 것이다.

이를 위해서 한국학교사회복지사협회는 한국학교사회복지학회와 연계 강화가 필요하다. 현장의 실천지혜와 학계의 이론적 접근의 화학적 융합은 학교사회복지 전문직으로서의 정체성을 확립하고 역량을 강화할 수 있는 토대가 될 것이다.

4) 지역특성을 바탕으로 학교사회복지 모형 구축

많은 시행착오를 겪으며 성장한 학교사회복지가 학교 안에서 견고하게 자리 잡고 제기능과 역할을 발휘하기 위해서는 학교사회복지 실천모형이 제시되어야 한다. 도시와 농촌의 지역별 차이가 있을 수 있고, 도시 간에도 지역별 특성에 따라 요청되는 학교사회복지의 내용이 달라질 수 있다. 따라서 지역특성에 맞는 학교사회복지 실천모형 구축이 필요하다. 이를 바탕으로 학교사회복지사는 지역사회 또는 학교의 문화와 환경에 맞게 그 모형을 변주하여 적용할 수 있을 것이다. 현재 한국학교사회복지사협회에서는 학교사회복지사의 역할과 서비스 내용을 표준화하여 제시하고 있는데, 이러한 역할과 서비스 내용이 실천모형의 틀 안에서 활용될 수 있어야 한다.

5) 학교와 지역사회의 추진협력체계 구축

학교사회복지가 통합적 · 수평적으로 추진되기 위해서는 학교와 지역사회의 추진협력체계를 구축해야 한다. 이를 위해서 학교사회복지사는 학교체계에 대한 충분한 이해가 선행되어야 한다. 학교체계의 교장, 교감, 교사와 협력관계를 유지하고, 학교사회복지가 교육적 목적 달성을 위해 필요한 사업임을 인식시켜야 한다. 또한 학교 내의 다양한 전문가 집단과도 협력하여 시너지 효과를 발휘하며, 필요할 경우 팀 접근을 통해 총체적으로 학생에게 개입하고 관여함으로써 교육적 목적을 달성할 수 있어야 한다. 그뿐만 아니라 지역사회에도 학교사회복지사의 역할과 기능을 이해시키고 다양한 기관과의 협력체계를 구축하여 학교사회복지 서비스가 효율적으로 제공되도록 한다.

한편, 중앙 · 지방 · 학교(민간) 간의 추진협력체계가 구축될 필요가 있다(김수홍, 2017). 현재 정부는 다양한 복지정책을 추진하고 있지만 부처별 칸막이 행정으로 연계가 부족하고 부처 간 중복지원의 문제가 지적되고 있다. 물론 부처마다 지원되는 고유의 사업은 학교에 머물고 있는 학생들을 위한 두터운 안전망이 되어 줄 수 있으나 효과적인 안전망을 구축하기 위하여 중앙과 지방 등에 학교사회복지위원회나 교육복지지원센터 등 의 설치가 필요하다. 설치된 학교사회복지위원회나 교육복지지원센터에서는 학교사회복지사업의 방향을 설정하고, 학교사회복지에 대한 구체적인 계획과 프로그램을 심의하고 조정하는 역할을 수행한다.

참고문헌

교육부(2017). 경제·사회 양극화에 대응한 교육복지 정책의 방향과 과제 발표. 2017년 3월 8일자 교육부 보도자료.

김경애, 김숙이, 정수정, 김진희, 이병곤, 박지숙, 정일형, 이성규(2012). 해외 교육복지정책 연구. 한국교육개발원.

김수홍(2017). 교육복지의 실현을 위한 법적 검토. 전북대학교 법학연구소 법학연구, 52, 57-84.

김인희(2014). 교육복지정책의 과제. 교육비평, 34, 43-73.

노기호(2012). 교육기본권 실현을 위한 전제로서의 교육복지. 헌법학연구, 18(3), 83-114.

류방란(2010). 교육소외 집단을 위한 교육복지 정책의 방향. 한국교육학회 학술대회논문집, 41, 94-109.

류방란, 김준엽, 송혜정, 김진경(2013). 학생의 변화를 통해 본 교육복지우선지원사업의 효과. 한국교육개발원.

문아람, 이윤환(2018). 저소득층 아동·청소년 교육복지정책 발전방안. 한국디지털정책학회논문지, 16(3), 333-344.

박주호(2017) 교육복지의 쟁점과 한국형 교육복지 모형제언. 한양대학교 교육복지정책중점연구소. 제1회 교육복지정책포럼.

보건복지부(2014). 아동의 주관적건강 및 상대적 빈곤률은 개선, 삶의 만족도는 낮은 수준. 2014. 11. 4. 보건복지부 보도자료.

보건복지부(2018). 2018년 드림스타트 사업안내.

성민선, 조흥식, 오창순, 홍금자, 김혜래, 홍봉선, 노혜련, 윤찬영, 이용교, 조미숙, 노충래, 정규석, 오승환, 이상균, 김경숙, 김상곤, 진혜경, 윤철수, 최경일, 이태수, 손병덕, 박경현(2012). 학교사회복지의 이론과 실제(2판). 서울: 학지사.

신희정(2013). 교육복지정책 및 법제화 논의 분석을 통한 교육복지의 발전방향. 대학교육법학회, 25(2), 81-107.

엄문영, 이선호, 김혜자, 김민희, 오범호, 윤홍주(2014). 교육복지투자 실태 및 효율화 방안 연구.

한국교육개발원.

윤철수, 진해경, 안정선(2010). 학교교육과 복지. 경기: 양서원.

임경옥, 홍나미, 손경숙(2018). 아동권리와 복지. 경기: 공동체.

장덕호(2012). 교육복지 제도화를 위한 방향과 과제 탐색: 교육전문가 그룹과 사회복지전문가 그룹의 프레임 분석 결과를 중심으로. 한국교육행정학회 제165차 추계학술대회. 기획세션.

장덕호(2015). 교육복지 제도화를 위한 방향과 과제 탐색에 관한 연구: 주요 쟁점에 대한 일선 교육복지 담당자들의 인식을 바탕으로. 청소년시설환경, 13(2), 31-42.

전혜성, 김정화, 강현주, 권자영, 홍나미, 정연수, 김광병(2018). 현장 사례관리. 서울: 학지사.

정영수(2009). 교육복지정책의 방향과 과제. 한국교육정치학회, 16(3), 31-52.

정은현(2017). 교육복지우선사업을 생각하다. 교육정책포럼. 2017년 6월 21일.

주석진, 조성심, 라미영, 방진희, 엄경남, 이종익, 전구훈(2016). 학교사회복지론. 경기: 양서원.

참여와혁신(2017). 15년이나 같은 일 하는데, 여전히 비정규직. 2017년 8월 14일.

한겨레신문(2018. 5. 25.). "경찰차 3대 오던 학교의 변화… 근데 샘? 올해까진 있어요?"

한국학교사회복지사협회(2003). 미국 학교사회사업 현장 소개: 제2회 사회복지사 해외연수 보고서. 한국사회복지사협회.

한국학교사회복지사협회(2018). 2017년 학교 내 사회복지현황 자료.

한인영, 홍순례, 김혜란(2004). 학교와 사회복지. 서울: 학문사.

함승환, 김왕준, 오춘식, 한지원(2013). 국제 교육복지 정책 동향파악 및 현황조사 연구. 교육복지정책중점연구소.

Allen-Meares, P. (2010). *Social work services in schools* (6th ed.), Boston, MA: Allyn & Bacon.

Costin, L. B. (1969). An analysis of the tasks in social work. *Social Work Review, 43*(3), 274-285.

Costin, L. B. (1981). School social work as specialized practice. *Social Work, 26*(1), 36-43.

NASW (2012). *NASW Standards for school social work services*. Washington, DC: NASW.

두산백과사전. http://www.doopedia.co.kr

한국학교사회복지사협회. http://www.kassw.or.kr

위(Wee)프로젝트. http://www.wee.go.kr

제**21**장

주거복지서비스

엄명용(성균관대학교 사회복지학과 교수)

1. 들어가는 말

인간다운 생활을 해 나가는 데 필수적인 편의를 우리는 흔히 입을 것(의복), 먹을 것(양식), 그리고 살 곳(주거)으로 표현한다. 따라서 주거와 관련된 개인의 권리는 사실상 인간다운 생활을 할 권리(「헌법」제34조 제1항)의 핵심이라고 할 수 있다. 이에 따라 우리 헌법은 국가가 주택개발정책 등을 통하여 모든 국민이 쾌적한 주거생활을 할 수 있도록 노력하여야 할 의무(「헌법」제35조 제3항)를 명시하고 있다. 2015년에 제정되어 시행되고 있는 「주거기본법」에서는 주거와 관련된 국민의 권리, 즉 주거권을 구체적으로 적시하여 "국민은 관계 법령 및 조례로 정하는 바에 따라 물리적·사회적 위험으로부터 벗어나 쾌적하고 안정적인 주거환경에서 인간다운 주거생활을 할 권리를 갖는다."(「주거기본법」제2조)라고 밝히고 있다.

주거복지에 대한 개념 정의나 내용이 「주거기본법」에 명시되지는 않았지만, 국가 및 지방자치단체가 국민의 주거권 보장을 위하여 따라야 할 기본원칙(「주거기본법」제3조)들에 그 내용이 포함되어 있다. 「주거기본법」제3조 각 호의 내용을 요약하면 국민의 주거비 부담 완화, 주거취약계층의 주거수준 향상, 임대주택 공급의 확대, 체계적이고 효율적인 주택 공급 및 쾌적하고 안전한 관리, 기존 주택 거주 주민의 주거수준 향상, 장애인·고령자 등 주거약자의 안전하고 편리한 주거생활 지원, 주택시장 및 관련 주택산업의 정상적 기능화 및 건전한 발전 유도 등이 포함되어 있다. 이 내용 속에는 주택시장 및 주택산업의 관리와 주택 공급 및 관리 등이 포함되어 있어 모든 국민의 주거수준을 향상시키기 위한 공공의 노력, 즉 광의의 주거복지 또는 주거정책을 담고 있다고 할 수 있다. 반면, 자신의 주거문제를 스스로 해결하기 힘든 주거취약계층의 주거문제에 초점을 맞춘 활동을 협의의 주거복지라고 볼 때 사회복지 영역에서 주로 관심을 갖고 접근할 수 있는 주거복지는 협의의 주거복지라고 할 수 있다. 이 장에서는 주거복지의 범위를 저소득가구, 취약계층(고령층, 장애인, 빈곤아동, 노숙인 등)을 대상으로 이들의 주거 수준 향상을 위한 공공 및 민간의 활동, 즉 협의의 주거복지에 주로 초점을 맞추면서 필요에 따라 광의의 주거복지 내용을 포함하여 논의하고자 한다.

우리나라의 주택보급율은 2008년에 100.7로 100을 처음으로 돌파한 이후 2016년에는 102.6(등록 센서스; 국토교통부, 2018)을 기록하였다. 2008년에 고소득층의 69.4%이었던 자가 소유율은 2017년에 73.5%로 증가한 반면, 동일 기간에 저소득층의 자가소유율은 51.9%에서 47.5%로 감소하였다. 이는 주택보급율이 꾸준히 상승하고 있음에도 불구하고 저소득층의 내집 마련은 갈수록 어려워지고 있음을 나타내 주는 것이다. 또한 주택공급의 확장만으로는 주거취약계층의 주거문제를 해결할 수 없음을 드러내는 것이기도 하다. 이에 따라 우리나라의 주거복지정책은 공급자 위주의 임대주택 양적확대정책에서 수요자 중심의 맞춤형 주거복지정책으로 패러다임을 변화시켜 가는 과정에 있다(박근석, 2015).

이러한 변화 과정에서 2017년 11월에 "주거복지로드맵"이 발표되어 사회통합형 주거 사다리 구축이라는 목표를 이루기 위한 다양한 전략이 제시되었다. 이 장에서는 주거복지의 발달과정을 간략히 살펴본 후 주거복지의 범위에 대해 논의해 보고, 주거복지 실천체계 및 주요서비스를 법령에 입각한 공공의 노력과 민간단체의 활동에 초점을 두어 조망해 보기로 한다.

2. 주거복지의 개념

주거복지는 '주거'와 '복지'가 합성되어 이뤄진 단어로서 사회복지 관계자 입장에서는 이 분야를 사회복지의 한 분야로 쉽게 간주하고 싶은 유혹이 있을 수 있다. 하지만 주거복지는 주택(주거)이라는 복잡하고도 무거운 영역과 국민의 인간다운 생활을 할 권리의 하나인 주거권 실현이 합쳐진 복합적 개념이라고 할 수 있다. 즉, 주거복지를 이루기 위해서는 주택이라는 물리적 건물의 확보가 전제되어야 하고, 그 물리적 건물이 인간다운 생활을 할 수 있는 기본요건(즉, 최저주거요건[1])을 갖추어야 하며, 거기에 더하여 주거지역에서의 삶이 소외됨 없이 심리, 사회, 정서적으로 평안한 삶이 되어야 할 것이다. 이러한 복합적인 개념으로 인해 주거복지 분야 자체가 나름의 정체성을 지닌 독자적 분야로 탄생하여 존재해 왔다고 보기 어렵다.

　우리나라에서 주거복지의 개념에 대한 논의나 주거 관련 복지 활동의 특성은 주거취약계층에 대해 보건복지부를 중심으로 대응하는 복지 체계적 접근, 국토교통부를 중심으로 주택 문제에 대응하는 주택 체계적 접근, 그리고 주거취약계층의 주거 문제를 인권적 측면에서 바라보고 개입해 온 민간 조직체계의 접근이 중첩되어 있다(남기철, 2011). 사회복지적 접근의 주거복지 실천은 잔여적 복지 관점에서 특정한 취약계층(기초생활 수급자, 장애인, 노인 등)으로 인정되는 사람들에게 제공되는 다양한 사회복지서비스 속에 주거와 관련된 지원을 포함시켜 제공하는 것이다. 2000년 10월부터 시행된 국민기초생활보장제도에 따라 기초생활급여로 생계급여, 의료급여, 교육급여, 해산급여, 장제급여, 자활급여와 함께 제공된 주거급여가 여기에 해당된다. 2014년에 「주거급여법」이 제정 · 시행되기 전까지는 주거급여의 기준 및 절차 등에 관하여 필요한 사항을 보건복지부령으로 정하게 되어 있었으나 2015년 7월부터는 국민기초생활보장제도가 맞춤형 급여로 개편됨에 따라 주거급여는 국토교통부 소관의 주거복지정책체계로 편입되었다. 그럼에도 불구하고 주거급여 선정기준은 기준 중위소득의 100분의 43 이상으로 되어 있어 주택 소유 여부에 관계없이 수급자의 소득을 기준으로 한다. 이 서비스는 주택의 확보보다는 저소득계층의 주거비 부담을 덜어주기 위한 활동이라 볼 수 있다.

　주택 체계적 접근에서는 다른 복지 욕구가 특별히 드러나지 않았음에도 주거 측면에서 취약한 사람들(대학생, 신혼부부, 사회초년생, 고령 가구 등)에게 주거취약성 자체의 욕구에 기반을 두고 주거 문제를 해결하려는 접근이다. 주거취약성에 기반을 두고 있으나 현실적으로 우리나라에서는 대체로 기초생활수급자가 포함된 소득 1, 2분위 계층에게 영구임대, 매입 · 전세임대, 국민임대주택 등을 제공하고, 소득 3, 4분위에게는 국민임대주택을 제공한다. 박근혜 정부 때 중점 사업으로 진행된 행복주택사업은 서민과 저소득

---

1) 「주거기본법 시행령」 제12조, 최저주거기준의 내용에는 ① 가구구성별 최소 주거면적, ② 용도별 방의 개수, ③ 전용부엌 · 화장실 등 필수적인 설비의 기준, ④ 안전성 · 쾌적성 등을 고려한 주택의 구조 · 성능 및 환경기준이 포함된다. 1인가구의 총주거면적은 14m² 이상, 부부의 경우 26m² 이상, 부부 + 자녀1의 경우 방 2개 이상에 총주거면적 36m² 이상 등으로 제시되어 있다(국토해양부 공고 제2011-490호, 2011).

층을 벗어나 주거가 취약한 대학생, 신혼부부, 사회초년생, 고령자, 산업단지 근로자 등을 대상으로 공공임대주택을 제공한다.

민간 조직체계는 주거운동을 주도한 비영리단체의 활동에 그 뿌리를 두고 있다고 할 수 있다. 우리나라에서 주거운동이 본격적으로 등장한 것은 1980년대 주로 재개발지구 철거반대 운동을 중심으로 빈민운동, 또는 생존권수호 운동이 시작된 때라 할 수 있다 (김영태, 김영주, 2007). 이러한 전통에 이어 근래에는 자활후원기관(집수리사업단), 쪽방 및 노숙인 등과 관련된 단체들이 주거복지의 실현을 위한 장에 참여하고 있다. 이들은 공적 주거 지원이 미치지 못하는 분야에서 공적 자원과 민간 자원을 결합하여 주거취약 계층의 주거권 확보를 위해 노력하는 민간주거복지실천가들이다. 이들은 대체로 탈시장 적 운동성을 띠는 경향을 보인다(남기철, 2011).

개략적으로 이러한 세 가지 갈래의 주거복지 관련 활동 속에 주거복지의 개념이 녹아 져 있다고 할 수 있다. 곽인숙(2007)은 주거복지의 범위를 주택이라는 물리적 건물을 중 심으로 한 물리적 측면의 주거복지, 주거단지나 동네 등 커뮤니티 내 공동체 문화와 관 련된 주거복지, 사회경제적 측면의 주거복지로 분류하여 제시한 바 있다. 이러한 분류를 기초로 지금까지의 주거복지 관련 활동의 내용을 구분해 보면, 물리적 측면의 주거복지 는 공공임대주택의 확대공급, 개별주택의 최저주거기준 충족, 기존 노후불량주택 개보 수 지원 등을 포함한다. 공동체 문화와 관련된 주거복지는 계층 간 혼합을 촉진하는 커 뮤니티 설계, 기존 노후불량 주거 커뮤니티 정비지원 등이 해당된다. 사회경제적 측면의 주거복지는 주거취약계층의 자활촉진, 주거비 지불능력 향상, 임차인 임파워먼트를 통 한 권리 증진, 지역사회 주민 간 통합촉진 등을 들 수 있다.

물리적 주택의 공급을 넘어선 활동까지를 주거복지의 범주에 넣는 학문적 노력은 꾸 준히 있어 왔다. 김영태(2008)는 주거복지를 물리적 주택의 수준과 관련된 '주택과 거주 자 간의 관계'를 넘어서 거주자와 다른 사회구성원 간의 관계유지 및 사회통합을 강조하 는 '거주자의 사회적 관계'까지 보았다. 남원석(2008)도 주거복지를 물리적 측면과 사회 적 측면의 통합으로 보고 주거환경의 개선에 더하여 지역사회 사회적 관계의 안정 영역 까지를 주거복지의 영역으로 확대할 것을 주장하였다. 남기철(2013)은 주거복지의 필수 재로서 물리적 요소를 구성하는 주택과 지역사회 내에서 주거생활을 지원하는 휴먼서비 스로서의 주거지원서비스 두 가지를 결합한 것을 주거복지로 보았다. 박윤영(2014)은 기 존의 주거복지 논의를 종합하여 주거복지를 물리적 주택만이 아니라 지역사회 차원의 서비스까지 포함하는 것으로 보았다. 이상의 주거복지 관련 활동의 흐름과 학문적 논의 들을 종합하여 이 글에서는 주거복지를 '스스로 충족할 수 없는 개인 및 가족의 주거권

실현을 위하여 국가와 공공부문이 민간과 협력하여 주거의 공급과 수준 향상, 주거취약
계층의 권리 보호 및 증진, 주거민의 사회적 통합을 위하여 행하는 총체적 노력'이라 정
의한다. 반면, 국토교통부와 한국토지주택공사에서 운영하는 마이홈포털(2018)에서는
주거복지를 "쾌적하고 안정적인 주거환경에서 인간다운 주거생활을 할 권리의 실현을
목표로, 국민 모두가 부담 가능한 비용으로, 일정 수준 이상의 주거환경을 누릴 수 있도
록 제공하는 지원"으로 정의하면서 주거급여, 임대주택, 주택금융을 그 수단으로 소개하
고 있다.

3. 주거복지의 발달과정

　　이 절에서는 주거복지와 관련된 공공주택정책을 중심으로 각 주거정책의 전개과정만
을 소개하고 주거정책의 상세 내용은 다음 절에서 소개하고자 한다. 이 절에 등장하는
다양한 명칭의 임대주택의 내용에 대해서는 다음 절에 소개된 내용을 참고할 수 있다.
　　우리나라 주거부문에서 사회복지적 성격을 띤 사회주택정책의 시발점은 노태우 정부
(1988~1992) 시기 6대 도시 생활보호대상자 25만 가구를 대상으로 제공하기 시작한 '영
구임대주택'이다. 이 주택은 시장 가격 이하의 저렴한 임대료로 임대되어 저소득층의 주
거 안정에 중요한 역할을 하고 있다. 영구임대주택 단지에는 입주자들에 대한 사회서비
스를 주로 제공하는 사회복지관이 설치되었다.
　　김영삼 정부(1993~1997)에서는 「임대주택건설촉진법」 전문 개정을 통하여 「임대주택
법」을 제정하여 5년, 50년 임대주택 공급 활성화를 유도하였다. 50년 공공임대주택은 무
주택 청약가입자, 보훈대상자, 철거민, 장애인 등을 대상으로 공급되기 시작하였다. 김
대중 정부(1998~2002)에서는 공공임대주택으로서 영구임대주택 대신 국민임대주택을
처음 도입하였다. 국민기초생활제도 내 주거급여가 통합급여체계하에서 김대중 정부 시
절인 2000년 10월부터 실시되기 시작되었다. 이 주거급여는 2014년부터 실시된 「주거
급여법」에 따라 보건복지부에서 국토교통부로 주무 부처가 분리·독립되었다가 2015년
박근혜 정부하에서 맞춤형 급여로 개편되어 대상자가 확대되었다. 노무현 정부(2003~
2007)에서는 주거복지지원로드맵을 제시하면서 아파트 형태의 공공임대주택 외에도 다
양한 형태의 임대주택을 공급하였다. 소득 1분위 대상에 대한 다가구 매입임대주택, 소
년소녀가장 등에 대한 전세임대주택, 신혼부부전세임대주택 등이 이에 해당된다. 그 밖

에 소득 2~4분위 대상자에게는 국민임대주택 공급 및 전·월세자금지원정책을 확대하였다. 이명박 정부(2008~2012)에서의 주거복지 관련 정책은 보금자리주택정책으로 대변될 수 있다. 보금자리주택에는 공공이 지어 일반 분양하는 중소형 저가분양주택과 함께 10년간 임대 후 분양 전환하는 공공임대주택, 도심위주로 공급된 20년 장기전세주택, 소득에 따라 임대료에 차등을 둔 30년 이상 국민임대주택(시중가의 60~70%), 영구임대주택(임대료, 시중가의 30%) 등이 포함된다. 박근혜 정부(2013~2016)에서는 서민과 중상층 모두를 임대주택공급 대상으로 하였는데, 대표적 공공임대주택 정책은 신혼부부, 대학생, 사회초년생 등을 위한 도심형 공공임대주택인 행복주택 공급이었다. 박근혜 정부 하 2015년에 기존의 「주택법」을 전면개정하여 「주거기본법」이 제정되면서 주거복지가 법제도 내로 들어오게 되었다. 동법은 주거권, 주거복지 전달체계 구축, 주거복지센터 설치, 주거복지 정보체계 구축, 전문인력 양성에 대한 국가의 의무를 명시하고 있다. 또한 전달체계 구축의 일환으로 '주거복지센터'를 국가 및 지자체가 직접 설치하거나 대통령령에서 정하는 기관[한국토지주택공사(이하 LH공사) 및 지자체 조례에서 정하는 기관]에 위탁할 수 있도록 규정하고 있다.

　문재인 정부(2017~)에서는 2017년 11월 29일에 "사회통합형 주거사다리 구축을 위한 주거복지로드맵"을 통해 청년, 신혼, 고령자, 취약계층 등 생애단계별·소득수준별 맞춤형 주거지원 계획을 제시하였다. 주거취약계층을 위해 소득인정액 기준을 중위소득 43%에서 2020년까지 45%로 확대하고 2018년 10월부터 부양의무자 기준을 폐지하기로 하였다. 주거급여 수급자 중 취약가구에 대해서는 정기방문·상담, 자활·건강·교육 지원 프로그램 운영 등 종합 복지서비스 지원 연계 방안도 제시하였다. 또한 주거복지 전달체계 확충을 위해 시·군·구 내 주거복지 전담인력과 조직 확대를 지원하고 읍·면·동 주민센터 주거복지 담당자에 대한 교육을 통해 취약가구 발굴 및 상담 기능을 강화하는 계획을 제시하였다. 주거기본법에 의한 주거복지센터 확충, 그리고 주거복지센터의 역량 강화를 위해 주거복지사 등 전문인력 확충 추진 방안도 제시되어 있다.

4. 주거복지서비스 내용

　앞서 주거복지의 발달과정에서 알 수 있듯이 현실적으로 우리나라에서 주거복지 실천은 일반 사회복지정책과의 연계성보다는 주택정책 차원에서 공공임대주택 등 저렴한 주택의 공급과 주거급여를 통한 주거비 지원, 전세자금 및 주택구입자금에 대한 주택금융 지원에 초점이 맞춰져 있다. 여기에 주거의 선택 및 생활과 관련된 상담, 정보제공, 사례 관리, 지역사회 주민의 통합 등 대인서비스가 주거복지서비스로서 주거복지 실천에 포함될 수 있다. 주거복지분야 정책수단 중 가장 큰 비중을 점하는 것이 공공임대주택과 주택금융 지원인데(이종권, 김경미, 2016), 이들 프로그램은 일반 사회복지정책체계와 연계성을 갖지 않고 별도로 운영되고 있다. 주거급여는 당초 사회복지정책에서 공공부조에 해당하는 국민기초생활보장급여의 일부로 포함되어 있었으나, 2015년부터 별도로 분리되어 주거복지 프로그램의 일환으로 재정립되었다. 이 절에서는 주거복지 주요 정책수단 중 한 부문인 다양한 임대주택의 종류를 간략히 살펴본 후, 주거급여, 주택금융지원, 주거지원센터, 주거복지사제도, 그리고 그 밖의 주거복지 관련 활동 등을 살펴본다.

1) 임대주택의 종류

임대주택은 주택을 신규로 건설하느냐 기존 주택을 활용하느냐에 따라 건설임대주택, 매입임대주택, 전세임대주택으로 구분될 수 있으며 임대사업자가 누구냐에 따라 공공임대주택, 민간임대주택으로 나뉠 수 있다.

(1) 건설임대주택

건설임대주택은 임대사업자가 임대를 목적으로 건설하여 임대한 주택으로서 정부지원 여부에 따라 공공과 민간건설임대주택으로 구분된다. 공공건설임대주택은 국가 또는 지자체의 재정이나 국민주택기금의 자금 지원을 통해, 또는 공공사업에 의하여 조성된 택지에 임대아파트를 건설하여 국가가 무주택 세대 구성원에게 공급하는 주택이다. 현재 공공임대, 장기전세, 국민임대, 영구임대, 행복주택, 뉴스테이, 외인임대 등이 여기에 해당된다.

(2) 매입임대주택

임대사업자가 매매 등에 의하여 소유권을 취득하여 임대하는 주택으로서 임대의무기간은 준공공임대주택[2]의 경우 10년, 그 밖의 매입임대 기간은 5년이다. 의무 임대 기간

---

2) 국가, 지방자치단체, 한국토지주택공사 또는 지방공사 외의 임대사업자가 10년 이상 계속하여 임

은 5~30년이고 임차인 자격 및 선정은 임대업자가 결정하도록 되어 있다. 공공매입임
대사업은 정부가 기존 다세대 · 다가구 주택을 매입하여 개보수한 후 수급자 등 저소득
층에게 저렴한 임대료로 제공하는 사업이다. 이 사업은 도심지 내 저소득층이 현 생활권
에서 거주할 수 있도록 하는 데 그 목적이 있다. 공급대상자는 기초생활수급자와 보호
대상 한부모가정이 1순위, 전년도 도시근로자 월평균소득의 50% 이하인 자가 2순위이
다. 임대기간은 총 20년으로서 2년마다 갱신할 때 자격심사를 한다.

(3) 전세임대주택

이것은 도심지 내 최저소득계층이 현 생활권에서 거주할 수 있도록 기존주택에 대해
전세계약을 체결한 후 저렴하게 재임대하는 사업이다. 입주 대상자가 입주 희망하는 주
택을 선정하여 신청할 경우 LH공사가 건물 소유자와 먼저 전세계약을 체결하고 이를
다시 대상자에게 재임대하는 방식이다. 주택의 종류는 단독 · 다가구 · 다세대 · 연립주
택 · 아파트 · 오피스텔 중 국민주택 규모[전용면적 $85m^2$(1인가구의 경우 $60m^2$)] 이하 등이
다. 지원한도액[3]으로 인해 대부분 다가구 · 다세대주택이 대상이다. 입주자격은 주로 생
계급여 또는 의료급여 수급자, 보호 대상 한부모가정[4], 대학생, 취업준비생, 신혼부부,
소년소녀가장, 위탁가정 등이다.

(4) 공공임대주택

공공임대주택의 건설과 공급은 국토교통부(MOLIT) 소관하에 전담기관인 LH공사 및
지자체 산하 지방공사[특히 서울주택토지공사(이하 SH공사)]가 대부분을 수행하고 민간에
서 일부를 수행한다. 공공임대주택의 종류와 특징들이 〈표 21-1〉에 제시되어 있다. 공
공임대주택 사업에 해당되는 전세임대주택과 매입임대주택은 앞서 설명된 바 있어 표에

대하는 임대주택으로서 다음 중 어느 하나에 해당하는 주택(공공건설임대주택 제외). ① 전용면적
$85m^2$ 이하의 주택, ②「건축법 시행령」별표 1 제1호 다목에 따른 다가구주택(「임대주택법」제2조
제3호의3).

3) 수도권: 8천 5백만 원, 광역시: 6천 5백만 원, 기타지역: 5천 5백만 원. 청년 전세임대주택의 경우 수
도권 8천만 원, 광역시 6천만 원, 기타지역 5천만 원. 쪽방의 경우 수도권 · 광역시 6천만 원, 기타
지역 5천만 원.

4) 18세 미만의 미성년 자녀를 둔 가정에서 부모의 한쪽이 사망 · 이혼 · 별거 · 유기 · 미혼모 등의 이
유로 혼자서 자녀를 키우며 부모역할을 담당하는 한부모와 자녀로 구성된 가족이다.

서 제외하였다.

〈표 21-1〉 공공임대주택의 종류와 특징

특징＼종류	행복주택 (30년)	공공임대 (5년,10년, 분납)	영구임대	국민임대 (30년)
공급대상	대학생, 신혼부부, 사회초년생 등 무주택세대구성원 (소득 2~5분위)	무주택세대구성원 (소득 3~5분위, 청약저축가입자)	생계급여 또는 의료급여 수급자 등 소득 1분위	무주택세대구성원 (소득 2~4분위)
전용면적	45m² 이하	85m² 이하	40m² 이하	60m² 이하
공급목적	젊은 세대의 주거안정 및 주거복지 향상	내집마련 계층의 자가마련 지원	최저소득계층의 주거안정	저소득층의 주거 안정
주요입지	직주 근접 가능 용지	신도시 등 택지지구	–	신도시 등 택지지구
분양전환	불가	입주자에게 우선 분양	불가	불가

　행복주택사업은 박근혜 정부의 중점 사업으로서 기존의 서민과 저소득층을 대상으로 한 공공임대주택 정책에서 눈을 돌려 일반 주택시장 진입이 곤란한 대학생, 신혼부부, 사회초년생, 고령자, 산업단지 근로자 등을 대상으로 LH공사나 지자체가 대중교통이 편리한 곳에 직접 건설하여 임대하는 건설임대주택의 일종이다. 취업준비생은 최대 4년, 대학생 등은 최대 6년, 고령자 및 주거급여수급권자는 최대 30년까지 거주할 수 있다. 특히 신혼부부 특화단지는 공급물량의 50%를 신혼부부에게 배정하고 보육 안전설계 도입, 어린이집 등 육아에 특화된 서비스를 제공한다.

　공공임대주택은 임대의무기간인 5년 또는 10년간 임대 후 분양 전환하여 입주자가 우선하여 소유권을 이전받을 수 있는 임대주택이다. 입주대상은 생애최초, 신혼부부인 경우 2017년도 현재 전년도 도시근로자 월평균 소득의 100% 이하이며 청약저축에 가입하여 일정기간 납입한 사람이다. 임대기간은 2년 단위로 계약을 체결하며 당해 임대차 기간 종료 시 입주자격 재확인 후 갱신계약을 체결한다. 임대조건은 시중 전세 시세의 90% 수준이다. 분양전환 대상자는 입주일 이후부터 분양전환 당시까지 해당 주택에 거주한 무주택자인 임차인이며 분양전환 가격은 5년 임대주택인 경우(건설원가+감정가격)/2, 10년 임대주택인 경우 감정가격이다. 분양전환가격은 빈번한 분쟁이 대상이 되고 있다.

영구임대주택은 입주자모집공고일 현재 무주택세대구성원으로서 소정의 소득 및 자산보유 기준을 충족하는 자를 대상으로 한다. 2019년 3월 31일까지 한시적으로 적용되는 우선공급대상자에는 전년도 도시근로자 가구당 월평균소득의 70% 이하이고 무주택세대구성원으로 국가유공자 · 보훈보상대상자 · 5.18민주유공자 · 특수임무수행자 또는 그 유족, 참전유공자 등이 포함된다. 상시 우선공급대상자에는 혼인기간 5년 이내이고 자녀가 있는 신혼부부와 귀환국군포로가 포함된다. 일반공급대상 1순위에는 국민기초생활보장법상의 생계급여 또는 의료급여 수급자, 전년도 도시근로자 가구당 월평균소득의 70% 이하이고 자산요건을 충족하는 국가유공자 또는 그 유족, 일본군위안부 피해자, 지원대상 한부모가족 외에 소득과 자산 요건을 충족하는 북한이탈주민, 장애인 등이 포함된다. 임대기간은 2년 단위로 계약을 체결하며 당해 임대차기간 종료 시 입주자격 재확인 후 갱신계약을 체결한다. 임대조건은 시중시세의 30% 수준으로서 최저소득계층의 주거 안전판 역할을 하고 있다.

국민임대주택은 입주자모집공고일 현재 무주택세대구성원인 세대주 또는 세대원으로 소정의 소득 및 자산보유 기준을 충족하는 자에게 공급된다. 전용면적 50m² 미만인 경우 세대구성원 전원의 월평균소득금액의 합이 전년도 도시근로자 가구원수별 가구당 월평균소득의 50% 이하인 세대에게 우선 공급하고, 남은 주택이 있을 경우 전년도 도시근로자 가구원수별 가구당 월평균소득의 50% 초과 70% 이하인 세대에게 공급된다. 전용면적 50m² 이상인 경우 세대구성원 전원의 월평균소득금액의 합이 전년도 도시근로자 가구원수별 가구당 월평균소득의 70% 이하인 세대에게 공급된다. 임대기간은 2년 단위로 계약 체결되며 당해 임대차기간 종료 시 입주자격 재확인 후 갱신계약 체결한다. 임대조건은 시중시세의 60~80% 수준이다. 앞서 살펴본 공공임대주택과 큰 차이점은 임차인이 자신이 살던 주택을 나중에 분양받을 수 없다는 점이다.

(5) 주거취약계층지원사업

정상주택 범주에 속하지 않는 주택 이외의 거처(비주택) 거주자는 2005년 21만 7천 가구(1.4%)에서 2016년 77만 가구(4.0%)로 증가한 가운데 특히 금융위기 이후 고시원 공급이 2009년 6,597개에서 2016년 11,800개로 증가하였다(진미윤, 2018). 이러한 상황에 대응하여 쪽방, 비닐하우스, 고시원, 여인숙, 노숙인시설, 움막, 컨테이너 등 비주택에 거주하고 있거나 범죄피해자 등 주거취약계층에게 저렴한 임대주택(매입임대, 전세임대, 국민임대주택)을 지원하여 주거안정, 자활기반 지원 및 주거상향 이동을 도모하는 사업이 주거취약계층지원사업이다. 지원대상자는 3개월 이상 비주택 거주자, 법무부장관이 주거지원이 필요하다고 인정하여 국토교통부장관에게 통보한 범죄피해자, 최저주거기준에 미달하는 환경에서 18세 미만의 자녀와 함께 거주하는 자 중 지자체장이 추천하는 자 등이다. 세대주 및 세대원 전부 무주택자로서 소득(전년도 도시근로자 가구당 월평균 소득의 50% 이하), 토지(개별공시지가 기준 5,000만 원 이하), 자동차 보유요건(차량기준가액 2천 2백만 원 이하)을 충족하는 사람이어야 한다. 최초 임대기간은 2년으로 하되, 9회까지 2년 단위로 재계약이 가능하다. 2007~2017년 총 6천 7백 호를 지원하였다(진미윤, 2018). 비주택별 지원 상황은 〈표 21-2〉에 제시된 바와 같다. 주거취약계층에 대한 지원을 늘리기 위해서는 주택의 공급도 중요하지만 지원대상자 발굴과 지원 연계가 중요한 과제라 할 수 있다.

〈표 21-2〉 주거취약계층 주거지원 실적(2007~2017)　　　　　　　　(단위: 호)

구분	계	쪽방	비닐하우스	고시원여인숙	범죄피해자	노숙인	움막컨테이너
계	6,723	2,625	850	2,539	148	483	78
매입임대	3,890	2,126	151	1,119	387	387	29
전세임대	2,816	499	682	1,420	96	96	49
국민임대	17	-	17	-	-	-	-

출처: 진미윤(2018).

2) 주거급여

앞서 개략적으로 언급된 바 있는 주거급여는 국민기초생활보장제도 내 다른 급여와 함께 통합적으로 제공되던 주거급여를 2015년 「주거기본법」 시행과 함께 맞춤형 급여로 개편하면서, 소득·주거형태·주거비 부담수준 등을 종합적으로 고려하여 저소득층의 주거비를 지원하는 제도이다. 주거급여 개편과 함께 주관 부서가 보건복지부에서 국토교통부로 이관되었고 지원대상은 종래 소득인정액(소득평가액+재산의 소득환산액)이 중위소득의 약 33%이었던 것이 중위소득의 43% 이하이면서 부양의무자 기준을 충족하는 가구로 되어 수급대상 인원이 증가하였다. 또한 부양의무자 기준이 완화되어 수급자 가구에 노인·중증장애인이 1인 이상 포함되어 있고 부양의무자 가구에 기초연금·장애인연금 수급자가 1인 이상 포함된 경우에는 부양의무자 기준을 적용하지 않는다. 문재인 정부에서는 2018년 하반기에 주거급여와 관련된 부양의무자 기준이 폐기될 예정이어서 일반가구대비 수급률이 현재의 4%에서 8%로 확대될 전망이다(진미윤, 2018). 임차인인 경우 주거급여액 전액을 현금으로 지급하는 반면, 자가인 경우에는 주택개량지원의 현물 급여를 제공한다. 주거급여를 위한 주택상태조사 및 현물급여(주택 개보수)는 LH공사가 전담하며, 수급자 자격조사 및 현금 급여는 지자체가 전담한다.

3) 주택금융

주택금융은 서민과 중산층의 주거안정을 위하여 내집마련 및 전월세자금을 지원하거나 보증하고, 서민주거안정지원을 위한 공적자금을 조성하는 주거복지정책사업이다. 국토교통부 소관하에 주택도시기금을 운용·관리하는 '주택도시보증공사, HUG'와 금융위원회 소관하에 주택금융의 장기적·안정적 공급을 지원하는 '한국주택금융공사, HF'가 관련 업무를 주로 수행하고 있다. HUG는 주택도시기금을, HF는 주택금융신용보증기금을 각각 관리하면서 주택구입자금 및 전세자금 융자와 보증업무를 수행한다. 주택도시기금의 재원은 국민주택채권, 청약저축 등이며 주택금융신용보증기금의 재원은 정부출연금, 금융기관 출연금 등이다.

주택금융지원 프로그램의 경우에는 종류가 매우 다양하고 HUG와 HF라는 두 개의 전담기관이 상호 다른 프로그램을 취급하고 있어 자금 수요자의 입장에서는 복잡할 수 있으나, 최종수요자에의 금융상품 전달과정만을 놓고 보면 표준화된 절차에 따라 시중 금융기관에 최종 대출취급업무를 위탁하고 있다. 즉, 대출상담, 신청, 대출실행 등 최종 전달과정은 대출취급 금융기관으로 일원화되어 있어 수요자는 이들 금융기관만 상대하면 되는 구조이다.

다양한 주택금융지원 프로그램 중 무주택 서민과 저소득층을 위한 것으로 버팀목전세대출(전월세 보증금 대출)과 주거안정월세대출이 있다. 버팀목전세대출은 근로자 및 서민의 주거안정을 위한 전세자금을 대출해 주는 것으로서 대출대상은 만 19세 이상 세대주(단독세대주 제외), 무주택자, 부부합산 연소득 5천만 원 이하인 자이다. 대출 신청일 현재 세대주로서 대출 대상주택 임차보증금 2억 원 이하[단, 수도권(서울,경기,인천)은 3억 원 이하] 전용면적 85m² 이하(수도권을 제외한 도시지역이 아닌 읍, 또는 면 지역은 100m² 이하)에 임대차계약을 체결하고 임차보증금의 5% 이상을 지불한 사람이 대출을 받을 수 있다. 대출금리는 2018년 현재 연 2.3~2.9%이며 대출한도는 최고 8천만 원 이내(수도권은 1.2억 원 이내)이고, 대출기간은 2년 일시 상환 방식이며 2년 단위로 4까지 연장하여 최장 10년간 가능하다.

주거안정월세대출은 저소득계층의 주거안정을 위한 월세자금을 대출해 주는 것이다. 우대형 대출대상에는 취업준비생, 희망키움통장[5] 가입자, 근로장려금[6] 수급자, 사회초년생, 자녀장려금 수급자 등이 포함되며, 일반형 대출대상자는 부부합산 연소득 5천만 원 이하인 자 중 우대형에 해당하지 않는 사람이다. 대출금리는 우대형 연 1.5%, 일반형은 연 2.5%이며 대출한도는 총 720만 원 이내이다. 대출기간은 2년 만기 일시상환 방식이고 2년 단위로 4회 연장까지 연장 가능하여 최장 10년 간 대출받을 수 있다. 대출 대상주택에 형태상 제한은 없으나 무허가건물 등 불법 건물과 고시원 임대를 위한 대출은 불가하다. 임차보증금 1억 원 이하 및 월세 60만 원 이하, 임차전용면적 85㎡ 이하(도시지역이 아닌 읍 또는 면 지역은 100㎡ 이하)가 대출 대상주택에 해당된다.

4) 주거복지센터

LH에서 자체적으로 2006년부터 광역 주거복지센터를 운영해 왔으며, 민간단체도 2007년 사회복지공동모금회가 주관한 '2006년 테마기획사업 지역사회 주거환경개선 시범사업'을 계기로 사회복지공동모금회의 지원을 받아 주거복지센터를 출범시켰다. 2015년에 제정된 「주거기본법」(제22조)에서 국토교통부장관은 주거복지센터의 설치・운영을 LH공사에 위탁하도록 되어 있고, 시・도지사 또는 시장・군수・구청장(자치구의 구청장)은 주거복지센터의 설치・운영을 LH공사 또는 해당 시・도, 시・군・구(자치구를 말함)의 조례로 정하는 기관에 위탁할 수 있도록 되어 있어 지자체들이 이미 활동을 해 오고 있는 민간주거복지센터 지원을 통해 법이 정한 주거복지센터의 설치와 운영 요건을 충족할 수 있다. 이로써 주거복지센터는 이전부터 존재해 온 LH공사 주거복지센터, 민간 주거복지센터, 「주거기본법」 제정 이후 기본법상 주거복지센터로 구분될 수 있다.

민간주거복지센터 출현의 배경에는 주거복지 실현을 위해 공공임대주택 공급을 비롯한 각종 주거복지 프로그램이 확대됨에 따라 대상 가구들이 다양한 프로그램을 이해하고 이용하는 데 어려움이 있을 것이라는 전제가 있었다. LH공사 등 공적 전담기관들이

---

5) 일하는 기초생활수급 가구 및 차상위 가구의 생활 안정을 위하여 자립자금을 저축할 수 있도록 도와주는 제도이다. 본인저축액(월 10만 원) 적립 시 근로소득에 비례하여 근로소득장려금을 지원하거나(희망키움통장 I), 본인저축액과 동일한 매월 10만 원을 매칭 지원(희망키움통장)한다.

6) 소득이 적어 생활이 어려운 근로자 또는 사업자(보험설계사, 방문판매원) 가구에게 근로의욕을 더해주고 경제적으로 자립할 수 있도록 소득과 자녀 양육비를 지원하는 제도이다.

각종 주거복지 자원의 양적 공급에만 치중하는 가운데 대상 가구들에 대한 적극적인 전달 노력이 미진하다고 생각하여, 공적 전달체계의 틈새를 보완하는 역할로서 출발한 것이 민간 주거복지센터라 할 수 있다. 일반 사회복지분야에서의 민간 사회복지기관들과는 달리 민간 주거복지센터는 사회활동가 중심으로 운영되고 있고 운영재원도 사회복지공동모금회 지원 및 기부금 등에 기반을 두고 있다. 그러나 2012년부터 서울시가 민간주거복지센터에 대해 일부 예산을 지원하기 시작하면서 민간과 공공의 구별이 어려워지게되었다. 서울시는 2015년 제정된 「주거기본법」에 근거하여 서울시 주거기본조례를 개정하여 주거복지센터를 설치하기 시작하였다. 2018년 서울시는 25개 전 자치구에 주거복지센터를 공모하여 민간위탁 16개소, SH공사 9개소를 설치해 운영 중이다(김선미, 2018). 지자체마다 사정은 다르겠으나 서울시의 경우 1명의 사회복지사와 1명의 주거복지사 총2명의 상근으로 편성되어 있다.

한편, 민간주거복지센터의 주된 활동영역에는 주거관련 상담, 자원연계 및 정보제공 등과 아울러 보증금 및 임대료 지원, 벽지 · 장판 등 교체, 연료 지원, 노숙인 · 쪽방거주자 등 특수취약계층 지원 등이 포함된다. 자원연계사업에는 공공임대주택 · 주거급여 · 금융지원 · 집수리 · 연료지원 등 주거관련 자원과의 연계사업, 공공부조 및 지역기반 복지자원과의 연계를 위한 자문 및 정보제공이 포함된다.

이러한 민간주거복지센터 활동의 기반 위에서 「주거기본법」(제22조)은 주거복지센터의 업무를 ① 주거복지 관련 정보제공 및 상담, ② 주거실태조사를 비롯한 주거 관련 조사 지원, ③ 임대주택 등의 입주, 운영, 관리 등과 관련한 정보 제공, ④ 주거복지 관련 기관, 단체의 연계 지원, ⑤ 주택개조 등에 대한 교육 및 지원, ⑥ 주거복지 관련 제도에 대한 홍보, ⑦ 그 외 주거복지와 관련된 사항으로 제시하고 있다.

「주거복지법」 제정하에 설치되어 운영 중인 서울시 주거복지센터의 기능과 역할(김선미, 2018)을 살펴보면, 주거문제와 주거욕구를 가진 일반시민과 저소득층을 대상으로, 기본사업으로서 가구 맞춤상담 및 주거지원서비스의 실시와 주거복지 확산 활동을 하고 있다. 맞춤상담 및 주거지원서비스에는 주거상담, 긴급주거비지원 및 주거안정을 목표로 하는 사례관리, 연계 및 의뢰 등이 포함되는데 주거박탈위기 극복을 위한 상담, 한시적 긴급 월세 지원, 한시적 연료비 지원, 집수리 지원, 주거상향 등을 위한 소액보증금지원 등을 위한 사례관리 등이 포함된다. 연계 및 의뢰는 상담을 진행하면서 주거취약계층의 욕구 해결에 필요한 센터 내 자원이 부족한 경우 지역사회 내 공공 및 민간자원을 연계하거나 관련 기관으로 의뢰하는 활동이다. 주거복지 확산을 위한 활동으로는 주거지원의 원활한 수행에 필요한 자원확보, 통합사례관리, 대상자 발굴 등을 포함하는 지역사회 네트워크 활동, 복지대상자와 복지관련 실무자 등에 대한 공공임대주택 및 주거비지원제도나 주거복지정책 및 관련제도에 대한 교육이 포함된다. 지역 내 주거상황에 대한 조사, 지역주민의 주거관련 욕구조사, 지역실태 조사 등도 기본사업에 포함되어 있다. 서울시 주거복지센터의 기능에서 특히 두드러지는 활동은 주거안정을 위한 사례관리라 할 수 있다. 초기상담을 통해 주거안정을 위해 지속적인 서비스가 필요하다고 판단될 경우 지역사회 내 다양한 서비스체계를 조직하고 연결하여 안정적인 주거가 확보될 때까지 조정 및 개입하는 통합사례관리가 센터 내에서 이뤄지고 있다. 서울시 주거복지센터 내 상담방식은 전화(71.5%), 내방(11.8%), 거처방문(12.4%), 기타(4.2%)였으며 상담의 50.5%가 주민센터나 구청, 20.3%가 복지관 및 복지기관, 11.0%가 개인소개, 18.2%가 기타 경로를 통해 접촉되었다(김선미, 2018). 주요 상담 및 서비스 내용으로는 공공임대주택 관련이 35.7%로 가장 많이 차지하였고, 다음으로 주거비지원 관련(31.5%), 공공부조·융자·재개발·거처확보 등 기타(24.8%), 집수리 관련(9.9%)의 순으로 나타났다(김선미, 2018).

5) 주거복지사

2015년 「주거기본법」 제정·시행으로 주거복지 전문인력(주거복지사)의 양성, 업무 범위, 채용 및 배치 등이 최초로 법제화되었다. 즉, 국토교통부장관, 시·도지사, 시장·군수·구청장은 주거복지 관련 공인민간자격의 운영기관 및 교육기관에 주거복지 관련 공인민간자격의 운영비용, 주거복지 관련 공인민간자격의 교육프로그램 개발비용, 그 밖에 주거복지 전문인력 양성을 위하여 필요한 비용의 전부 또는 일부를 지원할 수 있다고(「주거기본법 시행령」 제16조)하였고, 주거복지전문인력으로 하여금 주택조사 등 주거급여 업무, 「임대주택법」에 따른 영구임대주택 단지 등 공공임대주택의 운영·관리, 취약계층 주거실태조사, 저소득층 주거문제 상담 및 주거복지 정책 대상자 발굴, 지역사회 주거복지 네트워크 구축, 그 밖에 주거복지 관련 전문성이 요구되는 업무 등의 주거복지업무를 담당하도록 하였다. 아울러 국가, 지방자치단체, 공공기관에서 주거복지 전문인력을 채용 및 배치하려는 경우 채용 평가기준에 주거복지 관련 공인민간자격 소지자에 대한 가산점 등의 채용 우대조건을 포함하여야 한다(「주거기본법 시행규칙」 제4조)고 명시하고 있다.

이러한 주거복지전문인력(주거복지사)에 대한 법제화는 1991년부터 주거상담사를 배출해 온 (사)한국주거학회가 주택관리공단, 국토교통부 등과 주거복지업무 전문인력 양성을 위한 업무협약, 또는 주거복지사 제도 도입방안 마련을 위한 연구 용역을 수행해 온 결과라고 할 수 있다. 주거복지전문인력이 법제화되기 전인 2013년부터 (사)한국주거학회에서 주거복지사 자격시험을 주관해 오고 있는데, 2014년 한국직업능력개발원 민간자격으로 출발한 주거복지사 자격은 2016년에 국가공인 민간자격으로 승인되어 매년 1회 시험이 실시되고 있다. 2017년 현재까지 총 1,300명의 주거복지사가 배출되었는데 그중 682명은 국가공인 이전(2013~2015) 자격취득자 중 완화검정 합격자이다(이현정, 2017). 현재 주거복지사 자격의 주무부처는 국토교통부이다. 자격의 취득 방식은 현장실습 120시간을 포함하여 소정의 과목[7]을 이수한 후 시험검정을 거치는 것으로 되어 있다. 시험과목은 1교시 주거복지총론, 2교시 주거복지 실무와 적용으로 되어 있으며 각 과목 100점을 만점으로 하여, 각 과목 40점이상 전 과목 평균 60점 이상 득점한 자를 합격자로 한다. 자세한 사항은 주거복지사자격검정사업단 홈페이지(http://www.housingwp.or.kr)를 참고할 수 있다.

앞서 살펴본 주거복지센터의 업무 내용과 주거취약계층이 갖고 있는 다양한 문제를 고려할 때 주거복지사의 업무의 원활한 수행을 위해서는 지역사회의 다양한 자원을 발굴하고 연계할 수 있는 역량이 필요할 것으로 보인다. 그럼에도 불구하고 현행 주거복지사 자격 획득에 필요한 이수과목과 시험에는 그러한 역량이 반영되지 않은 것으로 판단된다. 사회복지사가 지역사회복지활동을 통해 축적해 온 사례관리의 경험과 기술이 주거지원체계와 지역사회복지체계를 연결하는 데 보다 적극적으로 활용될 필요가 있다.

6) 기타 주거복지 관련 활동

주거복지와 관련된 사회복지영역의 활동으로는 자활주거복지사업과 노숙인을 위한 복지사업을 들 수 있다. 이들 사업들이 앞서 소개한 주거복지사업 내용들과 중복되는 부분이 없지 않지만 이 두 영역은 주택이라는 물리적 시설에 초점을 두고 시작된 주거복지사업이라기보다는 사회복지서비스 영역에서 출발된 주거복지사업이라 판단되어 별도로 다뤄 보고자 한다.

---

7) 필수이수과목 5과목(주거복지개론, 주택과 커뮤니티, 주거복지상담과 사례, 주거환경조사론, 주거복지현장실습), 선택이수과목(5과목 이상 선택; 특수계층과 주거, 공동주택 계획과 디자인, 주택정책 및 주택금융, 주거관리행정, 주택유지관리기술, 사회복지행정과 법제, 사회복지개론과 실천론, 취약계층 케어). 사회복지사 자격 소지자는 사회복지행정과 법제, 사회복지개론과 실천론 두 과목에 한해 대체인정이 가능하다.

(1) 자활주거복지사업

2000년부터 시행된 「국민기초생활보장법」은 근로능력이 있는 기초생활보장 수급자에게 자활지원사업에 참가하는 것을 조건으로 생계급여를 실시하고 있다. 이러한 자활지원사업의 하나가 자활주거복지사업이다. 자활주거복지사업에는 지역자활센터의 주거복지사업단과 주거복지공동체가 포함되는데, 이들은 저소득층에게 일자리와 자활기회를 제공하는 역할을 하는 동시에 주거현물급여 집수리사업을 비롯한 저소득층을 위한 다양한 주택개량사업을 수행하고 있다. 주요 활동으로는 국민기초생활보장 수급가구의 주거현물급여 집수리사업, 저소득층 주택에너지효율개선사업, 농어촌 장애인 주택개량사업, 석면지붕 철거사업, 지방자치단체별 지원사업, 일반 유료시장사업 등을 포함하고 있다. 또한 사업단과 공동체의 활동은 관련된 다른 사업분야로 활동 영역을 확대하여 주거복지와 관련된 상담이나 정보 제공, 매입임대주택 운영 등의 활동을 하기도 한다(서종균, 김준희, 2011). 사업단과 공동체는 2011년 현재 전국 230개 기초단체 중 198개(전체의 86%) 단체에 설치되어 있다(서종균, 김준희, 2011). 사업단의 참가자는 대부분 수급자나 차상위계층으로 저소득층인 반면, 노동시장에 더 적극적으로 참여하는 경로 가운데 하나인 공동체 참가자 중에는 비수급자의 비율이 40.1%에 이르는데, 이들 대부분은 과거의 수급 상태를 벗어난 이들이다(서종균, 김준희, 2011).

반면, 자활주거복지사업과 유사한 성격의 사업들이 중앙정부의 다양한 부처를 통해 동일한 대상에게 실시되고 있는 문제가 있다. 앞서 살펴본 국토교통부 산하 주거복지센터에서도 사회취약계층을 위한 집수리사업을 실시하고 있고, 산업통상자원부 산하 한국에너지재단에서는 국민기초생활수급가구 및 차상위계층 등에게 저소득층 에너지효율개선사업을 실시하고 있다. 자활주거복지사업에는 저소득층이 직접 참여하여 저소득층의 주거 환경을 개선한다는 점에서 다른 부처의 프로그램과 취지와 배경이 다르지만 현장에서는 같은 범주의 대상자에게 비슷한 내용의 사업이 지원되고 있는 실정이다.

(2) 노숙인복지와 주거지원

1990년대 후반 외환위기 이후 거리 노숙인이 사회문제화되자 노숙인복지가 부각되었다. 우리나라의 노숙인복지는 초기에 시설입소를 통한 보호에 주력하다가 점차 주거측면에 관심을 두고 취약계층에 대해 공공서비스를 제공하기 위한 노력으로 이동하기 시작하였다. 노숙인 대상 주거 관련 복지 시설로는 종래에 노숙인 쉼터와 상담보호센터, 그리고 주거 관련 프로그램으로는 임시주거비지원 프로그램, 운영기관을 통한 매입임대주택 프로그램 등이 있었다. 2012년 「노숙인 등의 복지 및 자립지원에 관한 법률」이 시행되면서 이 법 시행 전에 「사회복지사업법」에 따라 설치된 종전의 노숙인쉼터는 이 법에 따라 설치된 노숙인복지시설[8]로, 상담보호센터는 노숙인종합지원센터로 대체되었다.

종래의 노숙인쉼터는 1990년대 말 외환위기 이후 급격한 거리 노숙인 증가 상황에 맞추어 개소된 단기의 일시보호형, 지역사회근접형 소규모 생활시설이다. 노숙인에게 숙식과 일시보호를 제공하면서 일부 쉼터에서는 자활 및 고용지원 사업을 제공하였다. 노숙인 상담보호센터는 거리노숙인 수 급증에 대응하여 서울, 부산, 대구 등 대도시 거리노숙인 밀집지역을 중심으로 태어난 이용시설이었다. 이 센터는 거리노숙인에 대해 생활지원 및 응급지원과 노숙인 쉼터에 대한 정보제공과 의뢰 등 거리노숙인에 대한 접근성이 상대적으로 높은 체계로서 기능하였다. 상담보호센터는 노숙인에 대한 임시주거지원, 공공임대주택사업 등 다른 주거지원사업 운영기관으로 연결하는 역할도 수행하였다.

노숙인 등을 대상으로 한 임시주거지원서비스는 종래 민간(사회복지공동모금회)의 재원을 통해 주거지원과 함께 공공서비스의 보장을 목표로 이뤄진 사업이었다. 주거지가 없어 공공복지서비스 연계의 기회가 박탈되어 있는 사람들에게 인근의 쪽방, 고시원 등 가능한 저렴 주거지를 마련하여 그에 대한 임시주거비(2~3개월 월세)를 제공하고 그 기간 동안 사례관리를 통해 공공서비스와 연계하는 지역사회 통합 프로그램이었다. 거리노숙생활을 탈피하고 일반인에게 적용되는 사회복지 프로그램과 연결되도록 지원하는 것을 지원활동의 일차적 목표로 삼았는데 2006년부터 사업이 시작되어 2010년까지 5년간 약 3,000여 명에게 주거지원을 실시하였고, 이 중 80%는 거리 노숙생활로 돌아가지 않고 주거를 계속 유지하였다(남기철, 2011).

운영기관을 통한 노숙인 매입임대주택지원사업에는 단신자용 매입임대주택사업과 쪽방비닐하우스주민 등 취약계층을 위한 매입임대주택사업의 두 가지 경로가 있었다. LH공사가 다가구 혹은 다세대, 다가구 주택을 매입하여 시세의 약 1/3선에서 보증금과 월세 부담이 가능한 노숙인에게 임대하는 방식이었다. 일반매입임대주택사업과 달리 지방자치단체와 LH공사의 체계만 활용하지 않고 민간기관을 운영기관(노숙인 이용시설이나 생활시설, 쪽방 상담소 등과 관련된 조직체계)으로 선정하여 전달체계로 활용하는 특징이

---

8) 노숙인복지시설의 종류: 노숙인일시보호시설(노숙인 등에게 일시보호 및 복지서비스 연계 등을 제공), 노숙인자활시설(노숙인 등의 자립을 지원하기 위하여 전문적인 직업상담·훈련 등의 복지서비스를 제공), 노숙인재활시설(신체 및 정신장애 등으로 자립이 어려운 노숙인 등에게 치료 및 재활서비스를 제공), 노숙인요양시설(건강상의 문제 등으로 단기간 내 가정 및 사회복귀가 어려운 노숙인 등에게 요양서비스를 제공), 노숙인급식시설, 노숙인진료시설 등

있었다.

앞서 밝혔듯이 2012년에 「노숙인 등의 복지 및 자립지원에 관한 법률」(이하 '노숙인 자립지원법')이 시행되면서 앞에서 소개한 노숙인쉼터, 노숙인상담보호센터, 그리고 주거 관련 사업들은 법 속으로 재편되거나 편입되게 되었다. 「노숙인 자립지원법」 제10조 1항은 국가와 지방자치단체가 노숙인 등의 적절한 주거생활을 위하여 노숙인복지시설에 의한 보호, 「사회복지사업법」 제2조에 따른 사회복지시설 및 다른 법률에 따른 보호시설에 의한 보호, 임대주택의 공급, 임시주거비 지원, 그리고 그 밖에 대통령령으로 정하는 주거지원 등을 할 수 있다고 밝히고 있다. 동법 시행령 제4조 제1~4항에 따르면 보건복지부장관, 관계 중앙행정기관의 장, 시·도지사 및 시장·군수·구청장(자치구의 구청장을 말함)은 노숙인 등에 대한 주거지원을 하려는 경우 노숙인 등의 성별·나이·직업, 건강상태 및 본인의 의사 등과 관련 노숙인시설의 장의 의견을 고려하여 해당 노숙인 등에게 적합한 주거지원을 직접 제공하거나, 노숙인복지시설의 장에게 노숙인 등에 대한 보호를 의뢰하거나, 「사회복지사업법」 제2조 제4호에 따른 사회복지시설 및 다른 법률에 따른 보호시설의 장에게 노숙인 등에 대한 보호를 의뢰하여야 하며, 거주의 안정성을 유지하고 지역사회에 정착하는 데 필요한 서비스를 함께 제공할 수 있도록 되어 있다. 즉, 보건복지부장관을 비롯한 중앙부처의 장이나 지자체장들은 노숙인의 주거보호가 필요하다고 판단할 경우 앞서 살펴본 다양한 주거 관련 프로그램을 담당하는 시설로 의뢰하게 되어 있어 주거복지서비스의 직접 공급보다는 주거복지 욕구 확인 및 의뢰자의 역할이 강조되고 있는 것으로 보인다. 다만, 지자체가 설치·운영하거나 위탁 운영하는 주거복지센터를 통해 지역사회 정착에 필요한 주거복지서비스를 노숙인 등에게 제공할 수 있을 것으로 보인다.

5. 맺는 말

이 장에서는 주거복지의 개념이 취합되는 과정을 살펴본 후 주거복지활동의 핵심이라 할 수 있는 임대주택, 주거급여, 주택금융이라는 세 가지 제도를 개략적인 내용중심으로 살펴보았다. 그 제도나 프로그램의 실시와 관련된 최근의 통계자료(주택공급수, 주택금융 관련 예산, 센터의 숫자 등)는 주거복지 개념의 광의성 내지는 복합성으로 인해 상세히 제시하지 못하였다. 아울러 주거복지센터의 기능과 역할을 주거기본법 전과 후로 나누어 그 연결성을 추적해 보았다. 주거복지센터에서 주거복지전문 업무를 담당해야 할 전문 인력(주거복지사)의 자격제도와 활동 내용도 살펴보았다. 주거복지라는 용어 내 '복지'라는 단어만을 생각할 때 주거복지의 주 담당 전문분야는 사회복지분야가 되어야 할 것으로 쉽게 생각될 수 있으나 사회복지서비스 주무 부처인 보건복지부는 주거복지 분야에서 한 발 뒤로 물러나 있음을 알 수 있다. 하지만 「주거기본법」에 의거 주거복지의 주무 부서인 국토교통부 외에 보건복지부 책임하에 실시되고 있는 주거복지 관련 활동도 살펴 보았다.

주거복지의 핵심은 주택의 공급과 그 질의 향상 및 관리이지만, 그와 함께 주택취약계층의 욕구를 파악하고 그들의 어려움을 이해하고 그 욕구 충족을 위해 다양한 공공 및 민간 자원과 연계할 수 있는 인간존중 정신으로 무장된 통합 사례관리 인력이 주거복지의 목적 달성을 위해서는 필수적이다. 주거복지의 일차적 수단이 주택에 있다 보니 지금까지는 주택설계와 인테리어 디자인을 통해 바람직한 주거환경 조성, 평가, 관리, 그리고 주거 공간에서 사람과 환경의 상호작용을 연구하는 주거학 관련 전문가들이 주거복지 분야에서 가장 적극적으로 활동해 왔다. 하지만 주거복지서비스가 그것을 가장 필요로 하는 사람, 가장 적절한 사람에게 제대로 전달되기 위해서는 보다 많은 사회복지 전문인력이 주거복지분야에 투입되어야 할 것이다. 그 이유를 몇 가지 정리해 보면 다음과 같다.

첫째, 주거복지 관련 기관들이 나누어져 있어 서비스 이용자들이 서비스를 쉽고 적절하게 이용하기가 어렵다. 공공임대주택과 주거급여는 최종 전달업무가 LH공사와 지자체에 분산되어 있는 이원적 구조이다. 공공임대주택의 공급 및 운영관리, 주택급여 관련 주택상태조사 및 개보수 등 프로그램의 집행은 LH공사가 전담하고 있으나, 수요자의 신청접수, 자격심사, 선정 및 통보 등 접점업무는 지자체 중심으로 되어 있다. 2014년부터 국민임대주택(신규 건설분)에 대해서는 LH공사가 입주자를 직접 모집하고, 입주자 선정 및 통보, 입주절차 일체를 전담하는 것으로 바뀌었지만, 영구임대, 매입임대, 전세임대 등 취약계층을 대상으로 하는 임대주택의 경우, 신청/선정은 수급자 소득확인권한이 있는 지자체에서 여전히 담당하고 있다. 한편, 주택금융지원은 국토교통부와 금융위원회 소관하 HUG와 HF가 주로 전담하는데 금융업무의 특성상 최종 전달을 위한 대출취급업무는 대부분 시중 금융기관에서 위탁 수행하고 있다. 정리하면, 공공임대주택, 주거급여, 주택금융지원 등 대표적인 주거복지 프로그램이 개별적으로 운영되면서 각 프로그램 전달체계상의 연계성이 부족하다 보니 개별 수요자의 주거욕구를 종합적으로 판단하여 가장 적합한 주거지원책을 맞춤형으로 제공하는 종합적 주거지원이 이루어지지 못하고 있다는 것이다.

둘째, 주거취약계층은 임대주택, 급여, 금융 등 다양한 정책 중 가장 적합한 주거지원책을 찾는 데 상대적으로 많은 시간과 노력을 필요로 한다. 따라서 통합적인 상담, 정보제공을 포함하여 노숙, 쪽방 등 비주택 거주자의 임시 거처 마련에서부터 공공임대주택 퇴거자에 대한 후속적인 지원 모색, 긴급지원 등까지 복합적 주거복지욕구 충족을 위해 지역사회자원을 총 동원하여 연결할 수 있는 통합적 사례관리 수행 가능한 인력이 필요하다.

셋째, 궁극적인 주거복지는 주택 자체만이 아니라 지역사회 주거생활에 대한 초점을 유지해야 한다. 즉, 주택이 위치한 지역사회 내에서 주민 간 통합이 이루어질 수 있도록 지역사회 네트워크를 조직할 수 있는 능력을 가진 전문인력이 필요하다. 사회복지전문 인력은 지역사회복지 활동을 통해 지역주민과의 접촉, 자원발굴, 자원연계 등을 통한 지역사회 주민 통합에 대한 경험과 기술을 축적하고 있다.

반면, 사회복지인력은 주택이나 주거지원서비스의 상당부분의 내용에 대한 전문성을 갖고 있지 않다. 임대주택이나 주거급여 등 주거복지 프로그램은 사회복지일반과는 차별적인 현장조사(주택상태 및 임대차관계 등) 및 운영·관리의 특수성이 존재한다. 따라서 주택 상태, 주택의 개보수, 주택의 관리, 기타 주택의 건설, 매입, 공급 등에 관한 지식을 습득해야 보다 많은 사회복지인력이 주거복지 분야에 참여할 수 있을 것이다.

참고문헌

곽인숙(2007). 주거복지와 사회복지. 한국주거학회지, 2(1), 5-12.

김선미(2018). 주거취약계층. 제50회 주거복지포럼 자료집: 주거취약계층의 더 나은 주거지원을 위하여.

김영태(2008). 주거정책 및 제도. 2008 주거복지학교 교육자료집. 주거복지중앙센터.

김영태, 김영주(2007). 비영리민간단체를 대상으로 한 주거복지 의식조사 연구. 한국주거학회논문집, 18(4), 97-104.

남기철(2011). 한국의 노숙인복지와 주거지원. 비판사회정책, (31), 121-159.

남기철(2013). 주거복지서비스 전달체계의 우려. 월간복지동향, 179, 20-28.

남원석(2008). 주거복지 개념정립을 위한 시론. 도시와 빈곤, 84, 93-108.

박근석(2015). LH의 주거급여 시행과 주거복지센터의 역할 그리고 주거복지사의 활용 방안. 한국주거학회지, 10(2), 14-17.

박윤영(2014). 주거복지사제도 도입의 동향과 사회복지교육의 과제. 한국사회복지교육, 26, 61-82.

서종균, 김준희(2011). 자활 주거복지사업단 및 공동체의 현황과 발전 방안. 월간 복지동향, (152), 16-33.

이종권, 김경미(2016). 주거복지 공적 전달체계 개편방안 연구. 한국주거학회논문집, 27(4), 33-46.

이현정(2017). [주거·소비자·가족교육 분야] 주거취약계층의 주거안전망 구축과 주거복지사의 역할. 한국생활과학회 학술대회논문집, 110-128.

진미윤(2018). 주거취약계층. 제50회 주거복지포럼 자료집: 주거취약계층의 더 나은 주거지원을 위하여.

국토교통부 통계누리. http://stat.molit.go.kr/portal/cate/statView.do?hRsId=29&hFormId=2100&hDivEng=&month_yn=. 주택/주택보급률/(신)주택보급률.

마이홈포털. https://www.myhome.go.kr/hws/portal/cont/selectWlfrHousingView.do#guide=WH001 (2018. 7. 28.).

제22장

다문화복지서비스

송미영(충남여성정책개발원 선임연구위원)

1. 들어가는 말

한국에서 다문화에 대한 담론은 다문화 인구 구성이 급증하는 사회적 현상으로 시작되었다. 다문화 인구 증가는 2000년대 중반부터 시작되었으며, 이 시기에 농촌총각의 상업적 결혼중개를 통한 국제결혼이 성행하였기 때문이다. 이를 입증할 수 있는 다문화가족 관련 통계를 살펴본다. 2007년 다문화가족은 142,015명인데, 남성은 21,905명, 여성은 120,110명으로 여성이 남성보다 월등하게 높았다.

이러한 배경에서 2006년 정부차원의 '결혼이민자 가족 및 혼혈인·이주자 사회통합 지원방안'이 발표되었다. 결혼이민자를 지원하기 위한 전달체계로 결혼이민자가족지원센터가 개소하였다. 그 이후 2008년 3월 「다문화가족지원법」이 제정되면서 결혼이민자가족지원센터는 다문화가족지원센터로 명칭이 변경되었고, 다문화가족의 안정적인 정책지원체계로서의 역할과 기능을 담당하였다.

한편, 2000년 중반부터 현재까지 우리사회에서 다문화 인구가 얼마나 증가했는지 확인할 수 있다. 예컨대, 2007년 결혼이민자, 혼인귀화자, 기타사유 국적취득자의 수[1]는 142,015명에서 2016년 318,948명으로 9년 만에 약 2.2배 정도 급증한 것이다. 또한 통계

---

1) 「다문화가족지원법」의 개정(2011. 4. 4. 개정, 2011. 10. 5. 시행)으로 인해 2012년부터 혼인귀화자 외에 기타사유 국적취득자(인지·귀화)도 다문화가족에 포함된다.

청의 인구주택총조사(2017. 11.)에 따르면, 2016년 기준으로 다문화가족은 96만 명으로 집계되었다. 구체적으로 결혼이민자 및 귀화자가 31.9만 명, 18세 이하 자녀가 20.1만 명, 배우자 등 기타 가구원이 44만 명이다(여성가족부, 2018a). 이러한 추세라면, 향후 다문화 가족 인구는 2020년 내에 100만 이상으로 증가할 것으로 예측된다.

2018년 현재, 한국은 '다문화사회'라고 말할 수 있으며, 정부는 인권적 관점에서 모든 유형의 다문화 인구 혹은 외국인주민 일반[결혼이민자(다문화가족), 외국인 노동자, 유학생, 동포, 난민 등]의 사회통합을 강조하고 있다. 이러한 기조에서 2014년부터 다문화가족지원센터와 건강가정지원센터의 통합을 시행하고 있다. 2008년부터 전국에 설치된 다문화가족지원센터(2017. 12.)는 217개소에 달하며, 2017년 기준으로 통합센터는 101개소로 나타난다(여성가족부, 2017; 김정혼, 2017: 90). 이처럼 지역단위의 가족정책 전달체계의 통합으로 향후 다양한 이주배경 다문화 인구에 대한 복지정책은 통합서비스라는 방향성을 갖고 있다.

이 장에서는 다문화복지의 개념과 정책대상을 살펴보고, 다문화 인구현황과 사회문제는 무엇이며, 이에 대응하는 정책과 서비스를 검토한다. 마지막으로 다문화복지 차원의 향후 전망과 사회통합 정책과제를 조망해 본다. 다문화복지 정책대상의 범위가 매우 넓으나 이 장에서는 다문화가족을 대상으로 하는 복지정책과 서비스를 중심으로 논의하고자 한다.

2. 다문화복지의 정책대상과 변천과정

1) 다문화복지의 개념과 정책대상

다문화복지의 개념을 어떻게 정의하는가에 따라 정책대상이 달라질 수 있다. 넓은 의미의 다문화복지는 국외에서 다른 문화를 배경으로 생활했던 외국인 주민(결혼이민자, 외국인 노동자, 외국인 유학생, 북한이탈주민 등)이 국내에 거주하는 사람을 정책대상으로 지원하는 것이다. 반면, 좁은 의미의 다문화복지는 '다문화'라는 법적인 개념을 적용하고 「다문화가족지원법」에 근거하여 정책대상을 다문화가족으로 한정하여 지원하는 것이다. 즉, 「다문화가족지원법」 제2조[2]에 의하여 '가족 중 한 사람이 한국국적을 취득한 자로 이루어진 가족'이다.

「다문화가족지원법」이 제정(2008년)되기 이전에는 다른 법률에서 정의하는 다문화가족 개념을 적용하였기 때문에 다문화복지의 정책대상 범위를 매우 넓게 간주하였다. 다른 법률에서 '한국 남성과 결혼한 이주여성가족, 한국여성과 결혼한 이주남성가족, 이주민 가족(이주노동자, 유학생, 북한이탈주민 등)을 포함하여 다문화가족의 의미로 사용하였다(오경석, 2007; 김정인, 2018: 274). 이와 비슷한 견해로 이경희(2012)는 우리사회에 새롭게 이주한 가족들의 이주 동기 등과 관계없이 폭넓게 수용하고 차별하지 않아야 한다고 주장했다. 이를 위하여 외국인 노동자, 국제결혼이주여성, 북한이탈주민, 동포 등을 다문화가족의 범위로 포함시켰다(홍진표, 2018: 19).

한편, 「다문화가족지원법」이 제정되면서 다문화가족을 일정한 범위로 한정(결혼이민자, 혼인귀화자)하기 시작하였고, 「다문화가족지원법」 개정(2011. 4. 4. 개정, 2011. 10. 5. 시행)하여 2012년부터는 혼인귀화자 외에 기타사유 국적취득자(인지·귀화)도 다문화가족에 포함되어 현재에 이르고 있다. 이러한 관점에서 다문화복지 정책대상은 국내에 거주하는 결혼이민자, 혼인귀화자, 기타사유 국적취득한 사람과 그 가족으로 정의된다.

2) 다문화복지정책의 변천과정

다문화복지정책은 2000년대 이후 우리사회에 급증하기 시작한 다문화가족들의 한국 생활의 안정적 정착의 어려움, 인권 침해 등을 지원하기 위하여 시작되었다. 현재의 다문화복지정책의 한 영역으로 자리매김한 변천과정을 간략하게 소개한다.

다문화가족을 위한 정책을 본격적으로 추진하기 시작한 계기는 2006년 대통령자문 기구인 빈부격차·차별시정위원회와 여성가족부 등 12개 부처가 공동으로 마련한 여성결혼이민자 가족의 사회통합 지원 대책이다. 이를 기반으로 다문화가족지원 전달체계인 '결혼이민자가족지원센터'가 12개소가 개소하여 운영되었다.

한국에 결혼, 노동 등의 목적으로 이주하는 다문화인구가 증가함에 따라, 한국국민과

---

2) 「다문화가족지원법」 제2조에서는 다문화가족에 대하여 정의하고 있다. 「재한외국인 처우 기본법」 제2조 제3호의 결혼이민자와 「국적법」 제2조부터 제4조까지의 규정에 따라 대한민국 국적을 취득한 자로 이루어진 가족이다. 또는 「국적법」 제3조 및 제4조에 따라 대한민국 국적을 취득한 자와 같은 법 제2조부터 제4조까지의 규정에 따라 대한민국 국적을 취득한 자로 이루어진 가족이다. 여기서 결혼이민자 등은 다문화가족의 구성원으로서 「재한외국인 처우 기본법」 제2조 제3호의 결혼이민자 또는 국적법」 제4조에 따라 귀화허가를 받은 자에 해당하는 사람을 말한다(국가법령정보센터).

재한외국인이 서로를 이해하고 존중하는 사회 환경을 만들어 한국의 발전과 사회통합을 이루려는 목적으로 「재한외국인 처우 기본법」(2007)이 제정되었다. 더불어 결혼이민자에 대한 가정폭력, 결혼중개업 이용자 피해 등이 사회문제로 부각됨에 따라, 결혼중개업 이용자의 피해를 예방하여 그 이용자를 보호하기 위한 목적으로 「결혼중개업의 관리에 관한 법률」이 제정되었다. 이 법률의 제정으로 결혼중개업의 운영실태 및 이용자의 피해사례 등 결혼중개 실태조사, 국내 및 국제결혼중개업 등록, 국제결혼 중개업체의 공시 등 국제결혼에 대한 관리·감독이 강화되었다.

2008년 「다문화가족지원법」의 제정은 우리 사회에 커다란 인식의 변화와 정책적 변천을 가져왔다. 우선, 그동안 '국제결혼이민자'라고 사용하던 용어가 '다문화가족'이라는 용어로 변화하였다. 이로 인하여 다문화복지의 정책적 대상도 '결혼이민자' 개인 중심의 접근에서 '결혼이민자 가족' 중심으로 명확하게 규정되었다. 즉, 결혼이민자의 언어, 안정적 생활적응 등 지원 중심에서 결혼이민자의 남편, 시부모 등 가족전체와의 의사소통, 문화이해, 법률상담 등 지원정책으로 확대되었다.

다음 해인 2009년에는 '다문화가족지원개선종합대책(안)'이 발표되었다. 그리고 다문화가족정책위원회 규정이 만들어지고, 다문화가족지원사업의 효율적 추진을 위하여 국무총리실 소속으로 다문화가족정책위원회가 설치되었다. 다문화가족정책위원회는 부처 간 유사·중복사업 조정 등 관련정책을 총괄하는 기능을 하였다.

2010부터 단기 및 중장기적으로 다문화가족정책의 기본방향과 발전시책을 수립하기 시작하였다. 2010년에는 제1차 다문화가족지원정책기본계획(2010~2012)이 수립 및 추진되었으며, 2012년에는 제2차 다문화가족정책기본계획(2013~2017)이 수립 및 추진되었다. 2018년에는 제2차 기본계획이 만료됨에 따라, 제3차 다문화가족정책기본계획(2018~2022)이 수립되어 추진 중이다.

한편, 결혼이민자 가족뿐만 아니라 이주배경 아동·청소년 등 다양한 다문화가족의 등장과 이주유형별 사회통합 정책과제가 증가함에 따라 가족 유형별로 이원화되어 있는 전달체계의 통합이 2014년부터 시작되었다. 대표적으로 다문화가족지원센터와 건강가정지원센터의 통합시범사업(9개소)이 있다. 이를 계기로 2017년 다문화가족지원센터(217개소) 중 101개소가 다문화가족지원센터와 건강가정지원센터의 통합센터로 변모하였다. 향후, 점진적으로 결혼이민자의 입국비율이 줄어들고, 다문화가족지원센터의 이용률의 정체가 전망된다. 이에 따라 다문화정책도 다문화가족뿐만 아니라 한국에 거주하는 전체 외국인 주민을 정책대상으로 하는 사회통합정책으로 변화를 시도해야 할 것이다.

〈표 22-1〉 연도별 다문화정책의 변천과정

연도	주요 변천과정
2006	• 여성결혼이민자가족 및 혼혈인·이주자사회통합지원방안 발표 • 결혼이민자가족지원센터 설치(12개소)
2007	• 「재한외국인 처우 기본법」 제정 및 시행 • 「결혼중개업의 관리에 관한 법률」 제정
2008	• 「다문화가족지원법」 제정 및 시행 • 결혼이민자지원센터가 다문화가족지원센터로 명칭 변경 • 다문화가족 생애주기별 맞춤형 지원강화대책발표(보건복지부)
2009	• '다문화가족지원개선종합대책(안)' 발표 • 「다문화가족정책위원회 규정」 시행 및 제1차다문화가족정책 위원회 개최
2010	• 제1차 다문화가족지원정책기본계획(2010~2012)수립 및 추진
2011	• 「다문화가족지원법」 개정으로 다문화가족 정의 확대
2012	• 「결혼중개업의 관리에 관한 법률」 개정으로 인한 결혼중개업체 관리감독강화 • 제2차 다문화가족정책기본계획(2013~2017) 수립 및 추진
2014	• 다문화가족지원센터와 건강가정지원센터의 통합시범사업(9개소)
2017	• 다문화가족지원센터설치(217개소) • 다문화가족지원센터와 건강가정지원센터의 통합센터(101개소)
2018	• 제3차 다문화가족정책기본계획(2018~2022) 수립 및 추진

출처: 감사원(2018); 여성가족부(2018b); 김정흔(2017) 재구성.

3. 다문화 인구현황과 사회적 이슈

1) 다문화 인구현황과 특성

(1) 연도별 입국하는 결혼이민자 현황과 특성

2002년 이후 매년 28% 이상의 높은 증가율을 보이던 결혼이민자는 2014년 4월 국제결혼 건전화를 위한 결혼이민 사증발급심사 강화 및 국제결혼 안내프로그램 이수 의무화 조치 등으로 인하여 감소하고 있다. 법무부의 출입국통계를 살펴보면, 최근 3년간 평균 증가율은 0.96%로 나타난다. 2017년에는 155,457명으로 전년 대비 2% 증가하였다. 향후, 혼인건수의 감소로 국적 미취득 결혼이민자 규모는 둔화될 것으로 전망된다. 반면에, 혼인귀화자는 지속적으로 증가될 것으로 예측된다.

〈표 22-2〉 연도별 결혼이민자 증가 추이   (단위: 명, %)

구분	2013	2014	2015	2016	2017
현황 (전년대비)	150,865 (101.6)	50,994 (100.1)	151,608 (100.4)	152,374 (100.5)	155,457 (102.0)

출처: 법무부(2017: 50).

한국에 결혼을 목적으로 입국하는 이민자의 국적은 1990년대까지는 종교단체를 통해 입국한 일본여성이 다수를 차지하고 있었다. 그러나 2000년대 초부터 중국 및 필리핀 국적 결혼이민자의 증가가 두드러졌다. 베트남, 캄보디아, 몽골, 태국 등 국적이 다양해지는 경향을 보이고 있다.

현재 결혼이민자를 국적별로 보면 중국이 37.1%로 가장 많으며, 다음은 베트남 27.1%, 일본 8.6%, 필리핀 7.6% 등의 순이다. 결혼이민자의 국적이 일본이 다수를 차지하다가 현재 다양화되는 특성이 나타나기는 한다. 그러나 아시아의 특정국가에 주로 집중 분포하고 있는 것으로 파악되며, 한국의 결혼이민자는 상업적 결혼중개를 통하여 입국하는 특성을 보인다.

시도별 · 성별로 결혼이민자의 거주현황을 살펴본다. 경기도가 28.2%로 가장 높고, 그다음은 서울(17.9%), 경남(6.6%) 순이다. 수도권(경기, 서울, 인천) 거주자가 52.5%로 과반수 이상을 차지하고 있다. 성별로 분포를 살펴보면, 여성이 130,227명으로 전체의 83.8%로 절대 다수를 차지하고 있다. 반면에, 남성은 25,230명(16.2%)을 차지하고 있다. 이러한 성별 특징으로부터 한국남성의 국제결혼 비율 증가와 더불어 사회적으로 다문화 자녀 돌봄 및 양육 등 다문화 이슈 등이 부각될 것으로 예측된다.

〈표 22-3〉 성별 · 결혼이민비자 유형별 결혼이민자 분포   (단위: 명)

구분	소계(결혼이민 비자종류)	국민배우자 (F-2-1)	국민배우자 (F-5-2)	국민배우자 (F-6-1)	자녀양육 (F-6-2)	혼인단절 (F-6-3)
전체	155,457	2,996	29,938	116,996	2,704	2,823

남성	25,230	186	4,047	20,484	232	281
여성	130,227	2,810	25,891	96,512	2,472	2,542

출처: 법무부(2017: 51).

(2) 다문화가족의 구성 형태 및 규모

다문화가족의 정의는 「다문화가족지원법」에서 규정하고 있다. 즉, 한국인(출생·인지·귀화 등 불문)과 결혼이민자(외국인)로 이루어진 가족 또는 한국인과 귀화자로 이루어진 가족이다. 법에 근거하여 한국에 거주하는 다문화가족으로 이루어진 가구는 2016년 11월 기준으로 316,067가구(가구원 963,174명)로 집계된다.

다문화가족의 구성형태는 크게 6가지로 분류된다. 우선, 대한민국에서 출생한 국민(이하 "내국인(출생)"이라 한다)과 결혼이민자로 이루어진 가구가 전체의 36.6%(115,786가구)로 가장 많다. 그다음은 내국인(출생)과 귀화로 국적을 취득한 자(이하 "귀화자"라 한다)로 이루어진 가구가 24.6%(77,702가구)이다. 귀화자로만 이루어진 가구는 10.5%(47,004가구)이며, 귀화자와 결혼이민자의 구성형태는 4.6%이다. 그리고 외국인＋결혼이민자, 다문화자녀＋외국인 등으로 가족이 구성된 기타는 8.9%(28,129명)로 파악된다.

⟨표 22-4⟩ 다문화가족 구성 형태 및 규모   (단위: 가구, %)

합계	내국인(출생) ＋ 결혼이민자	내국인(출생) ＋ 귀화자	귀화자 ＋ 귀화자	내국인(출생) ＋ 다문화자녀	귀화자 ＋결혼이민자	기타(주)
316,067	115,786	77,702	47,004	33,059	14,387	28,129
구성비	36.6	24.6	14.9	10.5	4.6	8.9

* 외국인＋결혼이민자, 다문화자녀＋외국인 등
출처: 감사원(2018: 4).

2) 다문화복지와 사회적 이슈

다문화가족에만 관련된 사회적 이슈와 한국에 거주하는 외국인주민 일반과 관련된 사회적 이슈 범위 안에 다문화가족에게도 해당되는 공통의 이슈가 있다. 또한 다문화가족은 가족구성원이 다양하므로 의사소통, 문화적 차이 등 개인별로 해결해야 할 문제가 있다. 그러나 내국인 가족구성원보다는 결혼이주여성과 자녀가 상대적으로 어려움을 느낄 수 있다. 다문화복지 욕구에 대한 정책지원 중심으로 몇 가지를 제시한다.

(1) 결혼이주여성의 사회참여와 경제적 참여 확대

한국에서 생활하는 결혼이주여성의 가구소득이 낮은 수준에 있으며, 경제활동 참여욕구가 크다. 그러나 실제 다문화가족의 이주여성의 취업 혹은 창업은 현실적으로 매우 어려운 실정이다. 결혼이민자의 고용율은 2012년 47.4%에서 2015년에 50.7%로 약 3.3%, 2016년에 52.3%로 약 1.6% 증가했을 뿐이다. 또한 월가구 소득도 2012년 26%에서 2015년 37.8%로 나타난다(여성가족부, 2018b: 3). 일부 지역에서는 다문화가족지원센터를 중심으로 취·창업지원사업을 추진하고 있으나 전담자가 없는 가운데 전문성과 지속적 노력이 어려운 실정이다. 또한 여성새로일하기센터를 통해 이주여성 취·창업 교육을 실시하고, 취업연계를 진행하고 있다. 그러나 여성일자리 구조가 취약한 지역에서는 경제활동 참여로 연결되기가 쉽지 않다(충청남도, 2016: 30). 따라서 직업훈련 기회 확대, 취업연계 강화, 취·창업 전담 전문가 배치 등을 통하여 결혼이주여성의 사회참여와 경제적 참여를 확대할 수 있도록 체계마련이 필요하다.

(2) 가정폭력, 가족해체 등을 경험한 다문화가족에 대한 인권 관점의 제도적 지원

한국 내에 네트워크가 약한 다문화 한부모가족은 이혼과 더불어 거주지를 마련하지 못하여 자녀를 본국에 보내고, 본인은 공장기숙사나 원룸 등에서 다른 이주민과 지내는 사례가 많다. 이처럼 다문화 한부모가족에게 거주지와 주소지 확보 문제는 매우 어려운 문제이다(충청남도, 2016: 30). 특히 가정폭력 등으로 가족해체를 경험한 경우, 일정 기간의 보호와 더불어 생계문제 해결을 위한 경제적 활동, 종합상담 지원, 폭력피해여성의 쉼터, 의료지원, 자녀 돌봄, 주거지원, 자녀동반 그룹홈 등 지원이 절실하다. 다문화 한부모가족의 인권보호를 위하여 차별금지, 주거권, 생활권, 문화권, 건강권 등이 보장될 수 있도록 지원이 강화되어야 한다.

(3) 이주배경 아동·청소년의 건강한 성장지원 체계화

다문화가족 자녀는 다양한 특성을 가지고 있다. 정책대상은 영유아부터 청소년까지 있으며, 한국에서 태어나 성장하는 다문화가족 자녀는 언어적 어려움이나 생활환경 적응에 상대적으로 어려움이 없다. 그러나 최근 외국에서 성장하다가 국제결혼한 엄마가 거주하는 곳으로 중도에 입국한 자녀가 있다. 이 같은 이주배경 청소년은 언어, 학업, 사회적 관계 등 여러 방면에서 어려움을 겪을 수 있으므로 결혼이민자와 같은 초기적응 지원이 집중될 필요성이 있다(최윤정 외, 2017: 30). 교육부차원에서는 중도입국 청소년을 위한 다문화 예비학교를 마련하여 일정기간 동안 준비과정을 거쳐 일반학급에 편입하도록 하는 정책이 있다.

일부 지역에서는 다양한 이주배경 아동·청소년을 위한 다문화 교육 기회를 제공 및 진로·진학 전문상담을 지원하기도 한다. 전반적으로 결혼이민자뿐만 아니라 한국계 동포, 외국인 노동자 등 국내 체류 정주 이주민의 수가 증가함에 따라 전국적으로 이주배경을 가진 아동·청소년도 증가할 것으로 예측된다. 특히 이주배경 중도입국 아동·청소년 가운데 10대 후반 자녀들은 공교육 진입이 쉽지 않다. 만약 학교 밖에서 성장할 경우, 교육권보장 등과 같은 인권측면의 문제뿐만 아니라 소외와 불안정한 성장으로 인한 사회적 불안과 위험도 증가할 것이다(충청남도, 2016). 따라서 의무교육 연령에 속하는 중·고등 학령기 이주배경 청소년의 공교육진입을 통한 글로벌 역량을 지닌 시민으로의 성장을 지원하는 대안교육기회를 확대할 필요성이 있다.

(4) 외국인 주민의 사회통합지원

결혼이민여성이 농촌총각의 결혼문제 해결에 어느 정도 기여하는 동안에, 우리 사회는 국내체류 외국인 주민이 증가함에 따라 다문화사회로 변모하였다. 이에 따라 다문화가족뿐만 아니라 외국인노동자, 유학생 등 외국인 주민에 대한 사회통합정책이 강조되고 있다. 사회통합정책은 인권의 시각으로 접근되며, 지역사회에 거주하는 주민으로서 정체성을 가질 수 있도록 지원한다.

대표적인 외국인 주민의 사회통합지원정책 중 두 가지를 소개한다. 첫째, 외국인 주민 언어소통지원이다. 초기적응 결혼이민자, 외국인 근로자뿐만 아니라 외국인 유학생 등은 일상생활에서 다국어서비스(다국어 정보제공, 통역, 다국어 법률정보, 폭력 등 인권침해에 대한 상담 및 자원연계 등)에 대한 욕구가 크다(송미영, 2016b). 외국인 주민을 위한 일상생활서비스(행정, 교통, 주거, 교육, 의료, 관광, 금융 등), 출입국 체류서비스(국적, 체류자격 변경, 행정절차, 보험 등), 통·번역서비스(전화상담 시 3자 동시 통화서비스 등), 대상자별 고충상담[병원 및 병원 응급실의 문진지원, 관공서의 불편사항, 근로관계, 인권, 취업, 갈등(시비) 등의 언어소통을 지원하는 서비스]을 제공하는 인프라를 구축하고 있는 지방자치단체로 서울, 안산, 부산, 충남 등이 있다.

외국인 주민을 위한 콜센터 구축을 통하여 외국인 주민을 둘러싸고 있는 사회체계인 외국인근로자지원센터, 다문화가족지원센터, 출입국관리사무소, 경찰청, 지방노동청, 지방자치단체 등과 정보교류, 자원연계 등을 통한 시너지 효과를 창출할 수 있다(송미영,

2016a: 2). 또 다른 사회통합적 관점을 적용한 접근방법으로 외국인 주민(결혼이민자, 외국인 노동자, 유학생 등)에 대한 정책과정참여 기회제공이다.

지역사회에 거주하는 다양한 외국인 주민의 국적, 성별, 분야의 대표성을 고려한 외국인 주민 정책참여 기구이다. 외국인 주민의 일상생활 어려움 해결과 관련한 다양한 의견을 제안하여 정책에 반영되는 기회를 제공하는 것이다. 이처럼 당사자들로 구성된 회의기구는 당사자와 관련된 정책에 대하여 직접제안, 자문, 심의, 모니터링하여 실질적으로 정책형성과정에 참여할 수 있다(송미영, 2017). 전국에서 서울시가 외국인주민대표자회의를 설치하여 운영 중이며, 충청남도도 2018년 12월에 외국인주민대표자회의를 구성할 예정이다.

4. 다문화복지정책

1) 다문화복지 관련 법령

다문화가족과 관련된 법령은 여러 가지가 있지만 크게 3가지로 요약할 수 있다. 우선, '다문화복지정책의 변천과정'에서 소개된 「재한외국인 처우 기본법」과 「다문화가족지원법」이 있다. 그리고 대한민국의 국적취득과 관련된 「국적법」이 있다. 「재한외국인 처우 기본법」(2007. 4. 27.)은 재한외국인이 대한민국 사회에 적응하여 개인의 능력을 충분히 발휘하며, 대한민국 국민과 재한외국인이 서로를 이해하고 존중하는 사회 환경을 만들어 사회통합을 이루고자 하는 목적으로 제정되었다. 「다문화가족지원법」(2008. 3. 21.)은 다문화가족 구성원의 삶의 질 향상과 사회통합을 위하여 제정되었다.

이러한 기본법 외에 다문화가족, 외국인 주민 등을 비롯한 외국인에 대한 법적 처우를 개선하기 위하여 「국민연금법」 「국민건강보험법」 「고용보험법」 「국민기초생활보장법」 「한부모가족지원법」 「가정폭력 방지 및 피해자보호 등에 관한 법률」 등에서 다문화가족 및 외국인 관련 조항이 규정되어 있다. 또한 「외국인 근로자의 고용 등에 관한 법률」 「결혼중개업에 관한 법률」 등이 제정되었다. 그리고 지방자치단체차원에서 외국인 주민 및 다문화가족 지원 조례들이 제정되었다(홍진표, 2018: 11-12). 다문화가족과 관련된 대표적인 3가지 법령의 목적은 간략히 기술하였으므로 법령에서 삶의 질 향상과 사회통합의 차원에서 명시한 정책내용을 중심으로 요약한다.

(1) 다문화가족지원법

「다문화가족지원법」 제3조에서 다문화가족지원을 위한 국가와 지방자치단체의 책무를 명시하고 있다(http://www.law.go.kr/). 이를 위하여 다문화가족 지원을 위한 담당기구와 공무원을 두어야 하며, 필요한 제도와 여건을 조성하고 이를 위한 시책을 수립ㆍ시행하여야 한다. 우선, 5년마다 다문화가족 지원을 위한 기본계획을 수립하고, 연도별 시행계획을 수립하여야 한다. 더불어 다문화가족의 삶의 질 향상과 사회통합에 관한 중요사항을 심의ㆍ조정하기 위하여 다문화가족정책위원회를 설치하여 운영해야 한다.

제4조에서는 3년마다 다문화가족 현황 및 실태를 파악하고, 조사결과를 공표하며, 조사결과를 다문화가족 지원을 위한 정책 수립에 활용하도록 명시하고 있다. 특히 제3항[3]에서 실태조사를 실시하는데 외국인정책 관련 사항에 대해서 법무부장관, 아동ㆍ청소년의 교육현황 및 인식 등에 대해서 교육부장관과 협의하여 실시하도록 하고 있다.

제5조에서 국가와 지방자치단체는 다문화가족에 대한 이해증진을 해야 함을 명시하고 있다. 구체적으로 제1항에서 다문화가족에 대한 사회적 차별 및 편견을 예방하고 사회구성원이 문화적 다양성을 인정하고 존중할 수 있도록 다문화 이해교육을 실시하고 홍보 등 필요한 조치를 해야 함을 강조하고 있다. 특히 제6항[4]에서는 학교의 교원에 대한 다문화 이해교육 관련 연수를 실시해야 함이 포함되어 있다. 이러한 조항의 신설로 다문화사회에 다문화교육정책이 중요하게 다루어지고 있음을 알 수 있다.

제8조에서는 국가와 지방자치단체는 「가정폭력방지 및 피해자보호 등에 관한 법률」에 따라 다문화가족 내 가정폭력을 예방하기 위하여 노력해야 하고, 보호 및 지원을 해야 한다고 규정하고 있다. 제10조에서는 아동ㆍ청소년의 보육ㆍ교육을 실시하는 데 다문화가족 구성원인 아동ㆍ청소년을 차별하여서는 아니 됨을 명시하고 있다.

제11조에서는 결혼이민자 등의 의사소통의 어려움을 해소하고 서비스 접근성을 제고하기 위하여 다국어에 의한 서비스 제공노력을 해야 함이 있다. 또한 다국어에 의한 상담ㆍ통역 서비스 등을 결혼이민자 등에게 제공하기 위하여 다문화가족 종합정보 전화센

---

[3] 여성가족부장관은 제1항에 따른 실태조사를 실시함에 있어서 외국인정책 관련 사항에 대하여는 법무부장관과 다문화가족 구성원인 아동ㆍ청소년의 교육현황 및 아동ㆍ청소년의 다문화가족에 대한 인식 등에 관한 사항에 대하여는 교육부장관과 협의를 거쳐 실시한다(http://www.law.go.kr/).

[4] 교육부장관과 특별시ㆍ광역시ㆍ특별자치시ㆍ도ㆍ특별자치도의 교육감은 「유아교육법」 제2조 및 「초ㆍ중등교육법」 제2조에 따른 학교의 교원에 대하여 대통령령으로 정하는 바에 따라 다문화 이해교육 관련 연수를 실시하여야 한다. 〈신설 2017. 12. 12.〉(http://www.law.go.kr/)

터의 설치 · 운영을 포함하고 있다.

제12조에서는 다문화가족을 지원하기 위하여 다문화가족지원센터를 설치 · 운영할 수 있도록 규정하고 있다. 지원센터의 설치 · 운영기준, 지정기간 및 절차, 업무, 전문 인력의 기준 등에 대하여 명시하고 있다.

(2) 재한외국인 처우 기본법

재한외국인에 대한 정의는 제2조에서 정의5)하고 있다. 재한외국인은 국적은 가지지 않고, 대한민국에 합법적으로 거주하는 사람을 말하며, 국적을 취득하지 않은 결혼이민자도 포함된다. 제3조에서 재한외국인에 대한 처우 등에 관한 정책의 수립 · 시행에 노력에 대한 국가 및 지방자치단체의 책무를 명시하고 있다(http://www.law.go.kr/). 대표적인 정책으로 법무부장관은 5년마다 외국인정책에 관한 기본계획과 연도별 시행계획을 수립해야만 한다(제5조, 제6조).

제3장에서는 국가 및 지방자치단체는 재한외국인 등의 처우를 위한 지원이 제시되어 있다. 우선, 재한 외국인 또는 자녀의 인권옹호를 위하여 불합리한 차별 방지 및 인권옹호를 위한 교육 · 홍보, 그 밖에 필요한 조치를 하기 위하여 노력해야 한다. 또한 재한외국인의 생활하는 데 필요한 기본적 소양을 지식습득하기 위한 상담, 교육, 정보제공을 제공해야 한다.

더불어 결혼이민자에 대한 국어교육, 대한민국의 제도 · 문화에 대한 교육, 결혼이민자의 자녀에 대한 보육 및 교육 지원, 의료 지원 등을 통하여 결혼이민자 및 그 자녀가 대한민국 사회에 빨리 적응하도록 지원할 수 있다. 이러한 지원대상은 대한민국 국민과 사실혼 관계에서 출생한 자녀를 양육하고 있는 재한외국인 및 그 자녀에 대하여 준용함을 명시하고 있다.

제20조에서는 외국인 주민에 대한 민원 안내 및 상담서비스를 제공에 대한 내용이 포함되어 있다. 공공기관장은 재한외국인에게 민원처리절차를 안내하는 업무를 전담하는

---

5) 1. "재한외국인"이란 대한민국의 국적을 가지지 아니한 자로서 대한민국에 거주할 목적을 가지고 합법적으로 체류하고 있는 자를 말한다.

2. "재한외국인에 대한 처우"란 국가 및 지방자치단체가 재한외국인을 그 법적 지위에 따라 적정하게 대우하는 것을 말한다.

3. "결혼이민자"란 대한민국 국민과 혼인한 적이 있거나 혼인관계에 있는 재한외국인을 말한다(http://www.law.go.kr/).

직원을 지정할 수 있고, 그 직원으로 하여금 소정의 교육을 이수하도록 할 수 있다. 또한 국가는 전화 또는 전자통신망을 이용하여 재한외국인과 그 밖에 대통령령으로 정하는 자에게 외국어로 민원을 안내ㆍ상담하기 위하여 외국인종합안내센터를 설치ㆍ운영할 수 있도록 하고 있다.

이러한 법적근거(제11조 재한외국인의 사회적응 지원, 제20조 등)와 지방자치단체의 조례에 근거하여 부산광역시, 서울특별시, 안산시, 충청남도 등 외구인 주민을 위한 콜센터를 설립하여 외국인주민, 결혼 이민자 등에게 생활불편사항 등 애로사항 상담, 이동상담, 법률ㆍ의료ㆍ노무 등 전문상담 서비스를 제공하고 있다.

(3) 국적법

「국적법」에서는 대한민국 국민이 되는 요건을 정하고 있다. 제2조에서 출생에 의한 국적취득[6]이 정의되어 있다(http://www.law.go.kr/). 「국적법」 제2조 제1항[7]에 해당하는 자는 출생과 동시에 국적을 취득할 수 있다. 결혼이민자의 경우, 한국인 남성과 결혼하여 자녀가 출생할 경우, 자녀는 대한민국 국적을 취득하게 된다.

이외에 국적을 취득하여 다문화가족이 될 수 있는 경우를 법에 규정하고 있다. 제3조에서 인지에 의한 국적취득,[8] 제4조에서 귀화에 의한 국적취득,[9] 제6조에서 간이귀화

---

6) 1. 출생 당시에 부(父)또는 모(母)가 대한민국의 국민인 자

　2. 출생하기 전에 부가 사망한 경우에는 그 사망 당시에 부가 대한민국의 국민이었던 자

　3. 부모가 모두 분명하지 아니한 경우나 국적이 없는 경우에는 대한민국에서 출생한 자

7) 출생 당시에 부(父)또는 모(母)가 대한민국의 국민인 자

8) ① 대한민국의 국민이 아닌 자(이하 "외국인"이라 한다)로서 대한민국의 국민인 부 또는 모에 의하여 인지(認知)된 자가 다음 각 호의 요건을 모두 갖추면 법무부장관에게 신고함으로써 대한민국 국적을 취득할 수 있다.

　1. 대한민국의 「민법」상 미성년일 것

　2. 출생 당시에 부 또는 모가 대한민국의 국민이었을 것

　② 제1항에 따라 신고한 자는 그 신고를 한 때에 대한민국 국적을 취득한다.

　③ 제1항에 따른 신고 절차와 그 밖에 필요한 사항은 대통령령으로 정한다.

9) ① 대한민국 국적을 취득한 사실이 없는 외국인은 법무부장관의 귀화허가(歸化許可)를 받아 대한민국 국적을 취득할 수 있다.

　② 법무부장관은 귀화허가 신청을 받으면 제5조부터 제7조까지의 귀화 요건을 갖추었는지를 심사한 후 그 요건을 갖춘 사람에게만 귀화를 허가한다. 〈개정 2017. 12. 19.〉

요건을 명시하고 있다. 그러나 국적을 취득한 후에도 국적취소가 가능하다. 제21조에서 법무부장관은 거짓이나 그 밖의 부정한 방법으로 귀화허가나 국적회복허가 또는 국적보유판정을 받은 자에 대하여 그 허가 또는 판정을 취소할 수 있다고 규정되어 있다.

2) 다문화가족정책의 추진체계

법령에 근거한 다문화가족정책의 추진체계는 중앙정부 차원의 다문화가족정책위원회(위원장: 국무총리)에서 총괄 및 조정하고 있다. 중앙정부 차원에서는 여성가족부, 법무부, 교육부, 행정안전부, 문화관광체육관광부, 고용노동부, 농림축산식품부와 연계하여 정책이 추진되고 있다. 지방자치단체 차원에서는 17개 시·도, 다문화가족지원센터, 시·도 교육청을 중심으로 정책추진체계가 구성되어 있다.

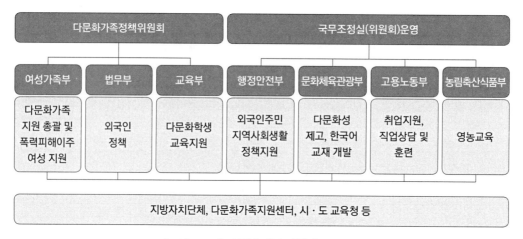

[그림 22-1] 다문화가족정책 추진체계

출처: 감사원(2018: 10).

---

③ 제1항에 따라 귀화허가를 받은 사람은 법무부장관 앞에서 국민선서를 하고 귀화증서를 수여받은 때에 대한민국 국적을 취득한다. 다만, 법무부장관은 연령, 신체적·정신적 장애 등으로 국민선서의 의미를 이해할 수 없거나 이해한 것을 표현할 수 없다고 인정되는 사람에게는 국민선서를 면제할 수 있다. 〈개정 2017. 12. 19.〉

(1) 다문화가족정책위원회

「다문화가족지원법」(제3조의4)에 근거하여 다문화가족정책위원회가 구성된다. 다문화가족의 삶의 질 향상과 사회통합 등 중요사항을 심의·조정하는 위원회이다. 위원회 위원은 다문화가족정책과 관련된 중앙행정기관의 장(12명)[10]과 국무총리가 위촉하는 7명 이내의 민간인 등 20명 이내로 구성된다. 주요 기능은 다문화가족 지원을 위한 기본계획 및 시행계획의 수립·시행, 추진실적 점검 및 평가, 각종 다문화가족 지원사업의 조정·협력 등에 관한 사항을 심의·조정하는 것이다.

(2) 중앙행정기관 및 지방자치단체의 다문화가족지원센터

다문화가족정책의 주관부서는 여성가족부이다. 정책추진은 법무부, 교육부, 행정안전부, 보건복지부, 고용노동부 등과 시·도지사와 협의하여 정책을 추진한다. 특히 시·도 차원의 지방자치단체의 공무원과 다문화가족지원센터는 다문화가족 정책을 수행하는 핵심적인 전달체계이다. 지역의 다문화가족에 대한 한국어 교육, 다문화사회 이해교육, 가족교육, 상담, 다문화가족의 취업과 창업교육 등 의 사업을 수행하고 있다. 다문화가족을 위한 정책은 중앙정부 차원의 정책도 추진되지만, 지방자치단체 차원에서 조례를 근거로 다문화가족을 위한 다양한 시책을 구상하여 수행한다.

5. 성과와 과제

1) 추진 성과

그동안 다문화가족 중심의 다문화복지정책은 다문화가족지원정책 기본계획 수립을 중심으로 펼쳐져 왔다. 현재 제3차 다문화가족지원정책 기본계획(2018~2022)이 수립되었으며, 간략하게 1차와 2차의 다문화가족지원정책 기본계획의 추진성과 중심으로 기술

---

10) 「다문화가족지원법」 시행령 제5조의 제1항에 따르면, "대통령령으로 정하는 중앙행정기관의 장"이란 기획재정부장관, 교육부장관, 과학기술정보통신부장관, 외교부장관, 법무부장관, 행정안전부장관, 문화체육관광부장관, 농림축산식품부장관, 보건복지부장관, 고용노동부장관, 여성가족부장관 및 국무조정실장을 말한다.

한다.

제1차 다문화가족지원정책 기본계획(2010~2012)에서는 다문화가족정책 추진의 토대를 구축하였고, 결혼이민자의 안정적인 한국생활정착을 목표로 맞춤형 서비스를 제공하였다. 제1차 기본계획 추진 중 「다문화가족지원법」이 개정(2011. 4.)되어 다문화가족의 범위가 확대되었다. 개정되기 이전의 다문화가족은 출생에 의한 내국인과의 결합가족이 해당되었다. 그러나 귀화 또는 인지에 의한 내국인과의 결합가족까지로 개정되면서 다문화가족의 범위가 확대되었다. 더불어 다문화가족지원센터가 전국적으로 확대(2009년 100개소 → 2012년 206개소)되었고, 사회통합 프로그램 운영기관을 확대(2009년 20개소 → 2012년 271개소)하는 등 다문화가족정책 및 서비스수행을 위한 전달체계를 확립하였다(감사원, 2018: 12-13).

제2차 다문화가족정책 기본계획(2013~2017)은 다문화가족의 자립역량 강화를 위한 한국어 교육과 직업훈련 및 취업지원 등을 실시하고, 사회 · 경제적 참여를 활성화하는 정책을 시행하였다. 더불어 다문화가족에 대한 다문화수용성을 높이기 위한 법적 · 제도적 교육을 강화하였다. 예컨대, 다문화교육센터를 통한 한국어 교육, 통 · 번역서비스, 가족교육 · 상담 등 다문화가족에 대한 통합서비스를 제공하였다. 또한 다문화가족을 위한 다국어 콜센터서비스 제공, 다문화 자녀의 건강한 성장지원을 위해 언어지원 · 진로지도 · 사회성발달 등의 사업을 추진하였다.

이러한 제1차와 제2차의 다문화가족지원정책 기본계획을 통하여 다문화가족을 위한 정책추진기반을 구축하였으며, 국제결혼 피해예방을 위한 법 · 제도가 마련되었다. 더불어 다문화가족 정착지원을 위한 맞춤형서비스 확대, 다문화수용성이 제고되었다. 마지막으로, 다문화가족의 한국사회 안정적 정착에 기여하였다. 예컨대, 다문화가족실태 조사결과(2015)에 의하면, 다문화가족의 혼인지속기간은 점차 증가(2015년 8.8년 → 2015년 9.8년)하고, 자녀의 취학율(초등 98%, 중등 94%, 고등 90%)이 향상되고, 학업중단율이 다소 감소(2014년 1.01% → 2015년 0.85%)하는 등 다문화가족 자녀의 학교적응도가 향상되는 것으로 나타났다(감사원, 2018: 14-15). 그러나 정책추진 과정에서 드러나는 부처 간 사업의 중복성, 사회환경 변화를 반영하지 못한 사업추진 등은 지속적인 개선노력이 필요하다.

2) 향후 정책과제

제3차 다문화가족정책 기본계획(2018-2022)을 토대로 두 가지 향후 전망을 제시한다(여성가족부, 2018b). 첫째, 초기 적응 중심의 정책에서 장기 정착화에 따른 정책으로 재편이 필요하다. 다문화가족정책은 결혼이민자, 귀화자 등의 초기적응 지원중심으로 운영되었다. 이들의 한국생활기간이 늘어남에 따라 다문화 한부모가족 등 다양한 가족유형이 형성된다. 예컨대 가족관계 갈등·사별(결혼이주여성과 배우자 간 평균연령이 10세로 노년기에 접어든 배우자 비율이 증가함)로 1인 가구, 한부모 등 가족형태가 다양하고, 한국 체류 외국인(유학생, 재외동포 등)이 증가함에 따라 다양한 유형이 생길 것으로 예측된다. 따라서 인권의 관점에서 이들이 안정된 가족생활을 도모할 수 있는 지원의 강화 및 확대가 필요하다. 더불어 다문화 가정폭력에 대응하여 인권을 보장할 수 있는 방안 마련도 필요하다.

한편, 다문화가족 자녀에 대한 정책의 확대는 강조해도 지나치지 않을 만큼 중요하다. 다문화가족 자녀 수(18세 이하)는 약 20만 명으로 증가율은 둔화추세이나 2020년에는 30만 명을 넘어설 것으로 전망된다(여성가족부, 2018b: 7). 과거에는 취약계층 다문화 영·유아 중심이었으나 모든 다문화 아동·청소년의 건강한 성장지원 정책을 강화해야 한다. 이중언어 구사 능력 등을 토대로 글로벌 인재로 육성하기 위한 정책이 필요하다. 그리고 외국에서 성장한 이주배경 청소년은 전체 자녀 중 15.5%에 해당된다. 이들은 국내성장 자녀와 달리 가장 애로를 겪는 부분이 한국어이며, 진학 및 학력인정, 진로 및 취업문제에 어려움을 느낀다(여성가족부, 2018b: 8). 따라서 이주배경 청소년에 대한 맞춤형 지원강화는 향후, 사회적 안전, 사회적 비용 등의 감소효과가 있을 것이다.

둘째, 중장기 관점에서 다문화수용성[11] 제고 방안 마련 및 시행이 필요하다. 제2차 다문화가족정책 기본계획부터 지속적으로 우리사회의 다문화수용성을 높이기 위하여 교육, 홍보 등 통하여 개별 구성원의 인식과 태도변화에 주력하였다. 그러나 다문화수용성은 다소 개선되었으나 전반적으로 낮으며, 다문화사회에 대한 부정적 인식이나 역차별의 정서도 증가하는 것으로 평가된다.

다문화수용성은 인식과 태도가 변화해야 하므로 상당한 시간과 노력이 필요하다. 다문화가족과의 접촉경험을 늘리고, 다문화교육, 행사 등의 참여기회를 높인다면, 다문화수용성을 높일 수 있는 것이다. 향후, 법·제도 개선 등 사회문화적 차원에서 중장기적으로 접근할 필요성이 있다.

---

11) 다문화수용성이란 개념은 어느 한 가지로 정의 내리기엔 매우 복합적이고 다차원적인 개념이다. 다른 나라 출신의 이주민과 외국인을 수용하는 태도이기도 하지만 더 나아가 국적과 무관하게 누구에게나 주어져야 할 보편적인 권리에 대한 승인을 포함하는 개념이며, 공동체 구성원으로서 바람직한 시민의 자질과 태도로 해석할 수 있다(김미진, 김경은, 2018: 4).

참고문헌

감사원(2018). 감사보고서(2018. 5.): 다문화가족정책 추진실태. http://www.mogef.go.kr/mp/
　　pcd/mp_pcd_s001d.do?mid=plc505

김미진, 김경은(2018). 국내 다문화 수용성에 관한 연구동향 분석. 다문화교육연구, 11, 1-27.

김정인(2018). 지방자치단체의 다문화가족 지원조례와 다문화가족의 이주사회 적응전략: 경기도
　　사례를 중심으로. 지방정부연구, 21(4), 267-292.

김정흔(2017). 한국 다문화가족정책 통합에 대한 현장전문가의 인식: 다문화가족지원센터와 건
　　강가정지원센터의 통합을 중심으로. 다문화교육연구, 10, 89-124.

법무부(2017). 2017 출입국ㆍ외국인정책 통계연보. http://www.moj.go.kr/HP/COM/bbs_03/
　　ListShowData.do?strNbodCd=noti0096&strWrtNo=131&strAnsNo=A&strFilePath=moj/&strR
　　tnURL=MOJ_40402000&strOrgGbnCd=104000

송미영(2016a). 충남 외국인 주민 콜센터 설치 타당성 연구. 충남여성정책개발원.

송미영(2016b). 충남 외국인 유학생 인권실태조사. 충남여성정책개발원.

송미영(2017). 충청남도 외국인주민 대표자회의 구성 및 운영 활성화방안. 충남여성정책개발원.

여성가족부(2017). 2017 다문화가족지원 사업안내. 여성가족부.

여성가족부(2018a). 연도별(2018) 다문화가족 통계. http://www.mogef.go.kr/mp/pcd/mp_
　　pcd_s001d.do?mid=plc503

여성가족부(2018b). 제3차 다문화가족정책 기본계획(안). http://www.mogef.go.kr/mp/pcd/
　　mp_pcd_s001d.do?mid=plc503

오경석(2007). 다문화와 민족ㆍ국가 상대화인가, 재동원인가? 공간과 사회, 28, 98-121.

이경희(2012). 다문화가족지원법의 문제점과 개선방향. 경북대학교 법학논고, 제32집, 512.

홍진표(2018). 다문화 가족에 대한 사법적 지원 방안에 관한 연구.

충청남도(2016). 충남 이주민 사회통합 TF 최종보고회 자료집.

최윤정, 정해숙, 황정임, 전기택, 선보영, 이솔, 전경숙(2017). 제3차 다문화정책 기본계획수립을
　　위한 연구. 한국여성정책연구원.

국가법령정보센터. 다문화가족지원법/국적법/재한외국인처우기본법/다문화가족지원법 시행령.
　　http://www.law.go.kr

강욱모(Kang Wook Mo)
영국 에든버러대학교 사회정책학 박사
전 경상대학교 사회과학대학 학장 겸 행정대학원장
　　한국사회복지정책학회 회장
현 경상대학교 사회복지학과 교수
〈저서〉
외국인고용제도개선과 인권(공저, 집문당, 2016)
사회적 기업을 말한다. 이론과 실제(2판, 공저, 오름, 2013)
〈논문〉
보편적 복지국가 논쟁: 한국의 복지정책은 보편주의가 될
　　수 있을까?(단독, 현상과 인식, 42-3, 2018)
장애인가구의 소득불평등 추이와 요인분해: 집단구성별
　　비교(공동, 사회복지정책, 43-1, 2016)
이전소득의 빈곤 및 소득불평등 감소효과: 독거 및 부부
　　노인가구 중심으로(공동, 사회복지정책, 42-1, 2015)
Double empowerment: The roles of ethnic-
　　based groups in the Korean community in
　　New Zealand-Implications for social work
　　practice(Journal of Social Work, 공동, 2014)

강지영(Kang Ji Young)
미국 워싱턴대학교 사회복지학 박사
전 West Coast Poverty Center 박사후 연구원
현 연세대학교 사회복지학과 강사
〈저서〉
Handbook of family policy(공저, Edward Elgar, 2018)

권혁창(Kwon Hyeok Chang)
미국 위스콘신-메디슨대학교 사회복지학 박사
전 국민연금연구원 부연구위원
현 경남과학기술대학교 사회복지학과 조교수
〈저서〉
사회복지개론(공저, 학지사, 2017)
사회복지법제론(2판, 공저, 형지사, 2017)
실록, 국민의 연금(공저, 국민연금공단 국민연금사편찬위
원회, 2015)

김성천(Kim Sung Chun)
중앙대학교 문학 박사
현 중앙대학교 사회복지학부 교수
〈저서 및 역서〉
사회복지실천의 이해(공저, 학지사, 2015)
옆으로 간 사회복지비판(공저, 학지사, 2015)
급진사회복지실천(공역, 학지사, 2007)

김진수(Kim Jin Soo)
오스트리아 빈 대학교 사회경제학 박사
현 연세대학교 사회복지학과 교수
〈저서〉
사회복지법제론(공저, 형지사, 2017)
산업복지론(공저, 나남, 2017)
통일 후 남북한경제 한시분리운영방안: 노동 및 사회복지
　　분야(공저, 대외정책연구원, 2017)
〈논문〉
공무원재해보상의 개선에 관한 연구(공동, 사회보장연구,
　　2017)
농업인의 농작업 재해보장 현황과 과제 연구: 재해보장 체
　　제 관점의 적용(공동, 사회보장연구, 2017)
농업인 민간재해보험의 문제점과 개선방안: 일본, 스위스
　　사례비교를 중심으로(공동, 사회보장연구, 2016)

김혜성(Kim Hae Sung)
미국 뉴욕 올바니 주립대학교 사회복지학 박사
현 강남대학교 사회복지학부 교수
〈저서〉
사회복지개론(공저, 학지사, 2018)
복지와 테크놀로지(공저, 양서원, 2018)
사례관리론(공저, 학지사, 2012)

남재욱(Nahm Jae Wook)
연세대학교 사회복지학 박사
현 한국직업능력개발원 부연구위원
〈저서〉
나라는 부유한데 왜 국민은 불행할까?(공저, 철수와 영
희, 2018)

남현주(Nam Hyun Joo)
오스트리아 빈 대학교 사회경제학 박사
현 가천대학교 사회복지학과 교수
〈저서〉
사회복지법제론(공저, 형지사, 2017)
〈논문〉
Care of Korean elderly in Need of care. Tendency to
　　sterngthen the role of integrated care for the elderly
　　in communities(단독, Zeitschrift für Gerontologie
　　und Geriatrie, 2018)
분배정의와 사회복지정책: 한국사회의 합리적 복지담론
　　을 위한 인문과학과 사회과학의 융합연구로서의 한 시
　　도(단독, 유라시아연구, 2016)

박경숙(Park Kyung Sook)
미국 시카고대학교 사회복지학 박사
현 경기대학교 지식정보서비스대학 휴먼서비스학부 사회복지전공 교수
〈저서〉
사회복지학 개론: 원리와 실제(3판, 공저, 학지사, 2018)
지역발전정책론: 이론과 실제(공저, 율곡출판사, 2015)
한국의 사회복지 2015-2016(공저, 청목, 2015)

박수경(Park Soo Kyung)
연세대학교 문학 박사
현 연세대학교 사회복지학과 교수
〈논문〉
Suicide mortality and marital status for specific ages, genders, and education levels in South Korea: Using a virtually individualized dataset from national aggregate data(공동, Journal of Affective Disorder, 2018)
Pre-injury job characteristics and return to work among injured workers in South Korea: Differences by socio-demographic and injury-related characteristics (공동, Disability and Rehabilitation, 2017)
비정규직의 직무요구와 정신건강과의 관계에서 직무자율성 결여, 보상부적절, 자기효능감의 다중가산조절효과 검증(공동, 한국사회복지조사연구, 2017)

송미영(Song Mi Young)
경기대학교 사회복지학 박사
전 영동대학교 사회복지학과 전임강사
현 충남여성정책개발원 선임연구위원(기획조정실장)
〈저서〉
사회복지사이야기 3(공저, 싸이앤북스, 2018)
충남이 미래 2040 제2권(공저, 그물코, 2017)
충남이 미래 2040 제1권(공저, 그물코, 2016)

신혜리(Shin Hye Ri)
연세대학교 사회복지학 박사
현 경희대학교 노인학과 연구교수
〈논문〉
장기요양급여와 건강보험급여와의 연계방안 연구(공동, 노인복지연구, 67, 2015).

안치민(Ahn Chi Min)
고려대학교 사회학 박사

현 대진대학교 사회복지학과 교수
〈저서 및 역서〉
21세기 사회복지정책(3판, 공저, 청목출판사, 2010)
사회복지정책의 이해(역, 일신사, 2000)

엄명용(Um Myung Yong)
미국 플로리다주립대학교(FSU) 사회복지학 박사
현 성균관대학교 사회복지학과 교수
〈저서 및 역서〉
사회복지실천의 이해(4판, 공저, 학지사, 2016)
사회복지실천기술의 이해(3판, 공저, 학지사, 2015)
삶을 바꾸는 기적의 질문: 일상에서 살아 움직이는 AI의 원리(역, 학지사, 2013)

유은주(Yoo EunJu)
중앙대학교 행정학 박사
현 한국장애인고용공단 고용개발원 부연구위원
〈논문〉
장애인의 미취업 기간이 취업에 미치는 영향: 취업활동의 조절효과를 중심으로(공동, 장애와 고용, 28-4, 2018)
유은주(주저자) 외(2016). 장애인고용장려금의 고용-임금효과 분석(공동, 한국정책학회, 25-3, 2016)

윤혜미(Yoon Hye Mee)
미국 코넬 대학교 사회복지학 박사
한국아동복지학회장 역임(2009~2011)
현 충북대학교 아동복지학과 교수
〈저서〉
사회복지실천의 이해(공저, 학지사, 2016)
영화로 읽는 젠더와 가족(공저, 학지사, 2015)
아동복지론(공저, 청목출판사, 2013)

이경준(Lee Kyoung Joon)
경기대학교 사회복지학 박사
현 경기대학교 시간강사
〈논문〉
노인 일자리사업 참여와 공적연금 수급에 따른 노인의 삶의 만족도 연구(공동, 국민연금관리공단, 2014)
노인의 사회적 지지가 노화불안에 미치는 영향과 자아존중감의 매개효과(공동, 노인복지학회, 2014)
중고령자의 노후준비가 삶의 만족도에 미치는 영향에 대한 연구: 성별 비교를 중심으로(공동, 한국콘텐츠학회, 2016)
수산업 종사 여성의 노동 강도와 작업환경이 생활만족도

에 미치는 영향: 여수시를 중심으로(공동, 한국수산해양교육학회, 2017)
요양보호사의 인권의식이 치매노인 서비스 질에 미치는 영향: 인권교육의 조절효과를 중심으로(공동, 한국자치행정학회, 2018)

이윤진(Lee Yoon Jin)
연세대학교 사회복지학 박사
현 육아정책연구소 부연구위원
〈저서〉
영유아 보육 교육 기관 아동학대 대응 매뉴얼 및 조기발견체계 구축 방안(공저, 육아정책연구소, 2018)
통일한반도 사회 안전망(공저, 한반도선진화재단, 2017)
선진기업복지제도의 이해(공저, 양서원, 2013)

정창률(Jung Chang Lyul)
영국 셰필드대학교 사회정책 박사
현 단국대학교 사회복지학과 부교수
보건복지부 국민연금기금실무평가위원회 위원
국민연금공단 국민연금 심사위원회 위원
〈논문〉
퇴직연금 적용방식 개선 방안 연구: 노후소득보장 체계와의 조화를 고려하여(단독, 사회복지정책, 2018)
기금형 퇴직연금 도입의 쟁점 및 개선방안 검토: 가입자의 관점에서(단독, 한국사회정책, 2018)

최권호(Choi Kwon Ho)
연세대학교 사회복지학 박사
전 세브란스병원 의료사회복지사
현 우송대학교 사회복지아동학부 교수
〈논문〉
소아암 경험자 및 보호자의 취약성과 치료궤적 기반 심리
사회적 서비스 요구(단독, 보건사회연구, 38-2, 2018)
Evaluation of the TSL® program for parents of children with cancer(공저, Research on Social Work Practice, 28, 2018)

허수연(Huh Soo Yeon)
연세대학교 사회복지학 박사
현 한양대학교 공공정책대학원 교수
〈논문〉
Perceptions of inequality and attitudes towards redistribution in four East Asian welfare states(공동, INTERNATIONAL JOURNAL OF SOCIAL WELFARE, 2018)
한부모가족 여성의 자녀와의 시간과 자녀의 삶 만족에 관한 연구: 부모감독과 자녀의 자아존중감의 매개효과(단독, 한국가족복지학, 2018)
직무부담과 일-가족갈등이 우울에 미치는 영향: 한부모가구 여성과 유배우자 여성의 비교(단독, 사회보장연구, 2017)
가족정책 확대와 미취학자녀가 있는 여성의 학력별 취업률 추이에 대한 탐색적 연구(단독, 사회과학논총, 2017)
여성가구주의 취업형태와 사회자본이 생활만족도에 미치는 영향(단독, 한국가족복지학, 2016)
한국인의 복지태도에 관한 연구(공동, 사회보장연구, 2016)

홍나미(Hong Na Mi)
이화여자대학교 사회복지학 박사
현 수원과학대학교 사회복지과 교수
〈저서〉
현장사례관리(공저, 학지사, 2018)
아동권리와 복지(공저, 공동체, 2018)
사회복지실천기술론(공저, 공동체, 2016)

한국의 사회복지 2018-2019
Understanding Social Welfare Systems in the Republic of Korea

2019년 2월 5일 1판 1쇄 인쇄
2019년 2월 10일 1판 1쇄 발행

엮은이 • 한국복지연구원
펴낸이 • 김진환
펴낸곳 • (주) **학지사**
04031 서울특별시 마포구 양화로 15길 20 마인드월드빌딩
대표전화 • 02)330-5114   팩스 • 02)324-2345
등록번호 • 제313-2006-000265호

홈페이지 • http://www.hakjisa.co.kr
페이스북 • https://www.facebook.com/hakjisabook

ISBN 978-89-997-1770-3 93330

정가 25,000원

이 도서의 국립중앙도서관 출판시도서목록(CIP)은 서지정보유통지원
시스템 홈페이지(http://seoji.nl.go.kr)와 국가자료공동목록시스템
(http://www.nl.go.kr/kolisnet)에서 이용하실 수 있습니다.
(CIP 제어번호: CIP2019003610)

교육문화출판미디어그룹 **학지사**
심리검사연구소 **인싸이트** www.inpsyt.co.kr
원격교육연수원 **카운피아** www.counpia.com
학술논문서비스 **뉴논문** www.newnonmun.com
간호보건의학출판 **학지사메디컬** www.hakjisamd.co.kr